普通高等教育“十三五”规划教材

全国普通高等教育基础医学类系列教材

供基础、临床、预防、口腔、护理等医学类专业使用

病理生理学

（第 二 版）

黄 宁 赵 敬 主编

科 学 出 版 社
北 京

内 容 简 介

本教材共分四篇，第一篇病理生理学概论，重点介绍了病理生理学发展简史、疾病相关的基本概念和人类疾病发病机制概论；第二篇稳态理论与基本病理过程，主要介绍了稳态与疾病的关系，稳态失衡后的十种基本病理过程，包括水、电解质、酸碱、氧、体温、休克、凝血调节、缺血-再灌注、内分泌激素、增殖性退行性疾病；第三篇应激与疾病，介绍了应激基本理论，应激与心理疾病、躯体疾病；第四篇稳态应激失衡所致重要器官功能严重障碍选择了最为重要的脏器，包括肾、肺、心、肝和脑单一器官功能障碍及多器官功能障碍进行介绍。

本教材适用于医学院校临床医学、医学检验、医学影像学、口腔医学、预防医学、基础医学、法医学及护理学专业本科生，亦可供研究生、病理医生及临床医生参考使用。

图书在版编目(CIP)数据

病理生理学 / 黄宁，赵敬主编. —2 版. —北京：科学出版社，2017.1

普通高等教育"十三五"规划教材　全国普通高等教育基础医学类系列教材

ISBN 978-7-03-049199-2

Ⅰ. ①病…　Ⅱ. ①黄…　②赵…　Ⅲ. ①病理生理学－高等学校－教材　Ⅳ. ①R363

中国版本图书馆 CIP 数据核字(2016)第 146976 号

责任编辑：潘志坚　闵　捷
责任印制：谭宏宇/封面设计：殷　靓

科学出版社 出版
北京东黄城根北街 16 号
邮政编码：100717
http://www.sciencep.com

南京展望文化发展有限公司排版
广东虎彩云印刷有限公司印刷
科学出版社发行　各地新华书店经销

*

2013 年 8 月第　一　版　开本：889×1194　1/16
2017 年 1 月第　二　版　印张：19 1/2
2022 年 1 月第十四次印刷　字数：603 000

定价：46.00 元

(如有印装质量问题，我社负责调换)

专家指导委员会

《病理生理学》（第二版）
编辑委员会

主　编

黄　宁　赵　敬

副主编

邹　平　殷　秀　张　颖
陆德琴　陈新年

编　委

（以姓氏笔画为序）

王　祎（四川大学）
王玉芳（四川大学）
王晓樱（四川大学）
石明隽（贵州医科大学）
代　勇（成都中医药大学）
刘佳云（遵义医学院）
李　飞（昆明医科大学）
李　霞（昆明医科大学）
李龙江（重庆医科大学）
李著华（西南医科大学）
李婧瑜（四川大学）
杨　勤（贵州医科大学）
吴桂霞（新疆医科大学）
邹　平（西南医科大学）
张　力（重庆医科大学）
张　英（西南医科大学）
张　颖（昆明医科大学）
陆德琴（贵州医科大学）
陈　玮（成都医学院）
陈军利（四川大学）
陈善泽（四川大学）
陈新年（兰州大学）
范　波（徐州医科大学）
赵　敬（重庆医科大学）
赵　静（成都中医药大学）
殷　秀（川北医学院）
郭　兵（贵州医科大学）
唐　俐（重庆医科大学）
黄　宁（四川大学）
黄　琳（大连医科大学）
黄丹丹（川北医学院）
曹　玥（成都中医药大学）
谢勇恩（川北医学院）

第二版前言

交稿前夕，主编掩稿长思：从教30余年，自视给授课的历届多数学生留下了些许印象，不少年轻学生率真之词令主编幻想，奢望编撰一本目前中国最佳的病理生理学教材。然而知易行难，动笔之初主编就念及中国病理生理学界领路人韩启德院士十余年前的先见之明：中国病理生理学“教什么？”“谁来教？”和“如何教？”后来先生在业界再次强调这几个问题。主编不能完全洞悉韩老的睿智，但主编或许能领会先生的拳拳之心、谆谆之意。

2006年在北京、2009年在上海分别举行的国际病理生理学（教学）大会就上述问题国际同行进行了探讨，给出了一些学术参考答案。不过时光荏苒，涛声依旧，主编每念及此不免浮想联翩。“细节决定成败”，于是主编组稿前就病理生理学教材内容广度、深度、教学时长、教学方式、作用与地位等诸多细节问题私下向创建中国病理生理学的引路人，前苏联病理生理学同仁们请益，幸得彼得堡大学医学院前副院长、病理系主任丘里洛夫（Churilov）教授不吝赐教，在此深表谢意。同时主编担忧因语言差异有可能会带来一些误解，在审稿过程中，主编特邀丘里洛夫教授来我校给学生现场示范讲授了两周病理生理学理论课程，并与之座谈，澄清了主编的部分疑惑，更坚定了主编的信念。

中国改革开放三十余年，其成就有目共睹。高教界顺应潮流，也融入了这场旷世变革之中。学科建设、教学模式、教学体制改革成为中国高教改革重中之重。主编在修订本版教材时，检索2010～2015年国内出版的病理生理学教材就达数十本之多，足见同行们参与教学改革的热情。回想主编年轻学习基础医学时缺书少刊的状况，不免感叹再三，实为当今的同学们感到幸运和幸福。主编也认真分析了近5年内国内各层次医药高校病理生理学教材编撰内容，并将一些感言于本版定稿前送俄罗斯发表，以求教于大家。

主编以为：病理生理学教学作为一门学艺，应该倡导百家争鸣。不过教科书在中国首先应适应教学模式。据主编查阅近百年来西方高等医学教育主要模式包括：① 按我们熟知的以学科门类进行的学习（lecture based learning，LBL）传统教学模式；② 1952年，美国西储大学按器官系统进行的学习（lecture based system learning，LBSL）教学模式；③ 1969年，加拿大麦克玛斯特大学以问题为中心的学习（problem based learning，PBL）教学模式，以及同期在北美开展的以案例为中心的学习（case based learning，CBL）和以问题、案例、标准化患者为平台的PBL＋SP（standard-patient）教学模式；④ 1995年，哈佛大学医学院则采用了问题加器官新路径模式（new pathway）；⑤ 1995年后，因网络的兴起，西方出现了所谓混合教学(数字化＋网络化＋传统)B-learning (blended learning)和 W-quest (web quest)网络探究式模式;⑥ 2008 年,哈佛大学医学院似乎又重新回到了老路"师傅带徒弟",施行项目式研究性教学模式(project based teaching)。只是哲学告知我们,事物螺旋式发展,哈佛处在比它原来更高的一个平台上而已。纵观西方的医学教育改革至少给主编留下了四个印象:一是没有一刀切,也没有哪种模式引领西方的天下、形成一家独大的潮流;二是"软硬"有基础;三是精英教育;四是与时俱进。

百年前的美国医学教育与中医学教育有相当的雷同之处,多是前述"师傅带徒弟"的方式,正如西方医学理论起源于古希腊哲学四元素学说,而中国医学理论起源于易经阴阳五行思维。百年前,美国教育家弗莱克斯纳(Flexner)考察了北美医学教育现状,然后游历欧洲大陆,于 1910 年发表了《美国与加拿大的医学教育:呈给卡内基教育基金会的报告》(简称弗氏报告),震动了美国医学界及管理部门,并改变了美国和世界不少国家医学教育模式。当时的美国医学教育落后于德国、法国等欧洲大陆国家。《弗氏报告》建议应在受过大学教育的学生中遴选优秀学生进入医学殿堂学习,这是美国为何医师既是 Ph. D 又是 M. D 的原因之一。主编常告诫学生,既然选择了学医,大学是医学中的小学生、硕士生是医学中的中学生,博士生才是医学中的大学生,因为一名医生需要足够广博的知识和足够的能力面对生命,面对人。这也是自西方文艺复兴以来,几乎未受到过质疑的西医人文主义精神的体现。

主编想特别强调的是《弗氏报告》也间接改变了中国的现代医学教育。因为按规律来讲,任何改革必定触动利益集团,当年美国的医学教育改革也受到很多冲击,在各种因缘契合下,美国人在中国以约翰·霍普金斯大学(Johns Hopkins University)为模板创建了以西方医学教育方式为主导的中国第一所西方模式医科大学——协和医科大学。主编未曾在协和受过教育,但主编所就教的大学也称"协合",只不过一字之差,历史故事相去甚远。但两者高淘汰率的"偏态"培养方式,铸就了他们今日的声誉却是相似的。"协和脸"更是当年医学莘莘学子的写照。

虽然西人教育理念、教育思想、教育手段与方法先进,加之主编从事的医学职业的确源于西方,但主编身为中国人,其思想根系于中华大地,也曾求学于西方。"传道、授业、解惑"就其从师者境界高度而言,其精辟恕主编知识面狭窄,不知道是否低于何位西方圣人的鸿篇巨制。就其方法论而言，因人施教、因材施教、教学相长，主编并不认为先贤落后于西人。迄今教育基层某些做法有否矫枉过正，舍近求远之嫌？以致形似而神不似。主编以为，中国人的智慧藏于“成语”，从事医学教育的国人传承、扬弃、体系化先贤的思想而不是形式，主编窃以为才是正道。试想一个已经受过4年正规教育的优秀大学生，再读医学专业，与一个高中毕业的学生直接就读医学专业，他们的差异不仅仅的年龄的差异，更有诸多能力的差异。后者如何能亦步亦趋，直接全盘嫁接或接收前者的学习方式。类推其他的问题何其相似乃尔。

“学校，犹水也，师生，犹游鱼也，其行动，犹游泳也。大鱼先导，小鱼尾随，从游既久，其濡染观摩之效，不求而至，不为而成”可谓至理名言。主编推崇备至这一教育思想，而不太理解事必以某某为本，貌似遵循真理实则有失职误人之嫌。因此教学的重要目的之一，主编简单直白的看法应该是引导和促成学生更加聪慧。如何更加科学合理地引导，这是教师、教材义不容辞的责任了。一个没必要否定的现状是：中国的病理生理学教材几乎“千书一面”。举例来说，什么是病理生理学？大凡中国的数十上百本教科书给出的定义“是一门研究疾病发生、发展和转归规律和机制的科学”，这一概念本身没错，也很精要。但当全中国的医学生都以为这是中国病理生理学界唯一能给出的定义，是否也有点固化了学生的思维，助长了他们井底观天呢？

交稿前夕，正值主编所在高校百年华诞，举办精准医学国际论坛，主编受命主持谢幕点评。来访嘉宾包括诺贝尔奖获得者、中美院士、长江学者，千人计划等有关专业领域翘楚。何谓精准医学？至少5位嘉宾给出了5种答案。主编问在场聆听的学生，到底什么叫精准医学，不少学生面露难色。为何我们的学生多数喜欢医学教科书的标准答案呢？教育工作者不能用一流企业做标准，二流企业做产品来搪塞吧！

国际医学教育委员会2010年举行了一次面向世界，关于基础医学教育在医学中角色和价值以及未来的展望问卷调查。其结论中写道，“学习基础科学对提高学生的思维技巧的严谨和缜密方面起着重要的作用，这些思维技巧包括逻辑推理，批判精神，问题解决，决策和创造力。”主编俯首自问，30年来，这不是主编从教一贯的自我约束吗！首先强调给学生灌输要逻辑掌握知识的观点，要求他们用批判的眼光看待教材，然后期望他们提高创造性思维能力以解决问题。引导他们要俯视书本，而不是仰视书本，做书的主人，而不是做书的奴隶。凡此种种，主编坚持以为，传授专业思想和方法与传授专业知识同等重要，甚至更为重要。

目前国内高校强调与世界接轨，强调科研，强调科研教学并重，两手都硬，并以科研促进教学；同时国内"双创"工作开展如火如荼，时代要求培养出更高质量的医学生。前述北京、上海会议，国际同行一致认可病理生理学以"整合"为最大特点。基于整合，我们是否还存在一些认识上的误区或者盲点，比如基础医学是 basic medicine of science，或是 biological medicine of science；或是 preclinical medicine of science。定位不清或将影响到我们的培养人才目标、培养人才质量；或将误导我们的发展方向，也会左右我们的教材内容编写（上海某著名高校曾以基础医学定位为题，四年前曾来主编所在高校调研，主编参与了此次会议，后来在全国有关学术讨论会上就此问题论述过一些个人观点）。又如专业知识告诉我们，生物求生存第一原则是适应。疾病谱在变、医学模式在变、医学目的在变、医疗改革在变，我们病理生理教材是否应该适当"整合"一些社会医学、人文医学的观点，还是完全采用生物医学教学模式以不变应万变？

就生物医学为基础的病理生理教学，主编与同行讨论得到的共识是：自文化大革命后高教恢复，中国病理生理学理论讲授内容 30 年来基本一成不变。这令主编想到目前基础医学从某个角度、某种程度上是拿着 "鞭子"抽打着临床医学快速奔跑，如 4P 医学[预防(preventive)、预测(predictive)、个体(personalized)、参与(participatory medicine)]、转化医学、精准医学概念的提出；转基因技术、干细胞技术等应用于临床，无不以基础医学等的重大进展为前提。编写医学教材，人人必言之凿凿要坚持"三基、五性、三特定" 三项基本原则。问题是此时的"三基"与彼时的"三基"（基本理论、基本知识、基本技能）是否其内涵还是一模一样？主编曾向学生设问：东西方医学最基本、最深刻、最核心的概念——阴阳与稳态，有否值得完善和补充的地方？应者寥寥，不少学生潜意识地接受阴阳与稳态是人类认识世界思维的顶峰的观点。的确，百余年前病理生理学奠基人贝尔纳(Bernar)提出"内外环境稳定"概念之后，曾被西人称为"从此以后再无思想由生理学家构建"。但近年来，事实上稳态的概念赋予了若干新的内涵，而这些知识或原理是否属于基本，是否应该整合灌输给学生值得我们思考。

基于上述理由，本版教材如第一版同样强调：① 参照国际病理生理学相关教材，并遵循国内病理生理学界教学传统；② 强调对疾病总体认识的系统性、延续性和代表性；③ 从学生将来不同发展方向如升学或就业考虑，要符合国家有关资格考试对病理生理学知识考点的要求。本版教材也如第一版教材用尽量多的图、表以利学生掌握知识的重点和要点。实际上也希望学生模仿学会如何归纳总结，提高他们的逻辑归纳与演绎的能力。

全书及各章节的逻辑线见下图，编排各章节顺序及成篇的理由，主编与同仁们进行过认真讨论而不是随意设置，具体理由参见正文。选择讲述内容一方面与上面阐述的观点有关，另一方面主编统计分析了最近 5 年(2010～2015 年)中国出版发行的病理生理学教材编撰的篇章；征集并分析了第一版参编单位和国内部分其他高校讲授病理生理内容和学时数；并结合主编所在单位病理生理学模块化教学的实践后，与参编团队成员充分协商后拟定的。

本教材适当补充了各章节有关研究的历史背景。主编以为“知疾病之所以然”是病理生理学的重要特点，知道具体病症研究的来龙去脉，明了字里行间的隐语，对我们真正掌握知识，远比机械记忆更为合理高效、更能激发学生的学习兴趣、更能领会科研的艰辛与曲折和科学家们前仆后继追求真理的精神。对形成尊重知识，尊重人才，尊重知识产权的氛围更为有利。这也是主编长期从事科研，对科研促进教学的体会之一。

还需说明的是：在教学过程中，我们发现每个具体章节病症对机体产生的影响和影响机制，不少同学们对其掌握感到困惑。从心理学角度分析，盖因疾病牵一发动全身，对机体影响各大器官系统都可能涉及，既往的形式是对各大系统分门别类来写，同学们感到“背也不是，不背也不是”。因此我们尝试改换另一种写法：分为两个部分，一是总体表现：从基础到临床做一般性整体描述；二是病理生理学关注表现和机制，显然后者在提示学生要重视，从考试角度讲其考到的概率要明显大于前者。但本教材所说病理生理学关注表现和机制不等同于临床上的重要性，比如，所有章节的所有病症都有可能导致死亡，死亡事件从临床上讲是第一值得关注的。但从教学角度上看，不是每个章节都要把死亡摆在第一位拿来加以讨论。

最后，要深深感激参编尤其是新参编的同仁们，我们期望编撰一本最受学生欢迎的病理生理学教材，我们不自量力，冒昧拔高自己，或许令人侧目。其真意是给自己的鞭策，同时也念及倘若学界同行竞相努力，最后得益的一定是中国的医学生。

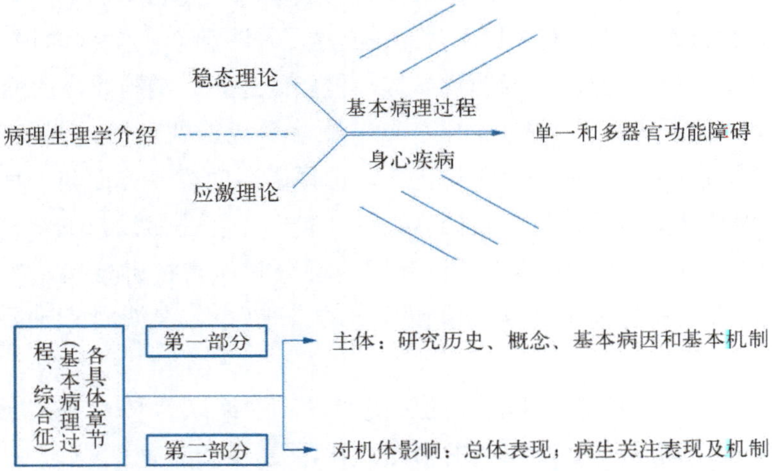

本书及各章节逻辑线

本教材学习要点（教学大纲）概括有三点：① 掌握概念与相关概念；② 掌握基本病因与基本机制；③ 掌握病理生理学关注的表现与机制。

主　编

2016 年 11 月

目　录

第六章　电解质平衡及紊乱——钾代谢紊乱 067

第七章　酸碱平衡及紊乱 083

第八章　氧失衡 105

第九章　发热 117

第十章　休克 128

第十一章　弥散性血管内凝血 139

第十二章　缺血-再灌注损伤 150

第一篇

病理生理学概论

第一章

病理生理学发展简史

学习要点

掌握: ① 病理生理学现代概念;② 病理生理学与病理解剖学、生理学异同。
熟悉: 病理生理学建立的标志(实验生理学、体液病理学和细胞病理学)。
了解: 病理生理学创建过程。

学习和研究一门学科一般是从熟悉它的历史开始的。中国哲人说过：温故而知新。用 pathophysiology(病理生理学)和 physiopathology(病理生理学)作为主题词,检索全球生物医学数据库——PubMed 中的文献标题,得到如下结果(图 1-1)。1945~2016 年,如图中箭头所示：在 1972 年前,文献标题主要采用的是 physiopathology,中文似乎应当翻译或理解为生理病理学,而从 1973 年到现在,世界各国学者使用的词汇主要是 pathophysiology。现代的西方医学词典对这两个英文词汇的字面解释是一样的,中文也都翻译为病理生理学。然而,为什么有这样两种不同的称谓,其含义差别何在? 历史的真面目值得还原。

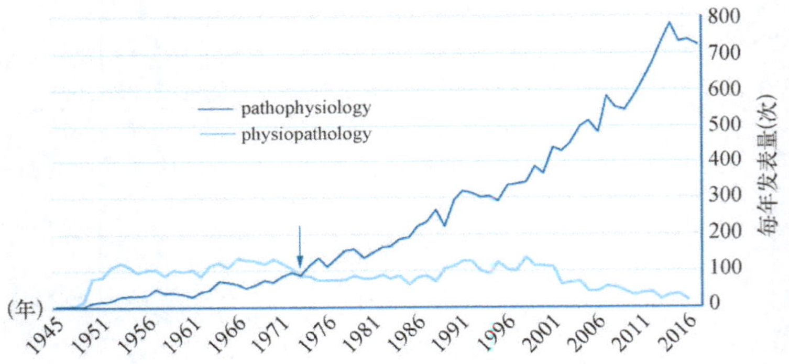

图 1-1　1945~2016 年医学科研文献标题中使用病理生理学一词差异

一、解剖学的诞生、生理学的建立

(一) 文艺复兴

黑死病是文艺复兴的导火索之一,文艺复兴是人体解剖学诞生的基础。勿容赘言,病理生理学是医学的一个分支。病理生理学的发展历史融汇在整个医学发展历史的洪流中。按西方人有关科学史分期方法之一,文艺复兴前为古代,后为近现代,本章主要简述文艺复兴时期及近现代病理生理学发展简史。

当今世界最著名的历史学家之一,美国芝加哥大学教授麦克尼尔(McNeill)于 1976 年出版了医史权威巨著——《瘟疫与人》。书中叙述了 1346 年蒙古人沿亚欧丝路,西征至黑海港口城市克里米亚,在当地受到瘟疫袭击,然后瘟疫可能由意大利热那亚商人经海路带到地中海沿岸城市,并蔓延至欧洲各国,导致欧洲人类文明史上的大悲剧发生。数年间,1/4~1/3 欧洲人丧命。身处其时的意大利伟大作家薄伽丘(Boccaccio),在其名作《十日谈》中,为后人记录了这一人间梦魇,描绘了瘟疫带来的社会的狂乱及人间惨剧,书中年轻的主人翁都梦想逃离正在走向死亡的意大利名城——佛罗伦萨。

因为面对突如其来的黑死病肆虐,医生竭尽当时所知的各种手段,如放血疗法、通便催吐等均无能为力,自责为“医生的耻辱”。于是“昏头”的人们迁怒于可怜的猫狗，甚至特殊的人群，犹太人第一次遭遇了如同二战一样的大规模的集体大屠杀。不过“因祸得福”，以生命为代价换来的“隔离、消毒、排污、火葬”等现代预防医学和海港检疫雏形开始在西方兴起。大科学家牛顿或许也可能因为黑死病流行期间，政府禁止人们离家远行，大学停课，才躲过了一劫。

而处于全盛时期的基督社会，“全能”的上帝同样也对这种毫无偏倚的死亡杀手束手无策。教会对其病因病机“神谴”的解释，给出的苦刑赎罪的“良方”，并未使笃信上帝的虔诚子民摆脱厄运。于是人生苦短，及时行乐思想油然而生，宗教严格的禁欲教规首被冲破。上帝无能，只有自我救赎的理念逐渐复苏，并对后世人人生而平等的普世价值观点烙下了深深印痕。摆脱宗教桎梏、追求人的价值与尊严，成为劫后余生者人文精神追求的新偶像。“文艺复兴”自此从策源地意大利，以涓涓细流渐渐开始涌动，进而形成澎湃之势席卷整个欧洲。

文艺复兴(14～17 世纪)首先是一场思想大革命的解放，创新精神如社会舞台上的一盏觉醒明灯，照亮了人世间的百科演出活动；它是此时嗷嗷待哺的资本主义婴儿期的血供和能供，增强了萌芽期资本主义实体的体质。这是一个巨人林立的时代，在政治、经济、文化、科学、神学等各个领域都刮起了变革的风暴。在自然科学领域：数学、物理、天文、建筑等取得了璀璨的成果。同时它也是宗教与科学搏斗最激烈，最终以科学胜出，宗教妥协的时代。崇尚人文精神即人的价值与尊严，自此在西方世界几再未中断，它也成为医学殿堂不容更改的首要法则，相当程度上决定了医学目的和医学模式的变革(详见第二章第一节健康与疾病相关内容)。

在医学领域，文艺复兴是西方近现代医学与古代医学的一个分水岭。基于学术自由之风在大学中吹拂，使医学界挑战统治西方古医学近千年医神盖伦(Galenus)的理论成为可能，其中最负盛名的首推出生于比利时医师世家的意大利医生维萨里(Vesalius)，1543 年他出版了《人体构造》一书，其书用人体作为解剖对象，聘专业画家制图，以精美、准确而闻名天下，彻底推翻了盖伦学派数百上千年来以猴、猪等动物解剖来推论人体结构的谬误，因此维萨里被誉为人体解剖学之父。

需要注意的是：在科学领域，如无某些平行学科中的新知识、技术或仪器设备的新发展，使某个问题得以解决外，在特定时刻要解决某个特殊问题是不大可能的。人体解剖学诞生的时代背景，除离不开思想解放以外，也离不开绘画艺术对人体解剖学的深刻认识，离不开建筑行规对建筑体精准严苛的要求，以及其他学科发展氛围的推动。例如文艺复兴时代的达・芬奇(DaVinci)，仅凭一双手和眼睛，其描绘的人体解剖素描图如头骨、躯干等，其精确程度与现代二维数字扫描技术所获得的图像相比，令人吃惊地不相上下。显然，在创新精神前提下，正确的研究对象、仔细观察、精确的描述、不同专业相互交叉促进，是人体解剖学得以成功建立的一个关键要素。

(二) 人体解剖形态学研究催生了人体生理功能学研究

人体解剖学的诞生是医学史上划时代的事件，人体生理学、病理学乃至病理生理学等莫不仰赖于它，它是近现代医学教育的第一科目。历史巧合的是：哥白尼(Copernicus)于维萨里发表《人体构造》同年，发表了惊世骇俗的《天体运行论》。书中运动与静止的观念，参照体系的选择，在思辨的角度和科学方法上给世人重重一击，令人耳目一新。哥白尼通过观测(而不仅是肉眼观察)，及深邃的思考和数理逻辑运算，其测得的数据，如地球一年运转时间的精密度达到了同时代人望尘莫及的地步，即使与我们所处的 21 世纪相比，其计算结果的误差也仅为百万分之一。这显示了逻辑推理方法的强大力量，也深深影响了后代如伽利略(Galileo)、牛顿(Newton)这样的伟大科学家。伽利略是第一位把实验引进力学研究的科学家。1589 年人所周知的著名的比萨斜塔自由落体实验，是伽利略坚信实验是理论知识的来源的最佳佐证。

以上的事实表明：这一时期科学家们已经意识到在科学研究中，如解剖学中肉眼观察是重要的，其结果可能是正确的，但观察可能存在主观性过强的弊端，正所谓俗语：“不要过分相信自己的眼睛”，其形成的印象或许根本就是错误的。完善的实验，正确的参照设置与逻辑分析是弥补这一缺陷的重要手段，是人们获得新的理论知识，形成一门新兴学科的一种重要手段。

英国人哈维(Harvey)是一个将心脏解剖学的观察，与精巧(虽然原始)的生理实验相结合的典范。血从哪里来，到哪里去？一直困惑着古代医学家们。先前的医神盖伦认为：人体由肝脏造血，将肠道带来的营养物质经过静脉系统送达全身而被吸收；而流经心脏的血得到了"精气"成为动脉血，沿动脉系统流遍全身使人能够感知和活动；肝脏不停造血、肌肉不停用血，血液在动静脉两套血管里"潮起潮落"，最后消失得无影无踪。显然这种认识没有血液循环的概念。

哈维在大量动物解剖学观察基础之上，设计了著名的"束臂阻流实验"，即用胶皮管绑住上臂，远端的动脉跳动减弱，而静脉突起，提出血液可能以心为中心定向循环流动，并通过量化单位时间心输出量与血液总量的关系，指出肝脏根本不可能在短时间内能够造出如此巨量的血液，而唯一合理的解释是血液在一个闭合的管道中运行。有关这种心血管运行的机制，哈维巧妙地应用了水泵的工作原理来加以阐释。1628 年哈维发表了他的著述《动物心脏与血液的运动》。该文章的发表被认为是近代生理学诞生的标志，其意义不仅仅在于建立血液循环学说本身，更重要的在于其研究方法的科学启发了后人：基础医学科学研究通常首先是用实验来证实一种现象，然后用实验去深入研究它的机制，同时用浅显易懂的语言来描述其复杂的生物学机制（如用水泵的原理来描述复杂的心脏机械功能），这种思维和行为方式也成为后辈生命科学家们仿效的榜样，至今大凡重要学术刊物发表重要文章，多数西方作者会潜意识地讲述一个动听的故事，来描述自己的科学研究。

二、"疾病的生理学"概念建立

汉字"学"，如数学、物理学、病理生理学等，指的是对不同性质学问的分门别类，这种分类有利于认识事物的特征和本质。同时物以类聚，人以群分，有相同兴趣的人更易志同道合，有利于促进本门学科的发展。更学术的说法是：要成为一门"学"，其研究历史、对象、特征、方法、研究目标及目的应有自身的特色。

"学"英文用词根"-logy"表示。logy 源于希腊语-logia（法语为-logie，中古拉丁语为-logia），意思是某人谈论时的特点或风度。后演绎为，演讲、谈论、论述、学说、理论、科学等意思。-ology 近现代的意思是知识、科学的一个分支，-o-为缩合词间元音。起源于十九世纪初左右，由于 geology（地质学），mythology（神话学）等使用而被公认为通常代表分门别类的"学"，描述一种新的学科形成。

生理学——physiology，源于中古时期法语 physiologie，或直接引用于拉丁文 physiologia，寓意自然科学，对自然的研究。希腊语 physio-，示自然，logia 谓研究，physiologia 意思是活体正常功能的研究。而 physiology 在 16 世纪 60 年代才被英文用于表示自然活体的研究和描述。

病理学——pathology，古希腊语 phathos，意为痛苦，pathologia 意为情感的研究。在 16 世纪法语和拉丁语中为 pathologie，意为疾病的研究、疾病的科学。1842 年研究异常的精神状态始用 pathology。

病理生理学的"黎明"时期可能首先要上溯至 16 世纪中叶一位法国天才思想家菲尔内尔（Fernel）医师。他因其箴言"Life is a week fire, burning without flame"（西方人笃信上帝一周造人，生命如燃烧的火焰），为世人敬仰，名垂青史。他的登顶之作《通用医学》（*Universa Medicina*），从生理学、病理学、治疗学三个部分系统描述了人体功能活动和临床差异。因其改革和重构了文艺复兴时期以来的医学框架，使其专业化和系统化，他的理论甚至被尊称为是现代系统生物学萌芽的种子。正是他创建并建议用 physiology 来概括描述机体生理功能的学问，而用 pathology 来表示异常的病理状态的学问，西方人也有人称他为病理学之父。1542 年，他编写了一本书，猜想"患病个体中一定有特殊类型的生理学"。

1617 年，法国蒙彼利埃医学院院长瓦兰达（Veranda）在其有关医学、处方、治疗的书中第一次创建了"pathologic physiology"一词。但这个词汇中文似乎还不能直接译为病理生理学，根据当时的研究背景和研究水平，它还不具有一个独立学科的鲜明特色。理论上来看，它只是涉猎到了疾病，刚跨入疾病的殿堂，所以它实际上还属于生理学的一个分支，所以翻译为"疾病的生理学"或"病态生理学"为好。

意大利莫尔加尼（Morgagni）于 1761 年发表了《疾病的位置与病因》著作，认为通过观察器官上解剖学的变化，可以判定疾病的性质和症状产生的原因。创立了器官病理学（organ pathology），因此他被公认为病理学之父。病理学上"病灶"的概念也源于此。

1791～1799 年，德国博学的赫克尔（Heckel）——性病学之父，编写了两卷本的 *Physiologia Pathologica* 教材，据信这可能是世界上有史可依的第一本"病态生理学"教材（至今国际学术界有一本刊物仍然沿用了这一名字）。不过赫克尔仍然没有超越法国人的思想，他依然在强调 pathologic 为一个 unnatural physiology

状态,强调 pathologic 是一种生理和疾病的混合状态[实质上是不知道的疾病的本质和机制(详见第三章第三节传统和现代生物研究模式对疾病基本发生机制的认识)]。1796 年,德国发行了了有关病理解剖学和生理学的杂志,也登载病态生理学内容。其后卡约(Cailliot)编写了两部病态生理学专著。

所以 1542～1799 年的两百年时间,法国人菲尔内尔的预言、瓦兰达的著述、德国赫克尔的病态生理学教材、杂志以及卡约的专著,可视为近现代病理生理学的萌芽和黎明时期。在这一时期内,病理学借助尸体解剖和显微镜,揭示了病灶和某些可见变化与疾病的关系。但存在的问题是,病灶是一个点,具体疾病的临床表现是另一个点,两个点的变化我们可以"统计分析"表明它们有否关联(当时还没有医学统计学),但以当时的科研水平,这两点的变化还不足以说明一个全身系统的变化,更没有阐明两点间的不可见信号的级联,乃至病灶引起机体各器官元件间变化的关系,所以它是疾病发生机制研究的早期阶段,是一种机械的认识。而此时的生理学已经从系统的角度来看待器官的功能,如前述循环系统综合了解剖学、机械力学、数学等多种知识来理解心脏和循环系统的功能。提出疾病作为其研究对象,并试图以实体器官病变和生理学的角度来探索其机制,是病理生理学萌芽时期的重要特征。

三、病理生理学概念的建立

实验生理学创始人之一,神经外科先驱法国人马让迪(Magendie),他也是著名实验生理学家贝尔纳(Bernard)的老师。曾因为谁是脊髓感觉神经和运动神经的第一发现人,与神经生理学家、解剖学家、哲理神学家、苏格兰外科医生贝尔(Bell)产生异常激烈的争论。科学史曾评价这场剑拔弩张的争论,堪与大科学家牛顿与胡克(Hooke)就诸如光学的波粒二象性、万有引力定律"知识产权"的归属、反射望远镜的发明权等的争论相比。马让迪第一次用狗做模型研究了糖对机体的影响,强调即使在生理情况下,个体的差异也是极大的。这种差异观点,对病理生理学的影响至深、至远、至大。

法国医生布诺赛斯(Broussais)拓展了这一思想,在他 1808 年的著述中,他坚信疾病不仅仅是一个被致病因素扰乱的生理学过程,而是一个受自身法则或规律,不以人意志为转移而发生发展的过程。中国俗语:一般人患感冒,"不治七天就好,治疗一周就好"近似于这个意思。在控制论与信息论还没产生的时代,布诺赛斯预见了生物体一定会服从自然界"天道"——节约法则,"牵一发动全身"是机体追求达到节约目标的必然要求。布诺赛斯可能是历史上第一个猜测解剖病理学不能描述的、一些肉眼不可见的信号,可将病变从局部扩散至远端。这些思想强调了病理学有别于生理学,并构成了病理生理学诞生的基石。

1854 年,马让迪的学生,实验病理学的创始人之一,法国实验生理学家贝尔纳发展了希波克拉底生命能量源自体液的观点,依据法语 milieu intérieur 创造了一个医学词汇——内环境(internal milieu)。在他的著作中他曾写道:"我认为我是第一个坚信动物有两套环境的人:一个有微生物存在的外环境,和一个由循环的有机液体浸润着所有组织成分的内环境。在高等动物体内这些有机液体即淋巴液和血浆,它们是局部营养和物质交换的基础。环境的稳定在有机体内是如此严丝合缝,它可以不断地补偿、抵消外界的变化。它们保持平衡的能力如此持续而精确,好像是被一种非常敏感的平衡调节着"。"内外环境的稳定,是生命自由和独立的条件"这一箴言,在生命科学史上影响巨深,曾被后来的科学家誉为"从此以后再无思想由生理学家构建"。1865 年出版的他的《实验医学导论》一书,被认为是生理学发展史上的一个里程碑。

同期,近代体液病理学"humoral pathology"之父洛基坦斯基(Rokitansky)赞赏贝尔纳观点,提出内环境中化学物质信息交流异常是疾病发生的重要原因之一。普通和实验病理学(general and experimental pathology)在维也纳成立,强调医生应当加强与实验病理学家(意指病理生理学家)交流前卫思想。

然后奥地利医生埃平格(Eppinger)(曾因在二战德国达豪集中营对战俘实施每天只提供海水,以观察其症状和 6～12 d 是否脱水死亡而臭名昭著)和德国匹辛格(Pischinger)为代表的科学家们,进一步拓展了内环境概念。他们认为:细胞需要合适的环境,这个环境是由细胞外基质(the ground substance,现称为 extracellular matrix)和体液与自主神经一起构成的复杂的基本调节系统(ground regulatory system),来保证细胞和整体功能的稳定。这一理论于 20 世纪初开始(1926 年)即统治了欧洲传统医学的方方面面。因为这个理论使疾病的起因和疾病的起始信号研究变得更为具体清晰,指导了后来的细胞病理学家和生物化学家从细胞外基质入手来探索细胞通讯网络。

在体液病理学取得重要进展时，德国学者魏尔啸(Virchow)则把研究疾病的焦点聚集在细胞上[德国学者施莱登(Schleiden)、施旺(Schwann)于1838～1839年建立了细胞学说]。1858年魏尔啸发表了“细胞源于细胞”的著名论断，创立了医学上具有里程碑意义的细胞病理学，并且他还倡导学生应以显微镜的方式进行思考，这一理念至今仍然显现着哲人的睿智。他的关门弟子，疾病炎症学说的创建者，德国病理学家朱利乌斯(Julius)在西方首先开始了活体动物显微镜镜检观察，他用蟾蜍制造了炎症模型以观察白细胞的运动。

魏尔啸(1873年)指出：“病理生理学绝不是构建在病理解剖上，而是源自临床诸类现象和种种实验。假如一个病理解剖学家不想满足于他的尸体，墨守成规地探视它简单的构造与疾病关系，他不得不同时是一个病理生理学家才有可能。”魏尔啸后来进一步指出，从病理生理学这个名字，“我们应当意识到我们所掌握的整个真正的科学医学理论并不仅仅是臆想，它是源于证据而不是我们的意念(意指实验的重要性)。”魏尔啸的思想明晰了病理学两个“同气连枝兄弟”——病理生理学和病理解剖学当时志同而道不同的景况。

自此，经过法国、德国等欧洲国家学术界的努力探索，从“学”的建立的条件来看，通过整合解剖学、生理学、器官及细胞病理学的学术成果和方法。病理生理学重视实验、重视功能、重视代谢、重视整体，与生理学和病理解剖学的界限日渐清晰。即生理学强调正常，病理生理学强调异常，病理学强调“看得见” 的形态与疾病关系，病理生理学强调“看不见”的功能变化与疾病关系，可视为病理生理学独立形成阶段的标志。

四、病理生理学成熟过程中的插曲

前述病理生理学最初的教材拉丁文名为 *Physiologia Pathologica*，犹如植物生理学拉丁文表述为 Physiologia Plantarum，前者是名词，后者是形容词，翻译成英文则为 pathological physiology。不少西方人认为，这样的写法，虽有历史渊源，但也存在词不达意的问题，例如有人问你是做什么的？(What are you?)如果回答：“我是一个从事病理学研究的生理学家。(I am a pathological physiologist.)”不是令人相当费解和奇怪吗？

1945年，一本俄文刊物 *Problemy tuberkuleza*(该刊有英文摘要)登载“结核病渗出加重的病理生理学和治疗”，保加利亚作者莫德尔(Model)用缩合词 pathophysiology 来表述病理生理学，或许这是 pathophysiology 这个词汇在国际学术刊物中第一次使用(未经充分论证，或不可查)；同年，一本美国刊物 *Harvey lectures* 刊载了“先天性心血管病外科治疗的病理生理学”，美国医师用的是 physiopathology。虽然这两位论文作者和期刊编辑等都知道他们研究的是与生理学，与病理解剖学不同的事情，但怎样定位这个不同的事情，并给他起一个恰如其分的名字的确存在争议。

(一) 前苏联是世界病理生理学系的祖庭

1874年，苏联(喀山大学)成为东欧第一个建立“普通和实验病理学系”的国家。5年后，圣彼得堡大学也成立了该系，事实上这也是世界上第一个独立的病理生理学学术单位。帕舒京(Pashutin)于1878年出版了苏联最早的病理生理教材 *Pathological Physiology*。他也是世界著名神经生理学家巴普洛夫(Pavlov)的老师。不难想象，虽然作为一个生理学家，巴普洛夫却认为，“只有病理生理学才能完整显示解释生物的所有真实的方方面面。”并在苏联病理生理学和病理解剖学的“争斗”中全力支持病理生理学。

1924年或1925年前，苏联病理解剖学和病理生理学都同属一个系，即上述的普通和实验病理学系。1912年两位年轻的学者，研究生哈拉托夫与博士后阿尼奇科夫合作，成功地构建了动脉粥样硬化动物模型。这一模型的成功建立是动脉粥样硬化研究史上的一历史性突破。阿尼奇科夫主要从事病理形态研究，哈拉托夫主要从事病理生理研究。在关于解释动物模型和其后的动脉粥样硬化发生机制方面两人有不同的观点，一直争论不休。1924年他们已在不同的大学工作，从事病理生理研究的哈拉托夫与部分病理生理学顶尖科学家发起了要求实验病理学和普通病理学系更名为病理生理学系的活动，而病理形态研究者阿尼奇科夫等一些杰出的病理学家表示反对，坚持要削减病理生理学教学内容，加大病理解剖学教学比例。要求更名的活动得到了诺贝尔奖获得者巴普洛夫及一帮有世界声望的顶尖科学家鼎力支持，哈拉托夫和一位深受斯大林信任的病理生理学家，也是老年病学家波格莫列茨(Bogomolets)写信给苏联人民教育委员会(相当于中国教育部)，要求拆分普通和实验病理学系。经苏联政府同意后，1926年在全苏联境内成立单独的病理解剖学和病理生理学系。第二次世界大战后东欧以及亚洲社会主义阵营国家普遍采用了苏联的方式。这就是中国病理生理学教研室(系)的来源。波格莫列茨是苏联病理生理教育系统的设计者，自然苏联也成为现代病理生理学系的祖庭。

图 1-2 为病理生理学科建立前的重大事件。

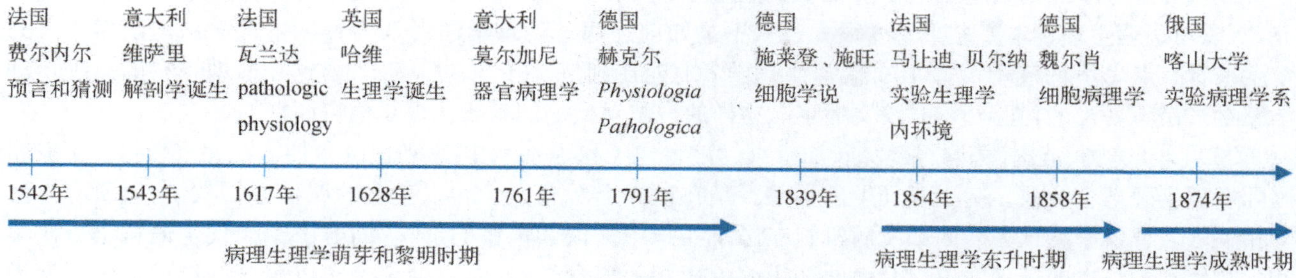

图 1-2 病理生理学学科创建大事记

① 由图 1-2 粗略可见，近现代世界医学中心转移的轨迹是从意大利转向英、法、德；② 17 世纪荷兰也曾为世界医学中心，其代表人物为列文虎克，他观察到了活细胞，而不是先前英国生物学家罗伯特·虎克观察到的死去的细胞轮廓(1673 年)。中国的西医书籍最初多翻译自日本，而日本"明治维新、脱亚入欧"的思想基础，受荷兰影响最大，称之为"兰学"；③ 100 年前以德国为代表的欧洲医学是现代世界医学中心美国的模板。1910 年美国医学教育家弗莱克斯纳考察德国后写下著名的《弗氏报告》，开启了美国医学教育的新纪元，并直接影响了中国现代的医学教育，如"协和医科大学"的建立

(二) 病理生理学在美国遭遇的"尴尬"

1620 年，英国"五月花号"小帆船，驶向了美国移民建国的新航线。英伦三岛独特的教育体系及语言文化传统一直不同于法国、德国欧洲大陆体系。两地间词汇表述也存在较大差异。比如法、德等欧洲大陆体系国家说"white thrombus"为白色血栓，而英伦三岛及其殖民地，包括美国人把它说成是血小板血栓。又如：作为宗主国的英国与其曾为殖民地的美国在第一次世界大战中不但军事结盟，而且由美国和英国杰出科学家坎农(Cannonn)和贝利斯(Bayliss)联合组成委员会专门研究战伤休克。然而无论是英国或美国的士兵死于同样的原因和同样的方式，以及美国和英国学者对休克的总体认识及其认识水平是一样的，但对休克的称谓，他们长时间存在争议。美国人称为(trauma shock)而英国人则称为(wound shock)。英国大文豪莎士比亚(Shakespeare)曾说过"每个人的名字都有独特的意思，但是我们能根据名字就对一个人妄加判断？"话虽如此，直到第二次世界大战结束以后，丘吉尔(Churchill)写了一篇名文 *Shock Frog*，试图调停他们之间的争论。不过正如中国孔子所讲："名不正，则言不顺，言不顺，则事不成"。上百年来，美、英这种文化传统和语言习惯对病理生理学的发展也产生了一些影响。

前述英国人哈维对生理学学科建立居功至伟，而法国人、德国人对病理生理学建立同样也功不可没。德国、法国等欧洲大陆体系多数国家和后来受苏联影响较深的亚洲大陆国家包括中国，医学上用病理生理学一词是惯例，而美国等受英国传统影响较深的国家，即使他们实际上做的是病理生理学分内的事情，但用病理生理学一词还不十分普遍。比如北美糖尿病模型(1860 年)创建者米切尔(Mitchell)、北美教育系统重建者奥斯勒(Osler)、全球第一个牙科实验病理学家米勒(Miller)，他们都不称自己为病理生理学家。北美医学院校病理系主要有或者只有病理形态学，而病理生理学的任务和使命则划分到生理、生化系等承担。在这种教育体系下，病理生理学家的称谓当然无立锥之地。所以鼎鼎大名、以青铜立像为之纪念的米勒被称为口腔微生物学家。这种"另类"，导致病理生理学进入美国高校步履蹒跚，例如哈佛病理生理学课程迟至 21 世纪才开始建立。

20 世纪第二次世界大战后，曾在"旧世界"受训的许许多多医学工作者，漂洋过海移居新大陆，当然他们会带去魏尔啸的精神、巴普洛夫的境界。在美国，或许是最早，也是最有影响力的病理学教授罗宾斯(Robbins)在 1957 年说过一句名言："病变不一定会出现在尸体上"，他认为形态学只是病理学的一个方面。1974 年罗宾斯将其《病理学》(*Pathology*)第四版改为《疾病的致病基础》(*Pathologic Basis of Disease*)，其结果必然是病理生理学渗入了教材内容，而不仅仅是形态学内容。

五、病理生理学与时俱进

20 世纪 70～80 年代，苏联及东欧国家病理生理学工作者，在各种会议场合，不断酝酿成立国际病理生理

学会,最终该学会于 1991 年在莫斯科得以成立。1993 年,国际病理生理学会加入了国际生理科学联合会(International Union of Physiological Sciences,简称 IUPS,创始于 1953)。事实上在国际病理生理学会加入国际生理科学联合会前,该组织中已有一个名为临床生理学会的组织(clinical physiology),这是一个由瑞士、丹麦、芬兰等欧洲国家组成的研究团体,他们关注疾病、关注临床,同时也强调基础生理、生化等学科研究,所以与病理生理学本质上重叠度很大。只不过如前述病理生理学学者认为临床生理学从词汇学含义的角度来看有点名不正,言不顺。比如临床生理学者有时用到"疾病的生理学"术语,这在所谓正宗的病理生理学家看来是不妥当的,甚至假如"咬文嚼字",这样的说法对疾病的本质认识是值得商榷的。

2006 年,美国、英国、德国、俄罗斯、加拿大、芬兰、匈牙利等 42 个国家和地区参加了在北京举行的第五届国际病理生理学会会议。基于病理生理学并不是在世界上所有大学均以独立的课程进行教学,但所有与医学相关的教育体系均认为病因和发病机制在医学实践中是极其重要的事实;同时由于当代生命科学方法学和生物信息学技术的迅猛发展以及由此产生的疾病相关概念进步,北京会议首次以宣言的形式强调了病理生理学必须与时俱进,并再次重申病理生理学是一门整合的课程,其核心思想是与现代基础、临床研究和应用成果全方位三维整合。在基础领域应重视基因组学、蛋白组学、系统生物学等的整合,在临床应加强与循证医学与转化医学的整合,从分子、生物物理、亚细胞、细胞、器官、系统、流行病学等不同层面,以及综合形态学、生物化学、遗传学、临床知识等来认识疾病,并认为最佳的普通病理生理学(讲授病理过程而不是具体疾病)教学至少应占生物医学教育总课程学时数的 4%以上。

2009 年,上海首届国际病理生理教学会议提出,为适应医学学科发展新形势,就病理生理学从业人员资格、教学内容的选取、教研室设置等做了具体建议。如最佳的病理生理学教师应当具有 MD 和 PhD 双博士学位,应当具有博士后训练和临床住院医师经历,所有这些内容在当前中国病理生理学界实难完全做到,但我们或许至少可把它当成一个追求目标。

2010 年,蒙特利尔第六届国际病理生理学会再次强调了在后基因组时代,应注重驱动学生从一个更全面、更完整的视野理解疾病的病因和发病机制,就其教学深度、教学广度、教学方式等方面均有值得改进的地方。这对中国病理生理学学界,几十年来大同小异的病理生理学教学(包括教材编写),应当是一个鼓励和鞭策,对政府卫生教育决策部门也不乏是一个专业建议。

六、结语

公元前约 400 年,西方医学之父、古希腊人希波克拉底创立了体液学说;过了约 500 年,西方医学之圣盖伦总结出三灵气学说;再过了约 1 000 年,文艺复兴时期,一个自称医学上最有学问的人,西药化疗奠基者——帕拉塞尔斯(Paracelsus),提出了三元素学说。这三个学说并列为西方医学史上人体与疾病本质关系三大学说。若将时光停留在他们所处的时代,他们的思想在当时无疑是先进的。人体解剖学的出现,把疾病从现在看来有些荒谬或虚无缥缈的四体液、三灵气、三元素失衡引向了实实在在的实体器官,医学逐渐成了真正的科学。但至今西医并非包治百病,历史长河记载的一些匪夷所思的治疗方式如前述提到的放血疗法、通便催吐等,本质上是对疾病的发病机制或病理生理学认识的不足所致。

那到底什么是病理生理学?回顾历史,可以看出:病理生理学是医学中的一门整合学科,它的创立就是直接整合了生理学、病理解剖学的方法和知识所形成的一门新学科。目前普遍认为它是医学研究中的"万维网"(WWW: What is the disease? Why does the person get the disease? What is the ending of the disease?),也可谓是医学领域研究中的集大成者,其目的是不仅要知疾病之然,更重要的是要知疾病之所以然。如借用国内医科教材几乎一成不变所给出的概念即为:病理生理学是研究疾病发生、发展、转归规律和机制的一门科学。因此它占据了生物医学各学科的中心位置,无论从事医学哪门专业的学习,离开病理生理学学习是不可想象的。病理生理学是当今世界上几乎所有国家,几乎所有医药卫生健康专业(包括临床医学、口腔医学、康复治疗等、护理学、放射医学、药学和针灸推拿学等专业)必须学习的一门核心课程。

其次,病理生理学强调疾病机制的研究。前述早年病理生理学先驱们就猜测"患病个体中一定有特殊类型的生理学",直至推断"疾病不仅仅是一个被致病因素扰乱的生理学过程,而是一个受自身法则或规律,不以人意志而转移而发生发展的过程"。这个机制抽象起来看包括一个初始损伤因素引起原发损伤机制

(primary)和一个疾病演变过程中继发出现的“内生”(endogenization)机制,原发和内生机制两者整合,即形成致病机制,出现病理过程的恶性循环。与此同时,机体还存在一个预防或减轻病理损伤,代偿或促进恢复的过程,而这些过程与致病过程(pathogenesis)相对应,属于健全过程(sanopgenesis),因而病理生理学实际上就是研究疾病致病机制和健全机制的科学。

然而健全过程在临床上似乎并不会如我们一厢情愿,总是形成良性循环,机体得以恢复或者部分恢复。正如后文章节要讲述的应激,其概念的奠基者,被誉为医学上的爱因斯坦的著名医学家塞里(Selye)所言:“较一般观点,我们的意见正相反,自然不总是以最理想的方式运作,不管是细胞或是人际间层次,我们不总是了解我们为何而战是值得的。”“毁敌三千,自伤八百”尚可接受,“毁敌八百,自损三千”,乃至丧失性命,又情何以堪。换句话而言,生理的适应与防御,在病理状态下却出现了高昂的代价,即疾病引发的防御反应引起了次生损害(称为自激损伤原则)。而临床上同一表现可能属于代偿,也可能属于损伤,是加强或是抑制其机制?在某些情况下可能使医生倍感困惑。举一例子,本书后文章节将讲授发热,中医讲汗出烧退,中国人小孩发烧常用捂被子方式处理,很多人都觉得实用有效,但西医很少采用该方式。问题是:发烧该捂被子或是不该?机制何在?(更多例子详见第十二章缺血-再灌注损伤和第二十三章多器官功能障碍综合征等相关内容)。所以在这个层面上讲,我们应当认识到:世界上从来没有万能的上帝,因而不可能造出“躯体上、精神上、社会行为上完美状态”的超生物人,所以人体存在缺陷是必然的。因此病理生理学还可理解为是一门研究生物体与生俱来就有的“技术故障”和“技术缺陷”的科学。

加之,如同美国文学院院士,被誉为20世纪“美国公众的良心”的桑塔格(Sontag)女士,在其《疾病的隐喻》一书中所述:疾病既是一种事实判断,同时又是一种价值判断;疾病可能演变为一种道德压力,甚至政治迫害,令患者身心一种痛苦再加上另一种痛苦而不堪忍受,病况包括其机制变得更为复杂。

再有:基于疾病病种成千上万,世界卫生组织(World Health Organization)根据疾病的病因、病理、临床表现和解剖位置四大主要特征,将疾病划分为22大类,冠名的疾病有近2万种,就病理生理学教学而言,不可能讲完所有的疾病。强调基本病因、基本病理过程、基本发病机制即疾病的共性问题,是病理生理学讲习的特点(详见第二章第一节健康与疾病相关内容)。这种整合、概括、抽象的特征,使得病理生理学与其他医学学科相比,更具有哲学含义,所以病理生理学也可理解为医学中的哲学,病理生理学教学的目的之一,就是要培养医学智者。

再举放血疗法的例子,其实在科学欠发达的时代,无论是西医、中医、蒙医或藏医等,世界各地的早期医疗历史上大都认可放血疗法的有效性。而其中西医由于美国开国元勋华盛顿(Washington)因放血治疗致死,才宣判了西医治疗中持续上千年的放血疗法的“死刑”。然而这里还是存在一些疑惑有必要澄清。

第一,为什么当年散落于世界各地的医生们大都接受放血疗法?当然现在追问故者有些困难。但逻辑上看,可能不能完全归咎于一种理论指导,因为很明显,中医、西医等对其说辞差异是比较大的,至少中医没有希波克拉底的四体液学说。而更有可能是世界各地的医生们都观察到一种现象,即针对人的放血疗法可达到的治疗效果。西医归咎于希波克拉底疾病体液理论、中医归咎于黄帝内经可能是存疑的,也可能是后人附会。

第二,如果假设前面所说的个体有效成立,目前什么理论最能贴切解密古人们的想法和做法?可能本书后面章节应激和稳态理论加以解释最为接近,塞里说过,“没有应激就没有生命。”他又曾说道,“不是应激杀死了我们,而是应激引起的反应杀死了我们。”放血是一种应激刺激方式,适当的应激将导致机体早期出现警觉,动员机体各种储备,而使机体处于“兴奋”状态,有点类似于回光返照的意思,放血不过是一种引起应激的“道具”而已。而稳态是一种机体摆不脱的动态平衡过程。机体血量是一定的,体内外交换、血管内外交换、细胞内外交换是一种受控过程,是一耗时过程。破坏稳态,而不能及时回复稳态的必然后果是疾病发生甚至死亡。放血疗法之弊端反映了古人医学哲学缺乏科学的支撑的缺陷。实际上用现代医学哲学理论和科学知识来看,当时的思维与行为皆出了问题。反之学好现代稳态与应激理论,加上科学知识的积累,不是对目前临床复杂疾病理解和诊治有指导和现实意义吗?

最后感言:现代医学认为,病理生理学是基础与临床的一门桥梁学科。就临床和基础而言,临床思维首先强调的效果或后果,首先以患者利益为前提,强调救治疾病的时间概念、其诊治容许具有模糊性,容许临床上善意的"谎言"(这在患者危重急症时表现得特别突出),而较不能容忍破坏性实验。而基础思维强调的精准、严谨;其实验对象利益、时间考量相对较弱,更能接受破坏性实验,在实验体系设计下更能容错等。就教材而言也可从某些方面得到印证,比如病理过程的分类,如休克,临床经常以具体病因来进行,如烧伤性休克、感染性休克、过敏性休克等,这样分类直观,处理便捷,如烧伤性休克多会收治于烧伤整形科等,而通常不会送至普通内科救治。而病理生理学为便于机制的讲解常按循环生理学循环的关键环节如血液容量、血管、泵的作用来分类——低容量性休克、血管源性休克、心源性休克等。同样的例子如临床用低钠低容量性脱水而病生用低渗性脱水等等,所以病理生理学往往强调的是基本病因、基本机制等。这种基础与临床思维和行为模式明显存在距离。因此作为基础与临床的桥梁课程,在强调转化医学、精准医学的今天,尤其显示出其重要价值和意义。所以站在人文的高度,我们应永怀对患者悲悯之心,常带敬畏疾病之情来学习病理生理学,以求明智,以求解除患者的痛苦。站在教育学角度看,正如国际医学教育学会 2010 年所言:基础医学科学(包括病理生理学)对提高学生的思维技巧的严谨和缜密方面起着重要的作用,这些思维技巧包括逻辑推理,批判精神,问题解决,决策和创造力。这是学习基础医学的普世原理,与此共勉。

七、小结

病理生理学创建首先得益于解剖学和生理学的建立。借用实验生理学的方法和解剖学的知识,开展疾病的病因和发病机制研究,病理生理学得以脱离以形态学研究为重点的病理学和以正常功能研究为代表的生理学,形成了自己的特色。病理生理学概念目前国内教材多定义为:病理生理学是研究疾病发生、发展、转归规律和机制的一门科学。作为一门学科它的主要特点是整合。与时俱进,整合其他学科的知识和技能来阐释疾病的发病机制。病理生理学教学强调的疾病的共性问题:即基本病理过程、基本病因、基本机制问题,与某一疾病的病理生理学研究的具体病因,具体机制有所区别。作为一门桥梁学科除应重视正常与异常知识点教育外,还应重视基础思维与临床思维不同的启发式教育,包括逻辑推理与批判精神等,以提高学生创新的素养。

【复习思考题】

1. 什么是病理生理学?
2. 病理生理学、病理学和生理学定义的异同点?

(王 祎 黄 宁)

第二章

疾病相关的基本概念

学习要点

掌握： 健康（WHO 定义）、疾病（基于稳态紊乱定义）、基本病理过程、病因（基本病因）、致病机制（基本机制）、条件、诱因、死亡和脑死亡（全脑死亡）的概念。

熟悉： 亚健康、亚临床疾病、综合征、危险因素、易感性、遗传易感性、直接死因、根本死因的概念。

了解： 健康维度、健康促进、死亡诱因、死亡辅因、猝死、植物状态、昏迷、安乐死、假死的概念。

生与死，健康与疾病不仅仅是生命科学的两对最基本的问题，它也是社会科学高度关注的问题之一。它们也是医学中最基本的概念，并由此派生出亚健康、亚疾病等概念。健康观、疾病观、生死观决定了医学的目的和医学模式。本章节以疾病为重心，对这些基本概念进行讲述。应当注意病理生理学最重要的特征是整合，因此病理生理学阐释这些最基本的问题或最基本概念不仅要从医学角度，还应接纳其他社会学知识来理解这些概念。例如世界卫生组织对健康的定义，“……能实现欲望、满足需求……”（详见本章第一节健康与疾病相关内容）。如果仅仅按一般人、非学术上的对欲望、需求的解释，很难说您能深刻理解世界卫生组织健康概念。

第一节　健康与疾病

一、健康

（一）健康的定义

1. 健康的传统观念　何谓健康？西医曾比喻人体是由各种零件构成的一架运转的机器，逻辑上思考这架机器运转是否正常，可以从零件是否破损以及零件之间的连接是否可靠来考量，锈蚀、断裂的零件，会导致机器运转失灵。所以人如机器，疾病就是不健康，反之健康即是没有疾病。这是一种最狭义的健康定义，但其影响在 20 世纪几乎占了统治地位。

2. WHO 的两次健康定义　1948 年 4 月 7 日 WHO 成立，在其章程中，第一次否定了传统观点，试图从整体观而非纯粹生物医学观点来寻求答案。WHO 指出：“健康是一种躯体上、精神上及社会行为上的完好状态（completely well being），而不仅仅是没有疾病或虚弱。”躯体、精神、社会三要素构成了健康三角的多维立体架构，而不是没有疾病的一维线性结构。然而“完好状态”是一模糊概念，如何加以界定缺乏可操作性。一个身体有残疾，但生活态度积极，对社会贡献度大的人与一个四肢健全、耳聪目明，但生活消极，对社会不讲贡献只知索取的人，谁更健康？按此定义比较难以回答。

1986年，WHO对健康的定义进行了重要修正，所谓健康是指："个人或群体能够实现欲望(to realize aspirations)，满足需求(to satisfy needs)，能够改变或应对环境所达到的水平。健康应被视为一种日常生活的'源'(resource)，而不应该当做生活的目标。它是一个正向的概念，强调健康对社会和个人所具有的源的属性，以及身体所具备的能力"。请注意，"源"有物质基础、前提条件、起始点的混合意思。西方现代学术理论，如系统论等常用该词汇来抽象表达上述意思(详见第四章第二节稳态失衡与疾病相关内容)。迄今这一定义依然是全球健康理论研究和实践探索的指导纲领。另请注意"需求""欲望"在学术上他们属于心理学和哲学方面的一些理论，例如美国第三代心理学创始人马斯洛(Maslow)需求理论，他将人的需要分为5个层次，即生理、安全、社交 、尊重、自我价值实现等递进的需要；法国著名的精神分析学家拉康(Lacan)的欲望理论，欲望是人满足基本需要所产生的一种更偏重精神和心灵一类需求，与生活目标有关。心理学有欲望指数量表(Aspiration Index Scale)来检测人们的心理状态，如幸福感、焦虑与抑郁。

3. 其他的一些观点　哲学家认为："健康是人们适应、反应和控制生命的挑战和变化的能力"；医学哲学家说："健康是统计意义上的生物学功能的正常状态，它是生态条件的函数，与价值有关。"医学家则认为："具备解剖、生理和心理状态完整或完好性，具有体现个人价值，履行家庭、工作和社会职责的能力；拥有应对生理、生物、心理和社会应激的能力……"

(二) 健康促进计划

1. 健康促进计划　1978年，WHO发表了《阿拉木图宣言》，提出"人人享有卫生保健"的目标，并细化了健康的标准，对个人的体格、生理和心理、社会行为指标做了一些具体说明，如精力充沛、处世乐观、应变适应性强、睡眠良好、能抵抗轻微疾病、体形匀称、眼睛明亮、牙齿清洁、头发光泽、肌肉丰满等。后来WHO形象表述为："五快三良好(走得快、吃得快、睡得快、便得快、说得快；个性好、处事/世好、交往好)。"

不过直至20世纪70年代，从全球的角度看，世界还处于重视疾病，"忽视"健康的时代。对此，1986年，WHO在《渥太华宪章》中提出了"健康促进"计划(health promotion)。所谓健康促进是指：动员社会从国家到个人的一切力量，各司其职，帮助人们提高认知、改变其生活方式、改善其健康所需的人居环境(或称支持性环境)，以致力于帮助人们达到最佳健康水平(optimal wellness)的一种社会行为和战略。请注意WHO将well being改写为wellness。单独这两个英文词汇中文均可翻译为健康，但此健康的含义非彼健康的含义。

well being强调健康是理想化的终极目标，带有极致或静止的意味，即健康是一种完美状态。而wellness：① 更强调健康处于动态变化之中，含有健康经历了过程，有层次水平不同之分，可通过不同途径不断改善的意思。② 它是个体价值体现、个人福祉和社会进步的前提，即上述所谓的"源"。因此，健康需要投资(政府、部门、个人；时间、精力、金钱等)，健康也是人的基本权利，即健康权。③ wellness与其对立面illness总是交织在一起，所以人没有绝对的健康。图2-1示意健康(wellness)的动态变化模型。

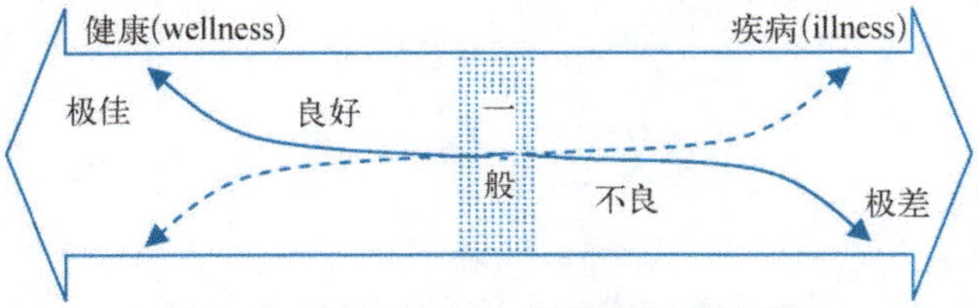

图2-1　健康wellness的动态变化示意图

① wellness与illness传统意思两者是对立的，它们各自独立于两侧；②其现代含义有两层意思：一是wellness可进一步描述健康各种水平状态，如框中文字所述，而不是以前认为的健康是一种完好状态。二是健康疾病wellness与illness两者总是伴随在一起，随wellness水平降低(框中实线箭头)，illness状况(虚线箭头)将加重。但wellness与illness过渡阶段，即健康水平一般，两者并无明确的分界线(专业术语前者成为健康连续统，后者称为健康疾病连续统。连续统是借用数学的一个概念，取其可连续变动或连续取值的意思)；③ disease和illness区别，两者中文都可翻译成疾病，通常illness表示疾病比较模糊，从主观感到身心不适到有明显客观异常，一般可以治愈，而disease通常表示具体客观的生理和心理异常。所以连续统中wellness"滑向"illness而不是跳跃到disease

2. 健康维度　所谓健康维度(wellness dimension)指的是决定健康水平的各种关键要素，是观测、分析影响健康水平的角度。健康维度指导了社会及个人致力于提高健康水平的具体实践。代表性的健康维度模型是美国大学国家健康中心提出的六维度最佳健康水平模型。该模型认为："维系最佳健康状态，每一个人必须为他的健康承担不断发展的和保持躯体的、心灵的、情绪的、智力的、环境的、社会的责任，并且与他所居的文化背景协调一致。"显然维度对促进健康至关重要，但可能在不同国家或种族或社会阶层有着不完全一致的看法，因而也有学者提出增加更多的维度来加以考量(职业、文化、经济维度)分别形成了健康七、八、九维度模型(图2-2)。

3. 目前健康存在的重要问题　① 认识上的不

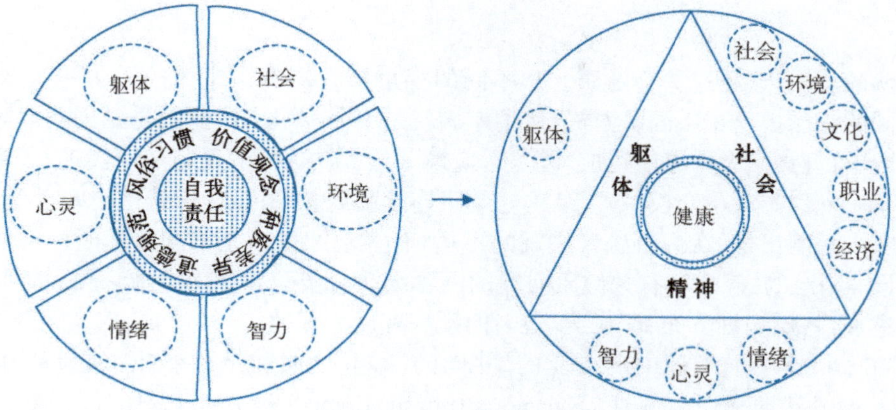

图 2-2　健康(wellness)最佳水平模型示意图

左为美国健康中心六维度模型；右为更高维度模型，三角形为 WHO1948 年提出的健康(health)三维度模型
① 增加的维度多从社会学角度和心理及行为学角度考量，且各维度间有着复杂的联系；② 1948 年 WHO 定义"精神上的"英文单词为 mental，而 wellness 采用的词汇是 spiritual，两者均可翻译为"精神的"，但前者常有具体而常见，且带负面的意味，如其名词翻译为精神病患者，而后者更抽象，常带高尚等正面意味，所以 wellness 强调了精神维度中的社会心理学的智商、情商以及心灵健康三个方面；③一般情况下，health 可通用表示过去和现在的概念，如健康委员会(The Health Committee)，但在专业或特定场合，health 和 wellness 其概念差异很大，在这种场合，英文不会混用，中文仅用健康一词是无法表达准确的，应加限定词修饰，如准确地表述为 WHO《渥太华宪章》健康定义等

足：包括社会层面和个人层面。所以，1988 年，WHO 在澳大利亚举行的"阿德莱德会议"中，再次强调了健康"既是基本人权，又是正当投资"。在多个维度中，1992 年，WHO 在《维多利亚宣言》中提出了影响健康的四大基石的概念(平衡心态、适度运动、合理膳食、充足睡眠)。并于 1996 年进一步要求政府、民间、其他相关国际组织多部门协作，构建 21 世纪健康基石。② 卫生不公平：2008 年 WHO 成立 60 周年，世卫组织通过了《健康问题社会决定因素委员会报告》强调目前卫生不公平现象在国家内部和国家之间都在上升。预期寿命在最富国家和最穷国家之间的差距达 40 年。此外，健康状况的总体不公平在所有国家把人们分成不同的人群，无论其收入水平如何。在高收入国家，根据一些因素，比如种族、性别、社会经济地位以及地理区域等，不同人群的预期寿命差距超过 10 年。并再次强调健康权："享受最高而能获致之健康标准，为人人基本权利之一。不因种族、宗教、政治信仰、经济或社会情境各异，而分轩轾。"因此，针对健康问题社会决定因素采取行动以减少卫生不公平，不仅仅是个人的责任，更是国家义不容辞的任务；③ 慢性复杂疾病是 21 世纪危害人类健康的重大问题。2011 年，联合国举行全球预防和控制非传染性疾病问题高级别会议，公布了《2011 年联合国非传染性疾病的政治宣言》，承认非传染性疾病给全球带来的负担和威胁是 21 世纪健康发展的主要挑战之一。

图 2-3 总结了 WHO 对健康问题所表述的重要观点。

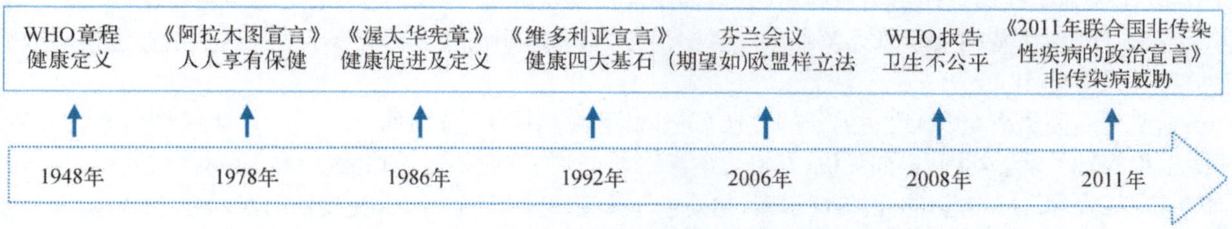

图 2-3　WHO 对健康问题所阐述的重要观点示意图

综上所述，对健康的理解：① 应有发展的观点(从 absence of illness 到 well being 再到 wellness，并将会进一步完善)；② 健康不仅仅是个人的"能力"，更重要的是，它是一种"源"和"责任"；③ 健康既是一种静态表现，也是一种动态变化过程，没有绝对健康的说法；④ 健康需要时间、精力而不仅仅是金钱的投资；⑤ 健康促进、健康保护、预防疾病三者，是提高健康水平同等重要的途径。随社会的进步，未来的医学是健康与疾病的医学，而不仅仅是疾病的医学。

二、疾病

人类关心疾病的历史，远超过关心健康。从不同的视角来看疾病，如同健康一样也可得到不同的结论。哲学上有很多不同的流派提出了不同的看法，所谓疾病就是生命的自由或能力受到削弱或限制；不能履行个人、家庭、社会的职责（履责模型）；不能适应环境（适应模型）；“需求”得不到满足或实现（幸福模型）；宿主-环境-中介三者处于不平衡状态（中介模型）。从前述健康连续统概念来讲，疾病就是健康水平反向化流动。

临床医学从实用角度出发，认为有患者主观的不适，有客观的偏离正常统计诊断标准的临床检测指标，则视为疾病。WHO制定的《疾病和有关健康问题的国际统计分类》（ICD）根据疾病的病因、病理、临床表现和解剖位置四大主征，将疾病划分为22大类，冠名的疾病有近2万种。

注意：① 存在于机体不同疾病中的成套的、共同的功能、代谢和结构变化，称为基本病理过程（basic pathological process）或基本病理生理过程（basic pathophysilogical process）。比如心、肝、肺、肾、脑等各脏器的一些疾病病变都可能引起机体组织间液体过多的临床表现，这一现象称之为水肿，水肿即是一个基本病理过程；② 病因不清，发病机制不明，机体同时出现的一组具特征性的症候群（包括一系列的组合症状与体征）称为综合征（syndrom）。比如非典时期出现的严重急性呼吸综合征——SARS（serve acute respiratory syndrome），患者出现了特殊的症候群，包括典型的呼吸道症状（干咳、胸闷、呼吸困难）和全身表现（发烧、乏力、头痛、肌肉酸痛），胸部X线检查异常（炎性浸润影），实验室检查异常（白细胞计数正常或降低），抗生素治疗无效。疫情初始称之为非典型性肺炎，直至WHO将之命名SARS时，都不清楚病因，科学家们陷于支原体与病毒之争，继后才确认为是冠状病毒感染所致，但沿用了最初WHO所起的名字——SARS。

病理生理学对疾病概念的理解源自稳态理论（详见第四章稳态与疾病有关稳态认识过程内容）。病理生理学认为疾病（disease）是指机体在病因作用下，自稳调节紊乱发生的一种异常生命过程。这一概念有三层意思：一是疾病必有病因，即使是目前临床某些疾病或综合征在一定时间范围内无法找到确切的病因；二是具体某种疾病自有其特定的发病机制，但不同疾病之间也可存在一些共同发病机制，病理生理学教材称之为基本发病机制；三是疾病应有异常的病理改变。现将之分述如下。

1. 病因　疾病发生的原因简称病因（disease cause）。病因是疾病发生的前提或必备因素，关系到疾病的诊断、治疗与预防。所以，医学各学科均重视对病因的研究，但因各学科性质、任务和研究出发点以及研究对象不同，对病因理解的重心有所不同。

（1）病因定义

1）狭义的病因定义：病因指的是引起疾病，决定疾病基本性质和特征性的致病因子（pathogenic factor）。致病因子是指能够引起某一疾病的某种特定因素。

这一定义产生的源泉是从微生物致病特性的研究推论而来，重视病因与疾病的一对一的必然因果联系，即一类疾病由某一类致病因子所引起。如感染性疾病只能由病原微生物引起；一种疾病只能由一种致病因子所引起，比如肺结核病只能由结核杆菌引起，而不能由痢疾杆菌引起。这一定义属于生物医学模式范畴内的病因定义。因它在基础实验研究及临床患者诊治方面，有应用简单和方便的好处，不少学者包括多数病理生理学教材采用此定义。

根据狭义病因概念，按照致病因子的性质可把病因（致病因子）分为如下几类：① 生物性因素，如各种致病性微生物等；② 化学性因素，如无机、有机化学毒物等；③ 物理性因素，如机械暴力、辐射损伤等；④ 营养性因素，如营养不良、营养过剩等；⑤ 遗传性因素，如染色体畸变、基因突变等；⑥ 免疫性因素，如变态反应、超敏反应等；⑦ 精神性因素，如不良情绪、精神创伤等；⑧ 先天性因素，如某些病毒、药物对胎儿发育的损害等。

但很快学者们意识到这一概念的漏洞。同一类疾病或同一种疾病，也可以由不同类的致病因子所引起。例如，恶性肿瘤不仅仅与遗传因素有关，还可能与环境中某些理化因素如辐射、毒物等有直接关系。

2）广义的病因定义：病因是指包括致病因子和疾病发生条件共同构成的一个综合因素。

条件（predisposing factor）是指病因作用前提下，决定或影响疾病发生发展的因素。条件通过增强致病因子的作用效能（如降低了机体抵抗力或增加了机体易感性）而发挥作用。

这一定义产生的基础是学者们发现不少疾病，尤其是慢性复杂疾病，甚至某些传染病，病因的多样性和复杂性。比如，临床证实肺结核病通常发生于营养不良或免疫力低下的个体，因此肺结核病的发生，致病因子结核杆菌与个体因素似乎有同等重要的作用，两者均必不可少，即结核病的发生需要一定条件。又如美国在统计 20 世纪百年时间内感染导致死亡人数急剧下降的原因时，把卫生条件的改善、疫苗接种、抗生素的使用并列为三大主因。换句话说，卫生条件差是感染性疾病发生和流行并导致死亡的重要原因。条件的重要性由此可见一斑。

目前人们普遍接受致病因子作为直接病因，与宿主因素（性别、年龄、遗传、免疫、心理等）和环境因素（自然，社会环境）等条件相互作用才能引起疾病的发生或流行。所以，疾病发生是多因素造成的，广义病因概念是对传统狭义病因概念的补充和发展。

条件与致病因子不是一成不变的，同一个因素可以是某一个疾病发生的致病因子，也可以是另一个疾病发生的条件。例如，营养不良是临床营养不良症的直接的病因，但在结核病发生过程中，营养不良是结核病发生的条件。

病因有广义和狭义之分，不过在文献中，广义与狭义的使用略显混乱。有时学者为强调条件的重要性，把条件因素也称为病因。有时认为具体条件在具体疾病发生过程中作用较弱，而又不把它当做病因，所以具体问题应具体分析和理解。

广义病因概念更符合社会-心理-生物医学模式，在预防医学中受到更大程度的重视。在预防医学专业领域内把病因称为“是那些能使人们发病概率增加的因素，当它们之中一个或多个不存在时，疾病发生频率就下降”。预防医学将病因划分为环境因素、社会经济因素、生物学因素、心理行为因素、卫生保健因素等 5 大类。其理由在于流行病学重要任务之一是希望找到各种具体病因在疾病发生中的权重，以指导疾病的预防。

3）基本病因（basic cause of disease）：所谓基本病因是对不同具体病因共性的归纳或归类。如机体脱水的具体病因很多，包括昏迷、口腔或食道各种严重损伤、特殊无水环境等，这些状况都可归纳为“水摄入不足”，水摄入不足即是脱水的基本病因。又如，维持心输出量的基本因素有三个：一是正常的心肌舒缩性，二是正常的心脏负荷，三是正常的心脏跳动的节律和频率。所以心力衰竭的基本病因可归为三类：心肌疾病、心脏负荷过重、心律失常。这三类基本病因下各自有许许多多的具体病因。但要注意，有时基本病因和基本机制两个概念在使用时容易产生混淆。比如水摄入不足到底是机体脱水的基本病因，还是属于脱水的基本机制？实际上这要看叙事的语境来决定（图 2－4）。

如果笼统强调疾病具体病因起点和疾病终点之间过程的发生机制，可以称这一中间过程所发生事情为基本机制，即图 2－4 中的 A 表示。因为事物变化存在因果循环的规律，如果看重中间过程中的部分细节，则基本机制（A）又可重新细划为基本病因（a）和基本机制（b）。所以水摄入不足既可视为基本病因也可视为基本机制。但基本病因和基本机制所想表达强调的意思迥然不同。正如普通百姓语言“原因”和“理由”两个词汇，有时可混用，但在哲学或语言学上两者概念是有明显区别的，原因一词本义更强调的是因，理由一词更强调的是理。病理生理学的“发病机制”一词，更接近于“发病的道理”的意思，强调的是“道”，而非理由的“由”所包含的由来、原因的意思。

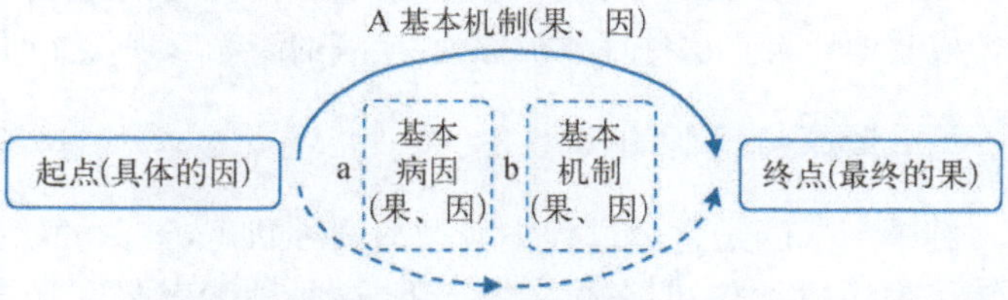

图 2－4　疾病基本病因、基本机制示意图

虚线示基本机制（A）重新划分为基本病因（a）和基本机制（b）

（2）病因的作用方式有四种方式：① 单因单果型：一种病因仅可引起一种疾病，反映了病因的特异性。这种方式多限定于个体及某个时间点出现的情况，如某个人某一时刻被高温烧伤，从群体上看一种病因仅引起一种疾病十分罕见，因为即使高温，除烧伤外，还可引起中暑等疾病；② 单因多果型：一种病因可以引起多种疾病，反映了病因的多效性；③ 多因单果型：多种因素或独立引起或协同或序贯引起一种疾病，反映了病因的复杂性；④ 多因多果型：实际上是上述单因多果和多因单果的综合，更能全面反映病因与疾病的本质联系，即一个病因可引起多种疾病，多种病因可能引起一种疾病。

疾病发病过程中，针对病因的研究，又叫病因学。

(3) 与病因相关的常见重要术语

1) 诱因(precipitating factor)：指加强某一疾病或病理过程的原因或作用,促进其发生发展的因素。诱因属于条件下的一个子概念。强调它与疾病或病理过程是一间接因果关系,而不是直接原因。如肝性脑病的基本病因之一是肝功能严重障碍,而消化道出血,增加蛋白质负荷,容易诱发肝性脑病发生;又如慢性心力衰竭最常见病因是心肌病变,假如输液过快过多,加重心脏负荷,容易导致心力衰竭发生。上述的消化道出血,输液过多过快等则是诱发因素,即诱因。

2) 易感性(susceptibility)：指受遗传因素、环境因素或个体因素影响,机体是否易发生某些疾病的特性。

3) 遗传易感性(genetic susceptibility, hereditary predisposition)：特指遗传因素决定的,机体是否易于罹患某些疾病的特性,有时又称为遗传素质。

4) 危险因素(子)(risk factor)：是指增加疾病发生可能性的因素,但又不是疾病发生必需的病因。如吸烟可导致肺癌发生的可能性增高,但吸烟也不能说肯定会发生肺癌。量化危险因子在疾病中作用的大小,是概率理论在病因学中的具体应用,使人类对疾病包括病因的认识更加客观和全面。尤其对慢性疾病如高血压、糖尿病等预防与控制有重要指导意义。比如心血管病发生与生活方式(如吸烟、肥胖、高血压)有密切关系,通过改变上述生活习惯,有助于心血管疾病的预防控制。

根据上面对病因定义、作用方式的阐述,病理生理学研究疾病发生,应考虑结合病因、机体、环境条件三大因素来进行。

2. *疾病的发病机制* 疾病的发病机制,用哲学高度抽象的语言概括起来,是机体稳态和(或)调控机制紊乱,通常表现出四大一般性规律：① 存在稳态的紊乱;② 存在整体与局部的协调关系;③ 存在损伤与损伤相互拮抗反应;④ 存在或恶性或良性的因果循环(详见第三章疾病发病机制概论,第四章稳态与疾病相关内容)。

3. *疾病的异常病理表现*

(1) 生物学的异常：机体内部发生一系列功能、代谢和形态结构的变化及调控机制的异常。这是病理生理学研究最关心的重要内容。

(2) 临床的异常：机体出现症状(symptom)、体征(sign)以及实验室检测指标异常。所谓症状,是患者的一种主观感受,如患者述说头昏、头痛等不适。所谓体征,是医生检查,并为医生而不是旁观者所解释的客观现象如体温、血压、神经反射等。

(3) 社会行为异常：这个异常强调了人的社会属性,人不仅仅是生物学意义的人,还是社会人。因此,疾病的诊断,不仅仅是事实的判断,而且是价值的判断。重大疾病将严重消减人的体力和(或)脑力,即劳动能力,降低社会环境的适应和协调能力,削弱人的社会功能和社会价值。需要注意的是,因为科学认识水平、文化宗教背景、伦理道德与法律体系的差异,个体的疾病有时会转换成一种社会的道德评判,并进而转换成一种政治压迫。社会对某些疾病状态出现的误解、偏见、歧视等现象和行为,使患者承受更大的或持续的精神压力和痛苦或其他异常。这种现象被称为"疾病的隐喻",现代文明社会,应高度重视这一问题。

三、健康与疾病的转化

健康与疾病是生命过程中典型的两种状态,这两种状态可以瞬时互相转化,如外伤使人即刻可从健康状态转化为疾病状态,但在很多情况下,这两种状态之间是渐变的过程,因此有学者提出了亚健康和亚临床疾病两个概念。

1. *亚健康*(sub-health) 这是一个学术上有争议的词语,语义为介于健康与疾病之间的状态,指的是：临床不能确诊有明确疾病存在,但人体精力和适应能力下降。国外有学者将健康称为第一状态,疾病称为第二状态,介于健康与疾病之间的称为第三状态。亚健康与第三状态似乎同义,但亚健康表现主要以个人主观感受不适为主,客观检测体征缺乏,通常持续时间较长,波及人群极广,可能是疾病转化的一个预警信号。根据 WHO 所定义的健康内涵,亚健康分为躯体、心理、道德、社会行为四种亚健康类型。需要说明的是,亚健康这一术语至今并未得到西方医学主流学术界采用,目前也无统一的诊断标准来判定亚健康状态。但从生物学逻辑或医疗实践上讲,的确应该承认这一状态可存在的必然性。

2. *亚临床疾病*(sub-clinic disease) 无临床症状表现,但有客观检测证据异常的患者所处的状态,称为亚临床疾病，或称为无症状性疾病。如后续章节所讲的肝性脑病，患者典型的症状是心智改变、意识障碍、扑翼样震颤等。但亚临床性肝性脑病患者多缺乏这些临床表现，生理代偿良好，生活工作如常，常规的临床检查难以判明，但进行定量的神经心理操作测试如搭积木实验等，则可发现结果异常，从而提示存在亚临床肝性脑病。又如"无症状性缺血性心脏病"没有临床症状，但有心电图改变等诊断依据。

如果用尺度来理解健康与疾病的渐变过程，理论上似乎首先是健康状态，然后进入亚健康状态，继之进入亚临床状态，最后变为疾病状态。亚健康与亚临床的重要区别是：亚健康有症状，而无体征；亚临床有体征，而无症状。两者类似于前述健康疾病连续统理论。

四、探讨健康与疾病概念的意义

1. 关系到医学模式的建立　医学模式对上至国家医疗卫生政策、下至百姓生命健康福祉以及医疗系统本身实践活动，均有直接或间接的重大影响或指导意义。现代医学模式从生物医学模式，转换为生物-心理-社会-环境医学模式，正是基于对健康与疾病核心价值体系思辨的结果。

2. 关系到澄清医学的目的　传统的医学目的以治愈患者，阻止死亡为首要目标和最高宗旨，在这一宗旨的指导下，追求医学技术、手段进步占领了医学的制高点，有利之处不用赘言，不利之处或导致的困境是：① 出现了全球性医疗危机，这是目前美国与中国，在政府的主导下，均需要进行医药卫生体制改革的最重要原因之一；② 重视生存的神圣性，而忽视了生存质量。医疗本应解除患者痛苦，事实上在某些情况下它确是产生和延长痛苦的来源；③ 医疗资源公正共享与世界卫生组织提倡的人人享有健康的目标不适应。依赖成本高昂的高新技术，与现实中存在的贫富差距、地缘差异对立，注定将形成严重的冲突；④ 其他，如医学伦理学问题，包括安乐死等。

现代医学的目的是：① 预防疾病和损伤，促进和维持健康；② 解除疾病引起的疼痛和痛苦；③ 照料和治疗患者(尤其是无法治愈者)；④ 避免早死，追求安详的死亡。

现代医学的目的与传统医学的目的概念相比较，前者更加强调预防疾病的重要性，更加强调照料与治疗的同等重要性，更加强调要正确对待不治之症和死亡。而实现这一医学目的，承担医疗的载体——医院，是极其重要的，但它不是唯一的形式，它仅是患者治疗过程中的一个重要驿站而已。因此要实现医学目的，医学生除专业知识外，应该接受更宽广的人文科学，社会科学，医疗保健乃至社会经济学等的教育。

第二节　生　与　死

一、生与生命

生命(life)没有公认定义，生物学领域大致理解为：生命是生物体(以细胞单位)所表现复杂现象，具有以下特征：自我调节(稳态调节)、自我复制(繁殖、生长、新陈代谢)和独立的选择性反应(刺激回应和环境适应)。而一般生物学意义的生可理解为一个过程，从受精卵形成开始到离开母体成为一独立个体，包括了受精、着床、发育、分娩阶段，也就是妊娠过程。然而，逻辑告诉我们，既然生命是一个过程，万物有始有终，那人的生命起点始于何时又终于何时，当今似乎成了"天问"，答案莫衷一是，不仅牵涉到生命科学，还牵涉到社会科学如宗教、哲学、法律等领域。

1. 关注生命起点意义　关心生命的起点在医学上至少与干细胞研究、流产、堕胎、早产儿尤其是极度早产儿抢救等有密切关系，若从自然科学考量衍生为社会科学考量则涉及生命权利包括胎儿及母体的权利等。例如："女性有权'放纵'自己吗?"衍生出生物学、法律、道德等方面的疑问。① 生物学上，胎儿是母体的一部分吗？母亲妊娠期有权酗酒、吸毒、自残、自杀吗？② 在法律上：胎儿有否人格可由母亲自由裁量吗？有还是没有？可还是不可？如果有，那么由谁来制定、判定人格标准？缺乏部分正常生物特征可以认为是非人吗？如昏迷、植物状态、精神病、老年痴呆等；③ 在道德上：胎儿的利益小于或是等于母亲的利益？阻断胎儿将来必然发展的功能与利益是合理的吗？只要想要的孩子能使这种选择性生下的孩子少受虐待吗？这些问题的回答是十分复杂的，争论很大。

没有可确定的新“实体”，没有更精细的生的时刻点，在一些受宗教习惯约束较大的国家，施行人工流产术合法与非法就变得难以界定。20 世纪 70 年代，美国宪法史上的一个重大事件——罗伊诉韦德案(Roe v. Wade)将美国政治、法律、医学、宗教等都卷入了“旋涡”，被称为其影响不亚于决定美国命运的南北战争。一位化名罗伊的女士控告德克萨斯州(以下简称德州)检察长韦德违宪，因为德州医院依据州法律拒绝为她施行堕胎手术。最后美国联邦最高法院判决德州败诉。大法官在解释原告罗伊胜诉理由时，提到了如下观点：① 生命始于何时，哲学、医学、神学从没有一致意见，仅仅根据一种理论禁止堕胎不恰当；② 自由的核心是人们对生命存在、生命意义、生命神秘性自由界定的权利，妇女选择堕胎与否的权利属于受宪法保护的隐私权；③ 古希腊、罗马法律认为在胎儿体外能存活之前堕胎是合法的；④ 妊娠期存在保护孕妇健康，保护潜在生命的国家利益与保护个人隐私的利益冲突。这种国家利益和个人利益冲突，应当有一条界线来划分，而胎儿存活的可能性是一条基本界限。所谓存活是指胎儿脱离母体后，能够借助人工辅助而成为生命。因此，怀孕 0～3 个月(1～12 周)可以自由选择堕胎与否，3～6 个月(13～24 周)以保障妇女健康为限，6 个月以上(25 周以上)禁止堕胎。然而，这一判例并未消减美国大众对堕胎问题的分歧，反而扩大和加深了支持者与反对者的对立。何时为人再次成为美国社会上至总统下至百姓争辩的焦点。反对者从各种角度站在各种立场猛烈抨击这一案例，例如：生命的三阶段，胎儿存活性当在妊娠 24 周之后太过僵化、专断，仅是医学一面之词；既然堕胎属于个人选择的权利，神圣不可侵犯？安乐死是不是一种自由选择？医生能否帮助患者实现这种权利？既然生育和堕胎都是受到平等保护的权利，政府资助生育而不资助堕胎，是否违反公平规则？有人则表示，美国的宪法如同“普罗克汝斯忒斯之床”(普罗克汝斯忒斯为希腊神话一个恶魔，对入住其店者，比床长的人将被他截短，比床短者则被扯长)。

2. **生物学上有关何时为人的争论** 医学并未对生的时刻有一个明确界定的点。部分西方发育生物学教材有这样的描述：“受精卵，这个高度特化的全能细胞标志着我们每个人作为一个独特个体的开始。”“受精卵形成的这一刻可能是作为胚胎发育的开始或者零点。”“受精是一个重要的里程碑，因为在普通情况下，一个新的遗传学上截然不同的人类有机体从此形成。”而 WHO 早年曾表述过这样的意思：在可预见的将来，怀孕不到 22 周，体重不到 500 g 的胎儿，是不太可能存活的。2006 年美国妇产科学会伦理委员会就“着床前胚胎用于研究”发文，其中有如下观点：假如着床前胚胎被遗弃或存留于子宫外，胚胎不能发育成人；支持在遵守伦理指南条件下，对有证据受精的 14 d 内的胚胎进行科学研究。目前生物学能提供的候选时间参考点包括：受精、着床、心跳、脑活动开始、胎动、痛觉产生、知觉产生、能成活、出生、出生后发育阶段。表 2-1 简述了一些学者主要从生物学角度判定何时为人的观点。

表 2-1 生物学何时为人主要候选时间点及观点

观点	生的时点	赞成	反对
受精	配子结合(12～24 h 内)	胚胎发育的零点	没有可确定“实体”，没有时刻点
遗传	① 受精卵分裂开始 24 h 后；② 受精到形成杂合子 6 d 内	有新的基因组形成	① 全能胚可形成肿瘤而不是胎儿；② 同卵双生是一个人还是两个人
胚胎	① 着床 6～9 d 内；② 受精 12～14 d 内	① 能发育为个体；② 神经胚出现，无同卵双胞胎情况	① 仅仅成活概率增大；② 不具人格
心脏	心跳开始 21～24 d	对应死亡标准心跳停止	死亡标准现代观念是脑死亡
神经	脑活动开始 20 周左右	对应脑死亡标准	有违传统伦理
存活	肺发育成熟 32 周后	肺是结构和功能最后发育成熟器官，标志胎儿与母体“独立”	医疗技术水平成为是否为人的决定性因素
生日	婴儿降生时刻	婴儿独立于母体生存	缺乏照料照样会死亡，出生前五分钟是否为人或低等一点的人？无脑回畸形是否为人？

注：① 受孕原为“受精”的同义词，即卵子和精子结合形成受精卵。探讨生的起点，受孕变成了着床的意思。没有受孕就不能定义为生命，当然也不能称之为人。干细胞、克隆、口服避孕药的研究直接依赖于这个定义的合理性；② 20 年前，早产婴儿的存活年龄通常为 28 周，现通常为 24 周。目前世界早产儿存活医学记录是孕 21 周+5 天，体重不到 500 g。事实上，越来越早地称之为“人”是因为医学技术的发展；③ 其他的观点：有人认为，胎儿被称之为人，是自胎儿的母亲能够感受到胎动。也有人认为，人的开端是起始于婴儿的第一次自主呼吸。DNA 双螺旋结构的发现者之一克里克(Crick)认为，婴儿只有在出生后 3 d 才能被定义为“人”。同时我们也应注意对于一个住院正常妊娠的妇女，需要的是照料，而不是视为患者，需要治疗。

3. 人的标志与生的时刻　深层次考虑个体人的起始点，似乎首先应考虑从何种角度来思考定义人的概念。人的定义在生物学上比较简单，“界、门、纲、目、科、属、种”，其定位很清楚，至少不会与动物等生物产生混淆。从发育生物学角度看，学术界也清楚了从受精到出生的基本过程。不过，病理生理学的特征是整合，是医学中的哲学，病理生理学的包容性令人们不仅仅从生物学角度来理解这一问题。人有生物属性，人也有社会属性，两者深度融合，不可拆分，所以应当综合考量人其实是一个复合体，其标志不仅仅有生物性的特征，还应包括社会性的特征。有关人的社会标志物目前学术界接受度比较好的是“人格”(personhood)。即首先你应当是人，然后与他人不同，你拥有自己的权利。“格”本意很多，包括标准(如合格)、品质(国格)、关系(主格)、式样(方格)等。所以人格通俗一点讲，就是具有独立的自我意识、独自的行为方式、独特的情感交流模式等，隐含了个体人的价值、尊严等含义，强调人与人之间的根本区别，而不是简单地根据一般特征如性别、性格、天赋、天性来加以区分。这些个人特点构不成带哲学和法学上的个体尊严与价值。人格与宗教强调的灵魂有相通之处，与之相近的中文词汇为社会学词汇“个性”(注意，这里的个性，最好理解为个体的人性，而百姓用语“个性”常理解为个人性格)，而与“性格”强调个人偏好，“气质”强调个人天性相差稍远。因此人何时为生的问题也就演变成了在发育过程的人何时具有人格的问题。图 2-5 为发育生物学、宗教、法律等对灵魂进入人体或具备人格的时刻点的一些看法。

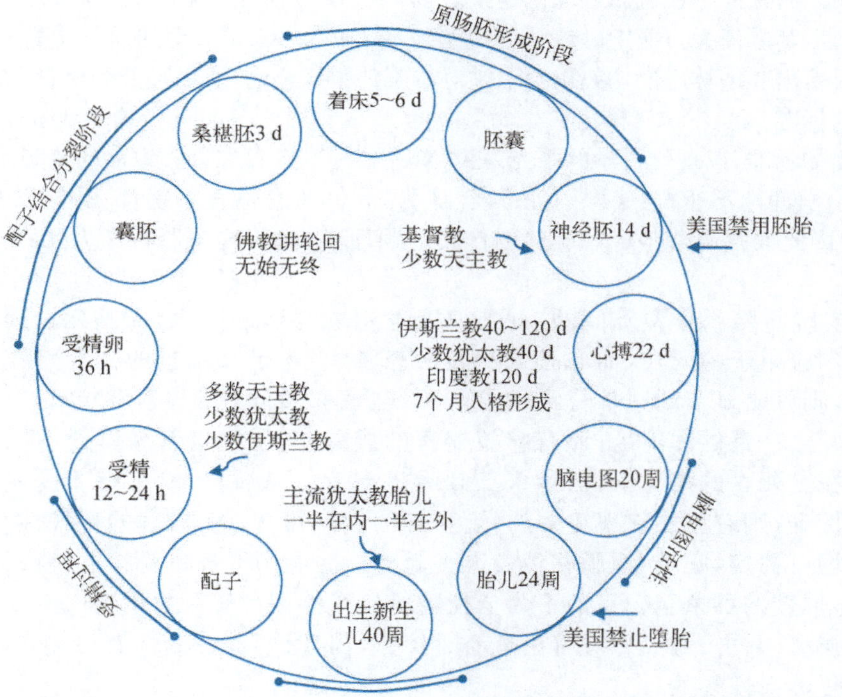

图 2-5　为发育生物学、宗教、法律等对灵魂进入人体或具备人格的时刻点的一些看法示意图

① 宗教一般认为灵魂进入身体即是生命的起点，但灵魂何时被创造，进入人体有不同的看法；② 哲学家对生的起点也有不同的说辞，例如，亚里士多德(Aristotle)认为灵魂在人化过程中产生，即从植物灵魂到动物灵魂再演化为人灵魂，毕达哥拉斯(Pythagoras)认为受精标志人开始，此刻灵魂被创造。斯多噶派(Stoics)认为新生儿开始第一次呼吸时，开始有灵魂；③ 发育生物学认为，原肠胚期不再形成同卵双生，且神经胚形成。许多哲学家、神学家认为原肠胚阶段人格在此期形成，是一很有名的时间点

二、死

“未知生，焉知死”，17 世纪赛尔苏斯(Celsus)曾写道：“德谟克利特(古希腊哲学家)，一个无可争辩的名人，宣称事实上没有什么死亡的特征足以使医生信赖”。死亡的概念至今也存在许许多多的争论。哲学家认为死亡是生命不断走向堕落，宗教认为死亡是灵魂的归天。

(一) 传统死亡

传统上看待死亡有两个主要特点：一是把死亡视为一过程；二是以心脏停止跳动为最重要的标准。

传统观点认为人的死亡一般了经历了三个阶段，包括濒死期、临床死亡期和生物学死亡期。

濒死期的主要特征是：脑干以上神经中枢，如掌控思维与意识的大脑皮层(新皮层)、调节内脏活动和情绪与记忆的边缘叶系统(旧皮层)处于深度抑制状态。表现为意识模糊或昏迷，心跳、呼吸、血压减弱或降低，反射迟钝，无氧代谢增强，机体各系统机能活动逐渐衰退。其持续时间可为数小时至 3 d。

临床死亡期主要标志是：心跳和呼吸完全停止。这一期，中枢抑制从上至下由皮层扩散至延髓，此时反射消失，但各组织中仍然存在微弱的代谢。持续时间一般不超过 6 min，超过者即使抢救复活，因大脑极严重缺氧，多会留下严重神经后遗症。

生物学死亡期主要特征是：逐渐出现尸冷、尸斑、尸僵、尸体腐败等生物学变化。包括中枢在内的各器官系统新陈代谢相继停止，并出现不可逆的变化，机体不再可能复活。因此，此期患者失去了复苏的机会，但由于不同组织对缺氧耐受性不同，各组织死亡时间存在差异。

临床上正是根据心跳、呼吸停止，血压为零，瞳孔散大、固定来判定死亡。

心脏作为一个器官，其功能停止作为死亡最重要的标志一直为东西方医学界及老百姓所接受，主要原因可能在于直观的经验(简单而有效)和认知的接受度。从医学专业的角度看，临床上绝大部分死亡的确属于心肺死亡先于脑死亡，而心肺死亡必定导致包括脑在内的各器官系统死亡。实验证明大脑无血供 6 min 即可带来严重的损伤。西方人早在血循环理论建立之前，认为肝脏造血，血液在心脏得到“精气”(实为氧气)，通过血管，散布全身，其后消失。而中国人认为心脏位居人体中央，是灵魂居所。千百年来形成的数百个与心有关的成语也反映出心主神志的功效以及百姓对心脏的膜拜心理，所以理所当然认为脉断气绝即为死，坦然接受心脏死亡的标准。

然而心跳停止的标准，以现代科学的眼光审视，对死亡的判定存在许多致命的缺陷。

第一是与生物学理论不相符：因为生物科学认为，人体所有器官系统都在神经中枢的调控之下完成各自特有的功能，因此大脑起着整合和统帅的作用。顺理成章，若选择器官作为死亡的标志，脑应是不二之选。

第二是医学实践需要：① 复苏问题：心脏的死亡必然导致脑死亡，而脑死亡则不一定导致心脏死亡。现代复苏技术应用于脑死亡，而心脏未死亡的患者，必将带来沉重的社会、经济负担。反之，若以脑死亡作为标准，则可明显节约医学资源和成本；② 器官移植问题：器官移植已广泛应用于临床，目前器官移植最大问题之一是供体不足；还有移植器官的成败，与供体器官新鲜度(是否保持血液循环)有密切关系。患者在脑死亡的情况下，通过人工呼吸机支持，心跳还可能维持 2 周左右，甚至更长时间。若以脑死亡作为标准，则有可能获得更多的，更新鲜的供体器官；③ 器官的替代性与不可替代性问题：心脏部分与整体均可替换，心脏、瓣膜移植及人工起搏器的应用可替代受损心脏或使其功能恢复正常，已被全社会接受，但脑的移植至少目前不为全社会所接受。因此脑死亡有唯一性的特点；④ 生命可逆与不可逆问题：溺水、电击、低温患者可出现心跳停止，出现假死状态，但有可能自然或通过抢救复活，但脑死亡是不可复苏或恢复的。

第三是司法学的需要：生命是否存在及变更时间在司法领域尤其重要，其时间点的界定与“杀人既遂与杀人未遂”、“致死与致残”等与医疗、民事、刑事责任、事故的判定以及赔付标准等有重要的直接关系。传统的心跳标准无疑对死亡时间的判定有不适用和模糊的地方。

第四从伦理学上看：若脑死亡先于心脏死亡，停止依赖设备或药物的无效、无谓抢救措施是对死者的尊重。

(二) 脑死亡

脑死亡(brain death)概念的提出源自复苏的研究，20 世纪 40 年代末期，医生通过除颤器发现“死亡”的患者可以复活。50 年代初呼吸机已在临床使用，可支持无呼吸功能的患者维持心跳。1959 年法国学者撰文探讨处于极度昏迷(beyond coma)状态的患者是死或活的问题(有心跳、循环、消化、排泌，但无自主呼吸、没有活动、无反应)，他们认为这些患者苏醒的可能性为零。1963 年，比利时医师在外科移植术中对供者使用了 brain dead(脑死者)一词。1968 年美国哈佛大学医学院在一司法案例中组成死亡定义特别审定委员会，探讨并制定了世界第一个脑死亡标准，这个标准成为以后其他脑死亡标准的核心模板。

1. 脑死亡概念

(1) 全脑死亡(whole brain death)：我国及多数国家医学界承认脑死亡是指包括脑干在内的人体全脑功能的永久性、不可逆的丧失状态。

(2) 脑干死亡(brain steam death)：少数国家如英国等强调脑干的死亡即是脑死亡。

(3) 全脑梗死(total brain infarction)：北欧各国把脑循环终止所引起的特异病态，称为脑死亡。

这些概念均暗含了几层意思：① 脑死亡是人生物学整体意义上的死亡，而不是局部的死亡，即使如心脏等局部器官或组织仍然存活；② 脑死亡是人社会学意义的死亡，人的社会功能属性终止，不再承担社会意义上的责任、权利、义务；③ 脑死亡应视为一"事变"而不是一"事件(即过程)"，可以更精确的判定死亡时间；④ 脑死亡患者医学上的复苏与抢救毫无意义，并有助于解决前述医学实践中的一些问题。

2. 脑死亡标准 基于死亡对生者和死者的重要性，各国对脑死亡标准的建立均采取审慎的态度，其内容大同小异。基于生命最基本的特征是意识和生命体征，因此从全脑死亡概念推理，死亡的标准最少应反映和涵盖皮层和脑干最基本的功能异常状态和具备重要的临床检测指标异常。具体如下：

(1) 不可逆昏迷和大脑无反应性：不可逆昏迷(irreversible coma)是不能逆转的意识丧失状态。大脑无反应性(cerebral unresponsively)是指深度昏迷的患者对施加的外界刺激不发生有目的的反应。

(2) 脑干反射(颅神经反射)消失：包括瞳孔、角膜、视听、吞咽等颈部以上颅神经反射消失，而低位神经反射如脊髓反射可能存在。

(3) 无自主呼吸：反映脑干最基本的功能丧失，单独列出显示其慎重和重要。临床上患者往往需呼吸机维持，呼吸暂停试验阳性(其原理为，撤销人工呼吸后，过量的 CO_2 刺激，仍不能诱发自主呼吸运动，说明延髓呼吸中枢停止了功能)。

(4) 脑电图、脑血流图、脑超声等物理检测异常：通过物理检测确诊显示脑电消失、脑血流停止。

其中多数国家公认(1) ～(3) 项为最重要的主要表现或必备条件，物理检测方法视情况或条件选用。其他的标准项各国有所不同，而死亡观测时间各国长短不一，通常在数小时至 24 小时内观察和重复检测不变为准。

需要说明的是，脑死亡概念的确是医学的一个进步，然而死亡不同于疾病，它受到哲学、宗教、政治、法律的关注度更高。而且死亡似乎打破了宗教、哲学、医学的界线，教导人们从容面对或安详走向死亡是神学、哲学、医学相对一致的目标。然而医学上有关脑死亡的定义也存在一些争议，同时非医学领域对死亡的观点一定程度上也影响了医学对死亡的看法。美国医学生物行为伦理总统委员会专家们在讨论全脑死亡的概念是这样描述的："假如 X 是一个人，当且仅当，而且因为 X 遭受完全和不可逆的所有脑功能的丢失。"仔细体会这个定义：① 这个定义首先强调 X 前提要是人，而这个"人"在西人的理解中可以是生物人(human being)，也可以是社会人(person)，所以存在人格(personhood)和个人身份(person identity，指人与人不同，个人的唯一性)的问题，什么决定了你的人格和身份？是全脑或是高级脑？无脑畸形儿，一种胚胎神经管闭合不全的疾患，患儿头盖骨消失、大脑完全缺如，不会思考，不能吃喝，不能说话，不能走路……。是应按全脑、大脑皮层、脑干、脑梗死等概念对待其生死，还是通过社会人格来加以判断？对偶然产下的无脑畸形儿是否应竭尽全力抚养，这些问题在伦理道德上存在分歧；② 这个定义所用的词汇，修饰词占了很大比重，用"当且仅当而且因为、完全、所有、不可逆"来限定脑功能的丢失，实际上它暗示了慎重的意思，也有"免责"的意味，还有显示大脑至高无上的"集成"功能。问题接踵而至：对因果、条件、程度、后果加以限定的脑死亡，是机体整合功能的丧失。然而通过呼吸机维持心跳，已经宣布脑死亡的孕妇可继续怀孕数十天至胎儿剖宫产，这种情况表明在一定条件下，大脑的集成与整合功能可以被替代。所以大脑除了掌管意识外，其功能和心、肺或生殖等其他器官的功能相比较，不应该有地位高低之分，脑不过是起调节作用而已。如果死亡不强调意识的完全丢失，而强调其整合功能，生物学上的理解本身是有一定瑕疵的，且这个概念不能分辨人和动物的死亡有何区别。如果强调意识在死亡中的重要性，医学目前对"意识"的物质基础研究水平是很低的，有很多无法科学解释的现象。另一方面，从逻辑上看，现在认为不可逆，将来是否可能变为可逆是一个问题。2002 年美国外科医师研发了深低温创伤动物复苏术，2014 年他们试图将这种技术运用于诸如枪伤、刺伤等患者。这种技术要求实验动物体温或人体温降低到 10℃，没有心跳，没有脑活动，他们用现在的概念判定属于死者，但他们可以复苏。同时，即使严格按现在使用的死亡诊断标准，按目前的医学技术条件、医疗水平，是否可以接受“不可逆”状态有一定“容错率”，即诊断为脑死亡患者是否可能存在奇迹般的复活。

（三）信息-理论死亡

基于上述生物学有关死亡概念上存在的问题，美国计算机专家默克尔（merkle）于 1992 年提出了一个跨学科（计算机学、物理学、医学、哲学）的死亡观点——信息-理论死亡（information-theoretic death）。所谓死亡，是指大脑编码记忆和个人身份信息的结构被破坏到一定程度，原则上这些信息不可复原，因而失去了“原我”（original self）。这个概念借用了物理定律和计算机信息存储过程的一些原理，强调死亡不依赖任何无论多么遥远的未来技术的进步，具有永恒的特征。然而这个概念目前未必适用，因为记忆、个人身份等信息编码是如何进行和完成的，当代医学对其了解还十分肤浅。

（四）死因

按 WHO 定义：死因是指所有直接导致或间接促进死亡的因素，包括各种疾病、病理状态或事故或暴力等引起的损伤等。① 按死亡过程所起作用分为直接死因（immediate cause of death）、根本死因（underlying cause of death）、死亡诱因、死亡辅因。直接死因是指直接导致死亡的因素，可是一个或几个。根本死因是直接死因的启动因素，例如腹部外伤引起化脓性腹膜炎死亡，前者腹外伤是根本死因、后者腹膜炎是直接死因。根本死因与直接死因可以有更复杂的因果关系链。头部外伤→手术→继发颅内感染→肺功能衰竭→死亡。直接死因是肺功能衰竭，根本原因是头部外伤，中间过程有外科、内科方式治疗不当所致的继发感染，因果链加长。根本死因也可直接导致死亡而无中介因素和直接死因。死亡诱因是指机体存在有致死性的疾病或病理状态，但处于潜伏或代偿状态，在某些因素作用下，疾病或病理状态急性发作或突然恶化导致死亡。例如情绪激动是老年人猝死常见的诱因。注意死亡诱因作用时间通常较短后果严重。辅助死因，与根本死因或直接死因无关，但可促进根本和直接死因导致死亡，也称促进死因。常为个体的自身条件因素如年龄差异、身体状况等；② 其他，按其在死亡中所处地位可分为主要死因或次要死因，按因素引起死亡概率可分为绝对死因或相对死因等。

（五）与死亡相关的状态

1. 猝死（sudden death） 貌似健康的人出乎意料的突然死亡称为猝死。各大系统疾病都可能导致猝死，尤以冠心病、心肌梗死最为常见。其他如某些药物、过敏等也可引起。因为发病急骤，其死亡往往直接进入临床死亡期，即心跳呼吸停止，而无濒死期。

2. 持续植物状态（persistent vegetative state） 植物状态，顾名思义，类似于植物，有生命而无意识。简言之，人脑功能尤其是皮层功能受损，但丘脑下部及脑干功能基本保存。临床上患者丧失意识，语言、认知、随意运动等皮层功能，保留有心跳、呼吸、体温、血压及各种脑干反射，如吞咽等脑干功能，存在睡眠-觉醒（闭眼-睁眼）周期等。患者睁眼环视时貌似清醒，但实际患者是无意识、不自知的活动。植物状态超过一定时间（各国标准不一，我国为 1 个月以上）方能诊断为持续植物状态。持续植物状态诊断标准非常严格，否则容易把长期昏迷后苏醒误以为是植物状态苏醒。从以上定义可看出持续植物状态完全与脑死亡概念不同。植物状态患者病理学特征是大脑皮层，急性颅脑损伤出现的弥漫性损害，或缺血缺氧慢性大脑皮层坏死，而不是全脑死亡。

3. 昏迷（coma） 是大脑皮层、脑干网状结构高度抑制，意识持续中断或完全丧失的一种最严重的意识障碍状态。浅昏迷者一般残存有神经反射，对强刺激有一定反应，而深昏迷者一般无神经反射，对任何刺激无反应。长期昏迷患者与植物状态患者的主要区别在于昏迷患者无睡眠-醒觉周期，患者闭眼而不会睁眼。基于该特征，临床上有时把植物状态称为睁眼昏迷。

4. 安乐死（euthanasia） 所谓安乐死，指现代医学无计可施，对无法救治的感到极端痛苦和绝望的患者，采用迅速而无痛苦的手段，由医生执行，提前结束患者生命的一种方式。如停止治疗（如关停呼吸机）称为被动安乐死，如加以药物（如氰化物）或其他方式助其死亡称为主动安乐死。前者似乎类似自然死亡，后者有“杀人”之嫌。这是一种人道争议很大的死亡方式，至今只有少数国家如荷兰等国通过立法批准。即使这些国家立法准许施行安乐死，也有非常详细而严格的法律和医学程序和标准。

5. 假死（suspended animation） 指由于人心、肺、脑功能高度抑制，表面观察或一般临床检查无生命指征，外表看来好像人已死亡，而实际上还活着的一种状态。严重深昏迷患者有时呼吸、心跳、脉搏、血压等十分微弱，用手触摸的方式检测已经感觉不到，容易误判为死亡，其实是一种假死状态。常见的原因有安眠药、麻醉剂、中毒、触电、溺水等。

图 2-6 展示了本章的主要内容和逻辑主线。

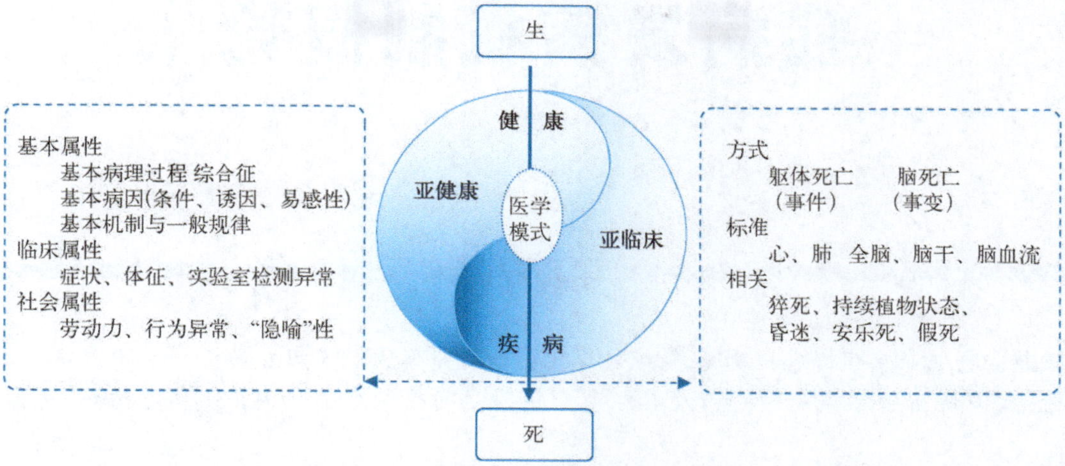

图 2-6　人体稳态紊乱与疾病示意图

基本病理过程、基本病因、基本机制。基本二字强调共性，为多数、基础的意思，不要理解为根本、主要的意思，所以英文用 basic 而不用 underlying 为好

小　结

生与死，健康与疾病是生命的基本问题之一，也是医学中最基本的概念。WHO 对健康理解从三维衍生到多维，强调健康是一种“源”，是一种“能力”，并处于一种动态变化之中，健康与疾病是一个“连续统”。健康促进是国家、社会和个人的责任。疾病概念包括了病因、发病机制、异常病理变化三层意思。应注意对基本病因、基本发病机制、基本病理过程概念的理解，它是病理生理学教学最重要的内容。病因有狭义与广义之分，条件有时在疾病发生中起很重要的作用。与病因、条件密切相关的术语包括诱因、易感性、危险因素。疾病有三种转归方式，其中包括死亡。现代死亡概念是脑死亡，其标准由全脑死亡概念推论而来。与死亡相关的常见几种状态包括猝死、植物状态、昏迷、安乐死、假死等。此外，生的起点争议很大，但对生的起点的探讨在生物学和医学自身均有很重要的意义。健康观、疾病观、生死观决定了医学的目的和医学模式。现代医学目的与传统医学目的——救死扶伤，有很大差距。

【复习思考题】

1. 病理生理学的特点是什么？
2. 如何理解疾病？
3. 以全脑死亡为标准有何意义？

（王晓樱　黄　宁）

第三章

疾病发病机制概论

学习要点

掌握：① 复杂疾病概念和表现；传统与现代生物研究模式对疾病发病机制不同的观点；② 各组学概念、系统生物学概念、特点，及其在复杂疾病发病机制中的作用；③ 良性循环、恶性循环概念。

熟悉：① 近代医学人类疾病研究层次和水平；② 复杂疾病的研究方法；③ 发病机制的一般规律。

了解：认识疾病本质的发展过程。

第一节 认识疾病的发展过程

医学源于人类与疾病的斗争，人类为生存、为健康而渴望了解疾病。随着人类文明的发展和科学技术水平的提高，人类对疾病发病机制的认识也在不断深入和完善。在数千年医学发展过程中，人类经历了原始医学、古代经验医学、近代实验医学和现代医学阶段。

一、原始医学

在远古时期，人们出于对神鬼的敬畏，把疾病的发生归于神灵、恶魔或星座的影响。因此，通神接鬼、占卜吉凶、驱邪避煞、引幡招魂等巫术形式，成为巫医治疗疾病的手段。即使现代社会也残留了它的痕迹，即所谓迷信。其后宗教统治了人们思想，宗教认为疾病是天谴，解除疾病应该向上帝祈祷。不过要说明的是，巫术、祈祷可能对某些疾病的好转确有一定效果，盖因这类疾病发生往往掺杂了相当的心理因素。比如癔症，通过法术等暗示，患者产生安全感，或获得了精神支持，解除了恐惧或焦虑的心理因素，一定程度上类似于现代医学的心理治疗，能够消除或者减轻疾病的痛苦。

二、西方古代经验医学

古代经验医学占据了医学发展过程中的绝大部分时间。囿于历史条件，加之技术和方法所限，人类对疾病发生的认识，开始多源于医学直观经验，随后上升到一种哲学思辨，认为疾病的发生与构成生命的元素（土、气、火、水）与物质属性（冷、热、干、湿）配合形成的体液（红色血液、黄色胆汁、黑色胆汁、白色黏液）失衡有关。而体液失衡是由于环境和（或）生活方式的影响而引起的。因此治疗患者，应注意患者的个人体质、环境因素和生活方式。这即是统治西方传统医学上千年的理论基石——体液学说。从此，医学脱离了巫术，医生取代了巫医。整体观是古代医学对疾病认识中最难能可贵之处。

三、西方近代实验医学

15世纪，欧洲文艺复兴使得人们摆脱了宗教束缚，并相信知识就是力量，而实验与经验是知识的源泉。由于思维方式的转变，科学实验方法的应用，促进了17～19世纪西方自然科学的快速发展，随之而来的第一次工业革命的浪潮，机械的神奇性似乎成为人们的偶像，加之牛顿古典力学的出现和哲学机械唯物主义的盛行，人们把人体看做一个机器，疾病是某个机器零件出了故障或损坏，治疗疾病就是修补机器零件。

文艺复兴也催生了解剖学和由此而生的生理学和器官病理学，其后实验生理学、细胞病理学、微生物学（包括细菌学）、生物学、药理学、免疫学等基础医学学科相继诞生并迅猛发展，加之进化论的出现，人们有足够的基础医学理论知识从生物的角度而不是机械的角度思考疾病的本质，疾病发生的机制也由器官病理深入到细胞病理。所谓疾病总体上看就是细胞组织病变，机体出现了功能障碍，这一观念影响至今。比如，病理检测依然是临床诊断疾病与否的"金标准"，病理学似乎是医学的法官；又如，对生物结构、功能和代谢异常的研究仍然是目前医学领域的一个基本问题。但视疾病为零件毁损，专注于病灶修补，对社会、心理、环境因素的疏漏，也是20世纪前西医被认为是"头痛医头、脚痛医脚"的历史原因之一。

四、现代医学

20世纪医学被称为现代医学，这是医学与其他学科交叉融合得最快的一个时期。生命科学与生物技术突飞猛进导致人们认识疾病深入到微观分子水平，加之医学发展中存在的问题，如慢性疾病疗效不佳，医疗负担过重等促使人们把自身融入宏观的自然和社会系统中，来反思传统医学包括近代实验医学认识疾病的盲点或不足，进而从全新的角度来思考和研究疾病的机制和本质，形成了诸如组学、系统生物学等新的概念。

从医学模式理论来看，原始医学属于神灵医学模式，古代经验医学属于自然哲学医学模式，近代经验医学属于机械论医学模式，继后发展为生物医学模式，现代医学属于生物-心理-社会-环境医学模式。可以说目前医学领域是生物医学模式与生物-心理-社会-环境医学模式并存的时代，前者是主流，后者是潮流，但后者预示着未来的医学发展方向。表3-1将近现代医学对疾病发病机制认识水平汇总如下。

表3-1　近现代（基础）医学对疾病的认识水平

世纪	医学发展时期	代表学者	国家	基础医学主要贡献
17	**【现代医学奠基时期；测量医学时期】**医学步入科学轨道（解剖学和生理学为显学，而轻视临床，尤其是外科，被称为匠人的医学）	培根	英国	**哲学：**培根强调："知识就是力量"，被誉为是"整个近代实验科学的真正始祖"推动了科学与哲学分离，强调归纳。笛卡尔提倡"还原论"："复杂现象分解为简单现象研究然后还原"。它是统领近现代生物医学研究的方法论，强调演绎
		笛卡尔	法国	**医学物理学派：**该学派认为人体是精细机械，疾病是机械紧张度过高、过低或机器零件破损或连接失灵。代表人物：博雷利（Borelli，1608～1679年，医学物理学派奠基人）；哈维（Harvey，1578～1657年，发现血循环）；巴列维（Baglivi，1668～1707年，医学物理学派集大成者）
		博雷利	意大利	**医学化学学派：**该学派认为：生理机能纯粹是一种化学现象。体液质、量失衡即产生疾病。代表人物：帕拉塞尔苏斯（Paracelsus，1493～1541，医学化学学派奠基人）；赫尔蒙特（Helmont，1579～1644年，提出"酵素"理论）；希尔维斯（Sylvius，1614～1672年，提出人体酸碱理论）
		赫尔蒙特	荷兰	**其他：**雷文虎克（Leeuwenhoek，1632～1723年）发明显微镜；马尔皮基（Malpighi，1628～1694年，组织学奠基人）；西登汉母临床医学；西登哈姆（Sydenham）疾呼：医生在于床旁而不是桌旁
18	**【疾病分类医学时期】**疾病的确切致病因素还不能真正解释；也是临床教学的开始（荷兰莱顿大学）；重视病理与临床关系	拉美特理	法国	**哲学：**机械唯物主义达到顶峰，认为一切自然科学带有机械特点："人是机器"或"生命是架化学机器"；理性主义较经验主义占了上风
		莫尔干尼	意大利	**器官病理学：**器官解剖学改变是疾病的原因，疾病的位置
		林奈	瑞典	**疾病分类学：**寻找病因的思想形成，为科学解释疾病发病机制打下了基础。
		苏斯密尔茨	德国	**统计学：**统计开始在医学应用，统计学家"打败"了医学家

续表

世纪	医学发展时期	代表学者	国家	基础医学主要贡献
19	【生物医学体系快速建立时期】临床诊断技术及器械(如各种镜检等)发明,麻醉、无菌技术使外科学地位迅速提高,医学科学化	施莱登、施旺 科赫、魏尔肖 贝尔纳 巴斯德 韦尔奇	德国 英国 法国 法国 美国	**细胞学(1838 年)与细胞病理学(1858 年)建立**:"一切疾病乃细胞病变" **实验生理学建立**:提出内分泌、内环境概念,疾病乃内环境紊乱 **细菌学建立**:巴斯德 1876 年提出了细菌病原学说,特定细菌进入人体引起疾病(病因学突破)并成立了巴斯德研究所(1888 年),感染疾病研究所(1891 年),约翰霍普金斯医学院现代医学实验室(1893 年),运用实验科学手段帮助人类了解疾病的成因和机制
20	【现代医学时期】(微观与宏观并进学科交叉融合);科学计划;系统生物学与转化医学;精准医学	孟德尔 克里克 沃森 洛克菲勒 托马斯 莱登伯格	奥地利 英国 美国 美国 美国 美国	**分子医学**:基因学说和染色体遗传说(1900～1903 年),DNA 双螺旋结构发现(1953 年),分子遗传学的诞生。疾病是基因表达异常、免疫(获得和/或天然)功能紊乱所致 **科学计划**:创立了美国最早的生物医学研究机构-洛克菲勒医学研究所,资助了全美分子生物学研究计划填补了细胞学和生物化学之间的鸿沟 **科研平台**:托马斯与莱登伯格进行了现代生物医学研究史上影响深远的讨论,推动了美国国立卫生中心对于基础研究的资助方向重新定位于疾病发生机制的研究,并致力于为新一代的医学科学家们建立强有力的科研平台。提出并兴起了转化医学这一门新兴的交叉学科。美国科学、工程与医学院临床医学圆桌会议提出了阻碍医学研究成果向人群转化的两个主要的障碍(translational blocks)。基于基因组技术等进步,美国于 2011 年倡导医学将进入精准医学时代

第二节　简单疾病与复杂疾病概述

疾病有轻重缓急之分,也有简单与复杂之别。要理解疾病的发病机制,首先应该对疾病复杂程度有所了解。

一、简单疾病

简单疾病(simple disease)并无一个确切或公认的定义,但从病理生理学和临床角度看,这些病往往致病因素单一或清晰,病情发展过程中因果关系比较明确。如果致病因素不至于过强,或者机体条件不至于过弱,一旦即时针对病因和(或)病机采取有效防控措施,通常可以阻断或延缓发病过程,减轻病况或直至痊愈。

比如,感染尤其是传染病致病因子,临床多数情况下是单一病原微生物引起的,如结核病是由结核杆菌引起,伤寒是由伤寒杆菌引起,狂犬病是由狂犬病毒引起。这是早年,特别是在显微镜刚发明,细菌学盛行时期,西医误以为一种致病因子如细菌,仅导致一种疾病观点产生的原因。用于临床感染性疾病治疗,疫苗用于传染病预防,明显降低了病原微生物所致的死亡率。这也是人类疾病谱发生改变,人类寿命延长的重要原因,是西方医学生物医学模式取得的突出成就之一。

除生物学病原微生物感染因素外,理化因素在临床上也常常可以单一作用引起疾病,如高温可以引起全身或局部的烧(烫)伤,低温引起冻伤,雷击时强大电流引起全身和(或)局部组织的灼伤。强酸、强碱引起的组织腐蚀,高原缺氧引起的高原反应。疾病的严重程度,主要取决于这些因素的强度、作用部位和范围、作用的持续时间等。如果不是特别严重,患者可望得到救治恢复。

但要特别注意的三点是:① 病因单一或清楚,发病机制也未必简单或清楚;② 即使发病机制清楚,临床治疗效果也未必一定理想;③ 发病机制不清楚,临床也有可能治疗效果较好。这体现了基础医学与临床医学一个重理论一个重实效的差异。例如单一细菌导致感染,如果发展为败血症休克,将发生全身炎症反应综合征,其机制极其复杂,至今未能认清(详见第二十三章第一节多器官衰竭综合征概述相关内容)。又如单个基因的缺陷所引发的单基因疾病,种类繁多,据不完全统计,目前已经发现 6 000 多种,且随着研究的不断进展,平均每年都有数十种新发现的单基因疾病。在这些疾病中,已经有 1 000 多种疾病的发病机制相对比较清楚，能应用于临床检测，如血友病、进行性肌营养不良、地中海贫血等。但除部分单基因遗传病可以通过手术矫正外，大部分单基因遗传病往往致死、致残或致畸，并且缺乏有效的治疗手段。

二、复杂疾病

1. 21世纪重视复杂疾病发病机制研究的背景　复杂疾病(complex disease)，通俗理解就是疑难病症，临床治疗效果不佳。自医学诞生以来，人们一直致力于认识和了解疾病，但各时代医学重视的具体疑难病症有所不同。在古代乃至近代医学相当长时间内，感染或传染性疾病是威胁人类生命头号杀手，瘟疫曾同战争、饥荒一起被并称为人类三大灾难，所以感染与传染性疾病是复杂疾病。其后，现代医学的进步，疾病谱发生了改变，感染性疾病让位于心脑血管、肿瘤等慢性疾病。

自20世纪中期以来，分子生物学取得了突破性进展，其最重要的标志是DNA双螺旋的发现及人类基因组计划的完成。而基因工程等生物技术的成熟使得人们能够在分子水平"随心所欲"地操纵基因，整体上促进了神经科学、细胞生物学、生态学、发育生物学、分子免疫学等快速进步，因而人们对疾病发病机制的认识，从细胞时代进入分子时代。

基于上述进展，不少人相信，似乎人类不用太长时间，即可认清这些复杂疾病的发病机制和本质，加之临床采用现代的诊疗技术，这些顽症即可被征服。出乎意外的是，先进的技术与先进的知识应用于临床，对临床常见慢性疾病的疗效远未达人类心理预期目标；而且医疗技术等带来的医疗成本明显上升，还引发了不少社会问题，促使人们反思这些疾病的复杂性及其研究思路是否正确。因而对复杂疾病的研究成为21世纪生物学最大的挑战。

2. 复杂疾病概念　复杂疾病是指由多个微效基因(minor gene)的累加效应结合环境因素共同作用所导致的疾病。

所谓微效，是指对疾病是否发生、症状是否明显、体征异常程度、实验室检测生化指标变化等影响微弱(症状、体征、生化指标等临床改变，遗传学中可称之为性状改变，微效基因遗传学定义为对性状作用小的基因)。比如原发性高血压患者，血压水平高低至少与30余个基因相关，而不像单基因遗传病，一个基因就可决定疾病的发生。几乎人类所有临床常见慢性疾病都属于复杂疾病，包括肿瘤、心脑血管病、代谢性疾病、神经疾病、呼吸疾病、肾脏疾病等。

复杂疾病的复杂性主要表现为：

(1) 参与因素复杂：复杂疾病是多个基因和多种环境因素参与疾病的发生、发展，而不是单个基因或单个环境因素引起；对多数复杂疾病而言，甚至有哪些基因或哪些环境因素参与其发生，至今还不十分确定。

(2) 作用机制复杂：这些微效基因遗传方式不遵循孟德尔定律，个体遗传差异很大；参与疾病的因子相互作用错综复杂，很难确定具有特征性的、唯一的关键致病因素；而且基因和环境之间的相互影响也使得复杂性疾病的发生机制更加难以明确。

(3) 临床早期诊断与治疗复杂：由于复杂疾病多因素参与，发病机制复杂，人们很难找到哪一个因素是关键致病因素，哪一个基因是主要致病基因，哪一条途径是最重要致病途径，哪一个生物标志物是疾病特异标志物。因此临床很难获得一种既敏感又特异的早期诊断方法，很难采用一种针对某一具体复杂疾病的特效药物，很难寻找到一种既十分理想又最优化的防治方案。

第三节　传统与现代生物研究模式对疾病基本发病机制的认识

一、传统生物研究模式对疾病基本发病机制的认识

1. 疾病的认识论和方法论　传统生物研究模式下，生物医学家们对疾病发病机制的研究是以笛卡尔还

原论(Descartes reductionism)为指导思想。17 世纪的笛卡尔被誉为西方近代哲学的奠基人和近代科学的始祖。他最为重要且影响巨大的观点之一是：复杂事物必须分解成简单的部分来处理；而思想必须由简单到复杂。现代医学生物学的成就正是这种哲学思想的一种体现。

在传统生物研究模式统领下，生物学家们用“分割”的方法把整体分解为组织、细胞、分子进行研究，得到的各种科学数据或知识，来推演人体整体疾病的发病机制，成为生物学领域一般思维模式和生物专业学科的特征。所以医学生物学家们相信分子水平的研究将揭开人体生命复杂性的奥秘。

2. *研究疾病方法* 还原论思想，已演变为医学生物学家研究疾病的一种标准操作模式。科学家作为个体来讲，通常是专注于某个或某几个基因、蛋白、细胞、组织、器官，采用相对低效的方法与技术对其进行研究。作为科学家群体来讲，把获得的数据或结论达成共识后形成概念，形成一套逻辑理论即疾病发病机制来解释疾病，在一定程度上满足了医学的需要。

3. *疾病发病的基本机制* 基本机制是指各种疾病共同存在的机制，而不是指某一疾病的具体机制。在复杂分解为简单，再从简单返回到复杂的指导思想下，人们认为疾病发生的基本机制主要包括细胞分子机制、体液机制、神经机制。

(1) 细胞分子机制：细胞是生命的基本单位，至魏尔肖建立细胞病理学说以后，生物科技的发展使人类在细胞与分子水平上研究疾病发生机制成为可能。在细胞水平上，当病因作用于机体，可引起细胞形态结构与功能代谢的改变。比如缺血缺氧可能引起生物膜系统中细胞膜、线粒体膜等的肿胀，溶酶体的破裂与崩解，细胞内的代谢途径异常如有氧氧化，无氧酵解异常等。在分子水平上，基因及其编码的蛋白以及各种生物活性物质是细胞功能的具体执行者。基因、蛋白等的改变将会导致如受体、泵、离子通道以及各种酶功能发生改变，从而使细胞失去正常的生理功能。

(2) 体液机制：体液构成了机体绝大部分，包括细胞外液和细胞内液。一方面细胞外液是机体生存的内环境，而细胞内液通过细胞膜与细胞外液交换并维持其稳定，使细胞生理生化代谢过程能够得以正常进行。因此，细胞内外液其理化性质以及容量的病理改变等都可能导致机体功能代谢改变和(或)形态结构的异常，如发生脱水、水肿、休克等。另一方面，细胞间的生物学联系是通过内分泌、旁分泌、自分泌等方式进行。如果异常的内外源性物质出现在体液中，则细胞间的“通讯”将受到影响，机体的体液调节功能将发生紊乱，影响疾病的发生发展和转归。如血液中凝血物质、激素、细胞因子等异常增高或降低可能导致诸如弥散性血管内凝血、肾性高血压等病理过程或疾病发生发展。

(3) 神经机制：机体各系统脏器功能与外环境协调是在中枢神经系统的统领下完成的，如神经系统可影响内分泌功能、免疫功能、运动功能等。因此无论是神经系统病变本身或非神经系统疾病，神经调节的功能改变往往起到很重要作用。比如应激状态下，出现的各种情绪异常以及躯体性症状与中枢和外周神经关系密切。神经-内分泌-免疫网络调节异常是人类重要疾病如心血管系统疾病、呼吸系统疾病、肿瘤等发病的重要机制。

二、现代生物研究模式对疾病基本发病机制的认识

1. *从认识论和方法论来看* 这一研究模式借鉴了现代自然科学系统理论的重要成果，包括老三论：系统论、控制论和信息论(system-cybernetics-information, SCI)和新三论：耗散结构论、协同论和突变论(dissipative structure-coordination- mutation, DCM)的思想。这些思想应用于疾病研究，强调的是要用系统的、网络的视角看待人体及人体的各种层次。人类生理及病理状态都是相互串联和交互的复杂体系，都是一个个相互交织的网络调控系统叠加和作用的结果。

2. *从研究方法来看* 由于以芯片和质谱等为代表的高通量生物技术及自动化设备可以在同一时间内检测、分析、筛选数目庞大的候选分子，比如基因芯片或蛋白芯片一次可以检测数千个基因或蛋白分子，加之各种生物信息数据库的建立和完善，极大地改变了传统科学家们只能分析少量数据和描述个别状态的“手工操作”方式。这为系统地、综合地在不同层次网络结构上深入研究疾病发病机制提供了可能。

3. *现代生物研究模式探索复杂疾病基本机制*

(1) 复杂疾病是基因与环境相互作用的结果，它是复杂疾病发病机制的关键(图 3-1)。

遗传与环境因素相互作用表现为：① 具有遗传易感性如无一定的环境因素参与也可不发病，比如有高血压遗传素质，如果生活方式(饮食、运动、工作压力等)良好，则不一定发生高血压；② 有环境因素如无一定的遗传易感性，也不一定发病。如吸烟可导致肺癌发生概率增大，但吸烟者在医学和生物学上不能肯定他一定患上肺癌；③ 不同复杂疾病其遗传易感性和所需的环境因素不完全一样。

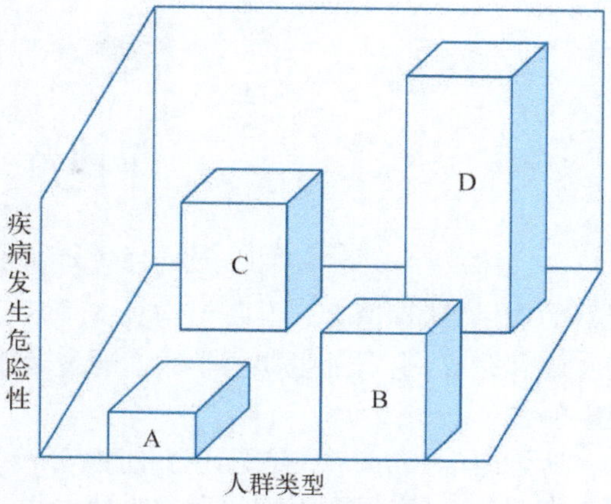

图 3－1　基因与环境交互作用示意图

A：基因变异(－)环境因素(－)；B：环境因素(＋)基因变异(－)；C：基因变异(＋)环境因素(－)；D：基因变异(＋)环境因素(＋)

(2) 存在由不同层次因素构成的立体状网络复杂调控模式(图 3－2)。

如图 3－2 中所示，圆圈代表“节点”，图中线条表示“边”。在生物学上“节点”代表不同层次的物质构成要素，可以是不同分子，可以是不同细胞，可以是不同组织、器官等。“边”表示它们的相互作用。“节点”和“边”构成一立体状复杂网络图形。同时如图右侧上所示一个系统可能涉及若干其他系统。右下小图显示“边”的不同，虚线示意它们之间曾经存在相互作用，实线示意现在存在相互作用，箭头示意作用的方向性，线条粗细不同，代表作用强度不同。同样，“节点”也有可能存在有或无状态。因此从其“节点”和“边”的多样性，可见其相互作用关系十分复杂。

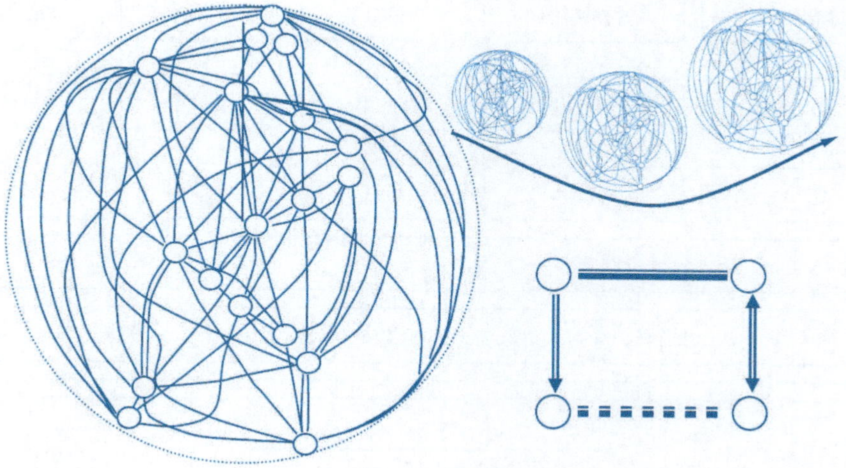

图 3－2　复杂网络作用示意图

试举例说明生物节点和边的相互作用。已知数十种原癌基因(节点)参与了胚胎发育过程，原癌基因处于开放状态，编码的各种蛋白产物相互作用，如信号传导过程(边)，可以调控细胞的增殖和分化；而发育成熟后，原癌基因相继关闭，如果持久开放，或者受环境致癌物影响，重新开放，癌蛋白大量增加，个体将出现各种肿瘤疾病。所以生物系统不同层次物质相互作用有时空效应的特点。不同条件下，参与物质与相互作用方式均可能不同。

这两个基本机制实际上指明了基因作为内因，环境作为外因控制了复杂疾病的发生，它们是并列的因素，在不同疾病中基因与环境起作用大小不同而已。

比如，流行病学调查证明：生物遗传因素、环境因素(又分为生活方式、其他环境因素)、卫生服务条件引起人类疾病发生，各种因素所占的百分比明显不同。传染病发生和大规模流行最主要的因素是卫生服务条件差；而引起心血管疾病发生，生活方式是主要因素，生物遗传因素是次要因素；肿瘤发生，生物遗传因素略强于环境因素；内分泌疾病发生总体上生物遗传因素占优。

所以冠心病、肥胖、高血压等也被称作生活方式病，强调了不良生活方式(吸烟、高脂饮食、缺乏运动、工作压力大、情绪紧张等)，对其发生的重要性。

第四节　复杂疾病的研究方法

近30年来，由于分子生物学、计算机科学等学科快速发展及学科交叉，高通量、自动化生物检测技术和仪器的应用，从理论上到实践上均具备了从系统水平研究复杂疾病的可能性。尤其是人类基因组计划的顺利实施和完成，引发了生物科学家们通过运用各种“组学”，或各种“组学”的集成——系统生物学的方法来研究疾病。

所谓组学(omics)，是指通过检测、分析某一层面所有构成要素(如基因、蛋白等)，以及构成要素之间的相互作用关系，来研究生物状态的一种方法。“组”是组合、集合的意思，以区别于单一、个别。单一层面的组学研究，还无法完全解释生物现象的全貌，因而需要用整体的观念，集成各种组学从分子到整体各层面同时进行系统研究，这样构成了系统生物学(图3-3)。

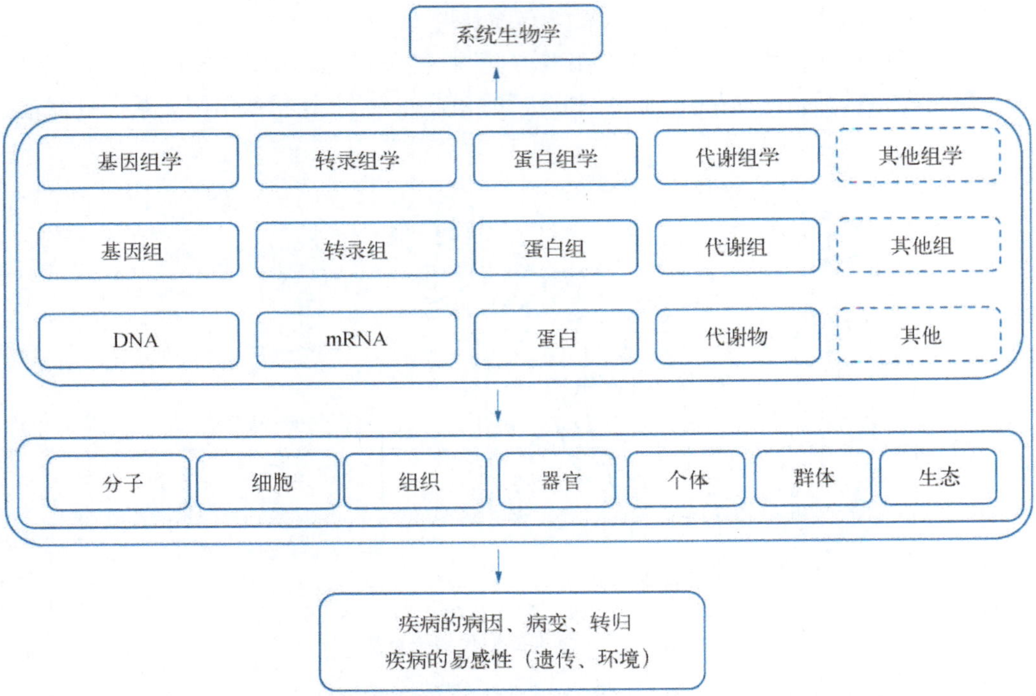

图3-3　组学与系统生物学示意图

组学和系统生物学概念的提出和应用是医学乃至生命科学研究的一场革命，对医学包括基础医学、临床医学、预防医学、药学等均有重大影响。用“组”和“系统”的观念和方法，可以用于研究复杂疾病的致病因素、危险因素(包括环境和遗传因素)等；去探索和认识复杂疾病不同阶段，不同时期过程中，各种组分以及组分之间的网络联系，使人们得以全面、系统、动态、正确地阐明疾病发病机理。临床上可以用来进行复杂疾病的早期诊断，创造新的诊断方法和防治方案，实行个体化医疗并预测疾病发生，这也是临床上提出医学未来发展方向——4P医学模式的理论基础之一。同时组学与系统生物学研究对于新药研发也有不可估量的作用。

本节以下内容仅将重点介绍基因组学(genomics)、蛋白质组学(proteomics)、代谢组学(metabonomics/metabolomics)和系统生物学(systems biology)在人类疾病发病机制研究中的作用和意义，至于它们在其他学科的作用和价值，将在相关课程中学习。

一、基因组学

1. 概念

(1) 基因组(genome)：通常所谓基因组指的是细胞核染色体 DNA 序列所包含的全部基因信息。广义上还包括胞质中如线粒体 DNA 基因信息。

(2) 基因组学：是指研究基因结构与功能，以及基因与基因相互作用的一门科学。它强调研究的对象是以组为单位，而不是以某个基因为单位。

2. 研究内容和方向

基因组学的研究主要分为两个方面：① 结构基因组学(structural genomics)，以测定基因序列为目标；② 功能基因组学(functional genomics)，或称为后基因组学(postgenomics)以研究基因的功能为目标。

3. 基因组学在复杂疾病发病机制研究中的作用

人类基因组学最重要和最突出的成果是人类基因组计划完成。这个计划是由美国倡议发起，由美国、英国、日本、法国、德国、中国合作，从 1990 年开始到 2001 年结束，历时 10 年，耗资数十亿美元得以完成，体现了科研大合作的精神。从此人们知道了人类大约有 32 亿个碱基，3 万～4 万个基因，98%DNA 参与调控作用，只有 2%参与蛋白合成。人与人之间 99.99%基因密码相同，而仅有 0.01%差异(其后研究证实人体基因组差异约为 0.3%)。

基因组学在复杂疾病发病机制研究中的作用主要体现在以下几个方面：

(1) 它是研究人类复杂疾病遗传易感性和寻找疾病易感基因的分子基础：人体基因组计划揭示了人体基因组约有 30 亿个碱基，根据数理推算，每隔 500～1 000 个碱基有可能发生一个单个碱基的变异，理论上 30 亿个碱基变异数量可达到 300 万个以上。这种基因组水平上单个碱基的变异所产生的多态性，遗传学上称为单核苷酸多态性(single nucleotide polymorphism，SNP)。这正是目前研究人类复杂疾病遗传易感性和寻找疾病易感基因的分子基础。

通过选择正常人对照和某种疾病患者标本，经 DNA 测序，比较他们基因组单核苷酸多态性的差异，如果证实该差异有统计学意义，那么该差异位点附近区域所含 DNA 序列可能存在某种疾病易感基因。这种技术被称为全基因组关联分析(genome-wide associate study，GWAS)，简而言之，这种技术是要证明某位点是否与疾病相关。自 2005 年该技术应用以来，已经陆续报道和公布了视网膜黄斑、乳腺癌、前列腺癌、白血病、冠心病、肥胖症、糖尿病、精神分裂症、风湿性关节炎等数十种疾病可能存在的易感基因。这是结构基因组学研究疾病发生所发挥的重要作用之一。

(2) 改变了传统生物研究模式假设优先的观点：研究疾病是假设优先或是数据优先？传统生物学研究模式研究疾病，首先是提出假设，如假设某因素或某基因与疾病发生发展有关，然后通过实验验证该假设，以证明该因素或基因是否参与了疾病发生发展。而全基因组关联分析并不需要首先提出假设某基因与某疾病可能有关，然后验证它。它是首先得到正常人和某类型患者 DNA 序列数据，通过比较分析，得出某个基因是否与疾病有关的结论，所以是数据优先。

(3) 它是研究复杂疾病发展过程中发病机制的分子基础：人类基因组计划发现，人类 98%DNA 参与调控作用，2%DNA 参与蛋白合成。因此研究疾病发展过程中致病分子机制，如基因表达调控等，离不开基因组学研究，它是研究复杂疾病致病分子机制的基础。但研究基因功能，即功能基因组学研究，也离不开蛋白质，所以其作用将在下面蛋白组学进行阐述。

(4) 其他作用：与人类基因组计划实施的同期，模式生物的基因组计划也得到实施，医学上最常用的模式生物包括果蝇、线虫、大肠杆菌、酵母菌、基因敲除小鼠等基因组计划已经完成，这为研究复杂疾病提供了有利条件。

需要注意的是，由于基因组学研究是推动蛋白质等组学兴起的关键，基因组学研究的思路，成为各组学研究的一种模式。体现在：① 生物技术的重要性：人类基因组计划伴生了生物技术如 DNA 测序的进步。自动化、高通量的检测分析技术与仪器是各组学研究必不可少的工具；② 学科交叉的重要性：基因组研究所获得的海量数据，需要进行分类存储、检索分析，探索其信息中所包含的生物学意义，催生了计算机学与生物学结合产生的生物信息学。其他组学的研究也离不开学科交叉。目前学科交叉诞生了诸如数学生物学、整合生物学、分子网络生物学、虚拟生物学、芯片生物学、预测生物学、发现生物学以及人工和电子细胞等一系列新新学科;③ 资源数据库的重要性:生物信息学的出现伴随了各种生物信息数据库的建立,这些数据库成为获知生物分子组成、结构与功能信息,获取前沿研究进展等不可或缺的工具。美国国立生物技术信息中心(NCBI)是目前医学领域最大的综合数据库。

二、蛋白组学

1. 概念

(1) 蛋白质组(proteome):是细胞组织或个体拥有的全部蛋白质,这一概念暗含了基因序列理论上编码的蛋白与细胞(个体)实际存在的蛋白是不一样的这一生物学含义。表现在:① 细胞蛋白含量与 mRNA 含量不一定成正比例:蛋白是基因编码的,但是细胞中蛋白的量与 mRNA 的量,因各有其代谢条件,如降解所需酶等条件不一样,两者不一定是对等的,即 mRNA 含量高,蛋白含量不一定高,反之亦然;② 一个基因并非对应一种蛋白:因为一个基因转录成 mRNA,在其剪接后,可编码多种蛋白,同时这些蛋白存在各种修饰现象,如糖基化、乙酰化等,所以蛋白质不一定是基因编码的直接产物,而是一个中间产物,导致蛋白质种类明显超过了基因数目。目前推测一个人类基因可能编码 10 种蛋白,因此人类大约有数十万种蛋白分子,明显超过了基因数目;③ 发育不同阶段、不同细胞组织、不同条件或状态下,细胞蛋白质种类的构成及含量有很大差异:最简单例子如肌肉与脂肪组织和神经组织,其蛋白种类有明显不同。

基于以上的不同点,蛋白质组与基因组相比较,即使在生理状况下,蛋白质组也有多样性和随时空不同而发生动态变化的特点。反之,基因组在生理状况下,体细胞基因是一样的,具有均一性,而且终生不变,具有相对稳定性的特点。同理,病理状况下,蛋白质组变化情况也远比基因组复杂。

(2) 蛋白质组学:是指在组学的水平上,研究蛋白的结构与功能及其相互作用。

蛋白质组学的真正含义在于:它不是按照传统的方式孤立地研究某种蛋白质分子的功能,而是应用各种高通量蛋白质组学技术研究某种蛋白质在复杂的细胞环境中的功能。蛋白质组学旨在列出全部蛋白质的细目,弄清每一个蛋白质的结构和功能及蛋白质群体内的相互作用,对比在疾病和健康状态下它们的表达水平的变化。但从实验研究来讲,只可能是特定时间,特定条件下,对蛋白组进行研究,所以不同实验室蛋白组学研究的重现性因条件不同等原因可能存在差异。

2. *研究内容和方向* 从整体上看,蛋白质组研究包括两个方面:一方面是对蛋白质表达的研究,即在机体的生长发育、疾病和死亡的不同阶段中,研究细胞与组织的蛋白质组成的变化;另一方面是对蛋白质组功能的研究,目前主要集中在蛋白质与蛋白质相互作用网络关系的研究。前者称为表达蛋白质组学,后者称为图谱蛋白质组学。

3. *研究蛋白质组在复杂疾病发病机制中的作用* 由于细胞是生命的功能单位,蛋白质是维持细胞结构与执行细胞复杂生物功能最为重要的成员,有人称蛋白质为细胞及生命功能的体现者和执行者。而前述蛋白质组有其自身的代谢过程如降解与修饰,蛋白质种类明显超过了基因,蛋白质种类及含量具有时空变化等特点。所以对由多因素引起的,细胞组织生物学及临床表现变化多端的复杂疾病而言,从蛋白质组的角度来探索其发病机制,是基因组研究所不能替代的,具有更加重要的价值。

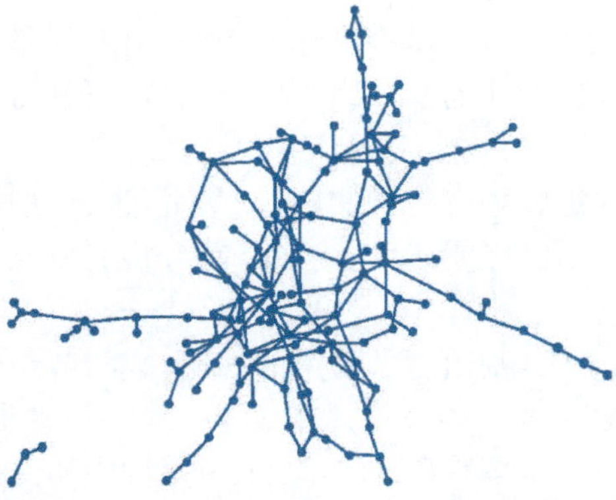

图 3-4 心肌肥大蛋白相互作用示意图

目前蛋白质组学研究复杂疾病发病机制,其核心是要研究疾病状态下,细胞组织所有蛋白质间的相互作用,比如细胞内信号传导,离子通道蛋白的开放和关闭,细胞的生长和分化等重要生物学过程的变化。通过建立相关数据库、建立相关理论和计算机模型,来解释并进一步研究复杂疾病的发生机制。

图 3-4 为心肌肥大的细胞与蛋白相互作用模式图,显示 11 条信号传导通路,至少有 152 个"节点"(蛋白)参与,223 条"边"(相互作用方式)。

又如我国科学家构建了世界上第一个肝脏蛋白质相互作用的网络图谱，该网络图谱描绘了两千余种蛋白质的三千余种相互关系，预测了数十个与肝脏疾病相关的蛋白质，显示了肝脏疾病重要信号通路分子的相互作用特点，其中绝大部分蛋白相互作用关系以前均未曾被发现。

三、代谢组学

1. 概念

(1) 代谢组(metabolome)：是指机体所有内源性代谢产物。新陈代谢是生命存在的一个标志，代谢产物是生物正在发生的生化反应或已经完成的生化反应所产生的物质，既可能是代谢中间产物，也可能是代谢终末产物。代谢物也可调节机体的生命活动，例如ATP能量代谢过程，产生的腺苷可调节冠状动脉血管紧张度，从而与休克的发生发展有密切关系。

继基因组和蛋白组概念形成后，科学家们于1998年创建了"代谢组"这一名词。为区别于基因组和蛋白质组，代谢组将大分子核酸和蛋白除外，特指人体分子质量小于1 000 Da的小分子化合物，如小分子肽、氨基酸及其衍生物、胺类、脂类、金属离子等。同时人体内的代谢产物，除机体自身物质产生外，因人体还存在正常菌群，进食的食物等，所以这些代谢产物还有正常菌群、食物与人体相互作用产生的一些代谢物质。

代谢产物种类多，理化性质差异大，含量极低且变动范围宽，时空动态分布不同，目前主要是通过血液与尿液等来对其进行测定。

(2) 代谢组学：是指研究生物体系，包括细胞、组织和个体代谢产物动态变化及其规律。

2. 研究内容和方向　代谢组学的研究方向：① 对生物体内所有代谢物进行定量分析，建立代谢物质数据库；② 寻找代谢物质变化与机体生理、病理变化的有机联系。

3. 代谢组学在研究复杂疾病发病机制中的作用　代谢产物，反映了细胞生命事件或过程，与基因组和蛋白质组比较，更接近于生命活动调控的末端，与人类生理和病理的变化有更直接的联系。同时代谢组不仅仅是人体自身产物，还包括了宿主菌、食物与人体相互作用后产物，与环境因素关系更为直接和密切。还有代谢物的变化可能存在放大效应，如一个基因的微小变化，可以通过各种代谢物的出现而放大，并显现出来。因此，代谢组学在整体水平上研究复杂疾病发生机制有很大作用和价值。比如后面章节讲述的肝性脑病，以及临床糖尿病、心脑血管疾病等的发生发展，与蛋白质代谢或脂代谢有密切关系，并且高蛋白，或高脂饮食是其重要的危险因素，因此代谢组的研究对于最终认清这些疾病的发病机制有很重要的意义。

四、系统生物学

1. 概念　系统生物学是指整合生物系统不同层次信息，研究生物系统如何行使功能，揭示其系统的行为方式的一门科学。

2. 系统生物学特点　整合是系统生物学研究的灵魂。不同层次和方面的整合贯穿了系统生物学研究的全过程，是系统生物学研究的核心。

(1) 整合性

1) 层次间的整合：指系统内不同性质的构成要素，从分子到细胞、到组织、到个体的各个不同层次的整合，也可以理解为是各种组学的整合。

2) 研究思路的整合：如前述，复杂疾病存在由不同层次因素构成的立体状网络调控模式。传统的生物研究模式是一种纵向的研究，即采用不同方法技术研究单一或个别的基因或蛋白质等。而现代生物研究模式，如组学的研究则是横向的研究，即以单一的研究手段同时研究数量庞大的基因或蛋白质等，而系统生物学研究则集成了纵向与横向研究的优点，是一种立体三维式的研究。

3) 研究方法的整合：主要指多学科、多方法研究的整合。它需要生命科学、信息科学、数学、计算机科学等多学科的共同参与。

(2) 时空特异性：同上蛋白质组学与代谢组学所述，生物系统内部变化，存在时空效应，因而系统生物学在实际应用中，同样也是在特定的时间、特定的环境条件下，针对特定的生物体系进行研究。

3. 系统生物学在研究复杂疾病发病机制的作用 系统生物学的整体观,无疑对研究复杂疾病是一个理想的方式。人类认识疾病从古代经验医学"天人合一"的整体观,到近代医学的器官、细胞、分子,又回复到分子、细胞、器官、整体、生态。但后者明显是一种高层次的整体观,体现人类认识事物包括疾病螺旋上升的过程。运用系统生物学的原理和方法,人们建立了复杂疾病动物生理和病理模型,通过基因组、蛋白组、代谢组等组学技术,研究从生理到病理状态下,从基因到整体的物质构成,结构与功能以及代谢的改变,获得各类型数据,并建立相应数据库,不同实验室及临床研究结果,可以在数据库中进行比对,并对数据库加以补充和修正,从而加深人们对于疾病发病机制的理解。比如在高血压系统生物学研究中,发现了一些传统未曾明了的与血压升高相关的基因及其蛋白和它们之间的相互作用关系。

需要说明的是,系统生物学能应用于疾病研究,源于高通量检测技术和仪器的出现,然而目前所使用的技术与仪器,生物体内的极微量变化不一定能够检测得到,也就是说仪器的灵敏性、准确性、分辨率等还不能完全满足系统生物学研究的需要。此外各组学技术发展也不均衡,如结构基因组学研究,明显强于蛋白质量组学和代谢组学研究。同时前述蛋白组学、代谢组学所牵涉的相关生物时空变化极其复杂,如癌症是一个渐进发展并不断恶化的过程,理解其发生发展机制,最佳的实验方案是在不同时段进行各组学及系统生物学研究,但实施这样的方案还存在很大的困难。因此诸多因素综合起来看,要完全正确理解复杂疾病的发病机制,还有相当的路程要走,不过系统生物学毕竟是一个前进的方向。

五、"大科学"系统研究的起步

美国国立卫生研究院(national institutes of health,NIH)制定了通向医学生物学未来的研究路线图计划(NIH road map),这个医学研究框架强调的未来主要目标是进行复杂生命系统的"大科学"系统研究;强调科学研究的团队精神;强调生命科学的定量化,使之成为精细科学;强调新技术、新方法和新技术平台建设;鼓励原始创新,冒险精神和学科交叉。为此,新组建了生物医学计算中心、网络技术分析中心等,启动了临床研究体系的重建工程,开动了国家电子临床试验和研究网。

与此同时,欧盟第六框架计划(the sixth frameword programme for research,FP6)已经启动。它的目标是为基因组医学方面的研究提供有贡献的生物医学信息的工具和方法,以及为欧洲建立一个稳定和持久的研究与开发结构。技术开发和公共资源数据体系的大规模建立和发展,将把生物学和生物医学研究引入到一个重要的新方向,并促使一场新的生物医学研究革命的开始。

第五节 疾病发生发展中的一般规律

现代西方医学的理论基石为稳态,恰如中医的理论根基是"阴阳"一样。当病因作用于机体,可引起机体局部和(或)全身自稳调控机制异常,稳态紊乱,则机体一方面出现损伤效应,而这种损伤效应,又可作为因,继续引起机体更严重损伤的果,病情趋向恶化或死亡,称为恶性循环 (vicious circle)。另一方面针对损伤,出现抗损伤或代偿反应,通过因果良性循环(virtuous circle),机体逐渐恢复或部分恢复正常。

这一过程体现了疾病发生发展过程中存在的一般性普遍规律: ① 存在稳态的紊乱;② 存在整体与局部的协调关系;③ 存在损伤与抗损伤相互拮抗反应;④ 存在恶性或良性的因果循环。

如果机体抗损伤反应占优,代偿完全,则机体完全恢复健康(complete recovery),临床称为痊愈(即症状、体征消失及各种实验室检测指标正常)。若代偿不完全,机体不能完全恢复健康(incomplete recovery),则机体处于慢性病理状态,病情迁延,反复发作,或留有后遗症。前者完全恢复是指: ① 机体内表现: 功能、代谢、结构和自稳调控机制恢复正常;② 机体外表现: 与外环境适应能力和社会能力正常。后者不完全恢复是指: ① 机体内: 虽然损害性变化得到了控制,但仍存在着某些病理变化;② 机体外,患者适应能力或者社会能力与正常比较,可能有不同程度地降低。

不完全恢复、完全恢复、死亡即是疾病的转归,是指疾病发展到最后阶段三种方式,即疾病的结局。

小 结

不同历史发展阶段，人类对疾病的发病机制和本质认识不同。目前，传统生物研究模式和现代生物研究模式处于并存时期，它们的指导思想和研究手段存在很大差异，前者以还原论为理论基础，往往采用的是低效的生物技术，针对单一或个别生物体系组分进行研究。而后者以系统理论为指导，采用的是高通量的、自动化程度高的生物仪器和技术，从组学和(或)系统生物学角度研究疾病。由于疾病谱的改变，临床慢性复杂疾病成为医学最大的挑战。传统生物研究模式认为疾病基本发病机制可归纳为细胞分子机制、体液机制和神经机制。复杂疾病基本发病机制，一是强调基因与环境的相互作用，二是强调机体内部各层次之间的相互作用有十分复杂的结构与联系。人类疾病发生发展过程中可出现良性循环或恶性循环而呈现不完全恢复、完全恢复、死亡三种方式。

【复习思考题】

1. 试述复杂疾病的概念及其主要表现。
2. 如何从传统和现代两种不同的研究模式认识疾病的基本发病机制？
3. 复杂疾病的研究方法有哪些？其各自在研究疾病发生机制中的作用是什么？

(王玉芳　陈善泽)

第二篇

稳态理论与基本病理过程

第四章

稳态与疾病

学习要点

掌握：① 稳态、蛋白质稳态、发育稳态、生态稳态、调定点概念；② 稳态调节（调定点理论）；③ 血液内环境平衡的维持与干扰基本思想；④ 炎症信号对血糖稳态生理反馈回路的影响；⑤ 系统动力学理论解释复杂疾病发病机制的意义。

熟悉：① 系统动力学概念、基本要素和特点；重要名词（源、流、汇、变量）；② 库存与流率模型原理；③ 稳态失衡的阶段；④ 库存与流率模型与血糖稳定的机制。

了解：① 稳态调节的其他理论（可变状态调节、稳态应激及负荷、预期控制）；② 脂稳态调点定模型、“沉降”模型、双水平干预模型。

稳态（homeostasis）是一种动态平衡，是内环境稳定和生物有机体内保持协调、稳定的各种生理过程。它是生命科学与医学思想集大成的概念之一，从一般性的生物体温恒定的描述，到控制反馈机制的阐释，直至生命生态系统统一，认识到人与自然的和谐关系的本质。

人们对稳态的认识有着悠久的历史，西方人说，“All is well in homeostasis（一切皆在于平衡）。”早在2 500年前，希腊哲学家赫拉克利特（Heraclitus）提出人类经历着不断变化的状态；哲学家恩培多克勒（Empedocles）提出平衡与和谐是生物生存必要条件。基于这些观点，西方医学奠基人希波克拉底（Hippocrates）结合自身的医学研究指出机体健康是组成体液的均衡；疾病则破坏了这种平衡，机体试图恢复平衡来治愈疾病。古罗马时代著名医学家盖伦（Galen）推论了一些机体特定机制对生命重要过程的贡献，有些甚至得到证实，比如通过动物活体实验证实了中枢神经系统对呼吸的控制。

从19世纪中后期到20世纪中叶，稳态概念的确立经历了萌芽、草创、建立、深入、拓展几个阶段。其中涉及四位最伟大的科学家：贝尔纳、坎农、里克特和维纳。

萌芽阶段：18世纪末期英国解剖学家亨特（Hunter）和实验生理学家布莱格登（Blagden）观测到低等生物如蛇等的体温随外界温度变化而变化，而高等生物如鼠或人在一定范围内温度保持稳定，提出了恒温动物和变温动物的概念。体温的恒常性，在科学上为稳态理论奠定了基础。

草创阶段：贝尔纳（Bernard）是法国著名生理学家，他做出了许多生理学领域的突破性发现，包括第一个生理平衡的发现，即生理状态下，水的摄入和丢失相等以维持血容量。同时，他还提出了非常重要的理论——内环境恒定，也就是对生理学核心（他描述为“先进的生命形式”）的探讨。在最后的成果中，他写下这句名言“内环境恒定是机体自由和独立生存的首要条件”。虽然外环境发生巨大变化，但是内环境仍保持恒定不变。但恒定的机制是什么，他并未澄清。

建立阶段：内环境恒定这一概念的提出对稳态概念的建立起到了极其重要的作用。美国生理学家坎农（Cannon）发现自主神经的功能在于使内环境的特定生理参数稳定，并于1926年创用了homeostasis，即稳态这一术语。“stasis”描述一种状态、一种存在形式。而前缀“homeo”则意指“相似”，而非“homo”指相同。合起来表示“一种可变的但又相对恒定的状态”，含有静中有动，动中有静的意味。坎农的理论基于贝尔纳的工作，并在多个方面进行了重要扩展：首先坎农强调机体并不能维持内环境完全地恒定于某个特定的数值，而是将其维持在一个很窄的范围之间；其次，他强调稳态机制动态协调地运行，核心就是存在互相对抗的控制机制；再次，他强调控制机制是被促进或抑制主要取决于面临的环境挑战；最后，他通过 1932 年出版的经典著作 *The Wisdom of the Body* 把稳态这个概念推广到了全社会。

需要解释的是：为何稳态不用平衡(equilibrium)一词。坎农认为，equilibrium 早已被用作一个封闭系统内的简单的理化稳定状态的描述，而生物是与外环境紧密联系的一种开放系统，机体自动调整装置(神经-体液-免疫)来防止外环境所致的机体内部的过度扰动而保持恒定，所以最好用一个特殊的词汇来描述这种状态。

深入阶段：1940～1950 年，美国医生里克特(Richter)对稳态概念发展的贡献在于通过动物实验记录了许多有意识、有目的的行为，有助于机体处于稳态的例子。用他的话说，稳态是机体“完全自我调节功能”的产物。强调了除内部控制系统如反馈机制外，外部行为反应是一个重要的稳态调控机制。随后，控制论创始人维纳(Wiener)全面深刻地阐释了生理状态下机体维持稳态是通过负反馈机制来完成的。

扩展阶段：20 世纪 60 年代，全球科学工作者，对稳态一词的深刻含义进行了讨论，达成了如下共识：稳态作为一种动态平衡，在其最广的含义上，可扩展到生物与不同自然结构层次(分子、细胞、组织、器官、系统、整体、群体、生态圈)的稳定状态。其维持时间可以短至毫秒，长至以万年计。

第一节 生物稳态与稳态的调节

一、生物稳态

1. 蛋白质稳态 细胞的蛋白质组分面临着各种急性或慢性挑战。蛋白质稳态(proteostasis, protein homeostasis)是指维持细胞蛋白质组动态平衡，主要包括蛋白质的合成、折叠与去折叠、修饰、转运、聚集、解集与降解等。蛋白质的合成是稳态的初始阶段，折叠与去折叠、修饰是蛋白质功能多样性的结构基础，定位与转运、聚集与解集为蛋白质功能成熟和恢复所必需，降解是蛋白质功能及丰度变化的终端调控。因此，蛋白质稳态控制着蛋白质从生到死的生命之路。

蛋白质稳态包含多种高度互联而复杂的信号通路网络，这些信号通路主要由分子伴侣、折叠酶、转运组分和降解组分构成。蛋白质折叠与降解的对抗是影响蛋白质稳态最重要的过程。不同细胞具有不同的蛋白质稳态能力，体现在稳态网络成分的组成和浓度不同，从而实现不同的折叠与降解需求。蛋白质折叠通过需折叠的多肽链与分子伴侣及折叠酶相互作用来实现。胞质中的分子伴侣包括核糖体相关分子伴侣，热休克蛋白分子伴侣系统和伴侣蛋白。内质网中有类似热休克蛋白的分子伴侣，亦有一系列特定的折叠组分。虽然胞外还无分子伴侣系统的证据，但免疫系统可识别并清除错误折叠的胞外蛋白。降解的信号通路主要包括了泛素蛋白酶体调节系统，溶酶体和自噬转运系统。哺乳动物细胞中大约有 180 种不同的分子伴侣和它们的调节子，同时约有 800 种泛素蛋白酶体系统组分和约 30 种自噬系统组分。此外，有许多因素影响蛋白稳态网络的性质，比如胞内 ATP 水平、氨基酸池、代谢物、脂平衡和离子平衡等。

蛋白稳态网络的具体的信号通路包括：调节内质网中蛋白折叠能力的未折叠蛋白反应，平衡胞质中蛋白稳态能力与需求的热休克反应；调节亚细胞钙离子浓度的信号通路，如内质网钙浓度，能通过钙敏感型折叠分子伴侣来增加对糖蛋白内质网内折叠的控制；调节细胞防御和死亡信号通路的免疫反应；表观遗传的组蛋白去乙酰化酶信号通路及上述提到的降解通路等。这一系列的信号通路通过转录、翻译和翻译后机制来维持蛋白质稳态，控制稳态能力。在多细胞器官中，蛋白质稳态信号通路还受到神经和非神经信号通路的非细胞自治性控制。

蛋白质稳态变化是细胞对内外刺激如激素、细胞因子、药物或病原体等作出反应的关键部分，为细胞适应环境变化、生存及完成正常生理功能所必需。尤其，蛋白质稳态在机体发育、衰老等过程起重要作用，蛋白质稳态的破坏会导致许多代谢性疾病、肿瘤、神经退行性疾病和心血管疾病。比如，易发生错误折叠的蛋白对细胞内外的蛋白质稳态都是巨大的挑战。不能恢复稳态将可能导致功能丢失或获得性紊乱的疾病。功能丢失性疾病，包括囊性纤维化和戈谢病(gaucher disease)，是遗传突变导致蛋白质低效折叠和过度降解的典型代表。另一方面，毒性功能获得性疾病，往往是由于毒性蛋白在细胞内外聚集。此类疾病常常与衰老相关，包括帕金森病、亨廷顿病、肌萎缩侧索硬化症和阿茨海默病等。

2. *发育稳态* 遗传背景和环境条件可引起生物体表型改变，在这个过程中变化的表型数量对发育过程影响重大。其中调控变化表型数量的机制及过程被称为发育稳态(developmental homeostasis)或发育缓冲。它是生物克服某些不足因素实现正常发育的能力，这些不足因素可能是生理上或者心理上的特性。许多物种都有特定的准则，不符合的个体很难存活或发育异常。因此种群的个体必须与其他成员相互交流，学会其物种的准则才能正常顺利的生活。

发育稳态主要有两个方面：渠化和发育稳定。渠化是在遗传背景和环境条件变化的情况下减少表型变化，而发育稳定能缓冲发育过程中的随机事件，比如微环境的扰动等发育噪音。因此，渠化可用个体间的差异来衡量，而发育稳定则用个体内部改变的程度来度量。个体内部变化最普遍的度量方法是不对称性波动，即性状的对称性的偏差。因为生物体的对称特性代表着相同发育过程的复制，也就是对称的两侧的差异代表着发育过程的差异。有许多实验设计来检测验证渠化和发育稳定。比如，猕猴社会性隔离实验结果表明年幼猕猴需要与群体中其他猕猴有效交流，学习社会行为，适应正常生活。也就是发育稳态的渠化掩饰了发育过程中的某些变化，而最终表现出较少的表型，即更可靠的适应性表型。而面部对称性实验是一个验证发育稳定的典型例子，在要求选出更好看的脸时，实验结果表明越对称的脸被选择得越多。类似的现象也在其他动物中发现，比如雌性家燕更倾向于选择尾翼两侧长度一致的雄性家燕为伴侣。物种的发育稳态，无论是身体上还是精神上，个体对社会准则的适应会增加生殖优势包括吸引伴侣和繁衍后代的可能性。

总之，在表型与环境改变的相互作用中发育稳态起着重要作用。面对应激，发育稳定对不同的环境和遗传状况以缓冲，渠化隐藏微小的遗传改变，使得物种尽量正常的发育，持续生存；当暴露于可改变发育稳态机制的扰动时，则表现出自然选择。

3. *生态稳态* 稳态的概念也被应用到生态学中。1955年，美国生态学家麦克阿瑟(MacArthur)首次提出生态系统的稳态是生物多样性与物种间生态交流的结果。生态系统中生物种类越多，营养结构越复杂，自动调节能力越强。稳态的概念帮助解释生态系统的稳定性。自此，它调整了生态系统的无生命部分，被许多生态学家用来描述生态系统中生命部分与无生命部分的相互作用。

英国科学家洛克洛夫(Lovelock)提出的地球模型、盖亚假说，指出有机体与它们的环境共同进化，地球上所有的生命体作为一个巨大的稳态超级有机体，积极调整其行星环境，为自我生存发展产生必需的环境条件。虽然这个理论的科学性还有待讨论，但一些相对简单的稳态调节机制已被普遍接受。科学上接受的部分被称为“有影响的盖亚”，它指出生物活动影响非生物界的某些方面，如温度和大气。当大气中的二氧化碳含量显著增加时，绿色植物光合作用的效率提高，固定二氧化碳的能力增强，使更多的二氧化碳转化为有机物，这样就使大气中的二氧化碳含量趋于恢复正常。当阳光充足，气温攀升，海洋表面的浮游植物会茁壮成长，生成更多二硫化物等，这些物质作为云凝结核，能产生更多云，从而增加大气反照率，反过来降低气温。生命的进化与它的环境也可能会彼此影响。一个例子是前寒武纪时期的光合细菌活动完全修改了地球大气层将其转变成有氧的大气层，从而支持生命的进化，特别是真核生物的进化。

二、稳态调节

近几十年来，一系列关于稳态调节的新观点发展起来，在此进行一些概述。

1. *调定点调节* 坎农提出稳态概念近20年后，美国医生哈迪(Hardy)在1954年提出了体温调节“调定点理论”(详见第九章第一节体温调节及升高概述相关内容)，所谓调定点是指一“理想值”，即生物体的正常值。温控调节机制通过比较实际温度变化值与理想值差异，可将动物体温调控在一可接受的狭小范围内。

大部分的生理稳态调节都采用这种方式。从本质上讲，当调节变量达到一定阈值，激活代偿性反馈机制，那么系统将达到稳定。在这个系统中，负反馈机制应对临时的挑战将调节变量回复到原有水平；而面临长期挑战时，恒定的水平可能改变，系统会调节到新的恒定水平，犹如调定点增加。新的恒定水平就是调定点。原始水平和新的水平之间的差异由挑战的量级决定，与涉及的各种反馈机制的数量、强度和动态性相关。

2. 可变状态调节 许多调节变量面临的挑战不变时也会发生改变。比如体温，体温在一天中定期改变，在动物进行季节性休眠时长期改变，在许多疾病引起免疫系统活化时改变。所有这些改变都具有主动调节的特点。此时，调节不再是促进恒定，而是改变(详见本章第二节稳态失衡与疾病相关内容)。

3. 稳态应激和稳态应激负荷 最简单的调节是对偶然发生的瞬时挑战产生的临时性反应。然而有的挑战是频繁而持久的。在这种情况下，调节系统需要频繁或长期应答。斯特林和艾耶尔(Sterling and Eyer)在 1988 年创建"allostasis"一词，即稳态应激，意在变化的稳态，指调节控制系统需要频繁或持续的工作。如同集中供热时，火炉要运行整个冬季来保持室温。但不同于火炉，生理调控系统往往适用于比较短的时间的运作。如果长期运作，常常会出现有害的副反应。神经内分泌学家麦克尤恩(McEwen)在 1993 年创造了"allostatic load"，即稳态应激负荷这个术语，来描述当机体稳态不断受到挑战时发生病理后果的风险程度(详见第十五章第一节应激概述相关内容)。免疫系统和应激轴都是强有力的稳态调节效应器，但如果被迫持续运作都可产生有害的副反应。比如，生理或心理应激引起的兴奋包括血压和皮质醇分泌提升。这两种效应都是机体为即将到来的行动做准备。然而，如果这种情况频繁发生或恢复缓慢，在某些个体中可能会发展成病理过程。比如，血压升高会加速动脉硬化，增加心血管疾病的风险；而血液中的皮质醇浓度持续增加会抑制骨生成。其他非稳态负荷的例子还有夜间工作的人可能会遭受睡眠和代谢平衡的破坏。

4. 预期控制负反馈控制启动需要扰动先发生 这就引入了一个时间性滞后，可能降低调节的有效性，导致系统进入不稳定的振荡。避免这类问题最简单的方法是在调节变量明显变动之前探测变化。比如，一些房屋的供暖系统与室外温度计相连；当室外温度下降时，火炉开始运行取暖，避免室内变冷。在高等动物中，预期控制器帮助许多调节变量维持在更窄范围内，这类机制一般依赖于神经或内分泌反应。

第二节 稳态失衡与疾病

一、稳态失衡的阶段

被称为复杂疾病的人类现代病如糖尿病、冠心病、自身免疫疾病、某些心理紊乱等有两个普遍意义上的基本特征：一是稳态的破坏，二是慢性炎症(实际上炎症也属于稳态系统的异常(细胞因子稳态失衡)，只不过为强调病理状态与生理状态的差异以及它在发病机制的中的重要地位，有的科学家把它单独罗列出来)。一般而言，稳态的失衡直至死亡细分下来，可经过 5 个阶段。后一阶段机体总是希图恢复前一阶段或至少尽可能维持在本阶段。

1. 第一阶段 稳态的偏离，各种应激因素(详见第十五章第一节应激概述相关内容)作用机体后，机体力图通过控制系统调节，以恢复平衡，假如失效机体将进入第二阶段。

2. 第二阶段 功能性损伤，机体组织器官将对损伤变化进行代偿，如果不能完全代偿，疾病不可避免发生。这一阶段是疾病发生的关键转折点。

3. 第三阶段 病理性损伤，有病理学的异常出现，如细胞的死亡、免疫功能受损，但临床症状不一定明显。

4. 第四阶段 临床患者，个体表现出明显症状和体征，需要医生的治疗。

5. 第五阶段 死亡。

二、稳态失衡及机制

(一) 血液内环境稳态失衡

贝尔纳所生活的时期所指的人体内环境是指血液等细胞外液。血液中所含各种有机或无机成分等保持在相对恒定的水平,其因在于神经-体液系统控制下的细胞与血液、血液与外环境物质交换生理上处于动态平衡过程中。显然血液所构成的内环境稳态(包括血液温度、酸碱度、营养成分、无机离子等)若失衡,必然使细胞功能活动受损,最终导致疾病发生,反之,细胞组织器官病变,也有可能影响内环境稳定,因而内环境与细胞组织形成了功能学上的互为因果的关系。

图4-1示意了机体维持和干扰血液内环境平衡的过程。这是理解病理生理教材有关水、电解质、酸碱失衡的总体逻辑线。即控制系统(神经、体液)调控了体内外、细胞内外、血管内外物质交换,而这种交换正常与否又决定了血液内环境的体液容量和物质含量的正常与否。所以"调控"、"交换",尤其是交换(因临床发生率更高)构成了内环境稳态维持和失衡的基本要素,"水、电、酸"平衡紊乱各章节均可由此推导出各具体的基本病因和基本机制。

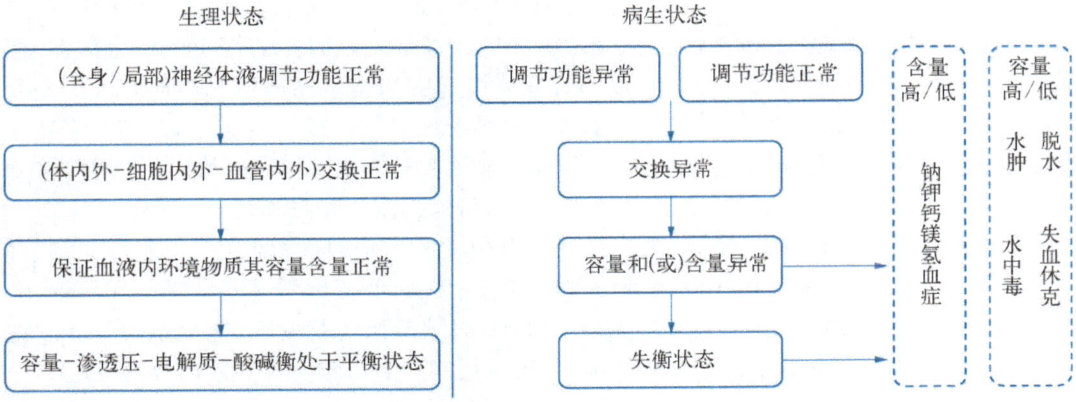

图4-1 维持和干扰血液内环境平衡过程示意图

交换异常,可能是调节功能异常直接引起,也可能是交换超过了调节能力所致,而调节功能本身是正常的

(二) 复杂疾病中的稳态失衡

在理解复杂疾病稳态失衡模型时,有必要先介绍一下系统动力学理论。系统动力学理论是美国教授福瑞斯特(Forrester)基于系统论、控制论、信息论,在1956年提出的一门综合自然科学和社会科学知识所形成的交叉理论。该理论的基本原理或基本思想是:① 凡系统必有结构,系统结构决定系统功能(系统论、非线性系统论、大系统理论思想);② 系统之中存在着信息反馈机制(控制论思想);③ 系统之间存在因果关系网络(信息论思想);④ 系统内部关系可通过数学手段建模以探索其机制(计算机建模理论)。系统动力学理论提供了一种方法、一种技术适用于包括人体、生态、社会、国家、世界等从微观到宏观的复杂系统的研究。

系统动力学数学模型结构十分复杂,非从事医学专业的学生短时间能够掌握。1990年福瑞斯特的学生圣吉(Senge)出版了《第五项修炼》一书,书中保留了系统动力学的哲学理念,但很大程度上简化了系统的模型结构,以普及和推广应用系统动力学理论,该书被称为"20世纪管理学经典、21世纪管理学圣经"。其后英国弗勒德教授(Flood)对其观点进行了延伸和扩展,出版了《反思第五项修炼》,以期"对不可组织的事物进行组织,对不可了解的事物加以了解"。系统生物学和医学整体观是西方医学发展的重要方向。万理相通,参阅这些书籍对医学生掌握系统思考有启迪和借鉴作用。

系统动力学常用一个简单的容器水位模型来表述其思想。如图4-2所示:容器中水位的高低决定于流动(流入和流出)状态。假如期望达到一种水位稳定状态,就需要将实际水位与期望水位进行比较,得到差异信息;这种差异信息将传递给大脑进行决策;然后采取行动,开或关水龙头,以使水位稳定(这个过程实质上就是信息反馈)。

上述文字描述抽象概括起来可表述为:在一个系统中,存在组织结构、功能、行为的动态联系。若期望

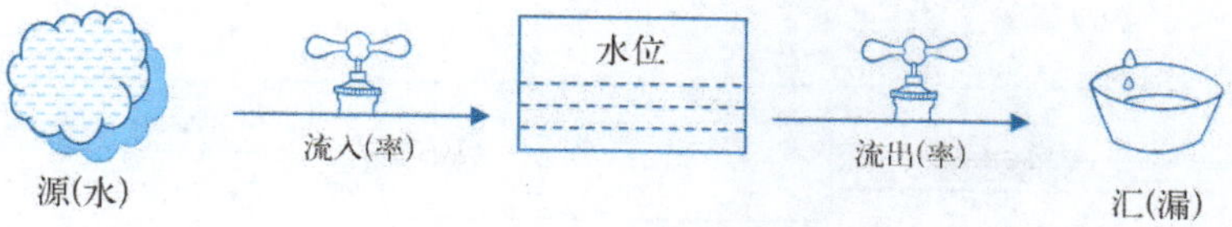

图 4-2 系统动力学水位模型

源:抽象各种输入的原始物(如工厂生产起始的原材料),专业术语上称为源(source);汇:抽象各种输出后的事物状态,专业术语称为汇或漏(sink)

系统达到一种理想稳定状态,系统存在反馈调控机制,将决策、行动、状态、信息四个要素优化,最终达其稳态目标。这些要素在实施过程中具有以下三个特点:抉择性(决策环节)、自律性(反馈环节)、非线性(延迟环节)。所谓非线性,简单的理解意指事物存在相互作用关系,其作用后果"1+1不等于2",如双眼视力不等同于左眼视力加上右眼视力的算数和。而线性关系则指事物各自独立,不存在相互作用关系。决策与状态之间因存在相互作用关系,是一耗时过程,所以动态系统中必然存在延迟现象。

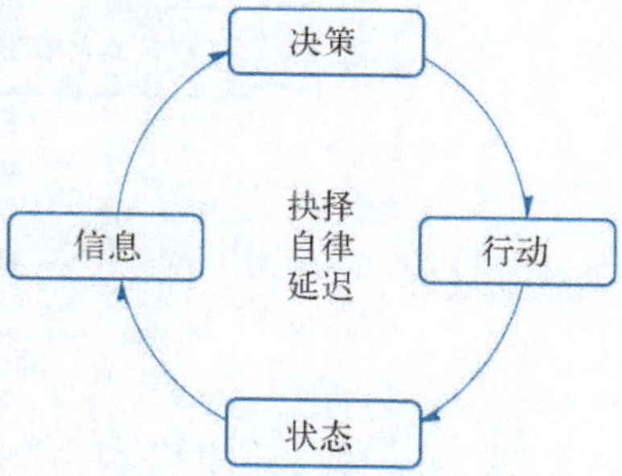

图 4-3 系统动力学中基本要素和特点

基于上述思想,福瑞斯特最早用该模型对工业系统组织结构、其中的反馈控制回路、回路中的平衡条件变化如原材料供应、加工、库存、销售、市场等一系列问题进行分析,力图使其达到最优平衡状态。他引入了下列基本术语:

1. 流 用流(flow)如物流、人流、资金流、信息流等来抽象概括描述企业运作的种种活动。所以流是过程,是运作、是处理、是行为、是行动等意思。

2. 变量 用变量(variable)来描述流在运行过程中所带来的可见或不可见的事物变化。如看得见的(库存品多少、水位高低),或不可见的事物(如精神压力、思想变化)等的增加(大)、减少(小)或不变。变量最重要、最基本的是状态变量和控制变量。

(1) 状态变量:指的是系统中物质性或非物质性事物的多少、大小、高低、好坏等。实质上它是"流"运行过程中事物变化积累在某一时间点上被人们观测到的数据或参数,所以又称"积量"(如上图容器中水的体积),中文又形象称为水平变量(level,意指水达到的高度)或流位变量(意指水位高低位置)等,它们是一样的意思。

(2) 控制变量:指的是决定状态变量变化快慢的变量。这个变量引入了时间观念,即单位时间内系统中物质性或非物质性事物变化快慢情况,也称为"率量"(rate),或称为"流率变量"。你可以想象工人的行为活动状况(控制变量)控制了工人在一定时间范围内能产出多少产品(状态变量),来理解为何为控制变量。医学上如肾小球滤过率、肾小管钙的重吸收率等都可用于理解控制变量。如钙的重吸收为一功能活动,是"流",钙的重吸收率(流率)变化,在一段时间范围内将影响血钙水平波动。

3. 图 系统动力学常用方框图、因果图、流图等来描述系统中各单元的组织结构关系、反馈回路、作用方向等。本章节主要用到系统流图。流图用各种符号(如箭头代表流的方向等)来表示系统中各单元之间的相互作用关系。其符号形状有约定俗成的规定。

(三) 复杂疾病稳态的"库存和流率模型"

1. *工厂的库存和流率模型* 工厂是一个系统(图 4-4A),各部门(制造部、检验部、备用品仓库)是其子系统或单元。工厂生产活动是一过程,即被加工物在各部门间流动。工厂生产过程中某一时刻产品(系统库存 X),显然与各部门的生产速率(控制变量)直接相关。而这个生产速率由决策部门(控制器)发出指令信号所制约,并由各部们合作状况等来共同来决定(图 4-4A 开关所示)。为到达一种最佳库存的平衡状态,决策部门必须随时监测库存产品的实际值 X,并与参考值 X′ 比较,重新发出指令进行调整。"控制器发出指令信号-部门工作-生产产品-控制器比较-发出新指令信号",反复进行的这一过程称为稳态反馈控制回路。

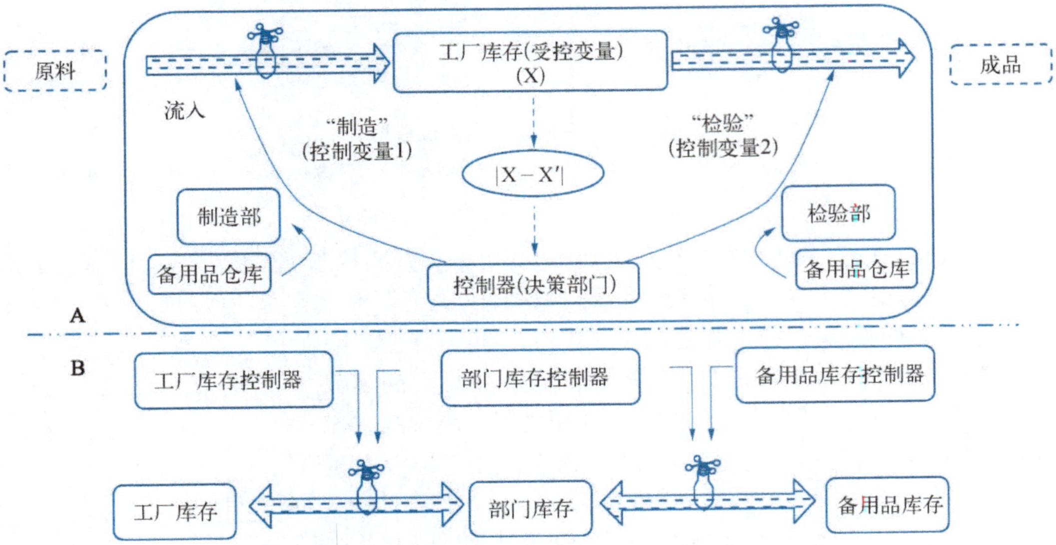

图 4－4　工厂生产过程——库存和流率模型示意图

在这个库存与流率模型中除工厂本身的系统之外，原料来源、成品销售种种情况，也可影响工厂系统的正常运转。即工厂系统除与其子系统单元有关外，还与其他外部系统有联系(图 4－4A)。可以想象：工厂这一系统中的子系统，如部门、备用品仓库等也可存在控制器、库存、反馈回路等要素形成的组织结构，而且工厂系统的库存与子系统可以通过各自的控制器和流互相影响其各自的库存(图 4－4B)。

2. 人体的稳态调节机制　以下用血糖为代表来介绍人体稳态维持的机理。血糖是受控变量，是库存。血糖实际值与血糖调定点被控制器胰腺感受并比较后，控制器发出信号，调整库存血糖浓度，见表 4－1 和图 4－5。

表 4－1　系统动力学术语概念与血糖调节术语的对应关系

术　语	定　　义	举　　例
库存	一种系统的可变因素，代表量（例如库存）	血糖浓度
流	一种系统的可变因素，代表活动，流会影响库存	(糖异生，糖原分解，糖酵解、糖运转)生化反应
受控变量	一种生理参数，通过稳态回路控制，维持在一个稳定的水平(近调定点)。库存即是一种受控变量	血糖浓度
控制变量	一种生理参数，通过控制器维持受控变量值在一个理想范围，控制变量反映的是系统的流的变化(即运作状况)，单位时间的流具体值则是流率	(糖异生，糖原分解，糖酵解、糖转运)的生化反应状况。需量化表示，如分解率等
调定点*	一个受控变量的最佳值	正常血糖（5 mmol/L）
生理误差	调定点值 X′和受控变量实际值 X 的差值｜X－X′｜	实际血糖浓度和正常血糖的差值
控制器	稳态回路中的一种元件，监测受控变量值变化	胰腺 α 和 β 细胞
部门	稳态回路中由控制器激活和管理的效应器，通过效应器可改变受控变量的值	骨骼肌、脂肪组织、肝脏
控制器增益	控制器的一种特点，在给定的差值情况下，决定信号产生放大的量	在特定血糖水平条件下，β细胞产生胰岛素的量
控制器增益调节	使控制器运作最佳的一种方法	在特定血糖水平条件下，改变胰岛状态，从而影响胰岛素产生量

注：① 系统中所有受控变量是库存，而库存不一定是受控变量，例如血中乙醇可视为库存但不是受控变量(因不存在生理稳态控制回路)。同理，所有控制变量是流变化状况，而流不一定是控制变量。例如，出汗是热丧失的控制变量，是流，而传导也是流，但不是热丧失的控制变量；② 不同地方系统行为不同，用不同术语描述更形象准确一些，所以有些地方用流、库存，有些地方用控制变量、受控变量来表示；③ ＊调定点本身不属于系统动力学领域，但为理解方便，本书加入了这一名词。

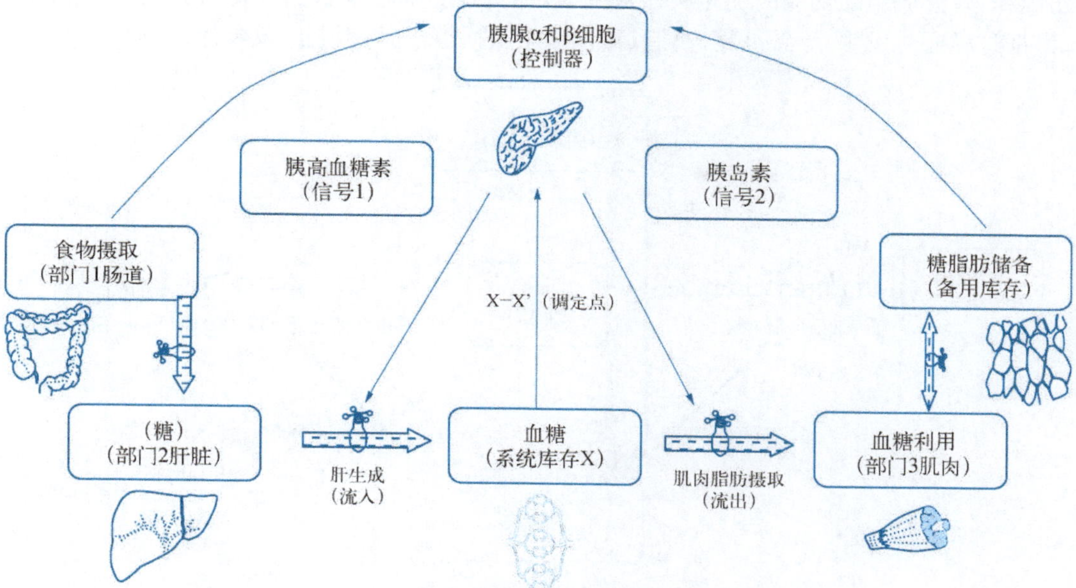

图 4-5　库存与流量模型解释血糖维持稳定的机制示意图

表 4-2　库存与流率理论解释调节血糖浓度各子系统单元的作用

控制器(感受器)	信　号	部门(效应器控制变量)	目标类型(库存受控变量)
系统控制器(α 和 β 细胞)	Sa-经典的内分泌信号(胰岛素)	肝脏、骨骼肌、脂肪组织	系统库存(血葡萄糖)
部门控制器(肌细胞的 AMPK)	Sb-主要是自分泌信号(肌细胞因子)	肌细胞膜葡萄糖转运体	部门库存(肌糖原)
存储控制器(脂细胞 PPARγ)	Sc-表示机体备用的资源(瘦素)	脂肪细胞	存储库存(三酰甘油)
流感受器(肠 L 细胞)	Sd-显示系统库存预期的变化(GLP1)	肠道	"流"的活动性(控制变量)

注：调控原理：① 反馈：4 种信号调节控制器增益和效应器"流"(功能活动)；② 前馈：特殊的流感受器，通过对控制器的调谐，使控制器能提前准备或工作，以防库存急剧变化。

控制器：① AMPK，AMPK(AMP-activated protein kinase)即 AMP 依赖的蛋白激酶，是生物能量代谢调节的关键分子。接受细胞外信号刺激后活化，促进肌细胞因子、肌细胞膜葡萄糖转运体表达增多，促进肌细胞摄取葡萄糖，在组织水平上参与了血糖调控。PPARγ 过氧化物酶体增殖物激活受体(peroxisome proliferator-activated receptor，PPAR)，分为 α、β、γ 三种亚型。PPARγ 表达于脂肪组织，通过调控脂代谢的酶的表达，影响三酯甘油的合成与分解，进而与血糖浓度维持有关。

注意：① 控制器有层次不同之分，即整体、器官组织、细胞等。形成系统与子系统关系。② 控制器与效应器地位不是一成不变的。例如骨骼肌在机体血糖维持中，既起着效应器角色，又扮演了控制器角色；③ 流的活动性是因，而库存是果，效应器的"调谐"除受负反馈作用外，还受前馈调节，这样可提防库存因环境影响而出现急剧波动。如人 L 细胞定位于整个肠道，受食物消化后产生的糖的刺激而释放胰高血糖素样肽 I (glucagon-like peptide I，GLP-1)，GLP-1 具有刺激胰岛 β 细胞分泌胰岛素并且抑制 α 细胞分泌胰高血糖素作用。因此它将进食会产生向血糖库存的信号告知控制器胰腺，胰腺将分泌胰岛素，防止餐后血糖急剧过度升高。但不是每个流都会被监测报告，推测只有那些对系统的库存有重大影响才会被监测。特别是与环境有关的器官功能活动所涉及的流，如肠道、肝脏、肺脏、肾脏、皮肤的功能活动等。

(四) 炎症反应过程中的系统动力学变化

复杂疾病的一个重要特征是往往出现炎症反应。因为炎症是对感染、损伤等威胁生命的侵害的一种保护反应。因而生理状态下稳态信号的地位在系统反应中不得不让位于炎症信号。而且炎症信号相对于稳态信号是对抗性的，例如在生理状态，高温环境机体可通过加强散热来维持体温恒定。而在急性炎症，即使外环境温度很高，但机体不是散热，而是由炎症信号通过使调定点升高，增加产热而致体温升高。同时炎症病理过程导致可致厌食，而不管机体是否需要营养。

慢性炎症性复杂疾病，可能通过调定点的改变来启动和延续了疾病，例如糖尿病肥胖患者，免疫系统的巨噬细胞和其他细胞渗入脂肪组织，对脂质集聚和脂细胞应激起反应，炎性细胞因子改变了生理调定点。胰岛素对脂肪组织,骨骼肌组织反应的优先次序被降低,而免疫防御地位被提高。持久的调定点改变,锁定在某种状态,慢性过程必然发生,导致高糖、高脂、毒性和组织损害,并将引起继发炎症。

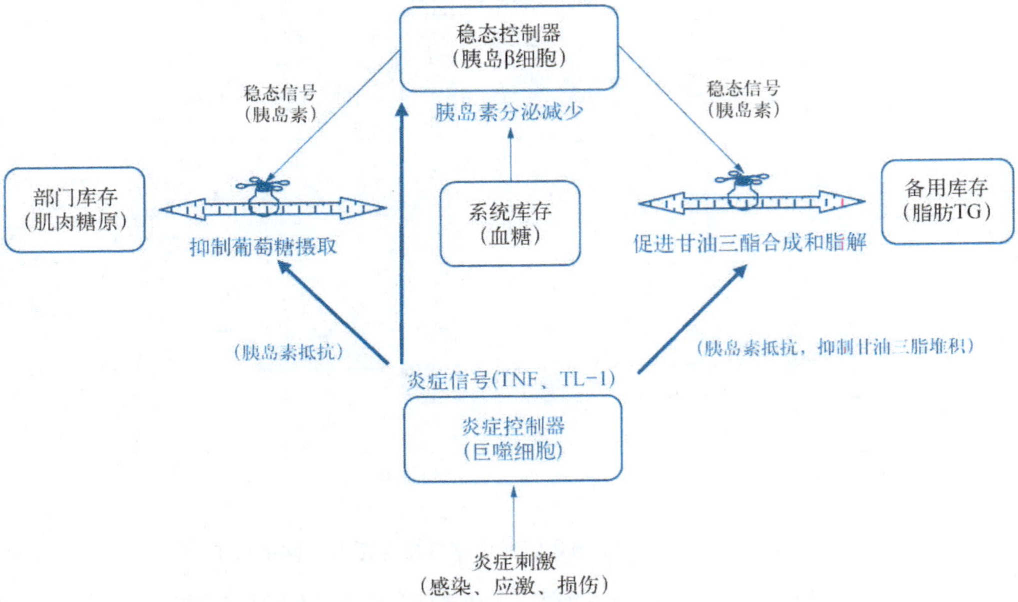

图 4-6 炎症信号对稳态生理反馈回路的影响

蓝色字为炎症过程

炎症控制器(如巨噬细胞)释放炎症信号(如 TNF、IL-1 等)可作用于生理上的稳态反馈控制回路[如血糖-β细胞-胰岛素-肌肉糖原、脂肪-三酰甘油(TG)-血糖]。① 炎症信号首先可直接刺激或抑制“流”:如 TNF 可抑制肌肉摄取血糖、激活脂解;② 炎症信号能改变效应器对稳态信号的敏感性:TNF 可使骨骼肌、脂肪减少了对胰岛素的敏感性,产生胰岛素抵抗;③ 炎症信号可减少控制器的增益:TNF 和 IL-1 抑制了胰腺β细胞中葡萄糖转运体和葡萄糖激酶表达。因此对给定血浆葡萄糖水平刺激β细胞,产生的胰岛素较少。以上三种炎症效应,均使血糖增高,相当于炎症信号提高了血糖调定点。所以稳态和炎症信号采用了同一方式来改变稳态变量。但持久的慢性炎症会持久地使调定点升高,给机体带来损伤。

综上所述,传统的稳态模型只关注控制器到部门,存在信号单一的不足。而“库存和流率模型”为稳态信号提供了一个立体框架,它是一种对系统结构纵向与横向的扩展。一系列关于库存和流的复杂信号,在控制器的协调下,多个部门共同调节稳态变量,同时也平衡了个别部门的物质需要和(或)正常功能的发挥。交叉融合现代非医学领域的先进理论,对扩充视角,指导我们认识复杂疾病致病机制以及探寻其防治措施无疑有积极作用。

(五)调定点理论的一些现代观点

前述体温调节及血糖浓度调节均涉及机体存在调定点控制。然而调点定机理在解释生理现象中并非一定完美。

1953 年,肯尼迪(kenedy)首次提出了脂平衡(lipostatic)概念,认为脑内存在一个调定点,能够感知体脂传入信号,并通过传出神经影响能量摄入和消耗,最终决定了体内能量平衡状态。1994 年,有学者发现脂肪细胞存在肥胖基因能够分泌瘦素,其后,许多学者从不同角度证实瘦素能够作用于下丘脑弓状核,通过传出神经作用调节了能量和体脂平衡状态。该调定点模型较好解释了禁食或多食一段时间,体重会减少或增加,停止禁食或多食,体重会恢复到原先正常状态这一现象(图 4-7)。这也符合许多减肥者失败的事实(减肥者体重减少一段时间后,又逐渐回复到减肥之初)。

然而这个调定点模型不能很好解释环境和社会因素对体重的影响。如婚后状态、小孩长期沉溺于电视、亚洲人移民到西方等往往体重增加,以及西方工业国家人群肥胖趋势越来越明显等问题。因此由行为-心理-营养学家为代表的流派(简称社会行为学流派)提出了另一个肥胖模型,以区别生理-分子生物-遗传学家

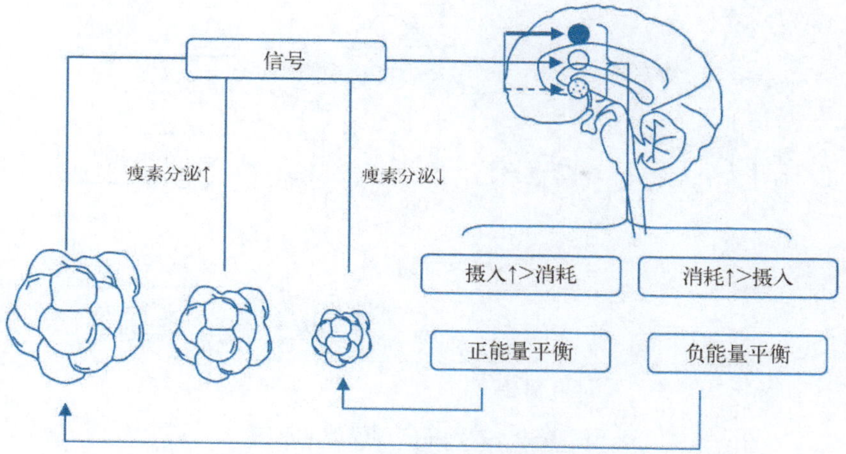

图 4-7 脂稳态调定点模型示意图

们(简称生理遗传学流派)所赞同的调定点理论。这一模型称为“沉降”模型(settling point model)。

该模型认为脂肪在体内堆积也是一种平衡状态,犹如湖泊中水的深度是由进水端和出水端各自的流量共同决定(图 4-8)。这个模型没有调定点也没有反馈概念,但强调了输入和输出参数对体重影响的重要性,即环境社会因素对体重影响的重要性。这对减肥者增强信心减肥而言是一福音。

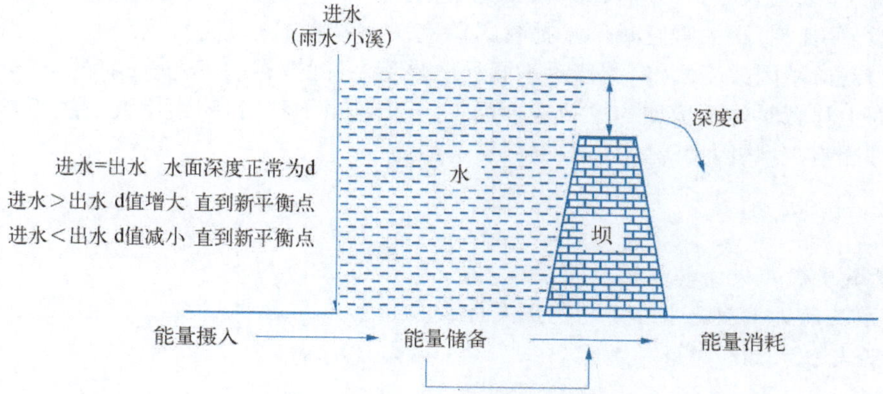

图 4-8 “沉降”模型原理示意图

这个系统的特点是:感兴趣的参数(能量储备)由两个参数(摄入、消耗)决定,两个参数中的一个必须是独立的,与感兴趣的参数的大小无关,而另一个参数变化(本例为能量消耗)必须与给定的参数大小直接相关,系统才能运作。该系统产生的“沉降点”正比于不受反馈调节的流量变化

不过沉降模型也存在不足。其经典的例子是该模型不能很好地解释“明尼苏达饥饿实验”现象。该实验是指 1944 年美国为应对第二次世界大战后大量平民可能出现的食物匮乏局面,实施的人类史上第一次也是唯一一次的“饥饿实验”。这些志愿者忍饥挨饿,但必须做正常人的工作,以测定他们的生理和心理出现的改变。6 个月饥饿实验阶段结束后,许多人出现了“贪食症”,而不是很快恢复到原有饮食习惯和体重。这个结果,实际上是对沉降模型被动的输入和输出决定体重的一种否认。即人体稳态的调节不仅仅是被动性的。换言之,调定点理论和沉降理论在体重改变中有各自的优势和不足,需要新的理论体系的建立,或者各自有自身的适应范围。

1984 年,赫尔曼(Herman)等提出了“双水平干预模型”,这个模型综合了生理遗传学和社会行为学两个流派的观点(图 4-9)。该模型认为:人体调节体脂或体重不是一个调定点,而是上下两个干预点,在其范围外生理主动性的反馈机制将发挥作用,而在上下干预点所限制的区域内,生理反馈控制很弱或缺乏。而且上下干预点的调控机制不同,上干预点主要预防体重过重,而下干预点主要预防体重过低,因此两者的跨距是比较大的,这种跨距的大小受遗传因素和环境因素共同决定,在不同的个体有所不同。但这两个干预点的性

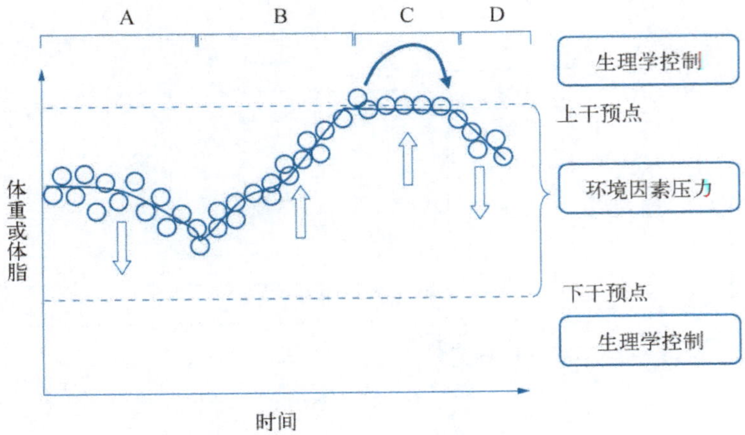

图 4-9　双水平干预模型示意图

生理学控制下干预点未显示

质(构成它的生物和环境基础)目前尚未完全明了。

这个模型除了包容调定点和沉降理论外,更符合进化观点。下干预点暗含生物进化“饥饿危险”而上干预点显现了生物“捕食风险”(兔子在草原上觅食会受到狼等威胁)。下干预点也有利于理解生物通常具有对体重减轻的抗性,因为体重减轻,能量消耗减少,防止了体重进一步减轻。而上干预点在不同个体存在差异,在同样的环境条件下,某些人较另一些人更易肥胖。这些个体差异的存在可能与人类进化(发明工具、武器、使用筹火、社会化程度提高)很大程度减低了捕食风险有关。捕食风险减少,编码上干预点的等位基因发生漂移(意思是基因转移,基因改变)。但漂移对不同种群是不一样的,有的不变,而有的上移(可简单理解为出现肥胖基因),因而上移者对体重增加的控制减小,加之上干预点上移后,跨距增大,在“毒性环境”(如生活压力、生活方式、心理因素、食物因素等)中体重更容易增加。

【复习思考题】

1. 简述稳态、水电酸平衡与失衡的调控原理。
2. 复杂疾病应用系统动力学理论来理解的优点是什么?
3. 简述调定点理论与糖尿病和肥胖的关系。

(李婧瑜　吴桂霞)

第五章

水平衡及紊乱

学习要点

掌握：① 低渗性、高渗性、等渗性脱水的概念、基本病因及发生机制、对机体的影响及机制；② 水肿、积水、显性水肿、隐性水肿、水中毒的概念；③ 水肿发生的基本机制。

熟悉：① 正常水、钠代谢：体液容量、分布、渗透压，水、钠功能、渗透压及容量平衡和调节；② 水、钠代谢紊乱分类；③ 皮下水肿的基本特点及渗出液与漏出液的区别；④ 心性水肿、肾性水肿、肝性水肿、肺水肿、脑水肿的特点和机制；⑤ 水中毒基本机制。

了解：① 水肿对机体的影响；② 各型脱水及水肿临床防治措施的病理生理学基础。

水为生命之源泉。水能载舟，亦能覆舟。人们对水肿的认识和重视要早于脱水。早在公元前 1500 年，世界许多民族（包括苏美尔、古巴比伦、古埃及、古希腊等）的典籍中就有关于水肿的记载，水肿被认为是不祥之兆，并以巫术加饮食大量矿物质予以治疗。公元前 500 年，西方医师开始不断尝试用诸如发汗剂、泻药或放血、水蛭吸血、切口放水等方法，试图缓解水肿发生发展。但直至 17 世纪，这些治疗多局限于经验或偶然，并没有找到水肿发生的机制，也没有发现确定疗效的促排尿药物。此期有关脱水文献记录更少。公元前 300 年古希腊人发现，除生理排泄外，无意识的方式也可使机体丢失水分。1612 年，意大利医师散克托留斯（Sanctorius）第一次通过人体称重，将其解释为不易察觉的“出汗现象”。

对脱水与水肿的实质性认识不过 200 余年。19 世纪初，霍乱在全世界范围内的大爆发，推动了水钠平衡的研究。脱水被确定为一种生理紊乱症状。1832 年，意大利医师奥肖内西（O' Shaughnessy）发现霍乱患者的主要死亡原因是其体内水钠的丢失，并在临床历史上第一次开始了治疗性的静脉输液。1850 年，俄国化学家史密特（Schmidt）首次对霍乱患者的血液电解质成分进行化学分析，描述了脱水时盐浓度变化情况。19 世纪末期，美国、荷兰的学者对体液中盐浓度进行了测量。1887 年，荷兰物理化学家霍夫曼（Hoffman）提出了液体渗透压概念，这是目前临床上有关脱水的不同状态，以钠浓度、渗透压的高低来加以描述的历史原因。

同在 19 世纪初，英国科学家布莱科尔（Blackall）和布赖特（Bright）首次将水肿分为心源性和肾源性，这是医学对水肿认识的第一个里程碑。19 世纪末，英国生理学家斯塔林（Starling）对作用于毛细血管膜的水压力和胶体渗透压力的描述，使得人们逐步认识到，水肿是因为这两种力的平衡遭到破坏引起的，而且细胞内外钠离子浓度的变化最有可能破坏这种平衡。至此，关于水肿的认识才走上了科学的道路。20 世纪初，临床偶然发现患有充血性心力衰竭的患者在使用有机汞后，出现了利尿的现象，促进了人们对肾脏排尿机制的深入研究和安全有效的强利尿剂的发明。由 2 000 多年前希波克拉底（Hippocrates）首次提出的利尿治疗水肿才广泛地被医学界认同，这是临床上有效控制水肿的第二个里程碑。

第一节 水、钠代谢概述

一、正常水、钠代谢

(一) 体液

体液(body fluid)由水和溶解于其中的电解质、低分子有机化合物以及蛋白质等组成,广泛分布于组织细胞内外,是人体新陈代谢的场所。

1. 体液的容量与分布　体液可分为两大部分:细胞内液(intracellular fluid, ICF)和细胞外液(extracellular fluid, ECF)。存在于细胞内的称为细胞内液,约占体重的40%,其容量与分布影响着细胞的代谢和生理功能的发挥;存在于细胞外的称为细胞外液,约占体重的20%,其构成了人体的内环境,是沟通组织细胞之间和机体与外界环境之间的媒介。细胞外液又分为两类:一类是血液的血浆(约占体重的5%);另一类是存在于组织细胞之间的组织间液(约占体重的15%)。细胞外液中有极少一部分分布在密闭的腔隙中,大部分是由上皮细胞分泌产生,故称为透细胞液(transcellular fluid)或分泌液(secreted fluid)。

组织液和细胞内液之间由细胞膜所隔开;组织液与血液之间由血管壁所隔开。细胞内液、组织液和血液三者之间的水分和一切能透过细胞膜与毛细血管壁的物质可互相进行交换。

体液的含量受年龄、性别和胖瘦的影响。一方面,体液量随年龄增加而逐渐减少:新生儿体液量约占体重的80%,婴儿占70%,成年人为60%,老年人仅为45%。小儿由于体表面积相对较大,新陈代谢旺盛,肾脏浓缩功能差,因而水交换率高,每日出入水量约占其细胞外液的50%,故小儿对缺水的耐受力较成年人差,在病理情况下比成年人更容易出现脱水。另一方面,体液容量随脂肪的增加而减少,脂肪含水量较少(10%～30%),而肌肉的含水量较多(25%～80%)。一般来说,男性体液量约占体重的60%,女性占50%,极度肥胖者约占40%甚至更低。因此,男性比女性更加耐受缺水,而瘦人比胖人对缺水有更大耐受性。

2. 体液的渗透压　体液渗透压是指体液中溶质颗粒(主要为电解质、低分子有机化合物以及蛋白质等)对水的吸引力。体液渗透压的大小取决于单位体液中溶质微粒的数目,溶质微粒越多,即溶液浓度越高,对水的吸引力越大,溶液渗透压越高;反之则越低。所以,血浆总渗透压=电解质浓度+非电解质浓度(主要为蛋白质),正常范围为280～310 mmol/L,在此范围内为等渗,低于280 mmol/L为低渗,高于310 mmol/L为高渗。

血浆渗透压包括由电解质构成的晶体渗透压和由蛋白质等构成的胶体渗透压,其中90%～95%是晶体渗透压,只有5%～10%是胶体渗透压。虽然胶体渗透压与晶体渗透压相比微不足道,但是由于蛋白质不易透过血管壁,因而胶体渗透压在维持血管内外液体交换和血容量稳定方面具有重要作用。而晶体渗透压的组成成分——电解质不能自由透过细胞膜,因此晶体渗透压在维持细胞内外水平衡中功不可没。正常状态下,细胞内外、血管内外渗透压是相等的,而当渗透压发生改变时,水分将从渗透压低的一侧移向渗透压高的一侧,溶质则反向移动,最终保持各部分体液中渗透压基本相同。

(二) 水、钠平衡及其调节

1. 水和钠的生理功能

(1) 水的生理功能:主要包括:① 水提供生化反应的场所,也参与水解、水化、加水脱氧等重要反应,促进物质代谢;② 调节体温,水的比热大、蒸发热大,故对体温调节起重要作用;③ 润滑作用,例如泪液有助于眼球的活动,滑液有助于关节的活动等;④ 以结合水的形式存在,主要与蛋白质、黏多糖和磷脂等相结合,发挥其复杂的生理功能。

(2) 钠的生理功能:钠是细胞外液中主要的阳离子,其生理功能包括:① 调节细胞外液渗透压与维持体内水量的恒定,钠主要存在于细胞外液,约占细胞外液阳离子总量的90%,与对应的阴离子构成渗透压。此外,钠在细胞内液中同样构成渗透压,参与维持细胞内的水分的稳定;② 参与新陈代谢活动,糖代谢、氧的利用需有钠的参与；③ 参与维持酸碱平衡，钠在肾小管重吸收时与 H^+ 交换，清除体内酸性代谢产物（如 CO_2），保持体液的酸碱平衡。钠离子总量影响着缓冲系统中碳酸氢盐的比例，因而对体液的酸碱平衡有重要作用；④ 维持神经肌肉的兴奋性，参与动作电位的形成。

2. 水和钠的平衡

（1）水平衡：体液总量的分布因年龄、性别、胖瘦而不同。正常人每天水的摄入和排出处于动态平衡之中（表 5-1）。水的来源有饮水、食物水、代谢水。成人每日饮水 1 000～1 500 mL，食物水含量约 700 mL，糖、脂肪、蛋白质等营养物质在体内氧化生成的代谢水每日约 300 mL。机体排出水分的途径有四个，即消化道（粪便）、皮肤（显性汗和非显性蒸发）、肺（呼吸蒸发）和肾（尿）。健康成人经粪便排出的水分约为 150 mL/d，由尿排出的水分为 1 000～1 500 mL/d。正常成人每日自尿液中清除体内代谢废物（主要是蛋白质代谢终产物以及电解质）所需的最低尿量为 500 mL。因此，要维持水分出入量的平衡，每日需水 1 500～2 000 mL。值得注意的是，在机体排出水的几种方式中，通过呼吸和皮肤非显性蒸发排出的水分主要以纯水为主，而通过显性汗和粪便排出的水分一般为含少量电解质的低渗液体，发生腹泻时可排出含电解质较高的等渗液，尿则比较特殊，其电解质含量受肾血浆流量及肾脏功能的影响，可排出低渗、等渗甚至高渗液体。

表 5-1 正常成人每日水的摄入和排出量

摄 入	量(mL)	排 出	量(mL)
饮 水	1 000～1 500	粪 便	150
食物水	700	尿 液	1 000～1 500
代谢水	300	呼吸蒸发	350
		皮肤蒸发	500
合 计	2 000～2 500	合 计	2 000～2 500

（2）钠平衡：正常成人体内含钠总量为 40～50 mmol/kg，其中 60%是可交换的，约 40%是不可交换的，主要结合于骨骼的基质。总钠的 50%左右存在于细胞外液，10%左右存在于细胞内液。血清 Na^+ 浓度的正常范围是 130～150 mmol/L，细胞内液中的 Na^+ 浓度仅为 10 mmol/L 左右。成人每天随饮食摄入钠 100～200 mmol/L。天然食物中含钠甚少，故人们摄入的钠主要来自食盐，每日膳食提供氯化钠 5～15 g，正常人每天摄入食盐以少于 10 g 为宜，有高血压的以少于 6 g 为宜。摄入的钠几乎全部经小肠吸收，钠主要由肾脏排出，日排出量一般为 100～140 mmol。肾排钠的特点：多吃多排，少吃少排，不吃不排。由于肾脏对钠的排出进行精确调控，因此在肾功能正常人群中，钠摄入的改变不易引起体内钠水平的变动。此外，随粪便也可排出少量钠（<10 mg/d），汗液是低渗溶液，含钠量 10～70 mmol/L。各种肠道消化液富含 $NaHCO_3$，因此大量出汗或严重腹泻若不注意盐的补充，可导致体内钠的大量丢失。

3. 水、钠平衡调节　机体各部分体液成分不断交换，维持相对恒定。机体内水、钠的平衡紧密相关，共同影响细胞外液的渗透压和容量，而机体总体水、电解质的相对稳定则是受神经-内分泌系统的调节来维持的。水平衡主要受渴感和抗利尿激素的调节，在维持体液等渗方面起重要作用；钠平衡主要受醛固酮和心房利钠多肽的调节，在维持细胞外液的容量方面起重要作用。

（1）渴感：渴感机制是机体调节体液容量和渗透浓度相对稳定的重要机制之一，控制着水的摄入。渴感中枢位于第三脑室前壁的穹窿下器（subfornical organ，SFO）和终板血管器（organum vasculosum laminae terminalis，OVLT），血浆晶体渗透压的升高是渴觉中枢兴奋的主要刺激。渴则思饮寻水，饮水后血浆渗透压回降，渴感消失。其次，有效血容量的减少和血管紧张素Ⅱ（angiotensin Ⅱ，Ang Ⅱ）的增多也可引起渴感。渴感的主要抑制因素是血浆渗透压降低和细胞外容量增加。

（2）抗利尿激素与水通道蛋白：抗利尿激素（antidiuretic hormone，ADH）又称为滞水激素，控制着水的排出，它是由下丘脑视上核和室旁核的神经元合成的八肽，贮存在神经垂体血管周围神经末梢。ADH 作用于肾远曲小管和集合管，使小管上皮细胞对水的通透性增加，从而增加水的重吸收。其机制目前认为与水通道蛋白（aquaporins，AQP）有关。

水通道蛋白是一组与水有关的细胞膜转运蛋白，广泛存在于动物、植物及微生物界。最早由 Agre 等在分离纯化红细胞膜上的 Rh 多肽时，发现了一个 28 kDa 的疏水性跨膜蛋白，经研究确定其为红细胞膜上转运水的特异性通道蛋白，并称水通道蛋白 1(AQP1)。目前在哺乳动物体内发现了至少 13 种 AQP(AQP0～AQP12)，每种 AQP 有其特异的组织分布。肾脏作为维持机体水钠平衡的重要器官，其中主要分布有 AQP1～AQP4，这些水通道蛋白与抗利尿激素协同作用发挥肾脏对水钠平衡的调节。

AQP1 位于近端小管及髓袢降支管腔膜和基膜及降支直小血管管腔膜和基膜中，调节水的运输和通透。

AQP2 位于集合管主细胞膜及细胞内囊泡中，控制肾小管管腔侧水的摄入。

AQP3、AQP4 位于集合管主细胞的基底侧胞膜上，提供水的流出通道。

目前认为水通道蛋白与 ADH 协同作用，促进 ADH 对水的重吸收(图 5-1)。当 ADH 与集合管主细胞管周上的 ADH 受体 V_2R 结合后，激活腺苷酸环化酶(adenylate cyclase，AC)使细胞内 cAMP 增高，再依次激活 cAMP 依赖的蛋白激酶 A(protein kinase A，PKA)，促使胞质囊泡中的 AQP2 磷酸化，进而穿梭至管腔膜并融合嵌入管腔膜，导致管腔膜上 AQP2 密度增加，将水摄入胞质，随后由管周膜上持续活化的 AQP3 或 AQP4 将水分转运至间质，由直小血管带走。当血浆中 ADH 数量减少时，ADH 与 V_2R 解离，管腔膜上的 AQP2 回到胞质囊泡中。如 ADH 持续表达增加则可使 AQP2 表达合成增加。下图为集合管上皮细胞受抗利尿激素作用，重吸收水的示意图(图 5-1)。

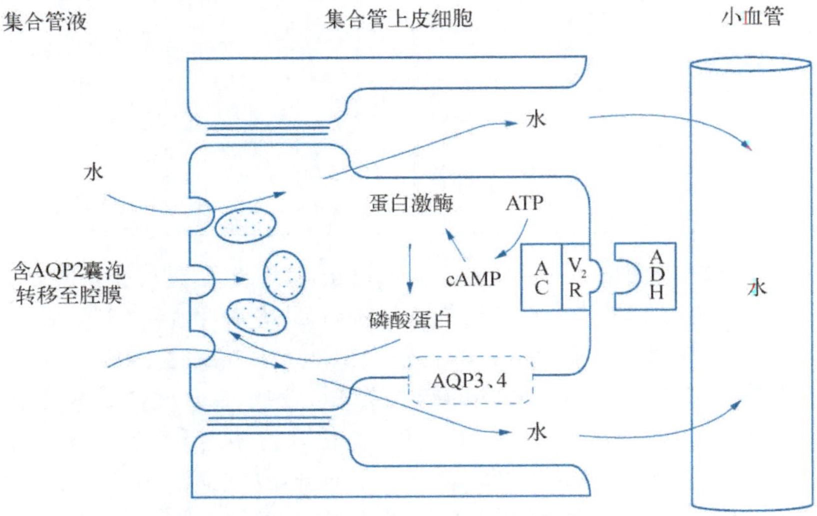

图 5-1　抗利尿激素与 AQP 协同作用机制示意图

促使 ADH 释放的主要刺激因素是血浆晶体渗透压的增高和循环血量的减少(图 5-2)。一方面，血浆有效渗透浓度只要升高 1%～2%，就能刺激 ADH 分泌，但当血浆有效渗透浓度超过 310 mmol/L 时，ADH 分泌达顶点。一旦血浆渗透浓度超过此水平，将激活渴感机制，引起口渴的感觉，机体会主动饮水以补充水的不足。另一方面，当失血、休克等原因导致血容量减少或血压降低时，ADH 释放增加。实验证明，血容量的变化可影响机体对渗透压变化的敏感性，许多血容量减少的疾病促使 ADH 分泌的作用远超过血浆晶体渗透压下降对 ADH 分泌的抑制，说明机体优先维持正常血容量。即当容量与渗透压严重失衡同时发生时，为防止休克等危重情况发生，机体即使牺牲渗透压平衡，也会分泌更多的 ADH 以试图维持容量平衡，维持血压，此时血浆渗透压可能变得更低。所以有人也称 ADH 为加压素。此外，剧痛、情绪紧张、恶心、血管紧张素Ⅱ增多也可使 ADH 释放增多，动脉血压升高可通过刺激颈动脉窦压力感受器而反射性地抑制 ADH 的释放。

(3) 醛固酮：醛固酮(aldosterone)也称为滞钠激素，是肾上腺皮质球状带分泌的盐皮质激素。醛固酮的主要作用是促进肾远曲小管和集合管对 Na^+ 的主动重吸收，同时也增加对 Cl^- 的重吸收和促进 K^+ 和 H^+ 的排出。

促使醛固酮的分泌的因素主要是循环血量减少及血压下降(图 5-3)。当失血等原因使血容量减少，动脉血压降低时，肾入球小动脉管壁牵张感受器受刺激而致近球细胞分泌肾素增多；此时也因流经致密斑的

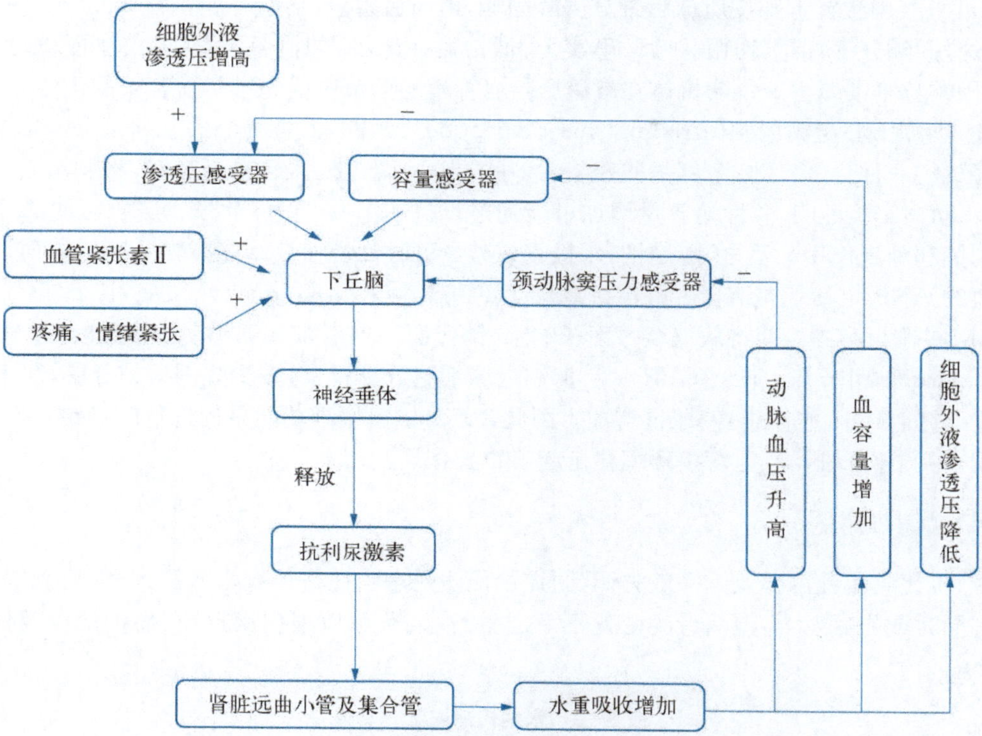

图 5-2　抗利尿激素分泌调节及其作用示意图

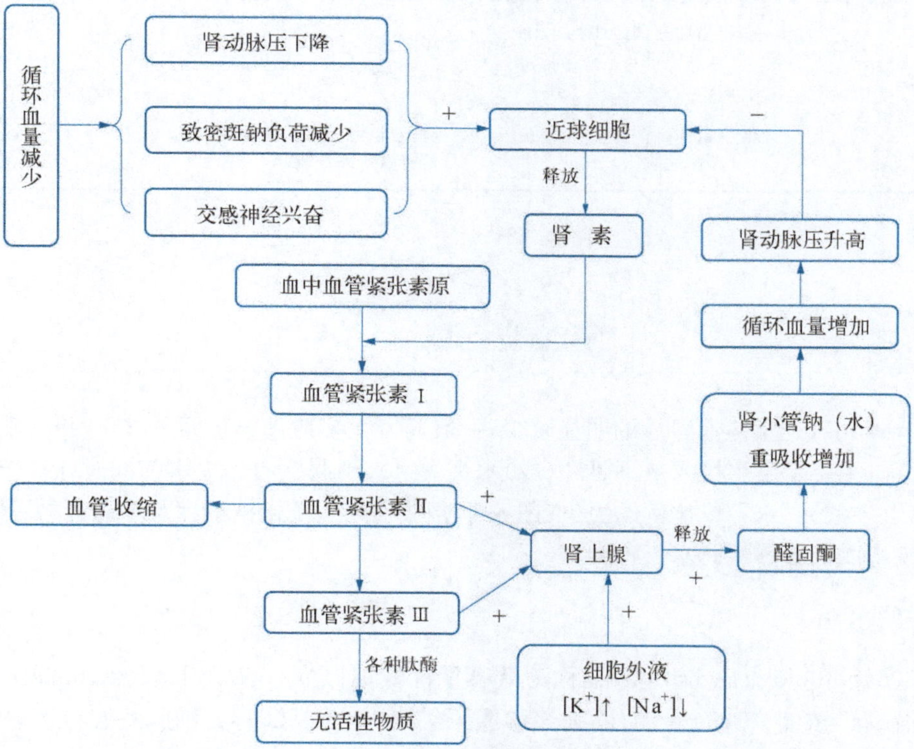

图 5-3　醛固酮分泌调节及其作用示意图

Na^+减少导致近球细胞分泌肾素增多；进而激活血液中的血管紧张素原，生成血管紧张素Ⅰ(AngⅠ)，后者相继转化为血管紧张素Ⅱ(AngⅡ)和血管紧张素Ⅲ(AngⅢ)，其中AngⅡ和AngⅢ刺激肾上腺皮质球状带分泌和释放醛固酮。此外，肾交感神经兴奋、肾上腺素和去甲肾上腺素也可直接刺激近球细胞分泌肾素。血浆高

K^+或低Na^+可直接刺激肾上腺皮质球状带分泌醛固酮，但与血容量相比，血钠浓度降低至4～5 mmol/L时虽然也能刺激醛固酮分泌，但其作用甚微。事实上，低钠血症患者，如血容量减少，醛固酮的分泌增多；若血容量增多，醛固酮分泌则减少。说明机体在渗透压与血容量的调节中优先维持血容量的正常。

(4) 心房钠尿肽：心房钠尿肽(atrial natriuretic peptide，ANP)，又称为心房肽(atriopeptin)，是由心房肌细胞合成和释放的一种含22～33个氨基酸残基的多肽，当心房扩张、血容量增加时，将刺激心房肌细胞合成和释放ANP。动物实验证明，急性血容量增加可能通过增高右心房压力，牵张心房肌而使ANP释放，从而引起强大的利钠和利尿作用。反之，限制钠、水摄入或减少静脉回心血量则能减少ANP的释放。

释放入血的ANP与其受体结合后激活细胞膜上的鸟苷酸环化酶(guanylate cyclase，GC)，以细胞内环磷酸鸟苷(cGMP)作为第二信使将从三个方面影响水、钠代谢：① 舒张入球小动脉，增加滤过分数，增加肾小球滤过率(glomerular filtration rate，GFR)；② 抑制近球细胞分泌肾素，减少醛固酮的分泌；③ 抑制集合管对Na^+的重吸收，对抗ADH的作用，使尿量增加。因此，ANP主要生理功能是促进肾脏排钠、排水及松弛血管平滑肌的作用，对调节肾脏及心血管内环境稳定起着重要作用。

二、水、钠代谢障碍的分类

一般来说，水代谢紊乱可导致钠平衡失调，同样钠代谢的紊乱往往伴有水的摄入和排出的异常，所以水、钠代谢紊乱常同时或先后发生，但两者的变化不一定平行，因此可以根据渗透压、血钠浓度及体液容量进行分类(表5-2)。

表5-2 水钠代谢紊乱分类表

体液容量	血钠(渗透压)		
	增 高	正 常	降 低
增加	高容量性高钠血症 (盐中毒)	水肿	高容量性低钠血症 (水中毒)
正常	等容量性高钠血症	正常	等容量性低钠血症
降低	低容量性高钠血症 (高渗性脱水)	低容量性正常血钠血症 (等渗性脱水)	低容量性低钠血症 (低渗性脱水)

第二节 脱 水

脱水(dehydration)，是指体液容量的明显减少，一般而言大多应超过体重的2%，并出现一系列功能、代谢紊乱的病理过程，主要是由水摄入量不足和(或)水丢失过多引起。由于失水的同时往往伴有钠的丢失，且机体代偿及治疗可导致钠、水不成比例的丢失(图5-4)，故临床上按血钠浓度及渗透压的不同将脱水分为低渗性脱水、高渗脱水以及等渗性脱水三种类型。

一、低渗性脱水

低渗性脱水(hypotonic dehydration)也称为低容量性低钠血症(hypovolemic hyponatremia)，特点是失钠多于失水，血清Na^+浓度<135 mmol/L，血浆渗透压<280 mmol/L，伴有细胞外液容量减少。

(一) 原因和机制

临床上的低渗性脱水主要原因是脱水发生后只注重水的补充(如只予以饮水或输入葡萄糖液)而未补钠或钠的补充不足；另外脱水发生后机体的代偿反应会使肾小球滤过率降低，近曲小管对钠、水重吸收增加，加上ADH分泌增多促使远曲小管对水的重吸收增多，目的是"减轻"脱水，结果却加重了细胞外液低渗。

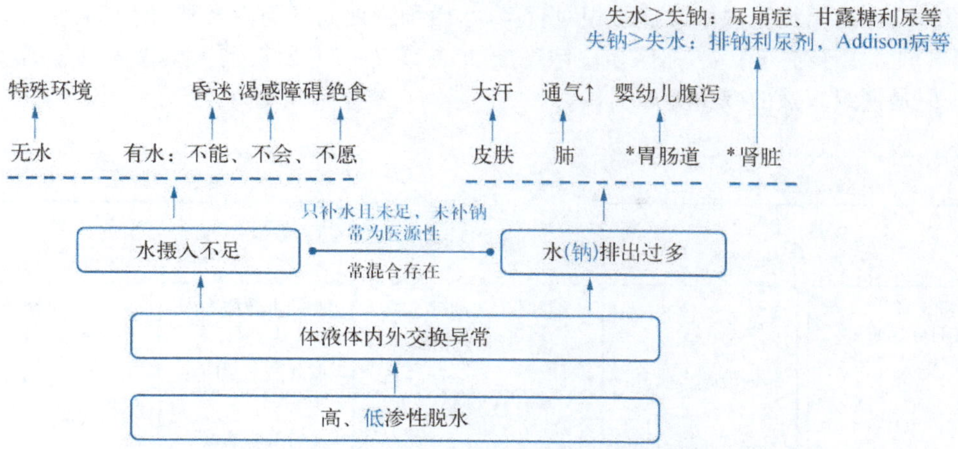

图 5-4　高、低渗性脱水基本病因和基本机制示意图

① 临床上无论何种类型脱水，主要是由体内外交换异常引起的。本示意图所有箭头向上，表示从果推因，即从脱水状态反推到具体病因。即为什么出现高低渗脱水，是因为交换异常，为什么交换异常，是由于摄入不足或(和)排出过多。为什么摄入不足，是因为要么无水，要么有水，但不能、不会、不愿饮水，什么人(状况)不能、不会、不愿……。机体从哪里排出？皮肤、肺、胃肠道、肾脏(没有人会不知道、记不住!)。蓝色字为低渗脱水所引发的重要事件。“*”为临床常见；② “摄入”、“排出”，是广义的概念，包括生活中经口食入或医院通过各种形式输入；经正常生理的皮肤、肺、胃肠道、肾途径或临床上非生理途径(如引流、造瘘、胃肠吸引术等)排出；③ 水摄入不足可理解为直接导致脱水的基本病因，也可理解为是昏迷、绝食等具体病因引起脱水的基本机制。因此语境决定了其含义(详见第二章第一节疾病与健康相关内容)；④ 请思考，脱水为何只考虑体内外交换异常，而不考虑细胞内外交换异常所致。而后面电解质和酸碱平衡紊乱章节既考虑体内外交换异常，又考虑细胞内外交换异常。简单的理解是：由细胞内外交换异常作为原始的、主要的决定因素引起脱水状态表面上似乎可以，但生物学上几乎不可能发生。因为要大量的水进入细胞，造成脱水，则首先要有大量的 Na^+ 进入细胞才可，患者还没有达到脱水状态就可能因为细胞水肿而死亡。在低渗性脱水中，细胞外液进入细胞内，只是一种“帮凶”，一定程度上加重了脱水状态而已

同样的方式考虑：水/钠两个变量，脱水机体水一定是少的，可否失水加上钠摄入过多，或钠排出过少引起高渗？请从生物学和临床两个角度思考

1. 肾外失钠

(1) 丧失大量消化液而只补充水分：低渗性脱水最常见的原因，大多是由呕吐、腹泻或胃、肠吸引术后丢失大量含 Na^+ 消化液，而只补充水分引起。

(2) 经皮肤大量失液而只补充水分：大量出汗时由于汗液为低渗溶液，其中的固体物质主要是氯化钠，其浓度约为 0.2%，若只补充水分则可造成低渗性脱水；而大面积烧伤时，由于血管通透性增加，导致体液大量丢失，如只补充水分，可引起低渗性脱水。

2. 肾性失钠

(1) 长期使用排钠利尿剂：如呋塞米、依他尼酸等，使髓襻升支对 Na^+ 的重吸收减少。

(2) 肾上腺皮质功能不全：如 Addison 病，由于醛固酮分泌不足，肾小管对 Na^+ 的重吸收减少。

(3) 肾实质性疾病：如慢性间质性疾病，当髓质结构破坏和髓襻升支功能障碍，钠随尿丢失增多；急性肾衰竭多尿期，肾小球滤过率开始增加而肾小管功能未恢复，水、钠排出增多；失盐性肾病可累及肾小管，导致肾小管对醛固酮的反应性降低，Na^+ 重吸收减少。

(4) 肾小管性酸中毒：肾小管酸中毒(renal tubular acidosis，RTA)是一种以肾小管排酸障碍为主的疾病，由于集合管分泌 H^+ 功能降低，H^+-Na^+ 交换减少，使 Na^+ 随尿排出增加。

(二) 对机体的影响

1. 一般表现　根据缺钠的程度和临床表现，可将低渗性脱水分为：轻度、中度和重度。轻度者失钠量 < 0.5 g/kg，血钠在 135 mmol/L 以下，患者有疲乏感，头晕、手足麻木、口渴不明显，尿中钠减少。中度者失钠量为 0.5～0.75 g/kg，血清钠在 130 mmol/L 以下，患者常有恶心，呕吐，脉搏细速，血压不稳定，视力模糊，尿量少。重度者失钠量为 0.75～1.25 g/kg，血清钠在 120 mmol/L 以下，患者神志不清、肌腱反射减弱或消失，出现木僵，可发生昏迷，甚至死亡。

2. 病理生理学关注的表现及机制

(1) 细胞外液明显减少：低渗性脱水时机体的基本变化是细胞外液明显减少、细胞内液减少不明显或增

加、血浆渗透压降低。由于细胞内液渗透压相对较高，水由细胞外向细胞内转移，使细胞外液更加减少，细胞内液增多(图 5－5)。由于血液浓缩，血浆蛋白浓度增加，组织液被重吸收进入血管内的量增多，这虽有补充血容量的作用，但是使组织液的减少更加明显。

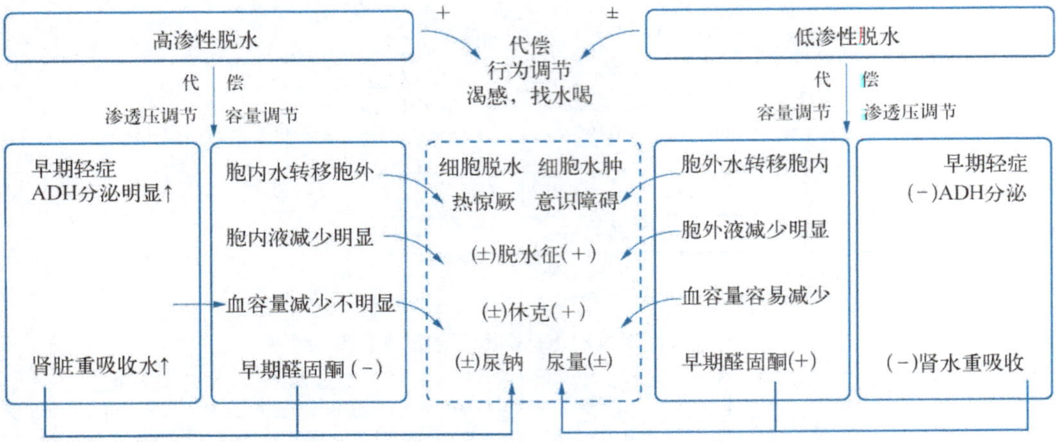

图 5－5 高、低渗性脱水病理生理学关注的表现

① 早期轻症脱水：高渗性以 ADH 分泌增多，渗透压调节为主。低渗性以醛固酮分泌增多，容量调节为主；② 尿钠随高渗性脱水加重，分泌醛固酮增多，进行性减少，所以尿钠高低是反映高渗性脱水程度较好指标。相反尿量随低渗性脱水加重，ADH 分泌增多，进行性减少，所以尿量多少是反映低渗性脱水程度较好指标；③ 严重脱水“容量优先”，即使是低渗性脱水，ADH 也会分泌增多，以重吸收水尽量恢复血容量。符号“＋±－”如常规表示程度或兴奋抑制

(2) 细胞外液减少容易出现休克：细胞外液明显减少，即血浆和组织液的明显减少，导致血容量降低，因此低渗性脱水患者临床上容易出现休克倾向，表现为静脉塌陷、血压降低、脉搏细速、直立性眩晕、尿量减少，甚至发生肾衰竭、氮质血症等。

(3) 脱水征：由于组织液的明显减少，患者可出现明显的脱水体征，如皮肤弹性减退，眼窝凹陷，婴幼儿表现为囟门凹陷。

(4) 脑细胞水肿致脑功能障碍：细胞外液体转移至细胞内，这一变化可导致细胞内水量增多，使组织器官体积增大，最严重的变化发生在中枢神经系统，脑细胞的肿胀和水肿，促使颅内压增高，脑脊液压力增大，由此引起各种中枢神经系统受压症状，如头痛、恶心、呕吐、记忆力下降、视神经乳头水肿等，严重时可因枕骨大孔疝或小脑幕裂孔疝而导致呼吸心跳停止。

(5) 尿钠和尿量异常：血浆渗透压降低与脱水共同的作用将导致低渗性脱水患者尿钠和尿量的异常。细胞外液渗透压降低，抑制渗透压感受器，使 ADH 分泌减少，远曲小管和集合管对水的重吸收也相应减少，因此轻症患者尿量减少不明显甚至有所增加。而脱水严重时由于血容量明显降低，ADH 分泌因“血容量优先”原则可明显增加，使肾脏重吸收水增多，故出现明显少尿；肾外因素引起低渗性脱水所致肾素-血管紧张素-醛固酮系统激活和血钠降低，都可使肾上腺皮质球状带分泌醛固酮增加，使尿钠＜10 mmol/L；而由肾性原因所致的低渗性脱水尿钠可大于 20 mmol/L。所以尿钠和尿量的具体变化要具体问题具体分析。

二、高渗性脱水

高渗性脱水(hypertonic dehydration)也称为低容量性高钠血症(hypovolemic hypernatremia)，特点是失水多于失钠，血清 Na^+ 浓度＞150 mmol/L，血浆渗透压＞310 mmol/L，细胞内液和细胞外液量均减少，其中以细胞内液减少更为明显。

(一) 原因和机制

机体失水或丢失低渗体液易导致高渗性脱水。通常情况下，由于渴感机制的存在，仅仅因水或低渗液的丢失不易引起高渗性脱水发生。然而在一些特定条件下，如水源断绝、患者不能或不会饮水或患者的渴感丧失，由于机体不能及时补充丢失的水，才会形成失水多于失钠的状况，导致血浆渗透压升高。

1. 饮水不足 多见于水源断绝、饮水困难等情况；某些中枢神经系统疾病患者或年老体弱患者可因渴感障碍而造成摄水减少。

2. 水丢失过多

(1) 经肾丢失：中枢性或肾性尿崩症时，因 ADH 产生和释放不足或肾远曲小管和集合管对 ADH 反应缺乏，肾排出大量低渗性尿液；静脉输入大量甘露醇、高渗葡萄糖溶液等产生渗透性利尿而导致失水。

(2) 经消化道丢失：严重呕吐、腹泻可经胃肠道丢失含钠量低的消化液，如部分婴幼儿腹泻的患儿，其粪便钠浓度在 60 mmol/L 以下。

(3) 经皮肤丢失：见于发热或甲状腺功能亢进时，皮肤不感蒸发水分增多，发热时体温每升高 1.5℃，皮肤不感蒸发每天约增加 500 mL；大汗时每小时可丢失水分 800 mL。

(4) 经肺丢失：各种原因引起的过度通气可使呼吸道黏膜不感蒸发加强，由于其损失的都是不含任何电解质的水分，因此可能引起高渗性脱水。

在临床上，高渗性脱水的原因通常是综合性的，如婴幼儿腹泻所致的高渗性脱水既与腹泻导致的消化液丢失、饮水不足有关，也与发热所致的出汗、呼吸增快有关。

（二）对机体的影响

1. 一般表现 根据缺水程度和临床表现，高渗性脱水可分为：轻度、中度和重度；轻度者失水量占体重的 2%～4%，患者黏膜干燥、汗少、皮肤弹性下降、口渴、尿少、尿比重增加。中度者失水量为体重的 4%～6%，患者极度口渴，恶心，心动过速，体位性低血压、少尿、尿比重高、血肌酐和尿素氮水平增高。重度者失水量为体重的 6%以上，患者常发生休克，出现躁狂、幻觉、谵语甚至昏迷等脑功能障碍的症状。

2. 病理生理学关注的表现

(1) 细胞内外液明显减少：高渗性脱水时机体的基本变化是细胞内液与细胞外液均明显减少和血浆渗透压升高。由于细胞外液渗透压相对较高，水由细胞内向细胞外转移，使细胞外液得到补充，有助于循环血量的恢复，故患者不易出现休克，同时细胞内液减少导致细胞皱缩。

(2) 脱水热：细胞内、外液减少时，汗液的分泌减少，散热受到影响，特别是婴幼儿因体温调节功能不完善，易出现体温升高，称为脱水热。

(3) 脑细胞脱水致脑功能障碍：细胞内液减少时，细胞皱缩，组织器官体积缩小，其中最严重的变化发生在中枢神经系统，脑细胞脱水和脑体积缩小，使颅骨与脑皮质之间的血管张力增大，因而可引起脑出血，特别是以蛛网膜下腔较为多见。患者也可能出现一系列中枢神经系统功能障碍，包括嗜睡、肌肉抽搐、昏迷甚至死亡。

(4) 渴感明显：细胞外液渗透压增高时，下丘脑渴感中枢受到刺激而引起明显口渴，促使患者主动饮水补充体液，反之在低渗性脱水非严重脱水时，患者不易产生渴感。

(5) 血浆渗透压升高与脱水共同的作用将导致高渗性脱水患者尿钠和尿量的异常。轻症患者由于脱水情况不严重，其渗透压的升高可抑制醛固酮分泌，使尿钠排出增加，而重症患者因严重脱水导致血容量减少，导致醛固酮分泌增加致尿钠排出减少；如果是肾性失水引起高渗性脱水则尿量明显增加；其余原因引起的高渗性脱水，由于细胞外液渗透压的增加刺激下丘脑渗透压感受器，导致 ADH 分泌增加，促进肾小管对水的重吸收增加，因而出现少尿、尿比重增高。

三、等渗性脱水

等渗性脱水(isotonic dehydration)的特点是水和钠成比例丢失，血容量减少，血清钠浓度为 130～150 mmol/L，血浆渗透压为 280～310 mmol/L。

（一）原因和机制

这是临床上最多见的脱水类型，任何等渗液体大量丢失所造成的脱水，在短期内易导致等渗性脱水。常见原因如下：

(1) 大量抽放胸、腹水，大面积烧伤，严重呕吐、腹泻或胃肠引流后。

(2) 麻痹性肠梗阻时，大量体液潴留于肠腔内。

(3) 新生儿消化道先天畸形如幽门狭窄，胎粪肠梗阻或胃肠瘘管等所引起的消化液丢失。

(二) 对机体的影响

等渗性脱水时机体的基本变化是细胞外液明显减少，血浆渗透压正常。由于丧失的液体为等渗液，由于细胞外液的渗透压正常，因此细胞内液并不向细胞外液转移以代偿细胞外液的减少，故细胞内液量变化不大(图 5-6)。

一般来说，等渗性脱水常兼有低渗性及高渗性脱水的临床表现。由于等渗性脱水主要的脱水部位是细胞外液，由于血浆的减少导致血容量减少，容易发生血压降低和外周循环衰竭，导致休克，出现尿量、尿钠减少及尿比重降低；另一方面，组织液的减少也可使患者出现脱水征，如皮肤弹性减退，眼窝凹陷，婴幼儿囟门凹陷。

等渗性脱水在临床上多有发生，但是一般并不持久。其原因与血容量减少，RAAS 系统激活，AngⅡ水平增高，导致醛固酮分泌增加有关；或者患者因不感蒸发或严重呕吐、不能饮水等情况使失水相对较多，故存在向高渗性脱水转变的倾向。若等渗性脱水在处理上只补水而不注意补钠，也可使之转变为低渗性脱水。

三种类型脱水的比较见表 5-3。

表 5-3 三型脱水的比较

	低渗性	高渗性	等渗性
原因	失水＜失钠	失水＞失钠	水、钠成比例丢失
血钠浓度(mmol/L)	＜130	＞150	130～150
血渗透压(mmol/L)	＜280	＞310	280～310
基本发病机制	细胞外液低渗，细胞外液丢失为主	细胞外液高渗，细胞内液丢失为主	细胞外液等渗，细胞外液丢失为主
主要表现	休克、脱水征、脑细胞水肿	口渴、尿少、脱水热、脑细胞脱水	口渴、尿少、休克、脱水征
尿钠	减少或无	有	减少
治疗	补充等渗或高渗盐水	补充水分为主	补充低渗盐水

图 5-6 示意各型脱水各部位体液容量减少变化情况。

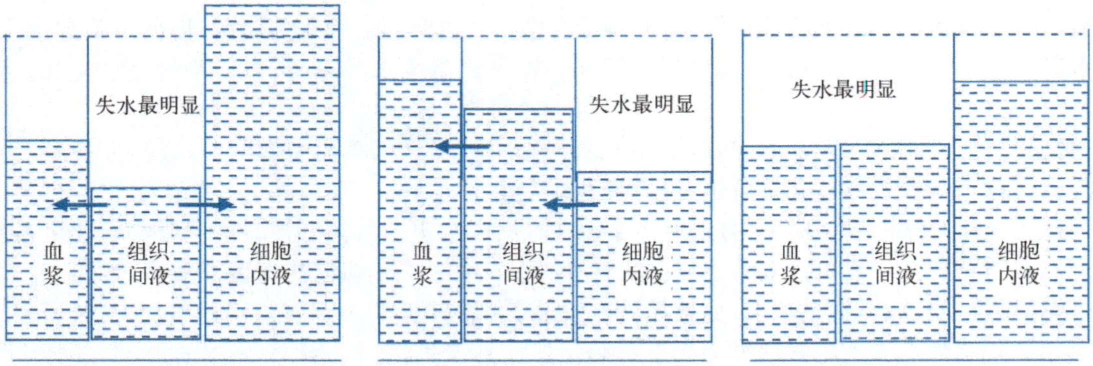

图 5-6 三型脱水各部位体液容量减少变化示意图

箭头示意因渗透压改变促进水转移及其转移方向

四、脱水临床防治措施的病理生理基础

(1) 治疗原发病。

(2) 适当补水或补钠：根据脱水类型选用不同张力的溶液，避免血钠浓度矫枉过正。补液总量应注意继续丢失量和生理需要量。一般情况下口服是最安全有效的方式。

(3) 防治并发症：如出现休克或肾功能不全，应按休克或肾功能不全的处理方式进行。

第三节 水 肿

一、水肿概述

(一) 水肿的概念

水肿(edema)是指过多液体在组织间隙或体腔中积聚的病理过程。它是多种疾病的临床体征。

临床上把过多液体在体腔中积聚称为积水或积液(hydrops)。如胸腔积水(胸水)、腹腔积水(腹水)、心包积水、脑室积水(脑积水)等。

需要注意的是,过去曾把脑组织间隙的液体积聚过多称为脑水肿,而把脑细胞内的液体积聚过多称为脑肿胀。由于两者都会因液体积聚而致脑体积增大、颅内压升高等相似临床表现,因此目前将过多液体在脑组织(包括脑组织间隙、脑细胞或脑室)中积聚而引起的脑体积增大统称为脑水肿。

(二) 水肿的分类

水肿可有多种分类方法:

1. 按发生范围分类　可分为局部性水肿(local edema)和全身性水肿(anasarca)。
2. 按发生部位分类　可分为皮下水肿、肺水肿、脑水肿、视神经盘水肿、喉头水肿等。
3. 按病因分类　可分为心性水肿、肾性水肿、肝性水肿、炎症性水肿、过敏性水肿等。
4. 按发生速度分类　可分为急性水肿和慢性水肿。
5. 按水肿液存在的状态分类　可分为隐性水肿(recessive edema),也称非凹陷性水肿(nonpitting edema);显性水肿(frank edema),也称凹陷性水肿(pitting edema)。

二、水中毒

就水肿而言,积聚的过多液体为等渗液。若过多低渗液在体内潴留,并伴有包括低钠血症在内的一系列症状或体征,称为水中毒(water intoxication)。水中毒见于各种病因引起的 ADH 分泌过多(如某些恶性肿瘤,中枢神经系统疾病,疼痛、创伤、大手术后应激反应等)或肾排水功能障碍(如急性肾衰竭少尿期、慢性肾衰竭晚期)时,而又摄水过多的情况。此时,细胞外液因水过多而呈低渗性,于是水转入细胞内引起细胞水肿,因此水中毒时细胞内、外均有大量低渗液积聚。脑细胞水肿可导致颅内压增高,出现烦躁、精神错乱、定向障碍、嗜睡等神经精神症状,并可有视神经盘水肿,严重者发生脑疝而致呼吸、心搏骤停。

三、水肿的基本机制

水肿是过多组织间液的积聚,而组织间液来自血浆。一方面,组织间液与血浆通过微血管壁不断地进行交换,以维持组织间液量的相对恒定,即血管内外液体交换的平衡;另一方面,血容量的恒定与机体维持钠、水摄入和排出之间的动态平衡有关,即体内外液体交换的平衡。如果这两种平衡被破坏,就可能导致组织间液生成增多,并在组织间隙或体腔中积聚。因此,水肿的发生有两大基本机制:血管内外液体交换失衡和体内外液体交换失衡。血管内外液体交换失衡导致组织间液的生成多于回流;体内外液体交换失衡导致机体钠、水排出减少,钠、水潴留,从而引起血容量增加及组织间液生成增加。

(一) 血管内外液体交换失衡致组织间液生成多于回流

正常情况下,组织间液和血浆之间不断进行着液体交换,组织间液的生成与回流保持着动态平衡。血管内外液体交换受多种因素调控(图 5-7),主要与平均有效滤过压和淋巴回流有关。

促使血浆向外滤出形成组织间液的力量是平均有效流体静压,为平均毛细血管压(17 mmHg)与组织间液流体静压(−6.5 mmHg)之差(这两种力量作用方向相反),即 23.5 mmHg。

促使组织间液回流至毛细血管内的力量是有效胶体渗透压,为血浆胶体渗透压(28 mmHg)与组织间液

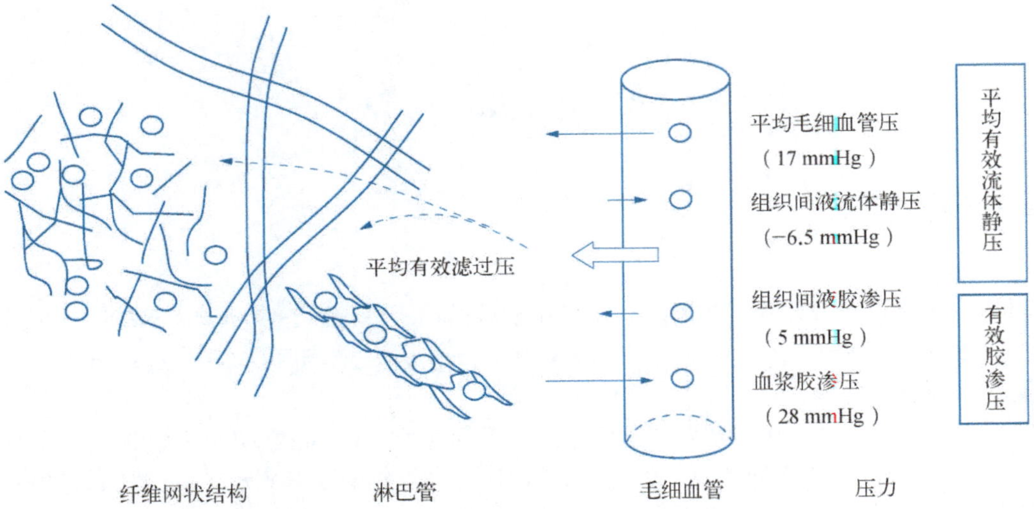

图 5-7 组织液生成与回流示意图

平均有效滤过压＝平均有效流体静压－有效胶体渗透压
平均有效流体静压＝平均毛细血管压－组织间液流体静压
有效胶渗压＝血浆胶渗压－组织间液胶渗压

胶体渗透压(5 mmHg)之差(这两种力量作用方向相反)，即 23 mmHg。

平均有效滤过压为平均有效流体静压与有效胶体渗透压的差值，为 0.5 mmHg。可见正常时组织液的生成略多于回流。但淋巴回流可把不断生成的组织间液送回血液循环，防止组织间液积聚。

当上述一个或多个因素异常时，都可导致组织间液的生成多于回流而积聚在组织间隙或体腔中，形成水肿。

1. 毛细血管流体静压增高　毛细血管流体静压增高可导致平均有效流体静压增高，因此平均有效滤过压增大，组织间液生成增多。当组织间液的生成量超过淋巴回流的代偿能力时，即可发生水肿。毛细血管流体静压增高主要因全身性或局部性静脉压升高，常见于充血性心力衰竭、肝硬化、静脉血栓形成和肿瘤压迫静脉。此外，动脉扩张充血也可使毛细血管流体静压增高，如炎症性水肿。

2. 血浆胶体渗透压降低　血浆胶体渗透压主要取决于血浆蛋白尤其是白蛋白的含量。当血浆白蛋白减少时，血浆胶体渗透压下降，可导致有效胶体渗透压下降，因此平均有效滤过压增大，组织间液的生成增加。

血浆白蛋白减少的主要原因有：① 蛋白合成减少：见于营养不良、长期禁食、肝功能障碍等；② 蛋白丢失过多：见于肾病综合征、严重烧伤、血管通透性增高等；③ 蛋白分解增加：见于慢性感染、恶性肿瘤等。

3. 组织间液胶体渗透压增高　主要原因是毛细血管壁通透性增加。

正常毛细血管只允许微量血浆蛋白滤出。当其通透性增高时，血浆蛋白从血管进入组织间隙，可使血浆胶体渗透压下降，而组织间液的胶体渗透压上升，从而导致有效胶体渗透压下降，而平均有效滤过压增大，组织间液生成增加。因血管壁通透性增加而形成的水肿液中蛋白含量较高，为渗出液。常见于感染、过敏、烧伤、冻伤、昆虫叮咬等，病因可直接损伤微血管壁或通过释放组胺、激肽等炎症介质而增高微血管壁通透性。

4. 组织间负压绝对值减小　组织间液流体静压驱动组织间液体回流到血管和淋巴管等。组织间液流体静压在不同组织变动范围比较大。在肝、肾、脑等器官，组织间液流体静压为正压，而在皮下及肺组织测得其数值为负压，且肺组织的负压绝对值明显大于皮下组织。其产生负压的机制推测可能与以下几方面因素有关：① 心脏的抽吸作用，使静脉端组织间液易于回流；② 组织间的纤维网状结构如同海绵可吸取组织间液；③ 毛细淋巴管为单向管泵，受肌性组织挤压或受呼吸影响，加快淋巴液回流至心脏；④ 皮下及肺组织与脑、肝、肾等组织不同，直接受到空气的压力，促使其淋巴液更容易流出组织，同时肺与皮肤受空气的压力产生形变，组织本身回弹使其间隙扩张。

组织间负压产生的意义在于使皮下组织间液体交换更为迅速，对维持肺的“干燥”尤其重要。

显然，组织间负压绝对值增大，意味着驱使组织间液回流的作用越强，组织间液越少；反之，若负压绝对值减小，驱使组织间液回流的作用减弱，液体将在组织间潴留，见于心脏舒缩功能减弱、淋巴管阻塞等情况。一般认为组织间负压绝对值减少到0之前，皮下纤维网状结构尚能容纳多余的水分，用手指按压皮下水肿部位不出现凹陷，为隐性水肿。压力超过0以上，游离水出现，用手指按压水肿部位时游离液体向按压点周围散开，出现凹陷，抬手后凹陷不能立即消失，此为显性水肿。

5. 淋巴回流受阻　正常的淋巴回流不仅能把生成的组织间液及滤过的微量蛋白质送回血液循环，而且在组织间液生成增多时，还能代偿回流，因而具有重要的抗水肿作用。淋巴回流受阻时，组织间隙中的组织液和蛋白质积聚，形成淋巴性水肿(lymph edema)，同时组织间液胶体渗透压增高又可进一步促进水肿的形成。常见原因有：恶性肿瘤细胞侵入并堵塞淋巴管；乳癌根治术清扫相关淋巴结可引起局部水肿；丝虫病时丝虫成虫阻塞主要淋巴管道，可引起下肢慢性水肿等。

血管内外液体交换失衡机制见图5-8。

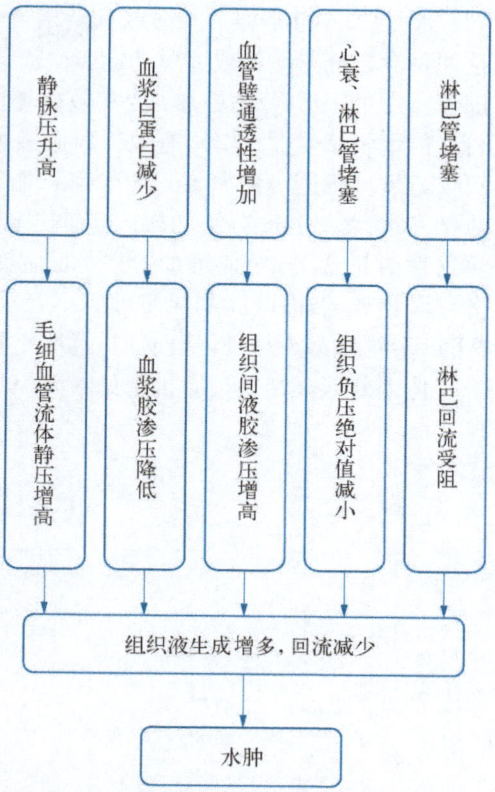

图5-8　血管内外液体交换失衡机制示意图

(二) 体内外液体交换失衡致钠水潴留

正常机体每日钠水的摄入量和排出量大致相当，处于动态平衡状态，从而维持体液量的相对恒定。肾是钠、水排出的主要途径，在调节钠、水平衡中起重要作用。当肾排出钠、水减少时，可导致体内钠水潴留，血容量增多，血液稀释，继而由于毛细血管流体静压增高、血浆胶体渗透压下降而致组织间液生成增多。钠、水潴留是导致全身性水肿的重要发病机制。

血浆经肾小球滤过形成原尿，随后99%～99.5%的原尿被肾小管重吸收，其中60%～70%由近曲小管重吸收，仅0.5%～1%的原尿排出体外。正常的尿量有赖于肾小球滤过功能与肾小管重吸收功能之间的平衡，例如，当肾小球滤过率降低时，肾小管可通过各种调节机制相应减少对钠水的重吸收，从而保持正常的尿量和血容量，这就是球-管平衡。若肾小球滤过率降低和(或)肾小管重吸收增加(球-管失衡)，就会导致钠水潴留和细胞外液量增多。常见于以下情况：

1. 肾小球滤过率下降　常见原因：① 肾小球广泛病变：如急性肾小球肾炎时，炎性渗出物、细胞增生和内皮细胞肿胀可导致肾小球滤过率下降；慢性肾小球肾炎肾单位严重破坏时，有滤过功能的肾单位显著减少，肾小球滤过面积明显减少致肾小球滤过率下降；② 有效循环血量减少：如充血性心力衰竭和肾病综合征时有效循环血量减少，可导致肾血流量减少，并引起交感-肾上腺髓质系统和肾素-血管紧张素系统兴奋，入球小动脉收缩，肾血流量进一步减少，因而肾小球滤过率下降。

2. 近曲小管重吸收钠水增加　当有效循环血量减少时，近曲小管通过肾小球滤过分数(filtration fraction，FF)增加和心房钠尿肽(ANP)分泌减少以增加对钠水的重吸收。① 肾小球滤过分数增加：滤过分数=肾小球滤过率/肾血浆流量。正常时约有20%的肾血浆流量经肾小球滤过。充血性心力衰竭或肾病综合征时，有效循环血量减少致交感-肾上腺髓质系统兴奋，肾血管收缩，肾血浆流量下降。由于出球小动脉收缩比入球小动脉收缩更为明显，因此，肾小球滤过率下降的程度小于肾血浆流量下降的程度，即肾小球滤过率相对增高，故滤过分数增加，血浆中非胶体成分滤过量相对增多。因此，血液流经出球小动脉时血液被浓缩，血浆胶体渗透压明显升高，而出球小动脉延伸后形成毛细血管，缠绕在肾小管周围，所以肾小管周围毛细血管的流体静压下降而血浆胶体渗透压增高，从而促进近曲小管重吸收钠水，导致钠水潴留；② ANP分泌减少：ANP由心房肌细胞合成释放，可抑制近曲小管对钠的主动重吸收，并对抗肾素-血管紧张素系统，从而扩张血管，增加肾小球滤过率，还可作用于肾上腺皮质球状带抑制醛固酮分泌。当有效循环血量减少时，心房的牵张感受器兴奋性降低，ANP分泌减少，因此，近曲小管对钠水的重吸收增加。

3. *远曲小管和集合管重吸收钠水增加* 远曲小管、集合管对钠水的重吸收受ADH和醛固酮调节。当这两种激素分泌增加或因肝功能障碍而灭活减少时，可促进远曲小管和集合管重吸收钠、水，从而引起钠、水潴留。① 醛固酮分泌增加：当有效循环血量减少时，肾血流量减少，肾血管灌注压下降，可刺激入球小动脉管壁的牵张感受器；此外，有效循环血量减少引起的肾小球滤过率降低可使流经致密斑的钠量减少，两者均可促进近球细胞分泌肾素，于是肾素-血管紧张素-醛固酮系统被激活，醛固酮分泌增多，促进远曲小管重吸收钠和水；② ADH分泌增加：当有效循环血量减少时，左心房和胸腔大血管的容量感受器所受刺激减弱，可反射性引起ADH分泌增加；当肾素-血管紧张素-醛固酮系统被激活后，血管紧张素Ⅱ生成增多，可致ADH分泌和释放增加；醛固酮促使远曲小管重吸收钠，引起血浆渗透压增高，通过刺激下丘脑渗透压感受器，使ADH分泌和释放增加，从而促进远曲小管和集合管重吸收水。

体内外液体交换失衡机制见图5-9。

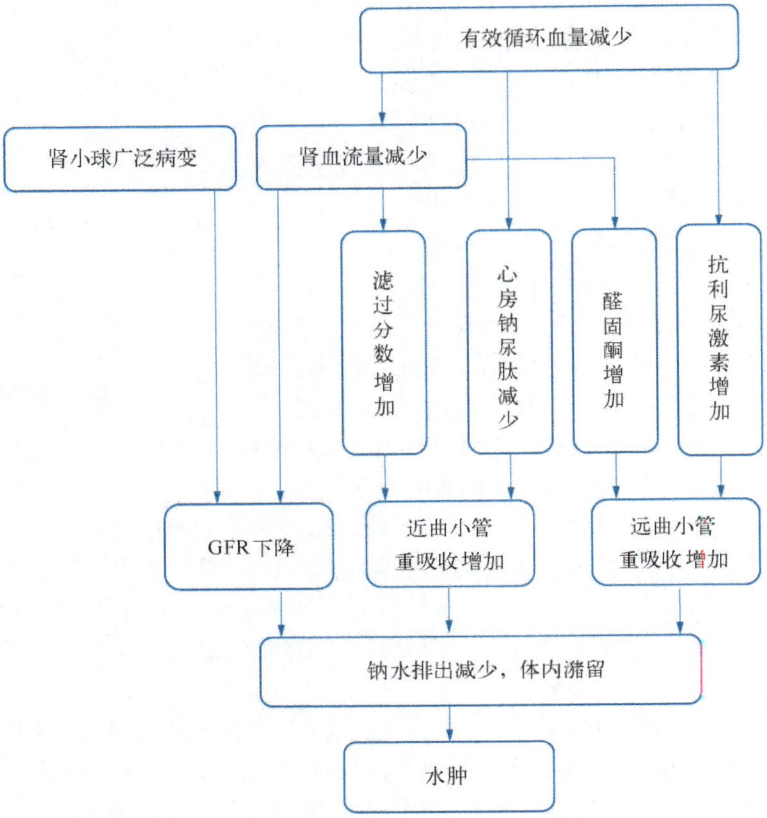

图5-9 体内外液体交换失衡的机制示意图

总之，水肿是一个复杂的病理过程，其发生、发展与多种因素先后或同时作用于机体有关。同一因素在不同类型水肿的发生机制中所处地位也不同。

四、水肿对机体的影响

（一）一般表现

水肿对机体的影响有利有弊。

水肿可导致相应器官出现功能障碍，如胃肠黏膜水肿可影响消化吸收功能，肺水肿、胸腔积水可引起呼吸困难，心包积水可影响心脏泵血功能。水肿对机体影响的大小取决于水肿发生的部位、速度和严重程度。缓慢发生的非要害部位的水肿对机体可无太大影响，而重要器官急速发生的水肿则危害较大，如急性肺水肿时可出现严重的呼吸困难、端坐呼吸、发绀、咳白色或粉红色泡沫样痰；脑水肿可致颅内压升高，甚至形成脑疝。

水肿对机体也有有利的一面，如稀释毒素、运送抗体和补体；水肿液中的纤维蛋白还可限制病原体扩散，有利于白细胞吞噬病原体。

在表现特征方面，皮下水肿表现为皮肤苍白、肿胀，皮纹变浅，局部温度较低，弹性降低。全身性水肿可引起体重增加、血压升高、颈静脉充盈、中心静脉压增高、尿量减少等。尿量及体重是水肿较为敏感的指标，观察尿量及体重的动态变化，能反映水肿的消长情况。体重监测在产科晚期判断孕妇体重增加是出现妊娠水肿或是胎儿生长所致有一定临床价值。

临床上抽取水肿液进行化验检查有助于疾病的诊断和鉴别诊断。根据水肿液性状(尤其是蛋白含量)的不同，可将水肿液分为漏出液和渗出液(表 5-4)。漏出液(transudate)为淡黄色浆液性，外观透明，其中蛋白含量较低(＜25 g/L)，细胞数目少(＜500 个/100 mL)，液体比重小(＜1.018)，常见于充血性心力衰竭、肝硬化、肾病综合征等非炎症病因，主要与毛细血管流体静压增高有关；渗出液(exudate)可为血性、脓性等，外观混浊，其中蛋白含量高(30～50 g/L)，细胞数目多，可见大量白细胞，液体比重大(＞1.018)，多见于炎症、恶性肿瘤等，主要因微血管壁通透性增高所致。

表 5-4 漏出液和渗出液的主要特点比较

	漏出液	渗出液
常见病因	非炎症性：如充血性心力衰竭、肝硬化、肾病综合征	炎症、恶性肿瘤等
外观	透明，淡黄色，浆液性	混浊，可为血性、脓性、乳糜性等
比重	＜1.018	＞1.018
蛋白定量	＜25 g/L	30～50 g/L
细胞计数	＜500 个/100 mL	常＞500 个/100 mL，可见大量白细胞

(二) 病理生理学关注的表现及机制

1. 心性水肿(cardiac edema) 见于右心衰竭及全心衰竭患者。水肿先发生于身体低垂部位，立、坐位时以下肢尤其足踝部最早出现且最明显，仰卧位时，则水肿先在骶部、背部出现，然后向上扩展。患者双下肢明显水肿，严重时可出现腹水、胸水。其主要发生机制为：

(1) 毛细血管流体静压增高：① 右心衰竭时，由于心肌收缩力降低，心输出量减少，右室舒张末期压力和右房压力升高，上下腔静脉回流受阻；② 钠、水潴留使血容量增加，大量血液淤滞在静脉系统中；③ 心输出量减少反射性引起交感-肾上腺髓质系统兴奋，使静脉壁紧张度增加、小静脉收缩，因而毛细血管流体静压增高，导致组织间液生成增加。由于毛细血管流体静压受重力影响，离心脏水平面垂直距离越远的部位毛细血管流体静压越高，因此，身体低垂部位的毛细血管流体静压最高，最先发生水肿。

(2) 钠水潴留：① 右心衰竭时心输出量减少，有效循环血量降低，使肾血流量减少，并通过交感-肾上腺髓质系统和肾素-血管紧张素系统兴奋使肾血管收缩，肾血流量进一步减少，因而肾小球滤过率下降；② 有效循环血量减少还可通过肾小球滤过分数增加、ANP 分泌减少、ADH 和醛固酮分泌释放增加等机制，导致肾小管重吸收钠水增加。

(3) 血浆胶体渗透压降低：① 右心衰竭可引起胃肠淤血、肝淤血、肝大及肝功能障碍，影响蛋白质的消化、吸收和合成，从而发生低蛋白血症；② 钠、水潴留致血容量增加，引起稀释性血浆胶体渗透压降低。

(4) 淋巴回流受阻：体循环静脉压增高可导致淋巴液回流入静脉系统受阻，促进水肿发生。

心性水肿的发生机制见图 5-10。

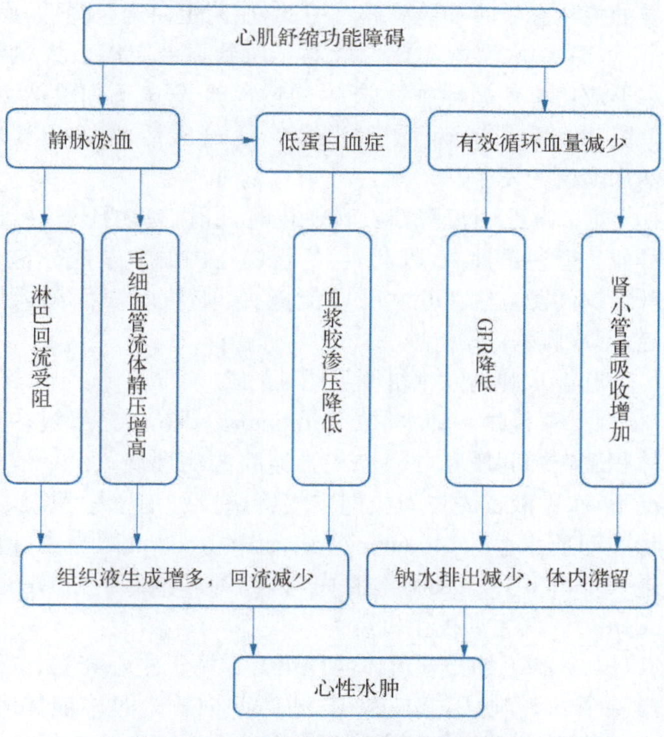

图 5-10 心性水肿的发生机制示意图

2. 肾性水肿(renal edema) 见于急性肾小球肾炎和肾病综合征。

急性肾小球肾炎所致肾炎性水肿一般只出现于皮下组织疏松的部位如眼睑或面部，多为非凹陷性水肿。其主要发生机制为：

(1) 肾小球滤过率下降：由于肾小球血管内皮细胞和间质细胞肿胀和增生、炎性细胞渗出、纤维蛋白堆积，肾小球血流量明显减少，肾小球滤过膜通透性降低，肾小球滤过面积减少，因此肾小球滤过率显著下降。

(2) 肾小管重吸收钠水增加：肾血流量减少和肾小球滤过率降低可导致肾素-血管紧张素-醛固酮系统兴奋，因此，肾小管重吸收钠水增加。

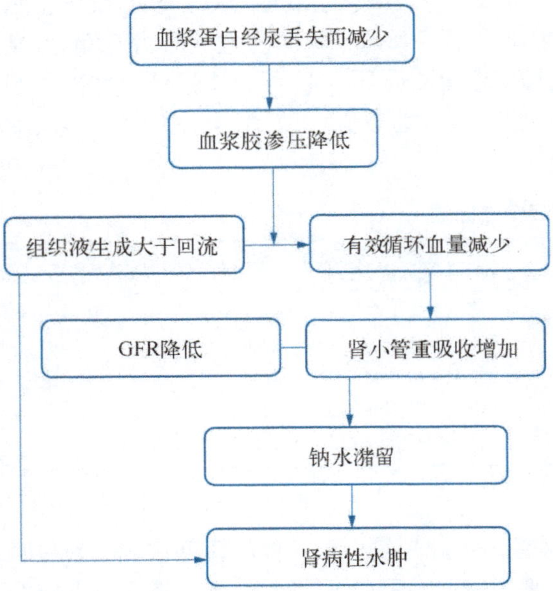

图 5-11 肾病性水肿的发生机制示意

肾病综合征所致肾病性水肿先出现于眼睑或面部，然后扩展至全身，为凹陷性水肿。其主要发生机制为：

(1) 血浆胶体渗透压降低：肾病综合征时，由于肾小球对蛋白质的通透性异常增高，大量血浆蛋白尤其是白蛋白经肾丢失而致低蛋白血症，因此血浆胶体渗透压降低，组织间液生成增加。

(2) 钠水潴留：低蛋白血症所致组织间液大量生成使有效循环血量减少，可引起肾小球滤过率下降及肾小管重吸收增加，因此肾球-管失衡，钠、水潴留。

肾性水肿的发生机制见图 5-11。

3. 肝性水肿(hepatic edema) 见于肝硬化、肝癌。以腹水最为明显，而其他部位无明显水肿。其主要发生机制为：

(1) 毛细血管流体静压增高：肝硬化时，肝内结缔组织增生和假小叶形成，使肝静脉分支受压，肝静脉回流受阻，因此肝血窦内压和门静脉压力升高。门静脉高压使门静脉系统的毛细血管流体静压增高，液体漏入腹腔，导致腹水生成。

(2) 血浆胶体渗透压降低：① 肝功能障碍时，肝脏合成白蛋白减少；② 门脉系统淤血导致消化道对蛋白质的消化和吸收功能障碍。因此，血浆蛋白含量降低，血浆胶体渗透压下降，促进腹水的形成。

(3) 钠水潴留：① 门脉高压所致血液淤滞及大量腹水形成使有效循环血量减少，通过肾球-管失衡而致钠、水潴留；② 肝功能障碍致醛固酮和 ADH 灭活减少，也促进钠水潴留的发生。

(4) 淋巴回流障碍：肝硬化时，肝血窦内压增高，而肝血窦壁通透性高，因此，包括蛋白在内的血浆成分进入肝组织间隙，当超过淋巴回流能力，则从肝表面漏入腹腔，形成腹水。

肝性水肿的发生机制见图 5-12。

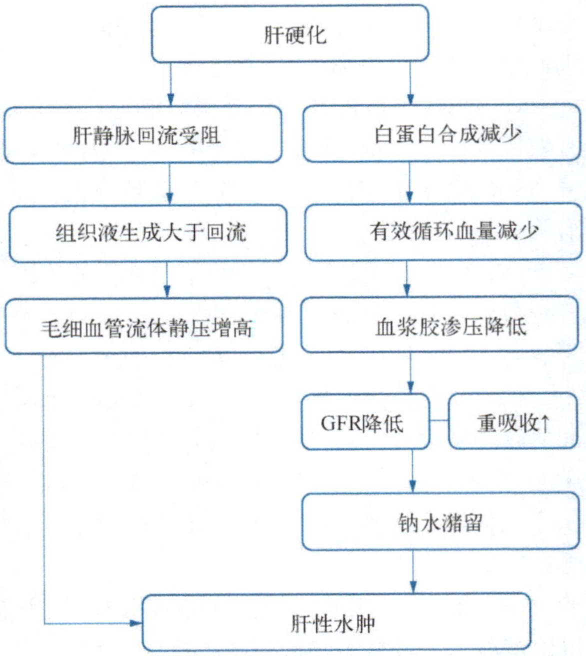

图 5-12 肝性水肿的发生机制示意图

4. 肺水肿 肺水肿(pulmonary edema)是指过多液体积聚在肺间质和(或)溢入肺泡腔的病理现象。一般情况下，水肿液首先在间质即支气管壁及肺泡壁中积聚，称为肺间质水肿(pulmonary interstitial edema)；当水肿液进一步增多并溢入肺泡腔内时，称为肺泡水肿(alveolar edema)。其主要发生机制为：

(1) 肺毛细血管流体静压增高：见于左心衰竭、二尖瓣狭窄、肺静脉阻塞或狭窄、短时间内输入过多液体时，由于肺静脉回流受阻或肺血容量急剧增多，肺毛细血管流体静压增高，因此发生肺水肿。在伴有肺淋巴回流减少、组织间负压绝对值减小、组织间隙胶体渗透压增高或血浆胶体渗透压降低时尤易发生。此外，肺毛细血管流体静压过高还可能使血管内皮细胞因受过度牵拉而致其连接部裂隙增大，从而引起继发性毛细血管通透性增加。

（2）毛细血管和（或）肺泡上皮通透性增加：某些理化或生物性因素（如吸入毒气、氧中毒、细菌或病毒感染）可直接损伤血管内皮或肺泡上皮，或通过血管活性物质和炎症介质等（如组胺、缓激肽、前列腺素、氧自由基、蛋白水解酶等）的作用间接性引起肺泡膜损伤，增加毛细血管和（或）肺泡上皮的通透性，从而导致通透性肺水肿。

（3）血浆胶体渗透压降低：当血浆蛋白减少或大量稀释（如快速输入大量晶体溶液）时，可因血浆胶体渗透压降低而致肺水肿。

（4）肺淋巴回流受阻：肺内发达的淋巴回流系统具有重要的抗水肿作用。当肺毛细血管血浆滤过增多时，淋巴回流可代偿性增加 3～10 倍（慢性间质性肺水肿时可达 25～100 倍）。当肿瘤压迫肺淋巴管或矽肺所致慢性阻塞性淋巴管炎时，若伴有其他因素改变，则极易因肺淋巴回流受阻而发生肺水肿。

肺水肿的发生机制见图 5－13。

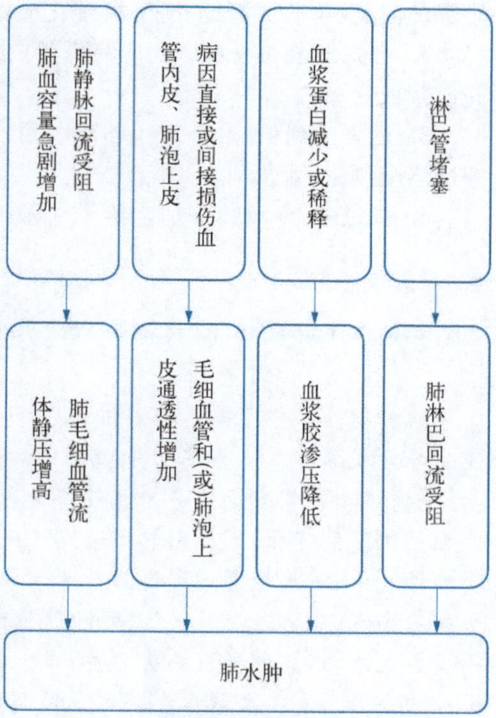

图 5－13　肺水肿的发生机制示意图

5. 脑水肿（brain edema）　指过多液体在脑组织（包括脑组织间隙、脑细胞或脑室）中积聚而引起的脑体积增大和重量增加。

脑水肿按病因和发生机制一般分为三种类型：

（1）血管源性脑水肿（vasogenic brain edema）：最为常见，见于脑外伤、脑出血、脑梗死、脑肿瘤、化脓性脑膜炎等。由于脑内毛细血管通透性增加，血浆外渗进入组织间隙增多。其特点为白质的细胞间隙内有大量液体积聚，且蛋白质含量高，而灰质无明显变化。

（2）细胞毒性脑水肿（cytotoxic brain edema）：见于急性脑缺血、缺氧（如窒息、心脏停搏），内源性中毒（如糖尿病、尿毒症），水中毒（如快速大量输液）及某些代谢抑制物中毒（如二硝基酚、三乙基锡）等。其特点为所有细胞（包括神经细胞、胶质细胞和血管内皮细胞）均发生肿胀，细胞内液增加，而细胞间隙缩小；灰质和白质均受累及，尤以白质明显。其主要发生机制为：① 急性脑缺血、缺氧、自由基的产生、内源性毒物或代谢抑制物可直接或通过损伤线粒体膜而间接引起脑细胞能量代谢障碍，使 ATP 生成减少，细胞膜钠泵功能障碍，因此，细胞内钠、水潴留，引起细胞水肿；② 水中毒时，因细胞外液渗透压降低，细胞外液向细胞内转移，从而引起细胞水肿。

（3）间质性脑水肿（interstitial brain edema）：见于阻塞性脑室积水。水肿液为脑脊液。当脑肿瘤或炎症压迫、阻塞侧脑室孔或中脑导水管时，由于脑脊液循环障碍，过多脑脊液在脑室中积聚，使脑室扩大，室内压升高，脑室管膜通透性增高甚至破裂，因此脑脊液溢入周围白质，引起间质性脑水肿。

脑水肿的发生机制见图 5－14。

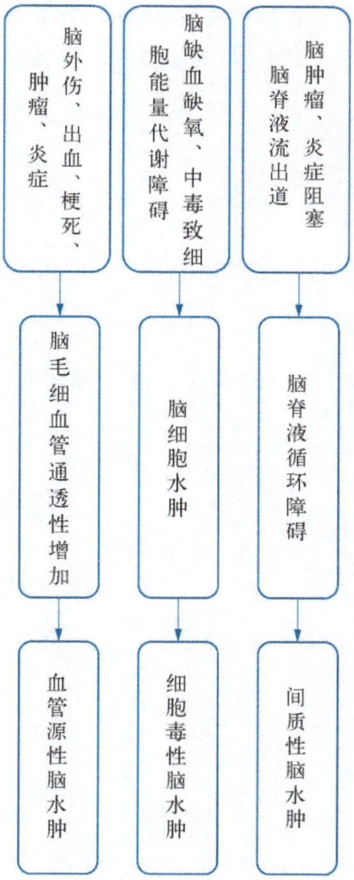

图 5－14　脑水肿的发生机制示意图

五、水肿临床防治措施的病理生理基础

1. 防治原发病　积极治疗导致水肿的病因，如充血性心力衰竭应减轻

心脏负荷、改善心肌舒缩功能；肝硬化应给予保肝、降低门脉压力等治疗。

2. 补充血浆白蛋白　对于有低蛋白血症因素参与形成的水肿尤为重要，如肝性水肿、肾性水肿。可补充血浆或白蛋白。

3. 适当限制钠、水摄入　心性水肿、肾性水肿、肝性水肿等全身性水肿的发生均与钠、水潴留有关，因此应适当限制钠、水摄入。

4. 促进钠、水排出　适当给予利尿剂，减轻水肿。

小　　结

水和钠的动态平衡维持着机体内环境的稳定，临床上有很多因素可以引起水、钠平衡紊乱，如不及时纠正将导致机体各器官系统的生理功能和物质代谢的紊乱，甚至危及生命。水、钠代谢紊乱常同时或先后发生，根据体液容量变化可分为体液容量过少（脱水）和体液容量过多（水肿）。在体液容量变化的同时，往往伴有血钠浓度的变化，因而引起血浆渗透压的改变。临床上当体液容量减少时，可根据血浆渗透压将其分为：高渗性脱水、等渗性脱水和低渗性脱水。高渗性脱水的特征是失水多于失钠，经机体调节后脱水部位主要位于细胞内液，患者除有明显渴感外，严重时可因脑细胞脱水而致蜘蛛网膜下腔出血。低渗性脱水的特征是失钠多于失水，以细胞外液丢失为主，早期即可发生休克。等渗性脱水的特征是钠水等比例丢失，以细胞外液丢失为主。三种类型脱水在一定条件下可以互相转换。

水肿是指过多液体在组织间隙或体腔中积聚的病理过程。水肿的发生有两大基本机制：① 血管内外液体交换失衡，导致组织间液的生成多于回流，主要与毛细血管流体静压增高、血浆胶体渗透压降低、组织间液胶体渗透压增高、组织间负压绝对值减小和淋巴回流受阻等因素有关；② 体内外液体交换失衡，导致肾钠、水排出减少，体内钠、水潴留，主要与肾小球滤过率下降和（或）肾小管重吸收钠、水增加有关。水肿对机体的影响有利有弊，取决于水肿发生的部位、速度和严重程度。临床上常见的水肿有心性水肿、肾性水肿、肝性水肿、肺水肿和脑水肿。应根据水肿的病因及发生机制采取正确的防治措施。

【复习思考题】

1. 细胞水平上，高渗性脱水与低渗性脱水的主要脱水部位在哪里？
2. 哪种类型的脱水容易引起休克，为什么？
3. 试比较三种类型脱水的特征、原因、机制及对机体的主要影响。

（李　飞　陈　玮）

第六章

电解质平衡及紊乱——钾代谢紊乱

学习要点

掌握：① 低钾血症与高钾血症的概念、基本病因及基本机制；② 低钾血症与高钾血症对酸碱平衡、神经肌肉及心脏的影响及其机制。

熟悉：① 正常钾代谢：体内的分布、生理功能、平衡及其调节；② 钾代谢紊乱心电图特点。

了解：钾代谢紊乱临床防治措施的病理生理学基础。

电解质平衡是内环境稳定的重要组成部分。溶解于体液中的电解质，尤其是无机电解质具有许多重要的生理功能，包括：① 维持可兴奋组织（神经、肌肉和心肌）细胞的静息电位并参与其动作电位的形成；② 维持体液的渗透压平衡和酸碱平衡；③ 参与机体生物化学新陈代谢（如镁、钾离子），介导细胞信号转导（如钙离子）等。电解质平衡的紊乱如不及时纠正，可能导致严重的后果，甚至危及生命。本章着重介绍钾代谢紊乱。其他电解质紊乱如钙磷紊乱，血氯紊乱等在后续相关章节中引入介绍。

1854 年，法国实验生理学家贝尔纳（Bernard）提出了内环境概念。在接下来的大半个世纪里，许许多多科研工作者花费了巨大的精力来研究内环境的实质及内环境改变与疾病的关系。在 20 世纪以前，学者们的研究主要集中在对血中有机物如糖、脂、蛋白质和一些医学相关的小分子有机化合物的测定，如人们发现糖尿病与血糖，尿毒症与尿素，痛风与尿酸，肝病与胆色素，贫血与血红蛋白有关。然而对于无机成分的功用，在当时并没有引起人们足够的重视，比如，18 世纪生理化学家西蒙（Simon）在他的《动物化学》一书中这样描述道，“在现有的化学知识背景下，也许可以确定进入血液中的大量盐类的最终功能，但它们进入血液却不能被运输到机体的任何实体结构中”，显然这样的认识是有缺陷的。1878 年，肯泽特（Kingzett）提出，“血液中盐类的功能尚不清楚，其中的碳酸钠、钾盐、氯、磷酸等仍有待被定量。”

20 世纪初一些化学家开始探索检测钾、钠浓度的方法。1935 年，斯皮朗肯（Spelunking）开始血钾浓度测定。1949～1950 年，人们已知血清钾浓度正常范围（3.5～5.5 mmol/L）及体内钾含量约占人体体重的 5%。20 世纪 40 年代临床开始试用钾盐静脉输入治疗重症腹泻患儿。1962 年，戈策（Goetze）明确指出，“高钾血症可使心脏停搏，而低钾血症可引起呼吸肌等麻痹。”血浆中钾离子浓度的重要性至此受到高度重视。

对钾引起肌肉麻痹和心脏停搏机制的理解主要得益于电生理技术和离子通道研究的进步。1890 年，德国物理化学家奥斯特瓦尔德（Ostwald，1909 年诺贝尔化学奖获得者）提出活细胞产生的电信号可使离子在细胞中跨膜的理论。1902 年，伯恩斯坦（Bernstein）提出了静息电位与钾离子的膜电位相关的假说。Goldman 推导出了膜电位的数学公式（即戈德曼方程），从而量化了多离子（钾、钠、钙、氯）对静息膜电位的影响[能斯特方程（Nernst equation），为计算单一离子对膜电位影响]。1939 年，两位英国科学家霍奇金（Hodgkin）和赫胥黎（Huxley），用微电极技术，以枪乌贼轴突为实验对象，测定了细胞膜内外存在电位差（1963 年诺贝尔生理医学奖）。1952 年，他们研制了电压钳技术，证实细胞膜的离子选择通透性决定了跨膜电位(即动作电位理论),并首次提出了离子通道的概念,并于 1959 年利用 X 射线晶体衍射技术首次解析了蛋白分子(血红蛋白)的三维空间结构(1962 年诺贝尔化学奖)。

1976 年,德国科学家内尔(Neher)和沙克曼(Sakmann)改电压钳技术为膜片钳技术,其灵敏性可直接记录单个离子通道电流(1991 年的诺贝尔生理学奖)。1988 年简(Jan)从果蝇中首次鉴定出钾通道基因。迄今学者们已经在不同属种生物中证实了上百种钾通道的存在,并发现钾通道是生物界分布最广、类型最多的一种离子通道,表明钾离子调控细胞功能的精细和复杂。1998 年,美国科学家麦金农(Mackinnon,2003 年诺贝尔化学奖获得者)从链霉菌中获得了第一个钾离子通道(KcsA)的高精度结构,首次在原子水平上解释了离子通道结构与功能的关系。但他认为钾离子通道是"刚性"的管道,通过选择性滤器作用,只容许钾离子通过,而不容许比它小许多的钠离子通过。然而新近的研究证实,离子通道是"柔性"的,在一些因素调控下,它可改变对不同离子的通透性,这对正确理解低钾和高钾血症时心肌电生理异常和临床心律失常的发生机制有重要意义。

第一节 正常钾代谢

一、钾在体内的分布及生理功能

钾是体内最重要的无机阳离子之一。正常成人体内的含钾量为 50～55 mmol/kg 体重。其中 98%存在于细胞内,是细胞内含量最多的阳离子,仅约总钾量的 2%存在于细胞外液。细胞内液的钾浓度为 140～160 mmol/L,细胞外液的钾浓度为 3.5～5.5 mmol/L。

体内的钾有许多重要的功能:① 细胞内外钾浓度差是维持细胞膜静息电位的物质基础,因此对心肌和神经肌肉的电活动至关重要;② 细胞内丰富的钾离子不仅参与维持细胞内液的渗透压、容量和酸碱平衡,也影响细胞外液的渗透压和酸碱平衡;③ 钾离子是许多酶促反应必需的物质,与糖、蛋白质合成及多种新陈代谢过程密切相关。例如,细胞内高浓度钾是一些与糖代谢有关的酶类(磷酸化酶、含巯基酶)具有生物活性的必要条件,糖原合成时有一定量钾进入细胞,分解时则钾释出。ATP 是人体内的储能物质,它的生成也需要钾离子的参与。

二、钾平衡及其调节

正常情况下,钾的摄入与排出处于动态平衡,并保持血浆钾在正常范围。钾的摄入主要来源于食物。正常膳食中含钾丰富,成人每天随食物摄入的钾量波动于 50～150 mmol/L。摄入的钾 90%在肠道吸收,10%随粪便排出。吸收的钾首先快速转移至细胞内以避免发生高钾血症,随后主要经肾排出。肾脏排钾量与摄入量相关,即多吃多排,少吃少排,但不吃也排,所以钾的摄入停止或过少往往导致钾缺失和低钾血症。钾平衡的维持通过以下三条途径:钾的跨细胞转移、肾脏的调节和胃肠道的排泄。

1. 钾的跨细胞转移　调节钾跨细胞转移的基本机制称为泵-漏机制(pump-leak mechanism)。泵指钠-钾泵,即 Na^+-K^+-ATP 酶,它将钾逆浓度差摄入细胞,漏指钾离子顺浓度差通过各种钾离子通道进入细胞外液。通过这种方式可迅速、准确地调节细胞内外液的钾浓度,从而维持静息电位及多种重要生命功能。影响钾跨膜转移的主要因素包括:

(1) 酸碱平衡状态:酸中毒发生时,细胞外液 H^+ 浓度升高,H^+ 移入细胞,K^+ 移出细胞以维持电中性;而碱中毒正好相反,因而酸中毒时血清钾浓度升高,碱中毒时降低。对于钾的跨细胞转移的影响,碱中毒比酸中毒明显,代谢性酸中毒比呼吸性酸中毒明显,无机酸酸中毒比有机酸酸中毒明显,急性酸中毒比慢性酸中毒明显。

(2) 渗透压:细胞外液渗透压急性升高促使钾离子移出细胞。这可能是因为细胞外液渗透压升高引起细胞内的水向细胞外移动,致细胞内钾浓度升高,从而促进钾离子外移。

(3) 激素

1) 胰岛素：这是影响钾跨细胞移动的主要激素，它可直接刺激 Na^+ - K^+ - ATP 酶的活性，促进细胞摄钾，且该作用可不依赖于葡萄糖的摄取。甲状腺素与胰岛素有相同的作用。

2) 儿茶酚胺：儿茶酚胺对 K^+ 跨膜转移的影响因受体不同而异。刺激 β-肾上腺素能受体可激活 Na^+ - K^+ 泵，促进细胞摄钾；而兴奋 α-肾上腺素能受体则促进 K^+ 移出细胞。肾上腺素可激活 α 和 β 两种受体，其综合作用表现为首先引起一个短暂的高钾血症，随后出现一个较持续的血清钾的轻度下降。

(4) 细胞外液 K^+ 浓度：细胞外液 K^+ 浓度升高可直接激活 Na^+ - K^+ 泵的活性，也可刺激胰岛素的分泌间接增强 Na^+ - K^+ 泵的活性，从而促进细胞摄取钾。细胞外液钾离子浓度降低则促进钾从细胞内移出。

(5) 物质代谢：细胞摄取葡萄糖合成糖原、摄取氨基酸合成蛋白质时，伴有一定量的 K^+ 进入细胞，而在糖原和蛋白质分解过程中，可由细胞释出相应量的 K^+。

(6) 运动：反复的肌肉收缩使细胞内钾外移，这是因为运动引起 ATP 消耗，导致 ATP 依赖性钾通道开放并降低 Na^+ - K^+ 泵的活性。细胞外液钾浓度升高可促进局部血管扩张，增加血流量，为肌肉的活动提供能源。K^+ 跨细胞膜运转见图 6-1。

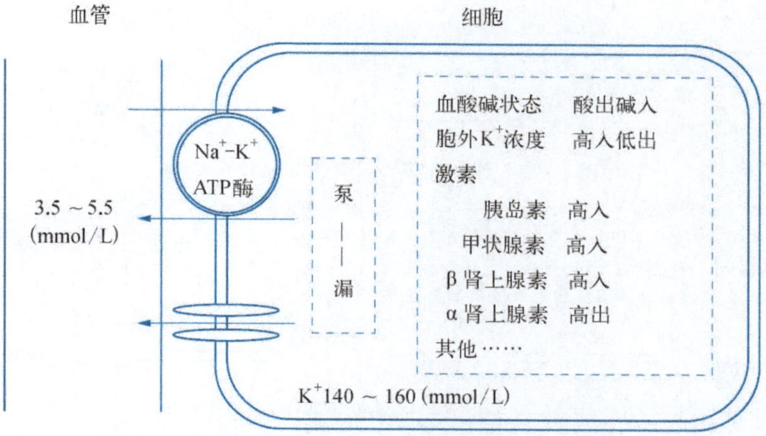

图 6-1 K^+ 跨膜转移示意图

2. 肾对钾排泄的调节 肾脏排钾经过三个环节：肾小球滤过，近曲小管和髓襻对钾的重吸收，远曲小管和集合管对钾排泄的调节。一般情况下，前两个环节对钾排泄的调节作用较弱，对不断变动的钾摄入量，机体主要依靠远曲小管和集合管来调节对钾的分泌和重吸收，以此维持体内钾的平衡(图 6-2)。

(1) 远曲小管和集合管调节钾平衡的机制：根据机体摄入钾的量，这两种肾小管既可向小管液中分泌排出钾，也可重吸收钾。在极端高钾膳食的情况下，小管以分泌排钾为主，分泌的钾量甚至超过肾小球滤出的钾量，在摄钾减少或不摄钾时，小管重吸收钾大大增加，可使终尿的排钾量降至肾小球滤过量的 1% 以下。

1) 远曲小管、集合管的钾分泌机制：正常情况下，大约 1/3 的尿钾是由远曲小管、集合管分泌出来的。钾的分泌由该段小管上皮的主细胞(principal cells)完成。主细胞基底侧膜上的 Na^+ - K^+ 泵将 Na^+ 泵入小管间液，而将小管间液的 K^+ 泵入主细胞内，胞内的 K^+ 再通过顶端膜(管腔侧膜)上的 K^+ 通道顺浓度梯度被动弥散入小管腔中，同时 Na^+ 泵造成的细胞内低钠促使小管液中的 Na^+ 进入主细胞，由此形成的小管液负电位又成为钾分泌入小管腔的动力。这一过程也称为 K^+ - Na^+ 交换。此外，管腔膜上还有 K^+ - Cl^- 协同转运子，也可将 K^+ 分泌到管腔。

2) 集合管对钾的重吸收：正常膳食中含有较丰富的钾，因此一般情况下，远曲小管、集合管调节钾平衡的主要方式是分泌钾。只在摄钾量明显不足的情况下，远曲小管、集合管才显示出对钾的净吸收。该段小管对钾的重吸收主要由集合管的闰细胞(intercalated cells)执行。闰细胞的管腔面分布有 H^+ - K^+ - ATP 酶，也称质子泵，向小管中分泌 H^+ 而重吸收钾。缺钾时，闰细胞肥大，管腔面胞膜增生，对钾的重吸收能力增强。主细胞分泌与闰细胞重吸收钾机制见图 6-3。

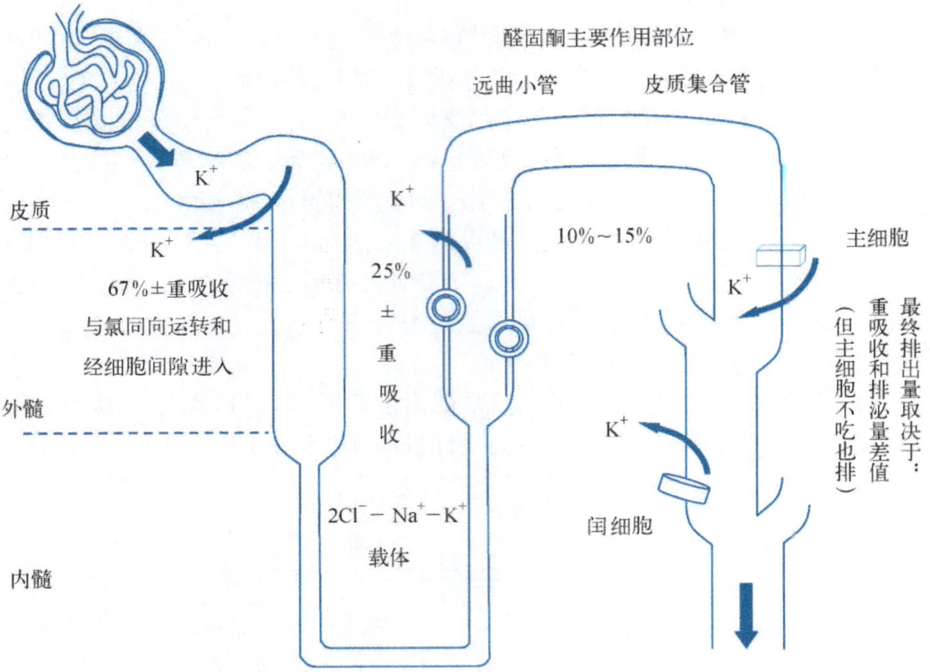

图 6-2　肾脏对钾的重吸收和排泌示意图

① 近曲小管和髓襻升支粗段，属于“定比重吸收”，无论生理、高摄入或低钾状态占总重吸收量 90%以上；② 远曲小管和集合管属于“可调性”重吸收，远曲小管和皮质集合管：生理和高摄入状态，排泌钾占 10%～15%，低钾时重吸收约占 3%。外髓集合管，生理和高摄入：排泌钾占 5%～30%，低钾时重吸收 10%。内髓集合管，生理和高摄入，排泌钾占 15%～80%，低钾时，重吸收 1%。主细胞排泌和闰细胞重吸收机制见图 6-3

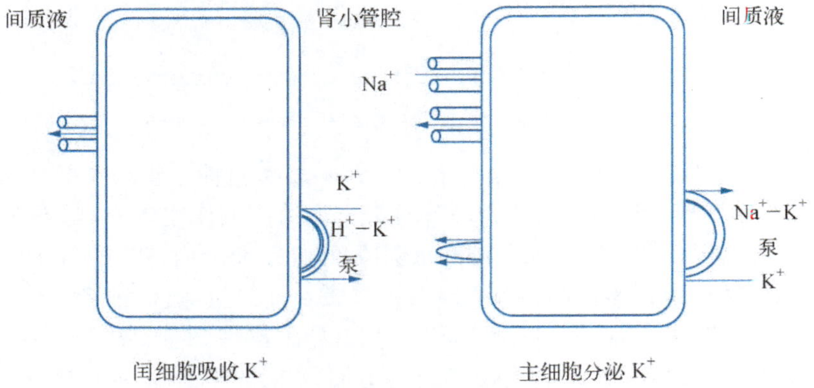

图 6-3　主细胞分泌与闰细胞重吸收钾示意图

（2）影响远曲小管、集合管排钾的因素

1）细胞内钾含量：肾小管细胞内钾浓度升高促进钾的分泌，反之钾的分泌减少。影响细胞内钾浓度的因素包括钾的摄入、pH、胰岛素、儿茶酚胺等。

2）远端小管的原尿流速：远端流速增加可将已分泌的钾及时带走，使小管液中钾浓度降低，这样就增大了细胞内外钾浓度梯度，有利于钾的分泌。

3）远端肾单位的钠量：远曲小管、集合管的主细胞是远端肾单位重吸收钠的主要部位。当该段管腔内 Na^+ 浓度升高时，一方面可促进 Na^+ 重吸收，增加该处管腔的负电位，引起钾的分泌增多；另一方面高浓度的 Na^+ 还可增强主细胞基底侧膜 Na^+-K^+-ATP 酶的活性，促进钾分泌。换言之，管腔内 Na^+ 浓度升高引起该部位 K^+-Na^+ 交换增强。

4）醛固酮：醛固酮和其他盐皮质激素可作用于远曲小管和集合管，增加钾的分泌。醛固酮的作用机制有：① 增加管腔膜钠通道，促进钠的重吸收，形成管腔内更大的负电位；② 刺激基底侧膜 Na^+-K^+ 泵的活性，增加细胞内钾离子的浓度，从而增大细胞内外钾浓度梯度；③ 增加主细胞管腔侧膜上钾通道的数目，提高管腔膜对钾的通透性。

5）细胞外液钾浓度：细胞外液钾浓度升高可刺激主细胞的 Na^+-K^+ 泵活性、增加远曲小管管腔膜 Na^+ 和 K^+ 通道开放的数量，从而促进钾的分泌。血钾升高可直接刺激醛固酮的产生，通过醛固酮的作用增加排钾。

6）酸碱平衡状态：细胞外液 H^+ 浓度升高可抑制主细胞 Na^+-K^+ 泵的活性，使主细胞的泌钾功能受阻，因此急性酸中毒时肾排钾减少；反之，急性碱中毒时则肾排钾增多。但慢性酸中毒患者却出现肾排钾反而增多现象，这是因为慢性酸中毒可使近曲小管重吸收水、钠受到抑制，使远曲小管的原尿流速增大、小管液中 Na^+ 浓度增加，该作用可超过 H^+ 对远曲小管和集合管主细胞 Na^+-K^+ 泵的抑制作用。

3. *胃肠道排钾*　结肠是胃肠道排钾的主要部位。结肠上皮细胞排钾受醛固酮的调控，以类似远曲小管上皮主细胞泌钾的方式向肠道泌钾。肾衰竭时，GFR 明显下降时，结肠泌钾量平均可达摄钾量的 34%，成为一重要排钾途径。

此外，汗液也含有少量钾，因此在炎热环境、重度体力活动情况下也可经皮肤丢失相当数量的钾。

第二节　钾代谢紊乱

钾代谢紊乱是指细胞外液，尤其是血钾浓度的异常变化。实际的钾代谢紊乱包括低钾血症、钾缺失、高钾血症三大类，前两者临床表现多有重叠，因此钾代紊乱通常分为低钾血症和高钾血症。测定血钾可取血清或血浆，血清钾的正常值为 3.5～5.5 mmol/L，比血浆钾高 0.3～0.5 mmol/L，这主要与凝血过程中血小板释放一定量的钾有关。

一、低钾血症

血清钾浓度低于 3.5 mmol/L 称为低钾血症（hypokalemia）。钾缺失指细胞内钾和机体总钾量的缺失。低钾血症和钾缺失可同时发生，也可分别发生，即低钾血症不一定发生有机体总钾缺失。

（一）原因和机制

1. *钾丢失过多*　这是低钾血症最主要的基本病因之一，其基本机制为经肾丢失和肾脏外途径（消化道和皮肤）丢失。具体病因和具体机制见下。

（1）经肾的过度丢失：主要见于以下几种情况。

1）长期大量使用利尿剂：除保钾利尿剂外，所有利尿剂都可能引起低钾血症，其发生机制如下：① 利尿使运输到远曲小管的钠量增多，皮质集合管 K^+-Na^+ 交换增强，另一方面远端小管液流速增加，亦促进钾的排泄；② 利尿后血容量减少引起继发性醛固酮分泌增多；③ 髓襻利尿剂引起低镁血症。

2）盐皮质激素过多：见于原发性和继发性醛固酮增多症，醛固酮的保钠排钾作用使钾随尿排出增多。

3）各种肾疾患：尤其是肾间质性疾病如肾盂肾炎和急性肾衰竭多尿期，前者是由于钠水重吸收障碍，后者是由于原尿中溶质增多，产生渗透性利尿，两者均使远端肾小管液流速增加，肾排钾增多。

4）肾小管性酸中毒：分为远曲小管性酸中毒（Ⅰ型）和近曲小管性酸中毒（Ⅱ型）。远曲小管性酸中毒是由于集合管质子泵功能障碍使 H^+ 排出减少，故 K^+ 与 Na^+ 交换增强，致酸潴留而钾丢失。近曲小管性酸中毒时，近曲小管对多种物质包括 HCO_3^- 和 K^+ 的重吸收减少，致尿钾排出增多。

5）镁缺失：低镁血症常常和低钾血症伴发，并且可加重低钾血症。镁缺失可以通过至少两条途径引起钾排泄增多：① Na^+-K^+ 泵激活需 Mg^{2+} 的存在，因此细胞内镁缺乏可降低 Na^+-K^+-ATP 酶的活性，使集合管上游各段肾小管对 Na^+ 的重吸收减少，流至远端小管的钠量增多；② Mg^{2+} 对集合管主细胞管腔膜的排钾通道有抑制作用，故镁缺失使其抑制作用减弱，钾分泌增多。

(2) 肾外途径的过度失钾：主要见于以下几种情况：

1) 经消化道失钾：消化液含钾丰富，所以大量消化液丧失可引起钾丢失过多。严重或慢性腹泻是引起低钾血症最常见的原因，其发生机制除了与钾的直接丢失，还与消化液丢失引起血容量减少所导致的继发性醛固酮分泌增多有关。此外，频繁呕吐、胃肠减压、肠瘘、久用缓泻剂或灌肠剂也可导致低钾血症。

2) 经皮肤失钾：汗液中含有少量钾，但大量出汗时可从皮肤丢失较多的钾。

2. *钾摄入不足* 这是低钾血症的基本病因之二，常见于不能进食（消化道梗阻或昏迷）、手术后较长时间禁食或长期静脉补液而未注意补钾的患者，此时机体摄钾明显减少，但肾脏每天仍排出一定量的钾，因而引起血钾降低和钾缺失。此外钾摄入不足也可见于神经性厌食、酒精中毒的患者或刻意节食减肥的正常者。

3. *钾向细胞内转移*：这是低钾血症的基本病因之三，该类病因引起低钾血症但不引起钾缺失，主要见于以下几种情况。

(1) 碱中毒：严重碱中毒患者，细胞外液 pH 显著增高，细胞内 H^+ 转移至细胞外以减小 pH 的升高，同时为了维持电中性，细胞外 K^+ 进入细胞，血钾下降。

(2) 某些药物：如β受体激动剂肾上腺素、沙丁胺醇，它们与β受体结合，激活细胞膜上的 Na^+-K^+ 泵，引起细胞摄钾增多；又比如用于治疗糖尿病的胰岛素，一方面胰岛素促进细胞合成糖原，使细胞外钾随葡萄糖进入细胞；另一方面，胰岛素直接刺激骨骼肌细胞膜上 Na^+-K^+-ATP 酶，使肌细胞内 Na^+ 排出增多，而细胞外 K^+ 进入肌细胞增加。

(3) 某些毒物：如各种钡剂、铯，它们可特异性阻断钾通道，使 K^+ 细胞外流受阻。

(4) 低钾性周期性麻痹：这是一种少见的常染色体显性遗传病，以阵发性肌无力或麻痹为特点，伴有血钾浓度的急剧降低。剧烈运动、进食大量碳水化合物、给予胰岛素或肾上腺素常常诱导其发作。关于其发生机制，目前认为与编码骨骼肌 Ca^{2+} 通道、Na^+ 通道、K^+ 通道的基因突变有关，但发生低钾血症的机制尚不清楚。

（二）对机体的影响

1. *总体表现* 如前所述，机体内的钾具有多种生理功能，因此低钾血症和钾缺失必然影响如膜电位、酸碱平衡、细胞生化代谢等生理功能的正常发挥，从而导致机体组织形态、结构、功能、代谢的异常。临床改变既取决于血钾降低的严重程度，也与血钾下降的速率和持续时间有关。通常血钾降低速度越快，血钾浓度越低，对机体影响越大，即急性低钾血症症状比相同水平缺钾的慢性低钾血症严重。其重要原因是神经肌肉的兴奋性按能斯特方程公式理论计算，取决于细胞内外钾浓度的比值。急性时细胞内外钾浓度差异很大，而慢性时细胞内钾通过外移，一定程度可补偿细胞外钾的丢失，使得细胞内外钾浓度比值变化不很明显，甚至可能正常。

在临床上一般认为：血清钾浓度 3.0～3.5 mmol/L 为轻度低钾血症，2.5～3.0 mmol/L 为中度低钾血症，2.5 mmol/L 以下为重度低钾血症。轻度低钾血症一般临床表现不太典型或明显；中度低钾血症容易出现心律失常，以及其他系统肌肉功能减弱的临床表现如四肢无力、瘫痪（通常从四肢开始，逐渐累积呼吸肌）、肠道麻痹、腹胀、便秘等。重度低钾血症容易出现心脏停搏或猝死。慢性严重失钾，细胞代谢改变，可引起肌纤维萎缩溶解（横纹肌溶解症），肌球蛋白可阻塞肾小管诱发急性肾功能不全。慢性失钾也可引起肾上皮细胞代谢改变、细胞变性、慢性肾功能不全等。

2. *病理生理学关注的表现和机制*

(1) 与膜电位异常相关的障碍：细胞外液钾离子浓度与细胞的静息电位密切相关，因此低钾必然引起细胞膜静息电位的改变，进而影响可兴奋组织细胞的电生理特性，引起一系列临床表现。

1) 低钾血症对骨骼肌和平滑肌的影响：神经、肌肉等组织的兴奋性由静息电位和阈电位之间的距离决定。按照能斯特方程（$E_K=59.5\lg[K^+]_e/[K^+]_i$），急性低钾血症时，$[K^+]_e$ 急剧降低，使静息电位负值增大，与阈电位之间的距离加大，细胞处于超极化阻滞（hyperpolarized blocking）状态，于是细胞兴奋性降低。严重时甚至不能兴奋。

2）低钾血症对心肌的影响：低钾对心脏的活动影响广泛，涉及心肌的兴奋性、传导性、自律性和收缩性。

A. 兴奋性：低钾血症时，细胞内外钾离子浓度差增大，按照能斯特方程式计算，心肌细胞静息电位应为超极化状态，其兴奋性应如同骨骼肌一样是降低的，但实际情况却恰恰相反：低钾血症时心肌兴奋性是增高的。这是心肌细胞有名的“反常”现象之一（图 6－4）。

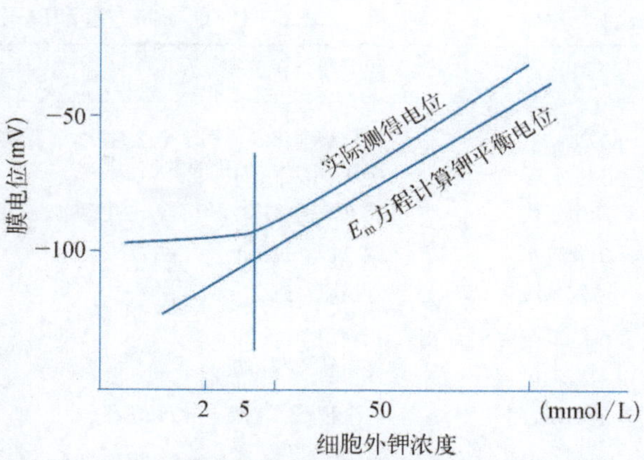

图 6－4 细胞外钾浓度与心肌膜电位关系示意图

低钾时，能斯特方程计算的 E_m 值与实际测得值不呈平行关系。能斯特方程计算膜电位应是超级化状态，而实际上相对于方程理论计算，测得值显示其大于计算值，处于去极化状态

钾流进流出细胞，其本质上是由蛋白构成的泵或离子通道所决定的，神经肌肉动作电位像一脉冲型，而心肌动作电位像一旗帜型，这种电生理形式上的不同，主要是由于心肌细胞有更多不同类型的钾离子通道或者同一类型钾离子通道，在不同组织和细胞上存在通道蛋白表达量和有功能的通道密度分布不同。因此对心肌的电生理活动的理解本质上更应该从通道蛋白的角度来加以认识（图 6－5、图 6－6）。

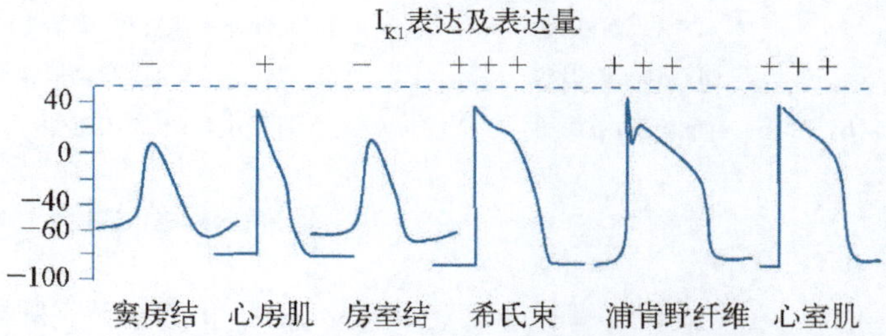

图 6－5 心肌内向整流钾通道 I_{K1} 在心肌不同部位的表达及电位形态示意图

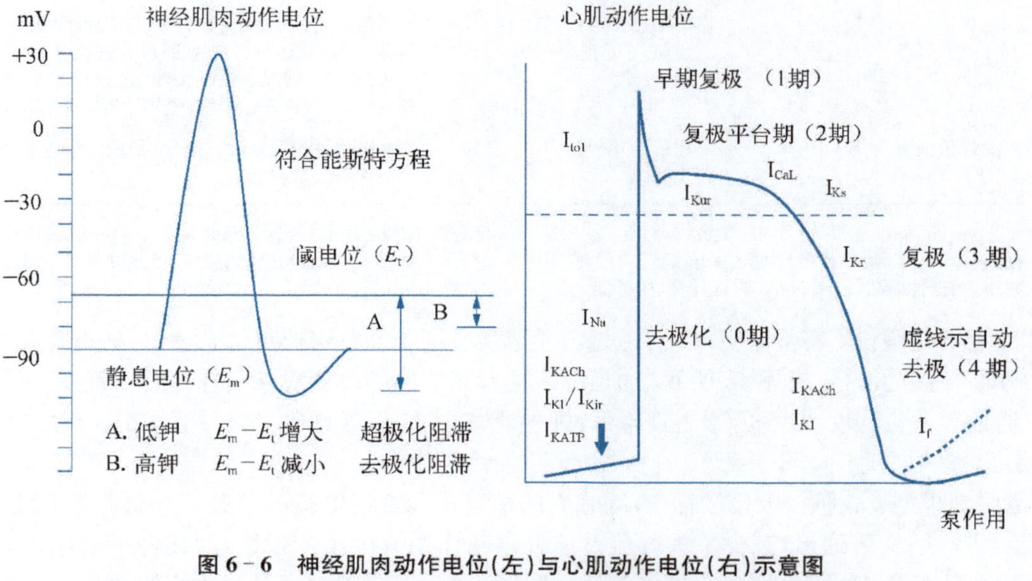

图 6－6 神经肌肉动作电位（左）与心肌动作电位（右）示意图

表 6－1 简述了能斯特方程和离子通道理论在神经肌肉和心脏电生理的应用。表 6－2 简述了心脏各期所涉及的钾通道的作用特点。

从通道蛋白角度，对低钾血症时，心肌兴奋性反常性增高的研究已逾 50 年，目前主要有三种理论来解释这一反常现象。

表 6-1 能斯特方程和离子通道理论在神经肌肉和心脏电生理的应用

	能斯特方程	通道理论
本质	生物物理化学应用于电生理学，强调膜离子内外电化学差异，是一理想化的方程	结构生物学应用于电生理学强调通道生物结构变化，生物膜通透性大的离子对膜电位影响更大
产生年代	20 世纪初伯恩斯坦引入电生理	20 世纪中后叶始用于电生理学
主要技术	微电极、电压钳	膜片钳、X 射线衍射、分子克隆
适用系统	骨骼肌、神经	心肌
系统复杂度	相对简单 能斯特方程可模拟	复杂 能斯特方程不能完全模拟
描述语言	电生理语言：膜电导、通透性	生物学语言：① 通道静息关闭；② 受刺激通道开放（激活）；③ 通道关闭（失活）；④ 恢复静息状态（复活）
缺陷	不能解释低钾血症心肌反常性的去极化状态（EM 绝对值减少）	无论高钾低钾，用其解释电生理特性异常相对较好
未来发展	是基础——电化学梯度理论	是趋势——离子跨膜分子机制

表 6-2 心脏电位各期主要钾通道的作用和特点

通道名		主要定位	期	电流方向及功能特点
瞬间外向钾通道	I_{to}	心室肌、心房肌	1	1 期钾外流复极化；激活失活快
钙依赖性钾通道	I_{KCa}	心室肌、心房肌	2	2 期钾外流；电压和钙依赖性；去极化，钙促使其激活
延迟整流钾通道（快激活慢激活）	I_{Kr}、I_{Ks}	心室肌、心房肌	3	3 期钾外流；电压依赖性
延迟整流钾通道（超短快速通道）	I_{Kur}	心房肌	3	3 期钾外流，电压依赖性
内向整流钾通道	I_{Kir}（I_{k1}）	心房肌、心室肌 蒲氏纤维	3、4	4 期超极化时钾内流，3 期去复极化时钾外流；高钾时钾通道开放，低钾时钾通道关闭；维持静息电位
起搏离子通道	I_f	窦房结、房室结 蒲氏纤维	4	4 期自动除极；Na^+ 内向电流；电压依赖性；超极化期被激活
配体依赖通道	I_{KAch} I_{KAdo} I_{KATP}	窦房结、房室结 心房肌，心室肌	4	钾内流（超极化状态时），钾外流（去极化状态时）；可被乙酰胆碱 Ach 和腺苷 GTP 激活；自动去极 IKATP 正常情况下处于关闭状态；ATP 存在时失活，缺氧等激活；开放概率、时间都随钾浓度变化
双孔钾通道又称背景或漏流钾通道	K_{2P}	心房肌、心室肌 蒲氏纤维	各期	心肌电位各期钾外流；对很多物理化学因素敏感，本章主要关心钾对其影响

注：① I_{KACh}、I_{K1}/I_{Kir}、I_{KATP}三者均为内向整流钾通道。② 心肌去极与复极和自动除极有不同通道控制反应，并且其影响因素不同。如低钾，影响细胞内代谢，细胞内 Mg^{2+} 及多胺可阻塞 I_{K1} 通道（右侧左下粗箭头所示），通透性降低，K^+ 外流减少，导致静息膜电位 E_m 绝对值减小，因而，E_m-E_t 减小，兴奋性增高，若用 Nerst 方程计算，则降低。

a. K^+ 通道活化假说：实验证明 K^+ 可通过与通道蛋白细胞外特定位点结合，增加通道打开的概率，此外 K^+ 也可影响 K^+ 通道蛋白合成等，表明 K^+ 通道的表达及其活性的改变对细胞外钾的依赖性。低钾减少了内向整流 K^+ 通道等活化程度或密度，通透性降低，钾外流减少，心肌静息电位绝对值减小。反之，钾浓度增高，则通透性增高（图 6-7）。

b. 通道阻断模型：心肌去极化过程中，细胞内的镁离子和带正电荷的多胺可与通道蛋白上带负电荷的氨基酸结合，阻塞 I_{K1} 等钾通道，减少了钾外流。这种阻断作用有电压依赖性，即在钾平衡电位以上，随膜电位增高，阻塞效应越强。细胞外钾离子可调控这一阻断过程，主要的观点是认为心脏组织中的钾离子、镁离子或多胺存在竞争结合效应，当细胞外的 K^+ 浓度降低，细胞内的镁离子或多胺更易于与通道蛋白结合，可增强其阻塞作用，降低其对 K^+ 的通透性，减少 K^+ 外流。反之高钾时则减弱了阻塞效应（图 6-8）。

c. K^+ 通道坍塌模型：以上两种理论，特别重视强内向整流 K^+ 通道（Kir2.1）的作用，低钾使其活性减弱、心肌细胞膜通透性降低，心肌处于反常性去极化状态，即静息膜电位绝对值小于能斯特方程计算值。然

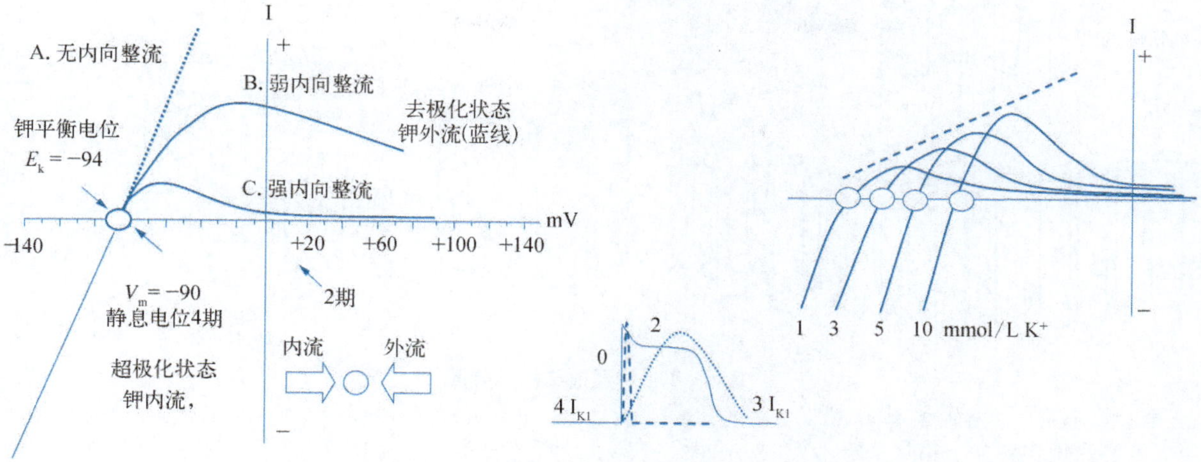

图 6－7　心肌内向整流的生物学意义及钾浓度变化对其影响示意图

① 横轴示膜电位(mV)，纵轴示电流(I)。横轴与纵轴交叉为 0 点(0 电位、0 电流)；② 整流：整流指为某种目的，调整电子、气体或液体的流态，电生理学借用这一物理术语来描述细胞的生物电调整行为，包括大小、方向、快慢等的调整；③ 钾内向整流：指原本在超级化状态下，钾离子由细胞外向细胞内流动(内向)，在达到钾平衡电位后(也称为反转电位)，调整为反方向流动，即由细胞内向细胞外流动。它们的流态除方向外，大小，快慢等也随之发生了改变(整流)。左图中可见 0 电流为界的上下象限，内向整流的线形明显不对称；④ A、B、C 线形意义：A 示无内向整流，其电流大小符合欧姆定律，$I=\Delta V/R=(V_m-E_K)/R$，成直线关系。B 和 C 为内向整流，C 线整流作用在同一膜电位下强于 B 线；⑤ 内向整流的载体：由内向整流钾通道 Kir 通道完成，"ir"是 inward rectification 内向整流的缩写。内向整流钾通道结构上属于 2 跨膜离子通道(见后)，该家族有 7 种类型，即 Kir1～Kir7。每种类型的钾通道根据其基因定位、分子构成、组织分布等的差异又分为多种亚型。人心肌 Kir 主要包括 Kir2.1(心室)、Kir3.1(心房、窦房结、房室结，对乙酰胆碱敏感)、Kir6.1(心室，对 ATP 敏感)。Kir2.1 产生的电流称为 I_{K1}，它是因 1949 年第一个被学者发现的内向整流现象而得名。I_{K1} 是一强的内向整流通道，无时间和电压依赖性，因此其电流也属于背景电流；⑥ 内向整流意义：一是控制和维持静息电位：生理状态下(如心室肌动作电位为 −90 mV～+30 mV)，钾离子以外流为主。在第 3 期(−90～0 mV)下段，钾加强外流，有利于静息电位的形成，同时，达到第 4 期静息电位后(−90 mV)，假如发生超级化、内流将随超级化增强而增强，即随膜电位负值的绝对值增大，I 的绝对值也增大，呈直线型关系，以防止超极化的产生(见左图左下象限、中图心肌动作电位实线)；二是支持动作电位 0 期的形成：心肌动作电位 0 期由 Na^+ 内流所致。假如无内向整流，钾离子大量外流将影响正电荷在细胞内集聚，影响 0 期的形成；三是支持心肌动作电位持续一定时间：在心肌动作电位 2 期(膜电位接近于 0)，无 I_{K1} 参与，其生物意义在于其"允许或让位"于其他离子流发挥作用，同上假如无内向整流，钾离子大量外流，心肌动作电位将如同骨骼肌动作电位像一脉冲形持续几个毫秒，而不是正常的 200～300 ms(见左图上象限和中图虚线)；⑦ 钾平衡电位 E_K 与静息膜电位 V_m(能斯特方程中用 E_m 表示)不等，表明生理上静息膜电位除与钾外流有关外，还与其他因素有一定关系，如与 Na^+ 内流等有关；⑧ 钾电流曲线平移：随细胞外钾浓度增大，膜静息电位绝对值越小，且其外向电流越大，即曲线发生了右移和上抬的"跨交"(crossover)现象。反之低钾时，外向电流将减小。表明低钾时心肌细胞膜对其通透性是降低的，而高钾将增加其通透性。注意，在低钾影响其电流变化过程中，其钾平衡电位发生了左移，但用能斯特方程计算，该值的绝对值比理论计算值要低，所以 E_m-E_t 减小。同时，若从细胞膜电化学驱动来看，低钾引起细胞膜电位 V_m 左移，这种左移将导致 Na^+ 的电化学驱动力加大(Na^+ 的电化学驱动力$=V_m-E_{Na}$)，引起静息状态下 Na^+ 的内流增加，也会导致静息膜电位减小。此外，严重的低钾，将使心脏停跳，其机理在于膜电位的左移将使细胞超极化(虽比能斯特计算电位低)，影响多种耗能离子通道(逆浓度差离子流动通道)的开放，而不同于严重高钾血症，将使细胞去极化(10～16 mmol/L K^+，−60～−50 mV 区间影响钠通道的活性使心脏停跳)。根据心肌动作电位与心肌收缩曲线关系(中图蓝线)，高钾停跳将处于舒张期(影响 K^+ 通道)，低钾停跳将处于收缩期(影响 Na^+ 通道)

而内向整流的特点是对钾离子流动有双向调节作用，Kir2 通透性降低，固然可使钾外流减少，但势必也可引起 K^+ 内流减少，因而这两种理论对反常性的静息膜电位解释似乎不够完美，存在争议之处。还有当 K^+ 恢复到正常时，从反常性的去极化恢复到起初的静息电位在动力学上表现为滞后，提示可能有其他通道或机制参与了反常性静息膜电位的发生。

心肌细胞存在双孔 K^+ 通道 K_{2P}，如 TWIK1(transmembrane weak inward K1)。该通道为背景 K^+ 通道。新近的研究认为：低钾血症可能诱导了心肌细胞膜上双孔钾通道的"坍塌"，原来只接纳 K^+ 通过的双孔通道，构象发生改变，允许 Na^+ 内流，即该通道对离子选择性发生了变化，最终导致心肌细胞的反常去极化，使静息电位绝对值减小。这一研究表明，双孔 K^+ 通道对心肌静息电位和心肌兴奋性的影响同内向整流 K^+ 通道一样也发挥了重要作用(图 6－9)。

B. 传导性：传导性与动作电位 0 期去极化的速度和幅度有关，而 0 期去极化速度又受静息膜电位影响。低钾血症时 E_m 绝对值减小，去极化时 Na^+ 内流速度减慢(快 Na 通道是电压依从性通道)，故动作电位 0 期

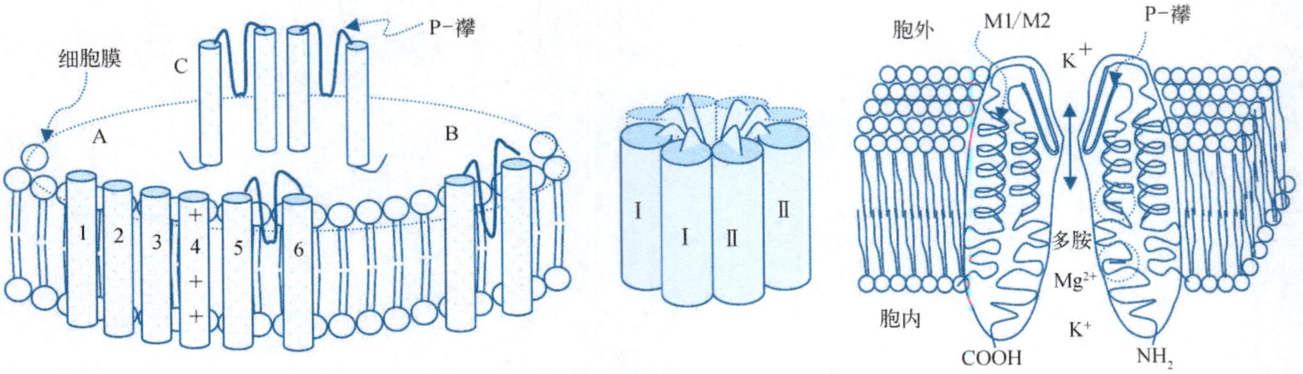

图 6-8 钾通道结构示意图

左图显示典型的3类钾通道结构：图中A为Ⅰ类钾通道(6TMS/1P结构)：有4个亚基，每个亚基包含6个跨膜片段(transmenbrane segment，TMS)结构，一个孔道(pore，P)。如电压门依赖钾通道等，第4个跨膜区为电压敏感器所在位置，第5与第6跨膜区形成孔道。第5与第6之间的P-襻为离子选择性滤器所在位置。图中B为Ⅱ类钾通道(2TMS/1P结构)：4个亚基构成，每个亚基包含2个螺旋结构和1个孔道。典型的如强内向整流钾通道Kir。图中C为Ⅲ类钾通道(4TMS/2P结构)：有2个亚基，每个亚基包含4个跨膜螺旋和2个孔道。如弱整流型漏钾通道TWIK1等。每类钾通道有若干亚类或亚型，各类钾通道孔道结构相近。中图显示Ⅱ类内向整流钾通道俯视图，4个亚基表示为Ⅰ～Ⅳ，每个亚基有一对跨膜螺旋，圆柱表示。它们合围形成孔道。右图示意内向强整流钾通道Kir侧视图，2个亚基，每个亚基有外侧和内侧跨膜螺旋(M1、M2)。羧基与氨基末端延长了孔道，以利于钾离子的集聚，同时胞内侧富集带负电荷的氨基酸，提供了镁离子和胺的结合位点

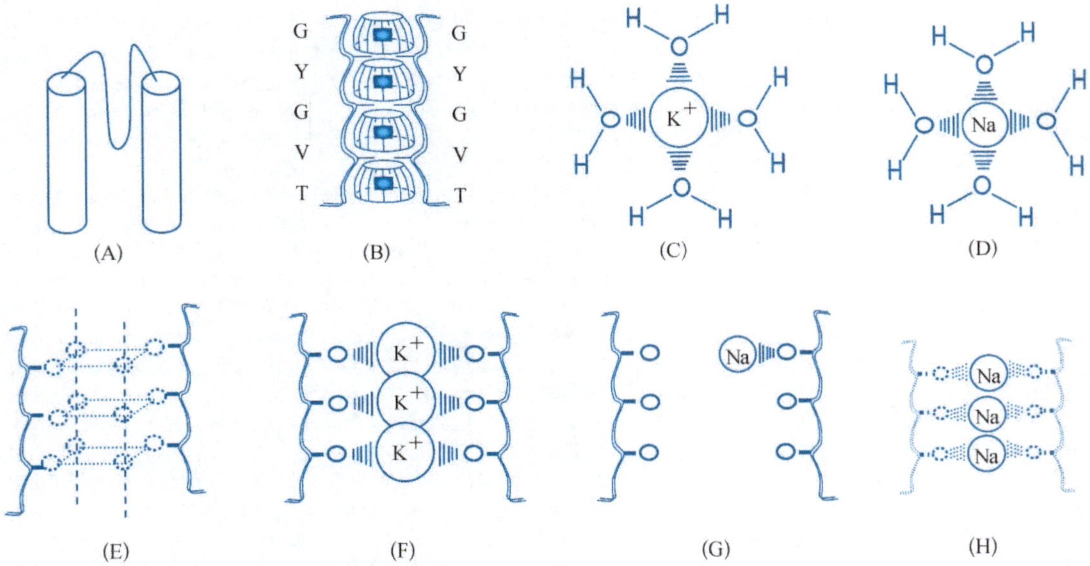

图 6-9 钾离子通道的选择性及低钾血症对其影响示意图

① A：钾离子通道。B：选择性滤器。C～D：水合钾离子，水和钠离子。E～F：离子选择；② 选择性滤器：跨膜螺旋合围形成了孔道，孔道的入口富集带负电荷的氨基酸，可静电吸引阳离子。P-襻上有K通道保守序列——TVGYG(苏氨酸T、缬氨酸V、甘氨酸G、酪氨酸Y)这些氨基酸的侧链构成了一个笼状结构，以稳定钾离子(上图B)。同时这些氨基酸骨架中的羰基氧原子指向孔的中心，4个亚基相同氨基酸的4个羰基氧原子构成一平面，这个羰基围成的环即是钾离子必经之路，称为选择性滤器(上图E)；③ 钾离子选择性滤过：钾、钠离子在溶液中与水作用形成水合状态(上图C、D)。钾离子半径(1.33Å)比钠离子半径大(0.95Å)。水合状态的钾、钠离子要进入滤器，首先要脱水。钾离子进入钾选择滤器后恰好能与四个氧原子结合，这个结合反应将释放能量，而释放的能量可以补偿水合状态钾离子的脱水，使得这个反应能持续进行下去。而钠离子因半径小，最多只能与滤器中羰基两个氧原子结合，其释放的能量不足以使水合钠离子脱水，所以这个反应不能进行下去(上图F、G)。所以钾离子滤器的构象是一种有利于钾离子通过的。同时钾离子的进入，电荷排斥也将阻碍钠离子进入；④ 低钾时钾离子通道的改变：钾离子通道氨基酸之间复杂的氢键，盐桥和静电相互作用，构成了笼状结构和滤孔，决定了钾离子的选择性过滤。在低钾时，这种几何结构将受到扰动，发生"坍塌"。这种构象变化将不利于钾离子的进出，反而缩小的孔道更有利于钠离子的通过(上图H)

去极化速度减慢、幅度降低，兴奋扩布因而减慢，心肌传导性下降。

C. 自律性：自律性的高低取决于自律细胞动作电位复极4期自动去极化的速率。心房传导组织、房室束-浦肯野纤维网的快反应自律细胞在3期复极末达到最大复极电位后，膜上K^+通道进行性衰减使细胞内

钾的外流逐渐减少，而 Na^+ 又从细胞外缓慢而不断地进入细胞(背景电流)，故进入细胞的正电荷量逐渐超过流出细胞的正电荷量，于是膜就缓慢去极化，当到达阈电位时就发生 0 期去极化，这就是快反应细胞的自动去极化。在低钾血症时，膜对 K^+ 的通透性降低，故在达到最大复极电位后，细胞内 K^+ 的外流比正常减慢而 Na^+ 内流相对加速，因而，这些自律细胞的自动去极化速度加快，自律性增高。此即为基于 20 世纪 60 年代提出的经典的钾离子外流衰减理论，低钾血症引起自律性增高的机制，虽然简单易懂，但流于"肤浅"，这与当时的实验技术与方法相对简单有关。

D. 收缩性：急性低钾血症时，K^+ 对复极化 2 期 Ca^{2+} 内流的抑制作用减弱，Ca^{2+} 内流加速，细胞内 Ca^{2+} 的浓度增高，使兴奋-收缩耦联过程加强，心肌收缩性增强。严重而持久的低钾血症，也会引起心肌细胞内钾的缺失及钾缺失导致的细胞代谢障碍，导致心肌收缩性减弱。图 6-10 示意低钾血症对心肌电生理特性和机械特性的影响。

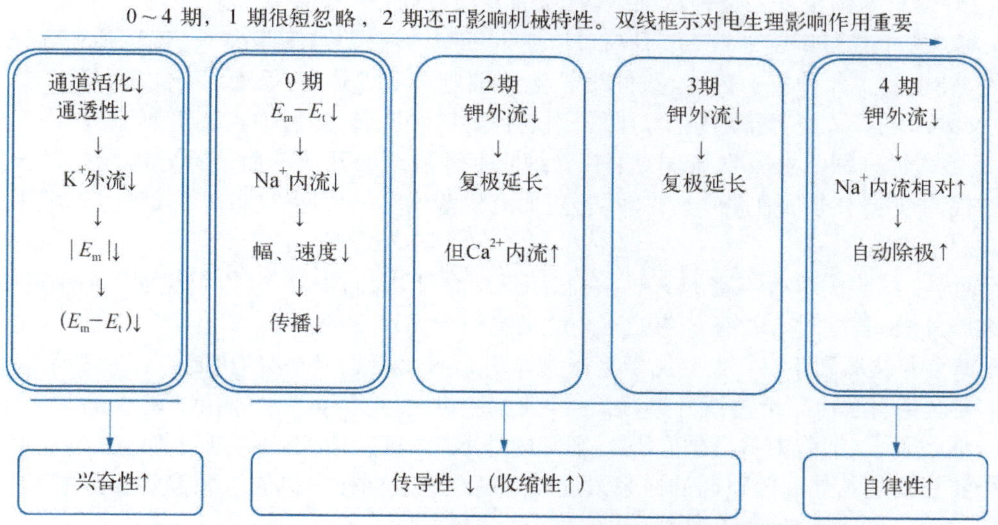

图 6-10　低钾血症对心肌电生理特性和机械特性影响示意图

低钾时静息膜电位降低的机理比较复杂，除正文中介绍的理论外，还有其他新的一些观点也已提出，待将来学习

(2) 低钾血症对酸碱平衡的影响：钾缺失和低钾血症容易诱发代谢性碱中毒，主要机制是：① 血钾降低，细胞内的 K^+ 外移以补充钾的不足，同时细胞外的 H^+ 移入细胞，引起细胞外 H^+ 降低；② 远曲小管 K^+-Na^+ 交换减弱，H^+-Na^+ 交换增强，H^+ 排出增多，所以患者虽然血液 pH 升高，但尿液却呈酸性，称为反常性酸性尿(paradoxical acidic urine)。值得注意的是，低钾本身虽可引起代谢性碱中毒，但低钾血症患者的酸碱平衡状态却主要取决于原发疾病或引起低钾血症的原因，如肾小管酸中毒、腹泻引起的钾缺失常伴有代谢性酸中毒。

二、高钾血症

血清钾浓度大于 5.5 mmol/L 称为高钾血症(hyperkalemia)。高钾血症比低钾血症少见，但血清钾浓度大于 6.5 mmol/L 可危及生命。血清钾浓度升高提示体内钾稳态被破坏，但应排除 K^+ 从血标本中释放的情况(假性高钾血症)。假性高钾血症见于血小板增多症、溶血、白细胞增多等。

(一) 原因和机制

机体有一整套相当完善的机制来处理体内的钾负荷，包括将钾移入细胞、增加尿液和粪便中钾的排出，因此，除非钾快速进入细胞外液或钾排泄机制受损，否则很少发生高钾血症。引起高钾血症的常见原因有(图 6-11)：

1. 钾排出减少　这是引起高钾血症最主要的原因，主要是肾排钾减少，包括：

(1) 肾小球滤过率 GFR 显著下降：GFR 严重降低，钾滤出受阻，加之 GFR 降低后，流至远端肾小管的钠量减少及远端小管液流速减慢，钾分泌减少，引起高钾血症。见于急性肾衰竭早期、慢性肾衰竭末期或因休克、失血等使血压显著下降时。

(2) 远曲小管和集合小管泌 K^+ 功能障碍：该段小管泌 K^+ 主要受醛固酮的调节。因此，醛固酮分泌不足或该段小管对醛固酮的反应性降低时即可导致钾排出减少，血钾浓度升高。常见的原因有：肾上腺皮质功能不全、醛固酮合成障碍、某些药物或疾病所引起的继发性醛固酮不足。此外，影响肾小管功能的肾疾病如间质性肾炎也可引起该段肾小管泌钾减少。

(3) 长期应用潴钾利尿剂：如螺内酯、氨苯蝶啶等。其中螺内酯可与醛固酮竞争远曲小管和集合管上皮细胞上的醛固酮受体，从而拮抗醛固酮的作用。氨苯蝶啶可抑制远曲小管和集合管分泌钾。

2. 钾摄入过多　如果肾排钾功能正常，口服或静脉给钾通常只引起一过性高钾血症。但是，快速静脉补钾可引起致死性高钾血症，特别是在肾功能低下时更容易发生。见于经静脉输入过多钾盐(如婴儿静脉输入大剂量青霉素钾)或输入大量库血。

3. 细胞内钾释出至细胞外　指钾从细胞内迅速转移到细胞外，主要见于：

(1) 酸中毒：酸中毒时细胞外液 H^+ 升高，H^+ 进入细胞内被缓冲，细胞内 K^+ 转运到细胞外。同时，肾小管上皮细胞内、外也发生此种离子转移，致使小管上皮细胞内 H^+ 升高，因而，远端肾小管 H^+-Na^+ 交换增强，K^+-Na^+ 交换减弱，K^+ 经肾排出减少。除了引起钾的跨细胞转移，酸中毒还可刺激集合管上皮细胞上的 H^+-K^+-ATP 酶，促进钾的重吸收并改变集合管细胞上钾通道的开放率而使钾分泌减少，促进高钾血症的发生。高氯性代谢性酸中毒时血钾升高比较明显，而有机酸增多的代谢性酸中毒或呼吸性酸中毒时，血钾升高相对较弱。

(2) 组织崩解：细胞中含有丰富的 K^+，溶血、挤压综合征、大面积烧伤时，组织崩解后引起细胞内大量钾突然释放入细胞外液，若同时合并有肾功能不全就极易引起高钾血症。

(3) 高血糖合并胰岛素不足：主要见于糖尿病。引起 K^+ 跨细胞转移的机制：① 胰岛素缺乏妨碍了 K^+ 进入细胞；② 高血糖引起血浆渗透压升高，后者导致细胞内的水外移，一方面 K^+ 随水的移出而进入细胞外液，另一方面，细胞脱水，细胞内 K^+ 浓度升高，细胞内外 K^+ 浓度差增大，K^+ 通过细胞膜钾通道外移增多，血钾升高。值得注意的是其他原因引起的血浆渗透压升高也通过同样的机制导致高钾血症的发生。一般血浆渗透压每增加 10 mmol/L，血钾可升高 0.4～0.8 mmol/L。

(4) 某些药物：如β受体阻滞剂、洋地黄类药物等可以干扰 Na^+-K^+ 泵的功能，妨碍细胞摄钾。肌肉松弛剂氯化琥珀胆碱则可增大骨骼肌细胞膜对 K^+ 的通透性，钾外漏增多。

(5) 高钾性周期性麻痹：这也是一种少见的常染色体显性遗传病，肌麻痹发作时常伴有血钾升高，但血钾升高与骨骼肌麻痹的因果关系尚未确定。

高(低)钾血症病因和机制详见图 6-11。

(二) 对机体的影响

1. 总体表现　临床上高钾血症按血钾浓度分为轻度(5.5～6.0 mmol/L)、中度(6.1～7.0 mmol/L)、重度(≥7.0 mmol/L)。高钾血症对机体的影响主要表现在神经肌肉、心血管系统以及对机体酸碱状态的影响。其症状的严重性与高钾血症发生速度、程度密切相关。慢性高钾血症时，细胞内外钾浓度梯度变化不明显，依据能斯特方程计算，静息膜电位 E_m 值变化不明显，对神经肌肉兴奋性影响较小，临床不易察觉。反之，急性高钾血症时，细胞内外钾浓度差变化较大，E_m 绝对值减小，与阈电位距离变小，因而神经肌肉的兴奋性增高，临床上可出现肢体感觉异常、刺痛、肌肉震颤等症状。急性重症者(7～9 mmol/L)骨骼肌细胞的 E_m 过小，快速钠通道失活，细胞处于去极化阻滞(depolarized blocking)状态而不能被兴奋。临床上可出现肌肉软弱甚至迟缓性麻痹等症状。肌肉症状常先出现于四肢、然后向躯干发展，也可波及呼吸肌。

2. 病理生理学关注的表现和机制

(1) 与膜电位异常相关的障碍：高钾对心脏的毒性作用十分明显，常会掩盖骨骼肌受影响后的临床表现，表现出心肌兴奋性、传导性、自律性和收缩性的改变。

1) 高钾血症对心肌的影响

A. 兴奋性：高钾血症对心肌细胞静息电位的影响与低钾血症不同。因为高血钾虽可使心肌细胞膜对钾的通透性增加，但静息期心肌细胞膜对钾已处于最大的通透状态(这是内向整流钾通道 I_{K1} 的特点：心肌动

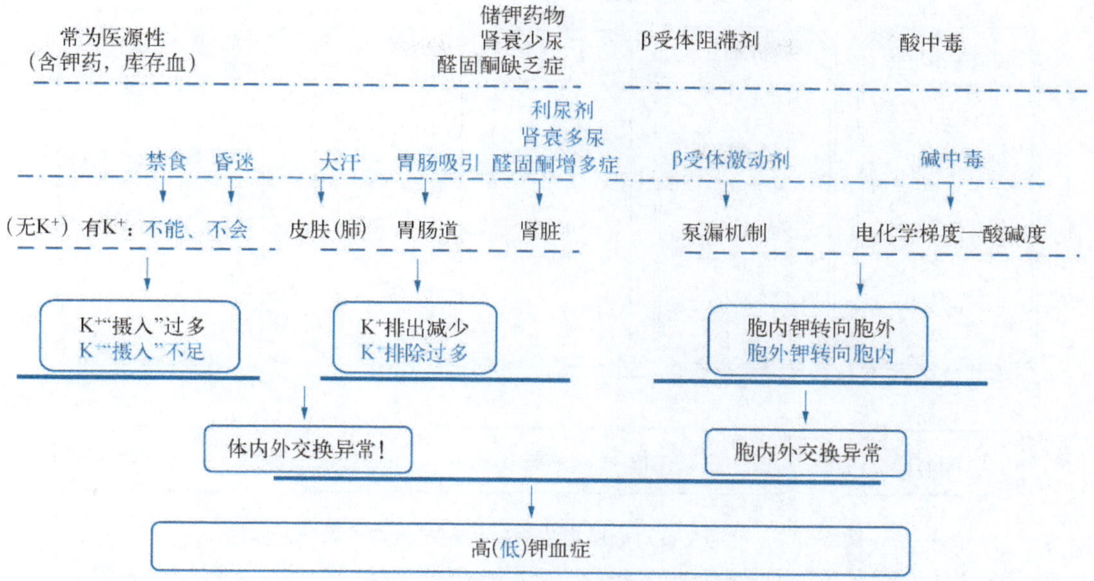

图 6－11　高(低)钾血症基本病因和基本机制示意图

① 蓝色字为低钾血症相关事件，虚线上为具体病因；② 本示意图更重要的是提供一种学习思路，具体的病因太多、太杂，图中仅简要表述，可参看正文；③ 同一器官如肾脏在不同病理条件，可产生高钾或低钾完全不同的状态

作电位Ⅲ期钾外流增强，以促使其达到平衡电位，而超级化时则钾内流增强，以维护平衡电位），因此，高血钾对静息期心肌细胞膜钾通透的影响相对不明显，故而静息电位的大小主要由细胞内外钾电化学梯度决定。急性轻度高钾血症时，细胞外 K^+ 轻度升高，细胞内外的 K^+ 浓度差减小，静息期细胞内 K^+ 外流减少，静息电位 E_m 绝对值减小，心肌兴奋性增高。急性重度高钾血症时，由于心肌细胞静息电位过小，快钠通道失活，心肌兴奋性反而下降。极为严重时，心肌不能兴奋。慢性高钾血症时，心肌兴奋性变化不明显。

B. 传导性：高钾血症时，由于静息电位的绝对值减小，动作电位 0 期去极化的速度减慢，幅度减小，因而兴奋的扩布减慢，传导性降低。严重高钾血症时，可因严重传导阻滞和心肌兴奋性消失而发生心搏骤停。

C. 自律性：与静息期（4 期）不同，复极化期（1～3 期）心肌细胞膜对钾的通透性尚未达到最大通透状态（涉及的通道除 I_{K1}外，还包括 I_{kr}、I_{ks}等），因此细胞外液 K^+ 升高使快反应自律细胞细胞膜对 K^+ 的通透性升高，K^+ 外流增加，致 4 期 Na^+ 内流相对不足，4 期自动去极化的速率减慢，自律性降低。

D. 收缩性：细胞外液 K^+ 浓度的增高，对 Ca^{2+} 内流的竞争性抑制作用增强，故心肌细胞内 Ca^{2+} 浓度降低，心肌兴奋-收缩耦联减弱，收缩性下降。图 6－12 示意高钾血症对心肌电生理特性和机械特性的影响。

心肌各组织对 K^+ 的敏感性不同，按敏感性由高到低排列依次为心房、心室、房室束、窦房结。心肌的自律性实际上是心肌自律细胞兴奋性的另一种表述。作为自律细胞的典型代表窦房结起搏细胞（自动去极频率最快）和蒲肯野纤维（自动去极频率最慢），两者的自动去极分子机制和钾浓度改变对其影响的机理有很大不同。首先，两者的离子通道的表达有明显不同，例如窦房结细胞缺乏内向整流钾通道、而蒲肯野纤维则高表达，其次窦房结的心肌细胞存在不均一性，其心电活动由起搏细胞传递给过渡细胞然后达到心房肌细胞。这种组织结构的不均一性导致窦房结电生理作用的比蒲肯野纤维更为复杂。

在蒲肯野纤维，其自动去极至少涉及背景 Na^+ 通道、内向整流钾通道 I_{K1}、奇特通道（funny channel，I_f）。I_f通道于 20 世纪 70 年代发现，有许多当时认为不可思议的特点，如可以混合通过钠、钾离子甚至钙离子；既受电压门控制，也受化学门控制；不像钠、钙通道去极化时被激活，而是在超级化时被激活等。浦肯野纤维自律细胞的自动去极，主要与 I_f控制的 Na 离子内流有关。I_f通道对细胞外 K^+ 非常敏感，无论是细胞外低钾（如≤2 mmol/L）或高钾（≥6 mmol/L），浦肯野纤维起搏活动将几乎被完全抑制。

在窦房结细胞，与自律有关的通道主要包括由延迟整流钾通道（Ikr、Iks），（与早期去极时 K^+ 外流衰减有关）；奇特通道 I_f（与形成稳定的 Na^+ 内流有关）；钙通道 I_{Ca}（分 L 型、T 型，与晚期去极时 Ca^{2+} 内流有关）。但细胞外钾改变，可明显影响浦肯野纤维起搏节律，而窦房结的节律则很少受其影响，其机制尚未阐明。

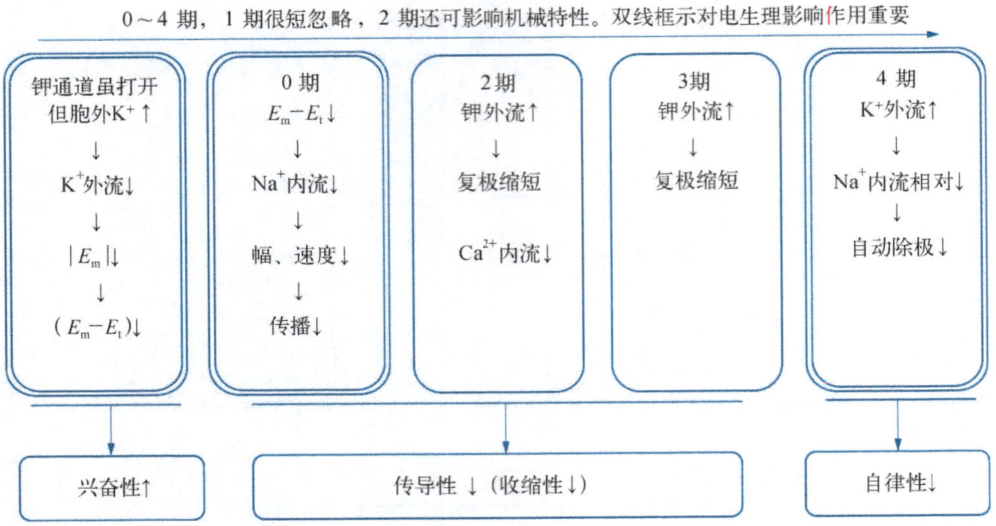

图 6-12　高钾血症对心肌电生理特性和机械特性影响示意图

① 高钾时通道被激活，但 I_{K1} 通道开放不能对抗细胞外高钾作用，钾外流仍然减少，其余钾外流增多；② 2、3 期复极缩短时间效应小于 0 期传播效应，所以传导性仍是减低的

此外，应当注意的是：高钾血症是一全身性的变化，而在某些病理状态下，如心肌缺血则可引起心脏局部性的血钾浓度增高并伴有缺氧、酸中毒，在生理状态下被关闭的通道如 I_{KATP} 被激活（属于内向整流钾通道），并可能引起钾离子通道的异位表达，从而引起更复杂的电生理特性的改变。

(2) 高钾血症对酸碱平衡的影响，表现为引起代谢性酸中毒，并出现反常性碱性尿。其发生机制与高钾血症时 K^+ 移入细胞，H^+ 移出细胞，血液呈酸性，在肾小管上皮细胞进入的钾，将通过增强 K^+－Na^+ 交换，减弱 H^+－Na^+ 交换而排除。此时，使尿液呈碱性。

三、钾离子浓度改变与心电图

心电图是在体表记录的心脏各部分心肌生物电活动的一个综合图形（图 6－13）。心电图将在临床阶段学习，在此仅做一简单介绍，以为将来学习打下基础。图 6－13 中左侧 A 显示心肌电传导方向，右侧 B 显示不同部位记录的动作电位，其形状不同。C 为体表记录的心电图，以一个心动周期为代表。心电图各波形意义见右侧图例。

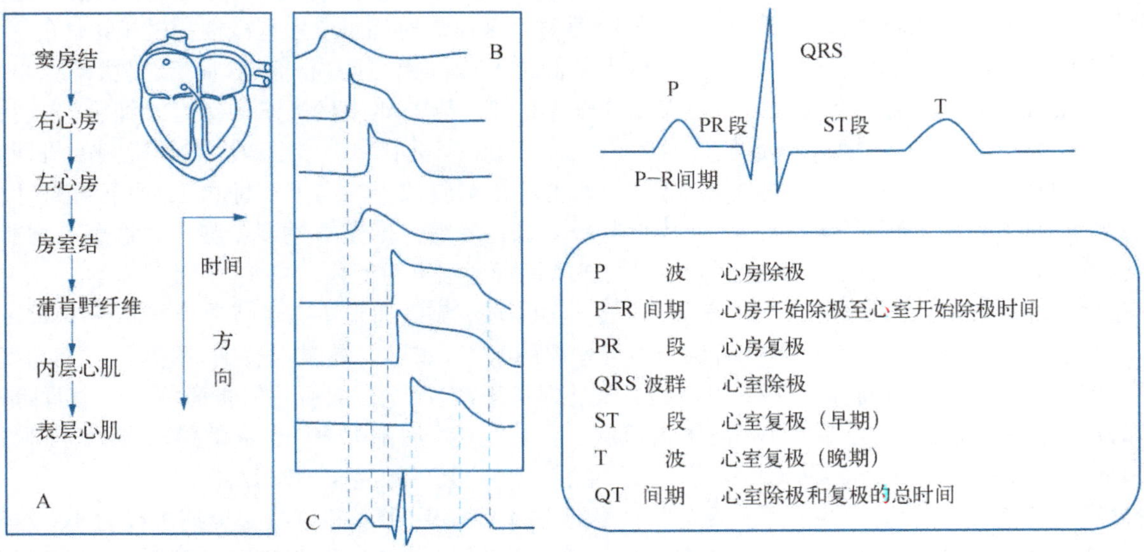

图 6－13　图心肌电活动(A)及动作电位(B)和心电图(C)示意图

临床上与低钾血症时电生理特性改变密切相关的心电图变化包括：① T 波压低、平坦：T 波主要由心肌复极 3 期 K^+ 外流形成。低钾血症时 K^+ 外流减少、减慢，所以 T 波压低、平坦。② U 波增高：U 波是 T 波之后的一个小波。超过同导联 T 波振幅的 1/4 时即称为 U 波增高。其产生的机制有几种看法：一种是低钾血症时，浦肯野纤维 3 期复极（K^+ 外流）较其他心肌工作细胞慢。其他细胞产生了压低的 T 波，而后浦肯野纤维复极产生了 U 波，并大于 T 波；另一种是心脏乳头肌或心室肌中间层相对于心室肌复极延迟所致；③ ST 段下降：ST 段反应动作电位 2 相平台期。低钾血症时，K^+ 外流减少，Ca^{2+} 内流相对增大，使 ST 段下移；④ 心肌传导性降低，兴奋在整个心室的扩布减慢，所以相当于心室动作电位的 QRS 波群增宽，Q－T（或 Q－U）间期延长。

高钾血症时心肌电生理特性异常引起的心电图变化包括：① 细胞外高 K^+，膜对 K^+ 的通透性增高，复极化 3 期加速，反映 3 期复极的 T 波狭窄而高耸（T 波高尖），这是高钾血症的一重要特点；② 传导性降低，反映心房去极化的 P 波低平（Na^+ 内流减少），代表房室传导的 P－R 间期延长，与心室去极化相关的 QRS 波压低、变宽。临床上出现各种心律失常，包括各种缓慢性心律失常或快速性心律失常，最终可发生心室纤维性颤动或窦性停搏。图 6－14 显示低钾和高钾血症时，动作电位变化以及心电图变化。表 6－3 显示高钾血症与低钾血症主要区别。

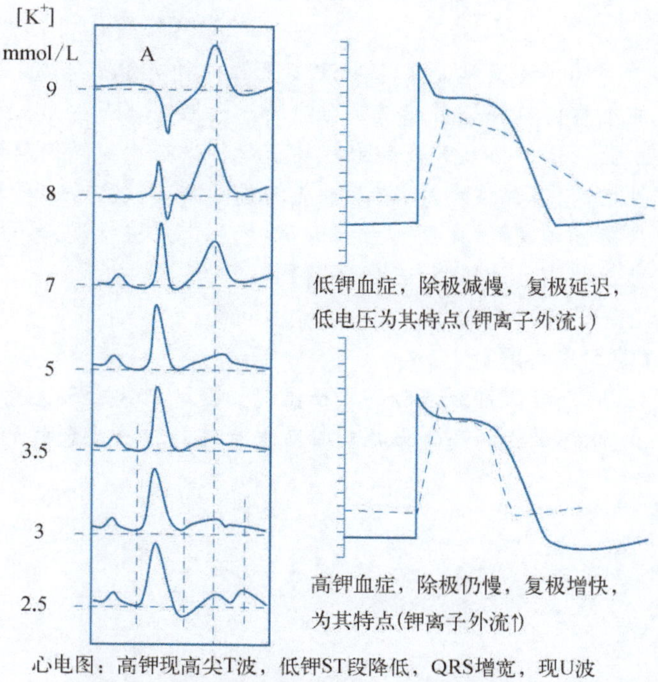

图 6－14　低钾和高钾血症时，心电图及动作电位变化示意图

表 6－3　高钾血症与低钾血症主要区别

定　义	高钾血症（＞5.5 mmol/L）	低钾血症（＜3.5 mmol/L）
病　因	排出不足（肾功能下降等）	丢失过多（消化道等丢失）
肌　肉	兴奋性高/低（去极化阻滞） 符合能斯特方程	兴奋性低（超极化阻滞） 符合能斯特方程
心　脏	兴奋↑（↓）传导↓自律↓收缩↓ “三低一高” 用通道理论结合电化学梯度理解	兴奋↑传导↓自律↑收缩↑（↓） “三高一低” 不符合 Nernst 方程，用通道解释
心电图	T 波高尖	QRS 波群宽，ST 段低，U 波增高
酸　碱	酸中毒→高钾→酸中毒 反常性碱性尿	碱中毒→低钾→碱中毒 反常性酸性尿

四、低钾与高钾血症临床防治措施的病理生理基础

1. *去除病因*　去除病因引起血钾改变的原始病因。

2. *低钾血症治疗三原则*　见尿补钾，能口服尽量口服，控制钾入速度，以防矫枉过正，出现致死性高钾血症（生理上肾脏调节钾离子浓度的特点是多吃多排，少吃少排，不吃也排）。

3. *高钾血症治疗*　减少钾的摄入，加速钾的排泄，如口服或灌肠阳离子交换树脂，使用对抗高 K^+ 的心肌毒性的：注射 Na^+、Ca^{2+} 溶液。Ca^{2+} 一方面能促使 E_t 上移，增加 $E_m - E_t$ 间距离，恢复心肌的兴奋性；另一方面使复极化 2 期 Ca^{2+} 内流增加，提高心肌的收缩性。使用钠盐可以增加细胞外液钠离子浓度，使 0 期去极化时 Na^+ 内流增加，0 期上升的速度加快，幅度增大，心肌传导性得以改善。

4. 对症治疗　纠正其他电解质代谢紊乱：如镁离子紊乱、酸碱紊乱。

小　结

钾代谢紊乱是临床上最多见的一种电解质紊乱，分为低钾血症和高钾血症。钾摄入不足、过度丢失、钾向细胞内转移是引起低钾血症的三大原因。而钾摄入过多、排出减少、细胞内钾释出至细胞外往往引起高钾血症。低钾血症和高钾血症均引起可兴奋组织功能障碍。低钾血症时，神经肌肉的兴奋性降低，心肌的兴奋性增高、自律性增高、收缩性先增强后减弱、传导性降低（三高一低）。高钾血症时，轻度血钾升高，神经肌肉兴奋性增高，重度高钾血症时，神经肌肉兴奋性显著下降。心肌的兴奋性变化与神经肌肉相同，传导性、自律性及收缩性均降低（三低一高）。

【复习思考题】

1. 试分析低钾血症和高钾血症时出现的肌肉软弱无力的机制。
2. 低钾血症和高钾血症对心肌电生理特性产生怎样的影响？

（张　英）

第七章

酸碱平衡及紊乱

学习要点

掌握：① 酸碱紊乱的概念；② 四种单纯型酸、碱中毒概念及代偿后不同形式酸碱状态的概念；③ 单纯型酸、碱中毒的发生基本原因和机制；④ 机体的代偿机制；⑤ 酸、碱中毒对机体的主要影响和机制。

熟悉：① 酸碱平衡概念及酸碱平衡调节机制；② 反映血液酸碱平衡的常用指标及其意义；③ 混合型酸、碱中毒的基本概念和分类。

了解：① 酸碱紊乱的判断；② 酸碱紊乱临床防治措施的病理生理学基础。

古代西方医圣希波克拉底坚信人体是由四种体液构成的(血液、黏液、黄胆汁、黑胆汁)，碱性的胆汁变为酸性的胆汁会使人体发生疾病。但直到19世纪末期，人们对机体酸碱的科学认识都还十分肤浅，因而对一些与酸碱紊乱相关的重要临床疾病的诊治十分困难。1892年，美国现代医学教育先驱威廉·奥斯勒(Osler)，在其充满医学、哲学和人文智慧的医学教材——《医学原理与实践》中曾描述早年临床医学遇到的难题：糖尿病和尿毒症患者都可能出现昏迷，其发病机制为何？有人归结于脑水肿，有人归结于某种物质如酮体的直接毒性作用。两年后一位德国医师通过动物实验和临床观察得到结论，糖尿病患者昏迷是因为血液被酸化了，而不是某种物质(如酮体等)的直接毒性作用，但是血液酸化的实质是什么依然不清楚。

1878年，瑞典一位从事物理化学研究的博士生阿列纽斯(Arrhenius)提出了一套革命性的电离理论："一种电解质，溶于水时会解离为离子或带电的微粒(当时的人们还无法想象离子的存在)。"他认为电离理论不仅仅适用于化学领域，也适用于生物学和医学领域。在此基础之上，1887年，阿列纽斯提出了酸碱的电离理论，并定义酸是能电离出 H^+ 的物质，而碱是能电离出 OH^- 的物质。该理论是第一次对酸、碱本质的科学而深刻的认识。但不足的是，碱仅局限于 OH^- 一种形式，不能解释生物体中 NH_3、$NaHCO_3$、NaH_2PO_4 等在水溶液中的酸碱性等问题。1923年丹麦和英国化学家布朗斯特(Bronsted)和劳里(Lowry)提出了酸碱质子理论。定义酸是 H^+ 的供体，碱是 H^+ 的受体，较好地解决了上述问题，因而直至今日依然为生物医学领域采用。

1908年，美国哈佛医学院学者亨德森(Henderson)依据血液内环境平衡理论思想，提出机体为避免氢离子浓度变化过大，维持体液中性平衡首先是靠弱酸和它们的盐与强酸解离的氢离子反应，达到平衡后形成一个中性的盐和较弱的酸，并且认为这种平衡是通过肺、肾以及红细胞来进行调节的。但亨德森酸碱平衡思想的文字表述和数学表达式不是十分简洁。后来丹麦学者索伦森(Sorensen)引入了"缓冲"的概念，以替代亨德森的避免氢离子浓度变化过大，维持血液中性平衡的说法，并建议用pH来替代血中 H^+ 正常值(酸度)等于 4×10^{-8} N 或者是 0.000 000 04 N 这样有点令人不"舒服"的写法。而德国学者哈塞尔巴尔赫(Hasselbalch)添加了解离常数Ka，完善了公式，形成了酸碱平衡的核心理论基础——Henderson-Hasselbalch方程。使后人对血液酸化的实质有了比较充分的理论认识。1917年，美国学者发明了"范斯莱克血液气体检验器”，即现今血气分析仪的前身。

多数以离子形式存在于人体体液中的物质，其离子浓度是在毫克分子范围，而氢离子的浓度是在一个更窄的纳摩尔级范围调节，即在16～160 nmol /L内波动，血液正常生理值接近40 nmol / L。如此严密的调节并非偶然，因为氢离子的化学性质非常活跃，可以与氢键、蛋白质和酶相互作用，进一步改变蛋白质的结构和功能，从而影响细胞生化过程甚至危及细胞的生存。因此，临床上非常重视对患者的酸碱平衡的准确评估和正确处理。

第一节　酸碱平衡及紊乱

维持机体内环境适宜酸碱度是维持机体内稳态的一个重要方面。在临床上酸碱失衡的发生率很高，而内环境酸碱度的改变则往往加重疾病的发生发展，可造成不利的后果，严重的时候可引起器官功能损害甚至危及生命。

一、酸、碱及酸碱平衡的概念

酸是指能够释放 H^+ 的物质，碱是指能够接受 H^+ 的物质。酸释放出 H^+ 的同时，必然有一种碱的形成，称为共轭碱；碱接受 H^+ 的同时，必然有一种酸的形成，所以酸总是与相应的碱形成一个共轭体系。如：$H_2CO_3 \rightleftharpoons H^+ + HCO_3^-$。

（一）酸

人体内的酸有两种，即挥发性酸（volatile acids）和非挥发性酸（nonvolatile acids）。

1. *挥发性酸*　糖、蛋白质和脂肪代谢的最终产物 CO_2，与水结合生成碳酸，这是机体分解代谢过程中产生最多的酸性物质。碳酸可释出 H^+，也可分解成水和 CO_2，CO_2经肺排出体外，因而称为挥发性酸。

$$H^+ + HCO_3^- \rightleftharpoons H_2CO_3 \rightleftharpoons H_2O + CO_2\uparrow$$

2. *非挥发性酸*　由三大物质代谢的中间产物组成，如蛋白质分解代谢产生的硫酸、磷酸和尿酸；糖酵解产生的甘油酸、丙酮酸和乳酸；脂肪分解代谢产生的乙酰乙酸、β-羟丁酸等。非挥发性酸不能以气体形式由肺排出，而只能通过肾随尿液排出体外。由于其排除速度远远慢于通过神经反射和呼吸运动所致的 CO_2 排出，较长时间似乎固定、停留在体内，所以又称为固定酸（fixed acid）。同时，在测定机体尿中排出非挥发性酸量的时候，采用的方法是用氢氧化钠将尿液滴定到pH7.4来计算，所以也称固定酸为可滴定酸（titratable acid，TA）。生理状态下尿中存在的可滴定酸最主要的形式是磷酸二氢钠，即机体产生的 H^+ 被磷酸氢二钠结合，转换成磷酸二氢钠随尿排出（通常尿液的pH 6.0左右），而在病理状态下，如糖尿病酮症酸中毒，则可出现较大量的β-羟丁酸等其他可滴定酸。

（二）碱

人体内的碱主要来自食物，特别是蔬菜、瓜果中所含的有机酸盐，如柠檬酸盐、苹果酸盐和草酸盐等，在体内代谢过程中接受 H^+，分别转化为柠檬酸、苹果酸和草酸，而其所含的 Na^+ 或 K^+ 则可与 HCO_3^- 结合生成碱性盐。体内氨基酸代谢过程中生成的 NH_3 可接受 H^+ 生成 NH_4^+，也是体内少量碱性物质来源。

（三）酸碱平衡

机体在生命活动过程中体内会不断地产生酸性物质和碱性物质，同时体外酸、碱物质也在不断摄入。正常情况下，体液的酸碱度依靠体内的缓冲和调节功能，将其变动控制在一定的范围内，表现为动脉血pH在7.35～7.45之间，平均为7.40。机体这种自动维持体内酸碱物质相对稳定的过程称为酸碱平衡（acid-base balance）。

二、酸碱平衡的调节

在正常情况下，人体血浆pH变动范围很小，而机体不断生成或摄取酸性物质的量远远多于碱性物质，这就有赖于机体对酸碱负荷强大的缓冲能力和有效的调节能力。体液中的缓冲系统可以减轻酸碱负荷对pH的影响，同时肺和肾对酸碱平衡也具有重要的调节作用。

（一）血液缓冲系统

血液缓冲系统由弱酸及其相对应的弱酸盐组成，主要有碳酸氢盐缓冲系统、磷酸盐缓冲系统、血浆蛋白缓冲系统、血红蛋白和氧合血红蛋白缓冲系统五种（表7-1）。其中碳酸氢盐缓冲系统总含量占血液缓冲物总量的1/2以上，因而其缓冲能力强。更为重要的是碳酸氢盐缓冲对的碳酸可分解为二氧化碳，通过肺呼吸运动排出，而碳酸氢盐又能通过肾脏作用排出，以保证血中该缓冲对的稳定和其缓冲作用发挥。所以碳酸氢盐缓冲对作为机体内唯一能同时直接联系肺、肾调控系统的缓冲对，它便成了血浆中最重要的缓冲对（这是生物缓冲系统通过神经体液机制自动调控与体外容器里进行的一般化学缓冲需人工加或减缓冲物量，进行手动调控的最重要区别）（图7-1）。

表7-1　缓冲系组成、离子浓度和缓冲能力

	缓冲系			阴离子浓度（mmol/L）	缓冲能力（mmol/L/pH）
	缓冲酸		缓冲碱		
碳酸氢盐	H_2CO_3	⇌	$H^+ + HCO_3^-$	24（67%）	50（82%）
非碳酸氢盐				12（33%）	11（18%）
血红蛋白	HHb	⇌	$H^+ + Hb^-$	7	9
血浆蛋白	HPr	⇌	$H^+ + Pr^-$	4	2
磷酸盐	$H_2PO_4^-$	⇌	$H^+ + HPO_4^{2-}$	1	0.4
总计				36（100%）	61（100%）

注：当体液中H^+过多时，反应式向左移动，减少H^+浓度增高的幅度，同时缓冲碱的浓度降低；当H^+减少时，反应式向右移动，减少H^+浓度降低的幅度，同时缓冲碱的浓度增加。

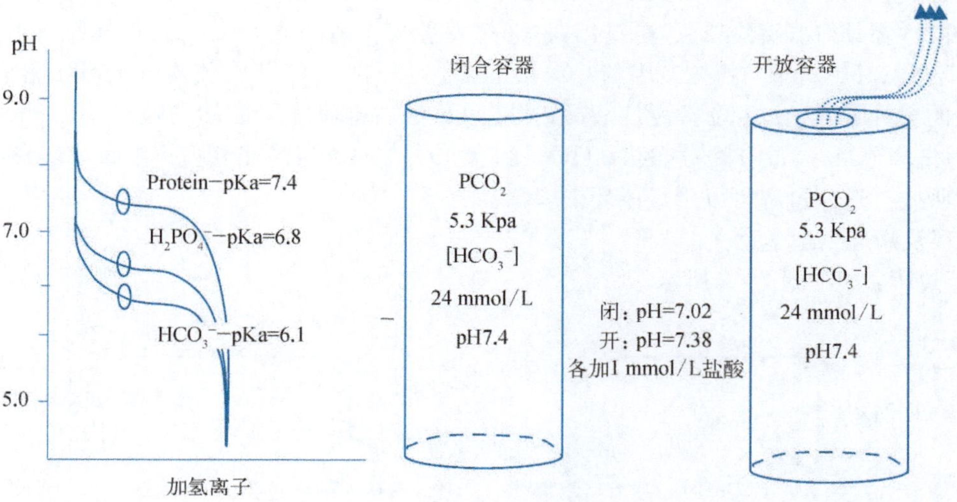

图7-1　不同解离常数的缓冲盐及开放与闭合系统中碳酸氢盐缓冲示意图

①缓冲系的缓冲能力（改变一个pH单位，所需加入所酸碱量），在一定范围内与缓冲系浓度成正比；并与缓冲系中酸解离常数（pKa）和缓冲目标值（如血液为pH7.4）接近程度成正相关。所以由左图血液中各缓冲对的pKa来看，碳酸氢盐不是最佳的；②在右侧密闭容器和开放容器中，人为调整容器中CO_2浓度为5.3 kPa（40 mmHg），此时pH为7.4，$H_2CO_3^-$浓度为24 mmol/L（模拟生理浓度）。在两个容器中分别加入1 mmol/L盐酸，可测得闭合容器中溶液pH为7.02，开放容器中溶液pH为7.38。因此开放容器中若要改变1个pH单位，应加入盐酸量等于1/(7.4−7.38)=50 mmol/L，而闭合容器中仅需1/(7.4−7.02)=2.63 mmol/L。开放系统能使缓冲效能增强的唯一解释是：当CO_2浓度超过40 mmHg时，CO_2将从开放容器中逸出；③此外，纯粹的体外化学反应，当碳酸为1 mol/L时，碳酸解离常数pKa值为3.47，根据pH公式（pH=pKa+lg[HCO_3^-]/[CO_2]）计算此时若要用碳酸氢盐缓冲对缓冲，保持溶液为7.4，[HCO_3^-]/[CO_2]比值需要达到8 500∶1，而不是生理条件下20/1即可以有效进行缓冲。其原因在于血液中碳酸浓度为1.2 mmol/L。碳酸可解离为HCO_3^-，又可生成CO_2，它们分别受到肾脏和肺脏的不断调整、补充，因此它的解离常数发生了改变（pKa=6.1）；④基于碳酸氢盐在体内缓冲对中离子含量最高，其缓冲对受到肺、肾不断调节，是唯一开放系统，所以它是体内最佳缓冲对

但该缓冲系统仅能缓冲非挥发性酸，体内挥发性酸的缓冲主要依靠其余四种缓冲系统，尤其是血红蛋白、氧合血红蛋白缓冲系统的缓冲作用。血液缓冲系统对体液酸碱的缓冲属于化学反应，具有作用迅速但总体能力有限的特点。

（二）组织细胞的缓冲调节

组织细胞对酸碱平衡起一定的调节作用。其调节作用主要是通过细胞内外离子交换方式进行的，如 H^+-K^+ 交换、K^+-Na^+ 交换和 H^+-Na^+ 交换等。当酸中毒时，细胞外液中的 H^+ 向细胞内转移，使细胞外液中 H^+ 浓度有所减少，为了维持电中性，细胞内液中的 K^+ 向细胞外转移。所以酸中毒时，易发生高钾血症；同理，碱中毒时，易发生低钾血症。

（三）肺的调节

机体每日三大物质代谢产生的 CO_2 有 12 000～13 000 mmol，相当于 400 L CO_2 气体，必须通过肺排除。肺对酸碱平衡的调节是通过改变肺泡通气量来改变 CO_2 的排出量，并以此调节体内挥发酸 H_2CO_3 的浓度。这种调节受延髓呼吸中枢的控制，呼吸中枢通过整合中枢化学感受器和外周化学感受器传入的刺激信号，以改变呼吸频率和呼吸幅度的方式来改变肺泡通气量。肺对酸碱平衡的调节发挥作用较快，并在很短时间内达到高峰。

（四）肾的调节

在生理状态下，肾脏主要通过保碱、排酸功能来维持血液正常的 pH。

肾脏保碱有两种形式：① 重吸收（reabsoption），即肾小球滤过的 HCO_3^-（其量为：血中碳酸氢盐浓度乘以肾小球滤过量，即 24 mmol/L × 180L/d = 4 320 mmol）被吸收入血，以保证血中碳酸氢盐的基本稳定（主要是通过氢循环实现）；② 再生成（generation again）：随着铵及非挥发性酸的排除，肾小管上皮细胞内代谢生成的 HCO_3^- 入血（注意是细胞代谢生成而不是指肾小球滤过的 HCO_3^-，再生成意义在于补充血液碳酸氢盐的损耗）。但广义上也可笼统把两者统称为 HCO_3^- 重吸收。

肾脏排酸有三种形式：① 肾小球滤过的自由 H^+ 直接排除，但量非常小（不到 0.1%）；② 肾小管腔中 H^+ 与氨（NH_3）结合后，以铵（NH_4^+）的形式排出，占非挥发性酸排泄的 1/2～2/3；③ 管腔中 H^+ 与磷酸氢盐结合后，以非挥发性酸形式（磷酸二氢盐）排出，占非挥发性酸排泄的 1/3～1/2。机体每日产生非挥发性酸 50～100 mmol，虽然其绝对量与机体产生的 CO_2 相比很小，但与血 CO_2 正常值 40 mmol/L 相比，其所需排除量仍然是很大的。肾脏通过铵和非挥发性酸形式排出 H^+ 约占排酸总量的 99.9%。

1. 肾脏的保碱作用　肾小球滤过的 $NaHCO_3$ 约有 90% 左右在近端小管被重吸收，其余在远端小管和集合管等部位重吸收。这一过程可以用氢循环来理解。

（1）氢循环及病理生理学意义

1）氢循环过程：如下图 7-2 所示。

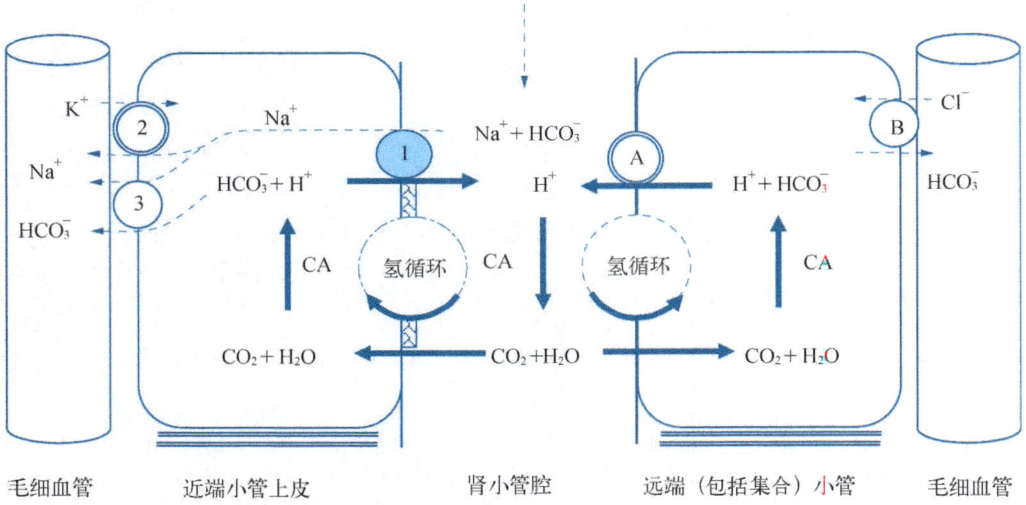

图 7-2　氢循环示意图

图中圆圈数字与正文解释同步

肾小球滤过的 HCO_3^- 与小管上皮细胞分泌的 H^+ 结合生成 H_2CO_3，并解离成 CO_2，高度脂溶性 CO_2 能迅速通过管腔膜进入上皮细胞，形成碳酸并解离成 HCO_3^- 和 H^+，H^+ 再分泌入管腔，完成一次氢循环（表 7-2）。

表 7-2 碳酸氢盐重吸收

碳酸氢盐重吸收		
主要部位	近端小管	远端小管和集合管
占滤过量	90%	10%
意义	重吸收滤过碳酸氢根离子，保证血中碳酸氢根基本稳定	
主要机制	氢循环	氢循环
组织学基础	上皮细胞、刷状缘 碳酸酐酶	闰细胞 碳酸酐酶
循环原始动力	血管侧（基侧）Na^+-K^+ 泵	管腔侧（顶侧）H^+ 泵
HCO_3^- 入血	$Na^+-HCO_3^-$ 同向载体	$Cl^--HCO_3^-$ 反向载体

近端小管氢循环过程中：① 肾小球滤过至管腔中的 Na^+ 通过反向 H^+-Na^+ 载体进入细胞内；② 进入细胞内的 Na^+ 通过 Na^+-K^+ ATP 酶，泵出细胞进入血液；③ 细胞内 HCO_3^- 通过 $Na^+-HCO_3^-$ 同向转运载体进入血液。氢循环得以运转的原始动力来自位于血管侧的钠泵，因为它可降低细胞内 Na^+ 浓度，从而扩大了管腔与细胞内 Na^+ 电化学梯度，促使 Na^+ 从管腔中重吸收入血，而使 H^+ 由细胞内分泌至细胞外，帮助 HCO_3^- 从管腔重吸收入血。另一方面由于近端肾小管上皮细胞和其刷状缘均含有丰富的碳酸酐酶可催化 HCO_3^- 和 H_2CO_3 及 CO_2 的相互转化。

远端小管和集合管氢循环过程中，其动力主要来源于 H^+ 泵和 H^+-K^+ ATP 酶，驱动 H^+ 分泌入管腔。在管腔侧通过 $Cl^--HCO_3^-$ 反向载体入血（进入细胞的 Cl^- 可通过管腔侧的载体分泌至肾小管管腔排出或被再吸收入血）。

2）氢循环病理生理学意义：可以想象氢循环如一旋转的轮盘，当其旋转加快时，单位时间内可有更多的 HCO_3^- 被带入血中。在酸中毒情况下，由于碳酸酐酶活性增高，催化氢循环反应或运转加速，将有更多的 HCO_3^- 重吸收入血，起到缓冲酸的作用；反之，在碱中毒情况下，氢循环将减慢，HCO_3^- 重吸收减少，随尿被排出体外。所以从病理生理角度讲，氢循环运转是机体调控酸碱紊乱的重要机制之一，保证了血液 HCO_3^- 缓冲系统的基本稳定。

2. 肾脏的排酸作用

（1）氨循环及其病理生理学意义

1）氨循环过程：NH_3 主要由近曲小管上皮细胞产生（远端小管及集合管上皮产 NH_3 量很小），其细胞内含有谷氨酰胺酶，可催化谷氨酰胺（由肝脏合成，经血运输至肾脏被小管上皮细胞摄取）水解，生成谷氨酸，同时释放出 NH_3，谷氨酸在脱氢酶的作用下生成 α-酮戊二酸和 NH_3，α-酮戊二酸氧化可生成 HCO_3^- 和 H^+。

NH_3 具有脂溶性，它可以通过非离子扩散进入小管液中，扩散速度与细胞与小管中化学浓度梯度差成正相关（为其动力来源）。进入小管腔中的 NH_3 与 H^+ 结合生成 NH_4^+（也可由细胞内生成的 NH_4^+ 通过氨钠反向载体转运至肾小管腔），至髓襻升支粗段，约 75% NH_4^+ 替代管腔膜 $Na^+-K^+-2Cl^-$ 载体中的 K^+ 而被移入细胞内，并进入低酸度的肾间质解离成 NH_3，再弥散至小管腔中（包括集合管），形成髓质-管腔氨循环。而其余 25% 携带了 H^+ 的 NH_4^+ 则与 Cl^- 等结合生成 NH_4Cl 等盐类从尿中排出（图 7-3）。

同时，在这一过程中，小管上皮细胞谷氨酰胺-谷氨酰-α-酮戊二酸代谢产生的 HCO_3^- 将与从小管吸收的 Na^+（通过 $NH_4^+-Na^+$ 交换），通过基侧膜的协同转运进入血液。

2）氨循环病理生理学意义：同氢循环一样，可以想象，当氨循环这一"转轮"加速时，单位时间内将有更多的 H^+ 被排出体外（即使 H^+ 以 NH_4^+ 形式 25% 排出比例不变）。因此，发生酸中毒时，谷氨酰胺酶活性增高，产 NH_3 增多，同时管腔（包括集合管）中 H^+ 与 NH_3 结合形成 NH_4^+，可增大细胞与小管间 NH_3 浓度差，驱动 NH_3 进入小管，加速了氨循环。其意义在于：① 加快排除管腔中 H^+（包括集合管）；② 增加 HCO_3^- 重吸

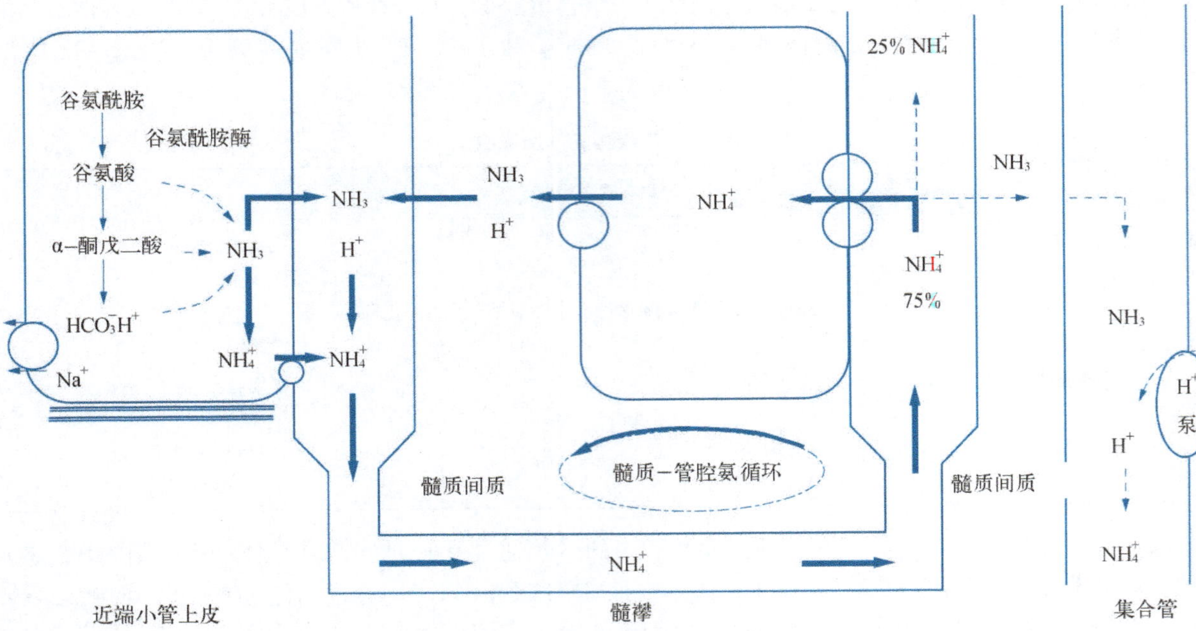

图 7-3 氨循环示意图

收，以补充血液 HCO_3^- 缓冲系的损耗。反之，碱中毒时，氨循环减慢，减少 H^+ 的排除和 HCO_3^- 重吸收。所以同氢循环一样，氨循环运转是机体调控酸碱紊乱的又一重要机制，尤其体现在排除机体过量的酸负荷（氢循环过程中，上皮细胞分泌至管腔中的 H^+ 并未随尿排出，而是为了重吸收滤过的 HCO_3^- 进行 H_2CO_3 和 CO_2 形式的转换和循环）。

（2）可滴定酸排泌及病理生理学意义：血液中磷酸氢二盐（HPO_4^{2-}）从肾小球滤过至管腔，可接受一个 H^+ 变为磷酸二氢盐（$H_2PO_4^-$），形成可滴定酸，随尿排出，同时也有利于小管上皮细胞产生的 HCO_3^- 被重吸收入血。因此在酸中毒时，可滴定酸的排泌增加也具有重要价值，反之在碱中毒时，可滴定酸的排除将明显减少（表 7-3）。

表 7-3 可滴定酸排泌

可滴定酸排泌		
形式	铵	可滴定酸
主要部位	近端小管、髓袢升支、集合管	远端小管、集合管
能力	强	稍弱
意义	排酸 细胞内再生成碳酸氢盐，以补充血碳酸氢盐损耗	排酸 细胞内再生成碳酸氢盐，以补充血碳酸氢盐损耗
机制	氨循环	磷酸氢二盐缓冲
动力	扩散，Na^+-K^+-$2Cl^-$ 转运体等	化学结合

但需注意的是，以可滴定酸形式排除管腔中的 H^+，其能力远比氨循环途径排 H^+ 能力弱，主要原因如下：① 血液中磷酸氢二盐（HPO_4^{2-}）量有限（机体磷酸盐主要来源于食物，少量自身产生），且血液酸碱度改变对其生成影响不大。当原尿 pH 为 4.8 时（正常尿液 pH 范围为 4.4～8.0），磷酸氢二盐变成磷酸二氢盐已经达到极限，其比值从原来的 4∶1 变为 1∶99，已不能再进一步发挥缓冲作用了；② 机体能够通过合成谷氨酰胺，并在酸负荷增多时，通过活化谷氨酰胺酶，生成更多的 NH_3，从而排除更多的 H^+。因此，在酸中毒情况下，氨循环意义更为明显和重要，一旦氨循环破坏，酸中毒不可避免发生。

肾脏对酸碱平衡的调节较之血液缓冲系统和肺的调节来说是一个比较缓慢的过程，通常要在数小时后才开始发挥作用，3～5 d 后才达到高峰。肾脏对酸碱平衡的调节作用一旦发挥，其作用强大且持久（表 7-4）。

表 7-4 酸碱平衡调控的速度与能力

	速　度	能　力
缓冲	即刻	弱，HCO_3^- 作为肺肾作用中介，重要
肺	分	强大，主要对挥发性酸调控
肾脏	数小时至数天	强大，精细，持久，主要对非挥发性酸，碱调控

（五）其他

除上面的缓冲与调节方式外，肝脏可以通过合成尿素清除血 NH_3 来调节酸碱平衡，骨骼的钙盐分解可有利于 H^+ 的缓冲。

三、酸碱平衡紊乱的概念及分类

（一）酸碱平衡紊乱的概念

在某些疾病或病理过程中，机体可因酸碱负荷过度、严重不足和（或）调节机制障碍导致体内酸碱稳态破坏的病理过程，称为酸碱平衡紊乱（acid-base disturbance）。

（二）Henderson - Hassalbalch 方程与酸碱平衡紊乱

1. *Henderson - Hassalbalch 方程（以下简称：H - H 方程）* 在缓冲体系中，酸与其共轭碱的关系可表示为：酸 ＝ H^+ ＋ 碱。各种酸在水溶液中 H^+ 的解离程度取决于酸本身的性质，可用解离常数 K 表示。因此，$[HA] \times K = [H^+] \times [A^-]$，式中 HA 代表酸，$A^-$ 代表该酸的共轭碱，则可推算出 H - H 方程计算公式（推算过程略）。

$$pH = pKa + \lg \frac{[HCO_3^-]}{[H_2CO_3]}$$

注意：血液中有多种酸碱缓冲对同时存在，有着共同的 H^+ 浓度，即 pH 相同，因此血液 pH 可用各种缓冲对表示，而前述碳酸氢盐缓冲系在各缓冲系统中占主导地位。因此 H - H 方程用其表示。式中 pKa 为碳酸解离常数 K 的负对数，37℃时约为 6.1，H_2CO_3 浓度由 CO_2 溶解量决定，正常情况下，$[HCO_3^-]$ 为 24（mmol/L），$PaCO_2$ 为 40 mmHg，CO_2 在血中的溶解度是 0.03。各数值带入公式就可得到血液 pH 正常为 7.4。

2. *H - H 方程在酸碱紊乱中隐含的生物学意义及应用* 按照 H - H 方程，血液 $pH \propto [HCO_3^-]/[CO_2]$，公式中存在三个相互影响的变量，从中可以判读出它们所表示的一些基本生物学意义。

（1）判定酸碱平衡与失衡的参数：公式有三个变量，因而判定酸碱平衡与失衡的基本参数有三类：① 反映酸碱度指标：pH；② 反映呼吸因素（CO_2）指标：$PaCO_2$，通过肺功能行使来影响其值的大小；③ 反映代谢因素（HCO_3^-）指标：具体有标准碳酸氢盐、实际碳酸氢盐、缓冲碱、碱剩余等，通过肾脏功能行使来影响其值大小。其中 pH、实际碳酸盐受呼吸、代谢双重因素影响，因而实际碳酸盐与标准碳酸盐差值可反映呼吸或代谢因素影响。

（2）酸碱失衡的定义与分类：在 H - H 公式中，$[HCO_3^-]$、$[CO_2]$ 两个变量单一因素首先出现变化，逻辑上有四种情况：首先 HCO_3^- 浓度减少或增加；其次 CO_2 浓度增高或降低。所以代谢因素 HCO_3^- 浓度原发性减少为代谢性酸中毒（metabolic acidosis），代谢因素 HCO_3^- 浓度原发性增加为代谢性碱中毒（metabolic alkalosis）；呼吸因素 CO_2 含量原发性增高为呼吸性酸中毒（respiratory acidosis），呼吸因素 CO_2 含量原发性降低为呼吸性碱中毒（respiratory alkalosis）。这四种原发性酸碱紊乱基本类型被称为单纯性酸碱紊乱（simple acid-base disturbance）（图 7-4）。

代谢性酸中毒也简称为代酸，同理其他三种单纯性酸碱紊乱可简称为代碱、呼酸、呼碱。

四种单纯性酸碱紊乱基本类型理论上可组合成二重、三重、四重类型酸碱紊乱，称为混合性酸碱紊乱。但生物学上呼吸因素出现相反变化的情况，即呼吸增快与减慢，同一时刻不可能同时发生于一人，即呼酸与呼碱不能同时存在，所以临床上患者最多可能出现三重酸碱紊乱。若从 H - H 公式看，混合性酸碱紊乱发生于两个因素（呼吸因素与代谢因素）同时出现了变化，或单一因素（代谢因素）同时出现

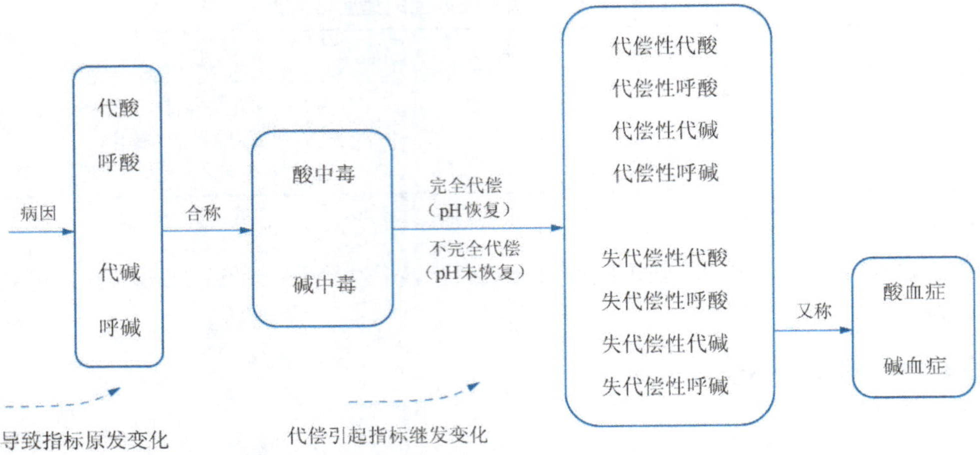

图 7－4　四种单纯性酸碱紊乱存在的各种形式示意图

相反变化。

(3) 指明了指标继发变化的方向和趋势：呼吸与代谢指标的原发变化，指明了机体酸碱状态异常发生趋向，当出现这些异常时，机体总是力图通过代偿使其恢复正常。从公式可见，代谢指标发生原发异常，呼吸指标将发生继发变化，其生物学本质即是呼吸代偿，而且其指标变化方向应与代谢指标变化方向相同（即原发指标上升，继发指标也上升，原发指标下降，继发指标也下降），力图使其比例恢复至正常 20∶1。同理，呼吸指标原发异常，代谢指标将发生继发变化，本质是肾代偿。

(4) 计算代偿预计值：计算此值可以用于区分和鉴定混合或单纯酸碱紊乱，公式的三个变量，如果知道了其中两个变量值，则可通过公式计算出另一个变量的值。如果假设已知的一个变量值是原发变化，计算出的另一个变量值则是继发变化即机体代偿所引起的，所以计算出的值称之为代偿预计值（详见后面混合性酸碱紊乱）。

(5) 绘制酸碱图：使用该图可以简化酸碱紊乱的判定：酸碱图是根据动脉血 pH（或 H^+ 浓度）、PCO_2 及 HCO_3^- 三个变量相关关系制成的坐标图。其目的是提供简便可靠的手段，辅助临床诊断酸碱失衡。H－H 公式是制作酸碱图的理论基础，较为常用的酸碱图有 Siggaard-Andresen 酸碱图（S－A 图）和 Muller-Plathe 酸碱图（M－H 图）等（现临床上酸碱图被血气分析仪替代，不常使用）。

(6) 表明机体缓冲能力和代偿快慢：H－H 方程中[HCO_3^-]/[CO_2]的比值正常为 20∶1，表明其缓冲酸的能力强于缓冲碱。前者代表通过肾脏调节的代谢因素，后者代表肺调节的呼吸因素。代谢因素通过肾脏调节代偿慢，而呼吸因素通过肺作用代偿快，同时呼吸因素引起急性原发改变时，肾脏往往来不及代偿而出现失代偿变化。

四、反映酸碱平衡的实验室指标及其意义

（一）酸碱度

按照 H－H 方程，血液酸碱度（pH）主要取决于[HCO_3^-]与[H_2CO_3]的比值，无论它们各自的值如何变化，只要其比值维持在 20∶1，血液 pH 就保持在 7.4。所以，血液 pH 在正常范围，可能就有三种情况：可表示无酸碱平衡紊乱；也可表示处于完全代偿性酸中毒或碱中毒；或同时存在严重程度相当的酸中毒和碱中毒，使 pH 变动相互抵消。pH 低于 7.35 为失代偿性酸中毒，pH 高于 7.45 为失代偿性碱中毒。

（二）动脉血 CO_2 分压

动脉血 CO_2 分压（$PaCO_2$）是指溶解在动脉血中 CO_2 分子所产生的张力，既反映肺泡通气/换气功能，又反映酸碱状态。正常动脉血 $PaCO_2$ 为 33～46 mmHg，平均为 40 mmHg。如 $PaCO_2$＞46 mmHg，提示有 CO_2 潴留，可见于呼吸性酸中毒或代谢性碱中毒时，由肺的代偿所致；而如果 $PaCO_2$＜33 mmHg，提示有 CO_2 呼出过多，可见于呼吸性碱中毒或代谢性酸中毒时，由肺的代偿所致。

（三）标准碳酸氢盐和实际碳酸氢盐

标准碳酸氢盐（standard bicarbonate，SB）是指在标准条件下（血液温度 37～38℃，$PaCO_2$ 40 mmHg，Hb 完全氧合）血浆中测得的碳酸氢盐（HCO_3^-）浓度。它不受呼吸因素的影响，其数值的增减可反映体内碳酸氢盐储备量的多少，是代谢性酸碱失衡的定量指标，表明代谢性因素。正常值为 24（22～27）mmol/L。SB 降低，可能是代谢性酸中毒或慢性呼吸性碱中毒所致；SB 升高，可能是代谢性碱中毒或慢性呼吸性酸中毒时，由肾的代偿所致。

实际碳酸氢盐（actual bicarbonate，AB）是在被测者实际 CO_2 分压、血氧饱和度（SaO_2）及体温下测得的血浆中 HCO_3^- 浓度（血气报告中的 HCO_3^- 即指 AB），它同时受呼吸与代谢两种因素的影响。

在正常情况下，AB＝SB。但在病理条件下，AB 与 SB 可存在差异，对两者进行比较，可反映出呼吸对酸碱平衡的影响。如 AB＞SB，表明有 CO_2 潴留，可见于呼吸性酸中毒或代谢性碱中毒时，由肺的代偿所致；如 AB＜SB，提示有 CO_2 呼出过多，可见于呼吸性碱中毒或代谢性酸中毒时，由肺的代偿所致。

用图示法，可比较容易理解和推论标准条件和实际条件下 AB 与 SB 的变化情况（图 7－5，表 7－5），同样的方法也可用于以下碱剩余等变化（增大或减小）的正确分析。

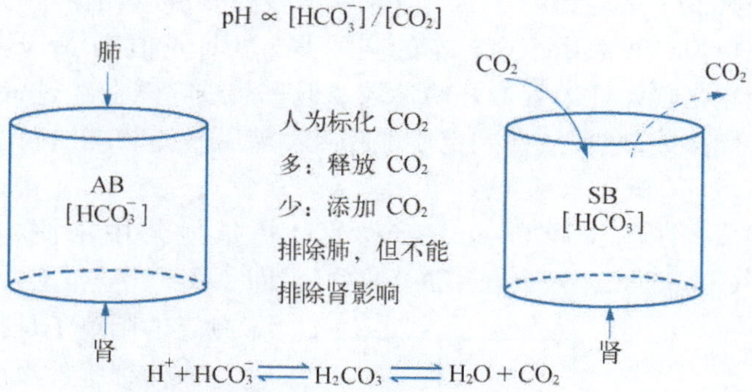

图 7－5 AB 与 SB 变化原理示意图

AB、SB 测定的是血液中 HCO_3^- 浓度，只是在不同条件下进行测量。左容器在实际条件中测定，右容器要人为将 CO_2 浓度固定在正常值。所以同一份血分在左右两个容器中，HCO_3^- 浓度受肺、肾双重影响，右容器中 HCO_3^- 浓度则人为屏蔽了肺的作用，只受肾的影响。在代酸时（如肾功能障碍），因为原发性 HCO_3^-↓ 将使两容器中 HCO_3^- 均减少，且假如无肺的代偿，它们减少程度是一样的，即 AB↓＝SB↓ 但从人体生物学考虑，肾功能障碍不一定有呼吸功能障碍，肺若代偿呼出 CO_2 将使左容器中 HCO_3^- 进一步减少，即 AB↓↓，而右容器中，因为要人为补充肺呼出的 CO_2，所以 SB 同原来减少程度一样 即 SB↓。所以，代酸中毒时 AB 与 SB 变化的结论是：AB↓↓，SB↓，且 AB＜SB（见于呼吸代偿后）。同理容易推论出其他单纯性酸碱紊乱 AB 与 SB 变化的规律（请结合本图和表 7－5 进行思考和推论）

表 7－5 单纯性酸碱紊乱 AB 与 SB 变化

理论情况			左容器 AB 值	右容器 SB 值	结论
代酸	无肺代偿	原发 HCO_3^-↓	AB↓	SB↓	代酸时：AB、SB 均下降且 AB＜SB
	有肺代偿	继发 CO_2↓	AB↓↓	SB↓	（肺代偿后）
代碱	无肺代偿	原发 HCO_3^-↑	AB↑	SB↑	代碱时：AB、SB 均增高且 AB＜SB
	有肺代偿	继发 CO_2↑	AB↑↑	SB↑	（肺代偿后）
呼酸	无肾代偿	原发 CO_2↑	AB↑	SB→	呼酸时：AB＞SB，AB↑、SB→或↑
	有肾代偿	继发 HCO_3^-↑	AB↑↑	SB↑	（肾代偿后）
呼碱	无肾代偿	原发 CO_2↓	AB↓	SB→	呼碱时：AB＜SB，AB↓、SB→或↓
	有肾代偿	继发 HCO_3^-↓	AB↓↓	SB↓	（肾代偿后）

注：代酸、代碱一般有代偿，否则为混合酸碱紊乱。急性呼酸或呼碱往往无代偿，慢性有肾脏代偿。

（四）缓冲碱

缓冲碱（buffer base，BB）是血液中一切具有缓冲作用的全部碱量，包括开放性缓冲阴离子（HCO_3^-）和非开放性缓冲阴离子（血浆蛋白、血红蛋白、磷酸盐等）。HCO_3^- 和血浆蛋白存在于血浆中，磷酸盐和血红蛋白存在于细胞内。通常以氧饱和的全血在标准状态下测定，正常值为 48（45～52）mmol/L。因此，缓冲碱也是反映代谢因素的指标，代谢性酸中毒时 BB 减少，而代谢性碱中毒时 BB 升高。另外，如果血浆中的 HCO_3^- 正常，而 BB 量不足，说明血浆蛋白和血红蛋白不足，治疗时应予以补充（血浆蛋白 72 g /L 时，BB 应是 42 mmol/L）。

（五）碱剩余

碱剩余（base excess，BE）是指在标准条件下（38℃，$PaCO_2$ 40 mmHg，Hb100%完全氧合）滴定血标本，使其 pH 恢复到正常 7.4 所需要的酸和碱量，其正常值为：±3 mmol/L。需加酸者 BE 为正值，加碱者 BE 为负值，BE 表示该血标本的实际 BB。BE 正值表示 BB 有剩余，提示代碱；BE 负值表示 BB 不足，提示代酸。它是代谢性因素最好的参数。但呼酸或呼碱在经过肾代偿后，因碳酸氢盐的重吸收增加或减少，会出现 BE 增多或减少，故在判定慢性呼吸性酸碱平衡时应加以注意。

（六）阴离子隙

阴离子隙（anion gap，AG）是指血浆中未测定阴离子（unmeasured anion，UA）与未测定阳离子（unmeasured cation，UC）的差值，即 AG＝UA－UC。未测定阴离子是指除 Cl^- 和 HCO_3^- 以外的所有阴离子；未测定的阳离子是指除 Na^+ 外的所有阳离子（图 7－6）。

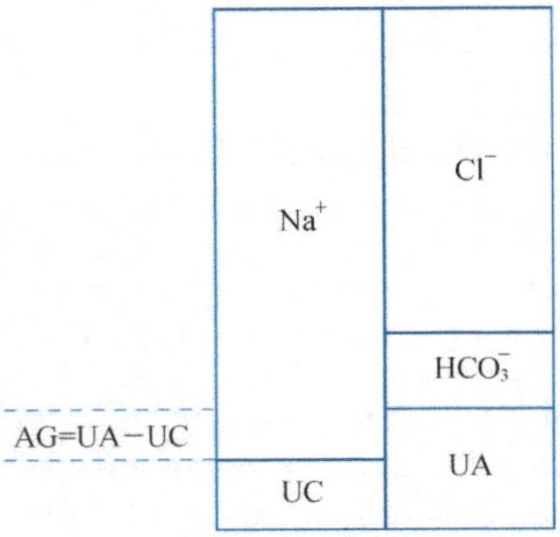

图 7－6　血浆阴离子间隙示意图

人体细胞外液阴阳离子处于平衡状态。所以，UA＋（Cl^-＋HCO_3^-）＝ Na^+＋UC。恒等变形后，UA－UC＝Na^+－（Cl^-＋HCO_3^-）＝140－（104＋24）＝12（mmol/L）。AG 既可增高，也可降低，如当磷酸盐、硫酸盐、乳酸、酮体、水杨酸等酸性物质增多时，AG 就会增高；低蛋白血症时，AG 则降低。

AG 在判断酸碱平衡紊乱方面的意义在于：① AG 是否增高，可用于区分代谢性酸中毒的类型。目前一般以 AG＞16 mmol/L 作为判断是否有 AG 增高型代谢性酸中毒的界限；② AG 增高常提示代谢性酸中毒的存在，但也可见于与代谢性酸中毒无关的情况，如脱水后使用大量含钠盐的药物、骨髓瘤患者释出本周蛋白过多等，应结合临床进行具体分析；③ 用于区分单纯与混合性酸碱紊乱。混合型酸碱紊乱中，呼吸性和代谢性多种因素的相互抵消，可使血气分析呈现基本正常状态。此时若发现 AG 升高，则提示代酸存在，所以在复合性酸碱失衡诊断中作用，有优于常规血气、酸碱指标的地方；④ 评价酸中毒生化反应的严重性及治疗效果。AG 降低在判断酸碱平衡紊乱方面意义不大。

酸碱紊乱实验室检测指标变化见表 7－6。

表 7－6　酸碱紊乱实验室检测指标变化

指　　标	变　　化	意　　义
pH	→	生理：代偿性酸或碱中毒 混合性酸碱紊乱抵消
	↑	失代偿性碱中毒（碱血症）
	↓	失代偿性酸中毒（酸血症）
$PaCO_2$	↑	呼酸（原发）　代偿后的代碱
	↓	呼碱（原发）　代偿后的代酸
BB	↑	代碱（原发）　代偿后的呼酸
	↓	代酸（原发）　代偿后的呼碱
BE	正值↑	代碱（原发）　代偿后的呼酸
	负值↑	代酸（原发）　代偿后的呼碱
AB 与 SB*		
AG	↑	AG 增高正常血氯性代酸
	↓	AG 正常高血氯性代酸

＊ AB 与 SB 变化及意义参见表 7－5。① 代偿后与代偿性两词汇区别。代偿后指机体的行为过程，代偿性指代偿行为的后果。代偿后 pH 可恢复正常，也可未恢复正常。代偿性则特指 pH 恢复正常；② pH 恢复正常，不能说就是酸碱平衡恢复到了生理状态，因为碳酸氢盐与碳酸比值只要是 20∶1，pH 就为正常，但其绝对量不一定为正常生理值；③ 失代偿性酸中毒，生物学上指血液与组织酸度不正常，而酸血症特指血液酸度不正常，但通常混用这一概念；④ 原发与继发（代偿）改变，从 H－H 公式中，可看出互为因果。如原发为呼吸，代偿必为代谢，原发为酸，继发必为碱，反之亦然。而且再次强调，机体代偿的目的是力图首先使 pH 恢复到正常值，然后才是使酸碱物质的绝对值恢复正常，所以各指标原发与继发变化趋势的规律是一样的，即出现同向变化。

第二节　酸碱平衡紊乱的基本机制

在临床上，患者的情况是复杂的，在同一患者发生的酸碱平衡紊乱可能是单纯型的，也可以是两种或两种以上的混合性酸碱平衡紊乱。

一、四种单纯型酸碱平衡紊乱

（一）代谢性酸中毒

代谢性酸中毒是指代谢因素 HCO_3^- 浓度原发性减少、pH 降低为特征的酸碱平衡紊乱（不能误理解为是血浆中的 HCO_3^- 浓度原发性减少，否则容易引起歧义。从下述引起代谢酸中毒的原因和机制中可知，第一种情况是酸负荷增多，首先增加的是 H^+，平衡向右移动：$H^+ + HCO_3^- \rightleftharpoons H_2CO_3 \rightleftharpoons H_2O + CO_2\uparrow$，$HCO_3^-$ 则因平衡向右移动，继发性减少。所以代谢性酸中毒定义中的 HCO_3^- 浓度是指 pH 公式：$pH \propto HCO_3^-/CO_2$ 当中，代谢因素 HCO_3^- 比呼吸因素 CO_2 早发生了变化，即是原发或首发的变化）。

1. 原因和机制

（1）酸负荷增多：各种原因导致体内固定酸生成过多，或肾功能障碍时固定酸排出减少以及外源性固定酸摄入过多，酸超负荷使 HCO_3^- 缓冲丢失。

1）体内固定酸产生过多

A. 乳酸酸中毒（diabetic ketoacidosis，DKA）：休克（感染性、心源性、低血容量性）、肠系膜缺血、低氧血症、高热等使细胞内糖的无氧酵解增强而引起乳酸增加，产生乳酸性酸中毒。另外，肝衰竭时乳酸清除障碍也可导致血浆乳酸过高。

B. 酮症酸中毒（keto acidosis）：糖尿病酮症酸中毒、恶病质、严重饥饿、中毒（乙醇、铁、CO、异烟肼、马钱子碱）等使脂肪大量动员，形成过多的有机酸（如 β-羟丁酸和乙酰乙酸等），超过了外周组织的氧化能力及肾脏排出能力时可发生酮症酸中毒。

2）肾排酸障碍：

A. 肾衰竭：严重急、慢性肾衰竭时，体内固定酸不能由尿中排泄，尤其是硫酸和磷酸在体内蓄积，血中 H^+ 浓度增加导致 HCO_3^- 被缓冲而浓度降低。

B. Ⅰ型肾小管性酸中毒：也称为远端肾小管性酸中毒，其发病环节是集合管泌 H^+ 障碍，尿液不能被酸化，H^+ 在体内蓄积导致 HCO_3^- 浓度降低。

3）外源性固定酸摄入过多：大量摄入阿司匹林（乙酰水杨酸）经缓冲致 HCO_3^- 浓度下降，水杨酸根潴留可引起酸中毒。长期服用氯化铵、盐酸精氨酸或盐酸赖氨酸等含氯的药物，在体内易解离出 HCl。

（2）碱性物质丧失过多

1）碱性消化液丧失过多：肠液、胰液和胆汁中碳酸氢盐含量高于血浆，如严重腹泻、十二指肠引流、肠瘘等，可造成大量碳酸氢盐从肠道丢失。

2）肾 HCO_3^- 重吸收和生成减少：

A. Ⅱ型肾小管性酸中毒：又称为近端肾小管性酸中毒，其发病环节是 Na^+-H^+ 转运体功能障碍或碳酸酐酶活性降低，HCO_3^- 在近端肾小管重吸收减少，随尿排出增多，导致血浆中 HCO_3^- 浓度降低。

B. 应用碳酸酐酶抑制剂：大量使用碳酸酐酶抑制剂如乙酰唑胺可抑制肾小管上皮细胞内碳酸酐酶活性，使 H_2CO_3 和 HCO_3^- 生成减少，肾小管泌 H^+ 和重吸收 HCO_3^- 减少。

（3）其他原因

1）高钾血症：各种原因引起细胞外 K^+ 增多时，K^+ 与细胞内 H^+ 交换，引起细胞外 H^+ 增加，同时远曲血管上皮细胞泌 K^+ 功能增强、泌 H^+ 减少，导致代谢性酸中毒。

2）血液稀释：见于快速输入大量无 HCO_3^- 的液体或生理盐水，使血液中 HCO_3^- 被稀释，造成稀释性代谢性酸中毒。

2. 分类　根据代谢性酸中毒发生的原因和机制不同，AG 值的变化会不一样。按 AG 值将代谢性酸中毒分为两类：AG 增高型代谢性酸中毒和 AG 正常型代谢性酸中毒。

(1) AG 增高型代谢性酸中毒：当体内固定酸产生增多(各种原因引起的缺氧、酮症酸中毒等)或排出障碍(如肾衰竭)、水杨酸中毒等导致血浆中未测定的阴离子浓度增高，因而 AG 值增大，而 Cl^- 值正常，所以又称为正常血氯性代谢性酸中毒。

(2) AG 正常型代谢性酸中毒：HCO_3^- 经消化道以及经肾脏大量丢失、高钾血症、含氯的酸性盐摄入等，引起血浆 HCO_3^- 浓度下降，通常血浆中不伴有其他酸根阴离子异常积聚，但血 Cl^- 水平升高，这种酸中毒又称为高血氯性代谢性酸中毒(图 7-7)。

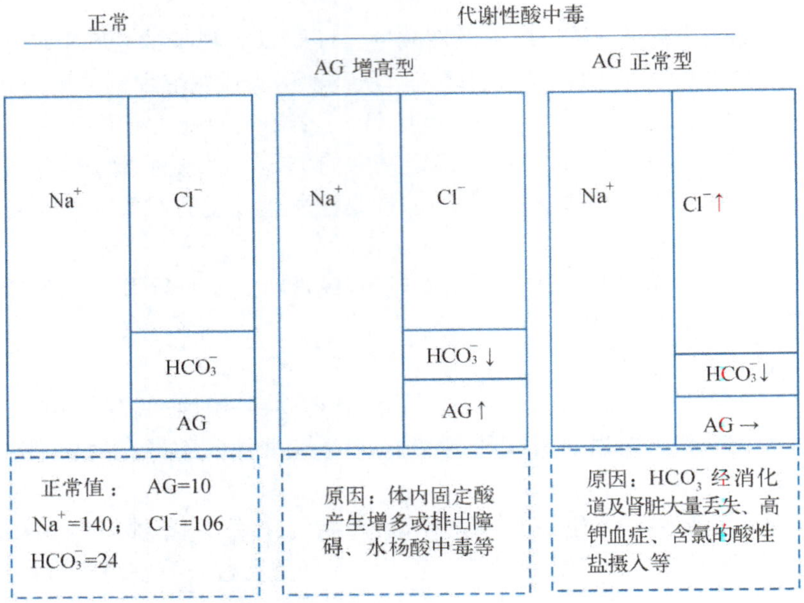

图 7-7　代谢性酸中毒时阴离子间隙示意图

AG 增高型相当于 HCO_3^- 的下线(蓝色粗线示意)上移，而 AG 正常型相当于 HCO_3^- 的上线下移。理论上还可以出现其他情况，例如 HCO_3^- 的下线上移，而 HCO_3^- 的上线下移同时存在，如患者同时出现严重腹泻(HCO_3^- 丢失)伴有严重休克(乳酸根离子增多)等

3. 机体的代偿调节

(1) 缓冲代偿调节作用：代谢性酸中毒时，血浆中增高的 H^+ 立即被缓冲体系中的各种缓冲碱进行缓冲，造成 HCO_3^- 和其他缓冲碱被不断消耗而减少，在缓冲过程中 H^+ 与 HCO_3^- 作用所形成的 H_2CO_3，可分解为 H_2O 和 CO_2，CO_2 可由肺呼出体外。2～4 h 后，增高的 H^+ 约 1/2 通过离子交换方式进入细胞内被细胞内缓冲体系的缓冲，而 K^+ 从细胞内向细胞外转移，以维持细胞内外电平衡，故酸中毒易引起高钾血症。

(2) 肺的代偿调节：肺的代偿调节就是通过改变呼吸的频率和幅度来改变肺泡通气量，从而改变 CO_2 的排出量，并以此调节血浆中 H_2CO_3 的浓度。呼吸的代偿反应比较迅速，在代谢性酸中毒发生 10 min 后即可出现呼吸运动的明显增加，并能在 12～24 h 达到代偿高峰。但是肺的代偿调节是有限度的，主要原因是 H^+ 浓度增加引起肺的呼吸运动加深加快，使 CO_2 排出增加的同时也降低了 $PaCO_2$，而 $PaCO_2$ 下降则会反射性引起肺的呼吸运动减慢变浅，这部分抵消了因血液 H^+ 浓度增加对呼吸中枢的兴奋作用。

(3) 肾脏的代偿调节：除肾脏的原因引起的代谢性酸中毒外，其他各种原因引起的代谢性酸中毒时，肾脏可发挥重要的代偿调节作用。酸中毒时，肾小管上皮细胞中的碳酸酐酶和谷氨酰胺酶活性增强，小管上皮细胞产生 H^+ 和 $NH_3 \cdot NH_4^+$ 增多，因而肾小管泌 H^+、泌 $NH_3 \cdot NH_4^+$ 增加，对 HCO_3^- 的重吸收也相应增加，即氢循环、氨循环加快，使 HCO_3^- 在细胞外液的浓度有所恢复，并可增加可滴定酸排除。

4. 血气参数变化　代谢性酸中毒的血气参数如下：SB、AB、BB 均降低，BE 负值增大，失代偿时 pH 降低，如经肺代偿后，$PaCO_2$ 可代偿性降低。

（二）代谢性碱中毒

代谢性碱中毒是指以代谢因素 HCO_3^- 浓度含量原发性增多、pH 升高为特征的酸碱平衡紊乱。

1. 原因和机制

(1) 酸性物质丢失过多

1) 经胃液丢失：常见于剧烈频繁呕吐及胃管引流引起富含 HCl 的胃液大量丢失，使 H^+ 丢失过多。胃黏膜壁细胞富含碳酸酐酶，能将 CO_2 和 H_2O 催化生成 H_2CO_3，H_2CO_3 解离为 H^+ 和 HCO_3^-，然后 H^+ 与来自血浆的 Cl^- 合成 HCl，并以 H^+ 和 Cl^- 的形式被分泌入胃液；壁细胞内由 H_2CO_3 解离生成的 HCO_3^- 则进入血浆。当胃液大量丢失后，进入十二指肠的 H^+ 减少，刺激胰腺向肠腔分泌 HCO_3^- 的作用减弱，造成血浆 HCO_3^- 潴留；与此同时，肠液中的 $NaHCO_3$ 因得不到 HCl 的中和而被吸收入血，也使血浆 HCO_3^- 增加，导致代谢性碱中毒。此外，胃液丢失使 K^+ 丢失，可致低钾血症，引起低钾性碱中毒；而胃液中的 Cl^- 大量丢失又可致低氯血症，引起低氯性碱中毒；大量胃液丢失致有效循环血量减少，可引起继发性醛固酮增多而出现代谢性碱中毒。

2) 经肾丢失

A. 醛固酮分泌异常增加：原发性醛固酮增多症或继发性醛固酮增多症，醛固酮分泌增加可加速远曲小管和集合管对 H^+ 和 K^+ 的排泌，并促进肾小管对 HCO_3^- 的重吸收。

B. 利尿药使用：排 H^+ 利尿药使用如髓襻利尿剂（呋塞米、依他尼酸）进行利尿时，肾小管髓襻升支对 Cl^-、Na^+ 和 H_2O 的重吸收受到抑制，使远端肾小管内液体的速度加快、Na^+ 含量增加，激活 H^+-Na^+ 交换机制，促进了肾小管对 Na^+、HCO_3^- 的重吸收与 H^+ 排泌。由于 H^+、Cl^- 和 H_2O 经肾大量排出和 HCO_3^- 大量重吸收，导致细胞外液 Cl^- 浓度降低和 HCO_3^- 含量增加，引起低氯性碱中毒。

C. 低钾血症：低钾血症时，细胞内液的 K^+ 向细胞外液转移以部分补充细胞外液的 K^+ 不足，为了维持电荷平衡细胞外液的 H^+ 则向细胞内转移，从而导致细胞外液的 H^+ 减少。此外，低钾血症时，肾小管上皮细胞向肾小管腔分泌 K^+ 减少，即 K^+-Na^+ 交换减少，而 H^+-Na^+ 交换增加，分泌 H^+ 增加，肾小管对 HCO_3^- 的重吸收加强，导致血浆 HCO_3^- 浓度增加，由于肾脏 H^+ 分泌增多，尿液呈酸性故称为反常性酸性尿。

D. 低氯血症：低氯血症时肾小球滤过的 Cl^- 减少，肾小管液中的 Cl^- 相应减少，髓袢升支粗段对 Na^+ 的主动重吸收因此减少，导致流经远曲小管的小管液中 Na^+ 浓度增加，H^+-Na^+ 交换增加，使肾小管重吸收 HCO_3^- 增加，引起低氯性碱中毒。

E. 血容量降低：呋塞米、沙丁胺醇等髓襻利尿剂使用或大量胃液丧失时，细胞外液容量减少，可引起醛固酮分泌增多，同前述可促进代谢性碱中毒发生。一般而言，细胞外液每减少 1 L，血浆[HCO_3^-]约增加 1.4 mmol/L。但要注意，血容量过低，引起休克发生，可导致酸中毒。

(2) HCO_3^- 负荷增加

1) $NaHCO_3$ 输入或服用过多：主要发生在用 $NaHCO_3$ 纠正代谢性酸中毒时。若患者有明显的肾功能障碍，在骤然输入大剂量 $NaHCO_3$ 或胃、十二指肠溃疡患者在较长期输入 $NaHCO_3$ 时，可发生代谢性碱中毒。

2) 大量输入库存血：输入含抗凝剂柠檬酸盐的库存血液，在体内经代谢生成 HCO_3^-，则可使血浆 HCO_3^- 增加，发生代谢性碱中毒。

2. 分类　不同的原因引起的代谢性碱中毒有不一样的特点，根据给予生理盐水后代谢性碱中毒能否得到纠正而将其分为两类，即盐水反应性碱中毒(saline-responsive alkalosis)和盐水抵抗性碱中毒(saline-resistant alkalosis)。

(1) 盐水反应性碱中毒：主要见于呕吐、胃液吸引以及排 H^+ 利尿药使用。此类代谢性碱中毒具有机体有效循环血量不足、低钾和低氯的特点，给予等张或半张的盐水补充细胞外液、Cl^-，增加 HCO^{3-} 经肾排出而使碱中毒得以纠正。

(2) 盐水抵抗性碱中毒：常见于全身性水肿、原发性醛固酮增多症、严重低血钾以及库欣综合征等。这类患者引起碱中毒的主要机制是盐皮质激素的直接作用和低钾血症，因而单纯补充盐水没有治疗效果。

3. 机体的代偿调节

(1) 血液的缓冲和细胞内外的离子交换：代谢性碱中毒时，基本病因是酸性物质丢失过多或 HCO_3^- 负荷增加。当氢离子丢失，血液缓冲系统可提供氢离子以补充其减少。但从 H－H 方程即可知，血浆中含量最大，且最重要的缓冲系——碳酸氢盐缓冲系，其缓冲比为 20∶1，所以缓冲碱的能力远小于缓冲酸的能力，因此代谢性碱中毒血液缓冲作用不是很强，需要靠其他系统如肺、肾等调节。而 HCO_3^- 负荷增加，碳酸氢盐缓冲系不能缓冲自身，靠其他缓冲对如磷酸盐缓冲系统（缓冲比为 4∶1）来实现调节（$NaHCO_3 + Na_2HPO_4 \longrightarrow Na_2HPO_4 + H_2CO_3$），但其含量低，同时缓冲过程将产生新的碱性物质（$Na_2HPO_4$），所以缓冲效果仍然不佳。

同时，代谢性碱中毒由于细胞外液 H^+ 浓度降低，细胞内液的 H^+ 向细胞外转移，细胞外液的 K^+ 进入细胞，使细胞外液的 K^+ 减少，这是碱中毒引起低钾血症的原因之一。

（2）肺的代偿调节：代谢性碱中毒时，由于细胞外液 H^+ 浓度下降，对延髓中枢化学感受器以及颈动脉体和主动脉体外周化学感受器的刺激减弱，反射性引起呼吸中枢抑制，使呼吸变浅变慢，肺泡通气量减少，导致 CO_2 排出减少，$PaCO_2$ 升高，血浆 H_2CO_3 浓度继发性升高，以维持$[HCO_3^-]/[H_2CO_3]$的比值接近 20∶1，使 pH 趋于正常。

（3）肾脏的代偿调节：代谢性碱中毒时，血浆 H^+ 浓度下降，pH 升高使肾小管上皮细胞内的碳酸酐酶和谷氨酰胺酶活性减弱，肾小管上皮细胞产生 H^+ 和 $NH_3 \cdot NH_4^+$ 减少，因而肾小管泌 H^+、泌 $NH_3 \cdot NH_4^+$ 减少，对 HCO_3^- 的重吸收也相应减少，导致血浆 HCO_3^- 浓度有所降低。即氢循环、氨循环减慢，可滴定酸排出碱少。肾对 HCO_3^- 排出增多的最大代偿时限需要 3～5 d，所以，急性代谢性碱中毒时，肾代偿不起主要作用。

通过以上各种代偿调节，如果能使$[HCO_3^-]/[H_2CO_3]$的比值维持于 20∶1，则血浆 pH 可维持在正常范围，则称为代偿性代谢性碱中毒。若$[HCO_3^-]/[H_2CO_3]$的比值仍高于 20∶1，则血浆 pH 仍高于正常，即为失代偿性代谢性碱中毒。

4. 血气参数变化　AB 和 SB 增加，由于呼吸的代偿，$PaCO_2$ 继发性升高，则 AB＞SB，pH、BB 均增大，BE 正值加大。

代谢性酸碱中毒基本病因及机制见图 7－8。

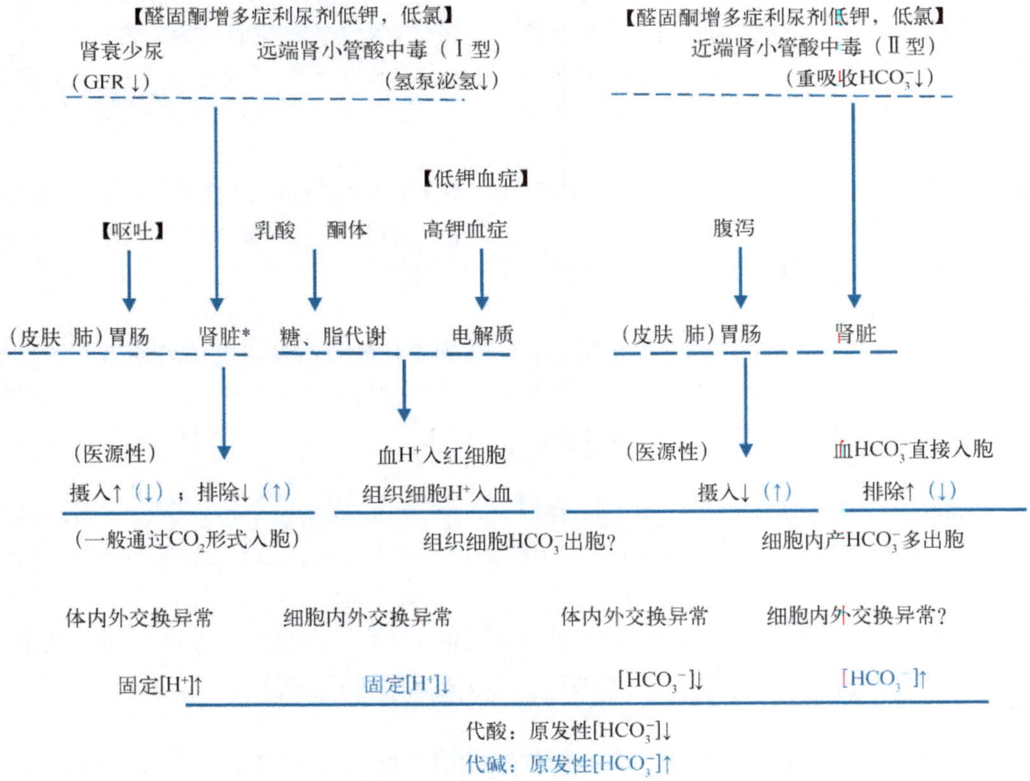

图 7－8　代谢性酸碱中毒基本病因(基本机制)示意图

虚线上为具体病因；蓝色字为代碱；在代谢性酸中毒中，有 AG 正常、血氯增高的代谢性酸中毒；在代谢性碱中毒中，有盐水反应性、盐水抵抗性碱中毒

（三）呼吸性酸中毒

呼吸性酸中毒是指以呼吸因素 H_2CO_3 浓度原发性升高、pH 降低为特征的酸碱平衡紊乱。

1. 原因和机制

(1) CO_2 排出减少

1) 呼吸中枢抑制：临床上常见于脑血管意外、脑外伤、脑炎、呼吸中枢抑制剂（镇静剂、麻醉剂）或酒精中毒等。

2) 神经病变及呼吸肌活动障碍：常见于脊神经根炎、急性脊髓前角灰质炎、有机磷农药中毒、重度低钾血症和家族性周期性麻痹、呼吸肌疲劳等。

3) 胸廓异常：严重气胸、胸膜腔积液、胸部创伤、严重胸廓畸形等均可严重影响肺通气功能，导致 CO_2 排出减少。

4) 气道阻塞：异物堵塞、溺水、喉头水肿或痉挛等可致急性呼吸障碍；慢性阻塞性肺部疾患、支气管哮喘等引起肺泡通气不足。

5) 肺部疾病：急性心源性肺水肿、重度肺气肿、肺部炎变、纤维化和通气功能障碍合并急性呼吸窘迫综合征（ARDS）等，均可出现 CO_2 排出障碍而发生呼吸性酸中毒。

(2) CO_2 吸入过多：在通风不良的情况下，吸入气中 CO_2 含量过高或人工呼吸器管理不当致通气量过小，使 CO_2 排出过少。

呼吸性酸中毒的发生原因以外呼吸通气功能障碍而引起的 CO_2 排出减少为多见。

2. 分类　根据发病的急缓，将呼吸性酸中毒分为急性呼吸性酸中毒和慢性呼吸性酸中毒。

3. 机体的代偿调节　由于呼吸性酸中毒主要是由肺泡通气障碍引起，所以肺不能对其发挥代偿调节作用，而且当血浆碳酸浓度增加时，只能通过血浆非碳酸氢盐缓冲对进行缓冲调节。

1) 细胞内外离子交换和细胞内缓冲：由于 CO_2 大量潴留使血浆 H_2CO_3 浓度升高，H_2CO_3 分解为 H^+ 和 HCO_3^-，导致血浆内的 H^+ 和 HCO_3^- 增加。增加的 H^+ 可迅速进入细胞并与细胞内的 K^+ 进行交换（可导致高钾血症），H^+ 进入细胞后由细胞内的蛋白质缓冲对缓冲。此外，CO_2 可迅速弥散进入红细胞，并在红细胞内的碳酸酐酶催化下生成 H_2CO_3，H_2CO_3 进而解离为 H^+ 和 HCO_3^-。红细胞内增加的 H^+ 不断被血红蛋白缓冲对缓冲，而增加的 HCO_3^- 则从红细胞进入血浆与血浆中的 Cl^- 进行交换，结果导致血浆 HCO_3^- 浓度有所增加，而血浆 Cl^- 浓度有所降低。这是急性呼吸性酸中毒的主要代偿方式，但代偿的能力非常有限。

2) 肾脏代偿调节：由于肾脏的代偿调节发挥较慢，在急性呼吸性酸中毒时来不及发挥有效的作用，而在慢性呼吸性酸中毒时则为主要的代偿方式。慢性呼吸性酸中毒时，肾脏的代偿调节与代谢性酸中毒时相似，肾小管上皮细胞内碳酸酐酶和谷氨酰胺酶活性均增加，肾脏泌 H^+、泌 $NH_3 \cdot NH_4^+$ 增加和重吸收 HCO_3^- 的作用显著增强，即氢循环氨循环加快。

4. 血气参数变化　$PaCO_2$ 升高，失代偿后 pH 降低，通过肾脏等代偿后 AB、SB、BB 值均升高，BE 正值加大，AB>SB。

（四）呼吸性碱中毒

呼吸性碱中毒是指以呼吸因素 H_2CO_3 浓度原发性降低、pH 升高为特征的酸碱平衡紊乱。

1. 原因和机制

(1) 低氧血症和肺部疾患：吸入气氧分压过低以及外呼吸功能障碍如急性呼吸窘迫综合征、肺炎、肺水肿等，均可致低氧血症而出现代偿性通气过度，使 CO_2 呼出过多，$PaCO_2$ 降低。

(2) 呼吸中枢受到兴奋性刺激或精神性障碍：可见于脑部病变，如脑血管意外、脑炎、脑外伤、脑肿瘤等均可刺激呼吸中枢引起过度通气；某些药物（如水杨酸）、血氨浓度升高等可直接兴奋呼吸中枢；癔症发作时可引起精神性通气过度。

(3) 机体代谢率升高：见于甲状腺功能亢进、革兰阴性杆菌败血症、高热、严重创伤等时，机体代谢率和体温过高可刺激引起呼吸中枢兴奋，通气过度使 $PaCO_2$ 降低。

(4) 人工呼吸机使用不当：常见于因呼气量过大和频率过快引起的通气过度，导致医源性呼吸性碱中毒。

2. 分类 根据病程，呼吸性碱中毒可分为急性呼吸性碱中毒和慢性呼吸性碱中毒两类。

(1) 急性呼吸性碱中毒是指 $PaCO_2$ 在 24 h 内急剧下降：常见于人工呼吸机的呼气量过大和频率过快、高热、低氧血症以及癔症发作时。

(2) 慢性呼吸性碱中毒是指持续的 $PaCO_2$ 下降超过 24 h：常见于慢性颅脑疾病、肺部疾患、肝脏疾患、缺氧等。

3. 机体的代偿调节 呼吸性碱中毒是由于肺泡通气过度所致，故肺不能有效发挥其代偿作用。其主要的代偿方式如下：

(1) 细胞内外离子交换和细胞内缓冲：这是急性呼吸性碱中毒的主要代偿方式。H^+ 从细胞内移出，与血浆 HCO_3^- 结合生成 H_2CO_3，以补充血浆 CO_2 的不足，同时降低了 HCO_3^- 浓度。但可能出现钾进入细胞，而引起血钾降低。HCO_3^- 也可与红细胞内的 Cl^- 交换，进入细胞内与 H^+ 结合转变为 CO_2，又排至血浆，这一过程可使血浆中 HCO_3^- 减少，而 Cl^- 增多。由于细胞代偿能力极其有限，因而急性呼吸性碱中毒往往是失代偿性的。

(2) 肾脏代偿调节：这是慢性呼吸性碱中毒的主要代偿方式。慢性呼吸性碱中毒时，血浆 H^+ 浓度下降，pH 升高使肾小管上皮细胞内的碳酸酐酶和谷氨酰胺酶活性减弱，肾小管上皮细胞产生 H^+ 和 $NH_3 \cdot NH_4^+$ 减少，因而肾小管泌 H^+、泌 $NH_3 \cdot NH_4^+$ 减少，对 HCO_3^- 的重吸收也相应减少，导致血浆 HCO_3^- 浓度有所降低，以维持 HCO_3^- 与 H_2CO_3 的比值在 20∶1。

4. 血气参数变化 $PaCO_2$ 降低，失代偿后 pH 升高，AB＜SB；代偿后，AB、SB、BB 值均降低，BE 负值加大(表 7－7)。

表 7－7 四种单纯型酸碱平衡紊乱时机体代偿情况

	代酸	代碱	呼酸	呼碱
细胞外缓冲	碳酸氢盐	碳酸氢盐 或非碳酸氢盐	非碳酸氢盐	非碳酸氢盐
	缓冲强	缓冲弱	缓冲弱	缓冲弱
细胞内缓冲	√	√	急性√√	急性√√
肺调节	急性 !!!	急性 !!!	急性 ——	急性 ——
肾调节	慢性 !!!	慢性 !!!	慢性 !!!	慢性 !!!
	保碱↑	保碱↓	保碱↑	保碱↓
	排酸↑	排酸↓	排酸↑	排酸↓
	氢、氨循环加快	氢、氨循环减慢	氢、氨循环加快	氢、氨循环减慢
骨骼	慢性 !!		慢性 !!	

注：√缓冲，——代偿受限，！代偿强度。若肾脏有疾病引起代酸等，其代偿作用将受限。对呼吸性酸碱紊乱尤其要考虑红细胞，因为存在大量的血红蛋白能够结合或释放 CO_2。

二、混合型酸碱平衡紊乱

混合型酸碱平衡紊乱(mixed acid-base disorders)指两种或两种以上酸碱平衡紊乱同时并存。两种酸碱平衡紊乱同时并存为双重性混合型酸碱平衡紊乱，三种酸碱平衡紊乱同时并存为三重性混合型酸碱平衡紊乱。

(一) 双重性混合型酸碱平衡紊乱

根据同时并存的酸碱平衡紊乱的性质，双重性混合型酸碱平衡紊乱又分成两类，即酸碱一致型或相加型酸碱平衡紊乱；酸碱混合型或相抵消型酸碱平衡紊乱。

1. 酸碱一致型酸碱平衡紊乱

(1) 代谢性酸中毒合并呼吸性酸中毒

1) 原因：常见于：① Ⅱ型呼吸衰竭，即低氧血症伴高碳酸血症型呼吸衰竭，因缺氧产生代谢性酸中毒，又因 CO_2 排出障碍产生呼吸性酸中毒；② 心搏和呼吸骤停，因缺氧产生乳酸酸中毒，又因 CO_2 呼出受阻发生呼吸性酸中毒；③ 糖尿病酮症酸中毒患者因肺部感染引起呼吸衰竭。

2）特点：$PaCO_2$升高、HCO_3^-浓度降低，两者呈相反方向变化，肺与肾不能相互代偿，呈严重失代偿状态，pH明显降低，AB、SB、BB值均降低，AB>SB，AG增大，血K^+浓度升高。

(2) 代谢性碱中毒合并呼吸性碱中毒

1）原因：常见于下列情况：① 肝硬化患者因过度通气发生呼吸性碱中毒时，若发生呕吐，或接受利尿剂治疗引起低钾血症，可发生代谢性碱中毒；② 颅脑外伤引起过度通气时又发生剧烈呕吐；③ 严重创伤因剧痛可致通气过度发生呼吸性碱中毒，若大量输入库存血则可因抗凝剂枸橼酸盐输入过多，经代谢后生成HCO_3^-过多而发生代谢性碱中毒。

2）特点：$PaCO_2$降低、HCO_3^-浓度升高，两者呈反向变化，肺脏与肾脏不能相互代偿，呈严重失代偿状态，预后较差。pH明显升高，AB、SB、BB值均升高，AB<SB，血K^+浓度降低。

2. 酸碱混合型酸碱平衡紊乱

(1) 代谢性酸中毒合并呼吸性碱中毒

1）原因：常见于下列情况：① 糖尿病、肾衰竭、感染性休克及心肺疾病等危重患者伴有高热或机械通气过度；② 慢性肝病高血氨并发肾衰竭；③ 水杨酸或乳酸盐中毒。

2）特点：代酸合并呼碱时，血浆pH变动不大，甚至在正常范围。血浆HCO_3^-浓度和$PaCO_2$均显著下降。SB、AB、BB均降低，AB<SB，BE负值增大。

(2) 代谢性碱中毒合并呼吸性酸中毒

1）原因：常见于慢性阻塞性肺部疾患或肺源性心脏病的患者，在通气未改善之前补充过多$NaHCO_3$、大量呕吐、应用大量排钾利尿剂等。

2）特点：代碱合并呼酸时，血浆pH可以正常，也可以略降低或略升高。血浆HCO_3^-浓度和$PaCO_2$均显著升高。SB、AB、BB均升高，BE正值增大。

(3) 代谢性酸中毒合并代谢性碱中毒

1）原因：常见于严重胃肠炎时腹泻合并呕吐并伴有低钾和脱水的患者；肾衰竭或糖尿病患者合并剧烈呕吐。

2）特点：代酸合并代碱时，血浆pH、HCO_3^-、$PaCO_2$可以是正常的，也可以是升高或降低的，AG增大。

(二) 三重性混合型酸碱平衡紊乱

由于同一患者不可能同时有呼吸性酸中毒和呼吸性碱中毒，因此三重性酸碱平衡紊乱只存在两种类型。

1. AG增高型代谢性酸中毒合并代谢性碱中毒和呼吸性酸中毒　该型的特点是AG>16 mmol/L，$PaCO_2$明显增高，HCO_3^-浓度升高，血Cl^-浓度下降。

2. AG增高型代谢性酸中毒合并代谢性碱中毒和呼吸性碱中毒　该型的特点是AG>16 mmol/L，$PaCO_2$明显降低，HCO_3^-浓度可高可低，血Cl^-浓度一般低于正常。

第三节　酸碱平衡紊乱对机体的影响

一、总体表现

H^+可与细胞组氨酸咪唑基团、N端氨基酸氮等反应，影响蛋白质（如酶、受体、通道蛋白……）的结构与功能。因而酸碱紊乱对机体的影响是全方位的，包括各细胞与组织生理功能以及内环境稳定状态如电解质平衡，且细胞形态功能、代谢结构改变和内环境紊乱可导致后续的各大组织器官包括中枢神经系统在内的生理功能出现不同程度的变化。其影响的严重程度与酸碱平衡紊乱的严重程度密切相关。一般而言，人体pH耐受范围通常在6.8～7.8之间，临床上碱中毒时多呈现兴奋性症状（但呼吸中枢受抑，呼吸减慢），而酸中毒时多呈现抑制性症状（但呼吸中枢受H^+刺激兴奋）。酸中毒对中枢和心血管系统影响比较明显，而碱中毒对中枢和神经肌肉影响较为常见。

需要注意的是，酸碱紊乱本身改变所致的临床表现，以及这些改变作为“病因”引起的后续临床表现可能相互抵消或重叠。例如碱中毒可使血中游离钙增多，临床出现手足抽搐和神经肌肉应激性增高，而如果碱中毒导致低钾血症发生，则可能表现为肌肉无力或麻痹。再如，严重酸中毒本身可致命，合并高钾更易致命。

人体 pH 耐受范围内的一般表现如表 7－8。

表 7－8　人体 pH 耐受范围内的一般表现

pH	临床表现
7.8	威胁生命
7.7	惊厥、手足搐搦(喉痉挛，极其危险)
7.6	肌肉痉挛、疲乏、不规则心跳
7.5	呼吸减慢
7.4	正常 pH
7.3	呼吸加快
7.2	疲乏、恶心、腹痛、脉快
7.1	血压降低、不规则脉搏(结代脉)
7.0	意识障碍
6.8	威胁生命

注：pH 过高时，蛋白解离 H^+ 缓冲，带负电的白蛋白“捕获”血中游离钙，导致低钙血症。

二、病理生理学关注的表现和机制

(一) 酸碱中毒对电解质 K^+ 的影响

酸碱中毒时对钾离子的影响见表 7－9，图 7－9。

表 7－9　酸碱中毒对电解质 K^+ 的影响

	酸中毒	碱中毒
后果	高钾血症	低钾血症
机制	胞外 H^+ 向胞内转移 胞内 K^+ 向胞外转移 小管上皮向管腔泌 H^+ ↑ 泌钾减少	胞内 H^+ 向胞外转移 胞外 K^+ 向胞内转移 小管上皮泌 H^+ 减少 泌钾增多

注：① 跨细胞运转，为维持细胞内外电荷平衡；② 肾脏存在氢钠交换和钾钠交换，氢钠交换增强，钠钾交换减弱，见图 7－9 中虚线表示；③ 临床有酸中毒与低钾血症同时并存的情况存在，如肾小管性酸中毒因肾排泌 K^+ 较多，可出现低钾血症；又如严重腹泻导致酸中毒时，既有 HCO_3^- 随肠液大量丢失，也有 K^+ 随肠液的大量丢失，故可同时出现酸中毒和低钾血症。

(二) 酸碱中毒与 Cl^- 等的相互关系

在本章节中，代谢性酸中毒被分为高血氯性和正常血氯性酸中毒，而代谢性碱中毒被分为盐水抵抗性和盐水反应碱中毒，临床也称为氯抵抗性碱中毒和氯反应性代谢性碱中毒，并根据尿氯的浓度对两者来加以判定，反应型小于 10 mmol/L，抵抗型则大于 20 mmol/L。因此就酸碱中毒与 Cl^- 的关系做一简要的病理生理解释。

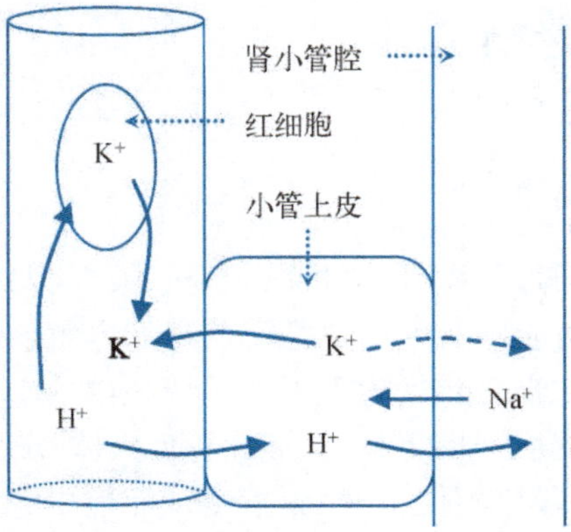

图 7－9　酸碱中毒电解质 K^+ 的转移示意图

血氯在肾脏的重吸收与排出有以下几个特点。

(1) 氯离子在肾小管全程被重吸收入血。

(2) 主要以被动方式被重吸收，以 Na^+ 的重吸收为动力。

(3) 在各部位重吸收机制不同(例如涉及的转运蛋白等不尽相同)，酸碱状态不同对其重吸收有影响。① 在近端小管：上皮细胞吸收 Na^+ 后，管腔产生负电位，将驱动 Cl^- 通过细胞之间的间隙被重吸收入血(细胞旁途径)。或者通过肾小管上皮管腔侧(顶侧)细胞膜上多种 Cl^-/base$^-$ 交换体将 Cl^- 转运至上皮细胞内，再经肾小管上皮细胞血管侧(基侧)膜上的氯离子通道等转运,重吸收入血;② 在髓襻:上皮细胞顶侧有 $2Cl^- - Na^+ - K^+$ 载体,Cl^- 将随 Na^+、K^+ 一同被转运入细胞,再通过基侧的通道或 $Cl^- - K^+$ 载体吸收入血;③ 在远曲小管:存在 $Cl^- - Na^+$ 转运体,$Cl^- - Na^+$ 共同进入细胞后再经通道入血;④ 在集合管:一方面同近端小管相似,主细胞通过吸收 Na^+ 产生的负电位,以细胞旁途径吸收 Cl^-,另一方面通过闰细胞调控 H^+、HCO_3^- 的分泌过程中,影响 Cl^- 重吸收。

闰细胞分为 α 和 β 两种类型,α 闰细胞在组织结构和功能上不同于 β 闰细胞。α 闰细胞 $Cl^- - HCO_3^-$ 反向载体在基侧,H^+ 泵在顶侧;而 β 闰细胞恰相反,$Cl^- - HCO_3^-$ 反向载体在顶侧,H^+ 泵在基侧。这导致了 H^+、HCO_3^- 和 Cl^- 在小管腔、上皮细胞、血管之间的流向刚相反。α 闰细胞是分泌 H^+ 至管腔,HCO^{3-} 重吸收入血,Cl^- 由血液转入细胞(可通过离子通道重新返回血液)。而 β 闰细胞是分泌 HCO_3^- 至管腔,H^+ 重吸收入血,Cl^- 由管腔转入细胞再入血(图 7-10)。

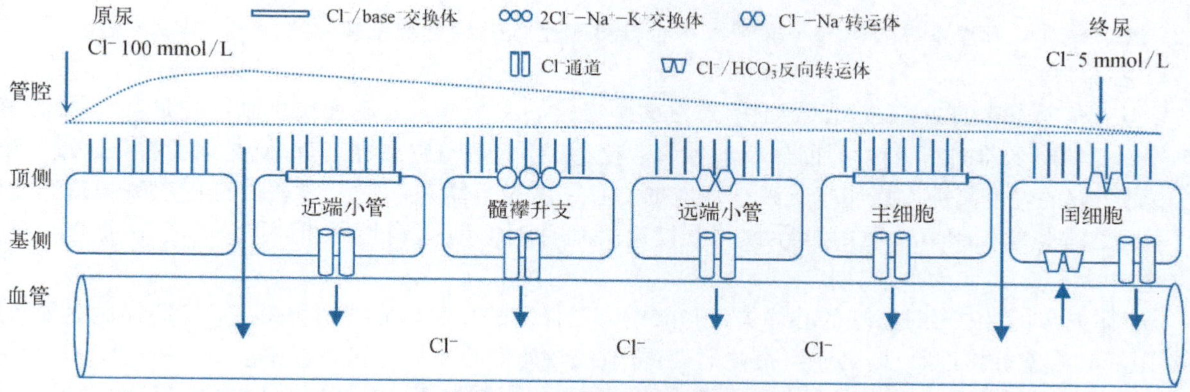

图 7-10　氯离子在肾脏的重吸收及重要的病理生理靶点

在红细胞膜上也存在大量的 $Cl^- - HCO_3^-$ 反向载体,加之 Hb 对 CO_2 有很好的结合能力并与肺部功能相联系,因此红细胞除了参与酸碱紊乱尤其是呼吸性酸碱紊乱调控外,还可能涉及血中氯离子的平衡改变。

在酸中毒时,① 氢循环、氨循环加快,α 闰细胞泌 H^+ 增多,在一定时间范围内,肾脏重吸收 $NaHCO_3$ 速率和量增加。随 Na^+ 吸收增多,特别是在一些并发因素存在的情况下,如 Cl^- 负荷加大(输入大量生理盐水、含氯药物等)、脱水状态、肾功能障碍等可能出现高氯血性酸中毒;但要注意,酸中毒时并非一定会出现高氯血症,就上述肾脏调节 Cl^- 重吸收而言,同为阴离子的 HCO_3^- 在重吸收过程中与 Cl^- 存在竞争性,如 β 闰细胞分泌 HCO_3^-,Cl^- 由管腔入血受到抑制等,会减少 Cl^- 重吸收,增加 Cl^- 排出;② 在呼吸性酸中毒时,大量 CO_2 在红细胞内,生成 HCO_3^-,通过 $Cl^- - HCO_3^-$ 反向载体,Cl^- 进入红细胞,部分 HCO_3^- 外移,有可能引起低氯血症。

在碱中毒时,氢循环、氨循环减慢,闰细胞泌 H^+ 减少,随 Na 重吸收减少,Cl^- 重吸收减少,同样有可能出现低氯血症。在合并长期使用利尿剂、长期低盐饮食等更易发生。同样因碱中毒时,β 闰细胞分泌 HCO_3^- 增强,Cl^- 由管腔入血增加,因而碱中毒时也不能推论一定会有低氯血症。

应该说明的是:Cl^- 紊乱往往同时存在其他电解质或体液的紊乱,临床上很难区分患者的症状及体征是由低氯血症、高氯血症所致或其他紊乱所致。因此临床上要辨别低氯与碱中毒谁是原发谁是继发有时也很困难(即低氯可引起碱中毒、碱中毒也可引起低氯)。而且某些复杂疾病一开始就有多种电解质紊乱与酸碱紊乱同时存在。如 Bartter 综合征,该病是一种难治性的基因缺陷病,有多种亚型。主要涉及 $Na^+ - K^+ - 2Cl^-$ 交换体、氯离子通道、$Na^+ - Cl^-$ 交换体、K^+ 通道等。患者存在顽固性的低钾血症、低镁血症、低氯血症、高钙或低钙以及代谢性碱中毒等,年幼儿往往死于脱水、电解质紊乱、肾衰竭。

(三) 酸碱紊乱对中枢神经系统影响

1. 酸碱中毒对中枢影响　酸碱中毒对中枢影响机制比较见表 7-10。

表 7-10 酸、碱中毒对中枢神经系统影响

	酸 中 毒	碱 中 毒
作用	抑制(意识障碍,重者嗜睡、昏迷)	兴奋(烦躁不安、谵妄、精神错乱等)
机制	1. γ-氨基丁酸生成增加 谷氨酸脱羧酶活性↑,γ-氨基丁酸酶活性↓ 2. ATP 生成减少,能量缺乏 线粒体生物氧化酶活性↓ 3. 脑血管扩张,脑血流增加 呼酸:CO_2 麻醉*	1. γ-氨基丁酸生成减少 谷氨酸脱羧酶活性↓,γ-氨基丁酸酶活性↑ 2. 缺氧,导致 ATP 生成↓ (pH 增高使血红蛋白氧离曲线左移) 3. 脑血管收缩,脑血流量减少 呼碱:低碳酸血症**

* 所谓 CO_2 麻醉是指:高浓度的 CO_2 引起脑血管扩张和脑血流增加,可导致颅内压和脑脊液压力明显升高,患者容易出现嗜睡、昏迷等意识障碍。加之呼酸中毒时,脑内 pH 比代酸更易下降,所以呼吸性酸中毒时神经系统功能紊乱比代谢性酸中毒时更为显著。

** 碱中毒可引起氧离曲线左移,导致缺氧,也可能引起中枢抑制。

2. 酸中毒对心血管系统的影响　酸中毒对心脏影响比碱中毒更常见和明显。

(1) 心律失常

1) 心率异常:轻度酸中毒时心率加快,严重酸中毒时心率减慢。心率加快机制可能是:① 血浆 H^+ 增加,对外周化学感受器的刺激作用加强,反射性引起交感-肾上腺髓质系统兴奋,使儿茶酚胺分泌增加所致;② 酸中毒引起的轻度高钾血症使心肌兴奋性增加。心率减慢可能是:① 严重酸中毒使乙酰胆碱酯酶活性降低,引起乙酰胆碱积聚;② 酸中毒导致的重度高钾血症时心肌兴奋性降低,可造成心率减慢甚至心跳停止。

2) 心律失常:酸中毒时出现的心律失常与酸中毒时伴发的高钾血症密切相关。重度高钾血症导致严重的传导阻滞和心室纤维性颤动,心肌兴奋性消失,可造成致死性心律失常和心搏停止。

(2) 心肌收缩力减弱:酸中毒时心肌收缩力减弱的可能机制如下:① 酸中毒时血浆 H^+ 浓度增加,抑制细胞外 Ca^{2+} 内流,造成心肌细胞除极化时胞质中 Ca^{2+} 浓度降低,发生兴奋-收缩耦联障碍使心肌收缩力减弱;② 酸中毒时生物氧化酶受到抑制,ATP 生成减少导致肌质网钙泵功能障碍,因而使肌质网对 Ca^{2+} 的摄取、储存和释放发生障碍,最终导致心肌兴奋-收缩耦联障碍而使心肌收缩力减弱;③ 酸中毒时心肌细胞内 H^+ 增加,H^+ 与 Ca^{2+} 竞争肌钙蛋白上的钙结合位点,从而阻碍 Ca^{2+} 与肌钙蛋白的结合,造成兴奋收缩耦联障碍也使心肌收缩力减弱。

(3) 小血管舒张:酸中毒时,H^+ 的显著增加可使血管平滑肌对儿茶酚胺的反应性下降而发生松弛,引起小血管舒张,这在毛细血管前括约肌最为明显。阻力血管舒张使外周阻力降低,动脉血压下降,严重者可导致休克。毛细血管前括约肌松弛引起真毛细血管网大量开放,使血管容量增加,造成微循环淤血,可导致或加重休克。

第四节 酸碱平衡紊乱的判断

正确判断酸碱平衡紊乱的类型目的就是要寻找原发病因,根据原发病因做相应的正确处理。要正确判断所发生的酸碱平衡紊乱类型:① 需结合患者的病史和临床表现,这能为判断提供重要线索;② 依据血气分析、参考电解质检测结果进行判断;③ 计算 AG 值确定单纯型代谢性酸中毒的类型和诊断混合型酸碱平衡紊乱;④ 应用代偿公式计算预计值区别单纯型与混合型酸碱平衡紊乱。

血气分析是医学上用于判断机体是否存在酸碱失衡的重要方法,也是判断机体是否存在缺氧和缺氧程度等的方法之一。测定血气的仪器主要由专门的气敏电极分别测出 O_2、CO_2 和 pH 三个数据,并推算出一系列参数。

在对患者体液酸碱情况做出判断时:① 首先根据患者的病史和临床表现,是否有酸过多、排酸障碍、酸丢失、碱过多或碱丢失等原发因素存在,如严重缺氧、休克、肾功能障碍、呼吸衰竭、呕吐或腹泻等;② 然后根

据 pH 变化(酸中毒或碱中毒),结合 $PaCO_2$、HCO_3^- 浓度的变化找出其中哪项的变化与 pH 变化相呼应,pH 相呼应的指标即为原发性变化指标。

如某腹泻的患者,pH 7.30,HCO_3^- 14 mmol/L,$PaCO_2$ 28 mmHg。腹泻可致碱的丢失,pH 低于正常为酸中毒,HCO_3^- 下降与 pH 变化相呼应,因此可确定患者有代谢性酸中毒;$PaCO_2$ 下降会导致 pH 上升,因而该患者 $PaCO_2$ 变化与 pH 变化不相呼应,其降低的原因可能是:代谢性酸中毒时机体代偿性通气增强致 $PaCO_2$ 下降或合并呼吸性碱中毒;如为代偿所致则该患者发生的酸碱平衡紊乱是单纯型,即仅有代谢性酸中毒,如为后者则为混合型。

混合型酸碱平衡紊乱时,HCO_3^- 浓度变化与 $PaCO_2$ 的变化呈反方向改变,pH 可增高或降低、也可在正常范围。如果 HCO_3^- 浓度变化与 $PaCO_2$ 的变化呈相同方向改变,如前所述的腹泻患者,怎样鉴别是代偿还是混合型?此时可利用酸碱平衡紊乱的代偿预计值公式(表 7-11)。单纯型酸碱平衡紊乱时,机体的代偿变化应在一定的范围,如超过代偿范围则为混合型酸碱平衡紊乱。例如某 62 岁女性患者,患肺心病 20 余年,曾反复住院,经治疗病情有好转后查血气:pH 7.33,$PaCO_2$ 60 mmHg,HCO_3^- 31 mmol/L。该患者有呼吸功能和心功能不全,从血气变化上看,pH 下降至 7.33 表明为酸中毒,引起 pH 下降的原因可以是 $PaCO_2$ 上升或 HCO_3^- 下降。该患者患有肺心病及 $PaCO_2$ 上升而 HCO_3^- 上升,故判断是呼吸性酸中毒。是否存在混合型酸碱平衡紊乱可根据慢性呼吸性酸中毒代偿预计值公式:$\Delta[HCO_3^-]\uparrow = 0.35 \times \Delta PaCO_2 \pm 3$,计算出 $\Delta[HCO_3^-]\uparrow$ 为 7 ± 3,患者如果是单纯型呼吸性酸中毒,其 HCO_3^- 应为 $(24+7) \pm 3 = 28 \sim 34$ mmol/L,此患者 HCO_3^- 31 mmol/L,在其代偿变化的范围,表明患者仅有呼吸性酸中毒。

在判断单纯型或混合型酸碱平衡紊乱过程中,AG 值是一个重要的指标。通过 AG 值的计算能将潜在的代谢性酸中毒判断出来,如某糖尿病患者血气分析:pH7.30,$PaCO_2$ 33 mmHg,HCO_3^- 16 mmol/L,血 Na^+ 141 mmol/L,Cl^- 105 mmol/L。判断步骤如下:① 根据 pH 为 7.30,判断存在酸中毒;② $PaCO_2$ 和 HCO_3^- 浓度均降低,其中呼吸指标变化与 pH 下降不符,代谢指标与 pH 变化方向一致,可判断 HCO_3^- 减少是原发性改变,结合糖尿病史,患者符合代谢性酸中毒;③ $AG = 141 - 105 - 16 = 20$ mmol/L,$AG > 16$,诊断 AG 增高型代谢性酸中毒;④ 代入预测公式计算:$\Delta PaCO_2 = 1.2 \times \Delta[HCO_3^-] \pm 2 = 9.6 \pm 2$ mmHg,而实测 $PaCO_2$ 为 33 mmHg,$\Delta PaCO_2$ 为 7 mmHg,在代偿范围内,排除了合并呼吸性碱中毒的可能性,诊断为单纯性 AG 增高型代谢性酸中毒(表 7-11)。

表 7-11 常用单纯型酸碱平衡紊乱代偿预计值公式

类 型	原发性变化	继发改变	代偿预计公式	代偿时限
代谢性酸中毒	$[HCO_3^-]\downarrow$	$PaCO_2\downarrow$	$\Delta PaCO_2\downarrow = 1.2\Delta[HCO_3^-] \pm 2$	12～24 h
代谢性碱中毒	$[HCO_3^-]\uparrow$	$PaCO_2\uparrow$	$\Delta PaCO_2\uparrow = 0.7\Delta[HCO_3^-] \pm 5$	12～24 h
呼吸性酸中毒	$PaCO_2\uparrow$	$[HCO_3^-]\uparrow$		
急性			$\Delta[HCO_3^-]\uparrow = 0.1\Delta PaCO_2 \pm 1.5$	几分钟
慢性			$\Delta[HCO_3^-]\uparrow = 0.35\Delta PaCO_2 \pm 3$	3～5 d
呼吸性碱中毒	$PaCO_2\downarrow$	$[HCO_3^-]\downarrow$		
急性			$\Delta[HCO_3^-]\uparrow = 0.2\Delta PaCO_2 \pm 2.5$	几分钟
慢性			$\Delta[HCO_3^-]\uparrow = 0.5\Delta PaCO_2 \pm 2.5$	3～5 d

注:Δ示变化值;代偿时限,即达到最大代偿所需的时间。最大代偿为代偿限值,但不能认为是完全代偿。

第五节 酸碱平衡紊乱临床防治措施的病理生理基础

一、积极预防和治疗原发疾病

积极去除引起酸碱平衡紊乱的原因。

二、针对不同类型酸碱紊乱采取相应的治疗措施

1. 代谢性酸中毒 应纠正水、电解质代谢紊乱，适当补充碱性药物，碳酸氢钠是代谢性酸中毒补碱的首选药。

2. 呼吸性酸中毒 应尽快改善肺通气功能，保持呼吸道通畅。谨慎使用碱性药物，在改善通气后可少量补碱。

3. 代谢性碱中毒 盐水反应性碱中毒患者主要口服或静脉补充盐水即可恢复血浆 HCO_3^- 浓度；盐水抵抗性碱中毒患者需根据不同疾病采用不同药物。严重代谢性碱中毒可直接给予一定量的盐酸稀释液或盐酸精氨酸溶液等。

4. 呼吸性碱中毒 应降低患者的通气过度，减少 CO_2 的呼出和丧失；对急性呼吸性碱中毒患者可吸入含 5%CO_2 的混合氧气，或用面罩吸氧等。

小 结

正常机体内酸碱的摄入、代谢生成与酸碱的排出处于动态平衡，这有赖于血液和组织细胞的缓冲以及肺和肾脏的调节来实现。碳酸氢盐缓冲系统是机体最重要的缓冲系统，细胞内缓冲常可能带来电解质失衡。肺通过神经反射控制呼吸频率和深度来调控挥发性酸，肾脏主要通过氢循环和氨循环运转以及可滴定酸排泌来调节固定酸和碱。反应酸碱平衡与失衡的基本参数有三类，包括酸碱度(pH)、呼吸指标($PaCO_2$)和代谢指标(SB、BB、BE)，AB 与 SB 差值反映呼吸或代谢的影响。酸碱平衡紊乱的基本类型包括四种：代谢性酸中毒、代谢性碱中毒、呼吸性酸中毒和呼吸性碱中毒。代谢性酸中毒临床最为常见，由于肺调节受限，急性呼吸酸中毒与碱中毒往往是失代偿性的。酸碱紊乱可引起机体重要系统功能改变，酸中毒通常出现抑制性表现如昏迷，心肌收缩力降低等，但呼吸常加快(代酸时)，而碱中毒通常引起兴奋性表现如惊厥，肌肉抽搐等，但呼吸常变慢(代碱时)，酸碱紊乱还常常导致电解质紊乱，酸中毒容易出现高钾血症，碱中毒容易出现低钾血症。当机体受到多个病因分别影响体内不同的酸碱成分时，可导致两种或三种混合型酸碱平衡紊乱。阴离子间隙(AG)对于判定代酸的类型，区分单纯与混合性酸碱紊乱有重要作用。

【复习思考题】

1. 某患者血 pH7.35～7.45，AB 增多，$PaCO_2$ 升高，其可能存在哪些类型的酸碱平衡紊乱，为什么？
2. 为什么呼吸性酸中毒时中枢神经系统功能紊乱症状比代谢性酸中毒时更显著？

(邹 平)

第八章

氧失衡

学习要点

掌握: ① 缺氧概念,不同缺氧类型的概念、基本病因和基本发病机制;② 各型缺氧时血氧变化的特点;③ 缺氧时机体损伤性变化及机制。

熟悉: ① 常用的血氧指标及其意义和影响因素;② 缺氧时机体的代偿反应及机制;③ 氧中毒的概念、发生原因和机制。

了解: 缺氧时临床防治措施的病理生理基础。

与人体相关的重要气体包括氧气、二氧化碳及一些信号分子如一氧化氮、硫化氢等,它们的平衡对机体至关重要。本章重点解释机体最为重要的气体——氧气的平衡紊乱。

氧是生命活动的必需物质。人们对缺氧的认识,源自对高山的敬畏和向往。关于缺氧最早的文献记载提到,在亚里士多德时期,古希腊人就因为攀登奥林匹斯山,意识到高原的空气会对人体造成伤害。那时的人们试图通过沾有水和醋的海绵来呼吸,以缓解高山带来的痛苦。我国西汉年间便有对人和家畜在高原上出现面色苍白、头痛和呕吐等反应的描述。

16 世纪,当西班牙人征服美洲大陆时,阿科斯塔(Acosta)神父 (1540～1600 年)记录了一行人翻越安第斯山脉的情形,其中便包括对高原反应症状的详细描述,同时文中提到高空"稀薄、软弱"的空气可能是导致这一现象的原因。这是西方历史上可确证的首次对高原反应的描述。然而之后许多年,导致这些可怕症状的原因却一直是个谜。

1772 年,一名瑞典药剂师和一名英国牧师各自证实空气中含有氧气。1840 年,德国学者胡恩费尔德(Hunefeld)第一次发现了血红蛋白(hemoglobin, Hb),数年后德国生理化学家即证实 Hb 能携带氧气,这即是西方人一直认为的血液中存在的"精气"。

人类气球高空探险,促进了高空生理学的建立和对缺氧的研究。1878 年,法国探险家,高空生理学之父——伯特(Bert) 建立了世界上第一套模拟高空环境的低压舱,开启了对高空低压环境下缺氧的系统实验研究。通过实验,Bert 证实了氧分压的下降会引发急性缺氧的症状,而补充氧可逆转这些症状。这对航空医学的建立和发展有着十分重要的意义。

19 世纪末,生理学研究的进展逐步揭示了呼吸系统、循环系统的功能,以及氧对机体的生理学意义。随着对缺氧的进一步研究发现,缺氧不只见于氧分压降低的环境,还包括氧分压正常的情况。卡尔琴斯卡娅(Kolchinskaya)(1963～1981 年)根据氧的运输环节,提出可根据低氧环境、呼吸、循环、血液因素及细胞中毒等不同致病原因来划分缺氧的类型。这与经典的缺氧分类最为接近。进入 20 世纪下叶,缺氧的细胞机制和分子机制相继被提出,人们对缺氧的认识进一步加深。

第一节 缺氧概述

一、缺氧的概念

成人静息时需氧量约为 250 mL/min，体内储存的氧约为 1 500 mL。一旦呼吸、心跳停止，组织、细胞供氧终止，数分钟内可引起机体死亡。生理情况下，机体从外界空气中摄取氧，氧经血液运输到组织、细胞，最后为细胞所利用。

由于组织氧供减少或利用氧障碍，引起组织、细胞代谢、功能和形态结构异常变化的病理过程，称为缺氧（hypoxia）。完全无氧气供应称为无氧（anoxia）。缺氧不是独立的疾病，而是许多疾病共有的一个病理过程，也是许多疾病造成机体死亡的重要原因。

应当注意缺氧可是局部性的，也可是全身性的。缺氧不同于低氧血症（hypoxemia）或缺氧血症（anoxemia），后者特指动脉血中氧气供应减少或为零。

二、临床常用的血氧指标

临床上，常通过检测一些指标来反映组织细胞的氧供应和利用状态。这些指标即血氧指标。通过对血氧指标的分析可判断缺氧的原因、类型及严重程度。

1. 血氧分压（partial pressure of oxygen in blood，PO_2） 为物理溶解于血液中的氧产生的张力。正常动脉血氧分压（arterial partial pressure of oxygen，PaO_2）约为 100 mmHg，主要取决于吸入气体的氧分压和外呼吸功能。静脉血氧分压（venous partial pressure of oxygen，PvO_2）约为 40 mmHg，主要取决于组织摄氧和用氧的能力。

2. 血氧容量（oxygen binding capacity in blood，CO_{2max}） 为 100 mL 血液中的血红蛋白被氧充分饱和时的最大携氧量。在氧充分饱和的条件下，1 g Hb 最多可结合 1.34 mL 氧，按生理状态下 Hb 正常值 15 g/dL 计算，血氧容量的正常值约为 20 mL/dL。该值主要取决于 Hb 的数量和其与氧结合的能力，能够反映血液携带氧的能力。

3. 血氧含量（oxygen content in blood，CO_2） 为 100 mL 血液的实际携氧量，包括结合于 Hb 的氧（结合氧）和物理溶解于血浆中的氧（溶解氧）。由于溶解氧仅有 0.3 mL/dL，故血氧含量主要指 100 mL 血液中 Hb 的实际携氧量。正常动脉血氧含量（CaO_2）约为 19 mL/dL，静脉血氧含量（CvO_2）约为 14 mL/dL，其值主要取决于血氧分压和血氧容量。

4. 动-静脉血氧含量差（$\Delta C_aO_2 - C_vO_2$） 动-静脉血氧含量差正常约为 5 mL/dL，反映组织、细胞的摄用氧量。

因为动静脉氧含量差涉及多变量，在推论各种类型缺氧时其动静脉氧含量差变化时，经常出现困惑或混淆，在此做一简要分析。

理论上可以这样理解：大气中的氧与细胞之间的氧，除少数物理溶解的氧外，绝大部分氧经历了物理和化学状态的有序变化，即大气中物理状态的氧，在血液中转变成化学结合状态的氧，到达组织部位后要重新转变为物理溶解的氧，通过血液弥散入细胞内。前者的转变是因为需要转运大量的氧，唯有化学结合才可；后者的转变，是因为只有物理溶解的氧才能通过血管、细胞膜弥散入细胞，为细胞摄取利用，即细胞呼吸。因此从物理学角度看，动脉血与细胞之间的氧分压差是其弥散动力。从生物学角度看，是因为细胞摄用氧、减低了细胞内的氧分压，才导致动脉血与细胞之间产生了氧分压差，进而动静脉之间产生了氧分压差。因此有关动静脉氧含量差的大小，本质上是反映细胞的摄用氧量大小。

可以人为想象为：在生理情况下，动静脉这根管道之间有一分流池（相当于细胞）。肺摄氧量是一定的，血液携氧、送氧量是一定的，池子容纳能力（相当细胞于摄用氧量）也是一定的，即它的分流量也是一定的。

分流使动静脉两端产生了一个相对固定的氧含量差值。

基于以上分析可以看出池子的分流量大，动静脉氧含量差就大；分流量小动-静脉氧含量差就小；分流量不变，动-静脉氧含量差就不变，池子不接受分流，动静脉氧含量差为 0。

结合本章节内容，要推导动静脉氧含量差的变化趋势，需要解释的就是呼吸过程中肺摄氧、血液携氧、循环送氧、细胞呼吸四个环节，各自在病理损伤因素作用下，对细胞摄用氧量的影响。关于细胞摄用氧量，可以组合成以下三种形式：① 细胞摄用氧量减少；② 细胞摄用氧量不变；③ 细胞摄用氧量从减小到正常。当然理论上还可以组合成其他形式，包括摄用氧量变大，摄用氧量从增大到正常等，来理解其他条件下血氧含量差的变化趋势。

血液与细胞之间的氧分压差是驱动氧气弥散入细胞的动力。在呼吸过程的四个环节（肺摄氧、血液携氧、血液送氧、细胞呼吸）的任何一个环节异常均可导致弥散动力不足，而弥散动力不足将使细胞获得氧气减少，细胞受损，细胞摄用氧量减少，动静脉氧含量差减小。但应注意这是描述的一种典型状态。各损伤因素在早期轻度时，若对细胞无明显损伤，细胞摄用氧量不变，动静脉氧含量差则不变。而在慢性缺氧过程中，细胞线粒体增生，呼吸酶增多，细胞摄用氧量加大，动静脉氧含量差增大，将抵消病损细胞所致的动静脉氧含量差减小，因而从整体上看，患者动静脉氧含量可以回复接近正常。

循环送氧异常与前面所述环节有一重要区别，即血液的流速和流量减慢、减少。血液淤积在毛细血管网中，其氧气被细胞不断消耗（相当于单位体积的血液被细胞摄用更多），因此静脉端的氧含量与前述呼吸环节中病理情况所致静脉氧含量相比，其程度降低得更明显。所以循环送氧动静脉端的氧含量差不是减小而是增大。

呼吸过程各环节引起弥散动力减少的机制不尽相同：① 肺摄氧异常，组织动脉端的血氧分压降低，动脉血液-细胞氧分压差减小，致弥散动力不足；② 血液携氧量下降时，组织动脉端化学结合态的氧转变为物理溶解的氧将减少，加之组织利用，血氧分压即迅速下降，使血液-细胞氧分压差减小，弥散动力不足；③ 血液"质"变，不易释放氧，致弥散动力不足；④ 细胞摄氧、用氧能力下降，细胞内氧分压升高，同样可致血液与细胞之间弥散动力不足；⑤ 循环送氧缺血与淤血时，血流速度减慢、流量减小，缺血可致动脉端向组织释放氧量减小，导致血液-细胞之间弥散动力不足，淤血时单位体积血量，在单位时间内氧气被细胞不断消耗，动脉血与细胞之间弥散动力可能增大，若淤血的病因不解除，静脉端的氧含量将明显减少。

再次强调，以上所说的是各种不同因素引起缺氧中典型的全身动静脉血氧含量变化特点，在结合其他条件，可能出现不同的结论，如剧烈运动时细胞摄用氧量增大，动静脉氧含量差增大，为运动员训练监测指标之一。

5. 血氧饱和度（oxygen saturation，SO_2）　指血液中结合氧的 Hb 占总 Hb 的百分比，简称氧饱和度。血氧饱和度＝（血氧含量－溶解氧量）/血氧容量×100%。正常动脉血氧饱和度（S_aO_2）为 95%～97%，静脉血氧饱和度（S_vO_2）为 75%。血氧饱和度主要取决于血氧分压，两者的关系可用氧合血红蛋白解离曲线（氧离曲线）表示（图 8－1），而氧饱和度本身能够反映 Hb 结合氧的量，氧离曲线的变动，能反映 Hb 结合或释放氧的情况。

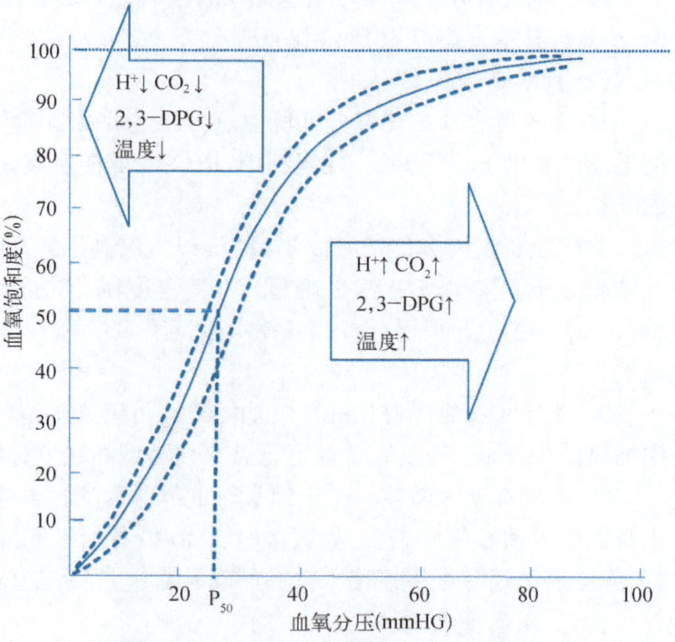

图 8－1　氧离曲线及其影响因素示意图

氧离曲线呈 S 形具有重要的生理意义。在肺内，只要 PaO_2 高于 60 mmHg，氧离曲线进入 S 形的平直段，氧饱和度就可以达到 89%以上，Hb 结合氧的量大，且趋势以结合氧为主；当 PaO_2 低于 60 mmHg，氧离曲线进入 S 形的陡直部分，随着 PaO_2 的下降，氧饱和度陡降，Hb 结合氧的量急剧下降，Hb 开始以释放氧为主，血液难以携带足够的氧，故呼吸功能不全以 PaO_2 低于 60 mmHg 作为判别标志。而在组织细胞中，氧分压为 6～40 mmHg，此时则有利于 Hb 释放氧，从而利于组织细胞获得氧。

P_{50} 是氧离曲线中氧饱和度为 50% 时的血氧分压，正常值为 26～27 mmHg。P_{50} 能够反映 Hb 与氧的亲和力。当红细胞内 2,3-二磷酸甘油酸(2,3-diphosphoglyceric acid，2,3-DPG)增多、酸中毒、CO_2 增多及血温增高时，Hb 与氧的亲和力降低，氧离曲线右移，P_{50} 增大；反之，氧离曲线则左移。一定程度的氧离曲线右移有利于血液向组织释放氧，可缓解酸中毒、CO_2 增多等情况下组织细胞的缺氧状态。

第二节　缺氧的类型、原因与发病机制

如图 8-2 所示，外环境中的氧供给组织细胞利用，需要经历四个基本环节，即"肺部摄氧—血液携氧—循环运氧—组织用氧"，最终氧在胞内线粒体中"燃烧"，为组织细胞所利用。组织供氧的环节，涉及呼吸系统、血液系统、循环系统；组织细胞处在用氧环节，所以有时简称缺氧就是供氧不足，用氧障碍。这四个环节中任一环节发生障碍，均可引起缺氧。

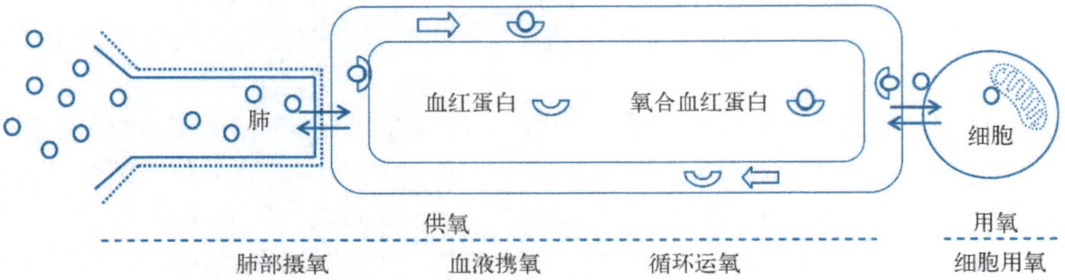

图 8-2　细胞氧供和用氧环节示意图

根据缺氧发生的四个环节，将缺氧分为乏氧性缺氧、血液性缺氧、循环性缺氧和组织性缺氧。

一、乏氧性缺氧

以动脉血氧分压降低为基本特征的缺氧称为乏氧性缺氧(hypoxic hypoxia)，又称低张性缺氧(hypotonic hypoxia)，其主要特点为 PaO_2 降低。

(一) 原因和机制

1. 吸入气氧分压过低　环境中氧分压过低，则肺泡气氧分压降低，参与气体交换的氧不足，最终导致肺泡毛细血管中 PaO_2 降低。在组织中，PaO_2 降低使血液向组织弥散氧的速度减慢，以致组织细胞供氧不足，造成缺氧。

此型缺氧临床多见于海拔 3 000 m 以上的高原或高空。随着海拔升高，大气压降低，空气中氧含量下降，气体氧分压下降，PaO_2 随之降低，缺氧程度随之加重。故此类型的缺氧又称大气性缺氧(atmospheric hypoxia)。在矿井坍塌、透水等事故，以及手术中吸入被惰性气体或麻醉剂过度稀释的气体，也属于乏氧性缺氧。

2. 外呼吸功能障碍　肺通气功能障碍可引起肺泡气氧分压降低；肺换气功能障碍使经肺泡扩散到血液中的氧减少，PaO_2 和血氧含量不足。此种类型的缺氧称呼吸性缺氧(respiratory hypoxia)。

3. 静脉血流入动脉血　未经氧合的静脉血通过异常通道直接掺入动脉血中，导致 PaO_2 降低。临床可见于某些先天性心脏病患者，如法洛四联症，患者因室间隔缺损伴肺动脉狭窄或肺动脉高压，右心压力高于左心，静脉血通过缺损直接掺入左心的动脉血中，导致左心输出的 PaO_2 降低。

(二) 血氧变化特点

乏氧性缺氧的基本特点和对机体产生影响的始动因素为 PaO_2 降低，故 PaO_2 及与该指标相关的血氧指

标均降低；而此类型缺氧血液携氧能力未受影响，故一般情况下，血氧容量无变化。此外应注意，当慢性缺氧时，机体启动代偿机制，部分指标可发生变化来抵消始动因素 PaO_2 的降低。

临床上，还可通过观察患者皮肤黏膜颜色的变化，初步判断缺氧的类型和严重程度。氧合血红蛋白（HbO_2）为鲜红色，脱氧血红蛋白（HHb）为暗红色。生理状况下，毛细血管血液中 HHb 浓度约为 2.6 g/dL，皮肤黏膜色泽红润。当毛细血管血液中脱氧血红蛋白平均浓度达到或超过 5 g/dL 时，可使皮肤黏膜呈青紫色，称为发绀（cyanosis）。单纯乏氧性缺氧时，动脉血和静脉血中的 HbO_2 含量降低，血红蛋白总量未变，则 HHb 浓度增高，所以发绀与单纯乏氧缺氧两者严重程度正相关。

具体指标变化及相关临床意义：① 动脉血氧分压降低，血氧含量、氧饱和度及动-静脉血氧含量差随之降低；② 血氧容量正常；③ 若为慢性缺氧，可因红细胞和 Hb 代偿性增多致血氧容量增加，组织细胞线粒体增生，用氧能力代偿性增强致动-静脉血氧含量差接近正常。

二、血液性缺氧

由于血红蛋白的数量减少或性质改变，以致血液携氧能力降低或血红蛋白结合的氧不易释出引起的缺氧，称为血液性缺氧（hemic hypoxia）。此时，由于外呼吸功能正常，动脉血氧分压和氧饱和度均正常，故血液性缺氧又称等张性缺氧（isotonic hypoxia）。

（一）原因和机制

1. 血红蛋白的数量减少 Hb 是体内携氧的主要载体，Hb 数量减少导致血液携氧量降低，造成组织细胞供氧不足，引起缺氧。临床常见于各种严重贫血，如急诊科、外科常见的失血性贫血、遗传性血液疾病镰状细胞性贫血（crescent cell anemia/sickle-cell anemia），故此类缺氧又称贫血性缺氧（anemic hypoxia）。

2. 血红蛋白的性质改变 血液的携氧能力，源于 Hb 的 4 个含铁（Fe^{2+}）血红素亚基能可逆地结合 4 分子氧，即在氧分压较高处（肺泡）结合氧，在氧分压较低处（组织细胞）释放氧。若 Hb 发生“质变”，在肺泡毛细血管其亚基不易或不能与氧结合，可导致血液携氧能力下降；或在组织毛细血管已结合的氧不易被释出，均可造成组织细胞“供氧不足”，引起缺氧。

（1）一氧化碳（CO）中毒：CO 中毒时引起缺氧的机制为：① Hb 亚基不易和（或）不能与氧结合：CO 可与 Hb 结合成为碳氧血红蛋白（carboxy hemoglobin，Hb－CO），其结合速率仅为氧与 Hb 结合速率的 1/10，但 HbCO 的解离速率却为 HbO_2 的 1/2 100，因而 CO 与 Hb 的亲和力是氧的 210 倍。因此 CO 的存在严重妨碍 Hb 与氧的结合；② Hb 亚基不易释放氧：当 CO 与 Hb 的某一亚基结合后，将增加其余 3 个亚基对氧的亲和力，使已结合的氧不易被释出；③ CO 还能抑制红细胞内糖酵解，使 2，3－DPG 生成减少，致氧离曲线左移，Hb 不易释放氧，进一步加重组织缺氧。

临床常见的煤气中毒事件，即由于密闭空间中燃气或燃料中的碳物质未完全燃烧，产生大量 CO 造成。血液中 HbCO 浓度与空气中 CO 浓度及接触时间密切相关，即空气中 CO 浓度愈高、接触时间愈长，则血液中 HbCO 浓度愈高；血液中 HbCO 浓度又与机体中毒程度呈正相关。吸入气中含 0.1％的 CO，血液中 HbCO 可达 50％，机体重度中毒，常因脑水肿，呼吸、循环衰竭而死亡。

（2）高铁血红蛋白血症：生理情况下 Hb 中铁离子为二价铁；Fe^{2+} 可在氧化剂的催化下被氧化成为 Fe^{3+}，生成高铁血红蛋白（methemoglobin，$HbFe^{3+}OH$）；血液中若存在大量高铁血红蛋白，称高铁血红蛋白血症（methemoglobinemia）。其缺氧的机制为：① Hb 亚基不能与氧结合：高铁血红蛋白中的 Fe^{3+} 与 OH^- 牢固结合，失去结合氧的能力；② Hb 亚基不易释放氧：若 4 个血红素亚基中的部分 Fe^{2+} 变为 Fe^{3+}，其余 Fe^{2+} 血红素虽能结合氧，但不易与氧解离，致组织处血液不易释放氧，引起缺氧。

生理情况下，血液中不断形成极少量的高铁血红蛋白，又不断被血液中的 NADH、抗坏血酸、还原型谷胱甘肽等还原剂还原为二价铁。所以正常成人血液中的高铁血红蛋白含量不超过血红蛋白总量的 1％～2％。

高铁血红蛋白血症最常见于亚硝酸盐中毒。如食用大量含硝酸盐的腌菜后，硝酸盐在肠道细菌作用下还原为亚硝酸盐被吸收入血。亚硝酸盐为强氧化剂，催化 Fe^{2+} 氧化成为 Fe^{3+}，致高铁血红蛋白血症。当高铁血红蛋白含量超过血红蛋白总量的 10％，就可出现缺氧表现。当高铁血红蛋白达到 30％～50％，则发生严重缺氧，全身青紫、头痛、精神恍惚、意识不清甚至昏迷。

（二）血氧变化特点

血液性缺氧的基本特点和始动因素为血液发生“量”变或“质”变，使其携氧量下降，故血氧容量及与该指标相关的血氧指标均降低，其中应注意无论血液携氧下降或释氧不易，均可致组织细胞处氧弥散动力不足，影响动-静脉血氧含量差值；而吸入气体氧分压和外呼吸功能均正常，摄氧未受影响，故 PaO_2 及与其相关指标正常。此类型缺氧，因涉及血红蛋白数量或性质的改变，故患者皮肤黏膜呈现特殊颜色变化。

具体指标变化及相关临床意义为：① 血氧容量降低、血氧含量及动-静脉血氧含量差亦降低，CO 中毒患者血液中 HbCO 的 CO 会被环境中的氧置换，故检测出的血氧容量值可正常；② 动脉血氧分压、氧饱和度正常；③ 单纯贫血时，Hb 含量减少，毛细血管中的 HHb 含量达不到 5 g/dL，故可无发绀现象，患者皮肤黏膜呈苍白色；CO 中毒时，因 HbCO 呈鲜红色，患者皮肤黏膜呈现樱桃红色；高铁血红蛋白血症患者，因高铁血红蛋白呈现棕褐色，患者皮肤黏膜呈咖啡色或青石板色，由于此类型缺氧与进食含亚硝酸盐的腌菜有关，患者肤色出现类似发绀的颜色，故又称为肠源性发绀（enterogenous cyanosis）。

三、循环性缺氧

循环性缺氧（circulatory hypoxia）是指由于组织血流量减少引起组织氧供不足，又称为低动力性缺氧（hypokinetic hypoxia）。

（一）原因和机制

1. **组织缺血** 由于动脉压降低或动脉阻塞造成的组织灌流量不足引起的缺氧，称为缺血性缺氧（ischemic hypoxia）。如休克和心力衰竭患者可出现全身组织供血不足；动脉血栓形成、动脉炎或动脉粥样硬化造成动脉栓塞，引起所支配的局部器官组织缺血性缺氧。

2. **组织淤血** 静脉压升高可使血液回流受阻，毛细血管床淤血造成组织缺氧，称为淤血性缺氧（congestive hypoxia）。休克可引起全身广泛的毛细血管床淤血；而静脉血栓形成、静脉炎或局部静脉受压可引起局部静脉回流障碍，造成局部组织淤血性缺氧，后果取决于受累器官或病变部位及缺氧程度。

（二）血氧变化特点

循环性缺氧，若未累及肺循环，由于氧的摄入（外呼吸）和携带（血液）功能均未受影响，故血氧分压、含量和血氧容量指标均不变。但其中应注意血液循环障碍使血液流经组织毛细血管时间延长，细胞从单位容量血液中摄取的氧量增多，以致静脉血氧含量降低，故动-静脉血氧含量差增加。此时虽然组织细胞摄氧量增多，但由于单位时间供应组织的血液总量减少，弥散到组织细胞的氧总量仍不能满足细胞的需要。

具体指标变化为：① 动脉血氧分压、血氧容量、血氧含量及氧饱和度均正常；② 动-静脉血氧含量差增加；③ 缺血性缺氧时，可由于组织供血量不足，皮肤黏膜可呈苍白色。淤血性缺氧时，血液淤滞于毛细血管床，形成并积聚了更多 HHb，可出现发绀。

四、组织性缺氧

在组织供氧正常的情况下，因组织、细胞利用氧的能力减弱而引起的缺氧，称为组织性缺氧（histogenous hypoxia），又称氧利用障碍性缺氧（desoxidative hypoxia）。

（一）原因和机制

1. **呼吸链损伤** 正常情况下，进入细胞内的氧 80%～90%在线粒体内通过氧化磷酸化过程被“燃烧”，产生细胞所需的 ATP。任何影响线粒体呼吸链或氧化磷酸化的因素都可引起组织性缺氧。不少毒物如氰化物、砷化物、硫化氢、锑化物、汞化物、甲醇等均可引起组织中毒，造成线粒体呼吸链损伤，电子传递障碍，致使用氧障碍。

如各种氰化物（HCN、KCN、NaCN、NH_4CN 等）可经过消化道、呼吸道或皮肤进入人体，分解出 CN^-。CN^- 迅速与氧化型细胞色素氧化酶的三价铁结合为氰化高铁细胞色素氧化酶，使之不能还原成还原型细胞色素氧化酶，以致呼吸链电子传递中断，组织不能利用氧。氰化物致毒作用迅速强大，0.06 g 的 HCN 即可导致机体死亡。

2. 呼吸酶合成障碍 呼吸链中一系列酶的辅因子和辅酶为维生素 B_1、维生素 B_2（核黄素）、FAD（核黄素腺嘌呤二核苷酸）和烟酸（维生素 PP），这些维生素的重度缺乏，可使呼吸链酶功能障碍，组织细胞用氧障碍。

3. 线粒体损伤 高温、大量放射线辐射和细菌毒素等均可损伤线粒体，引起线粒体功能障碍和（或）结构损伤，致使用氧障碍。

（二）血氧变化特点

组织性缺氧，由于氧的摄入（外呼吸）和携带（血液）功能均未受影响，故血氧分压、含量和血氧容量指标均不变。其中应注意由于细胞用氧障碍，氧弥散动力不足，影响动-静脉血氧含量差值。

具体指标变化及相关临床意义为：① 动脉血氧分压、血氧容量、血氧含量及氧饱和度均正常；② 动-静脉血氧含量差减少；③ 由于细胞用氧障碍，毛细血管中的 HbO_2 增加，患者皮肤可呈现红色或玫瑰红。

上述四型缺氧可单独存在，但临床上所见缺氧多为混合型缺氧。如失血性休克时，由于休克引起微循环的改变，导致全身循环功能障碍，使组织供氧量减少，可发生循环性缺氧。同时可由于大量失血，引起贫血，导致血液性缺氧。严重的休克可使胃肠功能紊乱，胃肠黏膜屏障功能丧失，细菌内毒素入血，细菌毒素损伤组织细胞线粒体，导致组织利用氧障碍，发生组织性缺氧。晚期并发休克肺时，外呼吸功能障碍引起乏氧性缺氧。

各型缺氧的血氧变化特点见表 8－1。

表 8－1 各型缺氧的血氧变化特点

血氧指标	类型			
	乏氧性缺氧	血液性缺氧	循环性缺氧	组织性缺氧
PaO_2	↓	—	—	—
$PaCO_2$	↓	↓	—	—
$PaCO_{2max}$	—	↓或（↑）	—	—
SaO_2	↓	—	—	—
$\Delta PaCO_2-PvCO_2$	↓或（—）	↓	↑	↓

第三节 缺氧对机体的影响

一、总体表现

缺氧造成机体生物氧化障碍，细胞能量供应不足，引起全身组织、细胞功能代谢障碍，甚至形态结构损伤。其影响是广泛的、非特异性的，涉及机体各个系统、器官和组织。影响的程度和结果，取决于缺氧的原因、缺氧发生的速度、程度、部位、持续的时间以及机体的功能代谢状态等因素。

缺氧时机体的功能代谢变化既有代偿性反应，也有损伤性变化。轻度和慢性缺氧可激发机体代偿性反应；严重缺氧而机体代偿不全时，可导致组织代谢障碍和各系统功能紊乱，表现出各种损伤性变化，器官衰竭直至死亡。急性缺氧时，机体往往来不及充分发挥代偿作用，亦以损伤性表现为主。应当注意的是，机体的代偿反应若超过一定程度，亦可成为造成损伤性变化的原因。

中枢神经系统由于耗氧量最高，氧储备少，对缺氧的耐受性最差，缺氧时以损伤性改变为主。急性缺氧可引起头痛、头晕、情绪激动、动作不协调、思维、记忆力和判断力等认知功能障碍。慢性缺氧时易发生疲劳、嗜睡、注意力不集中及精神抑郁等。严重缺氧可导致惊厥、昏迷，呼吸抑制，甚至死亡。

我国海拔 3 000 m 以上的高原面积约占国土总面积的四分之一。高原性缺氧可引起急性或慢性高山病。

急性高山病初期可能因症状不典型被忽略而演变为高原肺水肿、高原脑水肿威胁生命。慢性高山病可出现高原性心脏病和高原性红细胞增多症等。

二、病理生理学关注的表现和机制

(一)代偿性反应

以下用大气缺氧为例来解释机体的代偿性反应(在此前提下,机体器官系统初始状态完好,代偿方式最为全面)。

1. 各器官组织的代偿反应及机制　前述大气性缺氧的基本特点和对机体产生影响的始动因素为 PaO_2 降低,随之带来动脉氧含量和血氧饱和度降低。因此机体代偿目的首先是要恢复动脉血氧分压和血氧含量。缺氧时因供氧不足和(或)用氧障碍产生,因而它的代偿方式无外乎是增加供氧、增强用氧能力;其代偿手段涉及供氧与用氧的四个环节,即肺摄氧、血液携氧、循环送氧和细胞用氧来加以实现。其代偿的主要表现形式和机制在各个器官系统有所不同(表 8-2)。

表 8-2　大气性缺氧代偿的主要表现和机制

	呼　吸*	血　液**	循　环***	组　织****
表现形式	1. 急性 通气呼吸频率加快和深度加深 2. 慢性 初期通气增加 继之通气受限 至最大通气 后期通气回降	1. 急性 氧离曲线右移 2. 慢性 红细胞数目增加 血红蛋白增多	1. 急性 心输出量增加 血流重分布 肺血管收缩 2. 慢性 毛细血管密度增加 内皮细胞增生	1. 急性 糖酵解 2. 慢性 线粒体增多 肌红蛋白增加 呼吸酶增加 低代谢状态
主要机制	1. 颈主动脉化学感受器反射性兴奋呼吸中枢 2. 中枢兴奋-受抑-脱敏	1. 2～3 DPG 2. HIF-1 增加致 EPO 生成增加	1. 交感神经兴奋 2. 缺氧直接作用	各种细胞因子如生长因子等释放刺激细胞增生
意义	摄氧增加 呼吸深大有利血液回心	携氧增加 释氧增加	送氧增加 保证重要器官血供 维持通气血流比	用氧增强 减少耗氧

* 呼吸加深加快,这是机体对急性缺氧最重要的代偿反应。慢性缺氧(如高原性缺氧):初期通气增加可导致二氧化碳排出过多,引起低碳酸血症和呼吸性碱中毒,pH 降低呼吸中枢受抑。数日后肾脏代偿,pH 逐渐恢复正常,此时缺氧对呼吸的兴奋作用充分显现,肺通气量明显增加达最大程度。长期缺氧外周化学感受器对低氧的敏感性降低,肺通气反应下降甚至减弱。

** 缺氧时刺激肾脏产生 HIF-1,诱导促红细胞生成素(erythropotietin,EPO)基因高表达。促进骨髓中的干细胞分化为原红细胞,并促进其分化、增殖和成熟,加速血红蛋白合成,使骨髓中的网织红细胞和红细胞释放入血。

*** 心输出量减少等体循环改变机制见第十章休克的相关内容。缺氧致肺血管收缩机制主要为:① 缺氧对平滑肌的直接作用:抑制 K_v 的功能,钾离子外流减少,膜电位减低,从而激活电压依赖性钙通道开放,Ca^{2+} 内流增多引起平滑肌细胞兴奋性与收缩性增高;② 体液因素的作用,内皮细胞、巨噬细胞、肥大细胞等释放的缩血管物质如内皮素(endothelin,ET)和血栓素 A_2(thromboxane A_2,TXA_2)等比舒血管物质如一氧化氮、前列环素(prostacyclin,PGI2)多;③ 交感神经的作用。

**** 骨骼肌组织中的肌红蛋白(myoglobin,Mb)在体内总量较多,与氧亲和力大于血红蛋白,可释出一定量氧。低代谢状态是指缺氧可使细胞的耗能过程减弱,如糖、蛋白质合成减少,离子泵功能抑制等。

2. 2,3-DPG 与代偿　2,3-DPG 是哺乳动物红细胞中主要的含磷化合物,它是在红细胞内糖酵解支路中产生的一种中间产物。2,3-DPG 虽然也能供能,但其主要功能是调节血红蛋白的运氧能力。缺氧时,红细胞内 2,3-DPG 增加,氧离曲线右移,使同一氧分压下的氧饱和度下降,血红蛋白与氧的亲和力降低,更有利于将血红蛋白结合的氧向细胞释放,供组织细胞利用。但同时又可减少肺毛细血管中血红蛋白与氧的结合。因此,缺氧时,氧离曲线右移对机体有利还是有弊,取决于吸入气氧分压、动脉血氧分压的变化程度。若动脉血氧分压由 100 mmHg 降至 60 mmHg,其变动范围正处于氧离曲线平坦段,对动脉血氧饱和度影响不大(如从 95%降至 93%)。此时的曲线右移,有利于血液内的氧向组织释放;若动脉血氧分压低于60 mmHg,此时处于氧离曲线陡直部分,若氧离曲线右移将严重影响肺泡毛细血管中血红蛋白与氧的结合,使动脉血氧含量下降,因而丧失其代偿意义。

缺氧时 2,3-DPG 的含量增多的机制为:① 酶的作用:低张性缺氧时出现的代偿性过度通气所致呼吸性碱中毒，以及由于HHb稍偏碱性，致使pH增高，pH增高能激活糖酵解反应中磷酸果糖激酶使糖酵解增强，同时增强二磷酸变位酶(DPGM)的活性，并抑制二磷酸甘油酸磷酸酶(DPGP)的活性，使2,3-DPG合成增加，分解减少(图8-3)；② HHb结合：2,3-DPG的直径约为9Å，红细胞中HbO_2中央孔穴为5Å，不能结合2,3-DPG，而HHb的中央孔穴11Å，能结合2,3-DPG；低张性缺氧时HbO_2减少，HHb增多，对2,3-DPG的结合增加，红细胞内游离的2,3-DPG减少，因为2,3-DPG对磷酸果糖激酶和DPGM有负反馈抑制作用，此时2,3-DPG的抑制作用减弱，从而糖酵解增强，2,3-DPG生成增多。

3. 缺氧代偿性反应的分子机制　缺氧时代偿反应的发生主要与神经体液调节相关，而细胞内部的代偿反应，主要涉及基因表达水平的改变。缺氧时，大多数基因表达受抑，但也有部分基因表达增强。它们是缺氧时细胞乃至机体代偿性变化的分子基础。通过酶(如糖酵解和葡萄糖转运酶类)、生长因子(如血管生长因子)、激素(如促红细胞生成素)等基因表达产物的改变，在细胞、组织、系统不同层次水平上发挥其作用。近年研究发现低氧诱导因子(hypoxia inducible factor-1，HIF-1)在这些基因的诱导性表达调控中起重要作用。

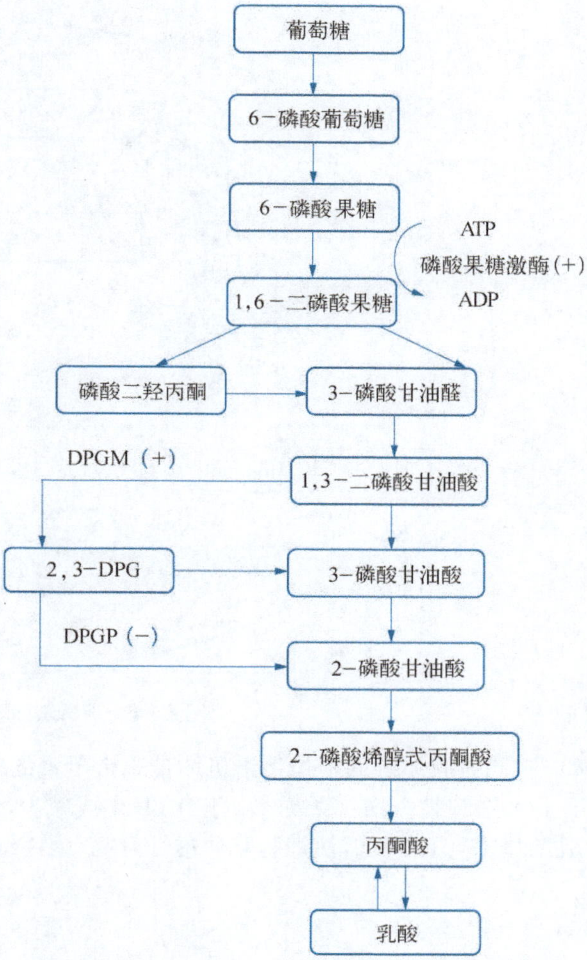

图8-3　2,3-DPG的生成与分解途径

DPGM：二磷酸甘油酸变位酶　DPGP：二磷酸甘油酸磷酸酶
(+)：pH增高时，促进该反应　(-)：pH增高时，抑制该反应

HIF被认为是机体低氧耐受的管家转录因子，很多缺氧诱导产生或上调的蛋白都受到HIF的转录调控。HIF属于DNA结合蛋白，是由a、b两个亚基组成的异二聚体。b亚单位广泛分布在各种细胞内，不受低氧诱导；a亚单位属于诱导型，有三种类型，分别为1a、2a和3a，其中HIF-1a的作用、分布广泛，也是缺氧研究中最受关注的类型。HIF-1的活性主要由HIF-1a亚基来决定，而a亚基主要受到氧依赖的蛋白酶降解调控。

常氧条件下，HIF-1a无法稳定存在，其降解过程需要肿瘤抑制蛋白VHL(von Hippel-Lindau)的参与。VHL能与被脯氨酸羟化酶(proline hydroxylase，PHD2)和低氧诱导因子抑制因子-1(factor-inhibiting HIF-1，FIH-1)羟化的HIF-1a结合形成复合物，VHL复合物类似于泛素连接酶的作用，使HIF1a与泛素依赖的蛋白水解酶复合体结合并被该酶水解。而PHD和FIH-1酶活性的发挥依赖于氧分子的存在。PHD活性对梯度性氧分压降低非常敏感，PHD活性与HIF蛋白水平呈负相关。目前研究认为PHD就是一种氧感受器，并推测FIH-1也是一种氧感受器。

故在低氧条件下，PHD和FIH-1活性降低，羟化过程停止，HIFa无法被蛋白水解酶复合体水解，使HIF-1a迅速积累。HIF-1a与HIF-1b结合进入核内，与目标基因中的增强子中特异序列结合，调节其下游靶基因的转录，如EPO、VEGF、GLUT-1等，促进机体红细胞及血管的生成、增强糖酵解及葡萄糖转运，使机体产生低氧耐受(图8-4)。

(二) 损伤性变化

1. 组织细胞水平上的变化　生物膜的形成是生命由前细胞生物演变为原核和真核生物的重要事件，是生命从化学进化发展为生物进化的一个分水岭。细胞膜是一层屏障，保障了生物反应的在相对稳定的环境中进行；细胞内的膜系统如线粒体、溶酶体、核膜将细胞内区隔，有利于不同部位高效、有序地各司其职。它是细胞生化代谢、能量转换、物质交换、生物识别与信号传导的重要物质基础。因而细胞膜是缺氧最早攻击

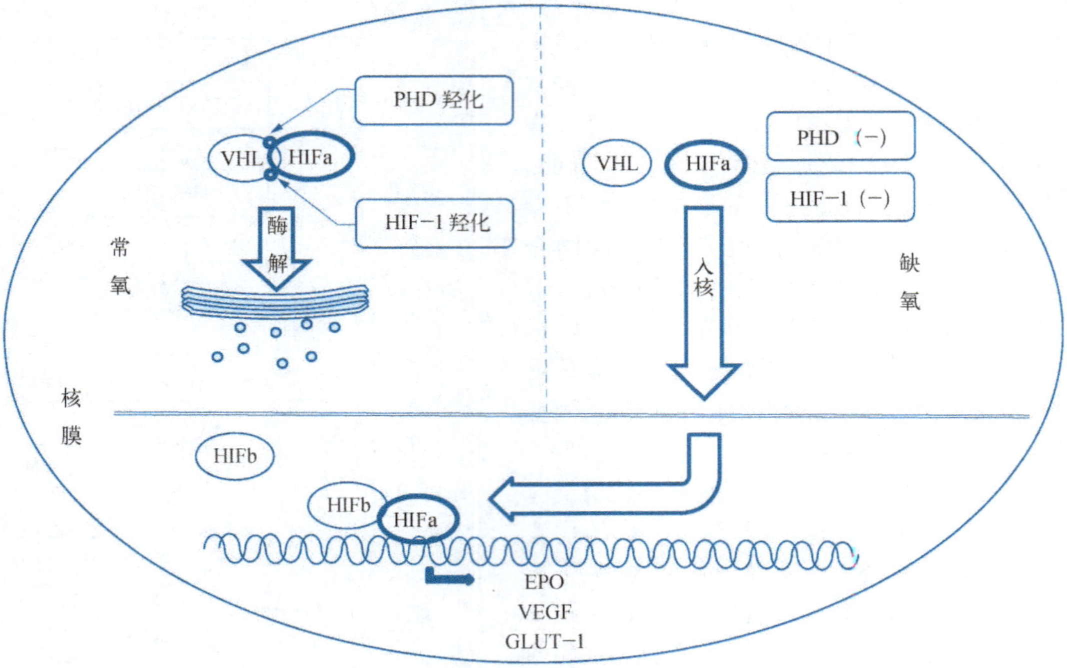

图 8-4 不同氧环境下 HIF 的调控机制示意图

的部位，同时膜系统的损伤将给机体带来极严重的后果。

(1) 细胞膜损伤：缺氧时由于 ATP 生成减少，供给膜上钠泵(Na^+-K^+-ATP 酶)的能量不足；同时细胞内乳酸增多，pH 降低，使细胞膜通透性升高，因而细胞内 Na^+ 增多，K^+ 减少；由于细胞内渗透压升高，可发生细胞水肿；细胞内 Na^+ 增多和 K^+ 减少，还可使细胞膜电位负值变小，导致细胞功能障碍(图 8-5)。

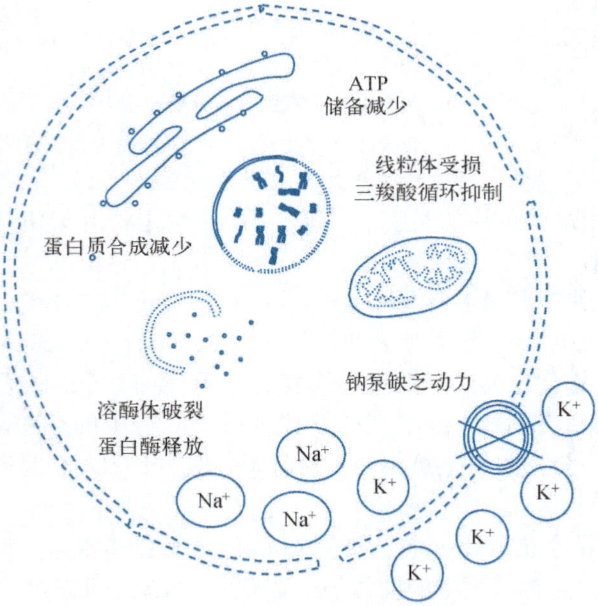

图 8-5 缺氧时细胞损伤示意图

严重缺氧时，细胞膜对 Ca^{2+} 的通透性增高，Ca^{2+} 内流增多，同时由于 ATP 减少影响 Ca^{2+} 的外流和摄取，使胞质 Ca^{2+} 浓度增加。Ca^{2+} 可抑制线粒体的呼吸功能，激活磷脂酶，使膜磷脂分解。此外，Ca^{2+} 还可激活蛋白酶，促使黄嘌呤脱氢酶转变为黄嘌呤氧化酶，从而增加氧自由基的形成，加重细胞的损伤。

(2) 线粒体的损伤：细胞内的氧有 80%～90%在线粒体内用于氧化磷酸化，生成 ATP。轻度缺氧时，线粒体的呼吸功能代偿性增强；严重缺氧时，可抑制线粒体内脱氢酶的功能，ATP 生成进一步减少，甚至可引起线粒体结构损伤，出现线粒体变形、肿胀、嵴断裂，甚至外膜破裂，基质外溢。

线粒体损伤的机制还与以下环节有关：① 氧化应激所产生的大量氧自由基可诱发膜脂质过氧化反应而破坏生物膜的结构和功能；② 钙稳态紊乱所致的胞内 Ca^{2+} 超载，使 Ca^{2+} 在线粒体内聚集并形成磷酸钙沉淀，抑制氧化磷酸化作用，ATP 生成减少；激活多种钙依赖型降解酶，如磷脂酶、蛋白酶和核酸内切酶等，从而影响细胞功能和结构(详第十二章第二节缺血-再灌注损伤的发生机制相关内容)。

(3) 溶酶体的损伤：酸中毒和胞内钙超载可激活磷脂酶，分解膜磷脂，使溶酶体膜稳定性降低，通透性增高，严重时溶酶体膜可破裂。溶酶体内蛋白水解酶(如酸性磷酸酶、组织蛋白酶)逸出可引起细胞自溶；溶酶体酶进入血液循环可破坏多种组织，造成广泛的细胞损伤。

(4) 细胞坏死与凋亡：生物膜受损、线粒体和溶酶体功能障碍最终会导致细胞死亡。休克时细胞死亡包括坏死(necrosis)和凋亡(apoptosis)两种形式。缺血、缺氧、酸中毒以及多种炎症介质引起细胞变性坏死的同时，也可能启动凋亡相关信号通路，诱发细胞凋亡(详见第十四章第一节增殖性疾病相关内容)。

(5) 细胞代谢障碍：缺氧时，由于组织细胞严重缺氧，物质代谢的变化表现为：糖的有氧氧化减弱，而无氧酵解增强，脂肪和蛋白质的分解增加，出现一过性的高血糖，血中游离脂肪酸和酮体增多。由于 ATP 的生成减少，细胞膜上的 Na^+-K^+-ATP 酶运转失灵，容易导致细胞水肿和高钾血症。糖的无氧酵解增强以及脂肪和蛋白质的分解增多，使酸性代谢产物的生成增多，而此时由于微循环灌流障碍及肾功能受损，酸性代谢产物不能及时排除，容易导致严重的代谢性酸中毒(图 8-5)。

2. 器官系统的损伤　严重缺氧可引起各大器官系统功能不全或衰竭，如心力衰竭、中枢性脑病等，有关具体机制参见本书后面相关章节。以下略做补充。

(1) 高原肺水肿：高原肺水肿，是指机体进入 4 000 m 高原后 1～4 d 内，出现头痛、胸闷、咳嗽、发绀、呼吸困难、咳白色或粉红色泡沫痰，甚至神志不清，以及肺部听诊有湿啰音的临床综合征。

高原肺水肿的发生机制尚不十分明了，可能与下列因素有关：① 缺氧导致肺内各部位小动脉不均匀收缩，血液转移至收缩弱的部位，使其毛细血管内压增高，液体渗出增多；② 缺氧直接或间接引起肺血管内皮细胞通透性增强，液体渗出；③ 缺氧导致交感-肾上腺髓质系统兴奋性增强，体循环外周血管收缩，肺血流量增多，液体容易外渗。

寒冷、劳累、肺部感染、过量吸烟饮酒、精神紧张等都可能诱发高原肺水肿。高原肺水肿一旦形成，将明显加重机体缺氧。

(2) 肺动脉高压：慢性阻塞性肺疾病(chronic obstructive pulmonary desease，COPD)或久居高原等长期、慢性缺氧患者，常出现肺动脉高压。持续肺动脉高压导致肺循环阻力增加，引起右心室后负荷增加，久之造成肺源性心脏病、右心肥大、甚至右心衰竭。

肺动脉高压的发生机制是：① 肺血管收缩：肺泡气长期低 PO_2，导致交感神经兴奋增高和缩血管物质增多，血管收缩引起肺动脉高压；② 肺血管重塑：长期缺氧可引起肺血管壁平滑肌和成纤维细胞的增殖，血管中胶原纤维和弹性纤维沉积，导致血管腔狭窄；同时肺泡内无肌型动脉肌化，使肺阻力型血管增多而容量型血管减少，导致肺循环压力增高，又称低氧性肺血管重塑(hypoxia pulmonary vascular remodeling，HPSR)。

缺氧的主要知识点及思路见图 8-6。

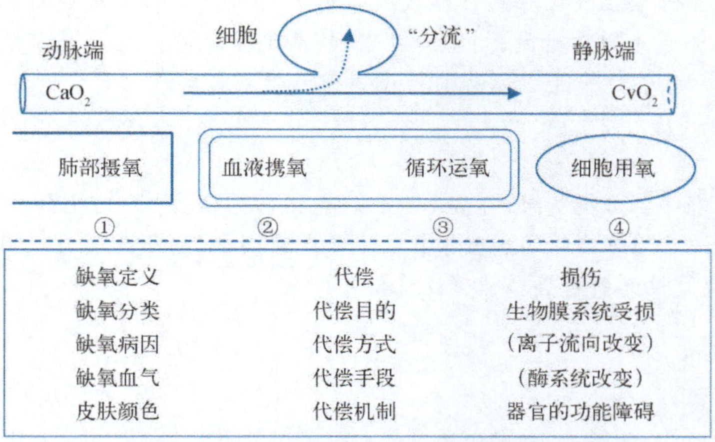

图 8-6　缺氧的主要知识点及理解思路示意图

示意图提供一种不同于水电酸紊乱的理解和记忆缺氧知识要点的方法："看图说话"。从图形的提示，能使我们相对容易推导和记忆重要的知识点，"选择了学医就选择了记忆"，但不完全是"死记硬背"。重要的是举一反三，熟练归纳与演绎的技巧，提高逻辑思维能力，"走自己的路"

第四节 缺氧临床防治措施的病理生理基础

缺氧的治疗原则主要是针对病因治疗，纠正缺氧。

1. 病因治疗　消除缺氧原因是治疗缺氧的关键一环。

2. 氧疗　吸入氧分压较高的空气或高浓度氧是治疗缺氧的基本方法，对各种类型的缺氧均有一定的疗效，这种方法称为氧疗。氧疗的效果因缺氧的原因不同而有所不同。

大气性缺氧、呼吸性缺氧，吸氧能提高肺泡气氧分压，促进氧在肺中的弥散与交换，提高动脉血氧分压和氧饱和度，增加动脉血氧含量，疗效甚好。由右向左分流所致缺氧及血液性缺氧、循环性缺氧和组织性缺氧，高压氧疗可使血浆中物理溶解的氧量增加，缓解缺氧。吸入纯氧特别是高压氧可使血液氧分压增高，氧与CO竞争与血红蛋白结合，可促使碳氧血红蛋白解离，因而对CO中毒性缺氧的治疗效果较好。

3. 氧中毒　在氧疗同时，还应注意氧中毒(oxygen intoxication)的发生。若吸入气氧分压过高(超过0.5个大气压的纯氧)，会将增高血液与细胞之间的压差，增强氧气弥散能力，过量的氧在细胞内生成活性氧(reactive oxygen species，ROS)引起的细胞损害、器官功能障碍，称为氧中毒(详见第十二章第二节缺血-再灌注损伤的发生机制)。

氧中毒分为急性和慢性。急性氧中毒主要以脑功能障碍为主，又称脑型氧中毒，临床上表现为面色苍白、出汗、恶心、眩晕、幻视、幻听、抽搐、晕厥等神经症状，严重者可昏迷、死亡。慢性氧中毒，以肺的损害为主，又称肺性氧中毒。临床上表现为胸骨后不适、烧灼或刺激感，胸痛，不能控制的咳嗽，呼吸困难，肺活量减小。肺部呈炎性病变，有炎细胞浸润，充血、出血，肺不张，两肺干湿啰音。

小　结

缺氧是许多种疾病共有的病理生理过程，是这些疾病导致机体死亡的重要原因。大气中的氧通过肺的通气功能进入肺泡，并通过肺换气弥散入血液，经由血红蛋白的运载，通过血液循环输送到全身，最后被组织、细胞摄取，在线粒体中被利用。其中任一环节发生障碍都能引起缺氧。缺氧可分为乏氧性缺氧、血液性缺氧、循环性缺氧和组织性缺氧四种类型，其原因和血氧变化特点各不相同。缺氧时机体发生一系列功能代谢和形态结构的变化，包括代偿性反应和损伤性改变。缺氧对机体的影响与缺氧的原因、缺氧发生的速度、程度、持续的时间以及机体自身的功能代谢状态有关。缺氧的治疗原则主要是消除病因和纠正缺氧。氧疗对各种类型的缺氧均有一定的疗效，应注意因氧疗不当而引起氧中毒。

【复习思考题】

1. 缺氧有哪几种类型？哪些会出现发绀，哪些不会出现发绀？为什么？
2. 缺氧可以引起哪些系统及组织细胞的病理损害？主要表现、机制是什么？
3. 高原性心脏病患者，缺氧最终引起循环障碍的机制是什么？

(赵　静)

第九章

发 热

学习要点

掌握： ① 发热激活物、内生致热原、发热、过热、热限的概念；② 发热的基本机制。
熟悉： ① 发热的时相及热代谢特点；② 热限的机制；③ 发热的生物学意义。
了解： ① 发热的一般表现；② 发热临床防治措施及病理生理学基础。

在人类原始时代，发热被认为是一种超自然现象。公元前 6 世纪，苏美尔人楔形文就有发热的记录，公元前 5～4 世纪，希腊医学家希波克拉底(Hippocrates)便开始观察人体发烧的现象并对其分类，他认为发烧是黄胆汁在体内积聚过多所致，并以此充实他的体液理论。公元 2 世纪统治西方医学逾千年的名医盖伦(Galen)，将希波克拉底的体液理论与亚里士多德(Aristode)的哲学相结合，认为发热是一种外来神秘力量所致，而不是机体自身变化引起的体温升高。这一观点一直持续到 16 世纪。与希波克拉底和盖伦齐名的"医者之父"阿维森纳(Avicenna)(980～1037 年)描述发热是"外来的热量在心脏里燃烧，又通过动脉和静脉向全身辐射"。

17 世纪，医学物理学派认为发热是血液在心脏和动脉内摩擦或肠道运动所致，而医学化学学派则认为发热是血液过度发酵和腐烂所致。18 世纪是一个医学疾病分类学的时代，那时发热类型曾被分为了 103 种之多，如腐败热、恶性热、失调热、稽留热等，但是对发热的理解却与过去一脉相承：发热是一种独立的疾病，而不是其他疾病的一个征象。在 18 世纪，法国医生布诺赛斯(Broussais)(病态生理学创始人之一，病理生理学先驱)试图纠正这一用词古怪、令人迷惑的发热疾病分类方式，力图根据解剖病理学与疾病的因果关系，来了解发热的原因和机制。他推测发热是一种"刺激"因素所致。而同时期荷兰医师兼化学家波尔哈夫(Boerhaave)推测发热可能是中枢神经系统兴奋的结果。

1861 年，匈牙利医生泽梅尔魏斯(Semmelweis)发现，如果临床实习医生在病理解剖后未洗手消毒就直接进行接生，会导致产妇发生产褥热，死亡率高达 30%。他第一次提出术后发热由感染引起的观点。十多年后链球菌等化脓性细菌的发现无疑证明其观点的正确。

虽然意大利发明家圣托里奥(Santorio)于 17 世纪初已经发明了一种类似于小屋的测温计用于人体体温测定，但直到 1869 年德国医生文德利希(Wunderlich)才开始大规模地使用改进的体温计测量人体体温并用于临床病情诊断，这使医学界对发热机制的研究成为可能。1875 年，德国利贝迈斯特(Liebermeister)提出神经系统内"调定点"的概念。1876 年，病理生理学创始人法国实验生理学家伯纳德(Bernard)，提出了内环境概念，自主神经调控体温的恒定成为支持他的内环境恒常的最重要依据之一。1888 年，美国病理学家韦尔奇(Welch)总结了自己和他人的研究成果，写下了有关发热的经典名著 *The Cartwright lectures on the general pathology of fever*，他推定体温调节中枢位于下丘脑邻近的皮层下区，控制了机体产热和散热的平衡，并且证实非感染因素和感染因素引起机体发热存在共同的机制；也表明机体的发热具有双相的生物效应。自此，现代的病理生理学发热理论诞生了。致热原(pyrogen)一词至少在 20 世纪 30 年代即出现于研究

“注射热”的文献中。1948 年美国医师贝森(Besson)实验证明中性粒细胞提取物中也存在致热物质。1950～1955 年,美国学者阿特金斯(Atkins)将细菌等致热物称为外源性致热原(exogenous pyrogen),将白细胞来源的致热物称为内源性致热原(endogenous pyrogen,EP),使发热的致热原—调定点理论研究得到了进一步深入。

第一节 体温调节与升高概述

人类属于恒温动物,能够将体温调控在一个恒定的狭小范围之内。正常成人体温维持在 37.0℃左右,昼夜间呈现周期性波动,但波动幅度一般不超过 1℃,相对稳定的体温对于人体正常生命活动至关重要。目前多数学者认为,正常体温生理性调节的主要中枢位于视前区下丘脑前部(preoptic anterior hypothalamus,POAH),并用调定点理论(set-point)对其调控体温机制进行解释。

调定点理论的原始思想源于内环境稳定——稳态思想。20 世纪中叶控制论创立并被应用于生理功能调节控制的解释,其核心就是机体自控系统中存在“调节装置”,并通过信息反馈,维持机体的生理稳态。所谓调定点,“是机体试图维持稳定的一些变量值”,比如体温、血压、体重、体液量及电解质浓度等。这些变量值作为机体调节装置反馈调控的参量和依据,来达到维持稳态的目的。生物的节律如睡眠、冬眠等也涉及调定点机制。人体体温的调定点为 37℃左右(腋窝:34.7～37.3℃ 、口腔:35.5～37.5℃、直肠:36.6～38℃)。

显然,对不同的生理稳态的维持,其调节装置——即解剖生理基础是不一样的。人体体温调节装置即体温调节中枢位于 POAH 部位,该区的温度敏感神经元接受外周和中枢的温度信号,对其整合处理后发出控制产热和散热的传出信号,最终达到维持体温的目的。温度敏感神经元包括冷敏神经元和热敏神经元,冷敏神经元发放冲动频率增加时调定点升高,而热敏神经元发放冲动频率增高时调定点下移,因此两者发放冲动频率的比值决定了最终调定点的高低。这些温度敏感神经元除感受血温变化外,也接受化学刺激信号,如白细胞介素-1(interleukin-1,IL-1)等内生致热原(endogenous pyrogen,EP)可增强冷敏神经元作用,抑制热敏神经元放电频率,从而提高调定点(图 9-1)。当体温升高超过调定点水平,温度感受器将信号传入中枢,中枢整合后发出信号,引起机体产热减少,散热增加,从而使体温降至正常水平,反之亦然。此外,延髓、脊髓等部位对体温信息也有一定的整合功能,大脑皮层则参与体温的行为性调节(如寒冷加衣)。

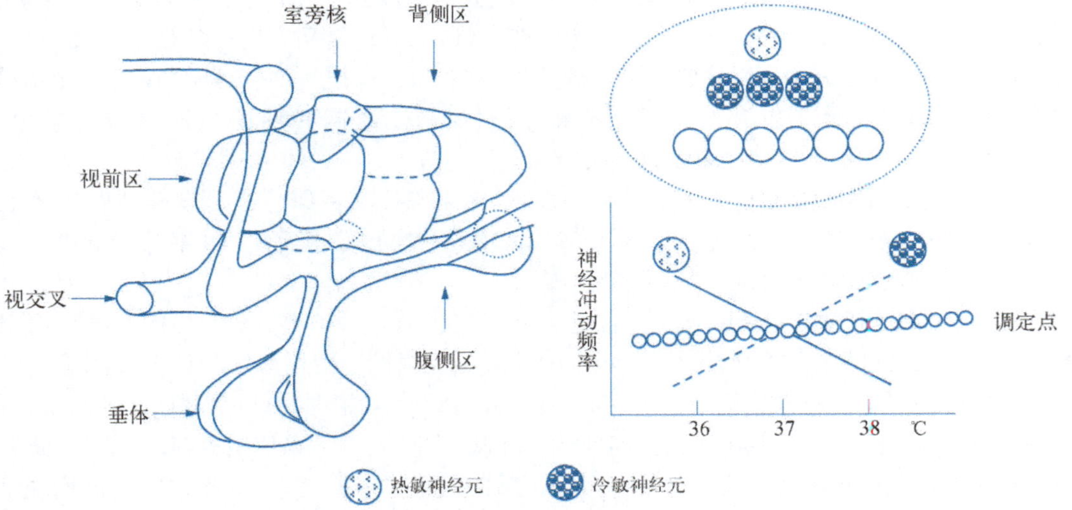

图 9-1 下丘脑视前区及调定点上移示意图

如果产热和散热过程的动态平衡被打破,产热大于散热,会导致体温升高。某些情况下是生理性的体温升高,比如剧烈运动后、妇女月经前期、应激等。人赛跑时体温常可升高 3℃,主要是由于肌肉产热过多所致,但机体能通过调定点机制立即引起散热反应，运动终止后很快回复到运动前水平，属于生理性体温升高。另外，临床上常见病理性体温升高，称为"发热"，一般超过正常值 0.5℃以上。从病理生理学角度看，发热有不同的发病机制，可分为两类，一类为发热(fever)，另一类为过热(hyperthermia)。发热是在致热原的作用下，体温调节中枢的调定点上移所致的调节性体温升高。发热时体温调节功能正常，调定点上移，体温调节在高于正常的水平上进行，为主动调节过程，其体温一般低于 42℃。过热与发热机制有所不同，过热是体温调节障碍或产热散热失控所致，例如，体温调节中枢障碍(如外伤、出血、退行性病变损伤了下丘脑体温调节中枢的神经元)，产热过多(如甲状腺功能亢进)或者散热障碍(如皮肤鱼鳞病、先天性汗腺缺陷、环境温度过高)等。过热时，调定点不会上移，为非调节性、被动的体温升高，其体温甚至可超过 42℃(图 9-2)。

发热是重要的病理过程，可出现于多种疾病当中，是疾病发生发展的重要信号。

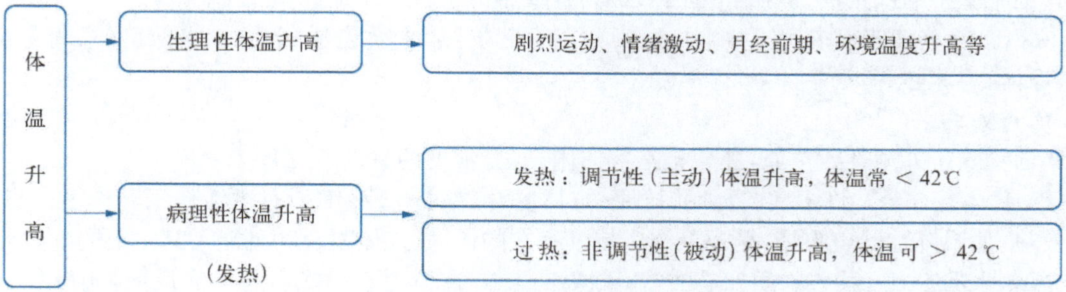

图 9-2　体温升高的分类

第二节　发热的基本病因与机制

发热的原因很多，其机制亦比较复杂，尚有诸多细节需阐明，但其基本环节已比较清楚。首先，发热激活物作用于体内产生内源性致热原(endogenous pyrogen，EP)的细胞，使其产生和释放 EP，随后 EP 通过多个途径作用于下丘脑体温调节中枢，在中枢发热介质的介导下，使体温调定点上移，最后体温调节中枢传出信号作用于效应器官，引起机体产热增加和散热减少，从而导致体温升高。

一、发热激活物

前述历史上把如细菌或其产物等引起人体或动物发热的物质称为致热原，后来发现白细胞提取物也可引起机体发热，所以有了内外源性致热原之分。而后进一步的研究表明体内的不同致热物质引起机体发热的过程和机制不同，为避免概念混淆，提出了发热激活物(pyrogenic activator)的概念：发热激活物是指能激活体内产内生致热原细胞进而产生和释放内生致热原，从而引起体温升高的物质，包括外源性致热原和体内某些代谢产物。

(一) 外源性致热原

外源性致热原是来源于体外的致热物质，主要包括各种致病微生物，以及一些非微生物成分，如生物制剂、药物、输液制品中的不溶性颗粒、硫化物等。微生物感染是导致临床发热的最常见原因，主要包括病毒、革兰阴性细菌、革兰阳性细菌、真菌、螺旋体、疟原虫等病原微生物。

1. 病毒　病毒是引起传染病的常见病原体，如流感病毒、麻疹病毒、柯萨奇病毒引起重症急性呼吸综合征(severe acute respiratory syndrome，SARS)的冠状病毒等。病毒是以其全病毒体和所含的血细胞凝集素为致热物质。

2. 细菌

(1) 革兰阴性细菌：主要包括大肠杆菌、伤寒杆菌、痢疾志贺菌、脑膜炎球菌、淋球菌等。内毒素

(endotoxin)是革兰阴性菌细胞壁的组成部分，其主要成分脂多糖(lipopolysaccharide，LPS)是效应很强的发热激活物。内毒素在自然界中分布极广，是最常见的外源性致热原，有较强的耐热性(160℃干热 2 h 方能破坏)，一般灭菌方法不能消除。临床上常见的输液反应大多是由未灭活的内毒素引起。

(2) 革兰阳性细菌：主要包括葡萄球菌、肺炎球菌、链球菌、白喉杆菌等，也是常见的外源性致热原。革兰阳性细菌的致热方式主要有三种：① 全菌体被细胞吞噬：细菌颗粒被吞噬后可诱导体内细胞产生 EP；② 外毒素：许多革兰阳性细菌能分泌外毒素，比如葡萄球菌释放的肠毒素，链球菌产生的致热外毒素 A、B、C 和白喉杆菌释放的白喉毒素等，上述毒素都有显著的致热性；③ 肽聚糖：是革兰阳性细菌细胞壁的骨架，在体外能激活白细胞产生并释放 EP，亦具致热性。

(3) 分枝杆菌：典型的是结核分枝杆菌，可引起结核病，发热是该病的常见临床症状。结核分枝杆菌全菌体以及其细胞壁中的肽聚糖、多糖和蛋白质都具有致热作用。

3. 其他微生物　其他很多病原微生物感染亦能引起发热，主要包括真菌、钩端螺旋体、梅毒螺旋体、立克次体、衣原体、疟原虫等。

(二) 体内产物

发热激活物除了外源性致热原，还包括某些体内产物，常见的有以下几种。

1. 抗原-抗体复合物　许多实验证明，抗原-抗体复合物对产 EP 细胞有激活作用。许多自身免疫性疾病都伴有发热，如系统性红斑狼疮，循环系统中持续存在的抗原-抗体复合物可能是其主要的发热激活物。

2. 非感染性致炎物　某些物质如硅酸盐、尿酸结晶等，在体内不但能引起炎症反应，还可激活产 EP 细胞，引起无菌性发热。对这些发热患者使用抗生素并无多大效果。

3. 致热性类固醇　体内某些类固醇代谢产物对人体有致热性。给人肌内注射睾酮的中间代谢产物本胆烷醇酮(etiocholanolone)可引起发热，体外将其与人白细胞共同孵育，可诱导 EP 产生。此外，石胆酸也有类似效应。

发热激活物并不能直接作用于体温调节中枢，它主要通过激活 EP 细胞产生和释放 EP 来发挥作用。

二、内生致热原

在发热激活物的作用下，体内某些细胞产生和释放的能引起体温升高的物质被称为内生致热原(EP)。

(一) 内生致热原的种类及来源

目前，公认的 EP 均为细胞因子，也称为致热细胞因子。包括白细胞介素-1(interleukin-1，IL-1)、肿瘤坏死因子(tumor necrosis factor，TNF)、干扰素(interferon，IFN)、白细胞介素-6(interleukin-6，IL-6)。可产生 EP 的细胞包括单核/巨噬细胞、淋巴细胞、内皮细胞、成纤维细胞、角质细胞等，这些细胞与机体免疫功能存在密切关系。

1. IL-1　为最早发现的 EP，主要来自单核/巨噬细胞、角质细胞，此外内皮细胞、成纤维细胞以及某些肿瘤细胞亦可产生 IL-1。IL-1 是一种糖蛋白，有两种亚型：IL-1α 和 IL-1β，可作用于相同的受体而发挥生物学效应。脑内广泛分布着 IL-1 受体，靠近体温调节中枢的下丘脑外侧区密度最高。实验研究发现：给动物静脉内注射 IL-1 可引起典型的发热反应。脂多糖引起发热的动物循环血中可检测到大量的 IL-1β。IL-1 对体温调节中枢活动有明显的影响，引起热敏神经元放电频率下降，冷敏神经元放电频率增加。以上证据表明 IL-1 为一种 EP。

2. TNF　因能使肿瘤组织发生出血性坏死而得名，主要产生于单核/巨噬细胞、淋巴细胞，也是重要的 EP。TNF 存在两种亚型：TNF-α 和 TNF-β。TNF-α 来自激活的单核-巨噬细胞，而 TNF-β 主要由激活的淋巴细胞产生。TNF 能抑制肿瘤生长，并具致热性。

3. IFN　IFN 因其具有干扰病毒复制的功能而被命名，具有抗病毒、抗肿瘤作用。IFN 可分为 IFN-α、IFN-β 和 IFN-γ 三种类型，主要由单核-巨噬细胞、成纤维细胞以及活化的 T 细胞产生，三种亚型均有致热性，但作用方式可能不同。

4. IL-6　由单核/巨噬细胞、成纤维细胞、内皮细胞、T 细胞产生。研究发现，伴有发热的烧伤患者，其体温升高程度和血中 IL-6 水平呈正相关；给动物静脉或脑室内注射 IL-6，可致其体温明显增高；IL-6 基因敲除的动物注射 LPS,不引起发热,而再给 IL-6 后,则可出现发热。这些证据提示 IL-6 是一种 EP。

此外,研究显示,其他的一些因子如巨噬细胞炎症蛋白-1(macrophage inflammatory protein-1,MIP-1)、IL-2、IL-8、睫状神经营养因子(ciliary neurotrophic factor,CNTF)、内皮素(endothelin)等也具有致热性,它们是否为 EP 尚需进一步研究证实。

(二)内生致热原的产生和释放

在发热激活物的刺激下,体内产 EP 细胞被激活,合成并释放 EP,这是一个复杂的信息传递和基因表达调控过程。经典的发热激活物激活产 EP 细胞的途径有两条:Toll 样受体(Toll-like receptor,TLR)介导和 T 细胞受体(T cell receptor,TCR)介导的细胞活化。发热激活物(主要是病原微生物的各种组分),可以直接与细胞上的受体结合或者先和血中某些物质形成复合物再结合到受体,然后通过一系列复杂的信号转导过程,促使多种核转录因子活化并进入细胞核,启动各种细胞因子、炎症介质的基因表达和蛋白质合成。例如,革兰阴性细菌的 LPS 可通过 TLR 途径活化核转录因子-κB(nuclear factor κB,NF-κB),启动 IL-1、IL-6、TNF 等 EP 的大量产生和释放。革兰阳性细菌的外毒素则主要与抗原提呈细胞上 MHC-Ⅱ类分子的抗原结合槽外侧结合后,以超抗原的形式结合 T 细胞上的 TCR,然后活化多种转录因子,如活化蛋白-1(activated protein-1,AP-1)、NF-κB 等,导致 T 细胞的活化和增殖,同时大量合成和释放 IL-1、IFN、TNF 等 EP。

(三)内生致热原的作用途径

内生致热原产生和释放的场所在血液循环、外周组织中,而体温调节中枢位于下丘脑,两者之间存在血脑屏障阻隔。EP 为大分子物质,不易透过血脑屏障,它引起发热的途径可能有以下三种。

1. EP 通过下丘脑终板血管器 OVLT 入脑 下丘脑终板血管器(organum vasculosum laminae terminalis,OVLT)是一些毛细血管结构,一般定位在脊椎动物脑室周围,是血脑屏障的薄弱部位,这里的毛细血管为有孔毛细血管,有利于脑脊液与血液中的一些大分子物质的交换。下丘脑 OVLT 紧邻 POAH,EP 可能由此进入脑内,并被投射到此区域的 POAH 神经元末梢识别。但也有学者认为,EP 并不入脑,而是被分布在 OVLT 处的小胶质细胞识别,并产生新的信息,传送至投射于此区域的 POAH 神经元末梢,继而使其兴奋(图 9-3)。

2. EP 通过血-脑屏障直接入脑 EP 是大分子,不易透过血脑屏障,但血-脑屏障存在对蛋白质分子的饱和转运机制,使 IL-1、IL-6、TNF 等转运入脑。正常情况下,该机制转运极微量的 EP,不足以引起发热;但在病理情况下,如慢性感染、颅脑炎症、损伤等,血-脑屏障通透性增高,可使大量的 EP 进入中枢引起发热。

3. EP 通过迷走神经向体温调节中枢传递致热信号 近期研究发现,外周的致热信号可通过迷走神经的传入纤维,经由孤束核传入低位脑干的去甲肾上腺素能神经元,分泌去甲肾上腺素刺激 POAH 合成 PGE_2 等中枢介质,导致发热,而切断迷走神经的肝脏分支可阻断 LPS 引起的发热。

三、体温调定点上移的机制

大量研究表明,EP 无论以何种方式进入中枢神经系统,都不能直接引起调定点上移,而是要通过某种中间环节——中枢发热介质的释放,来重置体温调定点,再通过机体调温反应引起发热。目前认为,致热信号到达 POAH 后,引起中枢致热介质的释放,也启动中枢解热介质释放,避免体温过度升高。POAH 主要参与发热时体温的正向调节,中杏仁核、腹中隔区和弓状核主要参与负向调节,正负调节综合作用的结果决定调定点上移的水平及发热的幅度和时程。根据正负调节作用不同,将中枢介质分为正调节介质和负调节介质两大类。

1. 正调节介质

(1) 前列腺素 E_2(prostaglandin E_2,PGE_2):多数学者认为,PGE_2 在体温调定点重置过程中发挥重要作用。EP 作用于体温调节中枢,使其合成、释放 PGE_2 增加,调定点上移,引起体温升高。临床应用阻断 PGE_2 合成的药物,如阿司匹林、布洛芬等,通常具有良好的解热作用。

(2) 促肾上腺皮质激素释放激素(corticotropin releasing hormone,CRH):CRH 神经元主要分布于室

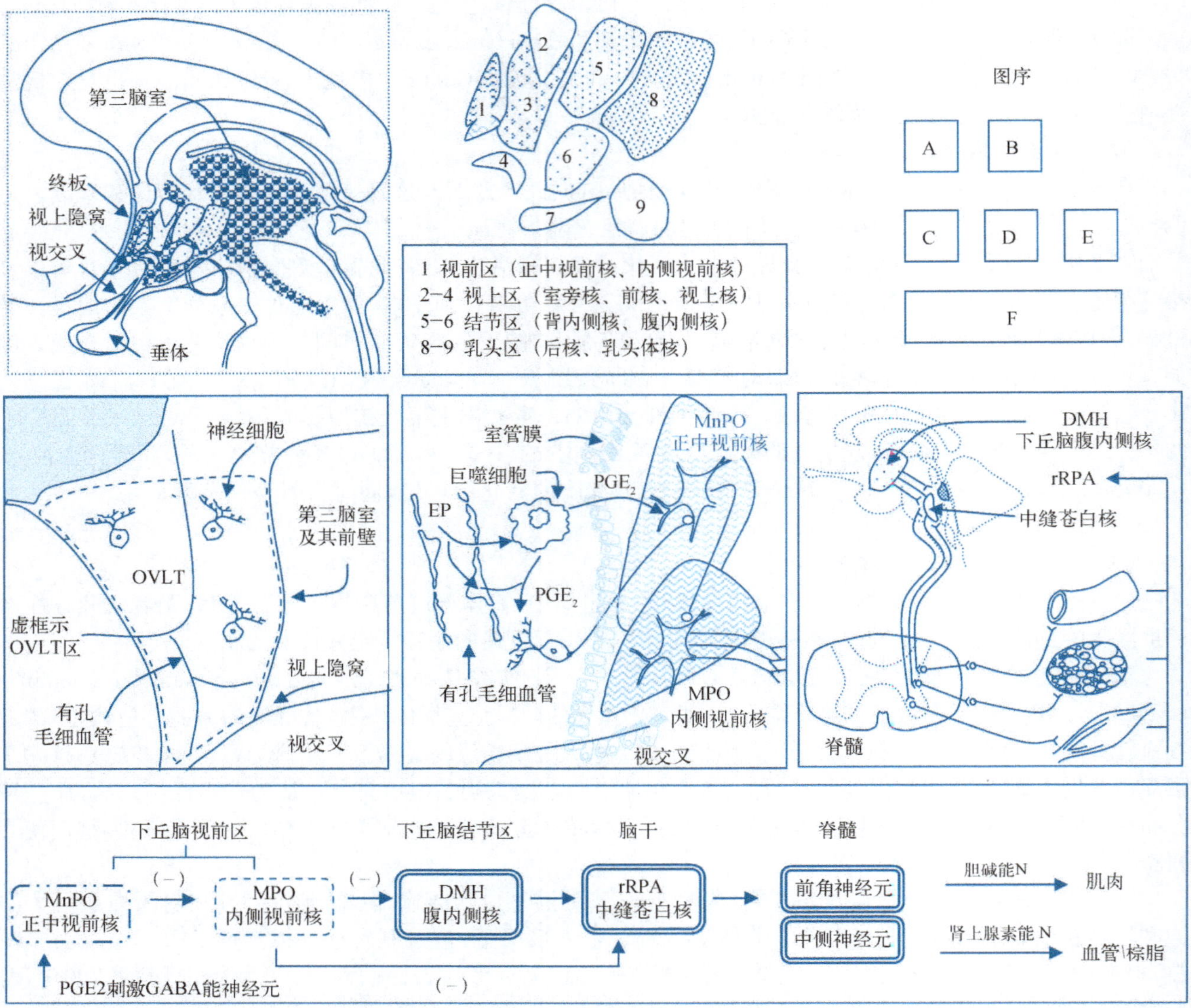

图 9－3　EP 通过下丘脑终板血管器入脑示意图

A. 终板、第三脑室、视上隐窝、视交叉、下丘脑解剖位置。终板是一层含灰质板状结构，下方与视交叉界面形成锐角，即视上隐窝。终板右侧紧邻第三脑室前壁，下丘脑神经核团紧贴第三脑室表面。B. 下丘脑的主要神经核团。体温调节中枢为 POAH，就视前区而言，本图仅示意了正中视前核(median preoptic nucleus，MnPO)和内侧视前核(Medial preoptic nucleus，MPO)，还存在背侧视前核等。C. OVLT 解剖位置及主要组成部分。脑室周围存在室周器结构，在第三脑室中的室周器称为血管终板器。室周器的毛细血管是有孔的毛细血管，血脑屏障不完整，因而生理上有利于大分子物质在血液与脑脊液(通过室管膜)进行交换。D. 内生致热原信号转换和传递。内生性致热原，如 IL－6 通过有孔毛细血管进入脑内，与中枢血管旁巨噬细胞和血管内皮受体作用，细胞生成 PGE_2，PGE_2 到达下丘脑视前区，或者通过 OVLT 中枢神经元中继，将信号传递给下丘脑视前区正中视前核 MnPO，再将信息传递给背内侧视前核(MPO)，继之传递到下丘脑背内侧核(dorsomedial hypothalamus，DMH)。E. 下丘脑 DMH 传递信号给脑干的中缝苍白核(DMH)，然后再到脊髓和靶器官(血管、肌肉、棕色脂肪组织) F. 综合 D、E 神经信号传递过程。“(－)”示核团中神经元作用为抑制性作用

旁核和杏仁核。应激时，CRH 在下丘脑-垂体-肾上腺皮质轴中发挥重要作用。但近年发现，中枢 CRH 具垂体外生理功能，也是一种中枢发热介质。

(3) Na^+/Ca^{2+} 比值：早在 20 世纪 20 年代，有学者就发现将某些无机离子注入动物脑内，可引起机体的体温变化。进一步的研究发现，影响体温的主要是 Na^+/Ca^{2+} 比值，但它并不直接引起调定点上移，而是通过另一中枢发热介质 cAMP 起作用。因此，现在有许多学者认为 EP 引起发热可能遵循以下途径：EP→下丘脑 Na^+/Ca^{2+} 比值↑→cAMP↑→调定点上移。

(4) 环磷酸腺苷(cAMP)：20 世纪 50 年代，一些学者就观察到咖啡因和茶碱通过某种中枢机制引起体温升高，后来发现这些药物能增加脑组织内 cAMP 浓度，体温升高可能与此有关，此后的诸多实验予以了证实。

（5）一氧化氮（nitric oxide，NO）：NO 作为一种新型的神经递质，广泛分布于中枢神经系统。在大脑皮层、小脑、海马及下丘脑视上核、室旁核、OVLT 和 POAH 等部位均含一氧化氮合酶（nitric oxide synthase，NOS）。研究显示，NO 与发热有关。

2. 负调节介质 临床和实验研究均表明，发热时体温极少超过 41℃，通常达不到 42℃，即便大大增加致热原的剂量也难以使体温超过此界限，提示体内存在自我限制发热的因素。这种发热时体温上升的高度被限制在一定范围内的现象称为热限（febrile ceiling），是机体重要的自我保护机制，对于防止体温无限上升而危及生命具有极其重要的意义。有关热限成因的学说很多，体温的负反馈调节可能是其基本机制，脑内生成的一些负调节介质（内源性解热物质）可能起主要作用，目前较肯定的负调节介质有以下三种：

（1）精氨酸加压素（arginine vasopressin，AVP）：是一种九肽神经递质，由下丘脑神经元合成，广泛分布于中枢神经系统的细胞体、轴突和神经末梢，以室旁核和视上核含量最丰富。许多研究证实了内生性 AVP 参与了发热时体温的中枢负调节，其作用方式可能为发热时，AVP 分泌增多，作用其受体后信号通过神经网络到达 POAH，削弱 EP 引起的升温反应。

（2）α-黑素细胞刺激素（α-melanocyte-stimulating hormone，α-MSH）：α-MSH 是腺垂体分泌的十三肽激素，由 ACTH 分解而来，有极强的解热作用，其效应比扑热息痛大 25 000 倍。

（3）脂皮质蛋白-1（lipocortin-1）：又称膜联蛋白 A1（annexin A1），是一种钙依赖性磷酸酯结合蛋白，在体内分布十分广泛，但主要存在于脑、肺等器官中。研究发现，糖皮质激素发挥解热作用依赖于脑内脂皮质蛋白-1 的释放。向大鼠中枢内注射重组的脂皮质蛋白-1，可明显抑制 IL-1、IL-6、IL-8、CRH 诱导的发热反应。

四、发热的基本环节及体温变化时相

（一）发热的基本环节

发热的过程大致包括以下四个基本环节：① EP 产生：发热激活物作用于产 EP 细胞，产生和释放 EP；② 致热信息传递：外周致热信息经过 OVLT、血脑屏障或者迷走神经途径传入体温调节中枢；③ 调定点上移：中枢正负调节介质协同作用致体温调定点上移，信息整合，并发出冲动；④ 效应器反应：一方面通过运动神经引起骨骼肌紧张度增高或寒战，使产热增加；另一方面，经交感神经系统引起皮肤血管收缩，使散热减少，产热大于散热，体温升至与调定点相适应的水平，引起发热（图 9-4）。

（二）发热的体温变化时相

发热过程大致可分为三个时相：体温上升期、高温持续期、体温下降期。

1. 体温上升期（fervescence period） 指调定点上移后，冷敏神经元发放神经冲动增加，热敏神经元发放神经冲动减少，使产热增加、散热减少，体温上升至新调定点水平的一段时期。体温可以骤升，也可缓升。

（1）热代谢特点：产热增加，散热减少，产热大于散热，体温升高。

（2）临床表现：畏寒、皮肤苍白，重者寒战并有鸡皮疙瘩。

（3）机制：由于体温调定点上移，机体中心体温低于调定点水平，原来正常体温成为冷刺激，导致 POAH 冷敏神经元发放神经冲动频率增加，热敏神经元放电频率降低，体温中枢对该信息整合处理后，发出升温指令，通过使机体产热增加和散热减少来使体温上升。机体骨骼肌不随意周期性收缩是机体增加产热的主要方式，患者表现出寒战会使产热量迅速增加 4～5 倍；同时交感神经兴奋引起皮肤竖毛肌收缩而出现鸡皮疙瘩，皮肤血管收缩而出现皮肤苍白，散热减少。此期由于皮肤温度降低，患者感到畏寒（虽感畏寒，但中心体温已开始升高，只是低于调定点水平）。

随着中心体温逐渐上升到新调定点水平，就进入高温持续期。

2. 高温持续期（persistent febrile period） 高温持续期又称高峰期或稽留期，在此期，中心体温已达到新调定点水平，体温不再上升，在与新调定点相适应的高水平上小范围波动，产热与散热在新的高度达到动态平衡。

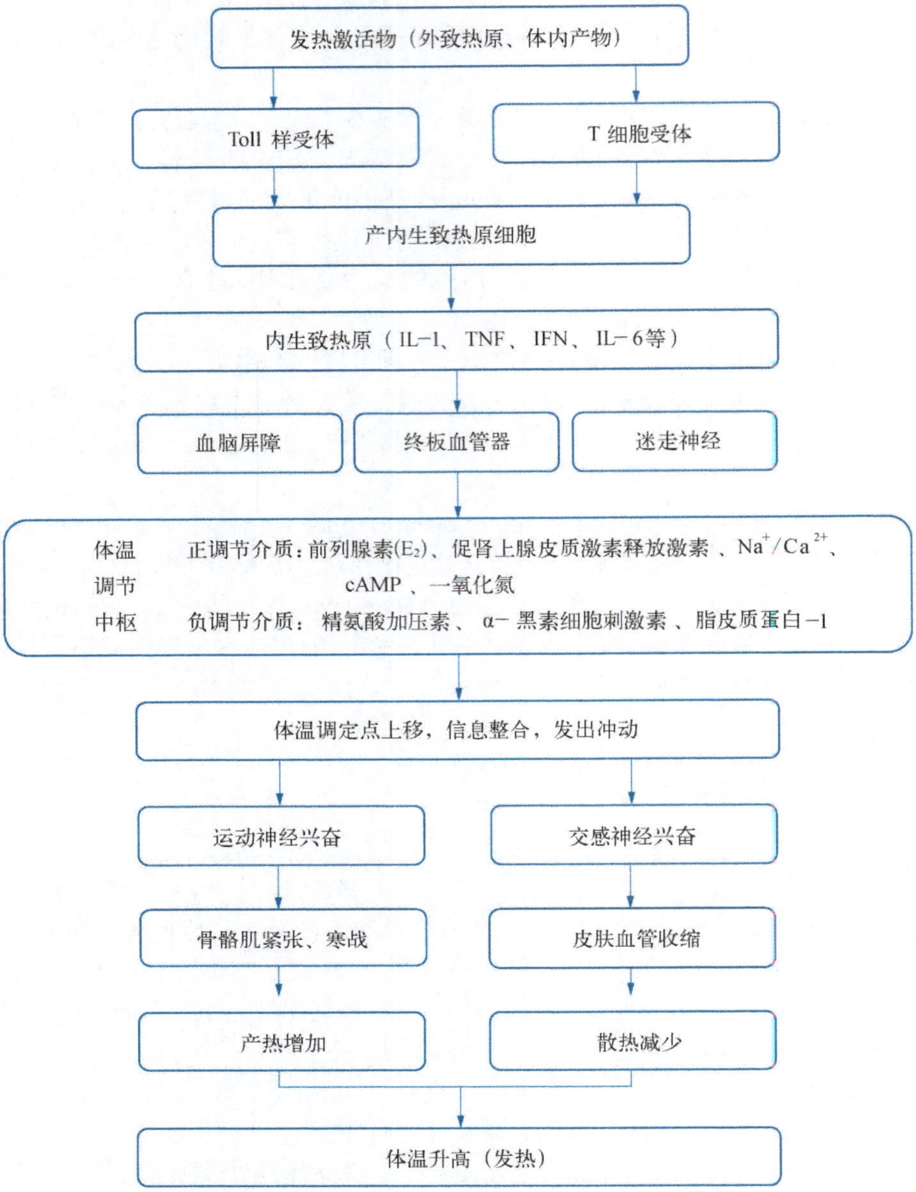

图 9-4　发热发病学示意图

(1) 热代谢特点：产热和散热在较高水平保持平衡。

(2) 临床表现：自觉酷热，皮肤颜色发红、干燥。

(3) 机制：由于此期中心体温已与调定点相适应，所以寒战停止并开始出现散热反应。患者皮肤血管由收缩转为舒张，血流增多而皮肤发红，散热增多，皮肤温度增高产生酷热感；高热使皮肤蒸发水分较多，皮肤、口唇比较干燥。

3. 体温下降期(defervescence period)　又称退热期。若发热激活物在体内被控制或消失，EP 及增多的中枢发热介质也被清除，体温调定点回降到正常水平，机体出现明显散热反应，进入体温下降期，体温可骤退或渐退。

(1) 热代谢特点：散热增加，产热减少，散热大于产热，体温下降。

(2) 临床表现：皮肤潮红、出汗或大汗，严重者出现脱水甚至休克。

(3) 机制：此期中心体温高于调定点水平，POAH 热敏神经元受刺激，体温中枢发出降温指令，汗腺分泌增多，经汗液蒸发而散热；POAH 冷敏神经元受到抑制，产热减少。

第三节　发热对机体的影响

一、总体表现

发热除有上述时相变化外，对机体生物代谢及器官功能均有一定程度影响，与致病因素、发热程度、持续时间、性别年龄乃至个体精神因素等都有关。发热时，总体而言物质代谢加快，分解代谢加强。一般而言，体温升高1℃，基础代谢率会提高13%。患者由于物质消耗明显增多或脱水，可引起消瘦和体重下降。对中枢神经系统：发热患者可出现头痛、头晕、烦躁、幻觉、谵妄等中枢神经系统功能兴奋的表现，小儿高热因其体温调控中枢发育不全，较成人更易引起热惊厥。持续发热，中枢神经系统由兴奋转为抑制，出现淡漠、嗜睡、昏睡、昏迷。对心血管系统：发热时心率加快，体温上升1℃，心率平均增加18次/分，儿童可增加得更快。对其他器官系统：发热时呼吸运动加强，有利于更多热量经呼吸道散发，并吸入更多的氧气以满足机体的代谢需求。但持续的体温升高可抑制大脑皮质和呼吸中枢，使呼吸浅慢或不规则。对消化系统：发热患者常有食欲不振、厌食、恶心、腹胀等表现，与消化液减少、胃肠蠕动减慢、消化吸收排泄功能障碍有关。

二、病理生理学关注的表现和机制

发热的生物学意义

1. *自身保护性反应*　发热反应是生物进化过程中产生的一种机体自身保护性反应。400万年前在节肢动物和环节动物分叉的时候，生物即产生了发热反应。在某些低等生物如变温动物蜥蜴发生感染时，往往会本能地趴在太阳晒过的石头上以增高体温以抵御感染。

2. *急性期反应*　发热对人体而言属于急性期反应(acute phase response，APR)，是机体非特异防御反应。一定程度的体温增高，可增强机体的免疫功能，清除有害因子。目前所知的EP大都是一些具有免疫调节功能的细胞因子。发热也是炎症反应的一种表现形式。约2 000年前罗马名医塞尔苏斯(Celsus)应用希腊时期的四元素、四体液理论概括了炎症的四种基本表现特征(红、肿、热、痛)，2 000年后历史的车轮回到了原处，发热与炎症这两个病理过程再次重逢，他们被认为是天然免疫的利器。

3. *持久或过高的发热将损伤机体*　① 发热对机体不利的作用是体温升高本身和发热激活物、EP及发热性中枢介质对机体综合作用的结果；② 发热时机体处于明显的分解代谢过于旺盛的状态，持续高热必定引起机体能量物质过度消耗；③ 发热可加重脏器的负荷，在原有疾病的基础上，发热甚至可以诱发相关脏器的功能不全。例如发热可出现心率加快，其因在于致热性细胞因子导致的交感-肾上腺髓质系统兴奋和血温升高对窦房结的刺激。心率加快亦可加重心脏负荷，增加心肌的耗氧量，成为心功能障碍患者发生心力衰竭的诱因。同时发热时大量促炎因子入血，可能导致包括心脏在内的组织器官损伤；④ 发热可能导致精神状态的改变。这种精神状态的改变分为两种，一种是患者自身的不舒适。美国著名"死亡医师"凯沃基安(Kevorkian)(因帮助患者施行安乐死而得名)曾描述一些高热患者的心理状态："地狱就在我们内心，在一些悲惨的情况下，我们连活下去的愿望都被烧焦了"。另一种是美国的儿科医生巴顿·施密特在1980年创造的一个医学名词"发烧恐惧症"。其因在于代代相传的文化习俗与真实的痛苦交织。特别表现在幼儿或亲人的发热，家人表现出的不安。西方人也曾把发热、战争、饥荒相提并论为人类三大灾难。

4. *发热是疾病的重要信号，对疾病的诊断和鉴别诊断以及治疗有着重要的意义*　目前所知发热是300余种疾病的一种症状。现有的研究表明35%的发热是由感染所致，20%由肿瘤性疾病引起，15%则为风湿等自身免疫性疾病所为，还有30%为不明原因的发热称为不明热(fever of unknown origin，FUO)。外科医生特别重视术后患者体温是否升高，以警惕术中是否带来如肠道或尿道等损伤以及术后感染不利恢复。还有临床常用热型(不同时间记录体温数值，绘制的体温曲线所反映出来的形态)来提示不同病因导致的发热。

如常见的弛张热(remittent fever)是指24 h内体温波动相差超过2℃的发热,常见于伤寒缓解期、败血症、风湿热等。其他的常见的热型包括稽留热、间歇热、回归热 、波状热、不规则热等。

第四节 发热临床防治措施的病理生理基础

发热是多种疾病所共有的病理过程,需要处理原发病,就发热本身的治疗而言,应针对病情,权衡利弊。对一些原因不明的发热,不能急于降低体温,以免掩盖病情、延误诊断。

1. *治疗原发病* 消除发病原因是解热的根本措施,如细菌感染需要抗感染治疗。

2. *一般性发热的处理* 体温不是过高(体温<39℃),不伴有其他严重疾病的患者,勿急于解热,主要补充营养物质、水、维生素等,以免延误原发病的诊断与治疗。

3. *下列情况应及时解热* 对于发热会加重病情或者促进疾病的发生发展甚至威胁生命的情况,应及时解热。

(1) 体温>40℃患者:高热对中枢神经系统以及心脏都有较大不利影响,应及早解热。尤其是小儿高热容易诱发惊厥,更应及早预防及解热。

(2) 心脏病患者:发热增加心脏负荷和心肌细胞耗氧量,容易诱发心力衰竭,故需及早解热。

(3) 妊娠期妇女:因高热有致畸胎危险或加重心脏负荷诱发心力衰竭,应及早解热。

4. *合理选择解热措施*

(1) 药物解热:针对发热的发病学环节来治疗。根据发热机制及现有解热药的药理作用,可针对下列三个环节来采取措施解热:① 干扰或阻止EP合成和释放;② 阻碍或对抗EP对体温调节中枢的作用;③ 阻断中枢发热介质的合成,这样就可导致上升的调定点下降而退热。临床上采用的化学解热药,比如水杨酸盐,阻断PGE_2的合成;类固醇解热药,常用糖皮质激素,可抑制EP的合成和释放,抑制免疫反应、炎症反应以及中枢效应而解热。

(2) 物理降温:高热或危急时,可采用物理方法降温。比如用冰帽或冰袋冷敷头部,酒精擦浴大血管以促进散热。也可将患者置于较低的环境温度中,加强空气流通,增加对流散热。

(3) "捂被子"是中国人的一种常见的对待发热的传统处理方式。汗出烧退理论对国人影响至深。从发热基本理论来看,"捂被子"升高了体温,通过反馈调节调定点机制,可以使体温下降。从生物学意义看,升高体温可增强对有害因子的驱除或杀伤,对体温恢复有一定意义。从概率来看(注意无文献依据),多数人"捂被子"可能并没有带来恶性的结果。但要注意,"捂被子"对某些人群可能存在风险。如在体质较差、神经系统发育不良等人群中,"捂被子"可能会出现过高热现象,进而可导致中枢神经系统损伤。

小　结

发热是一种临床常见的重要病理过程,属于病理性体温升高。发热是在致热原的作用下,体温调节中枢的调定点上移所致的调节性体温升高,一般超过正常值0.5℃。发热激活物(主要是病原微生物的各种组分)通过Toll样受体或者T细胞受体介导机体的多种细胞(多数与免疫功能相关)活化,产生和释放内生致热原(EP)。EP可能通过下丘脑终板细胞器(OVLT)、血-脑屏障或者迷走神经等途径将致热信息传入体温调节中枢,引起中枢正调节介质的合成与释放,并启动负反馈机制(负调节介质),两者使体温调定点在一定范围内上移,并通过传出神经使机体产热增加,散热减少,体温上升到新调定点水平与之相适应。发热时相分为三个阶段:体温上升期、高温持续期和体温下降期。发热可引起机体的各种功能代谢变化,有利有弊,一定程度的发热有利于增强机体防御功能,但高热或持续发热可导致机体的损伤,需根据情况及时解热。

【复习思考题】

1. 为什么大叶性肺炎患者会出现高热?
2. 为什么水杨酸类药物能发挥解热的药理作用?

（张 力 李龙江）

第十章

休　克

学习要点

掌握：① 休克的概念；② 休克发生的微循环机制；③ 休克时细胞代谢与功能的变化；④ 休克对肾、肺、心脏、脑及胃肠道功能的影响。

熟悉：① 休克的病因与分类；② 几种常见类型休克的特点。

了解：① 休克发生的分子机制；② 休克防治的病理生理学基础。

1740 年，法国医生拉杜兰(LeDran)在一篇文献中描述一个枪伤患者的精神状态时，使用了法文词汇 saisissement(相当于英文 stunned，意为目瞪口呆、不知所措的)和 commotion(相当于英文 agitated，意为焦虑的、不安的)。这两个词汇，在医学上前者表述为淡漠，后者表述为烦躁。1743 年，该文被英国医生克莱尔(Clare)翻译为英文，可能译者借用了法语 saisissement 的近义词 choc(冲撞、打击)，这两个词汇被新造和意译为英文 shock，中文音译为休克。所以人们对休克的最早认识源于对枪伤患者神经系统症状的描述。

1827～1948 年，英、法医生在对西班牙独立战争和巴黎革命中枪炮伤患者救治经验的总结中，对休克的描述概念进行了扩充，认为休克是机体对严重创伤的一种生理反应或生理功能衰退。认识到休克是机体对创伤的"反应"无疑有逻辑学上的指导意义。休克开始被分为两期，第一期为木僵期，机体神经系统受到重创，持续 24～36 h；第二期则为炎症反应期，一般从受到创伤后第 2～3 日开始。

然而休克这种生理"反应"的实质是什么？当时的西方世界一直认为是神经系统在起主导作用，导致其临床处理方式不可能正确。如 1861～1865 年的美国南北战争中医生对伤者的建议是：用酒精、氨水、松脂、芥末等刺激机体，等待伤者"反应"回复到良好状态。甚至对内出血患者建议采用静脉放血疗法，企图通过以上"正确"的方式把患者从濒死状态拯救出来。

这一时期流行休克为神经系统疾病的原因除了历史传承、时代条件因素限制外，部分还可能与实验生理学家、病理生理学创始人贝尔纳(Bernard)的有关自主神经系统调控心血管系统理论的盛行，"僵化"了人们思想有关。

19 世纪末期，由于血压计在临床上开始广泛应用，低血压被证实为是休克的临床标志之一，人们怀疑休克是内脏神经的抑制使得血管舒张所致。这种认识误导了临床对休克患者的治疗。但通过临床观测血管、血压与休克的关系来解释休克的发生，表明休克的研究开始走上了正轨。

1914 年第一次世界大战爆发，英国和美国建立了联合委员会专门研究战争中的休克现象，其中的领军人物是来自英国和美国的著名医学家贝利斯(Bayliss)和坎农(Cannon)。学者们试图解释创伤性休克患者血压改变的机制。著名美国外科医生克莱尔(Crile)提出了休克的发生是由于血管运动中枢衰竭的理论，即血管先收缩、然后舒张、血压下降。而坎农则认为是毒素引起了休克中期的血压下降。然而无论用缩血管药或舒血管药为主治疗创伤性休克的方式，临床上仍然没有达到理想效果，于是学者们的研究视线从血压转移到了血量的改变，但是循环血量改变如何引起休克恶化，当时的学者们百思不得其解，1923 年坎农曾说过一句名言："循环衰竭失去流动的血到哪里去了？"

1940 年，美国外科医师布莱洛克(Blalock)提出了休克最重要的特征之一"是一种循环的血量与血管树的容量比值减低"。但创伤性休克过程中有效循环血量减少，到底是钠泵受损液体进入细胞内或是直接渗出到血管外，学者们对此争论不休。不过这也是学者们从细胞水平上探讨休克对机体影响的开始。

后来在烧伤性休克研究中人们证实细胞间隙的确存在大量潴留的液体且与烧伤面积成正比，解决了上述坎农的疑问。自此后的整个 20 世纪后半期，实验烧伤模型成为一种经典，用于创伤性休克病理生理机制和休克复苏治疗的研究。

直到 1967 年，美国利洛黑(Lilleh)正式提出休克的微循环障碍概念，利洛黑发现临床常见的失血性休克、感染性休克和其他不同病因引起的休克都有一个共同的发病环节：血液淤滞所引起的低灌流状态。

所以西方医学界对休克的认识经历了神经系统障碍、血压改变、血量和血流改变这几个阶段。

第一次世界大战以后(1914～1918 年)，对创伤性休克复苏的研究，使得临床大输血和大输液技术取得重大进展。第二次世界大战(1939～1945 年)创伤性休克逐渐让位于感染性休克，成为士兵死亡的最大威胁。抗生素于战后临床大规模应用使西方人平均寿命提高了 10 年。其后的朝鲜战争(1950～1953 年)，未控制住的休克极易发展为急性肾衰竭，即休克肾(shock kidney)，战后对肾衰竭的生理、病理、病理生理、临床治疗措施、人工肾脏、肾脏移植的全方位研究，成为机体其他重要脏器衰竭研究的模板。之后的越南战争(1955～1975 年)，美国伤兵在越南岘港美军基地治疗，许多伤者因肺功能严重障碍而死亡(当时称为 DaNang lung，岘港肺)。肺成为人们关注的第二个休克后重要器官，也称为休克肺(shock lung)。受休克肾研究和临床应用成果的鼓舞，人工呼吸机得到广泛应用。中国病理生理学教材主要内容为何选择"四衰一休"的说法大体也源自于此。

第一节 休克概述

一、休克的概念

休克是指各种致病因子的作用下，机体循环功能严重障碍，组织器官微循环血液灌流不足，进而引起组织细胞缺氧，重要器官的功能、代谢出现严重紊乱的全身性危重病理过程。这个定义的核心是低灌注，导致缺氧及代谢产物堆积。

二、休克的分类

（一）按病因分类

根据不同的病因可将休克分为失血性休克、失液性休克、创伤性休克、烧伤性休克、感染性休克、过敏性休克、心源性休克以及神经源性休克等。

（二）按始动环节分类

尽管休克的发生有多种病因，但其共同的发病学环节按照循环的解剖生理特点来看，是通过血容量减少、血管床容积增大以及心脏排血量急剧降低这三个方面使组织器官微循环血液灌流减少，据此，可以将休克分为以下三种类型(图 10－1)：

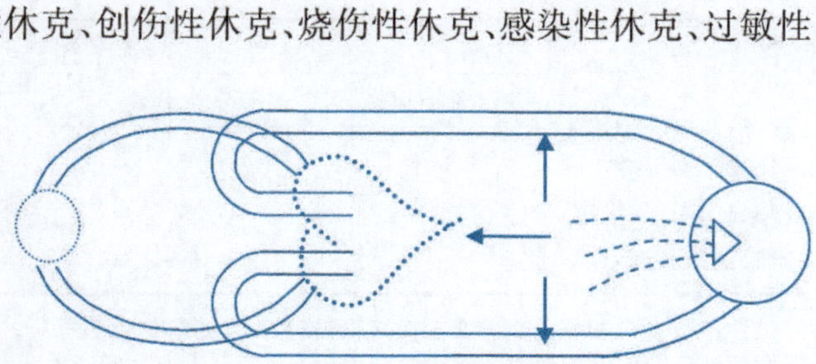

图 10－1 休克循环解剖生理分类示意图

1. 低血容量性休克　由于血容量减少引起的休克称为低血容量性休克(hypovolemic shock)，见于失血、失液、创伤、烧伤等情况，由于血容量急剧减少，回心血量和心输出量减少，动脉血压降低，交感神经兴奋性增强，外周血管收缩，组织器官血液灌流显著减少。低血容量性休克常常表现出“三低一高”的典型特征，即中心静脉压、心输出量和动脉血压降低，而总外周阻力增高。

2. 心源性休克 由于各种原因导致心泵功能障碍，心输出量急剧减少，有效循环血量降低而引起的休克，称为心源性休克(cardiogenic shock)，常见于心肌梗死、心肌炎、心肌病、心瓣膜疾病、严重心律失常以及心包填塞等情况。

3. 血管源性休克 由于微血管扩张，加之开放的毛细血管数增加，血管床容积增大，导致有效循环血量减少所引起的休克，称为血管源性休克(vasogenic shock)，如过敏性休克和神经源性休克等。

(三) 按血流动力学特点分类

血流动力学(hemodynamics)是研究血液在血管中流动和变形规律的科学，按照休克时血流动力学特点的不同可将休克分为三类。

1. 高排低阻型休克 其血流动力学特点是：心输出量增高，总外周阻力降低。患者血压可正常或稍有下降，脉压可增大，微循环动静脉短路大量开放，皮肤血流量增多使皮肤温度升高，故又称之为暖休克(warm shock)，主要见于某些感染性休克患者。

2. 低排高阻型休克 其血流动力学特点是：心输出量降低，总外周阻力增高。患者血压可正常或降低，脉压明显减小，皮肤血管收缩使皮肤血流量减少，皮肤温度降低，故又称之为“冷休克(cold shock)”，大多数休克属于此种类型。

3. 低排低阻型休克 其血流动力学特点是：心输出量降低，总外周阻力也降低，动脉血压明显降低，属于休克失代偿的表现，见于各种类型休克的晚期。

第二节 休克的发病机制

一、休克的微循环机制

尽管学者们相继提出了休克的神经-体液机制和细胞分子机制，但休克的微循环学说仍然是目前指导临床抢救休克的主要依据。各种因素导致微循环血液灌流障碍，组织细胞缺血缺氧以及重要器官功能障碍，始终是休克发生发展过程中最重要的环节。虽然不同类型的休克其发病学特点有所差异，但都遵循一定的共同规律和基本机制，下面以临床经过较为典型的失血、失液性休克为例，探讨休克的微循环变化及其机制，一般来说，根据微循环的阶段性变化特点可将失血、失液性休克分为以下三个时期(表 10-1，图 10-2)。

表 10-1 休克的分期及特点

分期	大循环变化				微循环灌流	组织状况
	回心血量	心输出量	动脉血压	器官灌流		
休克早期(代偿)	↑	↑	维持正常	血流重分布	灌<流	缺血性缺氧
休克中期(失代偿)	↓	↓	↓	↓	灌>流	淤血性缺氧
休克晚期(难治)	↓↓	↓↓	↓↓	↓↓	不灌不流	混合性缺氧

注：① 此表根据休克定义三关键词设计。严重循环障碍，微循环灌流不足，细胞缺氧为横标目。时间变化为纵标目；② 休克发生机制就是要解释这三个关键词随时间进程的变化；③ 早期属于典型的应激状态，中晚期属于应激失衡的状态。从微循环功能改变角度来看，早、中、晚期又可分别称为，微循环缺血期、微循环淤血期、微循环衰竭期。从机体整体(临床)角度来看，早、中、晚期也可称为代偿期、失代偿期、难治期。因而理解休克的发生机制，也就是要说明代偿、失代偿、难治几个词的内容和发生机理；④ 从血液流动状态来看，早期以血流动力学发生变化为主要特征，中晚期则明显出现了血液流变学的变化。血液流变学简单来说强调了血液流动过程中，血液发生浓稠、黏滞、聚集的变化典型特征。而血流动力学则强调血液的流量、阻力、压力等特点。

（一）休克早期（微循环缺血期）

休克早期又名休克Ⅰ期或休克代偿期，该期微循环血管收缩，微循环缺血，所以也称为微循环缺血期。

1．微循环变化的主要特点　休克早期患者全身小血管收缩，尤其是微动脉、后微动脉、毛细血管前括约肌收缩最为明显，毛细血管前阻力显著增大，真毛细血管网关闭，大量血液通过直捷通路和开放的动静脉吻合支回流，微循环处于少灌少流、灌少于流的状态，组织细胞呈严重的缺血缺氧状态。

2．微循环变化的机制　多种引起休克的原始动因（如血容量减少、创伤、烧伤及细菌感染等）均可导致交感-肾上腺髓质系统强烈兴奋，儿茶酚胺大量释放入血，作用于α受体，使皮肤、腹腔内脏和肾脏微血管收缩；作用于β受体，使微循环动-静脉短路开放，真毛细血管网血流量明显减少，这是休克早期微循环缺血的主要机制，除此之外，其他缩血管体液因子也参与了缩血管作用，如血管紧张素Ⅱ、血管加压素、血栓素 A_2、白三烯及内皮素等。

3．微循环变化的代偿意义　休克早期微循环血管收缩导致组织缺血缺氧是其不利的一面，但同时也具有重要的代偿意义，主要表现在以下几点。

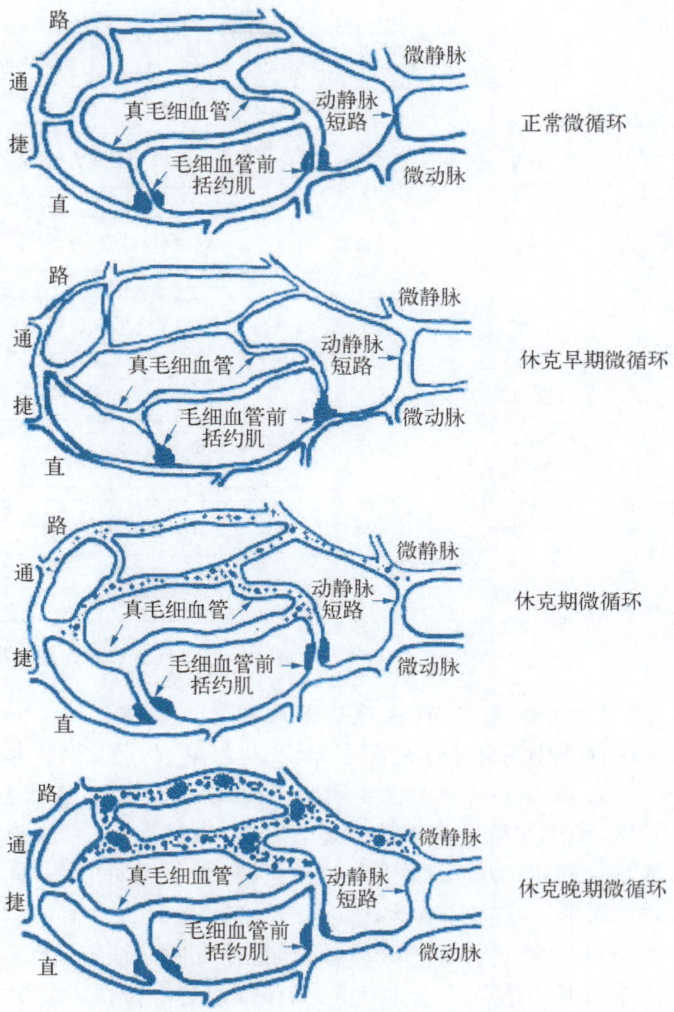

图 10-2　休克各期微循环变化示意图

（1）有助于维持回心血量和动脉血压：静脉是机体的容量血管，正常时有 60%～70% 的循环血液处于静脉系统中，休克初期，儿茶酚胺等缩血管物质可使肌性微静脉、小静脉收缩，加之肝、脾等储血器官的血管收缩，其储存的血液迅速向心回流，有人将这种回心血量的快速增加称为“自身输血”作用（auto blood transfusion）。同时微循环血管收缩，尤其是真毛细血管网血流量减少，可使毛细血管内的流体静压降低，组织液从组织间隙大量回流入毛细血管，也可增加回心血量，有人将这种现象称为“自身输液”作用（auto fluid transfusion）。此外，交感-肾上腺髓质系统兴奋，可增加心输出量和外周阻力。由于这几方面的共同作用，休克早期患者的动脉血压可以在较长时间内不出现明显降低。

（2）有助于维持心、脑等生命重要器官的血液供应：人体不同部位的血管对儿茶酚胺的反应不一样，皮肤、腹腔内脏和肾脏的血管有丰富的交感缩血管纤维支配，α受体密度高，对儿茶酚胺的敏感性高，因而明显收缩，血流量减少。冠状动脉由于局部代谢产物的扩血管作用，脑血管因交感缩血管纤维分布较少，α受体密度低，心和脑的血流量此时均无明显减少。机体的这种血液重新分布在全身有效循环血量减少的条件下，有利于保证生命重要器官心、脑的血液优先供应。

4．休克早期的主要临床表现　休克早期患者的临床表现主要为皮肤苍白，四肢湿冷，出冷汗，脉搏细速，尿量减少，烦躁不安。此时，由于机体的代偿，动脉血压可正常，也可略有降低，但脉压减小。由于血液的重新分布，脑血流量可保持正常，所以患者的神志一般是清楚的，也可表现为轻度的烦躁不安。此期是抢救的最好时期，应及时采取输血、输液等措施恢复循环血量，积极改善微循环缺血，阻止休克的进一步发展。如果得不到有效治疗，则会继续发展进入休克中期（图 10-3）。

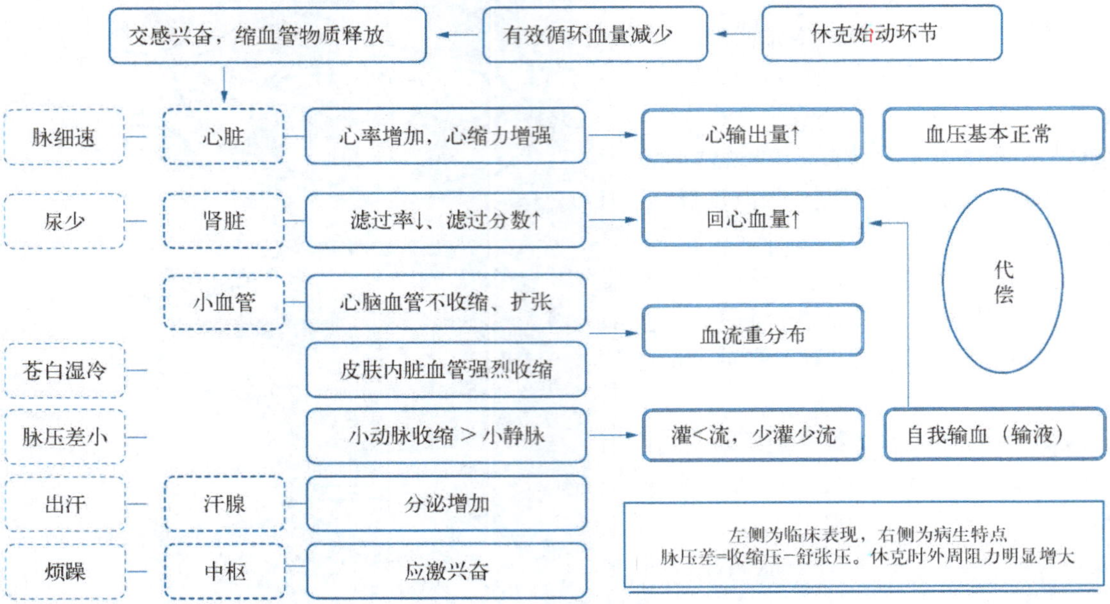

图 10－3　休克早期病理生理改变和临床表现示意图

（二）休克中期（微循环淤血期）

休克中期又名休克Ⅱ期或休克进展期，此期微循环血管舒张，微循环血流淤滞，所以又称为微循环淤血期。

1. 微循环变化的主要特点　微动脉、后微动脉和毛细血管前括约肌明显舒张，血液大量流入真毛细血管网，毛细血管内流体静压显著升高，血浆外渗，血液浓缩，黏滞性升高，加之白细胞黏附于微静脉使微循环流出通路阻力增大，微循环血流淤滞，处于灌而少流，灌多于流的状态，组织细胞缺氧加剧。

2. 微循环变化的机制

（1）微血管扩张的机制：① 微循环缺血缺氧使酸性代谢产物乳酸、二氧化碳堆积而发生酸中毒，导致微血管对儿茶酚胺反应性降低，微循环血管舒张；② ATP 分解代谢增强，局部代谢产物腺苷增多，酸中毒和细胞损伤致 K^+ 释放入血增多，促进微血管扩张；③ 其他具有舒血管作用的体液因子的产生和释放增多，如组胺、激肽以及血管活性肠肽等。

（2）血流淤滞的机制：在创伤、缺氧和酸中毒等因素的作用下，白细胞和血管内皮细胞表达黏附分子增多，白细胞黏附于微静脉内皮细胞，使微循环流出通路血流阻力增大，毛细血管流体静压增高；加之缺氧和酸中毒使组胺、激肽和 5－羟色胺等生成增多，导致毛细血管通透性显著增高，血浆外渗，血液浓缩，血细胞比积增大，血液黏度增高，血流速度变慢，微循环血流淤滞。

3. 微循环淤血的后果　由于全身微循环淤血，回心血量减少，“自身输血”作用停止，毛细血管内的流体静压增高，加之微血管壁通透性升高，血浆外渗，组织液生成增多，“自身输液”作用停止，导致心输出量和动脉血压均进行性下降，脑血流量亦明显减少。回心血量和心输出量的减少势必导致组织器官的血液灌流量进一步下降，组织缺氧更加严重，由此形成恶性循环。

4. 主要临床表现　休克中期患者出现动脉血压进行性下降，神志淡漠，甚至昏迷，尿量进一步减少或无尿，皮肤出现发绀、花斑等表现（图 10－4）。虽然此期患者微循环的状况进一步恶化，但只要进行及时正确的救治，微循环的血液灌流仍然能够得到较好的改善，否则病情将进一步恶化进入休克晚期。

（三）休克晚期（微循环衰竭期）

休克晚期又名休克Ⅲ期，该期患者出现微循环衰竭，即使采取输血输液等多种抗休克措施，仍难以纠正患者的休克状态，所以又称为微循环衰竭期或休克难治期（refractory stage of shock）。

1. 微循环变化的主要特点　在严重的缺氧和酸中毒等因素的持续作用下，微血管麻痹性扩张，血液进一步浓缩，血细胞比积增大，纤维蛋白原浓度增加，血液呈现极度高凝状态，容易导致弥散性血管内凝血（disseminated intravascular coagulation，DIC），此时，真毛细血管网血流停止，处于不灌不流的状态，组织细

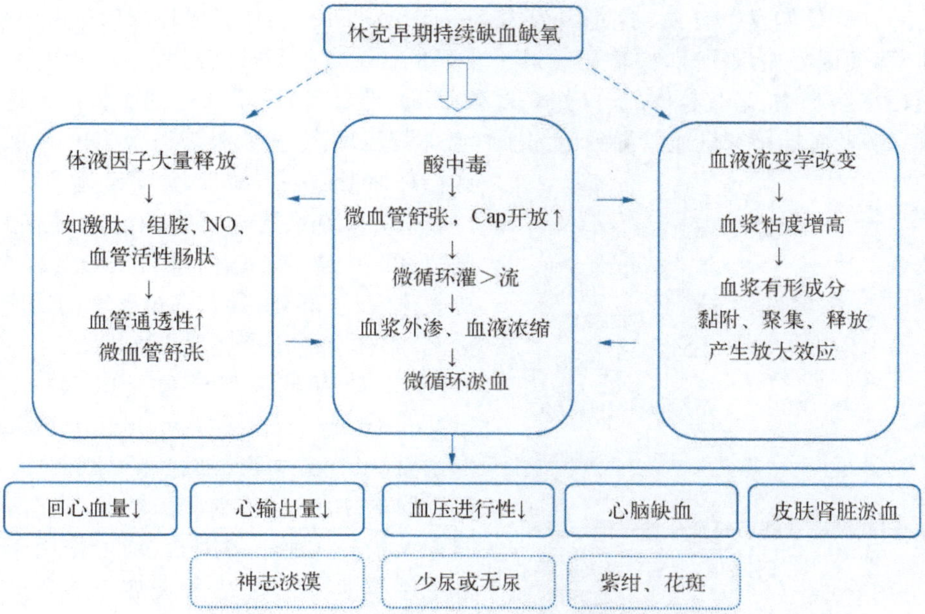

图 10-4 休克中期的病理生理改变和临床表现示意图

休克中期可简要理解为酸中毒为主线，左右为帮凶，且互为因果。根本问题是缺氧未得到纠正

胞缺氧进一步加重。

2. 微循环变化的机制

(1) 微血管麻痹性扩张的机制：微血管麻痹性扩张可能与多种因素有关，主要包括：① 严重的缺氧和酸中毒，使微血管对儿茶酚胺等血管活性物质失去反应而扩张；② 血管平滑肌细胞内 ATP 生成减少，细胞膜上 ATP 敏感性钾通道(K_{ATP})大量开放，细胞内 K^+ 外流增多，细胞膜超极化，钙离子内流减少而引起血管平滑肌舒张；③ 长时间缺氧，使血管内皮细胞缺氧诱导因子 1-α(HIF1-α)活性增强，靶向激活一氧化氮合成酶基因的转录和表达，产生大量的一氧化氮(nitric oxide, NO)，促进血管平滑肌舒张。

(2) 形成 DIC 的机制：① 血液的高凝状态：血流动力学变化和血液流变学变化，微血管麻痹、血流缓慢、淤滞；血液浓缩使纤维蛋白原浓度增加；酸中毒血液呈现极度高凝状态，红细胞、白细胞和血小板易于聚集；② 凝血系统活化：缺氧和酸中毒使血管内皮细胞受损，内皮下的胶原纤维暴露，通过活化Ⅻ因子启动内源性凝血系统；受损的组织细胞释放 TFⅢ入血，细菌内毒素和某些炎症介质还可以刺激单核细胞和血管内皮细胞表达和释放 TF，从而启动外源性凝血系统；③ 炎症细胞因子失调：如 PGI_2/TXA_2 平衡失调。血管内皮细胞受损使其产生和释放 PGI_2 减少，PGI_2 抑制血小板聚集的作用减弱，同时由于内皮下胶原纤维暴露，血小板的黏附、聚集和释放反应增强，TXA_2 生成增多，TXA_2 促进血小板聚集的作用增强；④ 红细胞受损：创伤、烧伤和某些感染性休克还常常引起红细胞大量破坏，释放膜磷脂和 ADP，促进 DIC 形成。

3. 微循环衰竭的后果及主要临床表现

除上述休克中期的临床表现均进一步加重外，微循环衰竭还会导致以下几种严重后果。

(1) 微血管对升压药物失去反应，患者脉搏细弱无力，中心静脉压降低，浅表静脉塌陷。

(2) 毛细血管出现无复流现象，即使大量输血输液，血压回升，也不能恢复真毛细血管的血液灌流，组织细胞的缺血缺氧得不到有效改善。毛细血管内皮细胞肿胀、微血栓堵塞微血管腔以及白细胞的附壁和嵌塞是导致无复流的主要原因。

(3) 微循环血流淤滞和大量的微血栓形成，最终将导致心、肝、肺、肾、脑等全身多个器官功能障碍，甚至衰竭，患者很容易因此出现死亡。

4. 休克晚期休克难治的机制

休克晚期曾一度被称为休克的“不可逆期”，但随着医学的发展和人们对休克发生机制的认识不断深入，休克晚期患者仍有希望得到有效抢救。目前认为，休克难治与以下三方面因素有关。

(1) 休克难治与DIC的发生有关，这是因为休克一旦并发DIC,会使微循环障碍进一步恶化：① 大量的微血栓堵塞微血管,使回心血量锐减,心输出量进一步降低;② 凝血与纤溶过程中产生的某些物质,如纤维蛋白原和纤维蛋白降解产物、某些补体成分(如C3a和C5a)、激肽等,可增加毛细血管的通透性,加重微血管的舒缩功能紊乱;③ 微血栓堵塞微血管导致毛细血管流体静压增高,血浆外渗以及DIC引起的出血,均可导致循环血量进一步减少,加重微循环障碍。

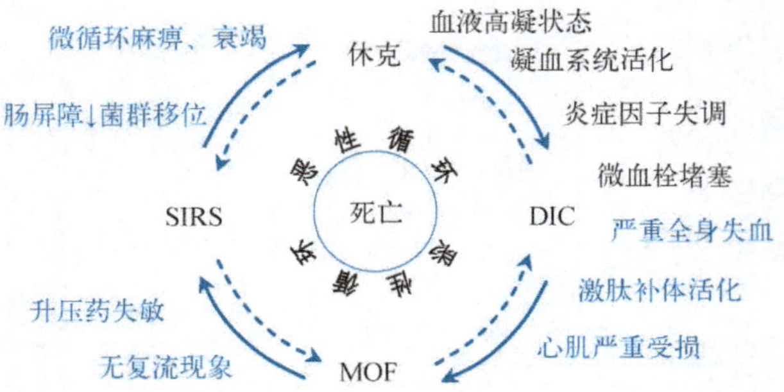

图10-5 休克晚期微循环衰竭后果及休克难治示意图

右侧黑色字体为休克导致DIC的机制要点,蓝色字体DIC导致休克的要点。左侧蓝色字体显示休克循环衰竭导致SIRS和MOF主要点,中间显示休克难治因素及关系

(2) 休克难治与器官功能障碍有关,持续的缺血、缺氧和酸中毒使心、肝、肺、肾、脑等多个器官的组织细胞发生变性、坏死,导致多个器官的功能发生障碍,甚至衰竭,给休克的治疗造成极大困难。

(3) 休克难治与全身炎症反应综合征(systemic inflammatory response syndrome, SIRS)有关,组织细胞严重缺氧、酸中毒、细胞坏死以及持续的低灌流引起肠黏膜的缺血缺氧,其屏障功能降低,肠源性细菌及内毒素大量进入血液等因素,均可作用于单核/吞噬细胞和中性粒细胞,产生多种炎症介质和抗炎介质,使全身炎症反应失控,导致血管内皮细胞及实质脏器细胞损伤(图10-5)。

二、休克发生的细胞分子机制

(一) 细胞损伤与休克

休克时,由于微循环的缺血缺氧和酸中毒,必然导致组织细胞损伤。但某些休克的原始动因,如创伤、烧伤等,也可以直接导致细胞损伤,其细胞病变发生于微循环障碍之前,细胞损伤可能是某些休克患者微循环障碍和器官功能障碍的基础,从而提出了休克发生的细胞机制,强调细胞损伤贯穿于休克发生发展过程的始终,是临床抢救休克过程中保护细胞功能的理论依据。休克时的细胞损伤首先是细胞代谢紊乱,继而出现生物膜受损,线粒体和溶酶体遭到破坏,诱发细胞坏死或凋亡,详细内容将在本章第三节加以叙述。

(二) 体液因子在休克发生发展中的作用

休克发生发展过程中伴随许多体液因子的改变,某些类型的休克,如过敏性休克,组胺、C3a、C5a等体液因子急剧增多是导致其微循环障碍的始动环节,因而同样可以认为体液因子的改变贯穿于休克发生发展过程的始终,是休克时微循环和器官功能障碍的直接原因之一,这就是所谓的休克发生的分子机制。休克发生发展过程中所涉及的重要体液因子主要有血管活性胺(如儿茶酚胺、组胺等)、调节肽(如激肽、内皮素、血管加压素和β-内啡肽等)和炎症介质(表10-2)。

表10-2 休克主要相关体液因子

名称	休克时产生增多的机制	对休克发生发展的影响
儿茶酚胺	血容量减少使减压反射受抑制而引起交感神经兴奋;创伤和烧伤时的疼痛作为应激原可直接引起交感神经兴奋;细菌感染所产生的细菌内毒素刺激交感神经末梢释放儿茶酚胺	作用于α受体,使皮肤、腹腔内脏和肾脏微血管收缩;作用于β受体,使微循环动-静脉短路开放,是休克早期微循环缺血的主要原因,也具有重要的代偿意义
组胺	缺氧和酸中毒刺激肥大细胞产生和释放大量组胺	引起小动脉、小静脉扩张,加重微循环淤血,还可增加血管壁的通透性,引起血浆外渗、血液浓缩
血管紧张素Ⅱ	有效循环血量减少时,肾血流量减少,刺激肾入球小动脉壁牵张感受器,反射性引起球旁细胞肾素分泌增加,激活肾素-血管紧张素系统	具有强烈的缩血管作用,参与休克早期微血管收缩,对维持动脉血压也具有一定的代偿意义
血管加压素	有效循环血量减少使左心房和胸腔大静脉容量感受器所受的刺激减弱,反射性引起下丘脑视上核和室旁核分泌血管加压素增多	作用于血管平滑肌细胞血管加压素受体,促进微血管收缩,血管加压素也具有抗利尿作用,在休克早期也具有代偿意义

续表

名　称	休克时产生增多的机制	对休克发生发展的影响
血栓素 A_2	外伤、缺血等因素使血管内皮细胞受损，内皮下胶原纤维暴露，激活血小板的黏附和释放反应，血栓素 A_2 生成增多	作用于血管平滑肌细胞 TXA_2 受体，促进微血管收缩，加重休克早期微循环缺血
内皮素	主要由血管内皮细胞产生，缺血、缺氧、肾上腺素等均可促进血管内皮细胞前内皮素原的基因表达，增加内皮素的合成和释放	与血管平滑肌细胞内皮素受体结合，引起微血管收缩，使休克早期微循环缺血加重
激肽	血管内皮细胞受损，胶原纤维暴露激活Ⅻ因子，激肽释放酶原在Ⅻa 和Ⅻf 的作用下转变为激肽释放酶，水解血浆中的高分子量激肽原，生成缓激肽	激肽能扩张小血管和微血管，增加毛细血管的通透性，加重微循环淤血
血管活性肠肽	休克时小肠缺血或淤血，可促进肠黏膜组织分泌大量的血管活性肠肽	具有舒张血管和增加血管壁的通透性等作用
β-内啡肽	休克时由于人体的应激反应，垂体合成和分泌 β-内啡肽增多	具有减慢心率，减少心输出量和降低血压等作用
炎症介质	创伤、感染、细菌内毒素等因素均可活化炎症细胞产生大量的促炎介质和抗炎介质	一些炎症介质具有强烈的缩血管作用，如白三烯 LTC_4 D_4 E_4 等，而 NO 等炎症介质则能舒张血管，增加血管壁的通透性，炎症介质还能活化血小板，促进 DIC 形成等

第三节　休克对机体代谢与功能的影响

休克对机体代谢和功能的影响是微循环血液灌流障碍的直接后果，其对机体代谢和功能的影响有：① 首先是组织细胞的代谢紊乱，表现为糖的无氧酵解增强以及脂肪和蛋白质的分解增多，ATP 的生成减少，酸性代谢产物的生成增多，所以乳酸浓度是临床监测休克严重程度的重要指标；② 继而出现生物膜受损，线粒体和溶酶体遭到破坏，诱发细胞坏死或凋亡；③ 严重时引起肺、肾、心、脑、胃肠道以及凝血和抗凝血等重要器官和系统的功能障碍；④ 出现全身炎症反应综合征和多系统器官功能衰竭，甚至死亡（详见第八章氧失衡和第二十三章多器官功能障碍综合征相关内容）。

第四节　各种常见类型休克的特点

虽然各种类型的休克都遵循一定的共同规律，但不同类型的休克也有其自身的特点。上述内容以失血、失液性休克为例阐明了休克发生发展的一般规律，下面简要介绍其他几种类型休克的特点。

一、感染性休克

感染性休克（infectious shock）系由病原微生物及其毒素作用于人体后引起一系列改变而产生的休克。临床上最常见于革兰阴性细菌感染引起的败血症，所以又称为败血症休克。脂多糖（LPS）在革兰阴性细菌败血症休克发生中起重要作用，给动物注射 LPS 可导致类似败血症休克的表现，由革兰阴性细菌感染引起的休克也可称为内毒素休克（endotoxic shock）。

根据血流动力学变化的特点，可将感染性休克分为两种类型：

1. 低动力型休克　即前述的低排高阻型休克（冷休克），其特点是心输出量减少，而总外周阻力增高，患者皮肤血管收缩，四肢湿冷，革兰阴性细菌感染相对容易引起此型休克。其发生机制可能是：① 严重感染使交感-肾上腺髓质系统兴奋，儿茶酚胺等缩血管物质生成增多，外周血管阻力增加；② 致病微生物及其毒素直接破坏血管内皮细胞，激活Ⅻ因子，或刺激单核细胞和血管内皮细胞产生和释放组织因子，促进 DIC 的形成；③ 血管内皮细胞受损，微血管的通透性增高，大量的血浆外渗，血液浓缩，加之微血栓堵塞微血管，使回心血量急剧减少，心输出量随之减少。

2. 高动力型休克　即前述的高排低阻型休克（暖休克），其特点是心输出量增加，而总外周阻力降低，患者皮肤血管扩张，四肢温暖，革兰阳性细菌感染更易引起此型休克。其可能机制是：① 交感-肾上腺髓质系统兴奋，心率加快，心肌收缩力增强，心输出量增加；② 感染使组胺、激肽、NO 等扩血管物质的生成显著增多；③ 儿茶酚胺作用于β-受体，使微循环动静脉短路大量开放。高动力型休克，尽管心输出量增加，由于动-静脉短路开放，真毛细血管网血液灌流量仍然减少。

二、创伤性休克

严重创伤所引起的休克，称为创伤性休克（traumatic shock）。严重创伤发生时常伴大量失血、失液所致有效循环血量下降，剧烈疼痛刺激引起交感神经兴奋，使儿茶酚胺增多，组织坏死导致大量组织因子释放入血，加上创伤继发感染等有害因素的共同作用，使机体出现多种生理功能紊乱。所以创伤性休克较其他类型休克更为复杂。与失血性休克相比较，创伤性休克具有以下明显特点：① 严重创伤，尤其是多发伤，组织细胞坏死导致组织因子大量释放入血，因而可以较早发生弥散性血管内凝血；② 创伤局部组织缺氧以及单核-吞噬细胞因吞噬坏死细胞而处于封闭状态，创伤性休克的患者更容易并发感染；③ 细菌毒素、坏死组织及其分解产物刺激炎症细胞活化，更容易导致全身炎症反应综合征。

三、烧伤性休克

大面积烧伤伴有大量血浆渗出，使有效循环血量减少，引起烧伤性休克（burn shock）。此型休克具有以下特点：① 除经烧伤局部丧失大量血浆外，由于炎症介质的大量产生，毛细血管通透性升高、血浆外渗，所以，烧伤性休克也属于低血容量性休克；② 休克代偿期较长，这是因为烧伤后的体液外渗和有效循环血量的减少是渐进性的，加之烧伤时的剧烈疼痛还可引起较强的应激反应，使交感-肾上腺髓质系统持续兴奋，有利于增加心输出量，维持动脉血压；③ 烧伤引起组织细胞遭受损伤，容易并发感染和 DIC，导致病情恶化。

四、过敏性休克

过敏性休克（anaphylactic shock）是外界某些抗原性物质（变应原）进入已致敏的机体后，通过免疫机制在短时间内发生的一种强烈的急性循环功能障碍。其变应原可以是某些药物（如青霉素、普鲁卡因）、血清制品（如破伤风抗毒素、白喉类毒素）或疫苗，甚至可能是某些食物等。

过敏性休克有两大特点：① 患者血压常常急剧下降到 80/50 mmHg 以下，患者很快出现意识障碍，甚至昏迷；② 在休克发生之前或同时出现一些与过敏相关的症状，如胸闷、气急、心悸、出汗、面色苍白、脉速而弱、皮肤瘙痒或广泛的荨麻疹等。过敏性休克通常是由Ⅰ型变态反应所引起的，其发生机制是：变应原进入机体后，刺激机体产生特异性的亲细胞抗体 IgE，后者吸附于小血管周围的肥大细胞或血液中的嗜碱性粒细胞表面，使机体处于致敏状态。当同一变应原再次进入机体时，细胞膜上的 IgE 即与过敏原结合，激发肥大细胞或嗜碱性粒细胞释放组胺、5-HT、激肽、慢反应物质、前列腺素等血管活性物质，引起外周小血管舒张，血管壁通透性增高，回心血量急剧减少，动脉血压迅速而显著地下降。过敏性休克患者由于短时间内出现严重的低血压，若不及时采用肾上腺素等药物加以治疗，患者可在数分钟内死亡。

五、心源性休克

心源性休克是由于心泵功能衰竭，心输出量急剧减少，有效循环血量和微循环血液灌流量下降所引起的休克。其微循环变化的过程基本上与失血性休克等低血容量性休克相同，但由于其始动环节是心输出量急剧减少，患者早期即出现严重的低血压，组织细胞的缺血缺氧更加明显。多数患者由于应激反应和动脉充盈不足，使交感-肾上腺髓质系统兴奋和儿茶酚胺分泌增多，小动脉、微动脉收缩，外周阻力增加，致使心脏后负荷加重。也有少数患者外周阻力是降低的，可能是由于心室舒张末期血容量增加，刺激心室壁压力感受器，反射性地引起心血管运动中枢的抑制所致。

六、神经源性休克

神经源性休克(neurogenic shock)是指由于强烈的神经刺激使血管运动中枢抑制或传出的交感缩血管纤维被阻断,小血管因紧张性丧失而发生扩张,外周血管阻力降低,大量血液淤积在微循环中,回心血量急剧减少,血压下降,从而引起的休克。多见于颅脑损伤或脑缺血、深度麻醉、脊髓高位麻醉或脊髓损伤以及过量使用神经节阻滞剂等。本类休克的病理生理变化和发生机制都比较简单,大多数患者预后较好,有时不经治疗即可自愈,有的则在应用缩血管药物后迅速好转。有人认为这种情况只能算是低血压状态(hypotensive state),而不能算是休克。

几种常见休克异同见表 10-3。

表 10-3 四种临床最常见休克的典型情况异同比较

	低血容量性休克	感染性休克	心源性休克	神经源性休克
一般特点	发生率最高,发生过程最为经典,多为低动力型,死亡与失血速度和量密切相关	易发生 SIRS,最易出现高动力型,发病机制极为复杂,病死率 40%~50%	早期严重低血压,但心脏后负荷加重,病死率约 80%	心血管中枢受抑,交感神经阻断,外周血管阻力明显降低
肤色及肢端温度	苍白、湿冷	有时红、温暖	苍白、发凉	红润、温暖
外周静脉充盈度	萎陷	不定	收缩、萎陷	充盈良好
血压	初升晚降	降低	降低	降低
脉率	加快	加快	加快或减慢	正常或降低
尿量	减少	减少	减少	正常或降低
中心静脉压	降低	升高或降低	升高	正常
PaO_2	初升晚降	降低	降低	正常
$PaCO_2$	降低或升高	降低或升高	初期降低	正常或降低
pH	降低	降低	降低	不定
红细胞压积	降低或正常	正常	正常	正常

注:切记这是临床典型情况,主要从发生概率来看,不是一成不变的。

第五节 休克临床防治措施的病理生理基础

休克是严重的全身性病理过程,对于休克患者的抢救,应当分秒必争,临床上对休克抢救有"黄金分钟"(golden minute)、"黄金小时"(golden hour)的说法。否则,病情就会不断恶化,引起全身多个器官系统的功能障碍,给休克的治疗造成极大的困难。

1. *去除病因* 积极防治引起休克的原发病,如积极止血、止痛以及控制感染等。

2. *补充血容量* 各型休克都存在有效循环血量的减少,因此除心源性休克外,补充血容量是提高心输出量和改善组织灌流的根本措施。补充血容量对于低血容量性休克尤其重要。需要注意的是,在补充血容量时,要严防补液过多,因而必须坚持"需多少,补多少"的原则。在补充血容量的同时,还必须考虑输血和输液的比例,如失血性休克的患者要输入一定量的全血,而不能只考虑补液。

3. *纠正酸中毒* 纠正酸中毒不仅可以恢复心血管系统对血管活性药物的反应性,还可缓解高钾血症及增强心肌收缩力。但应警惕不适当的给予碱性药物可能发生碱中毒。

4. *合理使用血管活性药物* 对低血容量性休克等低排高阻型休克患者,应在补充血容量和纠正酸中毒的基础上使用扩血管药物进行治疗,以便改善微循环的灌流状况,及时纠正组织细胞的缺血缺氧。对于过敏性休克和神经源性休克来说,其外周血管扩张,血管床容积增大,应该首选缩血管药物进行治疗。血管活性药物的选择还应结合患者的临床特点,做到具体问题具体分析,例如对于低血容量性休克的中、晚期患者,若扩充血容量后，血压回升较慢者，亦需采用适量缩血管药物进行治疗。总之，使用血管活性药物的最终目的是改善微循环和恢复组织器官的血液灌流。

5. 防治细胞损伤　各种类型的休克发生后，由于微循环血液灌流不足，都有不同程度的组织细胞受损，因而除了积极改善微循环血液灌注外，还应该采取一些措施来保护细胞免受损害。临床上常用糖皮质激素、ATP 和细胞色素 C 等药物来稳定细胞膜，增加对细胞的能量供应。

6. 体液因子拮抗剂的应用　由于多种体液因子参与了休克的发生发展，采用某些体液因子拮抗剂可能在一定程度上具有抗休克疗效，但目前尚未普遍推广使用。

7. 防治多器官功能障碍与衰竭　休克是多器官功能障碍(MODS)发生的重要因素，应警惕各重要器官功能不全的早期表现，早期纠正微循环灌注不足是防治 MODS 的重要措施。

小　结

休克是各种致病因子作用下，机体循环功能严重障碍，组织器官微循环血液灌流不足，进而引起组织细胞及重要器官的功能、代谢出现严重紊乱的全身性危重病理过程。休克的病因很多，常见的如严重的创伤、感染、心功能障碍等，根据不同的分类方法，休克可以分为很多类，不同类型的休克其发病环节不尽相同，但其共同的特征和发病机制是都有微循环血液灌流不足。多种体液因子在休克发生发展过程中也具有重要作用，如血管活性胺、调节肽和炎症介质等。休克时，由于微循环血液灌流不足，导致组织细胞缺血缺氧，首先引起组织细胞的代谢紊乱，表现为糖的无氧酵解增强以及脂肪和蛋白质的分解增多，使酸性代谢产物的生成增多，而 ATP 的生成减少。继而出现生物膜受损，线粒体和溶酶体遭到破坏，诱发细胞坏死或凋亡。严重时引起重要器官和系统的功能代谢障碍，导致多系统器官功能衰竭，甚至死亡。

【复习思考题】

1. 休克发生的始动环节有哪些？
2. 休克各期微循环变化有何特点？微循环出现相应变化的机制是什么？
3. 休克早期患者的动脉血压一般不会显著降低，为什么？

（谢勇恩）

第十一章

弥散性血管内凝血

学习要点

掌握： ① DIC 的概念；② DIC 的基本发病机制；③ DIC 的主要临床表现及其发生机制。
熟悉： ① 影响 DIC 发生、发展的主要因素和机制；② DIC 的分期、分型及其特点。
了解： ① DIC 的诊断与实验室检查；② DIC 的临床防治措施的病理生理基础。

公元前罗马名医塞尔苏斯(Celsus)已经观察到人体被蛇咬之后迅速出现的弥散性出血现象。19 世纪，临床医师开始探索这种称之为死亡即将来临(death is coming)的疾病的机制。1834 年，法国医师迪皮伊(Dupuy)首次报道，给狗静脉注射一些外源性物质如脑组织后会立即死亡，并且在血管中检测到广泛存在的血栓。1886 年，伍德布里奇(Woodbridge)注意到，给动物注射组织浸出液(红细胞溶解物)后，血液呈现出高凝状态，继而又转为低凝状态。然而为何缺血坏死与出血不止，两种"截然不同"的病理现象出现在同一个患者身上，一直是一个谜团。

20 世纪 50 年代初，墨西哥妇产科医师施耐德(Schneider)对该种临床病理进行了总结，首次给予命名，即弥散性血管内凝血(disseminated intravascular coagulation，DIC)，并强调因为纤维蛋白血栓形成所致的纤维蛋白减少在其发病机制中的重要作用，促进了 DIC 的发病机制研究。

在 20 世纪 60 年代，针对 DIC 所致的凝血与出血机制，许多学者提出了不同的见解。1961 年，Lasch 认为出血不仅仅是去纤维蛋白，而是由于各种凝血因子被大量消耗，提出了消耗性凝血病的概念。1965 年，美国实验病理学家麦凯(Mckay)出版了第一本有关 DIC 的论著，基于对产科意外的血液学研究，提出了纤维蛋白溶解亢进症的理论，并认为它不是一种独立的疾病，而是许多疾病的并发症。1966 年，外科医师哈德韦(Hardway)研究发现 DIC 在出血与休克的患者中多见，微循环障碍是可能关键。1967 年，科本(Coben)则从动力学角度出发，认为 DIC 是一种继发性纤维蛋白溶解症。1968 年，莫斯森(Mosseson)、博维尔(Bowil)提出慢性 DIC 的概念，其他的 DIC 别称还有凝血活酶中毒症、血管内凝血合并纤溶综合征等。这种同样病理过程不同名称或概念的提出，表明其发病机制的复杂性。

1972 年，戈尔曼(Golman)依据临床实验室检测指标的共性，提出诊断 DIC 的四方面依据："血栓形成、特殊类型的止血异常、存在纤维蛋白性微血栓、肝素治疗有效"。该认识得到普遍认可，DIC 称谓逐渐统一，并成为临床实验室诊断标准的理论基础。此后的临床对 DIC 的理解和诊断标准的改进都是在此基础之上发展而来。

第一节 弥散性血管内凝血概述

一、弥散性血管内凝血概念

在许多疾病或病理过程中，机体均可能发生凝血与抗凝血平衡紊乱。2001年，国际血栓与止血学会提出，弥散性血管内凝血是指："由不同病因引起的血管内的凝血系统广泛激活，丧失局限性。DIC可源自微循环，并且一旦发生也可损害微循环，在足够严重时将引起器官功能障碍"。这一定义强调了机体凝血系统在DIC发生中的始动作用；也强调了微循环在DIC发生发展过程中扮演了重要角色；同时也表明DIC是一病理过程而非独立疾病。2012年，中国临床专家达成共识，将《弥散性血管内凝血诊断与治疗中国专家共识》依据国际定义，稍做了修改，指出：DIC是在许多疾病基础上，致病因素损伤微血管体系，导致凝血活化，全身微血管血栓形成，凝血因子大量消耗并继发纤溶亢进，引起以出血及微循环衰竭为特征的临床综合征。这两个定义本质上并无差异，语言描述差异或许与文化背景有关，在此不做分析讨论。

二、弥散性血管内凝血病因

引起DIC的病因很多，最常见的有严重感染性疾病、恶性肿瘤、广泛组织损伤和产科意外等。目前认为凡是能引起血管内皮细胞损伤、组织损伤、红细胞、血小板或白细胞损伤以及促凝物质入血的任何一种因素，都有可能激活凝血系统发生DIC，几乎涉及临床所有危重患者。

1. 感染性疾病(特别是严重感染) 是导致DIC的主要病因，占31%～43%，包括细菌、病毒、真菌、立克次体、原虫、螺旋体等感染和败血症，其中革兰阴性细菌感染及败血症所致的DIC约占所有细菌感染致DIC病例的65%。

2. 恶性肿瘤 恶性肿瘤可引起DIC，占24%～34%，常见于胰腺癌、结肠癌、食管癌、胆囊癌、肝癌、胃癌、白血病等，多发生于肿瘤晚期。恶性组织细胞病、淋巴瘤、急慢性淋巴细胞白血病等在化疗后亦常发生DIC，特别是急性早幼粒细胞白血病在化疗前后都容易发生DIC。

3. 产科意外 产科意外常可导致DIC，占8.6%～20%。临床上常见于羊水栓塞、前置胎盘、死胎滞留、胎盘早剥、感染性流产、子痫、妊娠期高血压、葡萄胎、剖宫产、子宫破裂、绒毛膜上皮癌等。其中羊水栓塞是产科意外导致DIC最常见的病因，有文献报道40%～45%的羊水栓塞患者并发有DIC。

4. 手术与创伤 大手术和创伤引起DIC占12.7%～15%，常见于体外循环、心瓣膜置换、器官移植、门静脉高压分流术、实质器官的大手术等，特别在大面积灼伤、挤压综合征、电击以及肾移植排异反应时，常常会发生DIC。

5. 其他 各种原因所引起的休克(以感染性休克者为多见)、恶性高血压、持续性低血压、肺梗死、巨大血管瘤、非感染性血栓性心内膜炎、心肌梗死、重症甲状腺功能亢进、药物过敏反应等都可成为DIC发生的原因。严重呼吸窘迫综合征、中暑、热射病、脂肪栓塞、溶血性输血反应、输液反应等也可导致DIC。

第二节 弥散性血管内凝血的发病机制

机体的凝血与抗凝血功能平衡是机体抗损伤机制的重要组成部分，也是机体维持血液正常循环和生理性止血的关键。生理上凝血与抗凝血处于动态平衡过程之中，在病理状态下，与生理过程最重要的不同之处是：① 激活的广泛性、非局限性(生理为局部性)；② 凝血与抗凝血过程的非有序性(生理凝血因子活化有序)；③ 凝血和抗凝血的非对称性(先凝血功能增强、后纤溶亢进)；④ 机体潜伏的凝血与抗凝血机制被调动参与了凝血与抗凝血过程(生理主要是凝集系统和纤溶系统参与，病理上细胞、体液抗凝更复杂)；⑤ 凝血和抗凝血程度加重，出现血栓和(或)严重出血，导致其他组织器官损伤(目前强调微循环障碍)。其中具体的凝血系统、抗凝系统、纤维蛋白溶解系统、纤溶抑制系统与DIC关系见图11-1。

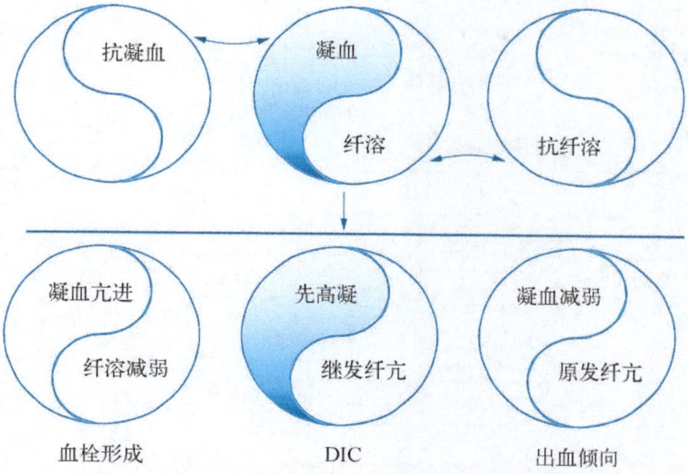

图11-1 凝血、抗凝、纤溶、纤溶抑制系统关系示意图

注意凝血系统本章节指纤维蛋白凝集，抗凝系统则指针对调节纤维蛋白凝集的有关因子。广义上也有把所有促进血栓形成的体液因子统称为凝集系统，而把所有与促进血栓溶解的因子称为抗凝系统。

由于病因的多样性，机体反应的复杂性，参与因素变动，临床表现不定，具体疾病DIC发病机制不同。本章节依据DIC定义：DIC必有凝血过程激活，继发性纤溶亢进，微循环障碍三个环节来讲述其机制及DIC对机体的影响。

一、弥散性血管内凝血发生的基本机制

(一) 病理性启动凝血系统

凝血启动将使血栓形成。以微血管内纤维蛋白沉积和血小板聚集形成纤维蛋白-血小板微血栓为基本病理特征。其机制分述如下。

1. 启动外凝通路，引起瀑布效应

(1) 组织因子增多：组织因子(tissue factor，TF)是广泛分布在组织中的凝血因子，其中以脑、肺、胎盘等组织中含量最为丰富。正常情况下，与血浆直接接触的血管内皮细胞、单核细胞、中性粒细胞及巨噬细胞并不表达TF，只有血管平滑肌细胞和成纤维细胞可表达TF，因此不会启动凝血过程。严重创伤和烧伤、大手术、产科意外、组织器官大量坏死、恶性肿瘤组织坏死或放疗、化疗后或发生广泛血循转移等疾病病理过程中，由于组织细胞大量破坏，释放TF入血增多；或上述病因通过诱导血管内皮细胞、单核细胞、中性粒细胞及巨噬细胞等表达和释放TF。

(2) 活化过程：TF入血后可通过Ca^{2+}与凝血因子Ⅶ构成复合物，并使之活化，继而可使大量凝血因子Ⅹ激活，形成凝血酶原活化物，使凝血酶原生成凝血酶，一方面水解纤维蛋白原成不溶性的纤维蛋白(经典通路)；另一方面又可激活内凝通路中的凝血因子Ⅸ、凝血因子Ⅺ、凝血因子Ⅻ等以及共同通路中的凝血因子Ⅹ，扩大凝血反应，促进DIC的发生(选择通路)。因此，组织损伤、组织因子释放是DIC最重要的起始环节之一(图11-2)。

2. 启动内凝通路，引起瀑布效应

(1) 内皮损伤：血管内皮损伤是引起DIC最常见的原因之一。严重感染、内毒素血症、抗原抗体复合物、持续缺血缺氧、酸中毒、颗粒物质入血等都是导致血管内皮细胞损伤的重要因素。近些年一些促炎介质(TNF-α、IL-1、IL-6、IL-8等)在血管内皮损伤中的作用也引起了广泛关注。

(2) 活化过程：血管内皮细胞受损，内皮下带负电荷的胶原暴露后，Ⅻ与其接触，并活化为Ⅻa(称为接触激活或固相激活)，另可在激肽释放酶、纤溶酶或胰蛋白酶等可溶性蛋白水解酶的作用下，酶性水解Ⅻ或Ⅻa

因子，生成Ⅻf(Ⅻ的片段)，可把血浆激肽释放酶原(prekallikrein)激活成激肽释放酶(kallikrein)，可加速Ⅻ因子活化(称为酶性激活或液相激活)。此外激肽系统激活补体系统，促进 DIC 的发生(图 11－2)。

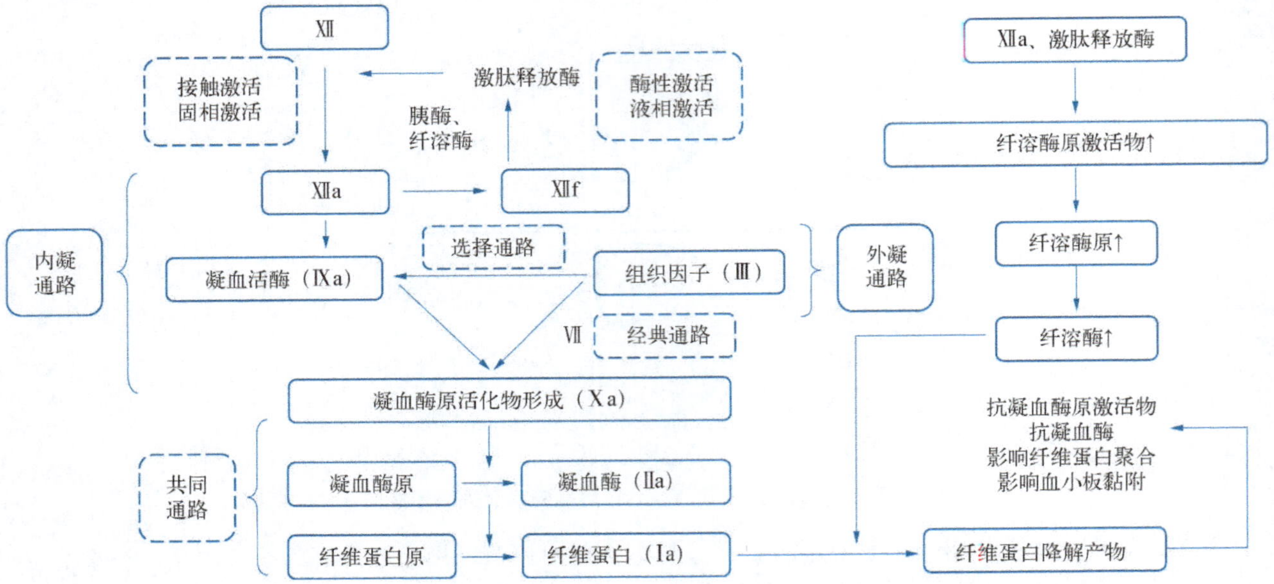

图 11－2　凝血系统、纤溶系统级联及纤维蛋白降解产物作用示意图

图中凝集过程应记住：凝血酶原活化物活化、凝血酶形成、纤维蛋白血栓形成三个序贯的关键词或现象，对应的纤溶过程即是，纤溶酶原激活物形成、纤溶酶形成、纤维蛋白降解产物增多。纤维蛋白降解产物有很强的抗凝作用，即对抗凝集过程的三个关键词

3. *启动非常规生理路径*　以上外凝通路、内凝通路经组织因子或Ⅻ因子活化是生理止血经典路径，但病理状态下许多因素启动路径与生理不尽相同。

(1) 急性胰腺炎：急性胰腺炎时，大量胰蛋白酶入血，可直接激活凝血因子Ⅹ、凝血酶原和凝血因子Ⅻ，还可增强凝血因子Ⅷ和Ⅴ活性。此外，胰腺组织坏死时，可有大量 TF 释放入血，也可引起 DIC。

(2) 羊水栓塞：羊水中除含有丰富的 TF，可启动外凝通路；其中胎脂、胎粪等颗粒物质入血后可通过表面接触而激活凝血因子Ⅻ，启动内凝通路外，羊水还具有凝血因子Ⅷ活性，含有纤溶酶原激活物，可激活纤溶系统，使血液由高凝状态迅速转入低凝状态，使产妇发生 DIC，出现产科危症。

(3) 异常颗粒物质入血：转移的癌细胞或某些大分子颗粒(如细菌等)进入血液，可以通过表面接触而激活凝血因子Ⅻ，从而启动内源性凝血，引起 DIC。

(4) 外源性毒素入血：某些蜂毒或蛇毒具有凝血酶原活化物或直接就有凝血酶活性，入血可以直接激活凝血因子或直接使纤维蛋白原转变为纤维蛋白，如某些蝮蛇蛇毒能直接使凝血酶原转变成凝血酶，而响尾蛇蛇毒可直接使纤维蛋白原转变为纤维蛋白。

4. *血小板激活*　血小板激活可引起 DIC 的发生，但其活化多为继发，如感染、缺氧、酸中毒等所致，只有血栓性血小板减少性紫癜等少数情况下血小板激活是原发因素。血小板一方面可为凝血因子级联反应提供膜磷脂，另一方面血小板激活可导致其黏附、聚集，并释放大量的内源性生物活性物质，包括外凝通路的 TF、内凝通路的 FVa 等，促进 DIC 发生发展。血小板黏附主要是指血小板与受损的血管内皮暴露的胶原，通过 vWF 因子桥联，与血小板膜上糖蛋白 GPⅠb/Ⅰx 连接。血小板聚集是指血小板之间，其膜上的糖蛋白 GPⅡb/Ⅲa等通过纤维蛋白原并在钙离子的参与下相互连接。血小板释放是指血小板受到各种因素如凝血酶等刺激以后，通过表面的受体(多为 G 蛋白偶联受体)，蛋白激酶 C 信号通路等，将信号传入血小板内，促使其骨架蛋白收缩，血小板脱颗粒，其颗粒内富含许多生物介质，如 ADP、vWF、纤维蛋白原、血小板激活因子、血栓素 A2、脂质代谢产物白三烯等，放大了黏附、聚集效应，同时作为炎症介质参与了血管舒缩、血管通透性调节等重要生物活动(图 11－3)。

(二) 继发性启动纤溶系统

1. *启动纤溶系统*　DIC 发生时，启动纤溶的机制涉及纤溶酶原激活物生成增多，纤溶酶增多：① 血液

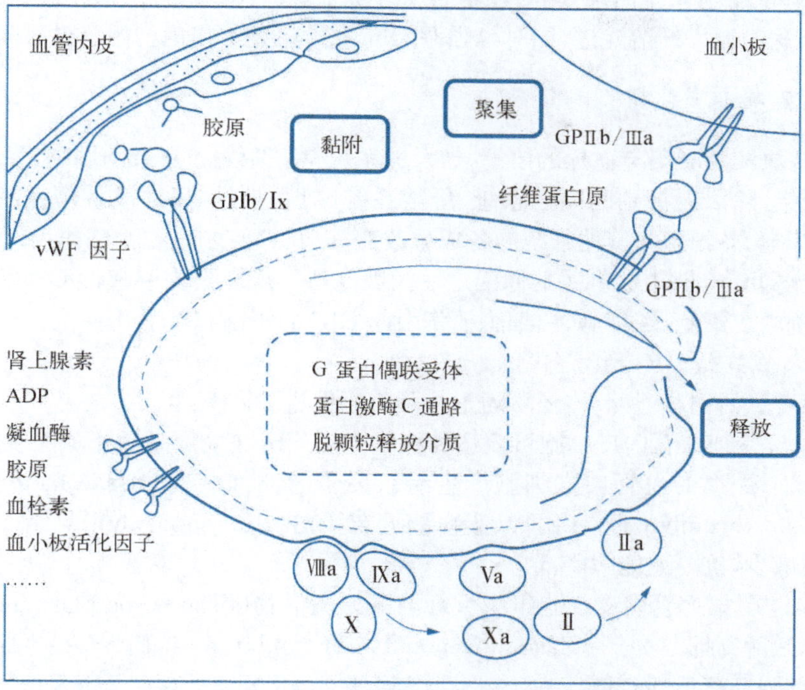

图 11－3　血小板黏附、聚集、释放机制示意图

中凝血因子Ⅻ激活为Ⅻa 时，也可通过产生的具酶活性的Ⅻf 片段，激活激肽系统产生激肽释放酶，引起纤溶系统激活；② 凝血过程中产生的凝血酶等可激活使纤溶酶原激活物活化；③ DIC 对组织的损伤如肺、子宫等损伤（富含纤溶酶原激活物）可释放大量纤溶酶原激活物；④ 应激时交感-肾上腺髓质系统兴奋，肾上腺素等可促进血管内皮细胞合成、释放纤溶酶原激活物增多；⑤ 原始病因损伤组织也可释放纤溶酶原激活物。

2. 纤溶系统亢进　纤溶系统被激活后，纤溶酶既可分解纤维蛋白（Fbn）也可分解纤维蛋白原（Fbg）。纤溶酶水解 Fbg 及 Fbn 产生的各种片段，统称为纤维蛋白原降解产物（fibrinogen degradation products，FDP）。① FDP 中 X、Y、D 片段均可妨碍纤维蛋白单体聚合；② Y、E 片段具有抗凝血酶作用；③ 多数碎片还可与血小板膜结合，降低血小板的黏附、聚集、释放等功能。纤维蛋白降解产物具有对抗凝血的功能，它的出现是机体纤溶系统功能亢进的标志（图 11－4）。

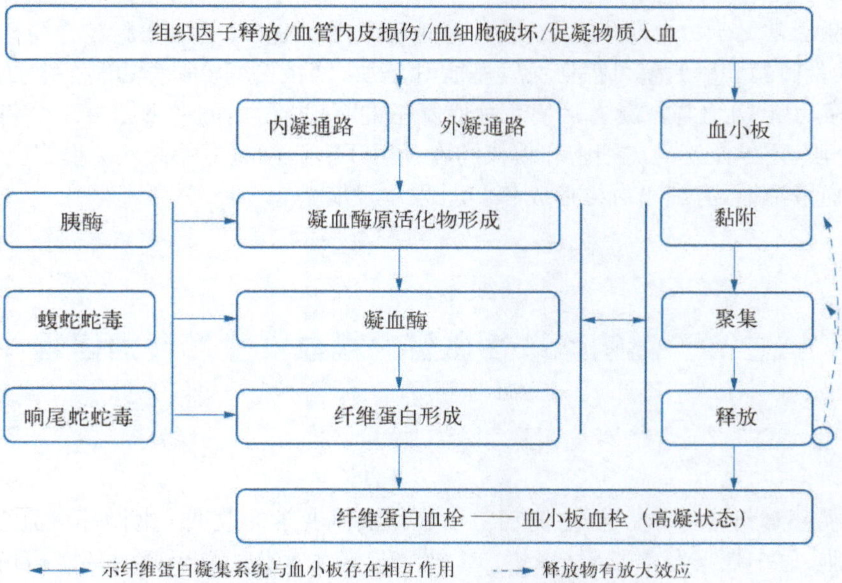

图 11－4　纤维蛋白-血小板血栓形成示意图

要注意的是：实际上凝血系统启动，同时也将启动纤溶系统。DIC 继发纤溶系统启动，继发二字主要是临床为区别非 DIC 疾病的原发纤溶亢进，同时也强调 DIC 发生机制中作为初始事件凝集启动的重要性。

二、弥散性血管内凝血发生机制的复杂性

从稳态角度考虑，血液的凝集与血栓的溶解，涉及的系统是一庞大和复杂的网络，系统与系统之间，系统与子系统之间相互交错，除以上提到的凝血系统、纤溶系统、血小板外，还涉及抗凝系统、纤溶抑制系统、补体、激肽、血管、内皮细胞、血细胞等其他系统的各成分改变，以及它们之间的相互作用。这些变化十分复杂，这也是临床诊断、治疗 DIC 有时十分棘手的原因之一。因此某一病理损害引起 DIC 的发生发展往往是多途径，多机制的。现举例内皮细胞、红细胞、白细胞损伤引起 DIC 的机制有以下几种。

（一）内皮细胞损伤引起 DIC 的机制

内皮细胞损伤除可激活内凝通路外，还可通过如下机制促进 DIC 发生。

1. 激活外凝系统　受损血管内皮细胞可表达和释放大量 TF，在局部激活外源性凝血系统。

2. 抗凝能力降低　受损的血管内皮细胞产生组织因子通路抑制剂（tissue factor pathway inhibitor，TFPI）、抗凝血酶Ⅲ（antithrombin Ⅲ，ATⅢ）、凝血酶调节蛋白（thrombomodulin，TM）、肝素样物质和 α2 -巨球蛋白等抗凝物质减少，抗凝血能力降低。

3. 纤溶活性降低　受损血管内皮细胞组织型纤溶酶原激活物（tissue-type plasminogen activator，tPA）生成减少和纤溶酶原激活物抑制物- 1（plasminogen activator inhibitor - 1，PAI - 1）生成增多，tPA/ PAI - 1 比例失调，血管内皮细胞纤溶活性降低。

4. 抑制血小板能力减弱　血管内皮细胞受损后生成 NO、PGI_2、ADP 酶等物质减少，抑制血小板的黏附、聚集作用减弱。

5. 其他　血管内皮细胞损伤的局部可吸引和激活单核吞噬细胞、中性粒细胞（PMN）和 T 细胞，使其释放 TNF、IL - 1、血小板活化因子（PAF）和氧自由基等，加剧血管内皮细胞损伤。

（二）红细胞大量损伤引起 DIC 的路径

红细胞损伤常见于异型输血、恶性疟疾、大量输入库存血及阵发性睡眠性血红蛋白症等伴有较强免疫反应的急性溶血性疾病。由于红细胞大量破坏，释放大量的磷脂、ADP 和血红素入血，其中：① 红细胞膜磷脂可局限、浓缩凝血因子，导致凝血酶生成，有直接的促凝作用，又能促进血小板的释放反应而间接促进凝血；② ADP 可激活血小板，促进血小板黏附、聚集和释放，使大量 PF3 入血促进凝血；③ 血红素具有 TF 样作用，能直接激活凝血系统。因此，红细胞大量破坏可通过多种途径引发 DIC。

（三）白细胞破坏或激活引起 DIC 的路径

白细胞破坏或激活常见于白血病患者放、化疗后或感染等。① 由于白细胞被大量破坏，大量细胞内容物释放，其中的弹性蛋白酶和胶原酶可损伤血管基膜和基质，胰蛋白酶能降解和灭活凝血因子Ⅴ、凝血因子Ⅷ、TFPI、PAI - 1 等，引起凝血与抗凝血平衡紊乱而发生 DIC；② 激活的白细胞可产生和释放 TNF、IL - 1、IFN、PAF 等炎性介质，诱导血管内皮细胞和单核细胞产生 TF，启动凝血系统；③ 释放炎性介质使血管通透性增加，血浆外渗，血液浓缩，有利于血栓形成和 DIC 发生发展。

第三节　影响弥散性血管内凝血发生发展的因素

一、微循环障碍

休克导致的微循环障碍常导致：① 血流动力学和血液流变学的改变：微循环血流缓慢、血液黏滞度增高，血浆浓缩、红细胞、血小板易发生黏附、聚集；② 缺血与淤血损伤：由于微循环障碍所致的局部缺血、缺氧，可导致局部酸中毒及内皮细胞损伤，启动内、外凝通路，有利于 DIC 的发生；③ 调节能力降低：微循环障

碍时肝、肾血液灌流减少，使其清除凝血及纤溶产物的能力降低，也可促进DIC的发生发展。

二、单核吞噬细胞系统功能障碍

单核吞噬细胞系统不仅能够吞噬血液中的一些促凝物质如内毒素、凝血酶、纤维蛋白原等，也可吞噬和清除血液中纤溶酶、纤维蛋白降解产物（FDP）等，当这一功能严重障碍或由于大量吞噬了坏死组织、细菌等其他物质而使其功能被“封闭”时，就可促进DIC发生。如全身性Shwartzman反应就是由于第一次注入小剂量内毒素，使单核吞噬细胞系统功能被“封闭”，当第二次注入内毒素时，动物就容易发生DIC。

三、肝功能严重障碍

肝细胞不仅具有生成凝血因子（如Ⅴ、Ⅶ、Ⅸ、Ⅹ及凝血酶原）和抗凝因子（如AT－Ⅲ、蛋白C等）的功能，而且还具有灭活一些活化的凝血因子（如Ⅸa、Ⅹa、Ⅺa）的功能。当病毒感染、药物等因素导致肝脏功能严重障碍时，就可使凝血、抗凝和纤溶的平衡发生紊乱而促进DIC的发生。此外，大量肝细胞坏死也可释放组织因子等，启动外凝系统，促进DIC的发生。

四、血液高凝状态

孕妇从妊娠三周起血液中血小板及凝血因子（Ⅰ、Ⅱ、Ⅴ、Ⅶ、Ⅸ、Ⅹ、Ⅻ等）开始增多，而AT－Ⅲ、tPA、尿激酶型纤溶酶原激活物（urokinase type plasminogen activator，uPA）则降低，胎盘产生的纤溶酶原激活物抑制物增多；且随着孕妇妊娠时间的增加，血液高凝状态渐趋明显，尤以妊娠末期最明显，因此，当产科意外（如胎盘早期剥离、宫内死胎、羊水栓塞等）时，容易发生DIC。

临床上酸中毒所致的血液高凝状态也是促进DIC发生发展的重要原因之一。酸中毒一方面可损伤血管内皮细胞，启动内凝系统，引起DIC的发生；另一方面，由于血液pH降低，使血中凝血因子的酶活性升高，肝素的抗凝活性减弱，还可促进血小板的聚集，这些均可促进DIC的发生发展。

此外，因遗传性AT－Ⅲ及蛋白C缺乏症所致的原发性血液高凝状态，以及因肾病综合征、白血病、转移的恶性肿瘤和妊毒症引起的继发性血液高凝状态，均是造成血液凝固性增高而促发DIC的重要因素。

临床上不适当地应用纤溶抑制剂（如6－氨基己酸）等过度抑制了纤溶系统，导致血液黏度增高，也是促进DIC发生发展的因素。

第四节　弥散性血管内凝血的分期与分型

一、弥散性血管内凝血的分期

DIC的发展是一个动态过程。根据DIC的发生发展过程和病理生理特点，典型的DIC一般可分为高凝期、消耗性低凝期和继发性纤溶功能亢进期三个时期。

1. 高凝期　各种致病因素导致凝血系统被激活，血液中凝血酶含量增高，血液凝固性增高，在微循环中形成广泛微血栓。此时血液主要表现为高凝状态。

2. 消耗性低凝期　由于大量凝血酶活化和血管内微血栓的形成，使凝血因子和血小板被大量消耗而减少，加之发生继发性纤溶系统激活，此期血液处于低凝状态，患者常有明显的出血表现。

3. 继发性纤溶功能亢进期　DIC时产生的大量凝血酶及凝血因子Ⅻa等激活纤溶系统，大量纤溶酶产生并活化，加之在纤溶过程中产生的FDP使纤溶和抗凝作用增强，临床上此期出血表现十分明显。

但在临床实践工作中，消耗性低凝期与继发性纤溶亢进期很难截然划分，因此近年有人主张把DIC分为代偿期、失代偿期及暴发期三期，以利于临床诊断和治疗。

二、弥散性血管内凝血的分型

(一)按DIC发生的快慢分型

1. 急性型DIC　常见于严重感染,特别是革兰阴性菌引起的败血症休克、异型输血、严重创伤、急性移植排斥反应等。当DIC病因作用迅速而强烈时,DIC可在数小时或1～2天内发生,临床表现明显,常以出血和休克为主,病情迅速恶化,分期不明显,实验室检查有明显异常。

2. 慢性型DIC　常见于恶性肿瘤、胶原病、慢性溶血性贫血等。其特点是病程长,由于此时机体有一定的代偿能力,且单核吞噬细胞系统功能较健全,故患者临床表现较轻,常以某器官功能不全为主要表现,不容易诊断。此型DIC有时仅有实验室检查异常,尸检时始被发现。

3. 亚急性型DIC　常见于恶性肿瘤转移、宫内死胎等。其特点是DIC在数天内逐渐形成,其临床表现常介于急性与慢性DIC之间。

(二)按DIC的代偿情况分型

1. 失代偿型　常见于急性型DIC。此型特点是凝血因子和血小板的消耗超过生成。临床上患者常有明显的出血和休克等,实验室检查可见血小板和纤维蛋白原等凝血因子明显减少。

2. 代偿型　常见于轻度DIC。此型特点是凝血因子和血小板的消耗与生成之间基本上保持平衡。临床上患者表现不明显或仅有轻度出血和血栓形成症状,易被忽视。实验室检查常无明显异常。

3. 过度代偿型　常见于慢性DIC或恢复期DIC。此型患者机体代偿功能较好,凝血因子和血小板代偿性生成迅速,甚至超过其消耗,因此可出现纤维蛋白原等凝血因子暂时性升高,临床上患者出血及栓塞症状不明显。

此外,有时DIC主要发生于病变局部,被称为局部型DIC。如静脉瘤、主动脉瘤、心脏室壁瘤、人造血管、体外循环、器官移植后的排斥反应等。

第五节　弥散性血管内凝血对机体的影响

DIC的主要临床表现有出血、休克、器官功能障碍和微血管病性溶血性贫血,其中最常见、最明显的临床表现是出血。

一、出血

出血是DIC患者最突出的临床症状,发生率为84%～95%,大多以突然发生的、不同程度的多部位出血为始发症状,往往是广泛的皮肤淤点、淤斑,皮下血肿、采血部位及手术创面出血、内脏出血等。DIC出血的临床特点可以归纳为:① 不易用原发疾病来解释;② 多发性出血;③ 常合并休克、栓塞、溶血等DIC的其他表现;④ 常规止血药治疗效果欠佳,往往需要用肝素抗凝结合补充凝血因子、血小板等综合治疗。

引起DIC出血的机制主要有:

1. 凝血物质大量消耗　由于广泛微血栓形成使各种凝血因子和血小板大量消耗,虽然肝脏和骨髓可代偿性产生增多,但若消耗超过其代偿能力,则血液中纤维蛋白原、凝血酶原、凝血因子Ⅴ、凝血因子Ⅷ、凝血因子Ⅹ及血小板等明显减少,血液呈低凝状态,导致凝血过程障碍而引起出血。

2. 继发性纤溶功能亢进　纤溶系统激活是DIC出血的重要机制之一,纤溶酶是活性较强的蛋白酶,除可使纤维蛋白降解外,尚可水解凝血因子(凝血因子Ⅴ、凝血因子Ⅷ、凝血酶、凝血因子Ⅻ等),使凝血功能障碍而引起出血。纤维蛋白(原)降解产物的作用,可使机体止血和凝血功能明显降低,也是DIC时引起出血的重要机制之一。

3. 血管损伤　DIC发生发展过程中,各种原发或继发因素引起的缺氧、酸中毒、细胞因子和自由基作用等，均可导致微小血管管壁受损，引起出血。例如广泛微血栓形成后，微血管壁因缺血、缺氧和酸中毒导致血管内皮细胞受损，通透性增高，当纤溶酶溶解血栓发生血流再灌注时，容易造成出血。

二、休克

急性 DIC 伴休克的发生率为 50%～80%，DIC 伴发休克的临床特点有：① 常常是突然发生的、原因不明确，也难以用原发病解释的休克；② 常伴有出血倾向，但出血程度与休克病情不相称；③ 在休克早期就出现多器官功能障碍；④ 常规的抗休克治疗效果较差。

DIC 导致休克的原因和机制与下列因素有关：① 微血管内大量微血栓，阻塞微循环，引起组织器官血液灌流不足及回心血量减少；② DIC 引起的广泛而严重的出血，可使血容量进一步减少；③ DIC 时激肽、补体系统的激活，使微动脉和毛细血管前括约肌舒张，毛细血管开放，造成外周阻力显著下降，加上组织缺氧和酸中毒等可造成微循环淤血，血管床容量进一步扩大，有效循环血量锐减；加上微血管通透性增加，血浆外渗，血容量进一步减少；④ DIC 时血栓及失血，导致缺氧、酸中毒及产生的毒素，可导致心肌收缩力减弱，心排血量下降，导致休克；⑤ 引发 DIC 的原始病因如感染等可导致休克。所以 DIC 可导致休克，严重休克及休克晚期又可促进 DIC 的形成，两者互为因果，恶性循环。

三、多器官功能障碍

DIC 时，重要器官的微血管中有广泛微血栓形成，导致器官微循环灌流障碍，组织细胞缺血、缺氧，进而引起代谢及功能障碍。严重者可因器官组织缺血、坏死而导致功能衰竭。微血栓的栓塞几乎可以累及每个器官。器官功能障碍的严重程度常与 DIC 的原发病因、血栓栓塞的部位、范围及速度有关。表浅部位的栓塞主要表现为皮肤、黏膜缺血性坏死；肾内广泛微血栓形成时，可引起肾皮质/肾小管坏死，导致急性肾衰竭；肺内栓塞常引起急性呼吸功能不全；心肌微血管栓塞引起心肌收缩力减弱，心排血量降低，心功能不全；肝内栓塞可引起门静脉高压和肝功能障碍；脑组织中如有微血栓形成，则出现神经精神障碍；内分泌腺的微血栓最常引起肾上腺皮质坏死，导致急性肾上腺皮质功能衰竭，称华-佛综合征（Waterhouse - Friderichsen syndrome）；垂体缺血坏死可致席汉综合征（Sheehan's syndrome）等。临床上 DIC 患者常同时或相继出现两种或两种以上器官功能障碍，称为多器官功能障碍综合征，是引起 DIC 患者死亡的重要原因。

四、微血管病性溶血性贫血

DIC 患者可伴有一种特殊类型的溶血性贫血，即微血管病性溶血性贫血（microangiopathic hemolytic anemia）。患者外周血涂片检查常可见一些形态特殊的异型红细胞（如盔甲形、马蹄形、三角形、新月形等）或红细胞碎片，统称为裂体细胞（schistocyte）。这些红细胞及细胞碎片的脆性明显增高，很容易破裂而发生贫血（图 11 - 5）。

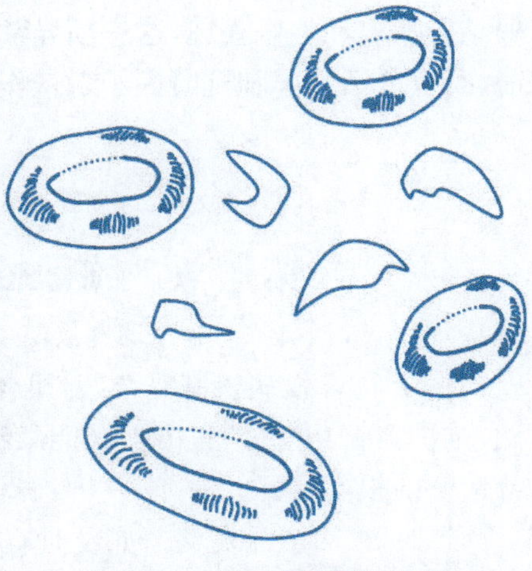

图 11 - 5　微血管病性溶血性贫血血片中的裂体细胞示意图

外周血涂片检查破裂红细胞数大于 2%对 DIC 有辅助诊断意义，但这种红细胞碎片并非仅见于 DIC，也可见于急性肾衰竭、恶性高血压、广泛恶性肿瘤转移和血栓性血小板减少性紫癜等疾病。部分 DIC 患者有可能见不到这种裂体细胞，但也不能排除 DIC 的存在。

产生这些红细胞碎片的主要原因有：① 在凝血反应的早期，微血管内广泛的纤维蛋白性血栓形成，循环中的红细胞流过由纤维蛋白丝构成的网孔时，常会滞留或挂在纤维蛋白丝上，加上血流的冲击，引起红细胞破裂；② 缺氧、酸中毒、内毒素等引起红细胞变形能力降低、脆性增高，当通过纤维蛋白网孔时容易破碎；③ 微血管内微血栓形成后血流通道受阻，红细胞可能通过受损的血管内皮间裂隙被“挤压”出血管外，这种机械作用也可能使红细胞变形、碎裂（图 11 - 6）。

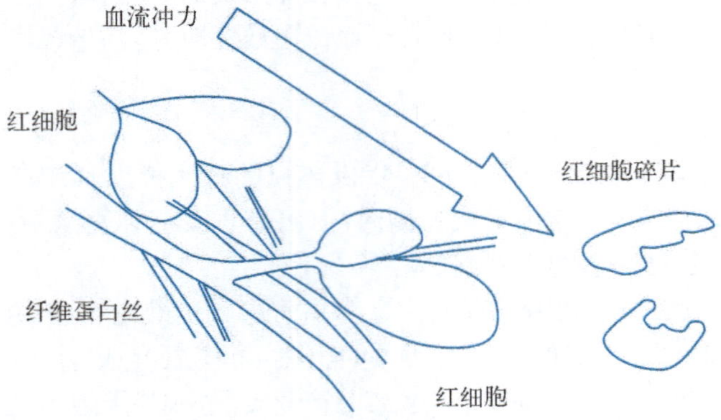

图 11－6 红细胞碎片形成的机制示意图

第六节 弥散性血管内凝血的诊断与实验室检查

临床上 DIC 的诊断主要依据原发疾病、临床表现、出凝血相关实验室检查综合判断。主要包括：① 存在易引起 DIC 的基础疾病；② 有 DIC 的特征性临床表现，如出血、不易以原发病解释的微循环衰竭、多发性微血管栓塞的症状和体征或器官功能不全等；③ 充分的实验室出、凝血指标检查的阳性结果。

诊断 DIC 时，实验室指标十分重要。常用的实验室检查主要有两大类：

1. *消耗性凝血障碍的指标异常* 主要有：① 血小板计数减少；② 凝血酶原时间延长；③ 纤维蛋白原定量减少；④ 抗凝血酶Ⅲ（AT－Ⅲ）含量及活性降低；⑤ 血浆因子Ⅷ降低；⑥ 部分凝血活酶时间延长。

2. *继发性纤维蛋白溶解亢进的指标异常* 主要有：① 纤溶酶原减少及活性降低；② 纤维蛋白（原）降解产物（FDP）明显增多，检测 FDP 的血浆鱼精蛋白副凝试验（3P 试验）阳性；③ D－二聚体水平升高等。

其中最基本的指标是血小板明显减少、纤维蛋白含量明显降低（过度代偿型除外）和 PT 明显延长。一般结合病史和临床表现，这三项异常就可作出 DIC 的初步诊断。对于病情较复杂的病例，还需要对血小板功能、凝血激活状况和抗凝因子含量作进一步测定。

第七节 弥散性血管内凝血临床防治措施的病理生理基础

由于 DIC 发病机制复杂，对机体许多器官功能都可产生影响（图 11－7）。因此，去除引起 DIC 的原发病、维护器官功能、纠正凝血功能紊乱是 DIC 防治的病理生理学基础，及早诊断和合理治疗是提高急性 DIC 救治率的根本保证。

1. *积极防治原发病* 如及时有效地控制感染病灶，对孕妇进行出、凝血指标检查和全产程监护，针对病因作抗白血病和抗癌治疗及保肝治疗等，有些轻度 DIC 在病因去除后可迅速恢复。

2. *改善微循环* 采取扩充血容量、解除血管痉挛，疏通被微血栓阻塞的微循环等措施，增加组织器官血液灌流量，对防治 DIC 的发生发展具有重要作用。还可使用阿司匹林、双嘧达莫等抗血小板药，稳定血小板膜，减少 TXA_2 的生成，对抗血小板的黏附和聚集，改善微循环。

3. *建立新的凝血与纤溶间的动态平衡* DIC 发病机制的起始环节是凝血系统激活和大量血栓形成，因此高凝期可使用肝素或其他新型抗凝剂阻断凝血反应；在 DIC 低凝期可酌情输新鲜全血，或补充凝血因子、血小板等，有助于纠正和恢复机体凝血与抗凝血之间的平衡状态。

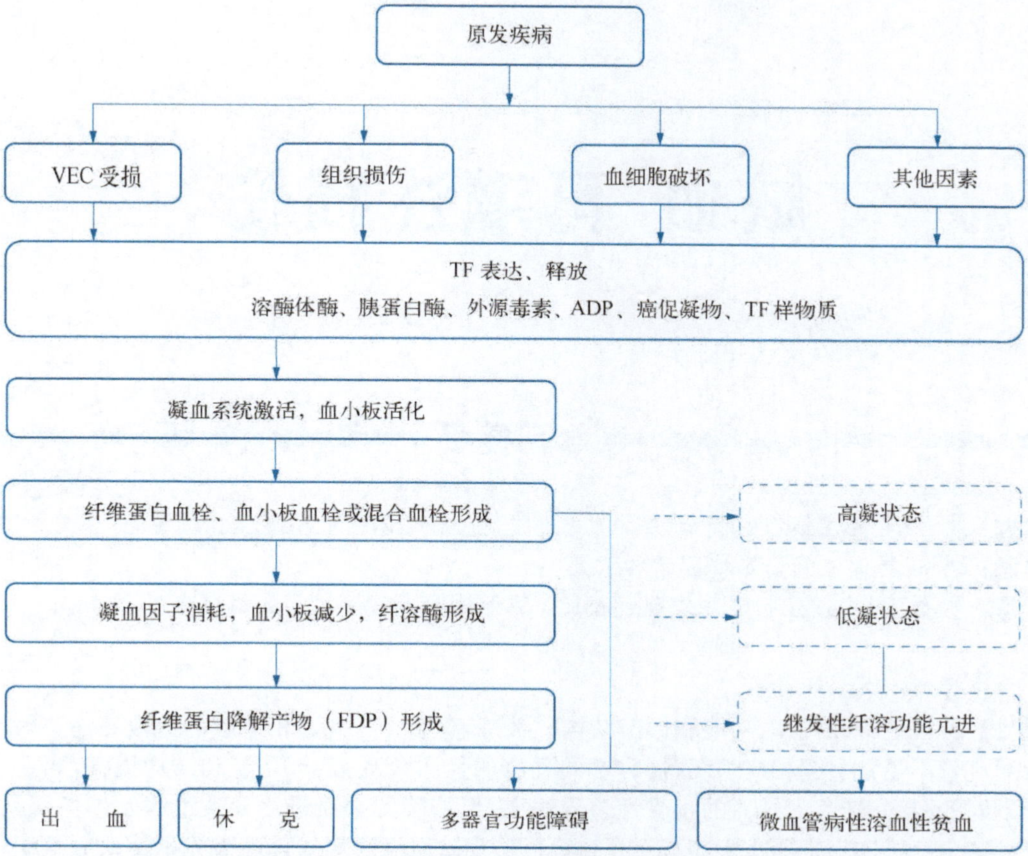

图 11-7　DIC 发生、发展的机制及其对机体的影响

4. 器官功能的维持和保护　严重 DIC 患者发生死亡常与 MODS 有关，故 DIC 的防治需注意重要器官功能的保护。补充血容量、解除血管痉挛、应用阿司匹林稳定血小板等改善脏器微循环，可对部分器官功能起到保护作用。当某一器官发生功能衰竭时，则应采用相应的治疗或适当的人工辅助装置，如血液透析、人工心肺机等来维持其功能。

小　结

DIC 是临床上常见的以凝血功能异常为主要特征的病理过程，是在某些致病因素（严重感染、肿瘤、产科意外、严重创伤等）的作用下，凝血因子和血小板激活，大量促凝物质入血，血中凝血酶增加，导致微血管内广泛微血栓形成，在此过程中由于大量凝血因子和血小板消耗，加上继发性纤溶系统活性增强，患者表现为明显的病理过程。DIC 引起的凝血功能障碍表现为血液先高凝后低凝，其主要临床表现有出血、休克、器官功能障碍和微血管病性溶血性贫血。去除病因，维护器官功能，纠正凝血功能紊乱是 DIC 防治的病理生理学基础。

【复习思考题】

1. 试以严重创伤为例说明 DIC 的发生机制和临床表现。
2. 简述 DIC 引起广泛出血的机制。
3. 为什么 DIC 患者容易发生休克，其机制是什么？

（杨　勤）

第十二章

缺血-再灌注损伤

学习要点

掌握：缺血-再灌注损伤的概念、基本病因和机制、对机体的重要影响和机制。

熟悉：缺血-再灌注损伤影响因素和意义。

了解：① 缺血-再灌注损伤的发现过程；② 防治缺血再灌注损伤的病理生理学基础。

细胞、组织、器官正常的代谢、功能和形态结构的维持，有赖于与代谢相适应的血液灌注。因此各种原因造成的血液灌流量不足常引起相应组织、器官不同程度的代谢紊乱，甚至功能和结构损害，导致缺血性损伤发生。尽管不同的组织、器官对缺血的耐受性差异很大，但持续的缺血最终导致组织发生坏死，没有任何组织可以例外。这会给机体带来严重影响甚至死亡。而治疗缺血性疾病的首要措施是使缺血组织得到血液再灌注，目的在于恢复缺血组织氧气和营养物质的供应，以阻止缺血性损伤的进一步发展或促进其恢复，这本是治疗目的所在，且大量临床实践证明，这种治疗在多数情况下的确能收到良好的效果。因此，恢复血液再灌注已成为治疗缺血性疾病的基本规范。临床传统的治疗措施包括解痉、溶栓、取栓、血管成形术等。但大量的临床观察和动物实验研究发现，在一定条件下再灌注反而加重了缺血组织器官的功能障碍和结构损伤的程度或者范围，引起更加严重的后果。类似的情况也在日益普遍开展的器官移植和断肢再植等医疗行为中经常观察到。

这种按照医疗常规恢复血流却导致病情出现剧烈变化的现象实际上早在 1955 年就已经被发现。休厄尔(Sewell)在实验中夹闭狗的冠状动脉，一定时间间隔后突然解除夹闭恢复血流，某些时间间隔组别的动物发生严重的室颤而死亡，而另外一些组别却没有这个结果。并且，他发现死亡动物的死因无法简单地用缺血缺氧来解释，因为幸存的动物缺血时间反而更长。1960 年，詹宁斯(Jennings)多次重复了类似的现象，第一次提出心肌再灌注损伤的概念。并通过实验发现，许多其他器官包括脑、肝、肾、肺、胰腺、骨骼肌和胃肠道等都可发生缺血-再灌注损伤。1967 年，巴尔克利(Bulkley)和哈钦斯(Hutchins)发现冠状动脉搭桥血管再通后死亡的患者发生了心肌梗死范围的加大，这种血液供应恢复后出现的心肌损伤加重的情况被称为心肌细胞反常性坏死；1981 年，格林博利(Greenberg)等证实，猫小肠在缺血再灌注时，黏膜损伤会更为严重。这种血液再灌注后使组织损伤进一步加重，范围扩大的现象后来被统一称为缺血-再灌注损伤(ischemia-reperfusion injury)。这是一种违反已知病理生理规律的反常现象。这类反常现象目前已知主要表现为：① 钙反常(calcium paradox)：钙离子对细胞组织正常生理活动如兴奋性至关重要，但 1966 年齐默尔曼(Zimmerman)和许尔斯曼(Hulsmann)实验发现，预先用无钙溶液灌注大鼠心脏 2 min，再用含钙溶液进行灌注时，出现心肌细胞酶释放增加、肌纤维过度收缩及心肌电信号异常，心肌细胞的损伤反而加重的现象；② 氧反常(oxygen paradox)：组织细胞利用氧气进行有氧氧化，是众多生命攸关的生理过程的能量基础，这一点众所周知。但 1973 年 Hearse 实验发现，用低氧溶液灌注组织器官或在缺氧条件下培养细胞一定时间后，再恢复正常氧供应，组织及细胞损伤不仅未能恢复，反而出现更趋严重的现象；③ pH 反常(pH paradox)：合适的酸碱度是机体维持正常稳态的重要条件，各种原因导致的酸碱平衡紊乱，均需采取适当的措施纠正恢复。但动物实验发现，因为组织缺血引起的代谢性酸中毒，在再灌注时被迅速纠正，反而引起细胞损伤加重的现象。这三种有违生理学常规的现象提示氧、钙和 pH 可能在缺血-再灌注损伤的发生发展中起着至关重要的作用。

第一节 缺血-再灌注损伤概述

一、缺血-再灌注损伤病因

缺血-再灌注损伤发生的原因是先缺血，后复灌。所以凡能引起组织器官缺血的因素都可能成为再灌注损伤发生的原因。这些原因包括：① 组织器官缺血后恢复血液供应，如休克时微循环的再通、冠状动脉痉挛的缓解、心搏骤停后心肺复苏、断肢再植、器官移植等；② 各种血栓形成疾病和栓塞性疾病当被阻塞血管再通后，如动脉搭桥术、经皮冠状动脉腔内血管成形术、溶栓疗法等。

二、影响因素

并不是所有缺血的组织器官在血流恢复后都会发生缺血-再灌注损伤，但许多因素可影响其发生发展和严重程度，常见的有：

1. 缺血时间　缺血时间短，恢复血供后可无明显的再灌注损伤，因为所有器官都能耐受一定时间的缺血。若缺血时间过长，缺血器官已经发生不可逆性损伤，甚至广泛性坏死，反而不会出现再灌注损伤。只有当缺血时间比较长，但还不至于引起组织器官结构性损伤的情况下，恢复血供才容易导致再灌注损伤。这也就是为什么阻断大鼠左冠状动脉 5～10 min 后，恢复血供后严重的心律失常的发生率很高，甚至引起动物死亡。如果说阻断短于 2 min 的大鼠出现高幸存率可以理解，但阻断冠脉血流超过 20 min 的动物在恢复血流后，心律失常却较少发生，而且幸存率高于 5～10 min 组别动物就难以用传统的缺血理论解释了。临床研究也注意到，人在发生急性心肌梗死后，在 2 h 内经溶栓或介入治疗恢复冠脉血流后，患者除常出现一时性再灌注性心律失常外，并未发现其他明显的再灌注损伤，但如缺血超过 2 h，则可出现严重再灌注性损伤，且缺血时间相对愈长，损伤也愈明显。

此外，大量实验数据显示不同动物种属、同种动物不同器官发生再灌注损伤所需的缺血时间不同。如犬心肌发生明显再灌注损伤所需的缺血时间一般为 15～45 min，脑一般为 40 min，肝脏一般为 45 min，肾脏一般为 60 min，大肠、小肠一般为 60 min，骨骼肌甚至可长达 4 h。另外的一般规律大致是小动物相对较短，大动物相对较长。

再灌注损伤与缺血时间的依赖关系，提示在缺血过程中组织发生的某些变化，是再灌注损伤发生的基础，再灌注损伤实质上是将缺血期出现的可逆性损伤，在恢复血流后出现一系列特殊的病理生理变化，进一步加重或转化为了不可逆性损伤。

2. 再灌注时的机体和器官状态　组织氧气需求量相对较低，有多重血液供应系统以及缺血后容易形成侧支循环的组织器官，不容易发生再灌注损伤，如骨骼肌、肺脏。组织密度较高，供血系统单一以及对氧需求量高的组织器官，如心、脑、肾等，容易发生再灌注损伤。

3. 再灌注条件　20 世纪 80 年代，Murry 等在开胸实验犬模型中发现短暂、多次阻断冠状动脉，可以减轻因长时间心肌缺血所造成的心肌组织损伤及缩小心肌梗死的范围，从而提出“缺血预适应(preconditioning)”的概念。随后的临床研究证实，心肌梗死患者血液循环重建后的最初几分钟进行多次阻塞-再灌注操作，可获得和缺血预适应相同的效果，这个现象被称为缺血后适应(postconditioning)。缺血后适应现象的发现，提示缺血状态下机体内部的内源性保护机制在机体抗损伤反应中具有重要作用。随后，大量的实验资料证明灌注条件，包括灌注压，灌注液温度，酸碱度，钙离子浓度与缺血再灌注损伤有直接关系。一定程度的低灌注压(50 mmHg)，低温(25℃)，低 pH 和低钙灌注液，能大大减少缺血-再灌注损伤的发生，从而产生更理想的治疗效果。

这些来自实验室的研究结论已经在临床医疗实践中有效运用，比如断离肢体、组织和移植器官的预处理、保存和运输过程中。

第二节 缺血-再灌注损伤的发病机制

目前认为，缺血-再灌注损伤的发生机制主要与活性氧大量产生、细胞内钙超载和白细胞的激活等有关。

一、活性氧的作用

（一）活性氧和自由基的概念及分类

1. 活性氧(reactive oxygen species，ROS) 指化学性质活泼的含氧代谢物，包括氧自由基、单线态氧($^1O_2$)、过氧化氢(H_2O_2)、NO、脂性过氧化物及其裂解产物。

2. 自由基(free radical) 指在外层电子轨道上具有单个不配对电子的原子、原子团或分子的总称。自由基的化学性质极为活泼，易于失去电子（氧化）或获得电子（还原），特别是其氧化作用强，故具有强烈的引发脂质过氧化的作用。其种类很多，主要包括：

(1) 氧自由基：由氧诱发的自由基称为氧自由基(oxygen free radical，OFR)，包括超氧阴离子(O_2^-)和羟自由基(OH·)，属于非脂性自由基。OH·是最活跃最强力的氧自由基。过氧化氢(H_2O_2)本身并非自由基而是一种活性氧。单线态氧($^1O_2$)也不是自由基，而是激发态的分子氧，也属于活性氧的范畴。

(2) 脂性自由基：指氧自由基与多价不饱和脂肪酸作用后生成的中间代谢产物，如烷自由基(L·)、烷氧自由基(LO·)、烷过氧自由基(LOO·)等。

(3) 其他：如氯自由基(Cl·)、甲自由基(CH_3·)和一氧化氮自由基(NO·)等。

（二）活性氧的生成与清除

1. 活性氧的生成 在生理情况下，O_2在线粒体细胞色素氧化酶系统中接受4个电子还原成水，同时释放能量。但也有1%～2%的氧在获得1个电子时还原生成O_2^-，获得2个电子生成H_2O_2，获得3个电子生成OH·。O_2^-是其他活性氧产生的基础，H_2O_2及OH·续发于此。O_2^-通过超氧化物歧化酶(superoxide dismutase，SOD)催化生成H_2O_2，O_2^-和H_2O_2反应生成OH·，该反应如果没有铁离子的参与，反应速度很慢，称为Haber-Weiss反应；如果有铁离子的参与，反应速度加快，称为Fenton型Haber-Weiss反应。

2. 活性氧的清除 正常情况下，体内也有少量活性氧的产生，但机体在进化过程中形成了一系列清除活性氧的系统，主要有两大类：

(1) 抗氧化酶类：如细胞内自由基清除剂SOD，使O_2^-变为H_2O_2，后者再通过谷胱甘肽过氧化物酶(glutathione peroxidase，GSH-PX)和过氧化氢酶(catalase，CAT)的作用还原成水和分子氧。

(2) 非酶性抗氧化物：如维生素E、维生素A、维生素C、半胱氨酸等可清除活性氧或控制活性氧的生成。

由于机体存在以上抗氧化防御系统，体内活性氧的生成与清除处于动态平衡，所以对机体并无有害影响。活性氧的作用具有双重性，一定浓度的活性氧参与生命活动中的许多生化反应、信号转导及基因调控。但在缺血-再灌注损伤时，由于活性氧产生过多或抗氧化酶类活性下降对其清除不足，最终造成活性氧增多，引发链式脂质过氧化反应损伤细胞膜系，进而使细胞死亡（图12-1）。

（三）缺血-再灌注时活性氧增多的机制

实验显示，恢复血液灌注数秒钟后，组织和血液中的活性氧就可增加数倍。在缺血期，组织含氧量减少，作为电子受体的氧不足，活性氧增加不显著。当再灌注提供氧的同时，也提供了大量电子受体，使活性氧在短时间内爆发性增多。此外，体内清除活性氧的能力不足也是原因之一。

1. 线粒体功能受损 线粒体是再灌注时活性氧产生的主要来源。缺血缺氧使ATP减少，Ca^{2+}进入线粒体增多，细胞色素氧化酶系统功能失调，使线粒体呼吸链传递电子的效能下降，而且缺氧使电子受体减少，

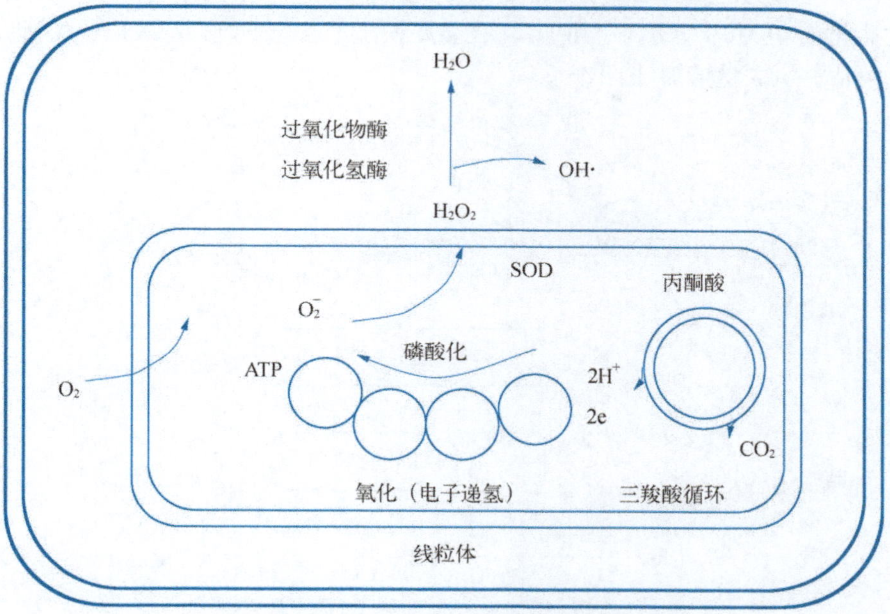

图 12-1　活性氧的生成与清除示意图

所以缺血区活性氧的产生并不增加。灌注时提供大量的氧，而线粒体呼吸链上的酶活性却不能迅速增强，致使正常氧化磷酸化途径减弱和经单电子还原形成氧自由基的过程加强，产生大量活性氧。此外，内源性的自由基清除剂活性降低，不能及时将活性氧清除，结果使活性氧经线粒体膜大量漏出。

2. *中性粒细胞的呼吸爆发*　中性粒细胞是血液中数量最多的白细胞，主要执行病原微生物、异物、组织坏死碎片的吞噬、清除和消化作用。当中性粒细胞吞噬异物的瞬间，其摄氧、耗氧显著增加以及代谢加强的现象被称为呼吸爆发(respiratory burst)。中性粒细胞摄入 O_2 的 70%～90% 经细胞内的还原型辅酶Ⅱ氧化酶(NADPH oxidase)和还原型辅酶Ⅰ氧化酶(NADH oxidase)的催化，接受电子形成 O_2^-、H_2O_2、OH·等活性氧，用以杀灭病原微生物。但活性氧的破坏作用并无选择性，在产生过多的情况下会对细胞组织造成直接的伤害。由于组织缺血缺氧时，可激活补体系统或产生白三烯等一批具有白细胞趋化作用的物质，吸引、激活大量中性粒细胞。这些白细胞在缺血缺氧条件下不活跃，但一旦恢复血流，缺血组织重新获得氧，中性粒细胞被迅速激活，耗氧随即显著增加，从而产生大量活性氧并进一步造成组织细胞的严重损伤(图 12-2)。

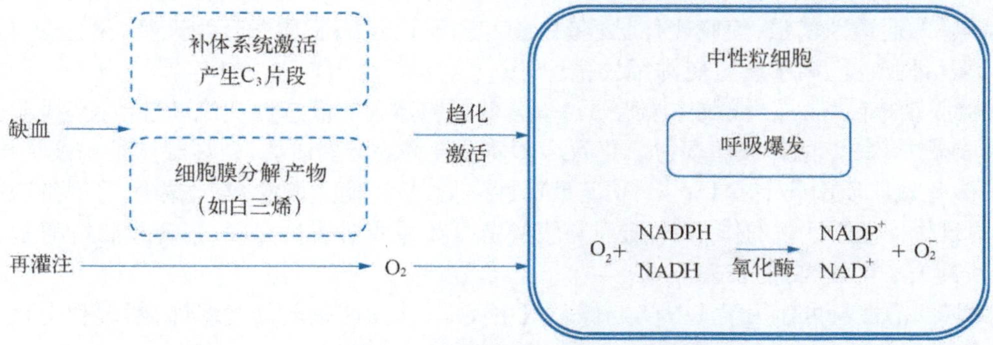

图 12-2　中性粒细胞呼吸爆发产生大量活性氧示意图

3. *毛细血管内皮细胞内黄嘌呤氧化酶形成增多*　黄嘌呤脱氢酶(xanthine dehydrogenase, XD)是黄嘌呤氧化酶(xanthine oxidase, XO)的前身。正常时 XD 占 90%，XO 只占 10%。当组织缺血缺氧时，由于 ATP 生成减少，钙泵功能失灵，使 Ca^{2+} 进入细胞增多，进而激活 Ca^{2+} 依赖性蛋白水解酶，催化 XD 大量转变为 XO；同时因缺血缺氧，ATP 依次分解为 ADP、AMP、腺苷、肌苷和次黄嘌呤，而次黄嘌呤自身不能代谢生成黄嘌呤，使 XO 的底物次黄嘌呤大量堆积。再灌注时，缺血组织重新得到氧，使缺血时积聚的次黄嘌呤在黄嘌呤氧化酶的作用下生成黄嘌呤，后者再在黄嘌呤氧化酶作用下生成尿酸，这两步反应都是以分子氧为电子受体，结果产生大量的 O_2^- 和 H_2O_2，O_2^- 和 H_2O_2 在金属铁离子参与下，形成 OH·。因此，再灌注时组织内 O_2^-、H_2O_2、OH·等活性氧大量增加(图 12-3)。

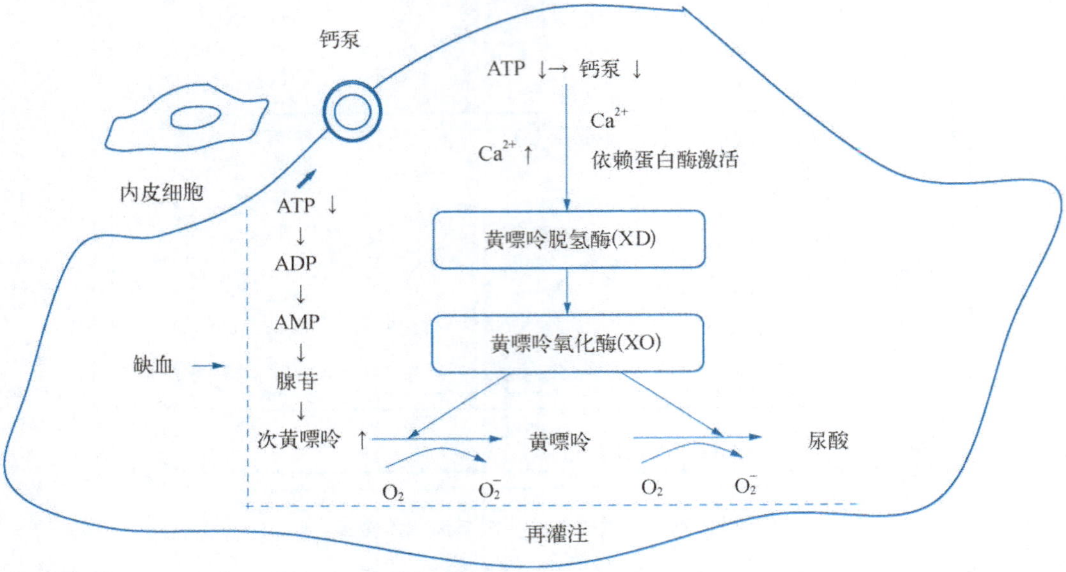

图 12-3 缺血-再灌注时黄嘌呤氧化酶在活性氧生成中的作用示意图

4. *儿茶酚胺自身氧化增加* 再灌注也是一种应激状态，此时交感-肾上腺髓质系统兴奋产生大量儿茶酚胺。儿茶酚胺一方面具有重要的代偿调节作用，另一方面在单胺氧化酶的作用下，通过自氧化可产生大量的氧自由基。

(四) 活性氧引起缺血-再灌注损伤的机制

活性氧化学性质活泼，可与膜磷脂、蛋白质、核酸等各种细胞成分发生反应，破坏细胞的结构和功能，损伤细胞。

1. *膜脂质过氧化增强* 生物膜(细胞膜和细胞器膜如线粒体膜、溶酶体膜、肌浆网膜)是活性氧攻击的主要部位。膜磷脂是构成膜脂质双分子层的主要成分，富含不饱和脂肪酸，易发生脂质过氧化，使膜结构受损、功能障碍。表现为：

(1) 细胞膜结构破坏：由于脂质过氧化反应增强，细胞膜内多价不饱和脂肪酸减少，膜不饱和脂肪酸/蛋白质比例失调，膜的通透性增强，使膜受体、膜蛋白酶和离子通道的脂质微环境改变，继之发生膜流动性降低、受体失活、酶活性改变、离子通道变构，促进膜损伤。

(2) 细胞器膜结构破坏：① 线粒体膜脂质过氧化使线粒体膜的液态性和流动性改变，线粒体肿胀、功能障碍，ATP 生成减少；② 溶酶体膜脂质过氧化致溶酶体破裂释放溶酶体酶，破坏细胞结构及周围组织；③ 肌质网膜脂质过氧化致肌质网膜上的 Ca^{2+}-ATP 酶活性降低，从而使摄取的 Ca^{2+} 减少，导致细胞内钙超载。

2. *蛋白质损伤* 在活性氧的作用下，胞质与膜蛋白以及某些酶发生交联、聚合或肽链的断裂，造成蛋白质结构改变，使其失去活性，功能丧失。

3. *核酸破坏* 活性氧可作用于 DNA，与碱基发生反应，从而使碱基发生修饰、断裂和交联，引起基因突变。造成 DNA 损伤的活性氧 80%是 OH·。

二、钙超载

(一) 正常细胞内 Ca^{2+} 的稳态调节

生理情况下，细胞内游离 Ca^{2+} 浓度约为 0.1 μmol/L，细胞外游离 Ca^{2+} 浓度约为 1.0 mmol/ L，细胞膜内外 Ca^{2+} 的浓度相差 1 万倍；同时细胞内钙的分布也不平均，约 44%存在于内质网和线粒体，细胞内游离 Ca^{2+} 为细胞内钙的 0.005%。正常时细胞通过一系列转运机制可保持这种巨大的浓度梯度，以维持细胞内低钙状态，称之为钙稳态。细胞内外钙稳态的维持依赖于：

1. Ca^{2+}进入胞液的途径

(1) 细胞膜对钙的低通透性：细胞膜构成了Ca^{2+}流动的屏障。

(2) 质膜钙通道：① 电压依赖性Ca^{2+}通道：在电兴奋细胞(心肌细胞、神经细胞等)，细胞外Ca^{2+}主要通过电压依赖性钙通道内流，其开放或关闭由膜电位控制。升高细胞外K^+浓度使细胞膜去极化，可以使电压依赖性钙通道开放；② 受体操纵性Ca^{2+}通道：即由受体介导的Ca^{2+}内流，其机制可能是配体与受体结合后直接调节Ca^{2+}通道开放；或配体与受体结合后通过G蛋白调节Ca^{2+}通道开放；③ 其他钙通道，比如机械敏感钙通道，非门控钙通道等。

(3) 钙库：胞质内某些细胞器，主要是内质网/肌质网，富含大量Ca^{2+}，Ca^{2+}浓度约为0.001 mol/L，被称为钙库。依据是否对三磷酸肌醇(IP_3)敏感，细胞内钙库可分为IP_3敏感钙库和IP_3不敏感钙库，前者通过IP_3与内质网膜特异受体结合，促进内质网中Ca^{2+}释放到胞质中。钙库操纵通道(store-operated calcium channels, SOCs)，是一种重要的质膜通道，当三磷酸肌醇IP_3刺激其受体时，钙离子从内质网排出，同时可能通过另一信号分子——钙内流因子，将信号传递给钙库操纵通道，使其开放，细胞外的钙离子进入细胞内。

2. Ca^{2+}离开胞液的途径

(1) Na^+-Ca^{2+}交换体：Na^+-Ca^{2+}交换是一种非耗能的双向转运方式，有两种工作模式：① Ca^{2+}外流模式；② Ca^{2+}内流模式。Na^+-Ca^{2+}交换的工作模式取决于细胞膜电位及细胞膜两侧的Na^+浓度梯度。生理情况下，其工作模式为Ca^{2+}外流模式，即Na^+顺浓度梯度进入细胞，而Ca^{2+}逆浓度梯度移出细胞，一般是3个Na^+交换1个Ca^{2+}。在某些特定情况下，其工作模式转为Ca^{2+}内流模式，即Na^+移出细胞，而Ca^{2+}进入细胞。

(2) Ca^{2+}泵的作用：① 细胞膜上的Ca^{2+}泵即Ca^{2+}-Mg^{2+}-ATP酶，当胞质中Ca^{2+}升高到一定浓度时，此酶被激活，在ATP参与下，通过耗能过程将Ca^{2+}逆浓度梯度转运至细胞外，降低细胞内Ca^{2+}浓度；② 内质网/肌质网膜中也存在着一种Ca^{2+}-ATP酶，此酶被激活后，在ATP参与下，从胞质中摄取Ca^{2+}进入内质网，降低细胞内Ca^{2+}浓度。

如果上述机制受损，胞质内Ca^{2+}含量就会异常增多并出现细胞结构损伤和功能代谢障碍，这种现象称为钙超载(calcium overload)，严重者会导致细胞死亡。

（二）缺血-再灌注时钙超载的发生机制

1966年，齐默尔曼(Zimmerman)在研究心肌的兴奋-收缩时偶然发现，用无Ca^{2+}的生理盐溶液灌注大鼠离体心脏2 min，随后再以含钙溶液灌注，发现心肌细胞中钙含量明显增加，且心脏发生更为严重的结构和功能改变。1986年，杨(Young)证实：脑缺血-再灌注后也诱发了钙超载。进一步研究证明，Ca^{2+}大量进入细胞内多发生在再灌注后的最初2 min内，并对组织细胞产生损伤作用。钙超载形成的原因包括：

1. 缺血　缺血-再灌注时，缺血本身可导致膜损伤，再灌注后自由基产生，细胞膜损伤增大，对Ca^{2+}的通透性大大增强，细胞外的Ca^{2+}顺浓度梯度进入细胞，而细胞内Ca^{2+}增加又可激活磷脂酶，使膜磷脂降解，进一步增高细胞膜对Ca^{2+}的通透性。

2. 电压依赖性Ca^{2+}通道的开放　缺血-再灌注时，交感肾上腺髓质系统兴奋产生大量儿茶酚胺，与β受体结合后，激活腺苷酸环化酶，增加Ca^{2+}通道的开放，大量Ca^{2+}内流。

3. 内质网钙库释放Ca^{2+}　缺血-再灌注时，儿茶酚胺大量增加，通过α受体、G蛋白，激活磷脂酶C(phospholipase C, PLC)，使二磷酸肌醇(IP_2)生成IP_3，产生的IP_3与内质网膜受体结合，使Ca^{2+}释放进入胞质。钙库释放将导致钙库通道开放，钙离子进入细胞内。并且钙库的耗竭，将通过细胞膜钙库操纵通道，使Ca^{2+}涌入细胞内。

4. Na^+-Ca^{2+}交换异常　缺血-再灌注损伤时细胞内钙超载的主要途径。

(1) 缺血时，无氧糖酵解增强，细胞内、外液的H^+生成增多，再灌注时由于血流的冲击，细胞外液H^+浓度迅速下降，使细胞内外形成pH梯度差，细胞内积聚的H^+增强了细胞膜上的Na^+-H^+交换，造成细胞内H^+外流，细胞外Na^+内流，细胞内高Na^+迅速激活Na^+-Ca^{2+}交换蛋白，从而使Na^+-Ca^{2+}交换发生反向转运，细胞外 Ca^{2+} 大量内流。

(2) 缺血时，钠泵活性降低，细胞内 Na^{+} 含量异常升高，再灌注时获得氧及营养物质供应，细胞内高 Na^{+} 迅速激活 $Na^{+}-Ca^{2+}$ 交换蛋白，从而使 $Na^{+}-Ca^{2+}$ 交换发生反向转运，细胞外 Ca^{2+} 大量内流。

5. Ca^{2+} 泵活性下降　缺血-再灌注时，ATP 减少，细胞膜 Ca^{2+} 泵活性下降，减少 Ca^{2+} 外流。

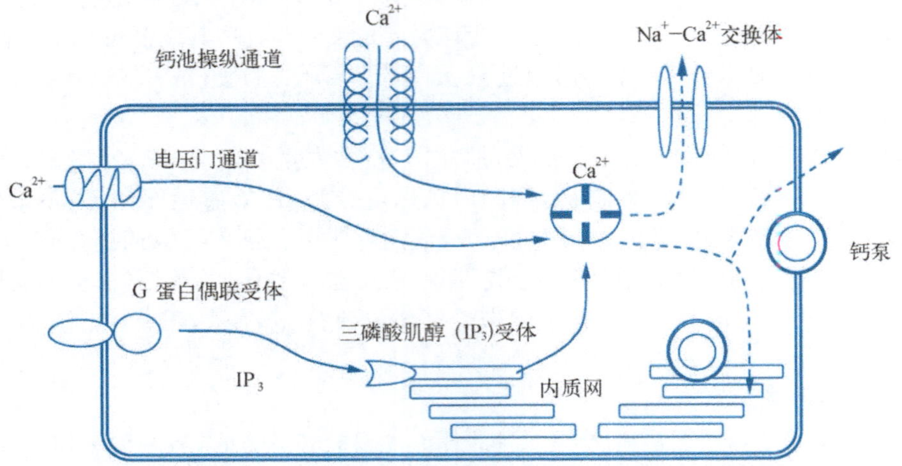

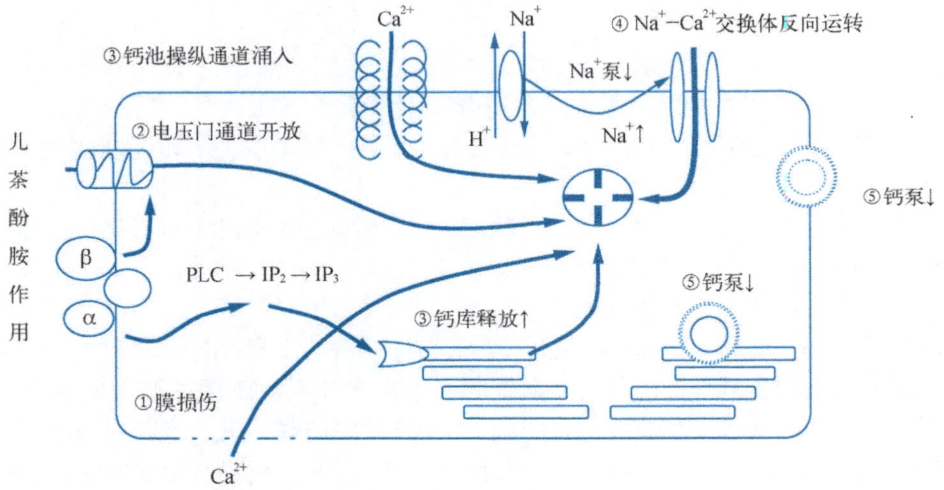

图 12－4　缺血-再灌注时钙超载的发生机制示意图

上图示钙稳态，下图示钙超载

(三) 钙超载引起缺血-再灌注损伤的机制

1. 线粒体功能障碍　细胞内 Ca^{2+} 浓度大大增加，可刺激线粒体和内质网摄取胞质中的 Ca^{2+}，在再灌注早期具有一定的代偿意义。但内质网及线粒体摄取胞质中的 Ca^{2+} 需消耗大量 ATP；同时，进入线粒体内的 Ca^{2+} 与含磷酸根的化合物反应形成磷酸钙，干扰线粒体氧化磷酸化，使 ATP 生成减少。线粒体结构和功能被破坏是再灌注不可逆损伤的重要标志。

2. 钙依赖性降解酶的激活　细胞内 Ca^{2+} 浓度增高可激活多种钙依赖性降解酶，如磷脂酶、蛋白水解酶、核酸内切酶等。磷脂酶激活促进膜磷脂降解，造成细胞膜及细胞器膜结构受损；蛋白水解酶激活可破坏细胞骨架；核酸内切酶激活可使核酸分解，引起染色体损伤。

3. 促进活性氧生成　细胞内 Ca^{2+} 增多可激活 Ca^{2+} 依赖性蛋白水解酶，促使黄嘌呤脱氢酶转变为黄嘌呤氧化酶，使活性氧生成增加。

三、微血管内皮损伤和白细胞的作用

研究发现在组织缺血早期即可见白细胞浸润，再灌注期白细胞聚集进一步增加。动物实验显示，若用去除白细胞的血液进行再灌注，可以减少白细胞聚集，显著减轻组织损伤。因此，白细胞在再灌注损伤中发挥重要作用。

（一）缺血-再灌注时血管内皮细胞与白细胞激活的机制

1. 细胞黏附分子生成增多　细胞黏附分子又称黏附分子，指由细胞合成的，并可促进细胞与细胞之间、细胞与细胞外基质之间黏附的一大类分子的总称，如整合素、选择素等，在维持细胞结构完整和细胞信号转导中起重要作用。正常情况下，微血管内皮细胞仅表达少量黏附分子，故血管内皮细胞和血液中流动的白细胞互相排斥保证血流通畅。实验发现，缺血-再灌注后数分钟内，血管内皮细胞和白细胞表达大量黏附分子，如P-选择素表达增加，使白细胞沿内皮细胞表面缓慢滚动，形成不稳定黏附。再灌注数小时后，整合素表达增加，白细胞和内皮细胞出现牢固黏附。

2. 趋化因子生成增多　再灌注损伤可使细胞膜磷脂降解，花生四烯酸代谢产物增多，其中有些物质，如白三烯具有很强的白细胞趋化作用，能吸引大量白细胞黏附于血管内皮细胞并穿过血管壁游走到组织间隙。同时，白细胞与血管内皮细胞黏附后，自身可合成释放许多具有趋化作用的炎性介质，使白细胞浸润进一步加重。

（二）血管内皮细胞与白细胞介导的缺血-再灌注损伤的机制

1. 阻塞微循环，甚至出现无复流(no-reflow phenomenon)现象　无复流现象是指恢复血液灌注后，缺血区依然得不到充分血流灌注的现象。正常情况下，血管内皮细胞与血液中流动的白细胞的相互排斥作用，是保证微血管血液灌流的重要条件。实验表明，白细胞的流变学和形态学特点与微血管阻塞有密切关系。与红细胞相比，白细胞体积大，变形能力弱，而且在黏附分子参与下容易黏附在血管内皮细胞上，极易嵌顿、堵塞微血管，加之组织水肿、内皮损伤、微血栓形成等，更容易形成无复流，加重组织缺氧。

2. 细胞损伤　激活的白细胞释放大量生物活性物质，如活性氧、各种颗粒物质、细胞因子等，导致细胞损伤。

综上所述，缺血-再灌注损伤的发生是活性氧、细胞内钙超载及白细胞的共同作用。这三方面因素并非互不相关，而是互为因果、相互促进的(图 12-5)。

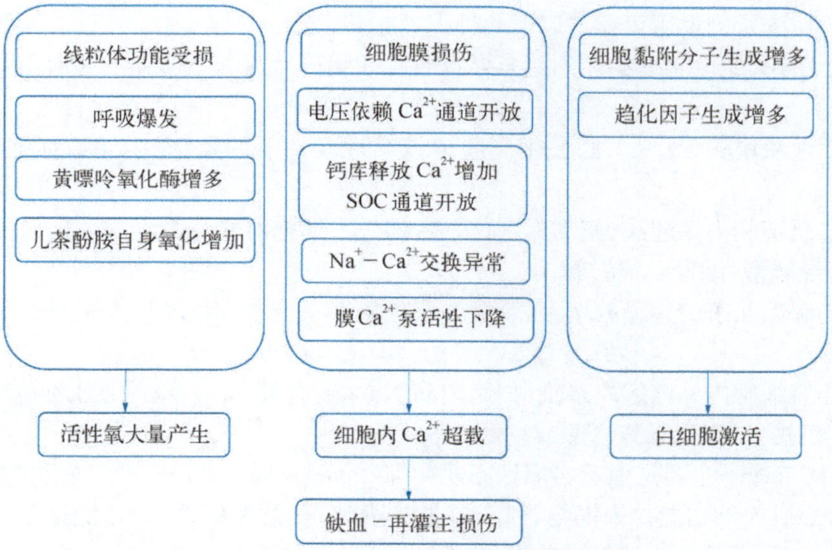

图 12-5　缺血-再灌注损伤的发生机制示意图

第三节 主要器官的缺血-再灌注损伤变化

一、总体表现

缺血-再灌注损伤是机体缺血后恢复血液再灌注发生的普遍现象，在几乎所有组织器官均可发生，如心脏冠状动脉梗死后的溶栓治疗、心脏手术、冠脉搭桥后可能发生心脏缺血-再灌注损伤；脑血栓形成的溶栓治疗、颅脑创伤和手术等常可造成脑缺血-再灌注损伤；肺缺血-再灌注损伤可发生在肺栓塞、肺梗死和肺移植术后；肠缺血-再灌注损伤可发生在肠套叠、肠扭转外科手术后和各种休克复苏后；肾缺血-再灌注损伤常见于肾移植、休克治疗阶段；肝脏缺血再灌注损伤常见于失血性休克，肝脏严重创伤手术，肝脏肿瘤切除，肝移植后；骨骼肌缺血-再灌注损伤可发生在严重的骨与软组织损伤、运动损伤与创伤、断肢再植、血管损伤、骨筋膜间室综合征、出血性或创伤性休克以及使用止血带时间过长等临床情况。缺血-再灌注损伤最严重后果是发生多器官功能障碍综合征，可并发于单个或多个器官缺血-再灌注损伤之后。常见于严重的休克和发生DIC的患者，往往当某些生命特征改善后，病情出现不合理的加剧，常为危重患者死亡的最重要原因。其中，心脏和大脑是对氧需求最高的器官，也最容易发生缺血-再灌注损伤。

二、病理生理学关注的表现和机制

（一）心脏缺血-再灌注损伤的变化

1. *再灌注性心律失常* 心肌缺血-再灌注过程中心律失常发生在再灌注初期，发生率较高，冠状动脉阻塞后用链激酶溶栓治疗再通后的心律失常发生率可高达80%，主要表现为期前收缩、室性心动过速，有时出现室颤。多为一过性的，但也可出现致死性室颤。

（1）再灌注性心律失常发生有以下几种基本条件。

1）再灌注区内必须存在功能可以恢复的心肌细胞。这种细胞存在越多，心律失常的发生率越高。

2）与再灌注前心肌缺血的时间长短有关。缺血时间过短，心肌损伤不明显；缺血时间过长，心肌电活动丧失。这两种情况一般都不易出现再灌注性心律失常。当缺血时间介于两者之间时，由于心肌细胞损伤不均匀，因而易发生再灌注性心律失常。

（2）再灌注性心律失常的发生可能与以下几种因素有关。

1）缺血心肌与正常心肌电生理特性的差异导致心肌细胞传导性与不应期的暂时不均一性，为兴奋折返提供了电生理基础。

2）再灌注时，活性氧增多，改变了心肌细胞膜的流动性及离子的渗透性，导致细胞膜离子通道发生改变，可诱发心律失常。

3）再灌注时，心肌细胞内钙超载，使动作电位平台期进入细胞内的Ca^{2+}增多，出现一个内向离子流引发延迟后除极，造成传导减慢，触发心律失常。

4）再灌注时，内源性儿茶酚胺释放增多，刺激心肌细胞膜α受体，使Ca^{2+}大量进入细胞，提高了心肌细胞的兴奋性。

5）再灌注后，心肌细胞内外电解质紊乱（如胞内高Na^{+}、胞外高K^{+}），致使心肌细胞电位不稳定，室颤阈值下降，心肌不应期缩短，从而可导致房颤或室颤。

2. *心肌收缩功能下降* 主要是由于再灌性心肌顿抑(myocardial stunning)。心肌顿抑是指短期缺血早期恢复血液灌注后，心肌收缩功能并未恢复，须经较长一段时间（数天到数周）才能恢复，它是一种可逆性的心肌力学功能性障碍。目前认为心肌顿抑的发生主要与再灌注时活性氧产生过多和钙超载有关。实验证明预先应用自由基清除剂或用低钙液灌流缺血心肌可减轻心肌顿抑的发生。关于心肌顿抑的临床意义，决定于顿抑心肌发生的量、延续的时间和发生的部位等因素。如在休克低灌流或冠状动脉闭塞被解除后，虽然缺血心肌恢复供血，但由于大量心肌顿抑的存在，在较长时间内仍有死于心衰的可能性。因此，临床上不但应考虑如何尽快恢复器官低灌流和解除供血障碍，同时还应考虑如何使心肌尽早脱离顿抑状态。此外，再灌注时出现心室收缩功能低下的另一个原因可能是再灌注损伤所致的心肌细胞死亡。

3. 心肌结构变化

(1) 心肌细胞水肿：由于胞膜 Na^+-K^+ 泵受损，致使细胞内 Na^+ 聚积、细胞内液渗透压升高，促使胞外水分进入胞内，发生细胞水肿。

(2) 超微结构的改变：细胞膜和细胞器膜完整性破坏；线粒体内 Ca^{2+} 大量蓄积，形成致密颗粒，线粒体肿胀、嵴断裂溶解；肌原纤维可发生破坏性断裂、节段性溶解和出现收缩带。这些因再灌注而导致的超微结构的改变，被认为是心肌在缺血时的可逆性损伤向不可逆性损伤改变的早期病理形态标志。

(二) 脑缺血-再灌注损伤的变化

脑是一个对缺氧最敏感的器官，缺血时脑组织最明显的变化为脑水肿；脑细胞生物电也发生改变，出现病理性慢波，再灌注后，慢波持续并加重；脑缺血-再灌注损伤的临床表现为感觉、运动或意识严重障碍，甚至死亡。

脑缺血-再灌注损伤的发生机制除了上述缺血-再灌注损伤的共同机制外，还有自身的特点：

1. 兴奋性氨基酸的神经毒性作用　生理状态下，兴奋性氨基酸(excitatory amino acid，EAA)参与了中枢神经系统的突触传递、突触间的联系以及脑内信息储存和记忆形成。大量 EAA 的爆发性释放使其受体过度激活，导致突触后神经元过度兴奋和坏死，这种现象称为兴奋毒性。脑缺血-再灌注时主要是 EAA 谷氨酸的爆发性释放。谷氨酸在脑内含量最高，约占游离氨基酸的 40%。再灌注时神经元内钙超载，导致谷氨酸大量释放，再摄取减少。过量的谷氨酸作用于树突受体引起神经元死亡。

2. 脑细胞更易受活性氧损伤　与其他组织相比，脑细胞更易受活性氧损伤。

(1) 神经细胞的膜结构中富含胆固醇和多价不饱和脂肪酸，含有丰富的活性氧作用底物。

(2) 脑组织中仅含中等量超氧化物歧化酶和谷胱甘肽过氧化物酶，缺乏过氧化氢酶等活性氧清除酶系统。

(3) 脑组织中富含催化自由基生成的铁离子，活性氧生成较多。

第四节　缺血-再灌注临床防治措施的病理生理基础

迄今，缺血-再灌注损伤的发生机制尚未得到彻底阐明，相当一部分资料来源于动物实验。这些实验资料却已经为缺血-再灌注损伤的临床防治提供了重要借鉴，部分在临床医疗行为中被采纳使用。目前，在临床实践中开始被关注，被参考的防治措施包括：

1. 尽早恢复血流，缩短缺血时间　这是防治缺血-再灌注损伤的基本原则。

2. 控制再灌注条件　采用低压、低流、低温、低 pH、低钠、低钙液灌注，可减轻损伤。低压、低流灌注可避免因灌注氧骤增而引起大量活性氧形成；低温灌注可使组织代谢率降低；低 pH、低钠可减轻细胞内钠的聚集；低钙液灌注可减轻因钙超载所致的细胞损伤。

3. 清除活性氧　研究显示，使用黄嘌呤氧化酶抑制剂如别嘌呤醇或能有效清除活性氧的药物(超氧化物歧化酶、过氧化氢酶、维生素 E、维生素 C、二甲亚砜、羟自由基清除剂或铁螯合剂/结合蛋白)治疗能减轻缺血再灌注损伤。

4. 减轻钙超载　在缺血前或再灌注前给予钙拮抗剂可抑制细胞内钙超载。

5. 中性粒细胞抑制剂的应用　使用中性粒细胞抗血清或抗中性粒细胞代谢药可明显减轻心肌的缺血-再灌注损伤；使用去白细胞血液。

6. 缺血预适应的模拟运用　缺血预适应最初是指犬类心肌在反复短暂缺血后，对随后持续性较严重的缺血和再灌注性损伤的抵抗性，对心肌结构有保护作用。这种现象后来在猪、兔、鼠等动物身上也被发现。

这是一种在不同种属动物，在同种动物不同组织器官中普遍存在的一种内在性保护机制。由于动物种属和实验条件（如在体或离体心脏，麻醉与否及麻醉程度等）不同，预适应的表现也不尽相同，但主要表现为对心脏的保护作用：减轻心肌坏死、减少再灌注性心律失常的发生及促进心肌功能恢复。缺血预适应作为一种内源性的保护机制，具有器官普遍性，随着对其保护作用机理的深入研究，应用药物的方法来诱导细胞产生这种内源性的保护作用，或通过操作细节的调整充分调动这种内在保护机制，将为缺血-再灌注损伤的防治提供新思路和新途径。

小　结

缺血-再灌注损伤是指组织、器官缺血后，血流灌注恢复，但组织器官损伤却进一步加重的反常现象。缺血-再灌注损伤的发生机制与活性氧增多、细胞内钙超载、白细胞的活化聚集等有关。目前认为，细胞内钙超载是细胞损伤不可逆发展的共同通路。缺血-再灌注损伤与缺血的时间长短高度相关，并受灌注压，温度，灌流液体的成分影响；心脏缺血-再灌注损伤主要表现为再灌注性心律失常和心肌顿抑。脑缺血-再灌注损伤其特征变化是脑水肿加重；脑电图出现病理性慢波。缺血-再灌注损伤的防治应从尽早恢复血流、清除活性氧、降低细胞内钙水平、抗白细胞疗法和调动机体内源性保护机制等入手。

【复习思考题】

1. 简述缺血与再灌注损伤的发生机制。
2. 为什么说缺血与再灌注时氧自由基产生增多和细胞内钙超越互为因果？

（曹　玥　代　勇）

第十三章

内分泌激素失衡

学习要点

掌握：① 神经内分泌失衡的基本发病环节(基本病因)；② 糖尿病、甲状腺疾病、骨质疏松的概念、基本病因及其基本发病机制。

熟悉：甲状腺疾病、糖尿病、骨质疏松的分类和病理生理学关注的表现。

了解：内分泌失衡研究历史；甲状腺疾病、糖尿病、骨质疏松防治原则。

内分泌失衡研究历史

(一) 腺体内分泌学失衡研究阶段

中国应该是世界上认识内分泌失衡最早的国家之一，3 000 多年前《周礼》有“颁马攻特”即关于阉马的记录。2 500 多年前的《黄帝内经》中“宦者去其宗筋，伤其冲脉，血泻不复，皮肤内结，唇口不营，故须不生”记载了阉人丧失副性征的现象。就内分泌失衡所致疾病来说，中国古代就认识了一些内分泌疾病并掌握了相应的治疗方法，如汉代《本草经》记载：海藻酒主治“瘿瘤结气，散颈下硬核痛”，这与现代认识甲状腺与碘的关系以及含碘药物治疗甲状腺肿是相似的。

临床上用现代医学科学方法观察研究内分泌失衡所致疾病的历史可追溯至 1835 年，格雷夫(Grave)医生在生理和解剖知识基础上描述了突眼性甲状腺肿的临床症状与体征。1849 年，德国生理学家伯特霍尔德(Berthold)将一只幼雄鸡的睾丸切除，并将另一只正常的幼雄鸡的睾丸移植到去掉睾丸的幼雄鸡体内。现代内分泌学即以此事件作为内分泌生理学的开端。尽管人们对内分泌失衡的认识比较悠久，然而“内分泌”(endocrine)一词却最先由法国生理学家贝尔纳 (Bernard)于 1855 年提出。1859 年，莫里兹希夫(Moritz Schiff)在他的论文中叙述了他的实验现象：动物在失去甲状腺后，其生命活动出现了变化。1889 年，塞卡尔(Sequard)用实验证实了睾丸具有内分泌的功能，它对人或动物的整个生理活动都有影响，提出了凡具有内分泌作用的器官都能以其所产生的有效物质刺激身体内的其他细胞并使其活动加强，而且这种刺激作用是通过血液流动实现的。这些结论使内分泌理论的基础得以稳固。此后，有关内分泌作用及其失衡所致疾病的著作与日俱增，使其真正成为一门科学。

(二) 组织内分泌学失衡研究阶段

在研究腺体内分泌学失衡的同时，用生物学方法分析内分泌物质的工作也逐渐拉开序幕。1895 年奥利弗(Oliver)和谢弗(Schafer)用肾上腺提取了较纯的肾上腺素，并把提取到的该种物质注射至动物体内，可观察到动物血压明显升高的现象，这证实了内分泌物质具有刺激作用。1902 年，英国生理学家贝利斯(Bayliss)和斯大林(Starlin)在狗的小肠与胰腺生理实验中发现了“胰泌素”，他们意识到体内还存在着一个与神经调节相并存的体液调节机制，并认为胰泌素在这个机制中起刺激作用，为此，他们创造了一个新的名词即“hormone”，该词的希腊文原意为“刺激”，随后该词逐渐为内分泌学界所通用，这就是“激素”一词的由来。

此后，人们致力于提取激素供临床应用的研究。1922 年加拿大医生班廷(Banting)和贝斯特(Best)首次从胰腺中提取了胰岛素。1925 年又有学者发现了甲状旁腺激素。这些发现推动了人们对胰岛细胞瘤及甲状旁腺瘤的研究。1932 年美国外科医生库欣(Cushing)发现了肾上腺皮质功能亢进症，并分析了它与垂体嗜碱细胞瘤的关系。之后，各种内分泌疾病和各种激素分泌异常所引起的问题都得到了比较详细的研究。值得一提的是，加拿大内分泌生理学家塞里(Selye)经过近十年的研究，于 20 世纪 30 年代发现疾病发生时机体以垂体-肾上腺皮质反应为中心，并有多种内分泌腺和神经系统参与的非特异性反应(即应激反应)，此发现极大地推动了内分泌失衡理论的发展。

20 世纪 50 年代是多肽激素研究蓬勃发展的时期。1954 年杜维尼奥(Du Vigneaud)成功研究了抗利尿激素和催产素的化学结构，1955 年桑格(Sanger)分析了胰岛素的化学结构，此时人们对多肽及蛋白质激素的近代研究也悄然拉开了帷幕。从此，垂体、胰腺、甲状腺等组织分泌产生的各种激素的神秘面纱逐一被揭开。此外，多肽激素的人工合成也是如火如荼，如我国首次人工合成了牛胰岛素。值得一提的是，萨瑟兰(Sutherland)(提出“激素作用原理”及创立第二信使学说)、耶洛(Yalow)(创立激素的放射免疫测定法)、吉耶曼(Guillemin)与沙里(Schalley)(突破了神经组织与内分泌组织的界限)几位学者对内分泌学的发展也作出了积极的贡献并因此获得了诺贝尔生理学或医学奖。

(三) 分子内分泌学失衡研究阶段

自 20 世纪 60 年代以后，由于放射免疫分析和免疫化学鉴定的推广应用，尤其近 30 年以来，在分子生物学蓬勃发展的基础上，对正常机体和内分泌学失衡所致疾病激素的基因表达、表达调控、激素的生物合成和贮存、释放，激素受体、受体的结构与功能、激素和受体的结合以及结合后信息的传递等进行了分子水平的广泛研究，并取得了巨大的成绩，极大地推动了内分泌学及内分泌学失衡所致疾病的认识和发展。

第一节 内分泌激素失衡概述

一、基本病因和基本机制

内分泌激素相当程度上决定了细胞代谢、生长、扩增、适应的强度、效能和方向，神经系统通过内分泌对靶器官或靶细胞的调节具有空域宽，作用方式相近，精细等特点。假如下丘脑垂体轴的调节仅靠神经纤维来完成，垂体柄横切面面积将需要 1.5 mm^2，而通过垂体门脉系统，依靠释放-抑制激素原理(liberin-statin principle)来执行其调节功能，1.5 mm^2 的垂体柄则足够。释放-抑制原理是指下丘脑分泌释放激素或抑制激素、通过垂体门脉到达垂体，控制促激素分泌，然后通过它再控制靶腺激素的释放。这个路径包括靶腺激素与下丘脑的长反馈、腺垂体促激素与下丘脑的短反馈以及下丘脑激素内部的超短反馈。

内分泌失衡主要是指内分泌腺在功能和(或)伴有形态方面异常时所表现出的临床症候群。内分泌疾病有三个典型病理生理学特征，一是靶腺生化代谢异常，即激素水平的变化；二是调控系统的异常，即下丘脑-垂体-靶腺的异常和腺体自身调控异常；三是临床相应激素变化后的症候群出现。图 13－1 示意了内分泌疾病的基本发病环节，也是其基本病因。

二、内分泌失衡分类

内分泌失衡目前主要有如下分类方法：① 按功能变化可分为功能亢进失衡和功能减退失衡。功能亢进失衡大多由于内分泌腺或组织发生肿瘤或增生所致，功能减退失衡多由于腺体组织被各种原因破坏所致；② 按病变部位可分为原发性失衡和继发性失衡。原发性失衡主要指内分泌腺或组织本身患病和(或)其他影响因素引起的功能失常，主要包括先天性腺体生长发育异常、酶系异常、自身免疫及各种炎症、肿瘤、供血不足、腺体切除、放射、创伤、药物、中毒等原因所引起的疾病，继发性失衡通常指继发于下丘脑或垂体的各种功能异常；③ 根据疾病发生层次的不同可将内分泌失衡分为激素分泌减少、激素分泌增多、激素结构异常、

疾病举例	功能亢进	内分泌紊乱	功能减退	疾病举例
下丘脑综合征	损伤刺激分泌	下丘脑病变	损伤阻断分泌	下丘脑综合征
巨人症	增生合成分泌↑	垂体病变	损伤合成分泌↓	尿崩症
毒性弥漫性甲状腺肿	自身免疫	内分泌腺病变	自身免疫	甲低（呆小症）
甲亢	异常产物	激素前体异常	异常产物	非甲状旁腺性高血钙
库欣综合征	降解延迟、分泌↑	激素异常	加速降解、分泌↓	侏儒症、骨质疏松
嗜铬细胞瘤	增生、肥大	靶细胞异常	损伤、萎缩	2型糖尿病
甲状腺功能亢进症	增强、激动、允许	受体分子异常	阻断、拮抗、缺失	家族性高胆固醇血症

图 13-1　神经内分泌失衡的基本原因和基本机制示意图

激素受体及受体后异常、激素运输和代谢障碍等；④ 按病理状态划分，如肿瘤、炎症等。这四种分类方法目前临床均较为常用。结合临床内分泌失衡情况以及受篇幅限制的影响，本章节仅选取内分泌失衡常见相关性疾病如糖尿病、甲状腺疾病、代谢性骨病中的重要内容予以介绍。

第二节　糖 尿 病

一、糖代谢紊乱

人体中的糖具有极重要的生理功能，它不仅是机体的主要能量来源，也是结构物质的重要组成部分。在生理情况下，血糖(主要是指葡萄糖)的来源主要是食物消化吸收、肝脏和肌肉糖原分解、脂肪和蛋白转化为糖(异生)等。而血糖的主要去路是氧化后分解供能、合成肝糖原、转化为脂肪和氨基酸等。血糖浓度的变化局限在一定的生理范围内(3.89～6.11 mmol/L)。生理状态下血糖的平衡主要是通过神经体液调节，下丘脑可感知血糖水平的变化，通过传出神经调控相关靶腺体，影响胰岛素、胰高血糖素、肾上腺素、甲状腺素的分泌来调节血糖平衡。胰岛素使血糖降低，而胰高血糖素使血糖升高，在应激状态下，肾上腺素等作用加强，也可使血糖升高。当机体发生糖代谢紊乱时，可出现高血糖症(hyperglycemia)或低血糖症(hypoglycemia)。图 13-2 示意了葡萄糖刺激 β 细胞分泌胰岛素的过程。

二、糖尿病概念及糖尿病分型

公元前 1500 年，埃及人就注意到“糖尿病患者”尿多的症状。同时代的人也观察到这种患者的尿是甜的，能招引昆虫等。公元前 300～400 年，古印度人根据糖尿病患者表现与年龄或胖瘦的关系而分成不同类型。公元前 230 年古希腊人开始用“diabetes”(虹吸)一词形象描述其多尿的表现。18 世纪末期英国人为了与临床多尿的另一病症——尿崩症(diabetes insipidus)区别，在 diabetes 后面加上了 mellitus(蜂蜜)一词，所以英文文献糖尿病通常书写为 diabetes mellitus。1889 年德国人发现胰腺切除会产生糖尿，证实胰腺与糖尿病发生有关。1921 年加拿大人班廷和贝斯特分离纯化出了胰岛素，为有效治疗糖尿病患者做出了巨大贡献，并因此获得了诺贝尔医学奖。

糖尿病是由胰岛素分泌绝对和(或)相对不足，或利用低下，致使体内糖、脂肪、蛋白质代谢紊乱，而导致

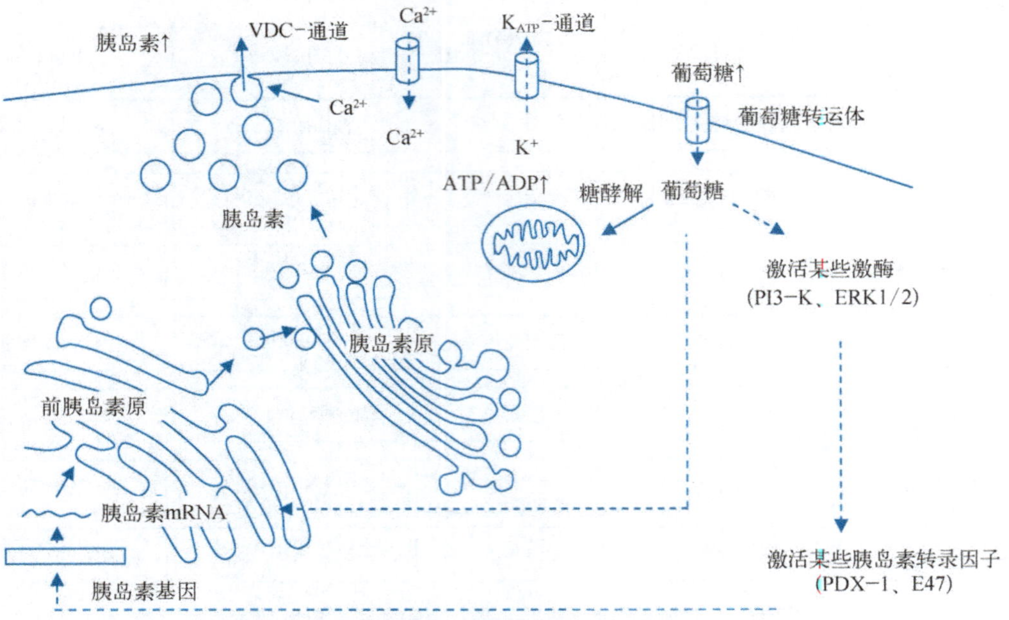

图 13-2 葡萄糖刺激胰岛β细胞分泌胰岛素分泌示意图

血糖增高为特征的一种慢性疾病。临床上以空腹血糖≥7.0 mmol/L,或任何时候血糖≥11.1 mmol/L,或者餐后 2 h 血糖为 7.8～11.1 mmol/L 为诊断糖尿病的标准。

目前临床根据 WHO 糖尿病专家委员会提出的建议,糖尿病分为 1 型糖尿病(type 1 diabetes mellitus, T1DM)、2 型糖尿病(type 2 diabetes mellitus, T2DM)、妊娠期糖尿病和特殊类型糖尿病四种。这四种类型临床发生率以 T1DM 和 T2DM 多见。本章节只讲述 1 型和 2 型糖尿病。

三、糖尿病基本病因与基本机制

糖尿病的病因和发病机制尚未完全阐明。1 型糖尿病发生,目前认为问题的关键是胰岛细胞被严重破坏,胰岛素绝对缺乏;2 型糖尿病则强调与胰岛素抵抗和(或)胰岛素相对缺乏这两个因素有关。请注意临床上 1 型糖尿病患者或 2 型糖尿病患者的具体致病因素各不相同,且 1 型和 2 型糖尿病具体病因并非各只有一种,如就 1 型糖尿病病毒感染而言,就涉及各种各样的具体病毒,言外之意,1 型和 2 型糖尿病有其各自的基本病因和基本机制,两者也可共同构成糖尿病的基本病因和基本机制。图 13-3 示意了 1 型和 2 型糖尿病的基本病因和基本机制。

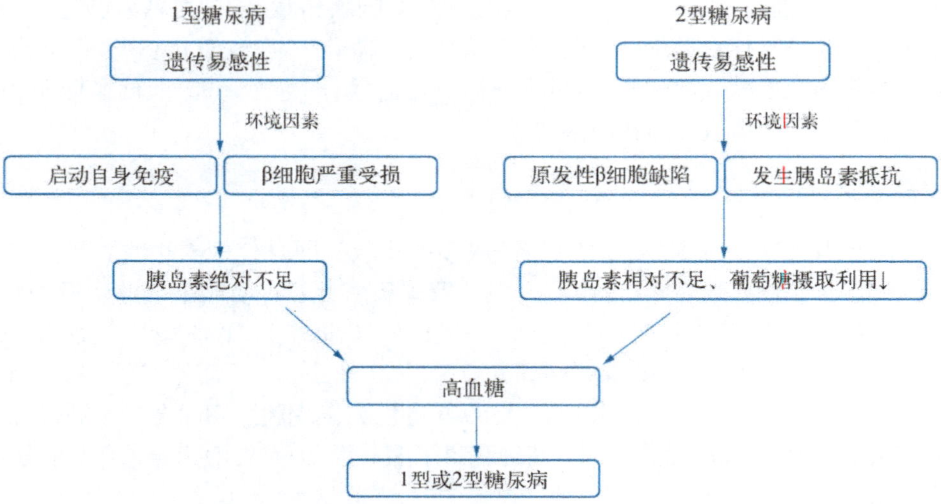

图 13-3 1 型和 2 型糖尿病的基本病因和基本机制示意图

但要注意的是：1 型与 2 型糖尿病发病机制也有明显的差异。如遗传因素的不同、环境因素的不同、β 细胞受损的不同、血中胰岛素稳态不同、胰岛素作用于细胞(肝脏、脂肪、肌肉等)反应性不同。它们之间的病理生理学异同点表示如表(表 13-1)。

表 13-1　1 型和 2 型糖尿病病理生理学异同点

	1 型糖尿病	2 型糖尿病
遗传背景	多基因遗传，与 HLA DR/DQ、胰岛素基因区基因等有关	多基因遗传，与胰岛素抵抗基因、胰岛坏死基因等有关(单基因遗传如 MADD 基因)
环境因素	强调自然因素 病毒、毒物等	强调生活方式 肥胖、运动少、高脂饮食等
发生机制	强调自身免疫对 β 细胞的进行性毁损 分子模拟学说、旁路途径学说(偶尔抵抗)	强调胰岛素靶细胞葡萄糖利用下降 胰岛素抵抗学说
胰岛细胞	β 细胞破坏严重(残存 10%以下)	β 细胞损伤较轻(残存 30%以上 β 细胞)
胰岛素分泌	胰岛素分泌严重缺乏	胰岛素可正常或升高
血糖	升高	升高

注：不能认为临床上 1 型糖尿病比 2 型糖尿病更严重。1、2 型糖尿病均有胰岛素功效不足引起严重并发症致残和(或)死亡。
不能认为 1 型糖尿病是自身免疫性疾病，而 2 型糖尿病没有自身免疫反应存在(详见本节胰岛素抵抗相关内容)。

表 13-1 中有关糖尿病发病机制的具体解释如下：① 分子模拟学说：具有遗传易感性患者，在微生物抗原(如风疹病毒、腮腺病毒、柯莎奇病毒等)与机体胰岛细胞自身抗原相似时，使机体细胞错误识别 β 细胞，产生免疫交叉反应；② 旁路途径学说：即病毒或毒物引起胰腺炎症、细胞凋亡，隐蔽自身抗原暴露，激活细胞毒性 T 细胞、NK 细胞等，释放炎症细胞因子(如 TNF、IL-1、IFN 等)或者诱导 B 细胞产生自身抗体(如抗胰岛细胞抗体——ICA，胰岛素自身抗体——IAA)等，损伤胰岛 β 细胞。胰岛细胞毁损(这一过程可持续相当长如数年时间，也可能是急性发作)将导致胰岛素严重缺乏；③ 胰岛素抵抗，该机制较为复杂，详述如下。

胰岛素抵抗

1988 年美国 Reaven 提出 X-综合征，实际上是证实了部分糖尿病患者中存在高胰岛素血症，他用胰岛素抵抗来解释这种状况，这弥补了既往人们一直认为糖尿病患者胰岛素分泌不足的认识缺陷。这为 2 型糖尿病概念的提出奠定了理论基础。

胰岛素抵抗(insulin resistance)是指胰岛素作用的靶组织和靶器官(主要是肝脏、肌肉和脂肪组织)对胰岛素生物作用的敏感性降低和(或)对胰岛素的反应性降低，而患者血液中胰岛素含量可正常或高于正常。胰岛素抵抗是引起 T2DM 的重要机制，涉及受体前缺陷、受体缺陷和受体后缺陷，其中受体后缺陷在临床上发生率最高。受体后胰岛素抵抗(约占胰岛素抵抗的 90%)，这些抵抗主要发生在靶器官肌肉、脂肪组织、肝脏、血管等，表现为这些组织器官糖利用下降、糖异生/酵解增强，脂肪动员增强，血管内皮 NO 释放减少，内皮素释放增多等。

1. *受体前缺陷*　是指胰岛素与受体结合之前的异常。引起受体前胰岛素抵抗的原因主要是：① 胰岛素的基因表达异常，如胰岛素基因突变导致的结构异常继而产生结构改变的“胰岛素”，这些“胰岛素”如 Chicago 胰岛素、Los Angeles 胰岛素、Providence 胰岛素以及 Wakayma 胰岛素等的生物活性均下降或消失，失去对受体的正常生理刺激效应；② 胰岛素的降解增快，如妊娠期糖尿病时胎盘分泌的胰岛素酶可加快胰岛素降解；③ 胰岛素阻断或拮抗作用增强，如胰岛素抗体形成，使胰岛素与其受体不能结合，不能发挥胰岛素生理效应。某些疾病如皮质醇增多症、生长激素瘤、嗜铬细胞瘤、甲状腺功能亢进等发生时可使胰岛素拮抗激素增多。或者某些药物如糖皮质激素、生长激素及感染 、创伤、手术时引起的应激激素分泌过多等都可导致受体前抵抗。此外，妊娠期糖尿病的发生也与受体前缺陷相关，因胎盘可产生多种拮抗胰岛素的激素如雌激素、黄体酮和催乳素等。

2. *受体缺陷*　是指胰岛素受体功能与结构的异常。① 功能异常主要见于受体合成异常、降解加速、胰岛素与其受体亲和力减弱等。如胰岛素抵抗综合征患者体内存在胰岛素受体抗体(insulin receptor antibodies，IRA)，可与细胞膜上的胰岛素受体结合，竞争性抑制胰岛素与其受体的结合；② 结构异常多为胰岛素受体基因(insulin receptor gene,IRG)突变致使受体功能部分丧失或完全丧失。研究已发现胰岛素受体基因有60余个突变位点,包括错义和无义突变、插入和缺失突变以及复合重排等,这些突变均可使胰岛素受体产生异常立体结构而不能与胰岛素相结合或结合能力弱,导致胰岛素不能发挥正常降低血糖作用,即使将胰岛素剂量倍增,降糖效果仍有限,因而出现明显的胰岛素抵抗。胰岛素受体基因突变所致胰岛素抵抗通常十分严重。除T2DM外,受体缺陷在临床上还可见于妖精貌综合征、Rabson-Mendenbhall综合征、脂肪营养不良综合征等。目前认为胰岛素受体基因突变是导致胰岛素抵抗的重要原因之一。

3. *受体后缺陷* 指的是细胞内对胰岛素反应过程的异常,即胰岛素与受体结合后信号向细胞内传递异常所引起的一系列代谢过程的异常。在此过程中,级联的信号被传递,蛋白质之间产生交互反应,引起磷酸化与去磷酸化及酶促级联反应,进而影响糖、蛋白质、脂肪的代谢。目前研究发现,胰岛素信号转导异常主要由于胰岛素受体底物(insulin receptor substrate,IRS)家族、磷酸肌醇3-激酶(phosphoinositol 3-kinase,PI-3K)、蛋白激酶B(protein kinaseB,PKB)、糖原合酶激酶-3(glycogensynthasekinase-3,GSK-3)以及葡萄糖转运体4(glucose transporter4,GLUT4)等异常所致。许多研究也认为受体后缺陷的发生与脂质超载和炎症密切相关,如脂肪细胞增大可导致血液循环中的游离脂肪酸(free fatty acid,FFA)及其代谢产物浓度升高并在非脂肪细胞(如肌细胞、肝细胞、β细胞)内沉积而抑制胰岛素信号的转导。另外,增大的脂肪细胞可吸引巨噬细胞并分泌炎症信号分子如TNF-α、抵抗素、IL-6等,继而通过Jun氨基端激酶(Jun N-terminal kinase,JNK)阻断骨骼肌内的胰岛素信号转导(图13-4)。

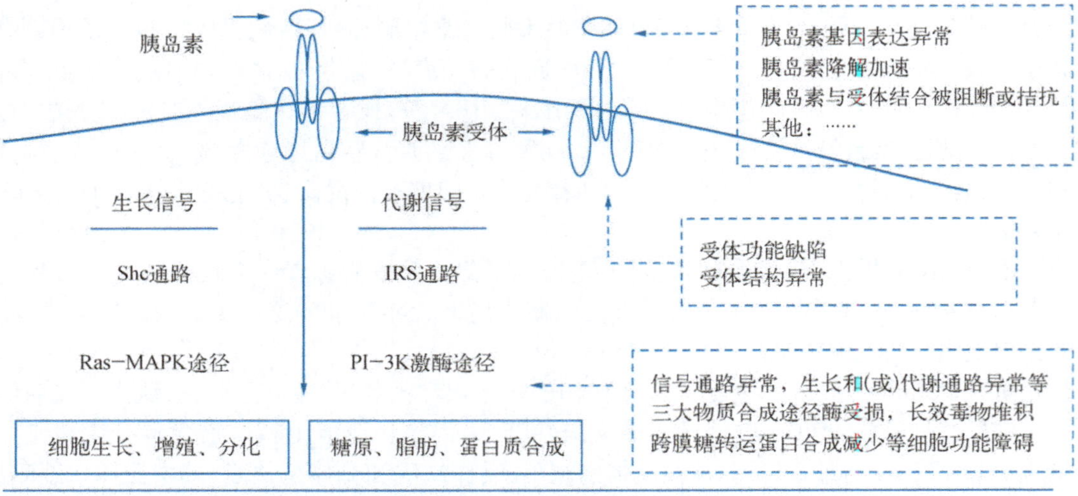

图13-4 胰岛素信号传递及胰岛素抵抗示意图

长效毒物堆积,如AGEs(晚期糖基化终末化产物)、脂肪酸等堆积,详见后文对机体影响

四、糖尿病对机体的影响

(一)一般表现

糖尿病是慢性疾病,其自然进程一般表现为:具有遗传易感因素的人,在环境因素作用下,因胰岛素产生或利用障碍出现血糖调节受损(impaired glucose regulation,IGR)。临床上测定人体血糖值介于正常(3.9~6.1 mmol/L)与糖尿病血糖值(>7.0 mmol/L)之间。该期为糖尿病前期。然后随致病因素持续和加强作用,出现典型的糖尿病症状,最后致残或死亡。

胰岛素是机体能够有效降低血糖,同时能促进糖、脂肪、蛋白质合成的唯一激素。它的作用异常,在生化代谢上主要使糖、脂、蛋白质三大物质分解代谢大于合成代谢,表现为血糖增高,脂肪酸堆积,蛋白质负氮平衡等改变;在病理学上主要表现为胰岛β细胞减少及胰腺炎症性表现(1型)和胰岛淀粉样变性(2型);血糖增高将导致大血管动脉粥样硬化改变(如心脏、脑、下肢等),微血管(指微小动脉和微小静脉之间管腔直径小于100 μm的毛细血管及微血管网,如视网膜、肾脏)以及神经出现微血管瘤、基底膜增厚、微循环障碍等典型病理和病理生理改变。在临床上患者出现急性(酮症酸中毒、非酮症高渗性昏迷、乳酸性酸中毒、低血糖反应等)和慢性并发症(糖尿病视网膜病变、糖尿病肾病、糖尿病神经病变、糖尿病冠心病、糖尿病脑血管病、糖尿病足等改变)。表 13－2 简述了 1 型和 2 型糖尿病的临床特点。

表 13－2 1 型和 2 型糖尿病临床特点

	1 型 糖 尿 病	2 型 糖 尿 病
发生率	占糖尿病 5%～10%	占糖尿病 90%～95%
发病年龄	年轻人、少肥胖(消瘦)	成年人,多肥胖(80%)
发病方式	急(相对)	慢(有糖耐量调节异常而无症状时间很长)
典型症状	"三多一少"明显	不明显
酮症酸中毒	常见	少见
对胰岛素敏感	很敏感	较不敏感
胰岛素治疗	必须	不一定(约 25%需要)

(二) 病理生理学关注的表现及机制

1. 代谢紊乱症候群

(1) "三多一少":临床上糖尿病患者往往出现"三多一少"症状(多尿、多饮、多食,体重减轻)。其机制:① 多尿为血糖增高超过肾糖阈,引起肾脏渗透性利尿;② 多饮是因为高渗失水,下丘脑渴感中枢受刺激,患者出现烦渴多饮;③ 多食主要与两个因素有关:人下丘脑有饱腹中枢和摄食中枢,胰岛素减少,饱腹中枢神经元摄取和葡萄糖利用减少,饱感减弱。而脂肪分解游离脂肪酸增多,可刺激摄食中枢,增加食欲;④ 体重减轻,主要因为蛋白质合成减少,脂肪分解增多有关。请注意 2 型糖尿病患者肥胖是一重要诱发因素。

(2) 酮症酸中毒(diabetic ketoacidosis,DKA):是指糖尿病患者因严重胰岛素不足、升糖激素作用增强,引起糖、脂、蛋白质代谢异常及水、电解质、酸碱平衡失调,最终出现高血糖、高血酮、脱水、电解质紊乱,伴有代谢性酸中毒的一种临床综合征。在发现胰岛素之前,酮症酸中毒的死亡率几达 100%,目前下降至2.5%～9%,多为 T1DM 患者。在急性感染(最常见诱因)、严重应激状态或治疗不当等情况下也可发生。糖尿病酮症酸中毒(DKA)产生的机制及其对机体的影响见图 13－5。

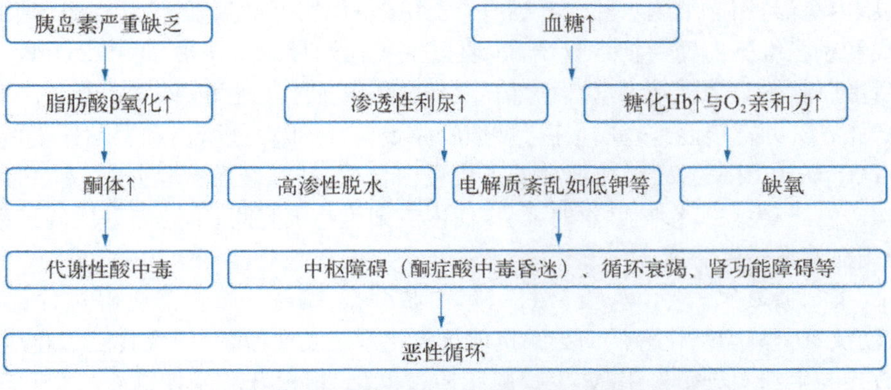

图 13－5 糖尿病酮症酸中毒产生的机制及其对机体的影响

① 酸中毒呼吸深快,丙酮呼出时带有"烂苹果"味为其临床特点;② 酸中毒还可因为蛋白分解产生有机酸,缺氧糖酵解增强乳酸增加引起;③ 脱水还可因患者厌食、呕吐、呼吸深快等原因引起;④ 缺氧也可由电解质紊乱如低磷血症,导致 2,3DPG 减少,氧离曲线左移等引起;⑤ 产生恶性循环后机制更为复杂

(3) 高渗性非酮症糖尿病昏迷(hyperosmotic nonketotic diabetic coma,HNDC)是指在诱因的作用下,高血糖、脱水和高血浆渗透压逐渐加重,患者常有意识障碍或昏迷,而无明显的酮症酸中毒,是一种严重的糖尿病急性并发症。

HNDC 起病较慢,且发生率低于 DKA,但死亡率较 DKA 高。常见于中老年 2 型糖尿病患者,少数可继发于 1 型糖尿病患者,且可与 DKA 同时或继之发生。HNDC 发病基础在于其有不同程度的糖代谢障碍,脱水、高渗引起中枢功能障碍。应激、感染、脱水、高糖摄入及药物等为其诱因。HNDC 与 DKA 最大的不同点在于其常没有或仅有轻度的酮症酸中毒，造成这种差异的机制目前尚未完全阐明，目前倾向于认为与以下因素有关：① HNDC 患者早期相对有较多的胰岛素分泌，可抑制脂肪的分解和酮体的产生；② HNDC 患者脱水严重不利于酮体的生成；③ HNDC 患者肝脏生酮功能障碍，肾脏排糖能力下降致使血糖浓度很高而酮症较轻；④ 严重的高血糖可能与酮体生成之间有拮抗作用。

2. *糖尿病慢性并发症* 糖尿病的慢性并发症可单独出现也可同时或先后出现，遍及全身各重要组织、器官及系统，但有其细胞偏好性。相较于其他细胞，高血糖血症时最易受损的细胞主要是血管内皮细胞、肾系膜细胞以及神经细胞等。主要原因在于这些细胞对血糖的转运没有像其他细胞一样减少，导致内皮细胞等胞内糖浓度过高，影响了其细胞内代谢(图 13－6)。

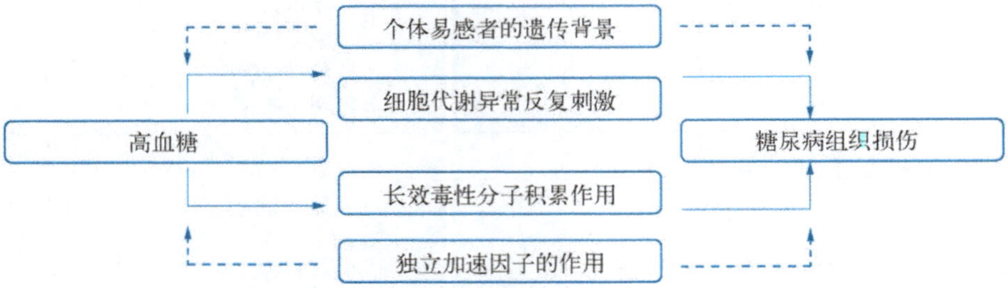

图 13－6 糖尿病组织损伤的基本机制

(1) 糖尿病肾病(diabeticnephropathy，DN)：糖尿病肾病是指高血糖引起糖尿病患者特有肾脏损害。它是糖尿病患者最常见和最严重的微血管并发症，常见于病史超过 10 年的患者，也是糖尿病致残、致死的最重要原因之一。现认为 DN 是发达国家或地区导致肾衰竭的第一或第二病因，是 1 型糖尿病患者的主要死亡原因，对于 2 型糖尿病患者，其严重性仅次于心、脑血管病。目前认为 DN 主要有弥漫性肾小球硬化型(最常见)、结节性肾小球硬化型和渗出性病变型三种病理类型，此外肾小管及间质也可发生病变。

DN 发生机制至今尚未完全阐明。高血糖被认为是 DN 患者体内代谢异常通路的始发因素。

多元醇通路是研究糖尿病慢性并发症最先证实的一种代谢改变。它是葡萄糖在细胞内升高以后，不能经正常途径分解，而通过葡萄糖旁路代谢，经醛糖还原酶作用把葡萄糖还原成山梨醇。山梨醇不能自由透过细胞膜，将导致细胞内高渗，引起细胞水肿、变性和坏死。这一作用可发生于肾脏、神经等组织细胞。

肾脏血管内皮和系膜细胞内葡萄糖含量增高，通过生化代谢导致二酰甘油(diacylglycerol, DAG)合成增加，DAG 可激活蛋白激酶 C，蛋白激酶 C 通过信号级联，① 可使扩血管的 PGE_2、PGI_2、NO 合成增加，使肾小球入球小动脉舒张；② 可直接促进基质蛋白(Ⅳ型胶原蛋白、纤维粘连蛋白和层粘连蛋白等)基因表达，也可间接通过促进 *TGFβ1* 基因表达而增加细胞外基质蛋白合成，并积聚在胞膜外，使基底膜增厚；③ 通过磷酸化内皮细胞微丝——肌动蛋白，影响微丝的聚合，使内皮细胞与细胞间、细胞与基质间连接强度减弱，进而增大内皮间隙，提高血管通透性。

高血糖状态下，葡萄糖氧化、多元醇通路激活、蛋白激酶 C、糖基化蛋白产生等过程都可能产生氧自由基，并且高血糖可使抗氧化酶糖基化等从而导致机体抗氧化系统功能减弱，导致肾脏氧化应激反应发生。氧化应激能够通过直接与生物大分子作用，如生物膜脂质过氧化、蛋白及酶变性、DNA 交联等(详见第十二章第二节缺血-再灌注损伤的机制相关内容)，导致细胞凋亡、死亡和组织损伤。氧自由基还被认为是细胞内的重要信使，活化许多信号传导通路如 NF－κB 通路等，促进细胞因子产生，间接导致肾脏组织和细胞的功能代谢改变或损伤。

与糖尿病相关的细胞因子，主要包括与细胞生长有关的如转化生长因子、内皮细胞生长因子、结缔组织生长因子；与炎症反应有关的 TNF、IFN、ILs 及与血管舒缩反应有关的 NO、内皮素等。

此外，一般认为，血脂升高是肾小球硬化发生和发展的独立致病因素，其病变过程类似于动脉粥样硬化，当血脂升高超过机体的代谢能力时，脂质即可沉积在肾脏系膜区域而使系膜细胞增生，最终可使肾小球硬化，此外巨噬细胞、单核吞噬细胞吞噬脂质后可转化为泡沫细胞，也可加重肾小球硬化。图 13－7 简述了糖尿病肾病发生的基本机制。

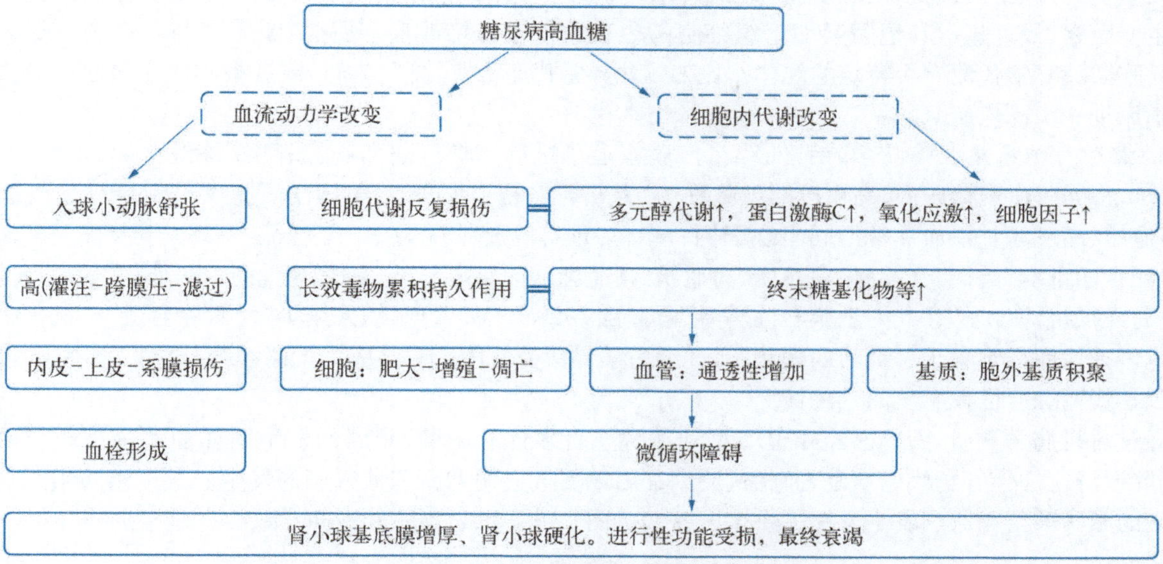

图 13-7　糖尿病肾病发生的基本机制示意图

(2) 高血糖代谢记忆：20 世纪 80 年代有关糖尿病动物实验研究就提出代谢记忆(metallic memory)效应概念。21 世纪初这一现象被临床实验所证实。后来全球多中心、大规模的“糖尿病控制与并发症的流行病学研究”以及“前瞻性糖尿病研究”也证实了上述结论。近年来血糖“代谢记忆”被基础与临床高度重视。

所谓高血糖代谢记忆，是指糖尿病患者的高血糖持续状态可对机体不同的组织器官造成持久性损伤，即便高血糖状态得以纠正，这种损伤仍然持续存在。

高血糖代谢记忆目前主要倾向于认为：晚期糖基化终末化产物(advanced glycation endproducts，AGEs)、氧化应激等分子生物化学反应互为因果，相互激活，一旦它们形成恶性循环，机体不再需启动因素——高血糖的维持，就可造成机体损伤。

AGEs 是指糖的醛基与其他生物大分子(蛋白质、氨基酸、脂类、核酸等)的游离氨基交联(缩合、重排、裂解、氧化修饰)形成的一些稳定的终末产物，在这些生物大分子糖化过程中无需酶的参与(图 13-8)。

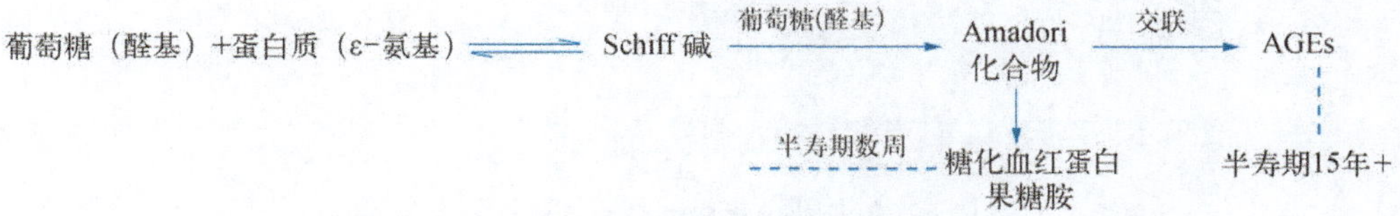

图 13-8　AGEs 形成示意图

① 早期糖基化合物：Schiff 碱；② Amadori 化合物反应方向与效能和葡萄糖浓度成正相关；③ 生成的 AGEs 能与蛋白游离氨基结合

生物大分子交联糖化后，结构将发生永久性改变，并发挥持久的作用：① AGEs 可存在于血管内皮细胞、巨噬细胞、肾脏足细胞、肾脏系膜细胞、神经细胞等；② 糖可直接与这些细胞的胞外基质和基底膜蛋白等分子交联形成 AGEs；③ AGEs 也可与这些细胞的 AGE 受体结合，将信号传入细胞内诱导细胞表达蛋白激酶 C、炎症细胞因子、生长因子以及诱导细胞凋亡等；④ AGEs 也可发生于细胞内，线粒体蛋白糖化可激活细胞线粒体氧自由基产生，形成氧化应激损伤细胞；⑤ 在上述生物化学反应过程中，这些异常代谢产生的生物大分子，如氧自由基、蛋白酶 C、炎症细胞因子等形成了“瀑布样”效应和网络状联系；⑥ 最终这些组织细胞发生病理改变：细胞外基质增多、基底膜增厚、血管通透性增加、内皮细胞生长与增殖、纤维组织的增生、新生血管形成、血流动力学和流变学以及血凝状态改变，构成了目前了解糖尿病肾病乃至其他慢性糖尿病血管并发症发生的病理生理基础。

然而糖尿病尤其是 2 型糖尿病是漫长的病程，血糖超过何种水平或持续多长时间将启动 AGEs 的形成，并导致组织的损伤？目前强调晚期糖基化终末化产物积累与氧化应激是血糖得到控制后引起高血糖代谢记忆的主要因素，最近显示其他因素如组织细胞的表观遗传学修饰改变，硝化应激等也与之有关。那么疾病早、中、晚期的异常代谢有否特定的规律？比如哪些异常代谢为主，哪些为辅，或者根本无主次之分等需要基础与临床进一步深入研究。

3. 肥胖与糖尿病　1947 年，韦格(Vague)就报道了肥胖与糖尿病和心血管疾病相关。20 世纪 60 年代 Mchnert 将同时出现糖尿病、高血压的现象称为“富裕综合征”，1988 年美国学者里文(Reaven)发现脂质异常、高血压、高三酰甘油血症常汇同出现于同一个体，他称这种情况为 X-综合征。1989 年卡普兰(Kaplan)提出“死亡四重奏”的概念(肥胖、高血糖、高血压、高血脂)，同年 Zemmit 称之为代谢综合征，其后也有人赋予它“胰岛素抵抗综合征”、“共同土壤学说”等称谓。自 1999 年 WHO 组织采用了“代谢综合征”一词来描述这种机体多种代谢异常集于一身的病理状态，逐渐为学界接受使用。肥胖成为代谢综合征的核心临床表现，糖尿病仅是代谢综合征概念里的一种情况。

通过流行病学调研，人们已经知道 2 型糖尿病患者多伴有肥胖，肥胖的发生同样受遗传和环境因素影响，肥胖患者往往伴有脂代谢紊乱，而脂代谢紊乱可以促进血糖增高和糖尿病的发生。其中脂肪组织氧化不全产生的脂肪酸与糖尿病发生发展关系十分密切。图 13-9 示意脂肪酸增高导致的高血糖机制。

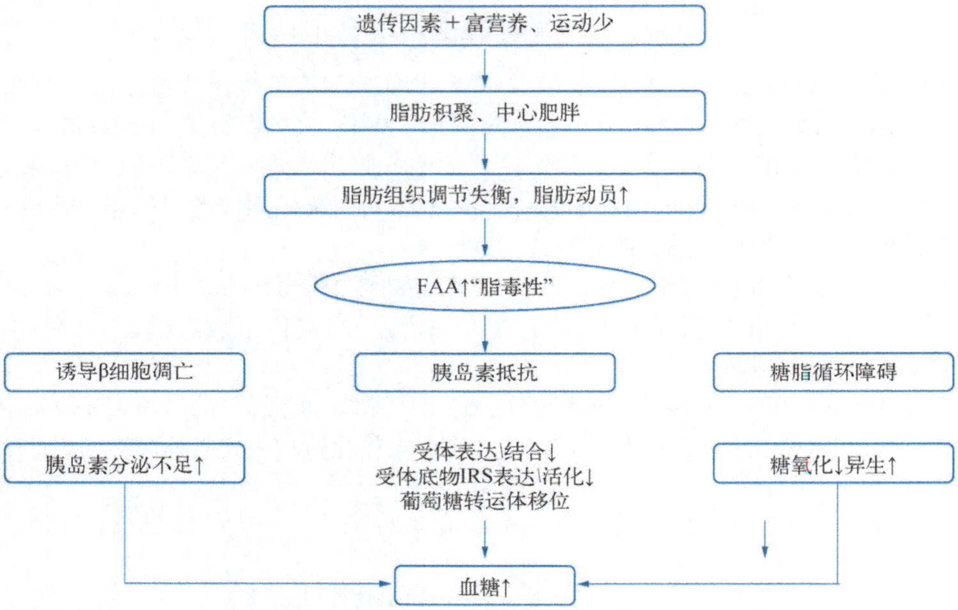

图 13-9　脂肪酸增高导致的高血糖机制示意图

① 中心肥胖：指患者脂肪积聚部位在腹部和臀部；② 葡萄糖转运体，参见图 13-2，信号通路异常，合成的葡萄糖转运体不能转运至细胞膜上；③ 糖脂循环障碍：指机体糖氧化与脂肪酸氧化存在相互制约的动态平衡关系。游离脂肪酸氧化增强，脂酰乙酰辅酶 A 增加，抑制葡萄糖氧化中的丙酮酸脱氢酶系，细胞内葡萄糖增多，细胞外葡萄糖不易进入

第三节　甲状腺素失衡与疾病

甲状腺是维持人体内分泌平衡的重要器官，也是人体内分泌系统中最大的内分泌腺。西方人最初发现阿尔卑斯山的居民有大脖子征象存在，并且脖子增粗的母亲，她们的孩子有的出现了“呆小症”。希腊人以为这是由于气管向外突出所致(bronchocele)。意大利著名画家达·芬奇于 1508 年第一次准确描绘了甲状腺的解剖学位置(laryngeal gland)。1619 年 Fabricious 才证实这些大脖子患者是甲状腺扩大所致。1665 年托马斯·沃顿(Thomas wharton)第一次以其形状命名了甲状腺(thyroid 源于希腊语 *thyreoiedes* 盾牌样)。帕里

(Parry)是世界上第一个描述毒性甲状腺肿临床表现的医生,但他没有发表相关论文。1835 年英国 Graves 论述了甲亢患者出现心慌等高代谢临床症状,起初他以为这些患者发生了心脏疾病,而 1840 年德国 Basedow 详细讨论了甲亢的临床表现,所以世界上讲英语的国家称之为 Graves 病,欧洲大陆称之为 Basedow 病。

一、甲状腺疾病的病因和分类

不同甲状腺疾病的病因不同,主要涉及遗传因素、环境因素、自身免疫因素等。甲状腺疾病的分类方式有多种,常见的分类方式主要是按其功能或病理特征来进行分类。如图 13－10 所示。

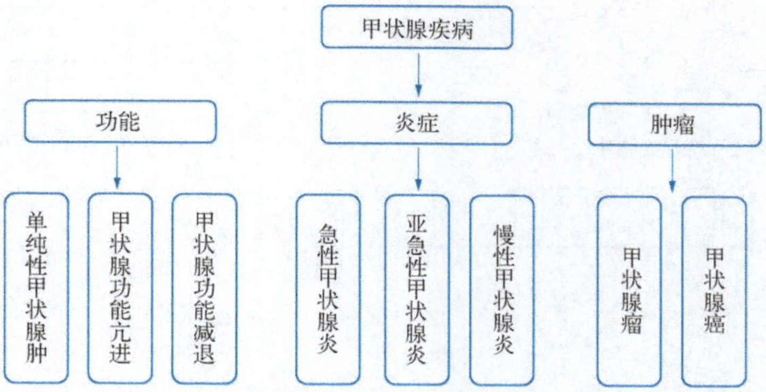

图 13－10　甲状腺疾病分类示意图

二、常见甲状腺疾病发病机制

(一) 单纯性甲状腺肿

1. 概念及分类　单纯性甲状腺肿(simple goiter),排除炎症和肿瘤原因引起的甲状腺肿大,不伴有甲状腺功能亢进或减退,又称为非毒性甲状腺肿。① 根据病理形态非毒性甲状腺肿再可分为弥漫性和结节性两种,即弥散性非毒性甲状腺肿(diffuse nontoxic goiter)与非毒性甲状腺结节性甲状腺肿(nontoxic nodular goiter),所谓非毒性指的是甲状腺功能没有异常;② 根据其病因和流行病学特点它又可分为地方性甲状腺肿(endemic goiter)或散发性甲状腺肿(sporadic goiter)。地方性甲状腺肿多见于缺碘地区,呈地区性分布,而散发性甲状腺肿则随机分布于不同地区。

2. 基本发病机制　由图 13－11 右侧小图可知单纯性甲状腺肿大的机制与下列因素有关:① 促甲状腺激素(TSH)增多或甲状腺免疫球蛋白增多:甲状腺肿大主要在于 TSH 增多,刺激靶细胞释放甲状腺增长因子,促进细胞 DNA 复制,细胞分裂、增生导致。这些增长因子包括细胞周期蛋白(cyclins)、细胞周期素依赖的激酶(CDKs)、细胞增殖核抗原(PCNA)等。此外,在一些自身免疫患者中,存在甲状腺生长免疫球蛋白,它可刺激甲状腺生长,但不能促进甲状腺素合成,所以只有甲状腺肿大而无甲亢;② 长负反馈调节异常:甲状腺素减少将反馈促进 TSH 释放;③ 自主调节异常:从细胞自主调节水平上看,血中甲状腺素减少与碘的合成分泌路径的各环节受阻有关(碘的摄取与活化、甲状腺素合成、碘化、贮存、重吸收、溶酶体水解、扩散等)(图 13－11 左小图)。如过氧化物酶作为甲状腺素合成的关键酶,参与甲状腺球蛋白酪氨酸残基的碘化和碘化酪氨酸的偶联形成 T_3 或 T_4 作用,先天性过氧化物酶缺陷或自身免疫性损伤可导致过氧化物酶减少。一些化学物或药物如氟化物、锂盐等可影响其中不同环节,会减少甲状腺素的合成,刺激 TSH 增加等;④ 其他:甲状腺素合成也受环境因素如气候、光线、寒冷影响,高能量食物可促进甲状腺素的合成,反之则减少合成。交感神经可刺激甲状腺合成分泌甲状腺素,反之副交感神经可抑制甲状腺素合成与分泌等,这些因素的改变对 TSH 分泌及单纯性甲状腺肿大也有一定作用。此外,由于增生过程中,滤泡细胞、纤维组织等不平衡生长,甲状腺肿大可呈现从弥散性增生到结节形成等不同的病理形态。

地方性甲状腺肿,是世界上流行最广的内分泌病,影响了 130 个国家多达 13 亿人口。地表碘化物易溶于水,随水土流失,导致某些降雨集中的山区居民特别容易发生缺碘。长期偏食一些低碘食物,或食用富有抑制甲状腺素合成成分的食物或药物都可能导致缺碘。此外,在青春期、妊娠期、哺乳期和绝经期女性,机体需碘增加,也是一个引起机体缺碘的因素。

但要注意,碘过量也可引起甲状腺肿大。其主要机制是:高碘抑制了钠-碘转运体和(或)者抑制过氧化物酶的活性,使 T_3、T_4 合成减少,反馈性 TSH 分泌增高,促进了甲状腺肿的发生。

3. *单纯性甲亢对机体影响* 轻度非毒性甲状腺肿大一般无明显的临床症状。但甲状腺也可形成巨大的肿块,甚至突起延至颈下,肿大甲状腺对邻近组织器官可产生压迫症状,如气管受压、食管受压、喉返神经受压、上腔静脉压受压,临床上出现相应的如呼吸困难、吞咽困难、声音嘶哑、面部青紫等。此外,甲状腺肿大外形对心理可能产生影响。少数非毒性甲状腺肿大可转变为甲亢或甲减。

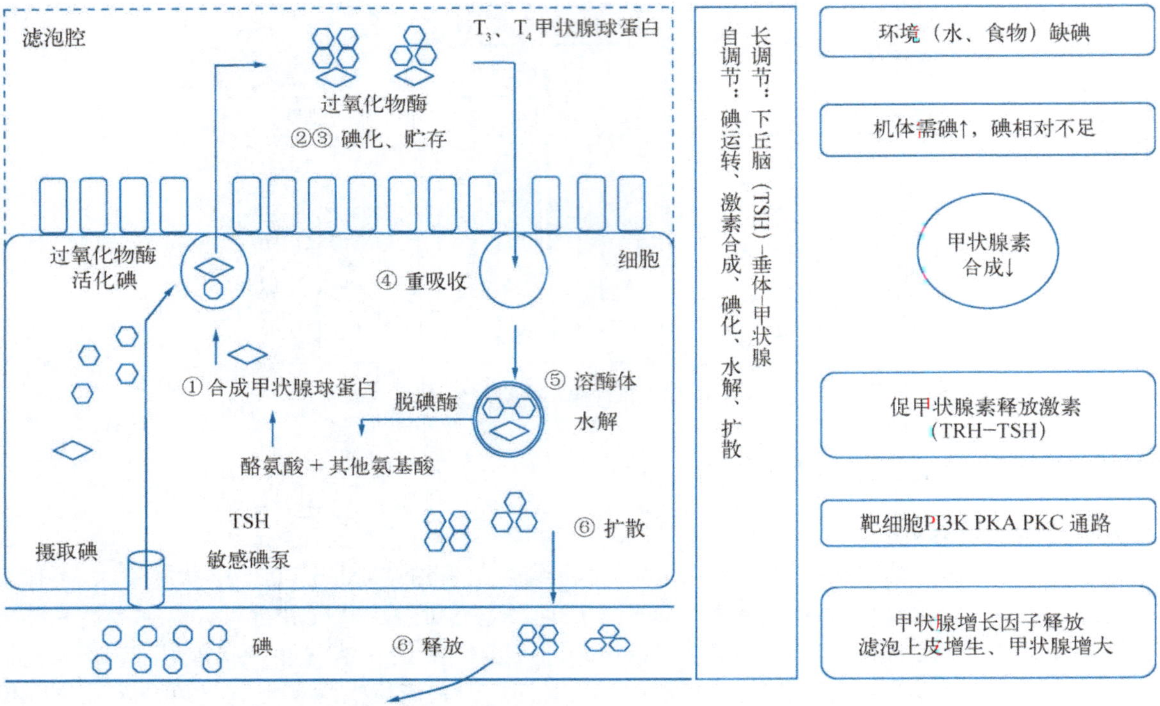

图 13-11 甲状腺素合成释放-甲状腺素合成路径调节-甲状腺增生示意图

(二) 甲状腺功能亢进症

1. 概念、原因及分类 甲状腺功能亢进(hyperthyroidism)可简称为甲亢,指甲状腺合成和(或)释放了过多的甲状腺素,刺激机体神经兴奋及组织代谢增强的一种代谢紊乱综合征。因为甲状腺素合成受多种方式和多种因素调节(图 13-11),因此除甲状腺本身疾病外,垂体病变、异位肿瘤(如畸胎瘤含甲状腺组织)、绒癌(分泌的 hCG 激素具有 TSH 样作用)、医源性等原因均可导致甲亢。

甲状腺本身的病患引起的甲亢,称为甲状腺性甲亢,如弥漫性毒性甲状腺肿(Graves 病)、多结节性毒性甲状腺肿、高功能性甲状腺腺瘤、甲状腺癌等,其中 80%左右的为弥漫性毒性甲状腺肿。非甲状腺问题引起的甲亢临床上常用具体病因或病理形态特征来命名,如垂体性甲亢等。

2. *发病机制* 不同类型甲亢发病机制有所不同,本节主要以 Graves 病为代表来解释其发病机制。目前认为 Graves 病是一种自身免疫性疾病。① 该病存在遗传背景:主要是机体存在抑制性 T 细胞免疫监视功能、调节功能遗传缺陷;② 在环境因素的触发下,如精神应激或感染应激作用于人体,某些禁忌株 B 细胞增生,在辅助性 T 细胞作用下,产生 TSH 受体自身抗体,这些抗体为刺激性抗体,也被称为甲状腺刺激免疫球蛋白(thyroid-stimulating immunoglobulin, TSI),它具有模拟 TSH 作用;③ 模拟 TSH 的 TSI 与 TSH 受体结合,通过细胞内 cAMP 和 PLC 通路激活,导致甲状腺素合成增多。而且这种模拟刺激效应不受垂体-下丘脑-甲状腺轴的反馈调控,导致甲状腺素增加,同时甲状腺肿大。但应注意,由于自身免疫的复杂性,其产生的抗体可能在不同的患者,甚至同一患者不同病变时期有所不同,其病理损害不同,带来的临床表现多种多样。

（三）甲状腺功能减退

1. 概念、病因及分类　甲状腺功能减退或低下(thyroid hypofunction，TH)可简称为甲减。是由多种原因引起的甲状腺激素合成、分泌或生物效应不足所致的一种全身代谢减低综合征。

甲状腺腺体本身病变引起的甲减称为原发性甲减，发病率占全部甲减的95%以上。其他如甲亢药物过量，引起甲状腺素过少，可视为继发性甲减。若甲状腺素水平正常，但效应不足则称为甲状腺素抵抗。成人原发性甲减的最常见原因是甲状腺的自身免疫损伤(桥本病)、甲状腺手术和甲亢碘放射治疗。

2. 发病机制　不同病因引起甲状腺功能减退的机制有所不同，其核心是血中甲状腺素减少或甲状腺素抵抗。桥本病作为最常见的甲减病因，其发病机制涉及：① 有一定遗传背景；② 产生抗甲状腺上皮细胞过氧化物酶抗体，TSH阻断性抗体等，致使机体甲状腺素减少。或者针对细胞自身产生体液和细胞免疫，毁损细胞。呆小症(cretinism)即克汀病，本质是原发性甲减，其发病机制是小儿甲状腺功能不足所致。克汀病可分两种：① 地方性克汀病：这种病多见于缺碘山区。母亲由于缺碘患甲状腺肿，对胎儿供碘不足，致胎儿期甲状腺激素合成不足，影响胎儿的发育，尤其是脑组织，表现为呆傻、发育不良等；② 散发性克汀病：由于某种因素(如母亲患有甲状腺疾病，血中含抗甲状腺的自身抗体会破坏胎儿甲状腺组织，或者妊娠期间服用了抗甲状腺药物，使胎儿甲状腺先天性发育不全)引起的先天性甲状腺功能不足。

（四）甲状腺素异常对机体影响

甲状腺素具有其他激素不可替代的重要功能。机体几乎所有细胞均有甲状腺素受体，同时机体几乎所有激素的作用发挥均与之有关。迄今已知甲状腺素调控了超过900种以上基因的表达，从某种角度看人类的生命和智力是由甲状腺功能决定的。

基于上述甲状腺的基本生物学作用，甲状腺功能亢进起初的临床表现往往不太典型，如出现心悸、脉搏快、失眠、盗汗、紧张、颤抖、消瘦等一般性表现而被误诊。典型的甲亢往往具有甲状腺肿大，眼球突出和高代谢症状等。甲状腺突眼与甲状腺素作用于眼外肌增生、张力增大；交感神经支配的眼肌运动不协调、自身免疫所致眼眶周围组织的炎症、水肿等有关，导致患者眼球突出，眼睑闭合受阻，结膜、角膜外露等。此外，甲亢患者在受到如感染、精神刺激、过度疲劳、碘摄入过多等影响下，可诱发甲亢危象(hyperthyroidism crisis)的发生。所谓甲亢危象是指患者突然出现高热、大汗、烦躁不安、恶心、呕吐、心房颤动、休克、谵妄、昏迷等危及生命的严重表现。其病理生理机制主要与诱因作用下血甲状腺素突然增加，机体对甲状腺的耐受减低、交感肾上腺髓质兴奋性增高与甲状腺素作用叠加等有关。

甲状腺激素缺乏可影响全身各个系统，主要表现以代谢率降低和交感神经兴奋性下降为主。典型症状包括畏寒、乏力、记忆力减退、嗜睡、汗液分泌减少、关节疼痛、体重增加、便秘、女性月经紊乱。重症患者可以发生黏液性水肿、昏迷等。其病理特征是黏多糖等物质在组织和皮肤中堆积，严重者可出现黏液性水肿，甲状腺可出现萎缩或肿大。

表13-3描述了三种常见甲状腺疾病的典型特点。

表13-3　三种典型甲状腺疾病的特点

	地方性甲状腺肿	Graves病	桥本病
病因	缺碘	遗传加环境	遗传加环境
性质	地方病	自身免疫性疾病，炎症	自身免疫性疾病，炎症
机制	长负反馈调节异常 自主调节异常	产生刺激性TSH抗体，可伴有抗甲状腺过氧化物酶抗体和抗甲状腺免疫球蛋白抗体存在	常有抗甲状腺免疫球蛋白和抗甲状腺过氧化物酶抗体存在。伴有阻断性TSH抗体
功能	正常	甲亢	甲减
病理	甲状腺肿大	甲状腺肿大	甲状腺肿大
临床	肿物压迫症状	代谢率高、突眼 交感神经兴奋性高表现	代谢率低，黏液性水肿 交感神经兴奋低表现
	TSH增多	TSH减少；T_3、T_4高	TSH增多，T_3、T_4减少

注：自身免疫疾病病理损害随时间变化可能不同，它们的功能状态转换变得十分复杂，如桥本病可因损害细胞，储存甲状腺素释放而致甲亢，而Greaves病也可因产生阻断性抗体占优势，变为甲减或正常，这些变化往往给临床诊治带来困难。检测抗体是区分它们的重要手段之一。

第四节 骨代谢疾病

18 世纪英国外科医生亨特(Hunter)发现了骨组织代谢的现象,当他将新骨放置于机体后,旧骨会逐渐被破坏,19 世纪 30 年代法国病理学家洛布斯坦(Lobstein)创建了一个新词汇 Osteoporosis,“osteo”是骨的意思,而“poro”是孔的意思,“sis”表示一种状态,合起来的意思就是“有孔的骨”,1885 年波恩(Pome)命名为骨质疏松症。1940 年美国内分泌学家奥尔布赖特(Albright)发现绝经后的妇女容易罹患骨质疏松症,并与雌激素水平有关。20 世纪 60 年代学者们已经证实骨组织的主要无机化学成分是二磷酸盐(bisphosphonates)。本节重点讲授钙磷代谢与骨质疏松症。

人体骨组织由骨细胞和骨基质构成。如果骨质吸收和骨质形成之间的动态平衡被打破,各种代谢性骨病便可出现,如骨质疏松、骨质软化和骨质纤维化等。所谓代谢性骨病又称骨矿疾病或钙磷代谢疾病,是一种伴有钙磷、维生素 D 代谢和甲状旁腺素等异常的全身骨骼病。钙磷代谢失调可导致骨代谢疾病的发生,而骨代谢失衡也可引起血钙磷异常。

一、钙磷代谢及激素调控

1. 钙磷代谢　钙磷来源于食物,主要经肠道和肾脏吸收和排出,下图显示钙磷在肠道吸收和肾脏排出的过程及机制。

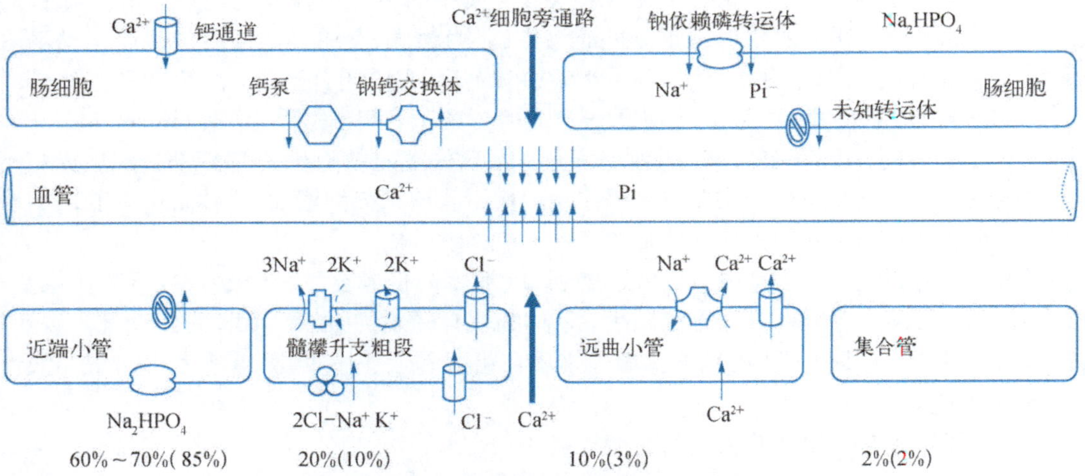

图 13-12　钙磷在肠道和肾脏的吸收

肠道重吸收钙:钙主要在小肠吸收,钙入血包括细胞旁通路和跨细胞通路。肠道高钙浓度(食入高钙食物等),因电化学梯度,通过细胞间隙(细胞旁通路)被动入血;低钙浓度时,主动跨细胞通路将发挥作重要作用。通过钙通道等入胞的钙,在基膜面(靠近血管面)通过钙泵和 Na^+/Ca^{2+} 交换体进入组织间隙,然后弥散入血

肠道吸收磷:机体所需的磷也主要在肠道吸收。目前认为与肠上皮细胞膜上钠依赖磷转运体有关。通过该转运体将磷酸根离子转入胞内,并通过未知的转运体,移入组织间隙再弥散入血;也可能通过细胞旁通路进入

肾脏对钙的吸收:99%滤过的 Ca^{2+} 将被重吸收,其在各肾脏部位吸收比率见图底端显示数据。近端小管主要是细胞旁通路被动吸收,其中少部分为主动跨细胞运输(图未显示)。在髓襻升支粗段,主要是通过细胞旁通路进入,其机制为① $Na^+-K^+-2Cl^-$ 协同转运蛋白,各离子进入细胞呈电中性。基底膜上的钠泵将 3 个 Na^+ 泵出细胞,同时转入 2 个 K^+,这样会导致小管腔面(顶侧面)带正电荷,同时该段顶侧面要吸收 Cl^-,并经基底膜 Cl^- 通道转入组织间隙再弥散入血,也将导致腔面净正电荷增多,驱动钙离子经细胞旁通路重吸收入血;② 在远曲小管,主要通过跨细胞膜运转,即进入细胞内的钙离子,在基底膜面将通过转运体和钙泵进入组织间隙再弥散入血

肾脏对磷的吸收:75%～85%肾脏滤过的磷将被重吸收,在各肾脏部位吸收比率见图底端括号内数据。有关其吸收机制研究较少,图显示近端小管吸收机理,同肠道上皮细胞吸收

激素对钙磷在肠道和肾脏吸收影响及简要机制:影响钙磷代谢的激素主要有甲状旁腺激素(PTH)、降钙素、雌激素、雄激素、糖皮质激素、生长激素等。它们的作用机制主要涉及:① 通过各自受体,经细胞内信号传递,影响肾脏、肠道上皮细胞的通道蛋白、转运体、泵等蛋白分子,最终调控了血中钙磷平衡与失衡;② 影响上皮细胞紧密连接表达,影响其通透性;③ 影响骨骼细胞的溶骨和成骨作用,使骨骼与血液之间发生钙磷转移,发挥其调节功能。例如在肠道:活性维生素 D_3 影响钙通道蛋白和细胞间紧密连接蛋白等分子表达,调节了肠道钙磷的吸收。有关各激素具体作用分子机制在此不做细述

2. 钙磷调节　机体钙磷平衡生理上主要与甲状旁腺激素、降钙素、维生素 D 有关。其平衡受损除以上三种激素外，不同疾病还可能涉及性激素、生长激素、糖皮质激素、胰岛素等异常。此外许多细胞因子如白细胞介素、肿瘤坏死因子、胰岛素样生长因子等，这些因子调控成骨细胞和破骨细胞的活动，参与骨形成与骨吸收过程。表 13 - 13 三种激素与钙磷代谢的关系。

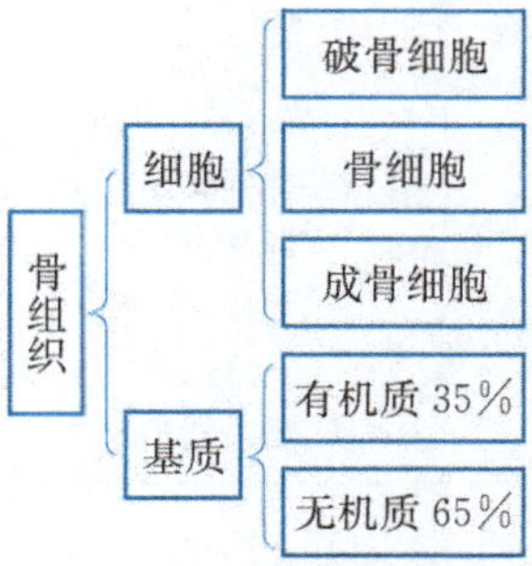

无机质，主要是固体羟基磷灰石。有机质主要是：由成骨细胞分泌的胶原蛋白和骨钙素。胶原蛋白聚合成胶原纤维为羟基磷酸钙沉积提供骨架。骨钙素沉积于基质中，与羟基磷酸钙有很高的亲和力，有利于骨骼矿化

作用部位及功能		维生素 D_3^*	PTH * *	CT * * *
肠道	钙吸收	+	+	−
	磷吸收	+	+	−
肾脏	吸收钙	+	+	−
	吸收磷	+	+	−
骨骼	溶　骨	+	+	−
	成　骨	+	−(+)	+
血液	血　钙	+	+	−
	血　磷	+	−	−
总体效应		保钙保磷	保钙排磷	排钙排磷
常见疾病		缺乏或抵抗	功能亢进	感染刺激
		中毒	功能减退	异位分泌
		靶器官异常	靶器官异常	肾功能下降

图 13 - 13　骨组织的构成及调节钙磷代谢主要激素的作用

"+"表示促进"−"表示抑制

* 在低钙时维生素 D_3 与 PTH 共同参与，通过骨细胞(早期释放蛋白水解酶等)和破骨细胞(溶酶体酶类等)释放，降解基质和释放矿质，发生溶骨，以保证血钙稳定

* * 甲状旁腺激素(PTH)激活肾脏 1 - α 羟化酶，通过维生素 D_3 促进小肠上皮钙磷重吸收。长时间、低剂量的 PTH 刺激有成骨作用

* * * 降钙素(CT)抑制肾脏 1 - α 羟化酶活性，减少肠道上皮细胞钙磷吸收。血钙浓度与 PTH 成负相关关系，而与 CT 成正相关关系。此外，性激素(雄激素、雌激素)可促进骨骼钙磷沉积，减低血钙浓度；糖皮质激素抑制溶骨，抑制肾脏对钙磷的重吸收，减少血钙；甲状腺素促进溶骨，可致高血钙

二、概念和分类

骨质疏松症(osteoporosis，OP)是骨强度下降导致骨折危险性升高的一种骨骼疾病。骨强度反映了骨骼的质和量，骨强度=骨密度+骨质量。骨强度是骨骼柔韧性承载负荷的指标。临床上无直接定量测定骨骼强度的方法，间接用 X 线双吸收法等来测定骨密度反映骨强度。所谓骨密度(bone mineral density，BMD)是指单位面积的矿物质含量。骨质量反映骨骼成分构成，矿化程度和形态结构正常与否。

骨质疏松症患者通常骨量低下，骨微结构破坏，但骨矿盐和骨基质比例不变，只是总量减少，而骨软化症骨矿物质减少，有机质不减少；畸形性骨炎(osteitis deformans)又称为 Paget's 病，该病破骨与成骨、骨质疏松与钙化并存，骨强度明显降低，矿盐和基质处于错乱状态。

骨质疏松症可按病因分为三大类：

(1) 原发性骨质疏松症，它是随着年龄的增长必然发生的一种生理性退行性病变。包括绝经后骨质疏松(Ⅰ型)，见于绝经不久的妇女；老年性骨质疏松(Ⅱ型)，多在 65 岁后发生。两种类型的区别见表 13 - 4。

(2) 继发性骨质疏松症，是指各种全身性或内分泌代谢性疾病引起的骨组织量减少，其他疾病(如肾衰竭)或药物(如类固醇)等一些因素均可诱发继发性骨质疏松症。

(3) 特发性骨质疏松症，多半有遗传家庭史。妇女妊娠及哺乳期所发生的骨质疏松也可列入特发性骨质疏松。

骨质疏松也可按照骨代谢进行分类，包括两型：高转换型，骨吸收与骨形成均增加。见于妇女绝经后早期、甲状旁腺功能亢进等。低转换型，骨吸收增加或减少，骨形成减少，见于老龄性骨质疏松等。

表 13-4　老年患者与绝经期女性骨质疏松特点比较

	Ⅰ型骨质疏松	Ⅱ型骨质疏松
患病人群	绝经期妇女	老年患者
年龄(岁)	50～60	＞60
性别(女∶男)	(6～8)∶1	2∶1
骨量丢失	松质骨＞皮质骨	松质骨＝皮质骨
易骨折的部位	椎体、远端桡骨	桡骨、股骨、椎体
钙的摄入量	非常重要	非常重要
PTH	减少/正常	增加约 30%
$1,25(OH)_2D_3$	继发减少	原发减少
肠对钙的吸收	降低	降低
病因	雌激素缺乏	年龄增长

三、基本发病机制

骨质疏松为非单一因素致病的疾病。绝经后妇女常发生Ⅰ型骨质疏松，Ⅰ型骨质疏松的主要致病原因包括：内分泌功能失常、营养障碍、遗传因素、免疫因素等。老年人是患骨质疏松的高危人群，常于 65 岁后发生Ⅱ型骨质疏松。发生原因包括：人体内分泌失调、运动减少和不良生活习惯等。图 13-14 示意了Ⅰ型和Ⅱ骨质疏松的机制。

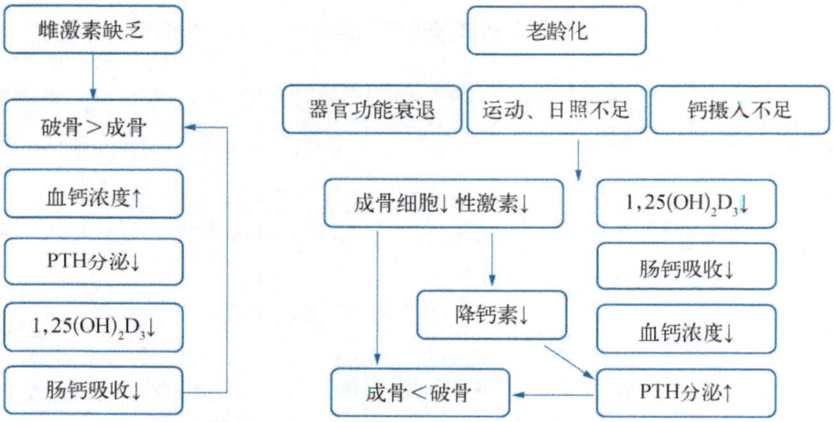

图 13-14　Ⅰ型和Ⅱ型骨质疏松发病机理

表面上看Ⅰ型和Ⅱ型发病机制有冲突的地方，例如Ⅰ型 PTH 分泌减少，Ⅱ型 PTH 分泌增加。应这样理解：① 最终效应它们是一样的，即破骨大于成骨效应；② 但其机理不同。图中所示：Ⅰ型强调雌激素减少抑制钙磷沉积本身就使破骨效应大于成骨效应，而后经系列反应后，肠道钙吸收减少，加重了破骨效应。其中的活性维生素 D_3 减少是因 PTH 减少所致。从疾病因果反应看，与Ⅱ型比较它是一种继发减少。而Ⅱ型骨质疏松更强调 $1,25(OH)_2D_3$↓属于原发性减少，带来了 PTH 分泌增多，及后续破骨效应；③ 对 PTH 多与少，就患者整体而言不能一概而论要求其多或少，或必然是多还是少；④ 推而广之，临床应重视病情的轻重缓急、单因素多因素等作用的时空观问题，它们对疾病发生发展过程的正负影响不同，犹如本图谈到 PTH 的双相作用，大剂量为破骨，小剂量长时间为成骨效应等；⑤ 此外，许多细胞因子调控该过程，如 IL-6\IL-1\TNF 增加，或胰岛素素样生长因子减少等可减少对 PTH 的抑制作用，而使破骨效应增强，图中未显示

四、骨代谢疾病对机体的影响

早期阶段的骨质疏松症本身并无疼痛等症状，也无畸形等体征。后期可有以下临床症状：① 骨折：骨折最常见发生在髋部、脊椎或腕部等。患者常有不明原因的椎体压缩骨折，也可因咳嗽、打喷嚏、轻微外伤等原因诱发。骨折长期卧床可引起并发症，如褥疮、肺炎、血栓栓塞等；② 疼痛：原发性骨质疏松症最常见的症状，如腰背痛等。其原因与骨折后神经的受压、肌肉疲劳、痉挛等有关；③ 身体畸形：脊椎是身体主要承重部位，易压缩变形成驼背，并可随年龄增长，骨质疏松加重而加重。

小　结

内分泌失衡主要体现为内分泌腺在功能和(或)形态方面所出现的异常表现,临床常表现为内分泌腺疾病的发生,糖尿病、甲状腺疾病、骨质疏松是临床常见的内分泌疾病。

糖尿病是由胰岛素分泌障碍和作用缺陷(胰岛素抵抗)导致的主要以血糖浓度增高为基本特征的代谢性疾病。多食、多饮、多尿及体重减轻为临床重要表现。血糖增高常累及多系统,如常导致眼、肾、神经、血管及心脏等组织器官的慢性进行性病变,病情严重或应激时可发生急性代谢紊乱如糖尿病酮症酸中毒、高渗性非酮症糖尿病昏迷等危重并发症。本病常使患者生活质量降低,致残、致死率增高。甲状腺疾病与环境、遗传、自身免疫关系密切。其本质是甲状腺本身和(或)调控甲状腺素水平的相关环节出现了异常。甲状腺功能增强为甲亢,反之为甲减。甲状腺肿大与TSH或某些免疫蛋白的刺激增生有关。Graves病,桥本甲状腺炎为甲亢或甲低的典型病例,属于自身免疫病。克汀病是甲低所致的生长发育不良和智力障碍的一种疾病。骨质疏松与性激素水平、甲状旁腺激素代谢、维生素D_3合成等内分泌激素异常最为密切。常导致骨折、疼痛以及畸形等临床后果。

【复习思考题】

1. 造成神经内分泌失衡的病因有哪些?其发病机制是什么?
2. 糖尿病、甲状腺疾病、骨质疏松分别的发病机制是什么?

(刘佳云　范　波)

第十四章

增殖性与退行性疾病

学习要点

掌握：① 细胞增殖过度型疾病的基本发病机制；② 自噬与凋亡的基本机制。

熟悉：① 增殖性疾病的分类，细胞外基质过度型疾病的发病机制；② 细胞增殖和细胞外基质过多型疾病的发病机制。

了解：增殖性疾病的分类及其特点。

增殖(proliferation)是一个基本生物现象，1895 年英语系国家开始用该词汇来描述细胞的形成和发育。它是生物体的重要生命特征之一，也是维持正常生命活动的必要条件。所谓增殖，在生物学整体水平上是指生物的繁育与生殖；在细胞水平上是指细胞的增生与分裂，繁殖子代细胞。所谓细胞增殖(cell proliferation)严格上讲是细胞通过分裂，产生与母细胞遗传特性相同的子细胞，从而使细胞数目增加的过程。多细胞生物，一方面通过细胞增殖用以补充体内衰老和死亡的细胞，或修复因创伤等毁损的细胞；另一方面，通过受精卵的分裂和分化，最终发育成一个新的多细胞个体。由此可见，细胞增殖是生物体生长、发育、繁殖和遗传及维持细胞稳态的基础。20 世纪 50 年代伊始，意大利等国学者开始用增殖性疾病来讨论骨髓、淋巴等系统的某些增殖性疾病的特征和机制。

第一节　增殖性疾病

一、概念及分类

1. 概念　所谓增殖性疾病是指过度的细胞增殖和细胞外基质沉积所导致的疾病。典型的增殖性疾病，包括肿瘤、动脉粥样硬化、类风湿性关节炎、银屑病、特发性肺纤维化、硬皮病和肝纤维化等。

2. 增殖性疾病的分类如表 14 - 1 所示。

表 14 - 1　增殖性疾病分类

分　类	细胞增殖过度型	细胞外基质过多型	细胞增殖和胞外基质过多型
特点	主要细胞过度增殖	主要胞外基质过度增殖	两者皆明显
典型疾病	肿瘤(细胞恶变) 动脉粥样硬化(血管平滑肌) 银屑病(角朊细胞) 红细胞增多症(红细胞)	肝纤维化(肝星状细胞被激活分泌) 硬皮病(成纤维细胞增多活化，胶原合成过多)	类风湿性关节炎(结缔组织、小血管，中胚层细胞和巨噬细胞) 特发性肺纤维化(肌成纤维细胞，基质及胶原纤维沉积间质)

二、基本发病机制

本节重点介绍细胞增殖过度型疾病的基本发病机制。

（一）细胞增殖过度型

细胞增殖过度、细胞分化不足和细胞死亡不足是导致细胞增殖过度型疾病的三大机制。本节将以肿瘤为例阐述细胞增殖过度型疾病的基本发病机制。

1. 细胞增殖过度　细胞增殖是通过细胞分裂来实现的。细胞分裂方式主要有以下三种：即有丝分裂、无丝分裂和减数分裂。其中，有丝分裂是体细胞的主要增殖方式。细胞从一次有丝分裂结束到下一次有丝分裂结束所经历的过程称为细胞周期。

而细胞周期又可分为以下四个阶段（图 14－1）：① G_1期（gap 1），指从有丝分裂完成到DNA复制之前的一段时间；② S期（synthesis phase），即DNA复制期；③ G_2期（gap 2），指DNA复制完成到有丝分裂开始之前的一段时间；④ M期又称D期（mitosis or division），又称有丝分裂期，是指从细胞分裂开始到结束的一段时期。

机体通过对细胞周期进行严格的调控，来决定细胞处于增殖或者静止状态，以保证细胞在合适的时机进行正常分裂，从而满足机体生长发育的需要。如处于连续分裂状态的周期性细胞，脱离细胞周期而不进行增殖的休眠细胞（G_0期细胞），处于不分裂状态的终末分化细胞等。

（1）细胞增殖过度的生理学调控：细胞增殖的调控主要涉及以下两个水平的调控机制。

1）一级调控：周期素依赖性激酶（cyclin dependent kinases，CDKs）：一组丝氨酸/苏氨酸蛋白激酶，通过与周期素（cyclins）结合，形成周期素/周期素依赖性激酶复合物，通过调节其不同底物的磷酸化水平，从而实现对细胞周期不同时相的推进和转化作用。在细胞周期中，周期素依赖性激酶的表达水平较为稳定，周期素在细胞内的表达量则随细胞周期的改变而发生变化。不同表达水平的周期素在细胞周期的不同阶段发挥不同作用，当其浓度较低时，则可与周期素依赖性激酶发生解离，从而抑制周期素依赖性激酶的活性。美国生物学家哈特韦尔（Hartwell）等人最先阐述了周期素和周期素依赖性激酶在细胞周期中的作用及机制，并因此获得2001年度诺贝尔生理学或医学奖。

周期素依赖性激酶抑制因子（cyclin dependent kinase inhibitors，CKIs）：是一组特异性抑制周期素依赖性激酶的蛋白。周期素依赖性激酶抑制因子可与周期素依赖性激酶结合，也可与周期素/周期素依赖性激酶复合物结合，从而抑制周期素依赖性激酶的活化，引起细胞周期阻滞。

细胞周期检查点（check point）：是细胞周期中的一套保证遗传物质复制及分配质量的负反馈检查机制，以确保每个子细胞能够获得与亲代细胞完全相同的遗传信息。当细胞周期进程中出现诸如DNA损伤或DNA复制受阻等异常事件时，细胞周期检查点机制就被激活，及时地中断细胞周期的运行。待细胞修复或排除故障后，细胞周期才能恢复正常运转。因此，G_1/S检查点和G_2/M检查点显得尤为重要。在G_1/S检查点，如果细胞获得了DNA受损信号，会阻断细胞周期进程，启动DNA修复，以保证DNA的质；在G_2/M检查点，如果细胞发现DNA复制不足，细胞周期将受阻，以保证DNA的量。

综上所述，周期素依赖性激酶可形象化为驱动细胞周期的“引擎”，周期素作为协同因素则可作为细胞周期的“油门”，而周期素依赖性激酶抑制因子则是细胞周期的“刹车”；与此同时，细胞周期检查点作为“纠错机制”，为细胞周期的正常运转保驾护航。

2）二级调控：细胞内外的各种增殖或抑制信号可以调控细胞周期的一级调控元件，换言之细胞周期的一级调控元件只有接受了来自细胞内外的增殖或抑制信号后才能推进或阻滞细胞周期的进程，调控细胞的增殖。

增殖信号，比如上皮生长因子（epidermal growth factor，EGF）与位于细胞膜上的受体结合后可启动细胞内的信号转导通路，进而促进周期素D的合成，抑制周期素依赖性激酶抑制因子的合成，促进了周期素D/周期素依赖性激酶复合物的形成，使细胞由G_0期进入G_1期。

抑制信号，比如转化生长因子β（transforming growth factor β，TGF－β）与位于细胞膜上的受体结合后可启动细胞内的信号转导通路，抑制G_1期细胞内的CDK4表达，同时诱导p21、p27和p15等周期素依赖性激酶抑制因子的表达，从而使细胞周期停滞于 G_1 期，细胞增殖受阻。

(2) 细胞增殖过度的病理生理学机制：通过上述严格而精密的调控机制，从而得以维持正常的细胞增殖过程。而上述调控过程中的任一环节出现异常均可导致细胞增殖异常，引发增殖过度性疾病。① 周期素过表达：比如周期素 E 在乳腺癌等细胞中过表达；周期素 D 在淋巴瘤、食管癌、胃肠癌等细胞中过表达。这些周期素在肿瘤细胞中过表达导致细胞 G_1 期缩短，由 G_1 期迅速进入 S 期，DNA 开始复制，细胞周期加快；② 周期素依赖性激酶过表达：多种周期素依赖性激酶在多种肿瘤组织中过表达。比如 CDK1 在小细胞肺癌、卵巢癌、胃癌等肿瘤中过表达，促进细胞进入 M 期，启动有丝分裂；过表达的 CDK4 与宫颈癌的发生密切相关；③ 周期素依赖性激酶抑制因子表达不足：周期素依赖性激酶抑制因子表达不足也常发生在多种肿瘤中，使得其对周期素及周期素依赖性激酶的抑制作用丧失，导致细胞增殖加速。如抑制因子 InK4 家族表达不足，包括 p16、p15、p18 和 p19 等。其中包括黑色素瘤、宫颈癌、直肠癌等多种肿瘤中多伴有 p16 的低表达；而 p21 的低表达或者缺失则可导致肝癌等的发生；④ 检查点功能障碍：细胞通过检查点机制可及时发现细胞增殖过程中 DNA 复制的错误与问题，并反馈性启动纠错机制。当检查点功能障碍时，即便 DNA 损伤或者复制量异常，细胞周期也会继续推进。比如，p53 是 DNA 损伤检查点的重要分子，但它也极易出现突变。当 p53 出现突变或者缺失时，因 DNA 复制及细胞周期出现异常，极易导致正常细胞转化为癌细胞；⑤ 细胞增殖信号增强：正常细胞的增殖依赖于生长因子等细胞外增殖信号的刺激。然而，肿瘤细胞中基因突变等多种因素可引起原癌基因(proto-oncogene)的过表达或活化，导致细胞正常增殖变为无限制的恶性增殖，即不依赖于生长因子等细胞外增殖信号的刺激。比如人类表皮生长因子受体 2(human epidermal growth factor receptor 2，Her2)是 EGF 受体家族的一员，但不同于其他成员的是，Her2 不需要 EGF 的刺激即可与其他家族成员形成异二聚体，启动下游增殖信号，因而与乳腺癌等多种肿瘤的形成直接相关。此外，基因突变导致原癌基因 *Ras* 处于持续活化状态，从而促进了下游增殖信号通路的激活，被认为是引发肺癌等多种肿瘤的重要原因(图 14－1)。

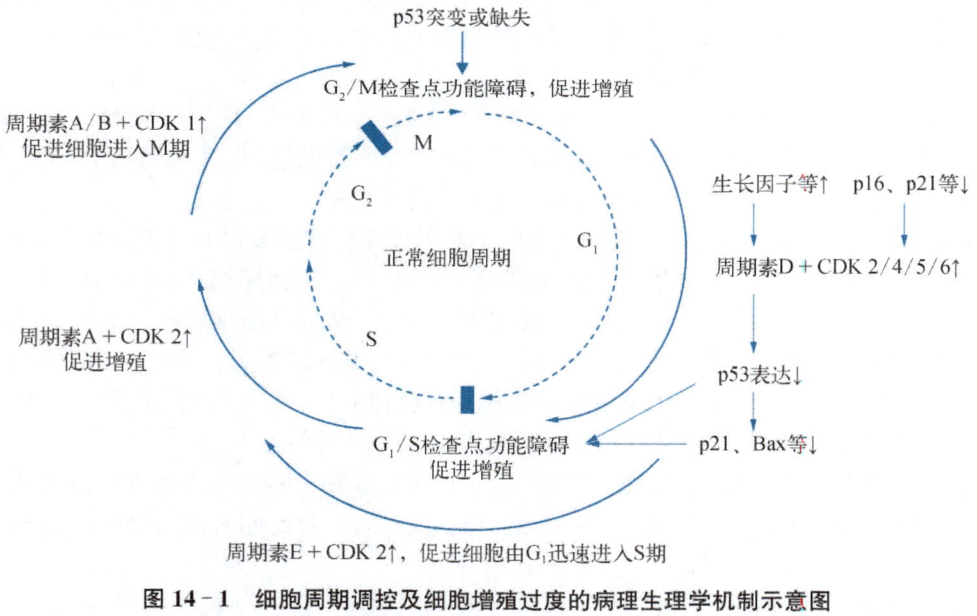

图 14－1　细胞周期调控及细胞增殖过度的病理生理学机制示意图

2. 细胞分化不足　细胞分化(cell differentiation)是指同一来源的细胞逐渐产生出形态结构、功能特征各不相同的细胞类群的过程，其本质是在 DNA 序列未发生变化的前提下，基因组在时间和空间上的选择性表达，通过不同基因表达的开启或关闭，最终产生不同的标志性蛋白质，决定不同的分化方向。同时，这种细胞内的基因按照一定程序、有选择性地表达现象，被称为基因的差异性表达。

(1) 细胞分化的生理学调控：细胞分化取决于基因组的差异性表达，而基因表达的调控涉及 DNA 及其转录翻译。因此，细胞分化的调控可在转录和转录后水平及翻译和翻译后水平进行调控，其中最为重要的是转录水平的调控。比如特异 DNA 序列的甲基化与基因活性调节有关。DNA 甲基化程度越高，越不易被转录，基因可持续失活；而持续表达的基因或具有组织特异性表达的基因，通常呈现低甲基化状态。因此，机体通过调节DNA甲基化状态的方式来调节特定基因的表达。

(2) 细胞分化不足的病理生理学机制：在许多组织，持续增殖只限于干细胞。干细胞可通过增殖进行自我更新，并具有分化为各种类型的终末细胞的能力。而这些终末分化细胞的增殖能力受限，只能有限地增殖甚至不能增殖。不同于正常干细胞，肿瘤细胞的一个特征就是部分或者全部丧失了分化能力，不能完成正常分化过程，使得细胞处于低分化、去分化或趋异性分化状态，并保持了持续增殖能力。目前的研究表明，基因表达的失调是导致恶性肿瘤细胞异常分化的主要原因。如急性早幼粒细胞白血病，具有抑癌作用的早幼粒细胞白血病(promyelocytic leukemia，PML)蛋白因突变等原因丧失活性，导致细胞分化、凋亡受阻，细胞持续增殖。此外，某些生长因子可改变细胞的分化状态。如TGF-β在正常细胞内使细胞周期停滞于G_1期，诱导细胞分化或促进凋亡等。在包括胃肠道肿瘤在内的多种肿瘤中，因TGF-β信号通路中部分成员发生基因突变，导致细胞分化不足，持续增殖。目前，针对这些分化异常的癌症，临床多采用反式维A酸及三氧化二砷等诱导分化剂进行治疗，取得了良好的疗效。

3. *细胞死亡不足* 细胞死亡涉及凋亡、自噬等生物的生理主动行为，而坏死通常被认为是一种受损后的被动行为。凋亡、自噬作用如果在某些情况被放大或缩小，将诱导或加重疾病的病理变化。

(1) 凋亡：细胞死亡对于正常的生命体而言是一个新老交替的必经过程，也可能是源于疾病或创伤。前者称为程序性细胞死亡，后者被称为非程序性细胞死亡。程序性细胞死亡是一种由基因决定的、自主的、有序的细胞死亡方式，包括凋亡(apoptosis)和自噬(autophagy)。1842年，德国人沃格特(Vogt)首先报道了凋亡。1885年，解剖学家对程序性细胞死亡进行了描述。1972年，英国病理学家克尔(Kerr)等人将细胞自然死亡的过程定义为凋亡。现有观点认为，凋亡是机体在体内外因素的刺激下，为维持内环境稳定，而发生的有序的细胞自主性死亡的过程，也是一种由多种因素多种途径严格控制的程序化过程。其中，凋亡诱导信号主要是通过死亡受体介导的凋亡通路和线粒体介导的凋亡通路传递，最后由凋亡执行酶实施细胞凋亡(图14-2)。

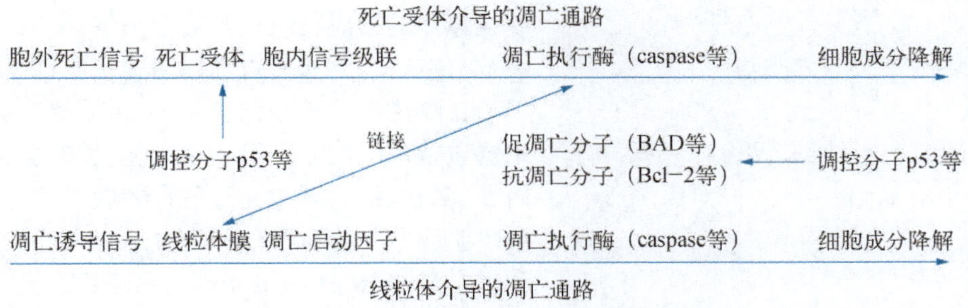

图14-2 细胞凋亡调控的示意图

1) 凋亡的生理学调控

A. 死亡受体介导的凋亡通路：细胞膜上的死亡受体属于肿瘤坏死因子(tumor necrosis factor，TNF)受体超家族，可接受来自细胞外死亡信号的刺激，经过一系列的信号转导过程，最终将凋亡信号传递至凋亡执行酶——含半胱氨酸的天冬氨酸蛋白水解酶(cysteinyl aspartate specific proteinase，caspase)家族，启动caspase级联反应，使细胞发生凋亡。此通路可受到多种分子的调控，其中p53发挥着十分重要的作用。p53可通过促进TNF受体和死亡受体Fas等的表达来激活此通路，进而促进细胞凋亡。

B. 线粒体介导的凋亡通路：凋亡诱导信号如射线、化疗药物和氧化应激等可直接作用于线粒体膜，导致线粒体膜通透性增高。线粒体内的凋亡启动因子(细胞色素c等)被释放到细胞质内，启动caspase级联反应，导致细胞凋亡。线粒体膜的通透性主要受到Bcl-2家族成员的调控。其中Bad和Bax等活化后促进线粒体膜通透性增高，系促凋亡分子；而Bcl-2和Bcl-xl等活化后可降低线粒体膜通透性，被认为是抗凋亡分子。同时，p53也可以通过调控Bcl-2家族成员的表达水平，包括上调Bax和下调Bcl-2的表达来影响凋亡。此外，因caspase 8活化后可激活Bcl-2家族的促凋亡分子，所以也可由此将线粒体介导的凋亡通路和死亡受体介导的凋亡通路联系起来。

C. 细胞凋亡执行酶：① 含半胱氨酸的天冬氨酸蛋白水解酶(caspase)：又称为凋亡蛋白酶，通常以无活性的前体形式存在。细胞内的凋亡通路活化后，caspase 被切割成活化型蛋白，从而对包括细胞骨架在内的多种细胞成分进行降解，引起凋亡；② 内源性核酸内切酶：正常情况下以无活性的酶原形式存在。细胞内凋亡通路活化后，某些因素比如细胞内钙离子浓度升高，可激活内源性核酸内切酶，导致 DNA 断裂，引起凋亡；③ 其他：组织型转谷氨酰胺酶(tissue-type transglutaminase)，在细胞内高浓度钙离子存在的条件下，可催化 γ 谷氨酰基与 ε 赖氨基交联从而使细胞内容物保留在凋亡小体内，从而实现对细胞骨架及细胞器成分的直接水解。

2) 凋亡不足的病理生理学机制：在肿瘤中，多种因素可导致程序性细胞死亡过程中的多个环节出现异常，以致细胞凋亡不足。① 细胞凋亡通路的异常：比如死亡受体 Fas 表达的异常，常见于包括乳腺癌在内的多种肿瘤；② 细胞凋亡通路调控的异常：p53 突变或缺失常见于多种肿瘤，细胞凋亡率明显降低。另外，生长因子也可通过激活其下游信号通路，进而下调 p53 等促凋亡分子的表达，抑制肿瘤细胞凋亡相关通路。Bcl-2 的过表达也被发现与凋亡途径抑制有关，可导致多种肿瘤的发生；③ 细胞凋亡执行酶的异常：多种肿瘤中也发现有 caspase 酶活性的下降，使得肿瘤细胞凋亡减少。目前，某些抗癌药物即是通过激活肿瘤细胞中 caspase 活性从而提高细胞凋亡的水平，最终达到抑制肿瘤的目的。

(2) 自噬：自噬(autophagy)是另一种与细胞死亡相关，并广泛存在于真核细胞中的生物学现象，主要用于降解和回收利用细胞器和细胞内大分子，维持细胞内环境稳态(图 14-3)。自 1963 年美国生物学家杜韦(Duve)首次提出了自噬的概念以来，虽然对其具体机制尚未完全明了，但是自噬广泛参与机体的生理和病理过程，其所起的作用是正面还是负面的尚未完全阐明，对肿瘤的研究尤其如此，值得进一步关注。

1) 自噬的生理学调控：自噬是维持细胞内环境稳态的一种有效机制，对细胞有保护作用，但是这种保护作用也是有限度的，在超过限度后，自噬会诱导细胞死亡。自噬过程受自噬相关基因(autophagy associated gene, Atg)编码的自噬相关蛋白调控，目前已经确定有超过 30 个 Atg 与自噬形成有关。这些自噬相关蛋白通过控制自噬体的形成、转运、延伸及与溶酶体结合的过程，控制调节自噬。以下简述自噬激活的机制(图 14-3)。

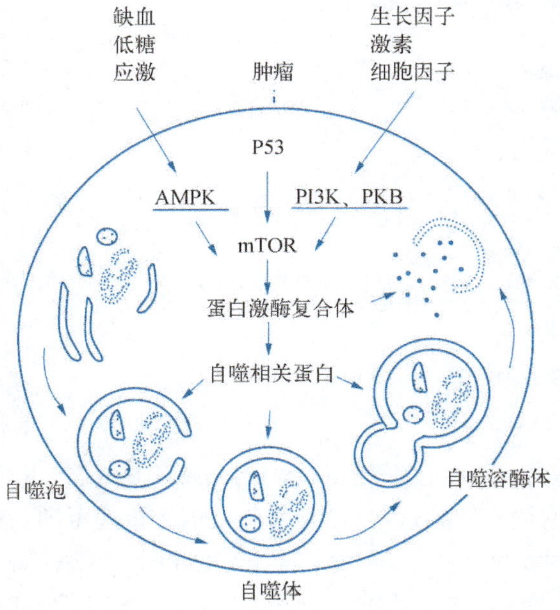

图 14-3 自噬现象示意图

细胞内细胞器毁损后，分解。在自噬信号诱导下，通过信号级联，产生自噬相关蛋白。自噬相关蛋白将促进膜包裹粗大的降解产物，形成自噬体，自噬体与溶酶体融合为自噬溶酶体，然后分解产物成氨基酸、脂肪酸等分子为机体利用。mTOR 为重要中间级联分子。若过强或不足，将导致细胞损伤

自噬激活的机制比较复杂，目前已有共识的激活通路主要包括以下两条：① 与细胞生长有关的因素：如生长因子、激素、细胞因子通过各自的膜受体，活化细胞内的磷脂酰肌醇-3 激酶(phosphatidylinositol 3-kinase, PI3K)和蛋白激酶 B(protein kinase B, PKB, 又称 Akt)，将信号在细胞内传递；② 与应激有关的因素：如低糖、缺血缺氧，细胞感受其变化后，通过 AMP 依赖的蛋白激酶(Adenosine 5′-monophosphate-activated protein kinase, AMPK)通路，产生信号级联。肿瘤发生自噬目前强调的是：重要的抑癌基因编码的 p53 蛋白在不同病理状况下，通过抑制或活化不同信号通路，产生不同的促进或抑制自噬效应。

雷帕霉素靶蛋白(mammalian target of rapamycin, mTOR)是上述两条通路的重要“中继站”[1995 年，梅杰(Meijer)等人发现雷帕霉素可作用于该蛋白诱导自噬]。该中继站被抑制后，将活化自噬相关蛋白复合物，促使细胞内的膜结构形成自噬泡，再形成自噬体。自噬体与溶酶体融合后，其内含物被降解后为自身循环利用。

2) 自噬不足的病理生理学机制：自噬与肿瘤的关系非常复杂，目前的研究结果只能揭示其中的部分联系。因自噬是细胞维护染色体稳定、防止致癌突变积累等的重要手段，所以可表现出一定的肿瘤抑制作用。

① 抑制自噬的激活：人们发现在多种肿瘤中因 mTOR 和 PI3K/Akt 通路的变异或异常活化导致的自噬不足与肿瘤的发生发展密切相关；② 自噬通路受抑：自噬相关蛋白 Atg 的异常表达导致自噬受到抑制。比如 Atg6 蛋白在乳腺癌和卵巢癌中多缺失或表达下调；*Atg5* 和 *Atg7* 基因敲除小鼠可自发形成肝癌；③ 自噬体破坏障碍：一些自噬相关蛋白在乳腺癌中表达增高，保护大量自噬体不被破坏。

（二）细胞外基质过多型

以下将以肝纤维化为例阐述细胞外基质过多导致的增殖性疾病。肝纤维化是指在各种致病因子作用下肝组织内细胞外基质(extracellular matrix，ECM)过度增生与异常沉积的病理过程。

肝细胞外基质主要由胶原、非胶原糖蛋白和蛋白多糖三种成分构成，主要分布于肝脏间质、肝细胞及血管的基底膜上。正常情况下，细胞外基质的合成和降解会达到一定的平衡，从而维持细胞外基质的正常含量。慢性肝损伤会导致细胞外基质合成与降解的速率失衡，进而导致细胞外基质过度增生与异常沉积(图 14－4)。

1. 细胞外基质合成增多　肝实质细胞和间质细胞均可合成细胞外基质，其中肝星状细胞在细胞外基质的合成和释放中起主要作用。

(1) 细胞外基质合成的生理学调控：因为肝星状细胞是肝细胞外基质合成和释放的主要细胞，所以肝细胞外基质的合成主要取决于肝星状细胞的活化状态。多种生长因子和细胞因子均可刺激肝星状细胞，使其增殖和活化，从而合成和释放细胞外基质。

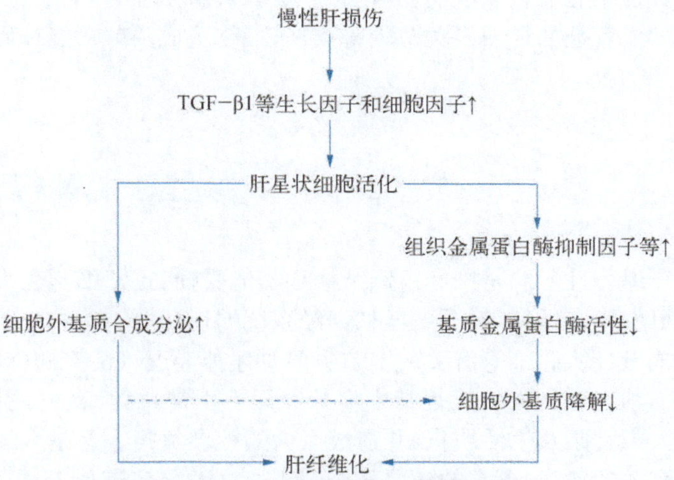

图 14－4　肝纤维化发生机制的示意图

(2) 细胞外基质合成增多的病理生理学机制：肝脏在病毒、酒精、毒性物质、缺氧或免疫损伤等因素作用下，导致肝细胞受损，使得各种细胞因子合成和释放增加，如血小板衍生性生长因子(platelet-derived growth factor，PDGF)、TGF－β1、EGF、TNF－α 等。当肝星状细胞受到这些细胞因子的刺激，比如 TGF－β1 作用于肝星状细胞膜上的 TGF－β1 受体后，可激活细胞内 Smad 信号通路，使肝星状细胞活化为肌成纤维细胞样细胞，进而分泌大量胶原等细胞外基质。活化后的肝星状细胞还能够转移，造成细胞外基质组分的异常沉积，参与肝内结构重建。同时，活化的肝星状细胞又可分泌大量 TGF－β1，从而形成正反馈调节，这可能就是肝纤维化持续发展的原因之一。

2. 细胞外基质降解不足　细胞外基质的降解主要由基质金属蛋白酶(matrix metalloproteinases，MMPs)来完成。基质金属蛋白酶家族共有二十多个成员，能够降解细胞外基质的胶原与非胶原成分。基质金属蛋白酶可由肝细胞和多种肝间质细胞合成分泌，其中肝星状细胞和枯否氏(Kupffer)细胞发挥主要作用。

(1) 细胞外基质降解的生理学调控

1) 基质金属蛋白酶分泌量的调控：主要与肝星状细胞及库普弗细胞的数量和活化程度有关。肝星状细胞受到各种生长因子和细胞因子刺激活化为肌成纤维细胞样细胞后，基质金属蛋白酶的分泌量则大大降低。

2) 基质金属蛋白酶活性的调控：基质金属蛋白酶的活化会受到包括组织金属蛋白酶抑制因子(tissue inhibitors of metalloproteinases，TIMPs)在内的多种抑制物的调控。组织金属蛋白酶抑制因子可与基质金属蛋白酶结合而抑制其活性。此外，α2 巨球蛋白也可与基质金属蛋白酶结合抑制其对胶原等的降解。

(2) 细胞外基质降解不足的病理生理学机制

1) 基质金属蛋白酶分泌量不足：慢性肝损伤时，多种细胞因子和生长因子的合成增多，作用于肝星状细胞，使肝星状细胞活化为肌成纤维细胞样细胞，导致基质金属蛋白酶的分泌大大降低，各种细胞外基质不能被降解而潴留在肝脏。

2）基质金属蛋白酶失活：TGF-β1、EGF等均可促进组织金属蛋白酶抑制因子在肝细胞内的表达，而TGF-β1、TNF-α等则可促进α2巨球蛋白的表达。慢性肝损伤的时候，上述细胞因子分泌增多进而导致这些金属蛋白酶抑制物表达增强，从而使得基质金属蛋白酶活性降低，最终导致各种细胞外基质不能被降解而过分蓄积。

（三）细胞增殖过度和细胞外基质过多型

以下将以类风湿性关节炎为例简述细胞增殖过度和细胞外基质过多导致的增殖性疾病。类风湿性关节炎的基本病理改变为滑膜炎，主要表现为滑膜微血管、滑膜衬里细胞增生、炎性细胞的大量浸润，造成关节结构破坏、成纤维细胞增生及纤维结缔组织增生等。

类风湿性关节炎的发病与感染、免疫及遗传因素相关。一般来说，具有特定遗传背景的易感人群在感染风疹病毒及多种细小病毒后，可导致机体免疫功能紊乱，从而刺激了滑膜衬里细胞和成纤维细胞的持续增殖及炎性细胞的大量浸润，并诱导产生大量新生血管，合并细胞外基质过度沉积而形成的纤维组织，导致破坏性的血管翳的形成及关节软骨损伤，最终造成关节功能障碍。

第二节 退行性疾病

退行性疾病是细胞组织结构和功能受损，正常细胞丢失，并随时间逐渐加重所引起的一系列疾病。广义上可发生在任何组织器官，如神经系统的退化、感觉系统的退化、骨骼系统的退化等，原因很多，可能与生活方式、运动、感染等有关。本节主要讲述神经退行性疾病（neurodegenerative disorders）。

神经退行性疾病是指中枢神经元不正常死亡、丧失，引起神经系统功能障碍，从而导致的疾病。严重影响人类健康及生活质量，并造成巨大的社会负担。这是一组病因不同，或与遗传相关，或与代谢紊乱，或与感染有关的疾病，还有的病因至今不明。这类疾病潜伏期或长或短，有的与年龄相关，呈慢性、进行性、不可逆且目前没有特殊治疗方式的一类疾病。在神经生物学上，这些病各有好发的部位，导致临床表现不尽相同，但有一个共同特征是大脑神经细胞呈现退行性病变和细胞丢失。

一、传播性海绵状脑病

传播性海绵状脑病是一种人、畜共有的疾病，常见的按发现时间顺序排列有以下几种。

羊瘙痒症（scrapie of sheep and goat）：是1732年在英国牧场被发现的第一个神经退行性疾病。在欧洲流行已近300年。患病的羊呈现消瘦、步态不稳、脱毛、麻痹等症状，因病羊瘙痒而常在围栏、石头上摩擦身体得名，病死率极高。

克雅氏病（Creutzdeldt-Jakob diease，CJ）：在1920年和1921年，两位德国医生描述人类感染性海绵状脑病。患者早期记忆减退，步履蹒跚，运动失调，逐渐行为异常、肌肉痉挛并伴有痴呆。

疯牛病（mad cow disease）：学名为牛海绵样脑病（bovine spongiform encephalopathy，BSE），1985年首先在英国报道。晚期病牛呈现神经症状：运动失调、震颤、感觉过敏、恐惧甚至狂乱。

库鲁病（Kuru disease）：20世纪50年代，澳大利亚学者在巴布亚新几内亚东部高地的土著弗尔族人（当时该族人有食尸习惯）中，发现了这种不可治愈的人类传染性海绵状脑病。患者出现进行性小脑退行性病变，潜伏期漫长（4～30年），发病大多在6～9个月内死亡。早期出现发抖、震颤、发音困难、舞蹈症及肌阵挛；晚期发展为痴呆，肢体完全瘫痪，最终因吞咽困难、衰竭、感染而死亡，死前往往带有狰狞状的强制性笑容。

克雅氏病变种（variant CJD，v-CJD）：1996年，英国克雅病监测中心首次报道了人脑组织的病理变化与疯牛病相似，证实克雅病可通过食用被污染的牛肉、牛脊髓传播。

这些人、畜病患的共同特征是：① 潜伏期长（数年至数十年），慢性进行性发展至死亡；② 病理特点：弥漫性神经细胞缺失、淀粉样斑块形成，脑组织出现空泡、呈海绵状改变、胶质细胞增生、脑萎缩；③ 临床表现：

痴呆、共济失调、震颤等中枢神经系统症状。

朊病毒

1976 年，美国盖达塞克(Gajdusek)医师获得诺贝尔医学奖，以表彰他发现了库鲁病的病因为一种"非常规的病毒感染"。1997 年诺贝尔医学奖获得者美国学者布鲁西纳(Prusiner)在感染仓鼠的脑组织中分离出了这种感染分子，并起名为 Prion，即蛋白感染性颗粒(proteinaceous infection particle)，prion 为英文起头字母的组合，中文翻译为朊蛋白、朊粒、朊病毒等。朊为蛋白质别称。

1. 朊病毒的生物化学特性

(1) 朊病毒不是生物分类学的病毒分子，因为在动物模型研究中，① 患病动物脑组织提取液经滤菌器滤过后，不可能存在细菌或更大的寄生虫等，用其感染正常动物致病，不能用细菌来解释，病毒能通过滤菌器则有可能为其感染原；② 病毒有核酸，或是 DNA 或是 RNA。但用核酸敏感的紫外线或破坏核酸的制剂如核酸酶等处理提取液，其滤液仍有致病性，显然核酸的可能性不大；③ 用蛋白变性剂如苯酚、尿酸处理则不会致病，显然这是蛋白分子在起作用。当初被起名为"非常规病毒"，主要是该分子具有病毒相似的生物学行为，如经滤菌器过滤的提取物像病毒一样具有嗜宿主细胞性、致病性、传染性以及致病具有潜伏期等与病毒生物学行为想象所命名。

(2) 组织中存在两种异构朊蛋白分子，在发病动物组织中，科学家分离到了两种氨基酸序列完全一致的分子。研究证实，一种为正常细胞拥有，一种为致病的朊病毒。为区别它们，分别命名为普通朊蛋白 PrP^{C} (prion protein normal cell)和致病性朊蛋白 PrP^{SC} (prion protein of scrapie)。两者的主要生物学特点见表 14－2。

表 14－2　PrP^{C}和 PrP^{SC}主要生物学特点

	PrP^{C}	PrP^{SC}
基因 *PRNP*	第 20 号染色体	
氨基酸序列	一样，属于异构体	
分子质量 kDa	27～30	33～35
聚合度	二聚体	多聚体
溶解性	可溶	不溶
蛋白酶敏感性	敏感	抗性
构象	α 螺旋为主 42%	β 片层为主 43%

(3) PrP^{SC}蛋白折叠的机制

1) 蛋白质折叠的几种模型，蛋白质折叠的基本理论是：① 多肽链在所处微环境中，存在离子强度、pH、温度等条件差异。在这些条件下，多肽链要形成其高级结构的天然构象，必须保证其系统自由能最低才可能稳定，这就是蛋白质折叠的热力学稳定假说；② 某些蛋白质，在折叠过程中存在两种构象，一是天然构象，另一是非天然构象，但两者都处于较低的能量状态。因此这种蛋白质在折叠过程存在相互竞争，或者正确折叠形成稳定的天然构象，或者错误折叠形成稳定的非天然构象。因而要形成正常的天然构象，其他调控因素参与是必要的，如热休克蛋白作为分子伴侣来进行动力学控制，以使其合成正常的天然构象蛋白。这即是蛋白质动力控制假说。这两个学说，热力学稳定与动力学控制共同决定了蛋白质的天然构象是否得以形成。

2) PrP^{SC}的入侵、沉积与迁移：朊病毒在机体内的形成，目前的观点是：① 从其他宿主如患有疯牛病的牛中传播而来；② 医源性途径而来，如曾在生物制品发现有朊病毒的存在；③ 遗传突变产生。

A. 入侵：① 经消化道肠上皮 M 细胞进入。M 细胞是肠上皮细胞间的一种特殊细胞，因为微绒毛缺失所以具有更强的跨膜转运功能。从肠上皮机械屏障的角度看，它是一个致命缺陷，西方曾称它为"阿喀琉斯之踵"，很多微生物可通过此处侵袭人体。但从免疫屏障来看，M 细胞表面微绒毛短小稀少，基底面呈袋状结构，可容纳淋巴细胞，极易产生免疫应答，生理状态下接受微量微生物刺激对维持机体免疫功能状态有极其重要意义；② 经肠上皮细胞吞噬进入。PrP^{SC}与铁蛋白形成复合物后，被肠上皮吞噬形成吞噬泡转运；③ 经肠上皮间树突状细胞进入。树突状细胞的树突穿过上皮细胞间隙，从肠腔摄取 PrP^{SC}。

B. 沉积：PrP^{SC}通过肠上皮进入机体后，首先达到淋巴组织和器官(如淋巴结、脾脏等)，沉积于树突状细胞、巨噬细胞膜及外周空间。其原因在于树突状细胞较淋巴细胞 PrP^{C} 表达量高，而 PrP^{C} 有助于其沉积，且树突状细胞能够合成补体，补体与朊病毒结合后，也有利于它的沉积。保持活力的树突状细胞是 PrP^{SC} 沉积的重要基础，而淋巴细胞分泌细胞因子如淋巴毒素则是维持树突状细胞活力的必要条件，所以树突状细胞及淋巴细胞对朊病毒的沉积十分重要。因此上述 M 细胞、淋巴细胞、巨噬细胞复合结构在朊病毒的入侵和沉积过程中产生了相当重要的作用。沉积过程中朊病毒可进行复制。

3）转运：在抗原递呈细胞沉积和复制的朊病毒可直接或通过特洛伊外来体（Trojan exosomes）将其转送至外周神经系统。外来体是由细胞向外分泌的一种囊泡小体，含有许多功能蛋白，microRNA 等，是细胞与细胞间传递活性物质的一种方式。朊病毒可通过糖基化磷脂酰肌醇（GPI）锚定于外来体，从而将其输送至神经细胞使其感染。

4）神经系统感染：肠神经是朊病毒最先入侵的神经组织，感染后朊病毒在神经细胞内大量复制聚集。其经典的理论是"种子学说"，少量的朊病毒 PrP^{SC} 作为种子，与神经细胞合成的 PrP^{C} 接触，以致病蛋白为模板，正常折叠的细胞型朊蛋白变为异常折叠的致病型朊蛋白，周而复始形成聚集状的致病状朊蛋白，装配成丝状物或形成斑块。

5）细胞朊蛋白和致病朊蛋白的作用

A. 细胞型朊蛋白作用：它是一种膜结合蛋白，其糖基化磷脂酰肌醇与神经细胞膜上的糖基化位点结合，锚定在细胞膜表面，参与突触信号传递、铜离子运转（铜离子在神经细胞中可为细胞色素氧化酶、铜锌超氧化物歧化酶和铜蓝蛋白等的辅因子，参与抗氧化反应，过量或不足的铜离子对神经系统都有不良作用）、诱导或阻止神经细胞凋亡，促进神经前体细胞增殖，使哺乳动物的神经发育和成熟等作用，其作用分子机制不在此叙述。

B. 致病性朊蛋白作用：致病性朊蛋白聚合成斑片状存在于树突或弥散性分布于细胞内，这些聚合分子通过刺激基因表达，通过凋亡途径或自噬途径引起细胞死亡，而不是通过炎症反应引起细胞死亡。应该注意的是，细胞型朊蛋白如果发生了异常，如定位错误、聚集或信号传导失效，也可导致神经退行性疾病发生。

错误折叠的致病性朊蛋白获得了许多复杂的生物性质，致病性朊蛋白可被胰酶降解，被一些蛋白质变性剂灭活，而对核酸酶或核酸敏感的化学制剂有很强的抵抗能力。目前常用的理化消毒、灭菌方法，往往不能完全灭活朊病毒，如加热到 360℃，2 mol/LNaOH 作用 2 h 等。同时朊病毒不能诱导抗体或干扰素产生，且干扰素对其也无作用。这样的改变明显增加了预防的难度。如 1986 年英国发现疯牛病时，宰杀焚烧后埋入水泥，至 1998 年开启检查发现仍有传染性。

朊病毒侵入、沉积、转运、复制、装配的过程见图 14－5。

二、阿尔茨海默病

1901 年德国医生阿尔茨海默鉴定了世界上第一例老年性痴呆患者，其后临床用其名来表示以记忆障碍、认知功能障碍、人格和行为改变等全面性痴呆为特征的一种疾病。其病理学主要特征是出现神经斑（Neuritic plaque），又称老年斑（senile plaque），第二个特征是神经纤维缠结（neurofibrillary tangle）。前者存在于细胞外，主要是由 β-淀粉样蛋白（amyloid β，Aβ）构成其核心，被星形胶质细胞、小胶质细胞和萎缩的轴突包绕。后者主要由异常磷酸化的微管 Tau 蛋白形成的螺旋丝构成，占据细胞体并延伸到树突中。

迄今阿尔茨海默病的发病原因和发病机制均未完全明了，可能与家族、年龄及环境因素有关，而不同年龄段其发挥作用的易感基因有所不同。新近发现：阿尔茨海默蛋白与朊病毒蛋白具有很多相似性：① 具有"传染性"；② 可复制和沉积；③ 相似的临床表现；④ 正常的朊蛋白和正常淀粉样蛋白错误折叠成 β 片层结构；⑤ 其错误折叠机制相似，通过"种子"形成聚合物；⑥ 致病蛋白均有蛋白酶抗性和不溶性。

蛋白聚集和沉积引起临床改变其他的一些神经退行性疾病以及一些非神经系统病变，其折叠错误的分子机制及错误分子引起的疾病被称为蛋白质构象病（protein conformation diseases），是目前学术研究的重要课题，也是临床一些疑难病症治疗困难的原因之一。

表 14－3 是常见的神经退行型疾病的特点，它们在生物学和发病学上有相似性。

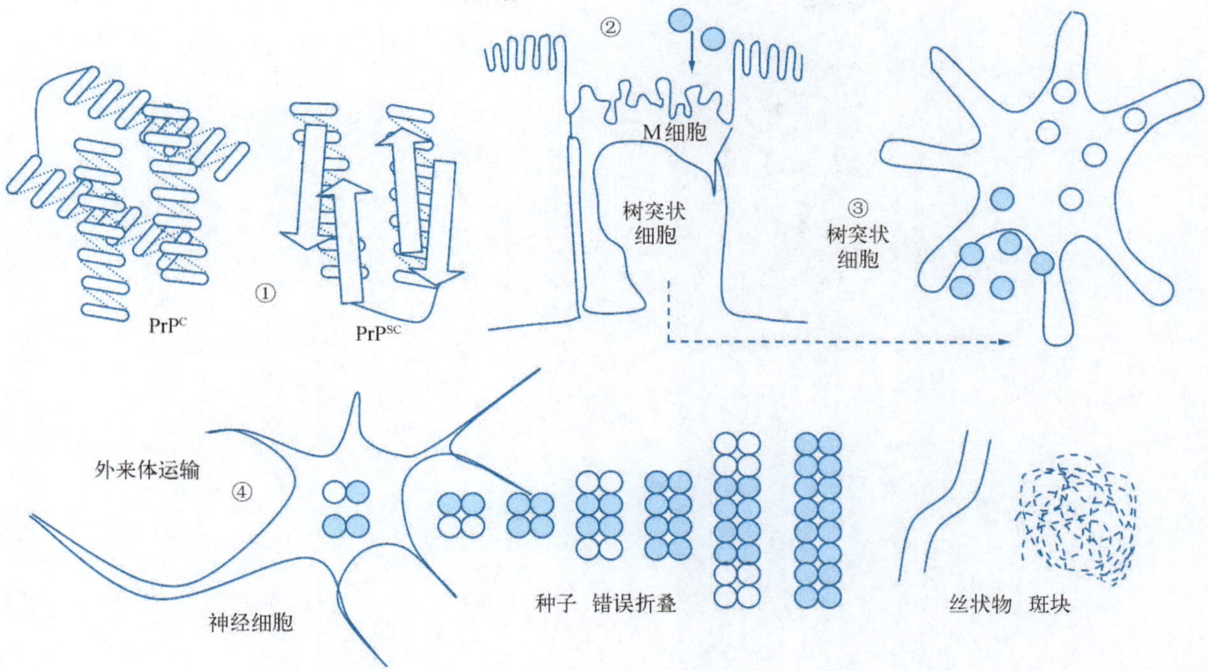

图 14－5　朊病毒的侵入、沉积、转运、复制、装配过程

① PrP^C 有 4 个 α 螺旋，PrP^{SC} 有 2 个 α 螺旋，4 个 β 折叠；② M 细胞微绒毛缺失，并与上皮细胞构成了一个囊袋样结构，PrP^{SC} 容易从这个“缺陷”处侵入机体。囊袋内可容纳淋巴细胞、巨噬细胞、树突细胞等；③ 树突细胞含有正常的 PrP^C（无色小圆所示）；PrP^{SC} 容易在此沉积（有色填充小圆所示）；④ 通过外来体可将朊病毒传递给神经细胞。朊蛋白像种子一样，影响正常的 PrP^C 折叠，并不断复制，装配成朊病毒蛋白前体及丝状物，然后聚集成有特征的蛋白质斑块。注意，复制是在膜上和细胞内进行的。因作图原因图中朊病毒复制画在细胞外

表 14－3　几种常见的神经退行性疾病

疾　病	损　伤	部　位	蛋白聚集和沉积	毒蛋白
海绵状脑病	记忆	皮质	朊蛋白斑	PrP^{SC}
阿尔兹海默病	记忆	皮质，海马	胞外神经斑 胞内神经纤维缠结	Aβ Tau
帕金森病	运动	黑质	Lewy 小体	α－Synuclein
家族脊髓侧索萎缩	运动	运动神经元	Bulia 小体	SOD1
舞蹈症	运动		亨廷顿小体	亨廷顿蛋白
Tau 病，Pick 病	记忆	额叶、颞叶	Pick 小体	Tau 蛋白

【复习思考题】

1. 简述增殖性疾病的发病机制。
2. 简述自噬及凋亡的基本机制。

（黄　琳　陈新年）

第三篇

应激与疾病

第十五章

应激基本理论

学习要点

掌握：① 应激、应激原、急性期反应蛋白、C反应蛋白、热休克蛋白概念；② 应激的神经内分泌反应。

熟悉：① 全身适应综合征概念；② 急性期反应，热休克蛋白在应激反应中的作用及意义。

了解：应激时机体代谢与功能变化。

"物竞天择、适者生存"是英国进化论创始人达尔文(Darwin)于19世纪中叶提出的著名观点。在解释动物面对威胁，求生存过程中所出现的"战斗与逃避反应"(fight-flight response)的机制时，美国神经生理学家坎农(Cannon)于1915年提出"应急"学说(emergency hypothesis)，并认为应急是通过交感神经释放交感素来实现的。

20世纪20年代，加拿大内分泌学家塞里(Selye)发现异质性很大的刺激因素作用于大鼠时，实验动物可出现性质同样的三组变化：肾上腺皮质增大、胸腺萎缩和胃溃疡。他将这种病理三联症状态称为全身适应综合征(general adaptation syndrome，GAS)，意为任何环境"需求"(demand)赋予机体时，机体所呈现出的一种适应性、非特异性反应。1936年，塞里借用了物理学术语stress(弹性物体受到外力作用，将产生形变，物体能否回复原状，取决于物体材质所决定的弹性限度)来表述其思想，应激学说得以建立。

20世纪80年代，以美国神经生物学家萨波斯基(Sapolsky)等为代表的学者们深化了应激反应的生物学基础，提出应激过程中大脑边缘叶系统所主导的情绪、精神、记忆等高级神经活动与个体生存和种族繁衍密不可分。同一时期，以美国心理学家拉扎勒斯(Lazarus)为代表的学者，将心理学引入了应激理论，强调认知在应激反应中的极端重要性。这样应激从一个生理学范畴延伸到了环境社会领域。

20世纪80年代，法国社会学家拉图尔(Latour)创建了行动者网络理论(Actor-Network Theory)，整合科学、技术、社会于一体，提出：行动者(可以是人，也可以是物甚至是一种存在或力量)共处于网络中，他们只是一个一个的节点，由通路连接。这张网无所谓中心，相互依赖、相互作用，为达一个目标而互相协调一致。这些社会学理论的主张，对应激概念的进一步发展无疑起到了潜移默化的作用。

在研究应激反应模式过程中，1988年美国学者斯特林(Sterling)基于稳态homeostasis一词，创建了allostasis一词(应变稳态，allo源于希腊语，意指变化)。相对于稳态强调在适应过程中，机体通过负反馈来调节来达到内环境稳定状态。Allostasis更着重强调应对复杂多变的外环境，机体通过内部的各种变化来达到机体的稳定状态，而这种内部的变化远比负反馈调节要复杂得多。美国学者麦克尤恩(EcEwen)在此基础之上，提出了应变负荷理论(allostatic load)。在应激过程中，当应变负荷过重，内部的应变稳态失衡，将发生疾病。这些概念的提出应该是对传统稳态观念的完善和对应激机制的一个补充。

20世纪90年代，塞里的应激原创性理论，经多个学科领域的共同努力，终被公认为现代工业文明社会中，人类行为与环境相互作用的统一理论，而不再仅仅是实验室的一种纯生物反应理论。

应激是人类与环境社会、与疾病抗争的"集结号"，为社会理解疾病提供了一个全新的视角。应激理论本身的可塑性和非特异性，启迪了人类思想。它是产业管理系统、社会系统与生物系统统筹理论的一种整合，其包容性给不同领域和层次的人留下了"还原或整合"的想象空间。在医学、心理学、政治学、军事学、工业界、普通社会各界，应激理论被普遍应用。在民间，减压的产业链条也变得越来越粗壮。时尚的减压诊所、体育健身班、瑜伽课、冥想讲座及各种形式的心理治疗处方等，各有其独特的应激观和应对谋略。塞里也被尊称为医学界的爱因斯坦和巴斯德式的人物。

"皇帝的新衣（应激）可见，而汉斯却不可见了。"基于上述应激观的学术化和大众化并行发展，争论应激原始的目的性和合理性，因其思想太过逻辑和线性，似乎显得不合时宜。本篇主要就应激的基本理论和它对心理和躯体疾病的影响进行介绍。

第一节　应激概述

一、全身适应综合征与应激

在应激一词还未出现之前，塞里将各种刺激物引起机体产生的非特异反应，称为全身适应综合征（general adaptation syndrome，GAS）。GAS 是一个动态的连续过程，可分为三个时期（图 15－1），即警觉期（alarm stage）、抵抗期（resistance stage）、耗竭期（exhaustion stage）。这三个期的特点和生物学意义见表 15－1。在生活中或医学上，不同的因，甚至相反的因，引起了相同的果屡见不鲜，如高兴时，喜极而泣，悲伤时，泣不成声。又如情绪剧烈波动，无论是高兴或悲伤事件都可能引起个体尤其是高龄者猝死。然而并非所有全身适应综合征都依次出现上述三个时期，多数刺激物可能只引起第一、二期的变化，少数严重应激反应时才会出现第三期的变化。GAS 主要描述了应激反应的全身性及非特异性特征，是对应激反应的经典描述，其主要理论基础是应激时的神经内分泌反应，尤其是交感-肾上腺髓质系统和下丘脑-垂体-肾上腺皮质轴的作用。失血性休克就可理解为一种典型的全身适应综合征或机体应激反应。

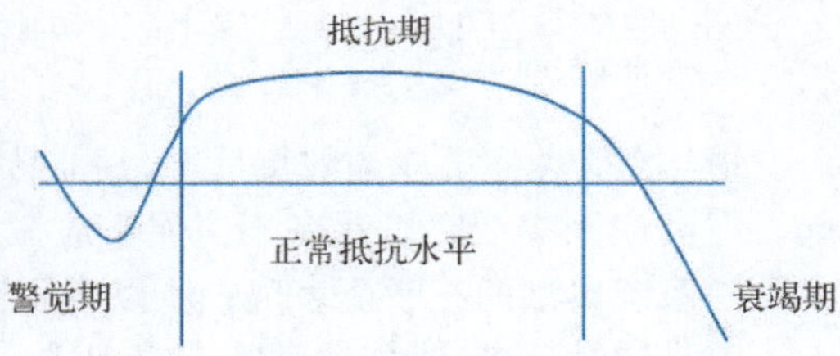

图 15－1　GAS 分期

表 15－1　GAS 三期的特点和生物学意义

	警觉期	抵抗期	耗竭期
反应	防御失常 动员贮备	防御增强 应用贮备	防御下降 降低贮备
神经分泌	交感兴奋 儿茶酚胺主导	GC 激素主导	GC 激素作用下降 （受体数、亲和力↓）
生化	分解代谢↑ 能量产生↑	合成代谢↑ 消耗能量	代谢紊乱 神经内分泌失衡
意义	战斗-逃避	抵抗-适应	疾病发生或易感性↑

二、应变稳态负荷理论与应激

塞里对应激的诠释如上述。应激的三个阶段有稳态的剧烈波动。然而无论是既往的稳态概念或塞里的应激概念都有含混之处。例如早年的稳态强调的是基本生理指标，如体温、血糖、pH 等保持相对恒定。然而某种具体稳态指标在生物体内，无论是生理或病理上也是有程度之分的。如生理上运动时或月经期体温是在不同水平上保持恒定状态的。

因而机体要达到稳态，尤其是外界环境剧烈波动时，机体内部要通过应变稳态介质(allostatic mediators)如神经内分泌、细胞因子等，经复杂的网络而非简单的反馈效应来加以调节，以达到机体的不同层次的稳定状态，以适应内外环境的变化。这种应变稳态(allostasis)的理论对生物学和对临床疾病状态有其实际指导意义。例如哺乳动物为适应环境求生存，可从进化的高等返回到次等生物的生活方式(部分哺乳动物的冬眠；部分哺乳动物随夏季炎热的环境显著升高体温，而不是通过出汗降低热量保持体温"恒定")。在神经系统疾病或其他疾病时，成瘾性药物、激素等使用，药量要逐渐增加或逐渐递减。某种程度上都支持这一理论。图 15-2 简要显示了应变稳态的基本观点。

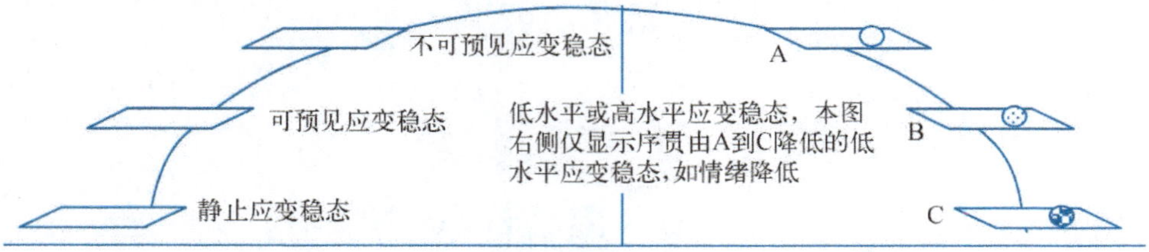

图 15-2 应变稳态负荷理论基本观点

左侧显示生理状态下机体的稳态维持，是生物的适应，属于Ⅰ型应变稳态反应。① 静止应变稳态，相似于传统生理稳态，各种生物能量满足日常生存需要；② 可预见稳态，相似于外环境明显变化，如动物的越冬、迁徙、人体的剧烈运动、农耕文明与工业文明带来的生存压力的不同等等；③ 不可预测应变稳态，威胁生命的紧急状况，唤醒潜能，发挥超能量，并抑制暂时不必要的功能(如觅食、求偶)

右侧显示病理状态机体的应变稳态。其特点是可预见或不可预见应变稳态负荷过重，持久(如图中小圆所示，常见于慢性应激，包括外环境和内部生理、心理负荷等)。机体在不同时空条件下，虽然与日常生理稳态不同，但依然处于应变稳态状态。犹如临床慢性肾衰等疾病特点：缓解、发作、再缓解、再发作。肾脏的生理球-管平衡与病理高水平球-管平衡状态；正常的体温调定点与发热时高水平体温调定点。重要的是：治疗疾病是将患者从最严重的 C 应变稳态状态，直接恢复到正常或接近正常的 A 应变稳态状态，或是经 B 状态再恢复到 A 状态，生物逻辑上要加以思考，具体问题具体分析。没有这些宏观理论知识或意识，临床上有可能容易犯将酸中毒纠正为碱中毒、抑郁症矫正为躁狂症、缺血纠正为缺血再灌注损伤、凝血功能减低纠正为凝血功能亢进等错误

请注意：炎症反应是防御反应，是非特异反应，也是适应反应，可因感染或非感染因素如组织损伤等引起。但炎症反应在塞里看来不应属于应激反应范畴，因为炎症反应不一定有特征性的下丘脑-垂体-肾上腺内分泌系统典型的三联征表现。所以应激反应是适应性、非特异性、防御反应，但适应性非特异性防御反应不一定是应激反应，犹如数学上正定理成立，而逆定理不一定成立。因此在生理和病理现象中，三个维系机体生存的基本要素——稳态、应激、炎症三者的关系目前还没有至善至美的大一统理论。就生理遗传生物学派的人物而言，看待复杂疾病如肿瘤、糖尿病等就是稳态的破坏和炎症的发生，所以从炎症频谱改变来划分，有学者提出如下的构想或模型(图 15-3)，其理论依据不再阐述(请结合本书稳态与疾病章节阅读思考，您会发现这些理论不完美)。

图 15-3 炎症谱中的稳态与应激

三、应激原与应激反应

1. 应激反应 是指机体在受到各种内外环境因素及心理、社会因素刺激时所出现的全身性非特异性适应反应，称为应激反应(stress response)。任何躯体的或心理的刺激，只要达到一定的强度，除了引起与刺激因素直接相关的特异性变化外，还可引起一组与刺激因素的性质无直接关系的全身性非特异性反应，主要表现为以蓝斑-交感-肾上腺髓质(locus ceruleus sympathetic adrenal medulla，LC/NE)系统和下丘脑-垂体-肾上腺皮质(hypothalamus pituitary adrenal cortex，HPA)轴兴奋为主的神经内分泌反应以及由此引起的各种机能代谢变化。神经内分泌反应所引起的这一组变化为全身性反应，不管刺激因素的性质如何，这一组变化都大致相似。

2. 应激原 能够引起应激反应的各种刺激因素被称为应激原(stressor)，心理学领域研究应激的学者常把 stressor 翻译为"应激源"以强调非物质性的心理因素的作用，所以也可理解为凡是构成实际上或认知上

的威胁或个体的需求得不到满足的任何因素均属于应激原。应激原涉及广泛，种类众多，归纳起来可分为三大类：① 外环境因素：包括物理性、化学性和生物性的刺激因素；② 机体内在因素：如内环境失衡，器官功能紊乱等；③ 心理社会因素：是现代社会中极为重要的应激原，如紧张的工作和生活节奏、复杂的人际关系、职业竞争、突发的生活事件（离婚、丧偶等）打击、孤独、愤怒、焦虑及恐惧等皆可引起应激反应。

一种因素要成为应激原，必须有一定的强度或持续时间，一般而言强应激原具有不可预见性、挑战性、难于控制性、威胁性或潜在威胁性等特点。但由于不同个体的遗传素质、个性特点、神经类型以及既往经验等方面存在明显差异，致使相同强度的应激原在不同个体引起应激反应的程度可大不相同。如同样的工作和学习压力可引起某些人明显的紧张和焦虑不安，出现典型的应激反应，但另一些人却应付自如。即使是同一个人，在不同的时间、不同的条件下，引起反应的应激原强度也可不同。此外应激原刺激机体反应可能有协同增强或抵消作用。

要注意的是塞里的应激概念认为应激反应是非特异性的，并不包括各种应激原引起的那些与应激原直接相关的特异性反应。但是近年来的研究表明，除了非特异性反应外，应激还存在着特异性反应，例如不同应激原可引起人体不同的激素释放，引起焦虑的应激原主要刺激肾上腺素的释放，而导致攻击行为的应激原主要刺激去甲肾上腺素的释放；又如下丘脑-垂体-肾上腺皮质（HPA）轴的激活并不发生在所有的应激反应中，即应激反应时 HPA 轴的活性可能升高、降低或保持不变。随着应激研究面的扩大和研究的深入，人们对应激复杂性的认识将进一步深化。

如果用数学表达式来描述，应激刺激物和机体应激反应的关系是：① 有的学者强调引起机体反应的刺激物的性质特征的重要性，把应激看作是自变量（因此引起应激的因素可分为三类：一是灾难性事件，如战争、强烈地震、恐怖事件；二是重要的生活事件，如老年丧子、中年丧偶、幼年丧母等；三是慢性的日常琐事，如长期环境嘈杂、持久工作压力、人际关系紧张等）；② 有的学者看重机体的身心反应，把应激看作是因变量（塞里经典的应激反应），塞里曾说过，“不是应激原而是应激反应杀死了我们。”③ 有学者强调刺激物与个体反应之间差异的媒介或因素，把应激看作中间变量。比如个性与经历的不同，同一刺激物在不同个体间会产生不同的后果。（请注意中间变量与自变量、因变量的数学关系，可能是自变量 x 决定中间变量 μ，后者决定因变量 y，是一种简单的复合关系。也可能是中间变量与自变量并列共同决定因变量，是一种稍复杂的多元并列关系。也可能是更复杂的混合路径关系。人体是一复杂系统，在生物学中最后一种可能更为常见和客观真实）。

3. 应激反应的生物学意义和特点 从生物求生存来讲，“战斗与逃避”反应是生物的本能与求生的手段，“没有应激就没有生命”。从生物进化来讲，“适者生存”。应激反应是适者生存的生物学基础。从医学上来看，应激在生理学和病理学中都具有非常重要的意义。根据应激原对机体的影响后果，应激可分为生理性应激和病理性应激。生理性应激指应激原不是太强烈、作用时间不是太久的应激，如体育竞赛、考试、紧张工作、饥饿等，所引起的应激反应将有利于动员机体的身心，以便更好地完成任务或更好地避开可能要发生的危险，是机体对轻度的内外环境变化及社会心理因素刺激的一种重要防御适应反应，有利于调动机体潜能又不对机体产生严重影响。病理性应激是指应激原过于强烈且作用时间持久的应激，如休克、大面积烧伤、丧失亲人等，所引起的应激反应除仍具有某些防御代偿意义外，可使机体内环境的稳定性被严重破坏，甚至导致应激性疾病（stress disease）的发生。

应激反应有如下几个特点：① 积极与消极作用。对机体起积极作用的应激被称为良性应激（eustress），而对机体起消极作用的应激称为劣性应激（distress）。劣性与良性应激的判断，可用 1982 年格梅尔希（Gmelch）应激倒 U 形理论来理解。图 15-4 中可见纵轴为“表现、业绩”，横轴为应激强度。最佳的应激状态应在倒 U 形顶端，即应激强度适中，效能最佳。而若偏离最佳，无论是“燃烬”或“倦怠”，都是一种劣性应激，也可理解为工作能力与工作成效未达到最佳比例组合。即工作能力大于工作负荷（人未尽其才），工作能力小于负荷（超负荷工作），均是不佳的；② 与个体、性别、年龄差异有关。汉斯塞里曾表述过：不是应激原决定了反应，而是个体对刺激启动了反应，这种内部的反应具有高度个性化特征，甚至同一刺激某个人产生不良应激，另一个人则可能出现良性应激。又如小时候长期处于应激状态，生长激素分泌减少，可出现发育不良，而若成年后处于应激状态，生长激素分泌往往增多；③ 与“认知”有关。上述应激与个体、性别、年龄有

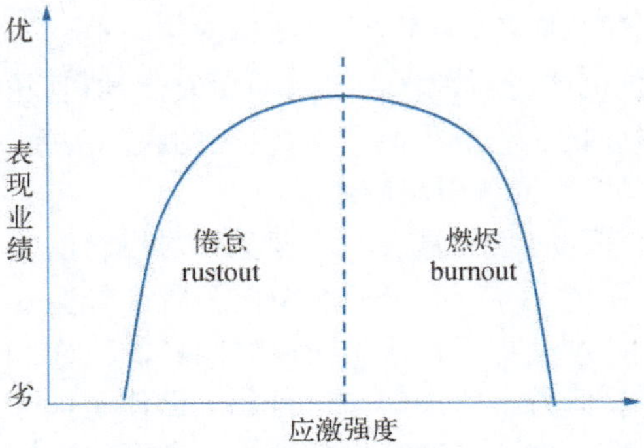

图 15-4 应激倒 U 形理论

关，实际上从心理学理论来看，由于既往经历不同，以及遗传背景不同，心理学强调经历和认知在应激反应中起到了重要作用。一个受过训练的人，对一些事件（如痛苦）的耐受从心理到生理与未受过训练的人迥然不同。

总之，应激是生物体在长期进化进程中获得的适应性、防御性反应，有利于机体在变动的环境中维持自身稳态，增强机体的适应能力，是生命生存和发展所必需的。应激的效应具有两重性，既有抗损伤的一面，也有损伤的一面，适度的应激对机体有利，可增强机体应对有害刺激和各种事件的能力，但过分强烈和（或）持续时间过长的应激则对机体有害，可造成器官功能障碍和代谢紊乱，甚至导致应激性疾病的发生。塞里曾认为中文"危机"一词最符合他的 stress 思想（危险与机会 danger and opportunity）。

第二节 应激的基本表现

一、应激的神经内分泌反应

神经内分泌反应是应激的基本反应。当机体受到强烈刺激时，神经内分泌系统的主要变化为蓝斑-交感-肾上腺髓质系统以及下丘脑-垂体-肾上腺皮质轴的强烈兴奋，多数应激反应的生理、生化乃至病理变化都与这两个系统的强烈兴奋密切相关（图 15-5）。此外，应激时其他多种内分泌激素的分泌也发生改变。

（一）蓝斑-交感-肾上腺髓质系统

1. 基本组成结构 蓝斑-交感-肾上腺髓质（LC/NE）系统的基本组成结构为脑干的去甲肾上腺素能神经元（主要位于蓝斑）及交感-肾上腺髓质系统，其中枢整合部位主要位于脑桥蓝斑。蓝斑是中枢神经系统对应激最敏感的部位，其中的去甲肾上腺素能神经元具有广泛的上、下行纤维联系。其上行纤维主要与杏仁复合体、海马结构、边缘系统和边缘皮层有密切联系，是应激时情绪变化、行为功能改变及学习记忆的结构基础；下行纤维主要分布于脊髓侧角，调节交感神经张力及肾上腺髓质中儿茶酚胺的分泌。

2. 应激时的基本效应

（1）中枢效应：应激时 LC/NE 系统的主要中枢效应与兴奋、警觉有关，并可引起紧张、焦虑的情绪反应，这与去甲肾上腺素的释放有关。去甲肾上腺素还可刺激下丘脑室旁核神经元上的 α-肾上腺素能受体，使促肾上腺皮质激素释放激素（corticotropin-releasing hormone，CRH）释放

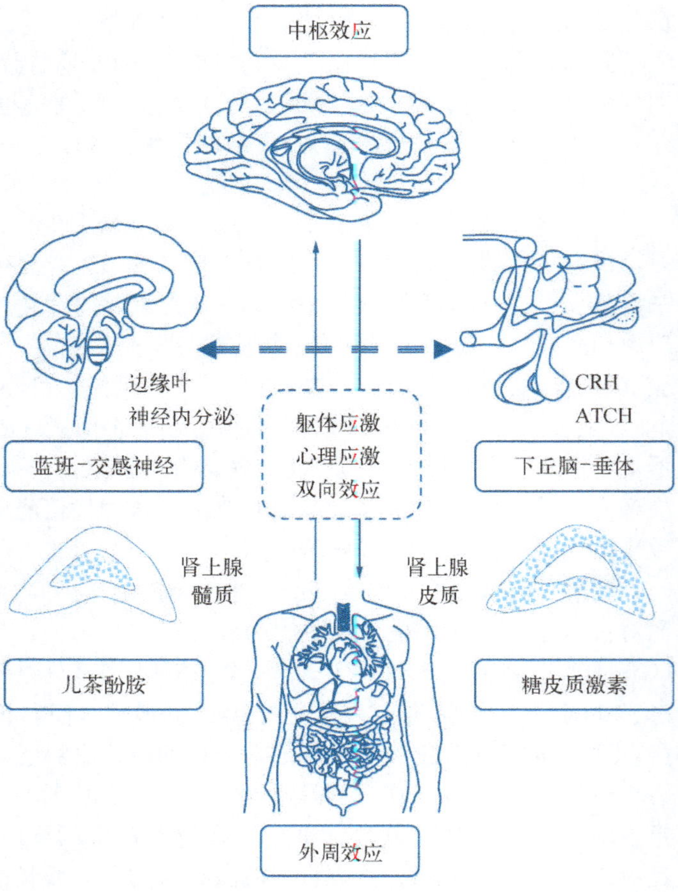

图 15-5 应激时的神经内分泌反应示意图

增多，从而启动 HPA 轴的活化。

（2）外周效应：应激时 LC/NE 系统的外周效应主要表现为血浆中儿茶酚胺（肾上腺素、去甲肾上腺素、多巴胺）浓度迅速升高。交感神经兴奋主要释放去甲肾上腺素，肾上腺髓质兴奋主要释放肾上腺素。低温、缺氧时可使去甲肾上腺素升高 10～20 倍，肾上腺素升高 4～5 倍，交感-肾上腺髓质系统在应激时的兴奋可产生一系列代谢和功能的改变，在一定范围内有利于机体的防御代偿机制。

3. 代偿意义

（1）对心血管的影响：交感-肾上腺髓质系统兴奋及儿茶酚胺释放增多，使心率加快、心肌收缩力加强、心输出量增加、血压升高；由于外周血管中 α 受体分布密度的差异及局部组织代谢因素的影响，导致机体血液重新分布，使心、脑等重要器官的血液灌流得到保证。而在与格斗及逃避有关的应激反应中，骨骼肌的血液灌流量亦明显增加，休克初期的代偿反应即是一个典型的应激反应。

（2）对呼吸的影响：儿茶酚胺可引起支气管扩张，使肺泡通气量增加，向机体提供更多的氧，以满足应激时机体对氧的需求。

（3）对代谢的影响：儿茶酚胺释放增加，可通过兴奋 α 受体使胰岛素分泌减少，兴奋 β 受体使胰高血糖素分泌增加，从而导致糖原分解增加，血糖升高，并促进脂肪动员，使血浆中游离脂肪酸增加，以满足应激时机体对能量的需求。

（4）对其他激素分泌的影响：儿茶酚胺对大多数激素的分泌具有促进使用，如可促进促肾上腺皮质激素（adrenocorticotrophin，ACTH）、胰高血糖素、生长激素、肾素、红细胞生成素及甲状腺素等激素的分泌，使机体在更广泛的程度上动员起来，应付应激时各种变化。

（二）下丘脑-垂体-肾上腺皮质轴

1. 基本组成结构　下丘脑-垂体-肾上腺皮质（HPA）轴主要由下丘脑的室旁核（paraventricular nucleus，PVN）、腺垂体（anterior pituitary）和肾上腺皮质组成。HPA 轴的中枢部位是室旁核，其上行神经纤维主要与杏仁复合体、海马结构、边缘皮质有广泛的往返联系，特别是与杏仁复合体有致密的神经纤维联系；下行神经纤维则通过 CRH 控制腺垂体 ACTH 的释放，从而调控肾上腺糖皮质激素（GC）的合成和分泌。此外，室旁核 CRH 的释放也受到脑干蓝斑中去甲肾上腺素能神经元的影响。

2. 应激时的基本效应　应激时 HPA 轴兴奋，可产生明显的中枢效应和外周效应。

（1）中枢效应：应激时 HPA 轴兴奋所产生的中枢效应主要由 CRH 分泌增多引起，CRH 在应激时的情绪行为反应中发挥主要作用。如出现抑郁、焦虑及厌食等情绪行为改变，学习与记忆能力下降等。同时，CRH 还可促进蓝斑中去甲肾上腺素能神经元的活性，使 HPA 轴与 LC/NE 系统发挥交互作用。

（2）外周效应：应激时 HPA 轴兴奋产生的外周效应主要由 GC 分泌增多引起。正常人 GC 分泌量为 25～37 mg/d，而应激时 GC 分泌量迅速增强。如外科手术后可使 GC 分泌量达到或超过 100 mg，为正常分泌量的 3～5 倍；若手术完成且患者无并发症（应激原消失），血浆 GC 水平通常于术后 24 h 内恢复至正常水平；但若应激原持续存在，则血浆 GC 水平可持续升高。如大面积烧伤患者，血浆 GC 浓度增高可持续 2～3 个月。临床上可通过检测患者血浆中皮质醇水平及尿中 17-羟类固醇浓度来判断应激的强度或术后有无并发症的存在。

3. 代偿意义　GC 分泌增多是应激最重要的反应，对提高应激时机体的适应能力具有十分重要的意义。动物实验表明，摘除双侧肾上腺的动物几乎不能适应任何应激环境，极小的有害刺激即可导致动物死亡；若仅去除肾上腺髓质而保留肾上腺皮质，则动物可存活较长时间；给摘除肾上腺的动物注射 GC，可使动物恢复抗损伤能力。应激时 GC 水平增加具有以下多方面的防御代偿意义：

（1）稳定细胞膜及溶酶体膜：GC 诱导产生的促皮质激素能够抑制磷脂酶 A_2 的活性，可减少膜磷脂的降解，具有稳定细胞膜及溶酶体膜的作用，减少溶酶体酶的外漏，保护细胞免受溶酶体酶的破坏。

（2）保证重要器官能量供应：促进蛋白质分解及糖原异生，补充肝糖原储备。同时 GC 通过降低肌肉组织对胰岛素的敏感性，抑制外周组织对葡萄糖的利用，提高血糖水平，促进儿茶酚胺及胰高血糖素的脂肪动员，以保证重要器官的葡萄糖供应。

（3）允许儿茶酚胺作用：心血管系统对儿茶酚胺的正常反应有赖于 GC 的支持，GC 可通过减少儿茶酚胺降解和提高心血管系统对儿茶酚胺的敏感性，维持儿茶酚胺对心血管系统的正常调节作用。

(4) 减少能量消耗：GC对许多化学介质的生成、释放和激活具有抑制作用，包括前列腺素(PGs)、白三烯(LTs)、血栓素 A_2(TXA_2)、缓激肽、5-羟色胺、纤溶酶原激活物、胶原酶、淋巴因子等。其简要机理是GC和GC受体结合后，细胞产生促皮质激素(macrocortin)或脂调蛋白(lipomodulin)等，它可抑制磷脂酶 A_2 的活性，减少花生四烯酸、PGs、LTs及 TXA_2 的生成，从而减少炎症反应的巨大生物能量消耗(免疫功能如同性驱动、生殖功能、食欲功能等等，在急性应激时或者说机体的生死存亡之间，非即刻需要)。从药理学角度来看，GC发挥了抗炎、抗过敏作用。

应激时蓝斑-交感-肾上腺髓质系统和下丘脑-垂体-肾上腺皮质轴的中枢与外周主要效应比较见表15-2。

表15-2 应激时神经内分泌系统的中枢与外周主要效应

	蓝斑-交感-肾上腺髓质系统	下丘脑-垂体-肾上腺皮质轴
中枢	(通过去甲肾上腺素行使) 警觉、兴奋、紧张、焦虑	(通过CRH和ACTH行使) 压抑、悲观、迟钝、抑郁
外周	(通过儿茶酚胺行使) 似战斗部队，行使战斗-逃避反应 心肺功能增强 血供能供增强 战斗功能增强(如肌肉) 协调功能增强(通过各种激素等调节)	(通过糖皮质激素行使) 似后勤部队，起维稳、允许作用 稳膜功能增强(细胞是基础) 血糖供应增加(原料很重要) 抑制生物耗能(减少内消耗) 允许儿茶酚胺作用

(三) 应激时其他激素的变化及对代谢的作用

应激除可引起LC/NE系统和HPA轴的变化外，还可引起其他激素的变化，见表15-3。

表15-3 应激时下丘脑、垂体和其他激素水平的变化

名称	分泌部位	水平变化
抗利尿激素(ADH)	下丘脑室旁核	↑
促性腺激素释放激素(GnRH)	下丘脑	↓
促甲状腺激素释放激素(TRH)	下丘脑	↓
催乳素(PRL)	腺垂体	↑
生长激素(GH)	腺垂体	急性↑；慢性↓
β-内啡肽	腺垂体等	↑
促甲状腺激素(TSH)	腺垂体	↓
黄体生成素(LH)	腺垂体	↓
卵泡刺激素(FSH)	腺垂体	↓
胰高血糖素	胰岛A细胞	↑
胰岛素	胰岛B细胞	↓
甲状腺素(T_3、T_4)	甲状腺	↓
雄激素(睾酮等)	睾丸	急性↑；慢性↓

1. 代谢的变化　应激时能量代谢明显增强，物质代谢的总体变化为合成代谢减少，分解代谢加强。此时的代谢率增高与儿茶酚胺、糖皮质激素、胰高血糖素及某些细胞因子[如肿瘤坏死因子α(TNF-α)、白介素-1(IL-1)]的大量释放和胰岛素的分泌减少有关。

(1) 高代谢率：应激时机体代谢率明显升高，正常成人安静状态下每日能量需求量约2 000 kcal，一个大面积烧伤患者，其能量需求量可高达5 000 kcal。高代谢率为机体应对紧急情况提供充足的能量。此种高代谢率主要是因为应激时儿茶酚胺，糖皮质激素以及某些炎症介质(如TNF-α、IL-1等)的释放增多，使机体脂肪动员增加，外周肌肉组织分解旺盛所致。但持续过高的代谢率常造成机体明显的消耗。在重度应激的情况下，机体很快可出现体重下降，骨骼肌消耗，甚至组织修复能力降低等表现，且此种消耗很难以单纯的营养支持来逆转。对于这类患者，除了充分的营养支持外，还需适当调整机体的应激反应，使用某些促进合成代谢的生长因子已被证明是有意义的。

(2) 糖、脂肪及蛋白质的代谢：应激时糖原分解、糖异生明显增高，血糖升高，甚至可超过肾糖阈而出现糖尿。体脂动员、分解也加强，血中游离脂肪酸、酮体有不同程度的增加。肌肉组织分解增加，血氨基酸浓度升高，机体呈负氮平衡(图 15-6)。上述物质代谢的特点与应激时能量代谢的升高相匹配，为机体提供了充足的能源物质。同时，外周肌肉组织的分解也为肝脏提供了足够的原料，用以合成急性期反应蛋白、热休克蛋白等与应激相关的新生蛋白质。但上述变化可造成机体明显的消耗，在有遗传易感性的患者中，可诱发糖尿病或使轻、中度糖尿病恶化。

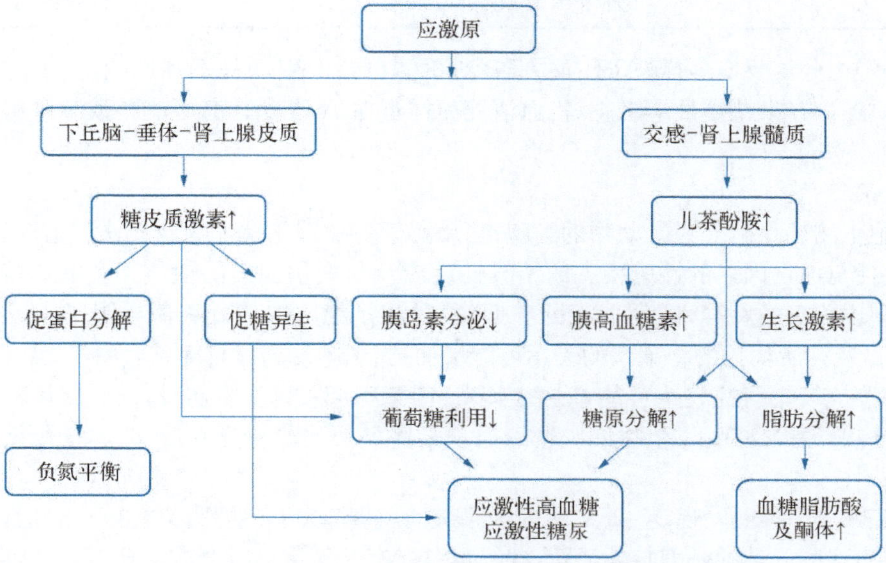

图 15-6 应激时糖、脂肪及蛋白质代谢的变化示意图

二、应激的细胞体液反应

蓝斑-交感-肾上腺髓质及垂体-下丘脑-肾上腺皮质轴，在组织水平上产生的神经内分泌反应是经典的应激反应。实际上由于前述应激概念的不断深化，广义的应激是指生物体与社会和环境相互作用所产生的一种反应。这一概念极具包容性和深刻性，因此应激就生物体本身而言也可包容其他层次水平的反应。如生命应激、生物学应激、生理应激等；在亚细胞水平上，有线粒体应激、内质网应激等；在分子水平有氧化应激、基因毒应激等。但这些研究往往归属于各自传统的学术领域，只不过不同领域科学家们都借用了应激一词而已。因此本节仅就国内教材传统采用的急性期反应和热休克蛋白反应的概念和功能做一简介，细致的内容将在相关学科学习。

(一) 体液急性期反应

1930 年美国学者泰里(Tillet)发现肺炎球菌感染人体后，人血清中很快会出现可以结合肺炎球菌细胞壁 C-多糖的蛋白，命名为 C 反应蛋白。其后 1941 年，美国学者艾弗里(Avery)提出了急性期反应(acute phase response，APR)概念：即感染、烧伤、创伤、大手术等应激原可诱发机体产生一系列快速反应，如体温升高、血糖升高、分解代谢增强、负氮平衡以及血浆中的某些蛋白质(如 C 反应蛋白等)等浓度迅速升高等，这种反应称为急性期反应，血浆中浓度迅速升高的蛋白质称为急性期蛋白(acute phase protein，APP)。

1. APP 的来源　APP 主要由肝细胞产生，单核-巨噬细胞、血管内皮细胞及成纤维细胞等也可产生少量 APP。关于 APP 产生的机制，目前认为主要与单核-巨噬细胞所释放的细胞因子有关。在炎症、感染等应激状态下，血浆中许多细胞因子的水平明显增高，刺激肝细胞及其他细胞产生及释放 APP。

2. APP 的功能　APP 种类很多，包括 C 反应蛋白、血清淀粉样蛋白(可增高上千倍左右)以及数十种其他蛋白成分如补体等，其功能也相当广泛。但总体来看，它是一种启动迅速的机体防御机制。机体对感染、组织损伤的反应可大致分为两个时相，一为急性反应时相，APP 浓度的迅速升高为其特征之一；另一为迟缓时相或免疫时相，其重要特征为免疫球蛋白的大量生成。两个时相综合构成了机体对外界刺激的保护系统。APP的主要生物学功能简化见表15-4。

表15-4 APP的主要生物学功能

	作用对象	效应分子
清除	异物和坏死组织	C反应蛋白，补体等
限制	细菌毒素运动	凝血蛋白等
抑制	蛋白酶	蛋白酶抑制剂
修复	毁损组织	运转蛋白等

然而，正如神经内分泌反应一样，APR及APP对机体也会产生一些不利影响，如引起代谢紊乱、贫血、生长迟缓及恶病质等。在某些慢性应激患者，血清淀粉样蛋白A浓度升高可能导致某些组织发生继发性淀粉样变。

（二）细胞反应

无论是单细胞生物还是高等哺乳动物的细胞，当暴露于各种理化及生物性损伤因素时，都会产生一系列适应代偿反应，包括与损伤因素的性质相关的特异性反应及与损伤因素的性质无关的非特异性反应。某些细胞应激反应表现出相对的特异性，例如当处于低氧环境时，细胞中的低氧诱导因子-1(hypoxia-inducible factor-1，HIF-1)及其所调控的靶基因的表达可能增加；当细胞受到氧自由基威胁时，细胞内的超氧化物歧化酶、过氧化氢酶等抗氧化酶的表达可能增加；当多种因素引起DNA损伤时，p53及其靶基因的表达增加等。此外，在各种应激原的作用下，生物细胞也可出现某些类似的非特异性反应，本章仅就这种非特异性反应加以讨论。

1962年，里托萨(Ritossa)发现，将25℃培养的果蝇幼虫置于30℃的热环境30 min后，其唾液腺染色体出现蓬松现象，表明这些区带的基因转录活跃，并提示可能有新的蛋白质合成。1974年萨西尔(Tissieres)证实高温下基因确实合成了新的蛋白，并命名其为热休克蛋白(heat shock protein，HSP)，人们把这种现象称为热休克反应(heat shock response，HSR)。后来的研究发现，除热刺激外，许多对机体有害的应激原，包括放射线、重金属、乙醇、细胞因子、自由基、缺血缺氧、寒冷、感染、炎症及创伤等，都可诱导机体多种组织细胞产生HSP。由此可见，HSP的表达是与损伤因素的性质无关的非特异性反应，故又将HSP称为应激蛋白(stress protein，SP)。HSP是应激原刺激时细胞新合成或合成增加的一组蛋白质，它们主要在细胞内发挥功能，属非分泌型蛋白质。1992年霍维茨(Horwitz)提出了热休克蛋白是一种分子伴侣蛋白的理论。

1. **HSP的基本组成及分类** HSP是一个蛋白质超家族，分子质量为8 000～11 000 Da。根据分子质量的大小可将其分为HSP110、HSP90、HSP70、HSP60、HSP40、小分子HSP、HSP10以及泛素等多个亚家族。HSP可分为组成性(为细胞的结构蛋白，正常时即存在于细胞内)或诱生性蛋白(由各种应激原如高温、感染、缺氧等诱导生成)。

2. **HSP的生物学特点**

(1) 存在的广泛性：HSP广泛存在于从单细胞生物(如细菌、酵母)至哺乳动物以及植物的整个生物界。

(2) 结构的保守性：从原核细胞到真核细胞组成的各种生物体，其同类型HSP的基因序列有高度的同源性，表明HSP在进化过程中具有明显的结构保守性，例如人类HSP90的氨基酸序列与酵母HSP90有60%的同源性，与果蝇SHP90相比具有78%的同源性。

(3) 诱导的非特异性：很多不同性质的应激原均可诱导HSP基因的表达。

上述生物学特点表明，HSP是在长期的生物进化过程中保留下来的一族在进化上十分保守的蛋白质，提示HSP对于维持细胞的生命是十分重要的，具有普遍的生物学意义。

3. **HSP的基本生物学功能** HSP的基本生物学功能为帮助新生蛋白质的正确折叠、移位、维持和对受损蛋白质的修复、移除和降解。HSP本身不是蛋白质代谢的底物或产物，但其始终伴随着蛋白质代谢的许多重要步骤，因此被形象地称为“分子伴侣”(molecular chaperone)。一个新生蛋白质要形成正确的三维结构和正确的定位，必须有精确的时空控制，该功能主要由各种“分子伴侣”完成，而结构性HSP即是一类重要的

“分子伴侣”。在正常状态下，核糖体上新合成的蛋白质多肽链尚未经过正确的折叠而形成具有一定空间构形的功能蛋白质，其疏水基团仍暴露在外。HSP 通过其 C 端的疏水区与这些新合成的多肽链结合，帮助他们在折叠酶的作用下逐步完成正确折叠。如果没有分子伴侣 HSP 的存在，这些蛋白质可通过其疏水基团相互结合、聚集而失去活性。蛋白质折叠完成后，HSP 即脱离蛋白质底物。折叠成具有一定空间构型的蛋白质可通过囊泡转运至高尔基体，或经 HSP 的帮助转运至线粒体或其他细胞器发挥作用。

在应激状态下，各种有害应激原可导致蛋白质变性，使之成为未折叠的或错误折叠的多肽链，其疏水区域重新暴露在外，他们相互结合而形成蛋白质聚集物，对细胞造成严重损伤。基础表达及诱导表达的 HSP 则充分发挥“分子伴侣”功能，防止这些蛋白质的变性、聚集，并促进已聚集的蛋白质解聚及变性蛋白质的复性。如果蛋白质损伤过于严重，无法解聚及复性时，HSP 家族的成员泛素(ubiquitin)将与这些受损蛋白质共价结合，并通过蛋白酶体(proteasome)将其降解，以恢复细胞的正常功能。

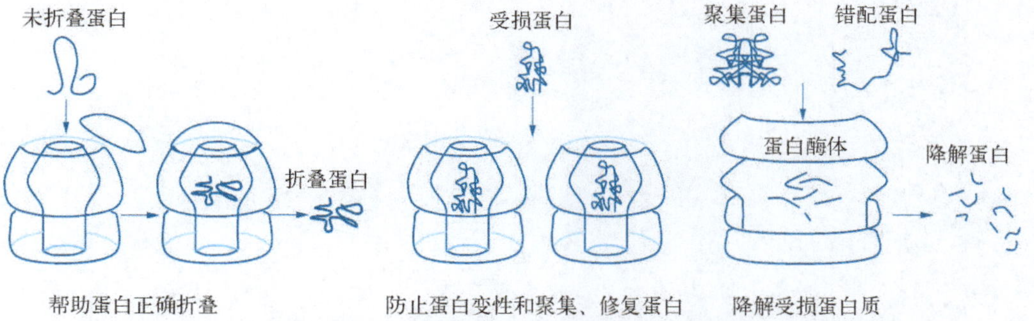

图 15-7　热休克蛋白帮助折叠未正确折叠的蛋白，修复、移除毁损蛋白示意图

4. HSP 表达增多的机制　正常状态下，某些 HSP 在细胞中具有一定的基础表达，如 HSP90β、HSP60、HSP27 等，在应激状态下这些 HSP 的诱导表达可进一步增加。而某些 HSP 在正常状态下表达量很少，应激状态下，其诱导表达急剧增强，如 HSP70 等。

诱生性 HSP 主要与应激时受损蛋白质的修复或移除有关。正常情况下，这些 HSP 与细胞中的热休克因子(heat shock factor，HSF)相结合。当各种应激原如发热、感染、炎症等引起蛋白质的结构性损伤时，可暴露出与 HSP 结合的部位，HSP 即与受损蛋白质结合并释放出 HSF 单体，游离的 HSF 单体再聚合成具有转录活性的三聚体，HSF 三聚体向核内转移并结合至 HSP 基因启动子区的热休克元件(heat shock element，HSE)，启动 HSP 基因的转录，使 HSP 产生增多(图 15-8)。增多的 HSP 一方面可增强细胞的抗损伤能力，在蛋白质水平上起防御、保护作用，同时又可与 HSF 结合，抑制其继续活化，对细胞的应激反应进行负反馈调控。

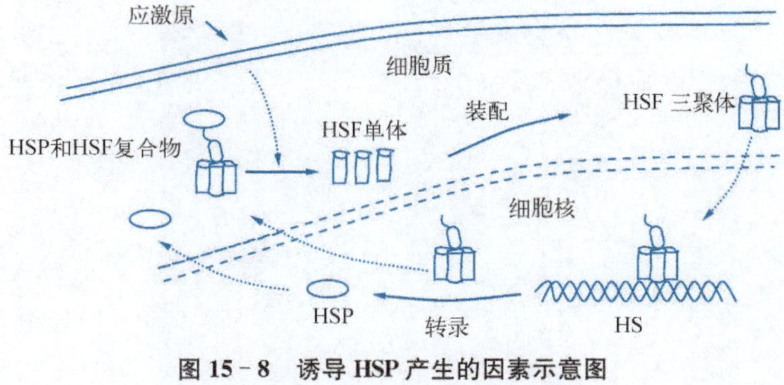

图 15-8　诱导 HSP 产生的因素示意图

小　结

应激是机体在受到各种内外环境因素及心理、社会因素刺激时所出现的全身性非特异性适应反应。应激是机体整个适应、保护机制的一个重要组成部分，广泛存在于日常生活及许多疾病过程中，在生理学和病理学中都具有非常重要的意义。应变稳态是稳态理论和应激机制的补充和发展。应激可分为劣性应激和良性应激，具有个体、性别差异，与经历和认知等有关。应激时的全身性反应包括神经内分泌反应和细胞体液反应。神经内分泌反应是应激的基本反应，主要变化为蓝斑-交感-肾上腺髓质系统以及下丘脑-垂体-肾上腺皮质轴的强烈兴奋以及释放的大量激素;细胞体液反应主要介绍急性期反应和热休克反应,表达一些相关的、大多具有保护作用的蛋白质,如急性期反应蛋白、热休克蛋白等。

【复习思考题】

1. 什么是应激？举例说明生活中的应激反应。
2. 应激反应的基本表现主要体现在哪些方面？出现这些反应的机制是什么？
3. 你认为应激反应能不能用好、坏这两种标准来区分？为什么？

(石明隽　郭　兵)

第十六章

应激与心理疾病

学习要点

掌握：① 心理应激概念；② 急性应激障碍；③ 创伤后应激障碍、抑郁症的概念及发病机制。
熟悉：① 伤后应激障碍、抑郁症的病因及临床表现。
了解：① 心理应激对认知、情绪和社会行为的影响；② 心理应激对功能代谢的影响。

随着新的生物-心理-社会医学模式的转变，心理社会因素在疾病中的作用越来越受到重视。而现代社会的发展，使生活节奏加快，知识更新迅速，社会竞争加剧，生活压力增大，对个人的适应能力也提出了挑战，如何维持机体的稳态，保持健康的心理状态也成为现代人面临的共同问题。

心理应激是指个体在遭遇应激性生活事件或主观感觉到压力与挑战时产生的生理和心理反应的过程。能导致心理应激的应激原主要包括创伤和疾病、激烈的职业竞争、紧张的学习生活、不良体验、心理冲突、突发生活事件（如亲友亡故、婚姻解体）、暴力事件、战争和自然灾害（地震、洪水、飓风）等。

适度的心理应激可以调动机体潜能，使机体保持良好的觉醒状态，提高机体的判断和应对能力，帮助个体更好地处理生活事件。但是过度和长时间的应激原刺激导致的严重心理应激或慢性心理应激则可引起不同程度的心理和精神障碍，表现为紧张、焦虑、恐惧、愤怒、孤独、沮丧，甚至出现抑郁和自杀倾向。

应激反应涉及中枢神经系统的许多结构，塞里当年只注重了躯体的神经系统反应，后来中枢神经系统参与心理应激也受到特别的重视，尤其是边缘系统（如扣带回、海马、杏仁核）及下丘脑等部位。因此，绝大多数应激反应都包含有认知、情绪、行为以及躯体的反应。

一、心理应激对认知、情绪和社会行为的影响

1. 认知反应　应激状态下，个体的心理稳态受到破坏，应激原可以直接或间接降低认知能力。应激原通过情绪反应，干扰思维和智力活动，造成认知能力下降。而认知功能下降又使个体产生更多的心理冲突，激发不良情绪，形成不良情绪产生与认知功能下降的恶性循环。

2. 情绪反应　焦虑、愤怒、恐惧和抑郁都是应激情境下的情绪反应，这些情绪反应可与其他心理反应相互影响，使自我意识狭窄，注意力下降，判断能力和社会适应能力下降。

所谓情绪，它是一种主观体验，涉及生理、心理和行为变化。传统心理学与哲学认为：情绪与理智是对立的，互相排斥的。情绪是不可驾驭的、原始的、似动物的心理现象，强调情绪受社会文化制约。

科学家们用电刺激、损伤、脑电活动成像如磁共振等手段来研究情绪反应的神经活动部位，力图搞清楚它的神经结构基础。

1884～1885 年，美国心理学家詹姆斯（James）和丹麦生理学家兰格（Lange）提出“情绪是生理反应（身体变化）的知觉”。即先有刺激，产生生理反应，然后才有体验，是内脏神经作用所致。例如人们看见毒蛇临近立刻奔逃，奔逃产生的生理反应如血压升高、脉搏增快传入大脑，然后体验到害怕。

1927年，美国生理学家坎农(Canon)不同意詹姆斯的看法。坎农认为：情绪是由下丘脑所决定的，例如看见一条蛇，其神经传导过程是由视觉神经传入，达到丘脑，分为两路，一路达到大脑皮层，做出精细评估；另一路下传至交感系统，根据评估，做出适当应激反应。丘脑才是情绪反应的中心。但仅用下丘脑、交感神经无法解释复杂的情绪现象，例如恐惧和狂怒是两种完全不同的情绪，但两者交感神经兴奋性都可升高。

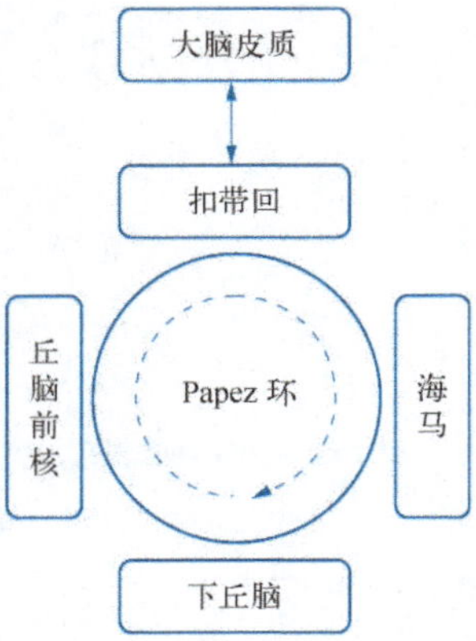

图16-1 Papez环及边缘叶示意图

1937年，美国神经解剖学家帕佩兹(Papez)总结了坎农和前面其他学者的观点提出，源于海马的神经通路经丘脑前核和扣带回的中继，返回海马构成一封闭环路，构成了情绪表达的神经基础。大脑控制情绪的色彩(类型和强度)，扣带回产生了情绪的体验、下丘脑控制了情绪的表达(图16-1)。

这一回路与1878年法国神经生物学家布罗卡(Broca)研究哺乳动物脑结构与低等动物有何不同时，命名的边缘叶(limbic lobe，取自拉丁文limbus，边缘，意指大脑皮层内边)解剖结构相似，只不过当时的人认为边缘叶只与嗅觉有关。

1952年美国神经生理学麦克莱恩(MacLean)提出了脑三位一体理论：① 爬行动物脑，是人类进化最早的部位，是人体生命中枢，即脑干，也称生存脑；② 古哺乳动物脑，并用边缘系统(limbic system)来加以表示，边缘系统其神经核团除由以前的边缘叶构成外，还加上了杏仁核，并强调了额叶的重要。边缘系统的进化使动物能够体验和表达情绪，也称情绪脑；③ 人体的大脑，即新大脑皮层，进化最晚，最高等，与认知、语言、社会能力有关，也称逻辑脑。自此边缘系统成为人们关注情绪变化的焦点(图16-2)。

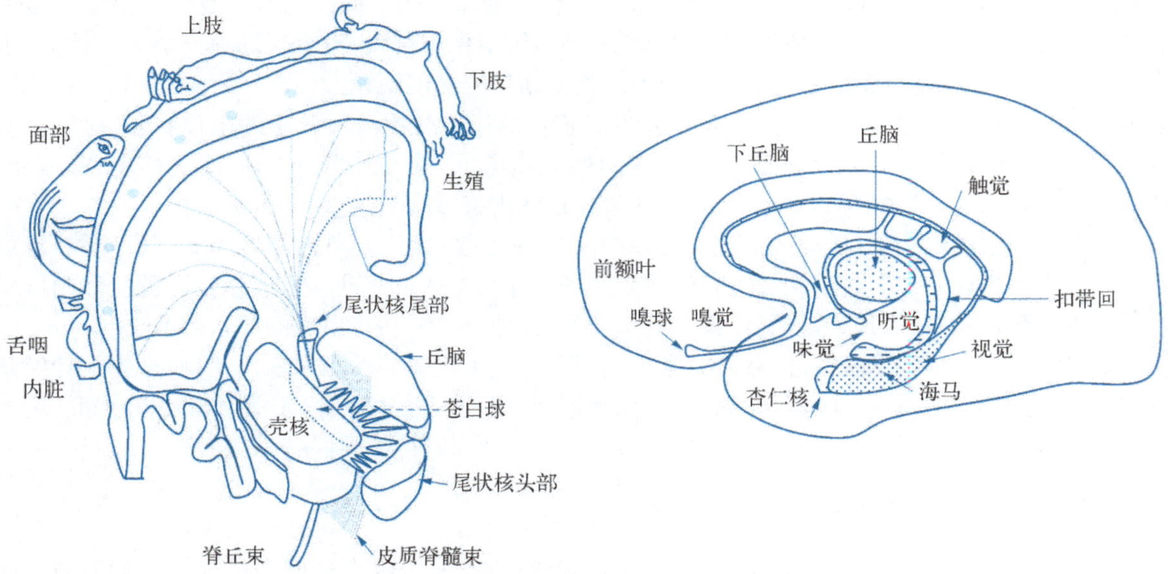

图16-2 人体感觉神经系统中枢定位分布和边缘系统示意图

左图：中央后回躯体感觉中枢定位和丘脑相关结构，右图：五大感官基本感觉中枢定位及边缘系统重要结构

大脑皮质的前额叶被认为是情绪、认识、感觉协调最高级中枢，而边缘系统中神经核团，如杏仁核、海马回、扣带回等与情绪的加工、整合密切相关。因此人的情绪可分为基本情绪和复杂情绪两大类，基本情绪又有不同亚分法，最简单的如喜、怒、悲、惊、厌、怕六种。复杂情绪随个体、刺激因素、强度等千变万化(图16-3)。

六种基本情绪分类中，目前多认为愉悦与下丘脑-杏仁核-纹状体-前额叶神经回路有关；愤怒与吃惊与杏仁核或额叶或扣带回有关；悲伤与前额-杏仁核-丘脑有关；害怕与恐惧与海马-杏仁核-前额有关。这几种基本情绪反应都涉及杏仁核和前额叶。显然他们是情绪研究中，科学家们最感兴趣的部位。切除这些核团，动物可能失去恐惧、愤怒等心理。

应激过程中压力增大产生愤怒促使战斗，恐惧促使逃跑，即行使战斗与逃避反应。然而若应激过强或过长，经神经复杂联系后，这些基本情绪会延伸出焦虑、绝望、偏执等负性情绪状态。目前对负性情绪状态从生物学角度分析，主要与神经递质的释放、神经递质与其受体的作用、内分泌系统失调三大因素有关。神经递质如多巴胺，5-羟色胺、乙酰胆碱、谷氨酸和 γ-氨基丁酸等，它们的升高或降低会引起焦虑或抑郁。

3. *行为反应*　按行为反应的指向，可以把行为反应分为针对自身和针对应激原两方面。针对自身的行为反应指通过改变自身以顺应环境的要求，包括远离应激原、改变自身条件、改变自己的行为方式和生活习惯等。针对应激原的行为反应指通过改变环境处理心理应激的行为，包括消除或减弱应激原的各种活动。

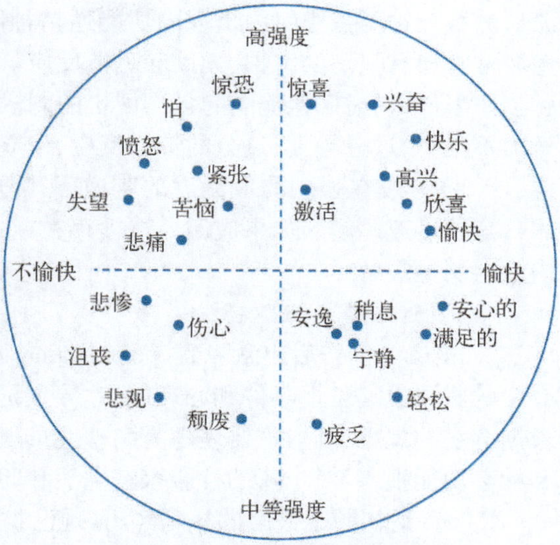

图 16-3　人类不同情绪示意图

二、心理应激对功能代谢的影响

严重和长时间的心理应激可影响机体的代谢和器官功能，并参与疾病的发生与发展（详见第十七章第二节应激与躯体疾病相关内容）。心理应激可导致神经、内分泌和免疫系统功能紊乱，促进自身免疫性疾病、心血管疾病和肿瘤等的发生与发展。与心理应激相关的躯体性疾病属于心身疾病，而心理应激所引起的中枢神经系统的损害则产生心理、精神障碍。

三、影响心理应激的因素

当应激原作用于个体时，由于个人的身体状况、认知能力、应对方式、人格特征和社会支持不同，产生的应激反应也有所不同。

（一）认知评价

认知评价是指个体对遇到的生活事件的性质、程度和可能的危害情况作出评估，在心理应激的发生和强度方面发挥重要作用。

面对应激事件时，个体首先对自己是否受到事件威胁做出判断。如果判断事件与自己无关，则不采取任何行为；如果认为事件平和积极，会引起愉快、振奋情绪；如果评价为威胁，个体就会紧张，进入应激状态。随后个体再评估并选择对威胁事件的应对方式以及能够消除应激的各种应对方式。

（二）应对方式

应对是处理应激原及其造成的心理和生理影响的过程。分为问题应对和情绪应对两方面。前者主要管理或改变应激情境，适用于应激原明确的应激情境中；后者主要控制自己对应激情境的情绪反应，适用于应激情境不明的情况。

（三）人格特征

人格是个体比较稳定的心理特征，如性格、态度、个人的世界观和人生观。人格决定了个体的行为方式、生活方式和习惯，影响个体对心理社会刺激物的认识与评价、情绪的产生和生理反应。人格也影响和决定了个体对外界挑战的适应和应对方式、应对能力、应对效果，以及个体与他人的关系，从而决定得到和利用社会支持的质量。

（四）社会支持

社会支持主要指来自于家庭、亲友和社会在情绪上和物质上的帮助和援助。良好的社会支持能缓冲应激事件对身心健康的消极影响，提供问题解决的策略与方法，保持个体的身心健康。而缺乏社会支持常常使人处于孤立无援的环境中，对个体应对生活事件产生负面影响。

四、应激相关心理、精神障碍

（一）急性应激障碍

急性应激障碍（acute stress disorder，ASD）是指由于急剧而严重的社会心理应激原的作用，在应激原刺激后的数分钟至数小时内出现的功能性精神障碍，又称之为急性心因性反应(acute psychogenic reaction)。患者常常伴有强烈的害怕、无助和恐惧反应，以反复的意象、梦境、错觉、闪回发作等方式持续地重新体验这种创伤事件；明显回避能引起创伤回忆的刺激，出现明显的焦虑或警觉性增高症状(如难以入睡、易惊惹、注意力不集中、过分警觉、过分的惊吓反应、坐立不安)。患者有时还伴有心悸、皮肤潮红和出汗等自主神经反应。ASD一般在强烈的应激原的刺激下几分钟内出现，如果应激性环境消除，在2～3 d内(常可在几小时内)，症状迅速缓解。如果应激原持续存在或具不可逆转性，症状一般可在2～3 d后开始减轻，多数在30 d内就会明显缓解。

(二) 创伤后应激障碍

1. 概述 创伤后应激障碍(posttraumatic stress disorder，PTSD)又叫延迟性心因性反应，是指由于非同寻常的威胁或灾难性事件和心理创伤，导致延迟出现和长期持续的精神障碍。其特征为创伤或应激事件后长期存在的焦虑反应，主要表现为病理性重现、持续性警觉性增高、反应性麻木和回避等，常引起明显的心理和社会功能损害，对个体的社会家庭生活和职业功能造成长期破坏性影响。

PTSD最初源于残酷的战场经历，现已扩展为包括创伤性生活事件和自然灾害在内的严重生活事件所引发的精神障碍。据美国精神病协会(American Psychiatry Association，APA)统计，美国PTSD的人群总体患病率为1%～14%，平均为8%。我国PTSD人群的患病率为7%～12%。研究显示，越南战争时严重轰炸的幸存者约1/3发生PTSD，唐山大地震所致孤儿的PTSD发病率为23%。汶川地震发生2个月后灾民PTSD的发生率为12.4%，受灾学生的发病率更高，达78.3%。车祸后幸存者的PTSD发生率为41%，特大爆炸事故后的PTSD发生率高达78.6%。癌症患者的PTSD发生率为11%。

PTSD患者常与抑郁、焦虑、物质滥用、人格障碍、睡眠障碍、躁狂症、精神分裂症等心理疾病以及高血压、胃溃疡、支气管哮喘等生理疾病存在共病现象。其中与抑郁症或焦虑障碍共病率可达60%～70%。创伤后应激障碍使患者自杀风险增加，高达19%。

有研究表明，急性应激障碍发展为创伤后应激障碍的概率在20%～50%之间。与急性应激障碍相比，创伤后应激障碍表现得比较迟缓，但在症状表现方面比急性应激障碍更为严重，且持续时间更长。

2. 病因 近年来国内外对PTSD的流行病学、病因学、临床特点及治疗有颇多研究，其发病机制是生物、心理、社会多因素综合影响的结果。

(1) 生物学因素：研究发现PTSD的发生与遗传因素有关，PTSD被认为是遗传易感性和环境因素共同作用的结果。与下丘脑-垂体-肾上腺皮质(hypothalamus pituitary adrenal，HPA)轴相关的易感基因*FKBP5*基因、*CRHBP*基因、*STAT5B*基因、GCs受体基因和多巴胺受体D2TaqIA1等位基因可能与PTSD的易感性有关。

另外，PTSD患者出现脑功能和结构异常，如神经内分泌功能异常、海马体积减小等。

(2) 心理学因素：某些人格特征和应对方式也可能增加PTSD的风险，研究提示具有神经质、内向性、冲动性人格的个体发展为PTSD的可能性大。而某些消极的应对方式也是PTSD重要的预测因素。

(3) 社会环境因素：导致PTSD的直接因素大多为创伤性事件，这些事件的共同特征就是对个人造成创伤和威胁并带来巨大的痛苦感受，引起强烈的焦虑、恐惧、无助、厌恶等心理反应。创伤性事件包括：战争经历、自然灾害(如洪水、地震、火灾、飓风)、暴力事件、严重交通事故、配偶突然身亡、子女身患绝症或目睹他人身受重伤或遇害等。

3. 发病机制

(1) 神经内分泌功能紊乱：神经内分泌系统在维持机体内稳态和机体适应环境两方面起着重要作用，PTSD与神经内分泌调节密切相关，如与5-羟色胺、多巴胺、去甲肾上腺素的分泌与功能失调、HPA轴的功能失调有明显关系。正常人应激时，会出现糖皮质激素(GC)分泌的一过性增高，而PTSD患者由于对GC敏感性增高而导致HPA轴负反馈抑制作用增强，使皮质醇水平低于正常。此外，PTSD患者经历创伤应激后，海马、杏仁核等脑区GC受体表达异常，可能也是HPA轴调节紊乱引发PTSD相关症状的重要因素之一。

(2) 脑结构与功能改变：研究发现PTSD患者存在脑功能和结构异常，主要表现在海马、前扣带皮层体积减小，胼胝体等脑白质体积的减小或结构完整性的破坏。慢性PTSD患者可见脑容积缩小、神经元缺失、有髓神经纤维脱髓鞘等改变。

这些研究证明，脑区尤其是前额叶和边缘系统功能和结构改变与PTSD发生密切相关。

4. *临床表现*　PTSD的临床表现包括反复体验创伤性事件、回避与情感麻木、认知和心境的消极改变、过度警觉等症状。

(1) 反复体验创伤性事件：PTSD患者脑海中会突然闯入既往的一些痛苦场景或回忆，好像创伤再次发生一样，并且会反复回忆起以前的痛苦经历，再次引发恐惧、无助等痛苦心理，甚至这种痛苦情景还会以梦境的形式出现。

(2) 回避与情感麻木：这是PTSD的核心特征，患者变得退缩，和他人疏远，对自己及外界无动于衷，努力回避能唤起创伤的一切活动或情境，从而减轻对自身的伤害。情感上的麻木并非创伤体验导致，而是患者对负性情感刺激做出过度的回避反应所致。

(3) 认知和心境的消极改变：在遭遇创伤性事件后，有的患者出现了认知和心境方面的消极改变，对任何事情都失去了兴趣，对别人的关心也无动于衷，对未来感到心灰意冷、万念俱灰，甚至出现自杀倾向。

(4) 过度警觉：患者对外界刺激反应异常强烈，睡眠质量下降，易醒，易激惹，难以集中注意力及过度的惊吓反应。有的患者还会出现"幸存者愧疚"，因自己幸免于难或为生存做过的事感到痛苦、内疚和自责。

(三) 抑郁症

1. *概述*　抑郁症(depression)属于心境障碍，是各种原因引起的以情绪低落为主要症状的一种精神障碍。患者主要表现为情绪低落、兴趣丧失、思维迟缓、自罪感、甚至出现自杀观念，严重影响患者的生活质量，甚至危及生命。据世界卫生组织调查，目前全球抑郁症发病率约为11%，已成为人类第四大疾病。预计到2020年，抑郁症有可能成为仅次于心脏病的第二大疾病。

随着生活节奏加快和工作学习压力的增大，越来越多的人处于慢性心理应激状态。而长期处于这种状态容易产生应激损伤，诱发抑郁症的发生。应激与抑郁之间不只是单纯的因果关系，而是复杂的交互关系。应激事件可以促进抑郁的发生，抑郁也可使个体经历更多的应激事件。研究发现个体经历难以控制的应激事件，尤其是在儿童早期，可能会造成心理认知缺陷，如形成消极的认知模式。这种心理认知缺陷可能会放大低水平应激对个体的影响，增加个体对应激的敏感性，导致个体抑郁症发病风险增高。反复发作的抑郁可增加应激事件的发生率，而级联的应激事件又可进一步增加个体抑郁发生的风险。

另外，个体的性格特征也可以影响应激与抑郁的关系。研究发现，遭遇日常应激事件时，高神经质的个体比低神经质的个体更有可能出现抑郁症状，提示神经质在日常应激和抑郁关系中起调节作用。完美主义人格也可以影响应激事件和抑郁的关系。而坚韧人格则可以缓冲应激对健康带来的负面影响，对应激与心理症状具有调节作用。因此，一个完好、健康的人格对个人的身心发展有很大影响。

相关的研究发现社会支持也是应激性生活事件与抑郁症关系的影响因素之一，良好的社会支持系统能缓解应激给个体带来的影响，对健康起着间接的保护作用。当生活事件发生时，个体感受到的社会支持比较少时可能更多采取回避应对的方式，而日常生活事件的累积可能导致抑郁发生。

2. *病因*　抑郁症的病因比较复杂，是生物、心理和社会等多因素共同作用的结果。

(1) 生物学因素：抑郁症具有一定的家族遗传性，抑郁症患者有家族史的概率明显高于正常人群。相关研究表明基因和环境的共同作用导致抑郁的发生。

抑郁症患者脑内神经递质、激素水平、神经营养因子、细胞因子、神经细胞功能代谢出现异常变化，脑结构功能也出现明显改变，这些结构与功能的改变是抑郁症发生的神经生物学基础。

(2) 心理因素：早期对抑郁的研究比较强调生物学因素的作用。随着研究的深入，越来越重视心理社会因素在抑郁发生、发展过程中的作用。个体从童年期开始通过生活经验建立起来的认知结构或图式，是一种比较稳定的心理特征。抑郁症患者往往在这个过程中建立起了负性的认知图式，对自己和世界的判断出现了偏差。这种主观经验的自动化负性思维、想象和记忆使得主观的不良情绪状态持久存在，从而导致抑郁的发生。

(3) 社会环境因素：意外灾害、亲友亡故等应激性的生活事件是抑郁症发生的重要触发条件。

3. *发病机制*　应激引发抑郁症的机制非常复杂，其生物学异常涉及机体多个系统，要完全阐明还有待更深入的研究。目前认为主要是应激导致机体免疫系统激活，细胞因子释放增加，进而影响神经递质的合成与代谢、神经内分泌功能以及神经可塑性，从而引发抑郁症。

(1) 免疫系统激活：正常情况下，细胞因子之间构成复杂的网络，相互协同，相互拮抗，精密调节各种生理生化过程。外周的细胞因子信号一旦进入脑内，可与其相应受体结合，引发炎症级联反应，放大外周炎症信号，通过影响神经生化、神经内分泌功能发挥细胞因子的中枢效应。

正常情况下小胶质细胞处于静息状态，在中枢神经系统受到各种应激性刺激时，小胶质细胞被激活，合成并释放各种细胞因子和趋化因子，与星形胶质细胞上的相应受体结合，从而激活星形胶质细胞，合成并释放各种炎性介质，加重并诱发中枢免疫炎性反应。而中枢炎症水平的提高又进一步激活小胶质细胞，循环往复，从而形成炎症反应的瀑布效应。同时，中枢炎症反应的加剧进一步损伤血脑屏障的完整性，在趋化因子的作用下，外周免疫细胞包括巨噬细胞、自然杀伤细胞、淋巴细胞等被招募到脑内炎症部位，进一步加重中枢炎症反应。

(2) 神经递质改变：免疫系统激活后，外周细胞因子到达中枢或中枢自身合成的细胞因子均可以影响情绪相关神经递质的合成、释放和重摄取，包括5-羟色胺、多巴胺和谷氨酸，从而诱发抑郁症。

(3) 神经内分泌功能紊乱：HPA轴功能紊乱是抑郁症的重要标志之一。HPA轴应激反应的高位调节中枢为海马，海马糖皮质类固醇受体表达最高，对应激反应敏感且容易损伤。正常海马可抑制HPA轴活性，海马的破坏与HPA轴功能亢进互为因果，由于海马的破坏可使HPA轴对多种应激源的敏感性增加，导致HPA轴功能亢进；另外较高水平的糖皮质醇也可选择性地损伤海马，使HPA轴功能更加亢进。

慢性应激导致免疫系统激活后，中枢炎症介质长时间作用可以抑制HPA轴活化产物糖皮质激素和皮质醇受体，对糖皮质激素的反应性降低，从而诱发抑郁症。

(4) 神经可塑性受损：细胞因子对中枢神经系统的影响非常复杂而且具有双面性。正常情况下，细胞因子对神经元具有营养作用，还可以促进神经形成，增强神经系统的完整性。然而在慢性应激时，免疫系统持续激活，过度的炎症反应使神经生长因子合成减少，神经营养作用降低，破坏神经形成，影响神经元的相互作用及认知功能，从而诱发抑郁症。

(5) 脑结构与功能改变：目前研究表明，额叶、扣带回和海马等多个部位的脑组织结构和功能变化与抑郁症的发生、发展和转归有关。抑郁症患者海马神经细胞代谢功能障碍，前额叶、海马、前扣带回灰质体积明显减小，白质体积减小。重症抑郁症可出现大脑额叶、顶叶、枕叶白质微结构的改变，从而阻断情绪调控的神经回路，导致抑郁的发生。

4. 临床表现　抑郁症的临床表现包括三个方面：核心症状、心理症状和躯体症状。

(1) 核心症状：主要包括情绪低落、兴趣缺失、精力减退。患者情绪低落、闷闷不乐、悲观消极、丧失自信、没有价值感；对以前喜爱的活动丧失了兴趣，疲乏无力，行动迟缓。

(2) 心理症状：患者常常伴有焦虑、自责或者内疚、注意力和记忆力下降，有的甚至出现精神病症状如幻觉和妄想、精神运动性迟缓、有自杀观念。

(3) 躯体症状：睡眠紊乱、不易入睡、早醒、食欲下降、胃肠功能紊乱、慢性疼痛、性功能减退、头晕乏力、心慌气短等。

小　结

心理应激是指个体在遭遇应激性生活事件或主观感觉到压力与挑战时产生的生理和心理反应的过程。常见应激相关心理、精神障碍有急性应激障碍、创伤后应激障碍和抑郁症等。急性应激障碍是指由于急剧而严重的社会心理应激原的作用，在应激原刺激后的数分钟至数小时内出现的功能性精神障碍。创伤后应激障碍是指由于非同寻常的威胁或灾难性事件和心理创伤，导致延迟出现和长期持续的精神障碍，其机制与神经内分泌功能紊乱和脑结构与功能改变有关。抑郁症属于心境障碍，是各种原因引起的以情绪低落为主要症状的一种精神障碍，其机制与免疫系统激活、神经递质改变、神经内分泌功能紊乱、神经可塑性受损及脑结构与功能改变等有关。

【复习思考题】

1. 创伤后应激障碍、抑郁症的发病机制有哪些？
2. 该如何避免应激性心理疾病的发生？

（李 霞）

第十七章

应激与躯体疾病

学习要点

掌握：应激性胃溃疡概念及其发生机制。

熟悉：① 心身疾病概念；② 常见心身疾病及其发生机制。

了解：① 个性与应激的关系；② 性别与应激的关系。

随工业文明到来、社会环境变迁、生活方式及疾病谱的改变等，人类对疾病与健康的观点已经发生了明显变化，医学的终极目的和医学承担的使命也正在发生变化（详见第三章第一节健康与疾病相关内容）。目前疾病的发病机理已不能完全用传统的细胞分子病理学来解释，依据前一章节应激基本理论的描述，从应激角度来理解疾病的发生、发展，并采用恰当应对措施有其必然性。

据统计，75％～90％的人类疾病与应激机制的激活有关。应激包括躯体应激和心理应激，两者密不可分，只不过两者在不同疾病中所占比例不同而已。

应激状态可明显影响躯体疾病的发生、发展和转归。对于癌症患者，民间有一种“三分之一是被吓死的”说法，就是因为癌症患者在心理上对该类疾病难以承受，强大的心理应激负荷，导致全身各系统加速失调，加重患者病情，促进患者死亡。又如临床大手术如开胸手术等应激状态，患者或多或少有紧张、恐惧、焦虑或者悲观、抑郁等表现。如果这些负面情绪不能被有效疏导，对预后也有一定程度影响。

心理干预工作需要专业的心理医师或心理治疗师来担任。然而目前的状况是，许多诸如术前心理辅导工作，是由手术医师或者是亲属来承担的。基于躯体疾病与心理应激有紧密联系，心理干预应是贯穿于整个临床医学医疗实践中必有的环节，是医疗进步和人文关怀的标志。本章着重就应激对躯体疾病的影响做一简介。

第一节　应激重要相关因素与躯体疾病

一、个性与应激

英文 personality，中文翻译为个性、人格等。该词汇在社会学、法学、心理学等领域经常使用。公元前 4 世纪古希腊哲学家泰奥弗拉斯托斯（Theophrastus）最早提出了个性一词，表示人的特征、标志、属性等。个性具有相对稳定、独特且易于区别他人等表面特征，其本质是反映个体独有的认识模式和行为模式，与环境尤其是社会环境相关。如果用直白的语言表述，个性就是个人的性格，但它却是心理学上最复杂的问题之一。基于上述个性具有与生俱来、相对固定、决定品行的一些特性，按照不同的特性，个体可被分为不同的类型。

公元前15世纪，古希腊哲学家希波克拉底(Hippocrates)提出四体液学说，并基于此第一次描述了人的四种个性类型：血液质、黏液质、黄胆汁质、黑胆汁质。他认为体液由四种成份构成，包括血液、黏液、黄胆汁、黑胆汁，四种物质在体内按一定比例(包括组合、强度、质量)存在并保持平衡状态。某种体液成份过多或缺乏会影响人的行为和性格特征，即体液成份与性格有关，如黄胆汁与急躁易怒有关，血液与积极乐观有关，黏液与冷静镇定有关，黑胆汁与抑郁沮丧有关。之后，古罗马名医盖伦(Galen)在体液与性格相关的基础之上，创立了气质学说，他认为气质是体液的不同性质的组合。他将人的气质归为13类。气质学说在此基础上不断发展，成为经典的四气质，即多血质、黏液质、胆汁质、抑郁质。

希波克拉底的体液论与古希腊哲学家恩培多克勒(Empedocles)(公元前493－433年)的四元素理论密切相关。四元素理论认为世间万物皆由四种元素构成，即土、火、水、气。恩培多克勒认为这四种物质不仅是物理表现，也是精神实质。在机体中，四种元素的含量是不同的。它们不同的组合会导致不同人格的形成。恩培多克勒认为拥有同等比例的四元素的人更聪明，也具有最准确的认知能力。同时，这四种元素均产生于冷、热、湿、干四种基本物性两两组合而成，如热和干产生火，热和湿产生气，冷和湿产生水，干和冷产生土。火和水是相对的，土和气是相对的。与体液学说相比，“四元素”学说中的气类似于血液(积极乐观)，水类似于黏液(冷静镇定)，火类似于黄胆汁(急躁易怒)，土类似于黑胆汁(抑郁沮丧)。四体液和四元素学说分类见图17－1。

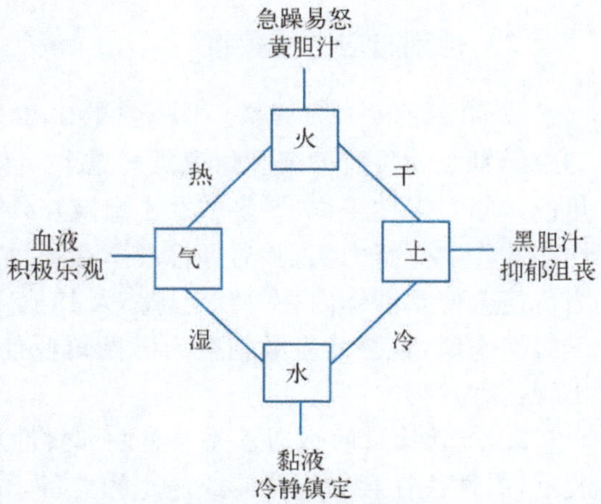

图17－1　四体液和四元素学说模式图

在20世纪50年代末，弗里德曼(Friedman)和罗森曼(Rosenman)两位医生将人的性格分为A型性格和B型性格。A型性格指具有较强的竞争意识和自我批评意识，喜欢赶时间，有竞争敌意倾向，急躁易爆，没有耐心，易羡慕嫉妒他人。B型性格的人对他人容忍度高，喜欢反省，按部就班，不加班加点，生活工作较为轻松，把生活看作是某种享受而不是战斗。研究显示，不同人格类型的个体在面临同样的应激原时会表现出不同的应对策略：A型性格的人较B型性格的人更多地采用积极正视问题的应对行为，与易于接受现实的B型性格的人相比，A型性格的人对问题的起因更多强调自身因素而不是环境。个性与某些疾病的发生发展有密切关系。研究显示，具有A型性格的人比B型性格的人更容易患应激相关的疾病，如冠心病和高血压等。A型性格的人更容易对周围环境的物事产生“逃跑或战斗”反应，因此他们的机体更容易释放应激相关激素，长期则会引起一系列应激相关性疾病。有趣的是，冠心病患者中，A型性格的患者的病死率远远低于B型性格的患者。

之后，研究者发现了一种与癌症有关的性格，称为C型性格。C型性格的人表现为极端配合，消极，缺乏自信，比起他人更容易患黑素瘤及其他癌症。最近研究提出一种与心脏疾病相关的性格类型，称为D型性格。D型性格的人常具有强烈的负面情绪，但是他们倾向于抑制这些情绪，尤其是在社交场合，他们由于缺乏安全感和紧张不能表达自己的情感。该类型性格的人比在感情上开放的人更容易患心脏病。性格与疾病的关系见表17－1。

表17－1　性格与疾病关系简表

特　点*		易发生相关疾病	命名者和年代
A	急躁好胜型 时间紧迫、竞争敌意、恼火、易怒、易躁、激动	冠心病、心绞痛、高血压、中风、胃溃疡	美国医师弗雷德曼和罗森曼于1959年提出，以易发生AIAI**反应而得名
B	遇事顺从型 个性中庸、随遇而安、沉默、顺从、随和、犹豫	慢性疲劳综合征、抑郁、失眠、疑病症等	弗雷德曼和罗森曼根据A型提出相对的B型

续表

	特　点	易发生相关疾病	命名者和年代
C	忍气吞声型 抑郁焦虑，外表平静 抑郁、焦虑、愤怒、压抑	癌症	1980年德国心理学家巴尔特鲁施提出，以Cancer首字母命名
D	孤僻寡言型 沉默寡言、缺乏自信、冷淡、孤僻、敏感、消极	心脑血管病 与A型相比性格更不易矫正，持续终生	1998年比利时心理学家德诺列特提出，以Distressed首字母命名

* 心理学鉴定各种性格有比本表指标更复杂的量表，不能"对号入座"。

* * AIAI[恼火(Anger)、易怒(irritability)、激动(agitation)、易躁(impatient)]。

个性、情绪和疾病之间有着密切的联系。情绪是个性和疾病之间的桥梁。特定的个性容易导致特定的负性情绪反应，进而可影响精神症状和躯体症状。在应激作用过程中，个性与各种应激因素存在广泛联系，可以通过与各种因素间的相互作用来最终影响应激反应的性质和程度。

二、性别与应激的关系

1. *应激原的性别差异*　对于男性和女性，构成应激性刺激的因素有很大的不同。对于女性来说，最强的应激刺激为角色冲突和角色负荷过重。女性工作者往往要同时扮演着妻子、母亲、女儿以及工作者等多种角色。相对男性来说，更多的女性会既在外面拥有工作事业，也在下班后继续尝试兼顾传统的责任。所以女性在工作中要努力实现"男性标准"，在家里努力保持完美的妻子、母亲和女儿的标准。长时间过重的工作压力负荷会使女性体内去甲肾上腺素及其他应激相关激素的浓度持续处于高水平，危害她们的身体健康。对于男性来说，最强的应激刺激为男性角色使命实施的失败，即应激反应在他们难以达到传统的男性标准时出现。

2. *应激反应的性别差异*　男性和女性对应激的反应，在心理上和躯体上都存在很大的差异。在应激状况下，男性往往会做好格斗或逃跑的准备，而女性则更会表达亲和的社会行为，或者成为敌人的朋友（如果有产生应激原的敌人的话），或者从她们的家庭成员或朋友寻求社会支持。在生理上，与在应激状况下男性释放大量去甲肾上腺素和皮质醇到血流中不同，女性对应激的反应为分泌更多的内啡肽（可以帮助缓解疼痛，并使其对社会互动感觉良好的神经化学物质）及催产素（一种与以友好方式对待儿童或亲密社会伙伴行为有关的神经激素）。很多精神障碍和躯体疾病的患病率具有性别特异性：男性更易罹患感染性疾病、高血压，也更易表现出攻击行为及滥用药物；女性更易罹患自身免疫病、慢性疾病、抑郁和焦虑性障碍等。研究显示，女性抑郁症和焦虑症的患病率是男性的二倍。这可能与不同性别的应激反应有所不同有关。应激反应的个体差异已经被认为是性别特异性健康问题的重要的潜在危险因子。

最近有研究显示男性和女性在应激反应上的差别可能归结于人类性别决定基因（sex determining region on the Y chromosome，SRY）。SRY基因存在于男性Y染色体上，可以引起他们的战斗或逃跑的反应，而女性用不同的遗传和生理机制来应对应激。之前的研究显示，SRY表达的蛋白只参与男性生殖器的发育。现在研究显示，SRY蛋白也可在大脑和其他器官中表达。事实证明，SRY蛋白可以调节儿茶酚胺类神经递质的分泌，在神经活动，心血管功能及运动中发挥着重要的作用。在应激状况下，SRY基因和它表达的蛋白可能是通过促进大量去甲肾上腺素释放到血流中，进而升高血压和运动肌的活动，为战斗或逃跑做好准备。女性因为没有SRY基因，她们的应激反应受到其他基因及物质的调节，如雌激素、催产素、内啡肽等。

第二节　应激与躯体疾病

应激反应可以作为主要因素引起疾病，也可以是疾病或者病理过程中的重要参与因素。习惯上，常将由应激反应作为主要病因所直接引起的疾病称为应激性疾病(stress disease),如应激性溃疡(stress ulcer);而将应激反应作为病因之一或作为诱因,在应激状态下加速发生,发展的疾病称为应激相关性疾病。

应激反应可由躯体因素引起,亦可由心理社会因素引起。两者均可引起躯体疾病。以心理社会因素导致的持久和(或)强烈的应激作为主要病因或诱因所引起的躯体疾病称为心身疾病(psychosomatic disease)。与应激相关的常见疾病见表 17-2。

表 17-2 与应激相关的常见疾病

系统		疾病
躯体疾病	消化系统	应激性溃疡、溃疡性结肠炎、神经性呕吐等
	心血管系统	原发性高血压、冠心病、心律失常、心肌梗死、猝死等
	内分泌系统	糖尿病、甲亢、发育迟缓、月经紊乱等
	免疫系统	类风湿性关节炎、系统性红斑狼疮、支气管哮喘等
心理疾病	中枢系统	心理亚健康或疾病,抑郁症,以及中枢神经内分泌紊乱带来的后果

一、应激性溃疡

(一) 概念

1842 年,外科医生科林(Curling)观察到烧伤患者常伴随胃溃疡的发生。1936 年,塞里(Selye)在实验中发现不同的应激原均可致大鼠发生急性胃黏膜损伤或胃溃疡,并首次提出应激性溃疡(stress ulcer)一词。1968 年,韦斯(Weiss)证实心理应激也可致胃黏膜病变。应激性溃疡是指在大面积烧伤、严重创伤、休克、败血症、脑血管意外等躯体应激状态下所出现的胃、十二指肠黏膜的急性损伤,主要病理改变为胃、十二指肠黏膜的糜烂、溃疡和出血等,少数患者溃疡可较深或穿孔。当溃疡侵蚀大血管时,可引起消化道大出血。据报道,重伤重病时应激性溃疡发病率尤其高,可高达 75%~100%,且发病较快,可在应激原刺激后数小时或数天内发生。但最后真正造成威胁的通常是应激性溃疡造成的消化道大出血,其发生率在危重患者中估计不超过 5%。

(二) 发生机制

胃肠道应激性溃疡的形成可由多种因素造成,包括心理性和躯体性因素。其发病机制迄今还未被完全阐释。目前所知的发病机制包括以下几个方面:

1. 胃肠黏膜防御机能削弱

胃-十二指肠黏膜缺血是溃疡形成的主要原因。在严重应激状态下,交感-肾上腺髓质系统兴奋,儿茶酚胺释放增多,内脏小血管强烈收缩,胃肠道血流量减少,引起氧供给不足及胃肠道黏膜的缺血性损伤。黏膜缺血使上皮细胞层受损,不能产生足量的碳酸氢盐和黏液,使其通透性增加,使由黏膜上皮细胞间的紧密连接和覆盖于黏膜表面的碳酸氢盐-黏液层所组成的胃黏膜屏障遭到破坏,导致胃腔内的 H^+ 和胃蛋白酶顺浓度差进入黏膜,而黏膜的血流量减少又不能将侵入黏膜的 H^+ 和胃蛋白酶及时运走,导致黏膜损伤。黏膜的低血流灌注也可引起氧自由基的产生及胃保护性前列腺素合成减少,导致侵袭性炎症反应。缺血-再灌注损伤在应激性溃疡的发生中也发挥着重要的作用。一旦恢复缺血组织的血流量,突然的充血使炎症细胞和细胞因子大量涌入,导致更多的细胞死亡。缺血-再灌注可通过细胞因子对肠神经的作用来引起并加重胃动力障碍。胃动力减弱会导致酸性物质及其他刺激因素的持续作用,增加溃疡形成的风险。

在应激状态下,HPA 轴兴奋,分泌糖皮质激素(GC)增多。传统的观点认为 GC 分泌增多,不仅可以抑制胃黏液的合成和分泌,而且还可使胃肠黏膜细胞的蛋白质合成减少,分解增加,从而使黏膜细胞更新减慢,再生能力降低而削弱黏膜的屏障功能。然而,这一观点只是从高剂量外源性糖皮质激素的致溃疡性质推断而来的。最近研究证实,应激状态下 HPA 轴兴奋引起的 GC 的释放是重要的胃黏膜保护因素。糖皮质激素的胃黏膜保护作用机制可能包括:① 维持胃黏膜血流量、黏液的产生、胃动力及微血管通透性;② 维持机体稳态包括维持葡萄糖水平和体循环血压;③ 糖皮质激素在由前列腺素、一氧化氮及辣椒素敏感感觉神经元导致的受损的胃黏膜保护机制中可发挥代偿性保护作用。

2. *胃黏膜损伤因子释放增多* 应激时，常发生酸中毒，使胃肠黏膜细胞中的 HCO_3^- 减少，降低黏膜对 H^+ 的缓冲能力；同时，十二指肠液中的胆汁酸、溶血卵磷脂及胰酶反流入胃，在应激时胃黏膜保护因素削弱的情况下，亦可导致胃黏膜损伤；另外，胃肠黏膜富含黄嘌呤氧化酶，在缺血-再灌注时生成大量氧自由基，可引起黏膜损伤；其他胃黏膜损伤因子有胃蛋白酶原分泌增多，及缺血状况下产生的各类炎性介质。

二、心身疾病

（一）概念

心身疾病有狭义和广义两种含义。狭义的心身疾病指心理、社会因素在疾病发生、发展过程中起重要作用的躯体器质性疾病。例如原发性高血压和冠心病。广义概念上，心身疾病指心理、社会因素在疾病发生、发展过程中起重要作用的躯体器质性疾病和躯体功能性障碍。

（二）常见心身疾病

1. *应激相关性心血管疾病* 研究显示，心理社会因素如抑郁症（depression）是心血管疾病的独立危险因子，并且可以加重已有的心血管疾病如冠心病、慢性心力衰竭和高血压的病理症状。从古至今在医学的记录上，总会看到患者的突然死亡是由心理因素引起的，其中，情绪激动是最常见的病因。在 1991 年，迈泽尔（Meisel）等学者发现，在伊拉克袭击以色列特拉维夫的战役中，心源性猝死的发生率明显增高。目前已知与心理社会因素关系较为密切的心血管疾病有原发性高血压、冠心病和心律失常等。

（1）应激相关性原发性高血压：高血压是一种全身性疾病，其发生与遗传和饮食习惯等多种因素有关。近年来的研究表明，社会心理因素如长期高工作负荷、长期情绪精神刺激及焦虑等是引起原发性高血压的重要因素。其机制为：① 心理社会因素激活交感-肾上腺髓质系统及血管紧张素分泌增多，外周小动脉收缩，外周阻力增加；② 交感神经长期兴奋，导致血管壁非胶原蛋白合成增加，血管壁增生变厚，外周阻力增加；③ 心理社会因素引起醛固酮、抗利尿激素分泌增多，导致水、钠潴留，循环血量增加；④ 糖皮质激素分泌增多，致使血管平滑肌对儿茶酚胺的敏感性增加。

（2）应激相关性冠心病：一些社会心理因素，如社会经济地位低下、工作和家庭压力大、抑郁、焦虑和敌意等是冠心病发病的危险因素，同时也会恶化其临床病程及预后。其可能机制为：① 应激原激活 HPA 和交感-肾上腺髓质系统，导致糖皮质激素如皮质醇及儿茶酚胺类物质如肾上腺素和去甲肾上腺素等的释放增加。这种神经内分泌和交感神经的激活可引起多种不利的外周效应，包括自主神经系统功能障碍、胰岛素抵抗、向心性肥胖、高血压、炎症、血小板激活、内皮功能障碍、卵巢功能紊乱、骨密度降低及体细胞效应等；② HPA 轴的长期慢性激活会导致高皮质醇血症，HAP 轴活性减弱以及反馈控制减弱，高皮质醇血症会抑制生长激素和性激素的分泌；③ 交感神经系统的过度激活会导致血浆中去甲肾上腺素水平增高和全身交感神经活性增加，导致静息心率增快和自主神经系统功能障碍，包括心率变异性减弱，压力反射功能障碍及 QT 变异性增加。

2. *应激相关性免疫功能障碍* 免疫系统、内分泌系统和神经系统在维持机体内环境稳定方面发挥着重要的作用。精神刺激作用于神经系统，可通过神经内分泌反应，产生各种激素或应激免疫抑制因子，对免疫系统进行调节；同时免疫细胞又作为应激反应的感受器官，感受一般感觉器官不能察知的应激原，并作出反应，释放各种激素（或激素样介质）和细胞因子，反作用于神经内分泌系统，参与应激的调控，或直接作用于效应器官引起反应。具体机制为：① 社会心理因素如焦虑、紧张等心理应激可导致 T 细胞活性下降，对病毒、真菌感染的抵抗力和对肿瘤细胞的监视能力下降，间接引起 B 细胞抗体生成能力的降低，导致继发感染；② 情绪激动、恐惧等心理因素可使机体内儿茶酚胺水平升高，并抑制吞噬细胞的趋化和吞噬功能。儿茶酚胺可使外周血淋巴细胞的增殖能力下降，抗体生成减少；③ 心理应激导致的糖皮质激素水平升高也是引起免疫功能障碍的主要原因之一。糖皮质激素是已确认的免疫功能抑制剂，几乎对所有的免疫细胞都有抑制作用，包括淋巴细胞、巨噬细胞、中性粒细胞和肥大细胞等。

3. *应激相关性内分泌功能障碍* 应激可引起广泛的神经内分泌反应，除了 LC/NE 和 HPA 两大系统之外，其他受到影响的有下丘脑-垂体-甲状腺（HPT）轴和下丘脑-垂体-性腺（HPG）轴等。

（1）应激与 HPT 轴：慢性应激可导致儿童生长发育延迟。研究显示失去父母或生活在父母粗暴、亲子关系紧张家庭中的儿童，可出现生长缓慢、青春期延迟，并常伴有行为异常，如抑郁、异食癖等。其可能机制为：① 应激导致 HPA 轴兴奋，引起促肾上腺皮质激素释放激素（CRH）和糖皮质激素（GC）分泌增多，CRH 可诱导生长抑素增多，导致生长激素（GH）分泌减少；GC 可使靶组织对胰岛素样生长因子-1 产生抵抗；② 应激导致 HPT 轴受到抑制，生长抑素和 GC 都抑制促甲状腺素的分泌，且 GC 还抑制 T_4 在外周转化为活性更高的 T_3，使甲状腺功能低下。上述因素皆可导致儿童的生长发育障碍。

（2）应激与 HPG 轴：急性和慢性应激均可引起 HPG 的抑制。前者如一些突发的生活事件，精神打击（如丧失亲人）等，可使 30 多岁的妇女突然绝经或哺乳期妇女突然断乳。后者如过度训练比赛的运动员、芭蕾舞演员，可出现性欲减退、月经紊乱或停经。

小　　结

应激反应与多种因素相关，包括个性、性别、年龄、遗传因素等。应激可引起应激性疾病（如应激性溃疡）和应激相关性疾病。应激性溃疡是指在大面积烧伤、严重创伤、休克、败血症、脑血管意外等躯体应激状态下所出现的胃、十二指肠黏膜的急性损伤，其发生机制包括胃肠黏膜防御机能削弱和胃黏膜损伤因子释放增多。应激反应可由躯体因素引起，亦可由心理社会因素引起。以心理社会因素导致的持久和（或）强烈的应激作为主要病因或诱因所引起的躯体疾病称为心身疾病。常见的心身疾病有原发性高血压和冠心病等。

【复习思考题】

1. 应激性溃疡的发生机制是什么？
2. 常见心身疾病有哪些？它们的发生机制是什么？

（陈军利）

第四篇

器官功能严重障碍稳态应激失衡所致重要

第十八章

肾功能不全

学习要点

掌握：① 肾功能不全、肾衰竭、急性肾衰竭、慢性肾衰竭、尿毒症的概念；② 急性肾衰竭的发病机制和对机体的重要影响及机制；③ 非少尿型急性肾衰竭的概念；④ 慢性肾衰竭的发展过程、主要学说、发病机制及对机体的重要影响和机制。

熟悉：尿毒症的概念。

了解：① 尿毒症发病机制，对机体影响；② 急性肾衰竭、慢性肾衰竭与尿毒症临床防治措施的病理生理基础。

肾衰竭(renal failure)的研究在现代医学史上占有很高的地位。1954 年，美国生理学家史密斯(Smith)在其讨论肾脏进化的名著 *From fish to philosopher* 中提及，“骨骼可以折断、肌肉可以萎缩、腺体可以停止分泌、甚至大脑可出现昏迷而不至于立刻威胁人的生命。但假如肾脏停止工作，无论是骨骼、肌肉或是大脑的工作将无法继续维持下去了。”这表明了肾脏在人体器官中的重要性，也成为不少西方人讲授肾脏功能喜欢采用的名言。20 世纪 30 年代，有关肾脏泌尿和分泌功能生理机制的阐明，彻底颠覆了西方医学活力论(活力论学派的观点之一，认为肾脏是合成有机分子如尿素的器官)，西方医学中的唯心主义成分至此几乎再无藏身之地。

历史是必然的，而必然寓于偶然。两次世界大战肾脏成为器官衰竭研究的首要对象，为现代医学攻克其他衰竭器官提供了范式。不仅仅如此，它的影响还延伸到社会医疗服务与管理层次。以下主要回顾有关急性肾衰竭研究的主要历程，有关慢性肾衰竭的研究在后节加以补充说明。

古埃及、古巴比伦、古罗马医学中都曾提到过少尿或无尿的现象，但与现代医学中的肾衰竭还相去甚远。17 世纪，闭尿(ischuria)这一名词被引入以描述尿液生成的抑制状态。18 世纪病理解剖学创始人莫尔加尼(Morgagni)已经知道尿道、膀胱、输尿管、肾脏疾病都可以引起闭尿，并引入了“肾性闭尿”的概念。19 世纪初西医就描绘了一些肾性闭尿患者：他们语无伦次、昏迷，会在第 6 天或第 7 天死去。

第一次世界大战期间(1914～1918 年)，美国生理学家坎农(Cannon)通过血压测量，发现伤员出现了外周循环衰竭，其认为肾脏血液灌流量的减少是导致尿液生成减少的主要原因，当时称这种状态为休克肾。二战期间(1939～1945 年)，英国医师发现伦敦大空袭后的挤压伤患者出现肾功能减退，其死亡率在二战期间几乎达到了 100%。病理学者们在组织切片中发现了成片肾小管坏死，这种形态学改变被命名为急性肾小管坏死(acute tubular necrosis，ATN)。第二次世界大战结束前(1943 年)荷兰医生科尔夫(Kolff)发明了世界上第一个可用于临床的人工器官，名为“Kolff kidney”。

1951 年，美国著名生理学家史密斯(Smith)整合了该病的不同称谓，并将肾前性、肾性、肾后性因素导致的尿量减少统一称为急性肾衰竭(acute renal failure，ARF)。朝鲜战争期间(1950～1953 年)，虽有大输液、大输血技术的应用，一定程度上控制了失血性休克的恶化，但急性肾衰竭的病死率仍然高达 50%。这加速了医学家们一直向往的器官移植研究步伐。1954年世界第一例同卵双生子肾脏移植术在美国获得成功，主刀医师默里(Murry)因此获得了诺贝尔医学奖。这极大地增强了临床移植其他重要脏器的信心，也减少了社会对施行器官移植的非议。之后全身照射、免疫抑制剂在肾移植中使用(1959～1962年)标志了现代器官移植医学进入了新时期。

人工肾的发明，为挽救肾衰竭患者生命带来了希望。但直至20世纪60年代，透析的花费还是极其高昂，而排队等候透析的患者又太多。美国医疗部门不得不组织了两套班子来决定患者的命运。首先由专家小组专业上判定患者是否适合透析。为公平起见，专家筛选出的患者，再由非专家小组决定谁该做、谁不该做透析。其标准极其严格又极端残酷。例如45岁以上，十几岁以下，或者患者显露出心理(情绪)未准备好，或者患者合并高血压、糖尿病等，在当时将首先被排除。这个委员会后被大众谑称为“上帝委员会”。直至20世纪70年代初，美国政府才介入此事。这个事件已经超出临床治疗本身，迄今美国上至总统下至百姓对医疗改革的争论也可见到它的影子。故此本篇首先介绍肾脏衰竭及相关的一些基本知识。

第一节　急性肾衰竭

肾脏是机体主要的排泄器官，通过排泌尿液排出代谢终末产物和毒物，维持水、电解质平衡和酸碱平衡，从而保持机体内环境的恒定。同时，肾脏还是一个内分泌器官，能分泌肾素、前列腺素、促红细胞生成素，产生1α-羟化酶，使维生素D_3羟化。此外，肾脏还能灭活某些激素，如胃泌素、甲状旁腺激素等。因而肾脏能调节血压，对血液系统功能、钙、磷代谢等均具有重要的调节作用。当各种病因引起肾功能严重障碍时，出现代谢废物和毒物在体内潴留，水、电解质和酸碱平衡紊乱，并伴有肾脏内分泌功能障碍引起的变化，这一病理过程称为肾功能不全(renal insufficiency)。

肾功能不全与肾衰竭在本质上是相同的，只是在程度上有所区别。肾功能不全是指肾功能障碍由轻到重的全过程，即包括肾功能障碍所引起的功能代谢变化，以及机体的抗损伤和适应代偿反应。肾衰竭则是指肾功能不全的晚期阶段。在临床实际应用中，为提高医生对器官功能障碍发生衰竭的警惕性和重视程度，这两个概念往往是通用的(以后各章节衰竭与功能不全概念与此相同)。

根据发病的急缓和病程的长短，肾衰竭可分为急性和慢性两种。无论急性还是慢性肾衰竭均可发展为尿毒症(uremia)。尿毒症是肾衰竭的最终表现。

急性肾衰竭是指各种原因在短期内引起双侧肾脏泌尿功能急剧降低，导致机体内环境出现严重紊乱的病理过程。其主要表现为氮质血症(azotemia)、高钾血症及代谢性酸中毒等，多数患者少尿甚至无尿，为少尿型急性肾衰；也有部分患者尿量减少不显著，为非少尿型急性肾衰竭，其病情相对较轻。少尿型和非少尿型急性肾衰竭均有肾小球滤过率(glomerular filtration rate，GFR)迅速降低。急性肾衰竭是临床较为常见的一种危重症，发病急、病情凶险，但如果诊断及时并采取正确的治疗措施，肾功能可以完全恢复，即急性肾衰竭可能是可逆的，这与慢性肾衰不同。

一、急性肾衰病因与分类

引起急性肾衰竭的原因很多，概括起来分为肾前性、肾性和肾后性因素。因此，急性肾衰竭即随之相应地被分为三类。

（一）肾前性急性肾衰竭

肾前性急性肾衰竭(acute prerenal failure)是急性肾衰竭最常见的类型，占急性肾衰竭的60％～70％，是由于肾血液灌流量急剧减少所致，常见于各型休克的早期，如大量失血、外科手术、创伤、烧伤、严重的呕吐、腹泻等引起的低血容量性休克、急性心肌梗死引起的心源性休克以及过敏性休克和感染性休克等。有效循环血量减少、血压降低，一方面直接导致肾血液灌流量急剧减少，GFR明显降低；另一方面通过交感-肾上腺髓质系统和肾素-血管紧张素系统使肾血管收缩，肾血液灌流量进一步减少。此外，有效循环血量减少还可引起醛固酮和抗利尿激素增多，心房利钠肽减少，使肾小管对钠、水重吸收增多，导致少尿、无尿及氮质血症。因此，肾前性急性肾衰竭尿钠含量减少。

此时，由于肾脏本身尚无器质性损害，一旦肾血液灌流量恢复，则肾功能也迅速恢复，所以这类肾衰竭又称功能性急性肾衰（表 18-1）。但若肾缺血持续时间过长，将导致肾小管坏死，引起肾性急性肾衰。

表 18-1 功能性与器质性急性肾功能衰竭少尿期尿液变化比较

指　标	正　常	功能性肾衰竭	器质性肾衰竭	器质性肾衰指标变化意义
尿比重	1.003～1.030	>1.020	<1.015	管：水重吸收少，浓缩功能↓
尿渗透压(mmol/L)	360～1450	>500	<350	管：水重吸收少，浓缩功能↓
尿钠含量(mmol/L)	25～150	<20	>40	管：钠重吸收少
尿/血肌酐比值	90∶1	>40∶1	<20∶1	球：球滤过功能低
排钠分数(%)	<1	<1	>1	管：钠重吸收低
肾衰指数	<1	<1	>1	管：钠重吸收低
尿沉渣镜检	偶见透明管型	基本正常	细胞管型颗粒管型等	肾：实质损伤

注：① 尿/血肌酐比值：肌肉代谢产生的肌酐入血，由肾脏滤过排出，而不被重吸收。血肌酐升高、尿肌酐降低，提示肾滤过降低；② 排钠分数=(尿钠/血钠)/(尿肌酐/血肌酐)×100%；是测定肾小球滤过钠和尿排泄钠的百分率，即肾小球滤过而未被肾小管重吸收的钠的百分率。肾衰指数=尿钠/(尿肌酐/血肌酐)。该公式假定血钠不变，意义同上排钠分数。

（二）肾性急性肾衰竭

由肾脏器质性病变引起的急性肾衰称为肾性急性肾衰（acute intrarenal failure），占急性肾衰竭的20%～40%，又称为器质性急性肾衰竭（表 18-1），病情危重，部分患者需要透析治疗。其病因主要有：

1. 急性肾小管坏死　急性肾小管坏死是肾性急性肾衰竭的最重要、最常见的病因，占 80%左右。临床上常用急性肾小管坏死指代狭义的急性肾衰竭。引起急性肾小管坏死的原因有以下两类：

(1) 肾缺血-再灌注损伤：如前所述，肾前性肾衰竭的各种病因（如休克）导致肾缺血，若缺血持续的时间过长，就会引起急性肾小管坏死，由功能性肾衰竭转化为器质性肾衰竭。目前研究认为，休克复苏后的缺血-再灌注损伤，也是导致急性肾小管坏死的重要原因。

(2) 肾中毒：中毒是引起急性肾小管坏死的另一种主要原因，毒物作用于肾小管细胞使其发生坏死。引起肾中毒的毒物很多，包括：

1) 外源性毒物：① 重金属如铅、汞、铀、锑等；② 有机化学物质如四氯化碳、乙二醇、甲醇等；③ 某些如庆大霉素、卡那霉素及多黏菌素等氨基甙类，以及磺胺等；④ 一些药物如肿瘤化疗药等；⑤ 放射性造影剂；⑥ 以及生物毒物如蛇毒、蕈毒和生鱼胆等。

2) 内源性毒物：肌红蛋白、血红蛋白、尿酸等。

值得注意的是：在许多情况下，肾缺血和肾中毒常同时或相继发生作用，相互促进，加重肾小管坏死，如肾缺血时常使毒性物质蓄积，肾毒物则引起局部血管痉挛，导致或加重肾缺血。

肾小管受损或功能障碍使肾浓缩功能和钠、水重吸收功能降低，出现尿钠含量高、尿比重降低、尿中有各种管型或蛋白质等。

管型是蛋白质、蛋白质与细胞成分或颗粒成分在肾小管内凝结形成的一种圆柱体物，随尿排出称为管型尿。管型尿分为透明管型、红细胞管型、白细胞管型、上皮细胞管型、颗粒管型、蜡样管型等。透明管型是肾小管上皮分泌 Tamm-Horsfall 蛋白质等凝固形成，可见于正常人，为无色半透明样的小柱体，是其他管型形成的基础。正常人尿液中偶可见透明管型。其他管型尿出现，往往提示肾实质有损害，比如出现肾小管上皮细胞管型，提示有可能急性肾功能障碍；出现蜡样管型提示慢性肾功能不全，它可能是上皮细胞破碎、机化而来。

2. 急性肾实质性疾病　如急性肾小球肾炎、狼疮性肾炎、急性肾盂肾炎、急进型高血压病、结节性多动脉炎、肾动脉粥样硬化栓塞等。

（三）肾后性急性肾衰竭

由肾以下（即从肾盏到尿道口）的尿路梗阻引起的急性肾衰称为肾后性急性肾衰竭（acute postrenal

failure)，主要见于双侧输尿管结石、前列腺肥大、前列腺癌、盆腔肿瘤压迫等。尿路梗阻使梗阻上方的压力升高，肾小球囊内压升高，引起肾小球有效滤过压下降，导致少尿。由于尿路梗阻早期并无肾实质的器质性损害，及时解除尿路梗阻，肾功能可迅速恢复。但是长期的尿路梗阻，可导致肾盂积水，使肾实质受到压迫而造成损伤，发展为肾性肾衰竭。此型肾衰竭在临床上仅占5%以下。

二、急性肾衰竭发病机制

急性肾衰竭的发病机制复杂，迄今仍未完全阐明。不同病因引起的急性肾衰竭，其发病机制虽不尽相同，但其中心发病环节是 GFR 降低。由于临床大多数肾性急性肾衰竭是由于肾缺血和肾中毒所致的急性肾小管坏死引起的，因此以下主要阐述肾缺血和肾中毒引起的少尿型急性肾衰竭的发病机制。为何肾脏容易遭受毒物或缺血因素影响？其中的理由之一可从肾脏的解剖生理加以简单理解。因为肾脏的血流量大，占心输出量的25%，毒物很快到达肾脏，由于肾脏具有浓缩功能，毒物浓度升高，可致肾脏损伤。另肾脏具有两套血管，一是高压的有利于滤过肾的肾小球，另一是低压的有利于重吸收的直小血管。直小血管很长、壁薄，同时肾脏工作量很大，消耗氧气很多，因此它属于静脉性毛细血管，容易受到缺血缺氧因素影响。

肾缺血、肾中毒可使肾血管收缩，肾血流量急剧减少，引起 GFR 降低。大量研究表明，肾缺血、肾中毒可造成各种肾脏细胞(肾小管上皮细胞、内皮细胞、系膜细胞等)损伤，导致细胞的代谢、功能及形态结构紊乱，除加重肾血流量减少外，还造成肾小管损伤、肾小球病变，进一步促进 GFR 降低。因此，肾缺血、肾中毒引起少尿型急性肾衰竭的机制包括肾血流量减少、肾小管损伤及肾小球病变等三个方面。

(一) 肾血流量减少

引起肾血流量减少的机制主要包括肾灌注压下降、肾血管收缩和肾血管阻塞。

1. *肾灌注压下降*　肾灌注压受全身动脉血压的影响很大，因为肾动脉粗、短，几乎呈直角与腹主动脉相连，所以动脉血压的变化，立刻影响肾灌注压。肾血流量可自身调节，当动脉血压在10.7～21.4 kPa(80～160 mmHg)时，通过肾血管自身调节，使肾血流量和 GFR 保持稳定。当动脉血压低于6.7～9.3 kPa(50～70 mmHg)时，肾血管失去自身调节功能，肾血管平滑肌收缩，外周阻力增加，肾血流量减少，GFR 降低。当动脉血压降低到5.3 kPa(40 mmHg)时，肾血流量和 GFR 几乎为零。因此，在有效循环血量减少时，肾脏是最早受影响的器官。

2. *肾血管收缩*　全身血容量降低、肾缺血可引起肾入球小动脉收缩、肾内血流重新分配。其机制与多种体液因素有关：

(1) 儿茶酚胺增多：由于休克或创伤，交感-肾上腺髓质系统兴奋，体内儿茶酚胺浓度急剧增加，使肾血管收缩。

(2) 肾素-血管紧张素系统激活：有效循环血量减少引起肾灌注压降低，刺激近球细胞分泌肾素，因而肾素-血管紧张素系统激活。另一方面，在缺血和中毒时，近曲小管受损，肾小管的髓襻升支粗段也受损，这些部位对 Na^+ 和 Cl^- 主动重吸收能力减弱，因而原尿到达远曲小管致密斑的 Na^+ 浓度升高而刺激致密斑，使肾素-血管紧张素系统激活，血管紧张素Ⅱ(AT－Ⅱ)增加，引起肾入球动脉痉挛，肾小球滤过压下降，GFR 降低(管-球反馈机制)。

(3) 前列腺素产生减少：肾脏是产生前列腺素的主要器官，实验证明肾毒物如庆大霉素引起肾中毒时，在 GFR 下降前已有肾脏分泌前列腺素 E_2 减少。

(4) 内皮素(ET)与一氧化氮(NO)失衡：肾缺血使肾血管内皮细胞受损，引起内皮细胞释放 ET 增多，同时释放 NO 减少，因而引起肾血管收缩。ET 与 NO 的失衡被认为是持续性肾血管收缩及肾血流持续减少的重要原因。

以上体液因素使肾血管收缩，肾血管阻力增高，肾血流量减少。肾入球小动脉的收缩使肾小球滤过压下降，导致 GFR 降低。

3. *肾血管阻塞*　肾血管阻塞的机制有以下几点。

(1) 肾血管内皮细胞肿胀：肾缺血、缺氧时 ATP 生成减少，钠泵运转失灵，细胞内钠、水增多。在休克复苏后、肾血液灌注恢复时，大量产生的氧自由基导致内皮细胞更严重的损伤，细胞肿胀，管腔狭窄，加之肾血管收缩，可加重或促进肾血管阻塞。

(2) 肾血管内微血栓形成：部分急性肾小管坏死的患者肾小球毛细血管内可见微血栓形成，且 DIC 患者的肾衰竭发生也较高，说明肾血管阻塞使肾血流量减少在急性肾衰竭的发生中起到一定作用。肾血管阻塞多见于脓毒症、休克和严重烧伤等原因引起的急性肾小管坏死。

（二）肾小管损伤

肾缺血、肾中毒均可引起急性肾小管坏死。由缺血引起的肾小管坏死呈节段性，各段肾小管都可能受累，但以髓襻受损最显著，上皮细胞脱落后基底膜裸露甚至断裂。肾毒物主要引起近端小管损伤，表现为肾小管上皮细胞大片坏死，可累及所有肾单位，但基底膜完整。

但必须注意的是，绝大多数患者不出现肾小管的严重坏死而主要是变性和功能紊乱，并且修复速度较快。以肾缺血所致的急性肾小管坏死为例，80%以上病例仅见肾小管上皮细胞散在的单个细胞或细胞群脱落，近端小管上皮细胞顶端刷状缘的微绒毛消失，这两种损伤就足以导致急性肾衰竭的发生。

肾小管受损后的功能紊乱被认为是引起急性肾衰竭更为重要的因素。肾小管的功能紊乱主要表现为肾小管阻塞和原尿返漏。

(1) 肾小管阻塞：病理组织切片中发现肾小管内存在各种管型以及近端小管扩张，而且微穿刺测定近曲小管内压力明显升高。但是，肾小管内的管型并非在所有急性肾小管的患者或动物模型均可见到。肾小管阻塞很可能仅在某些严重的急性肾小管坏死时才出现，如持续缺血和异型输血、挤压综合征释放出的大量血红蛋白、肌红蛋白。大量肾小管细胞坏死时，肾小管细胞脱落，形成细胞管型堵塞肾小管腔，从而增高阻塞上方肾小管内压，降低肾小球有效滤过压和 GFR，引起少尿。同时，肾小管阻塞使原尿流出受阻，也可引起少尿。管型阻塞是急性肾衰竭持续期导致 GFR 减少的重要因素。

后来证明，近端小管内压力的升高还可能是因为广泛的严重肾小管细胞功能衰竭以致重吸收严重减少，造成大量液体在肾小管内潴留而引起。

(2) 原尿返漏：持续肾缺血或中毒时，肾小管上皮细胞广泛坏死甚至基底膜断裂。肾小管腔内原尿可经损伤部位返漏入周围间质，使间质水肿、间质压升高，从而压迫周围肾小管和肾小管周围的毛细血管。肾小管受压导致肾小球囊内压增高，从而使 GFR 降低；毛细血管受压使肾小管供血进一步减少，肾损害加重，形成恶性循环。最近实验发现，缺血性或中毒性肾衰竭时，在肾小管上皮细胞出现坏死之前已有尿液生成减少，提示肾小管坏死引起的原尿返漏不是急性肾衰少尿的原发机制，但能使少尿加重。

（三）肾小球超滤系数降低

肾小球超滤系数是肾小球毛细血管通透性和肾小球毛细血管滤过面积的乘积。肾小球超滤系数 Kf 的降低与肾小球毛细血管内皮细胞肿胀、足细胞足突结构变化、滤过膜上的窗大小及密度减少有关。肾缺血和肾中毒时肾小球 Kf 明显下降，也是 GFR 降低的机制之一。引起肾缺血或肾中毒的因素，如 AⅡ、TAX_2、LT_S、庆大霉素、硝酸铀等，可引起肾小球系膜细胞收缩，使肾小球血管阻力增加、滤过面积减少，Kf 降低，从而降低 GFR。

综上所述，急性肾衰竭初期和功能性肾衰竭，肾血管收缩使肾血流量减少起重要作用。当病变发展到肾小管坏死时，肾小管管型阻塞，原尿返漏到肾小管间质，以及肾小球超滤系数降低就起到重要作用。不同病因的急性肾衰竭，以及肾衰的不同时期，有不同的主导发病环节(图 18－1)。

三、急性肾衰竭对机体的影响

（一）总体表现

急性肾衰竭对机体的影响主要是短时间内肾脏泌尿功能严重下降所致。由于少尿甚至无尿(24 h 内尿量分别少于 400 mL，100 mL)导致内环境严重紊乱。临床表现为水中毒、高钾血症、代谢性酸中毒、氮质血症等。所谓氮质血症是指由于 GFR 下降，含氮的代谢终产物如尿素、肌酐、尿酸等在体内蓄积，血中非蛋白氮(non-protein nitrogen，NPN)的含量增加。NPN 中含有尿素氮(blood urea nitrogen，BUN)。急性肾衰竭分为少尿型和非少尿型。非少尿型肾衰竭总体上病理损害较少尿性轻，因此症状较轻，病程较短，并发症较少，预后较好，但临床易漏诊或误诊，若治疗不及时或不当，可向少尿型转化。

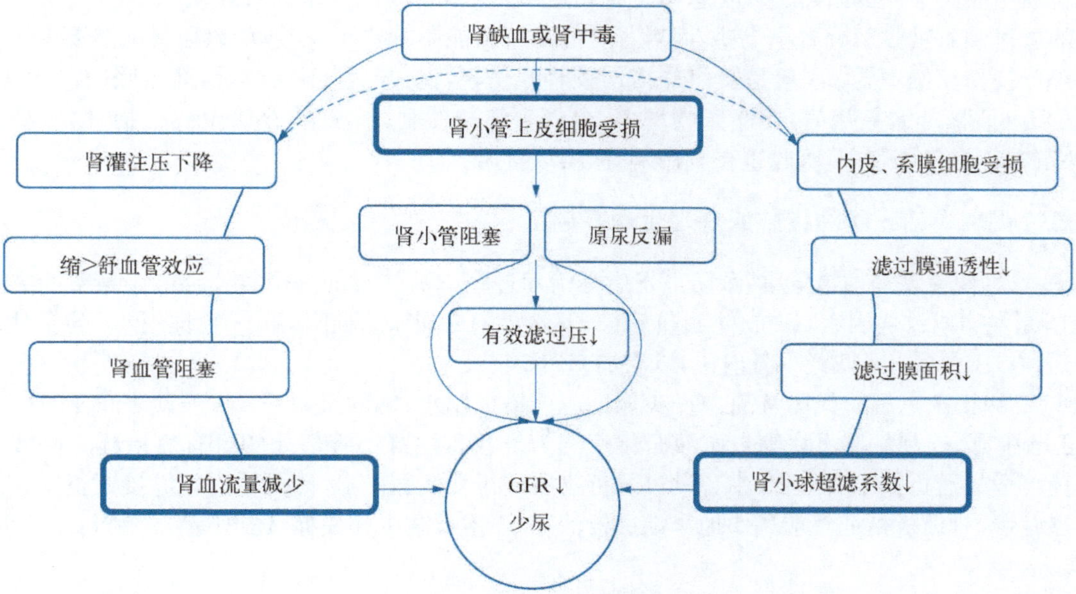

图 18-1　急性肾衰竭发病机制示意图

虚线表示它们可相互影响，粗线框表示关键环节。实际上从图中可见，其关键是要解释尿为甚么减少。从记忆的角度出发：要么是球的问题，要么是管的问题。左右在强调球，中间在强调管和球。综合理解，目前更强调的是血流动力因素改变导致肾血流量减少，肾小球滤过率降低引起少尿的机制最重要

（二）病理生理学关注的表现和机制

1. 少尿性肾衰竭　一般包括三个阶段即少尿期、多尿期和恢复期，他们的特点简要归纳如表 18-2。

表 18-2　少尿型肾衰进展的特点

	少尿期	多尿期	恢复期
尿量	明显减少	恢复甚至超过正常	基本正常
内环境	三毒：（水中毒、酸中毒、尿毒症） 三高：（高钾、高镁、高磷） 三低：（低钠、低氯、低钙）	有改善，未恢复正常 多尿也易引起水、电解质和酸碱紊乱如低钾，低钠、脱水等	基本正常，血清低钠，可能存在低渗透压
持续时间	7～14 d	1～2 周左右	肾小管损伤较肾小球严重、恢复慢。3～12 个月
全身表现	各系统中毒症状，消化道症状最常见最早出现，如厌食、呕心、呕吐等	消化、心血管系统症状仍可出现	不稳定，少数患者肾纤维化转为慢性肾衰竭

① 少尿持续时间越长，预后越差（短至数小时长至数周），是最危险的阶段。氮质血症、酸中毒具有进行性加重，且不易纠正的特点；② 肾小球滤过下降是导致高钾血症的直接因素，后者是导致患者死亡的重要原因；而导致低钠血症的直接因素是肾小管重吸收减少；③ 肾脏调控水、电解质及酸碱平衡能力差，少尿、多尿期若输液量控制不好，输水过多可出现水中毒、稀释性低钠血症、脑水肿等，输液过少，可现脱水等。

1）高钾血症：是少尿期患者死亡的最主要原因之一。引起高钾血症的原因有：① 尿量减少，使肾排钾减少；② 组织损伤、细胞分解代谢加强及代谢性酸中毒，使细胞内钾逸出到细胞外；③ 其他，如输入库存时间较长的血液或摄入含钾量高的食物或药物等。高钾血症可以影响心肌的兴奋性、传导性、自律性和收缩性，引起心律失常，传导阻滞，甚至发生心室纤维性颤动和心搏骤停。

2）多尿期多尿：当尿量增加到 400 mL/d 以上时，提示进入多尿期。尿量增加是病情好转的标志。典型的尿量每天增加 1 倍，个体间差异较大，最多可达 6～10L/d，出现多尿的机制为：① 肾功能逐渐恢复，肾小球滤过率回升；② 肾小管上皮细胞再生，但新生的上皮细胞重吸收钠、水的功能仍低下；③ 肾间质水肿消退和肾小管阻塞解除；④ 少尿期滞留在血中的尿素等代谢产物经肾小球滤过，使原尿渗透压增高，产生渗透性利尿。

3）非少尿性肾衰竭：指慢性肾衰竭患者每日尿量不会少于少尿标准，但有氮质血症等内环境紊乱表现。

非少尿性肾衰主要与下列因素有关,① 总体上看,非少尿性肾衰竭比少尿性肾衰竭病理改变要轻一些。因而对肾脏的滤过和重吸收影响要小一些,即对肾脏的泌尿功能影响要小一些,所以尿量减少要轻一些;② 肾小管与肾小球损伤比例不同:一般是肾小球损伤较管损伤轻,滤过减少不太严重,而重吸收减少更明显,所以尿量减少不明显;③ 肾衰竭时,代谢产物增多,会产生渗透性利尿;④ 肾小管上皮受损,髓质高渗不易建立,即使保留有正常肾小管,重吸收也受到影响,尿得以排出。

四、急性肾衰竭临床防治措施的病理生理基础

1. *预防* 急性肾衰竭病情危重,预防其发生是治疗过程中需注意的一个重要环节。预防的主要措施包括:① 控制原发病或致病因素,如抗休克、抗感染、解除肾中毒和尿路梗阻等;② 合理用药:避免使用对肾脏有损害的药物;③ 利尿:降低肾小管内压,以增加 GFR。

2. *治疗* 纠正水电解质代谢紊乱:① 少尿期应严格控制水、钠的摄入量;② 须预防和及时处理高钾血症;③ 纠正酸中毒、控制氮质血症等。血液净化疗法为抢救急性肾小管坏死的最有效措施。血液透析疗法是通过选择合适的透析技术,将血液中各种可透析物质进行交换和排出,使机体内环境接近正常。急性肾小管坏死一旦确诊,有透析指征者应尽快地早期透析治疗,不但可减少并发症,还可使患者顺利度过少尿期,降低病死率。

第二节 慢性肾衰竭

1694 年,意大利著名解剖学家,组织胚胎学创始人之一,马尔皮基(Malpighi)突发脑出血去世,他的同事解剖他的遗体时发现一侧肾萎缩,但肾萎缩与血压增高发生脑出血是否有关,当时并不得而知。

1827 年,肾病学先驱英国医生布莱特(Bright)首次描述了肾脏疾病患者晚期经常伴发蛋白尿、水肿和高血压,当时命名为 Bright 病,但其原因和机制都不清楚。但现在从功能学角度可大致判定 Bright 病接近于慢性肾衰竭。

1847 年,法国医师皮奥里(Piorry)用尿毒症一词来描述继发于肾衰竭的多系统受累的内源性中毒临床综合征,但未提及是何种毒物。1856 年,法国学者皮卡德(Picard)证实了肾脏清除尿素的功能。随后慢性肾衰竭伴有尿素和其他毒性物质在血液中累积被发现。

1898 年芬兰生理学家蒂格斯泰特(Tigerstedt)发现把兔肾提取物注射到其他兔子体内后能使其血压升高,该提取物被命名为肾素,提示肾脏与血压升高有关。1934 年,美国实验病理学家弋德布拉特(Goldblatt)用银钳挟住肾动脉后,发现狗的血压会增高。这即是现在生理学所知的肾血流减少,肾素分泌增加,血压上升的现象。所以西方也称肾性高血压为 Goldblatt hypertension。

有关慢性肾衰竭的发病机制的研究过程:① 1960 年,美国学者布里克(Bricker)提出"健存肾单位学说";② 1972 年,布里克(Bricker)在健存肾单位学说基础之上,提出"矫枉失衡学说";③ 1982 年,美国肾病专家布伦纳(Brenner)等通过微穿刺技术对切除大鼠 5/6 肾模型进行研究,建立了"肾小球过度滤过学说"。表明学者们从重视肾单位转移到了肾小球;④ 早在 1968 年,里斯登(Risdon)等人发现了肾小管和间质的损伤及继发的纤维化现象,1988 年美国著名肾脏病学家斯克莱尔(Schrier)的研究认为这是由于肾小管的高代谢状态引起的,提出了"肾小管-间质损伤学说",将 CRF 病变定位于肾小管及间质。

所谓慢性肾衰竭(chronic renal failure,CRF)是指各种慢性肾脏疾病,肾功能下降,导致代谢废物和毒物在体内潴留,水、电解质与酸碱平衡紊乱,并伴有一系列临床症状的病理生理过程。慢性肾衰竭具有慢性、渐进性、不可逆,最后发展为尿毒症而死亡的特点。

一、慢性肾衰竭病因

凡能引起肾实质渐进性破坏的疾患均可引起慢性肾衰竭。其原因可分为以下几类。

（一）慢性肾实质疾病

1. 肾小球疾病　在我国，慢性肾小球肾炎是引起慢性肾衰竭的最常见原因，占 50%～60%。

2. 肾小管间质疾病　如慢性肾盂肾炎、肾结核、多囊肾等。

3. 其他原因引起的肾疾病　如肾肿瘤、药物性肾损害、肾外伤等。

（二）全身性疾病累及肾脏

1. 血管性疾病　如高血压肾动脉硬化、结节性动脉周围炎、肾动脉栓塞等。

2. 代谢性疾病　如糖尿病肾病、肾淀粉样变、痛风肾病、黏多糖肾病等。

3. 自身免疫性疾病　如狼疮性肾炎、硬皮病肾损害等。

（三）尿路慢性梗阻

包括尿路结石、前列腺肥大、膀胱肿瘤等引起尿液反流导致间质性肾损害。

引起慢性肾衰竭的原因很多，常见病因有区域差异性，且随着社会发展、生活条件的变化而变化。在我国慢性肾小球肾炎是其主要病因，其次为肾小管间质疾病。西方发达国家，糖尿病肾病是其首要原因，其次为高血压肾损害，这两种病因近年在我国呈上升趋势。

二、慢性肾衰竭发展过程

慢性肾衰竭时，肾功能损害是缓慢的、渐进性的发展过程。由于肾脏具有强大的代偿储备能力，在病因的作用下，虽然肾脏发生病变，但由于肾脏的代偿功能，可维持机体内环境相对稳定，不出现明显症状和体征。当肾功能损害到一定程度，代偿不全时才出现相应的临床表现。根据肾功能水平，可将慢性肾衰发展的全过程分为四期，即肾功能代偿期或称储备功能降低期、肾功能不全期、肾衰竭期和尿毒症期，后三期称为代偿不全期或失代偿期（表 18－3）。

表 18－3　慢性肾衰竭的发展过程与分期

分　期	内生肌酐清除率(mL/min)	血浆肌酐(μmol/L)	主要临床表现
代偿期	＞50	＜178	无，但肾储备功能减低
失代偿期			
肾功能不全	20～50	186～442	轻度贫血，乏力，食欲减退
肾衰竭	10～20	451～707	酸中毒，贫血，高磷，低钙血症，多尿、夜尿
尿毒症期	＜10	＞707	低蛋白血症，全身中毒症状，各器官、系统功能障碍

（一）肾脏储备功能降低期

肾实质破坏尚不严重，通过肾的代偿适应，仍能维持内环境稳定，不出现肾衰竭的临床症状。临床常通过测定内生肌酐清除率(creatinine clearance)来评估肾功能状况。正常时内生肌酐清除率为 90～140 mL/min，与肾小球滤过率的值相近。此期内生肌酐清除率降至正常值的 30%以上（＞50 mL/min），由于肾脏的代偿，水、电解质代谢和酸碱平衡仍然得以维持，血尿素氮和肌酐在正常范围。但肾的储备功能已经降低，若发生水、钠、钾负荷过度，则易引起内环境紊乱。

由于尿素氮或尿酸氮浓度的变化相对于肌酐浓度变化而言，对肾功能改变较不敏感，且尿素氮等易受到外源性（蛋白质摄入量）与内源性（感染、肾上腺皮质激素的应用、胃肠出血等）。而血清肌酐浓度和蛋白质摄入量无关，且随 GFR 下降时，其变化值更明显，所以临床常用肌酐清除率来显示肾脏的滤过功能。同时通过测定血肌酐浓度和尿肌酐排泄率，根据计算的肌酐清除率＝尿肌酐浓度×每分钟尿量/血清肌酐浓度，能较好地反映 GFR 和健存肾单位的数目。

（二）肾功能不全期

肾实质进一步受损，内生肌酐清除率降到正常值的 25%～30%（＜50 mL/min），肾脏已不能维持内环境的稳定，出现肾功能不全的临床表现：轻度的氮质血症（血尿素氮和肌酐轻度升高），轻度酸中毒和贫血，多尿、夜尿，疲乏无力，食欲减退等。

(三) 肾衰竭期

此期内生肌酐清除率降至正常值的20%～25%,出现典型的肾衰的临床表现：明显的氮质血症,血浆非蛋白氮明显升高,酸中毒,贫血,水、电解质和钙磷代谢紊乱。多数患者有肾性高血压,伴有部分尿毒症中毒症状。

(四) 尿毒症期

内生肌酐清除率降至正常值的20%以下,肾衰竭的症状很严重,有明显的水、电解质和酸碱平衡紊乱,并出现一系列的全身中毒症状。如不及时进行透析等治疗,可导致死亡。

三、慢性肾衰竭发病机制

(一) 有关慢性肾衰竭的几个主要学说

如前所述,肾单位被破坏时肾功能可发生代偿。但无论原发病因是否存在,有功能的肾单位亦不断丧失,最终导致机体内环境紊乱并发展成尿毒症。关于肾功能如何由代偿发展至衰竭的机制仍不甚清楚,可能是多种因素综合作用的结果,目前有以下四种学说可部分地阐明肾衰竭的发病机制。近十余年来,肾病领域的研究有了新进展,加深了人们对已有学说的认识,使已有学说不断得到补充和发展。

1. 健存肾单位学说(intact nephron hypothesis) 慢性肾脏疾病时,肾单位不断被破坏而失去功能,残存的部分肾单位功能仍正常或仅轻度受损,称之为健存肾单位。在代偿期,健存肾单位发生代偿性肥大,肾小球滤过功能增强,肾小管重吸收和排泄功能也增强,维持肾脏正常的排泄功能,维持内环境恒定。随着疾病的发展,健存肾单位逐渐丧失功能、数量不断减少以致无法代偿时,则可发生泌尿功能障碍,引起内环境紊乱。

健存肾单位学说强调了原发疾病进行性地破坏肾单位在慢性肾衰发病中的作用,而忽略了代偿活动对肾单位的破坏。虽然有些疾病确实可以连续不断地破坏肾单位,导致肾衰竭,但有些疾病最初对肾脏的损伤在慢性肾衰发展过程中早已不存在,因此健存肾单位学说很难解释这些疾病引起的慢性肾衰。

2. 矫枉失衡学说(trade-off hypothesis) 矫枉失衡是指机体产生的某种代偿机制,在纠正内环境紊乱(矫枉)时所产生的新的失衡,这种失衡使机体进一步受到损害。例如,慢性肾疾患时健存肾单位和肾小球滤过率进行性减少,体内某些溶质(如血磷)增多,机体可通过分泌某些体液因子(如甲状旁腺素,parathyroid hormone,PTH)来抑制近曲小管对磷的重吸收,增加磷的排泄,使血磷水平趋向正常。因此PTH的适应性分泌增多对高血磷起到了矫正作用。然而长期的PTH分泌增多,可引起机体其他机能和代谢改变,如溶骨活动增强而引起肾性骨营养不良,软组织坏死,皮肤瘙痒与神经传导障碍等,加重了慢性肾衰竭的发展,最终发生尿毒症及死亡。再如,慢性肾衰竭晚期,由于尿量过少,钾排出减少而发生高钾血症。血钾增高可刺激醛固酮分泌释放增多,醛固酮促进肾远曲小管和集合管对K^+的排出,使血钾降低而得到纠正。然而醛固酮同时可促进肾对Na^+的主动重吸收,使钠、水潴留,血容量增加,促进肾性高血压的发生和发展。

矫枉失衡学说指出了机体代偿活动的矫正过度作用,也指出了其新的失衡的致病作用,从而更进一步明确了代偿活动与慢性肾衰竭发展的关系。

3. 肾小球过度滤过学说(glomerular hyperfiltration hypothesis) 随着有功能的肾单位减少,健存肾单位发生代偿性肥大,血流动力学发生改变,表现为肾小球毛细血管内压增高,血流量增加,单个肾小球滤过率增加,这是一种早期的代偿适应反应。但是如果代偿的肾单位负荷过重,出现了过度滤过时,可导致肾小球硬化,肾单位出现继发性破坏,健存肾单位进一步减少,最后导致代偿失调,内环境紊乱乃至多器官功能失调,此即肾小球过度滤过学说。此学说强调了肾单位被破坏后其他肾单位代偿直至代偿失调的发病过程,尤其对肾单位进行性减少的机制作了合理的解释。

4. 肾小管-间质损伤学说(renal tubulo-interstitial injury) 慢性肾脏疾病均可引起肾小管间质损伤。近年来认为肾小管间质损伤而非肾小球病变是决定慢性肾疾病预后的主要因素。在代偿期,残存肾单位发生代偿性肥大、功能代偿性增强,重吸收与分泌活动增强,耗氧量增加,肾小管代谢增强。肾小管的功能代偿性增强虽然能达到新的管-球平衡并维持机体内环境稳定,但持久的肾小管高代谢引起残存肾单位内氧自由基生成增多,自由基清除剂减少,进一步引起脂质过氧化作用增强,细胞和组织损伤,导致肾单位进行性破坏。此外，间质出现炎性细胞浸润。炎性细胞释放某些细胞因子和生长因子，导致小管间质损伤，并刺激间质成纤维细胞分泌Ⅰ型和Ⅲ型胶原，使间质纤维化，肾小管萎缩，从而使肾单位进一步丧失。

应当指出，上述四种学说是随着对慢性肾衰认识的不断深入而发展起来的。在慢性肾衰竭的缓慢渐进的发展过程中，这些机制可能都参与了发病过程。现将四种学说阐述的机制及其相互关系归纳于图 18-2，以便更全面地了解慢性肾功能不全由代偿转向衰竭的过程及机制。

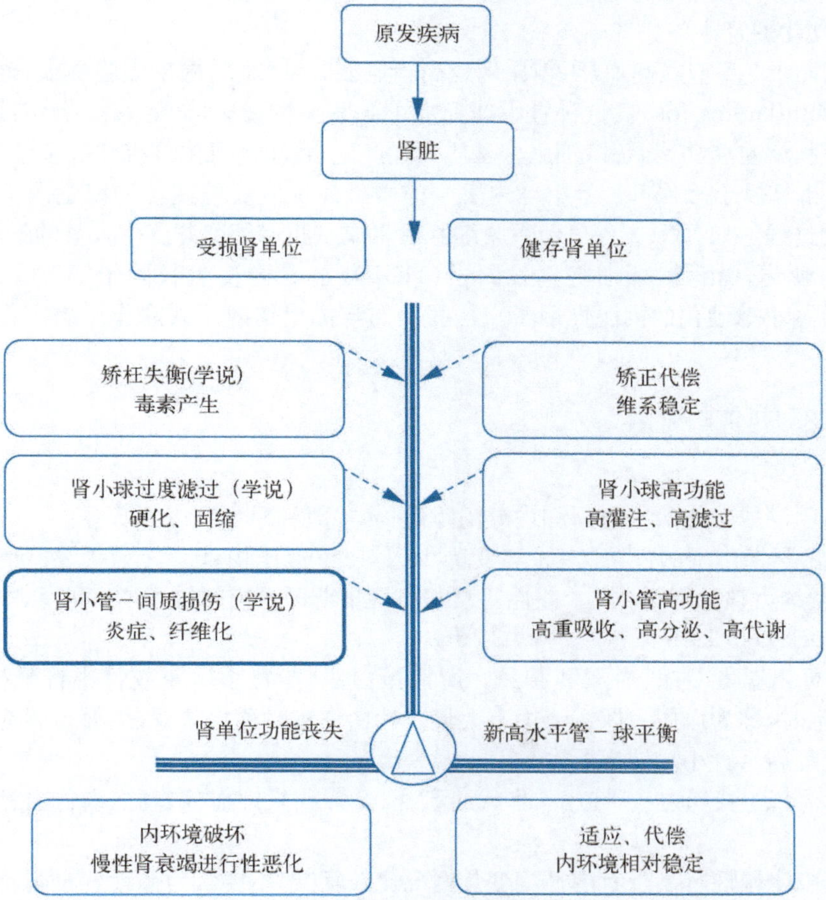

图 18-2　慢性肾衰竭发病机制示意图

健存肾单位学说是其他学说的基础。中线左侧为受损状态，右侧为代偿状态。两种状态在肾脏病患者中"博弈"，中间线条示意为一架天平，两侧博弈决定了天平的倾斜。只不过临床慢性肾衰患者缓解、发作、再缓解、再发作，逐渐加重，最终天平会向左偏。肾移植是最终可选的手段

（二）肾单位功能丧失机制补充说明

以上 4 种慢性肾衰学说是慢性肾衰竭发病机制的总体认识，下面简单补充描述慢性肾衰发生的一些具体机制。

1. *原发病的作用*　各种慢性肾脏疾病及累及肾脏的全身性疾病可通过不同机制引起肾单位进行性破坏，使其丧失功能，比如通过炎症反应（如慢性肾小球肾炎、慢性肾盂肾炎等）、免疫反应（如狼疮性肾炎、膜性肾小球肾炎等）、缺血（如肾动脉狭窄、结节性多动脉周围炎等）、大分子物质沉积（如淀粉样变性病等）及肾小管机械性阻塞（如尿路梗阻性疾病等）等多种机制引起损伤。但是有些病例，即使原发疾病已被控制，肾单位却仍不断地丧失，提示肾单位功能丧失不仅有原发病因的作用，还有继发性机制存在。

2. *继发性进行性肾小球硬化*　原发疾病引起肾单位功能丧失后，尽管原因可能已被消除，但仍发生慢性肾衰竭，其主要原因是继发了进行性肾小球硬化。进行性肾小球硬化主要与残存肾单位的肾小球血流量增加及毛细血管压增高有关。当肾脏原发疾病引起部分肾单位功能丧失时，残存的肾单位代偿性肥大，肾小球血流量增加，滤过率增高。同时肾小球基底膜通透性增加，血浆中大分子物质通过毛细血管壁进入系膜

区，刺激系膜细胞过度生长及细胞外基质生成增多，系膜区扩张，最终导致肾小球硬化而失去功能。全身性疾病如糖尿病、高血压病及高血脂病引起的肾单位丧失的机制也主要与进行性肾小球硬化有关。

3. 肾间质慢性缺血、缺氧　在慢性肾衰时肾小管间质存在慢性缺血缺氧。这种慢性缺血缺氧不仅造成肾小管功能结构损坏，还能导致肾小球纤维化及硬化。其机制为：因缺血缺氧，组织产生的各种细胞因子、生长因子等促进肾小球系膜纤维组织增生、细胞外基质代谢紊乱以及肾小球内各种细胞损伤，最终导致肾小球纤维化乃至硬化。此外，慢性肾小管间质缺血缺氧可引起肾小管受损而导致其萎陷，出现无小管肾小球，进一步转变成萎缩硬化的肾小球。

4. 肾组织局部炎症　反应在高血压、糖尿病或高脂血症时，肾小球内皮细胞受损，进而引起肾小球内发生微炎症反应(microinflammation)。这种肾小球炎症可导致炎性细胞(如巨噬细胞)与系膜细胞相互作用，从而使系膜细胞激活、增殖和功能紊乱，细胞外基质大量产生，肾小球发生纤维化甚至硬化。

5. 细胞因子与生长因子的作用　肾小球内发生的微炎症反应还可使各种细胞因子和生长因子产生增加，影响肾小球硬化过程。如 TGF－β_1 可使系膜细胞返祖成系膜母细胞并产生大量的细胞外基质，导致系膜区扩大，最终肾小球硬化。相反，肝细胞生长因子(HGF)、血管内皮生长因子(VEGF)和骨形成蛋白－1(BMP－1)则是对抗肾小球硬化的内源性因子。这些损伤与抗损伤因子共同作用决定肾小球硬化发生的程度与进程。

四、慢性肾衰竭对机体的影响

(一) 总体表现

慢性肾衰竭时，因泌尿功能严重障碍和内分泌障碍等，一般容易出现以下状况：

1. 尿量变化　由早期出现的夜尿、多尿转变为少尿，尿渗透压由低渗转为等渗。所谓夜尿(nocturia)，指正常成人夜间尿量约占整日尿量 1/3。慢性肾衰竭患者早期即有夜间排尿增多的症状，其发生机制尚不清楚。所谓多尿(polyuria)，指 24 h 尿量超过 2 000 mL。

2. 尿质变化　可出现蛋白尿、血尿和脓尿。所谓蛋白尿，指肾小球膜或肾小管受损后，尿中可检出蛋白。尿中混有红细胞时，称为血尿。尿沉渣中有大量变性白细胞时称之脓尿，主要是因为肾小球基底膜出现局灶性溶解破坏，血细胞从肾小球滤出所致。

3. 机体内环境紊乱　表现为氮质血症、水代谢紊乱、低钾或高钾血症、高血磷低血钙、高血镁、代谢性酸中毒等。

需要注意的是，临床慢性肾衰患者内环境变化情况比较复杂，不要认为慢性肾衰各种内环境具体变化只能有一种变化情况。举例来说，有关钠代谢障碍的问题，慢性肾衰竭时肾小管对钠的重吸收功能下降，此时的肾为“失盐性肾”，尿钠含量较高，因此一般慢性肾衰竭患者均有不同程度的失钠，所以对慢性肾衰竭患者，通常应适当补充钠盐。但由于慢性肾衰竭时，肾脏对钠的调节能力远较正常人低，同时失钠可引起细胞外液和血容量减少，可进一步降低肾小球滤过率。当钠盐摄入稍多时，则可加重钠、水潴留，导致血容量过高、水肿、高血压及心力衰竭等后果。而若又限制钠盐摄入或应用利尿剂，又可出现低钠血症。所以应该注意多因素考虑，不同条件下可能出现不同的情况。

4. 其他　肾脏泌尿功能和内分泌功能障碍，及体内蓄积的毒素的作用，患者还可出现肾性贫血、出血倾向、肾性高血压、肾性骨营养不良等临床症状。由于肾单位功能进行性丧失，最终发展至尿毒症。

(二) 病理生理学关注的表现和机制

1. 多尿　慢性肾衰竭时多尿发生的机制包括：① 原尿流速快。由于多数肾单位遭到破坏，残存肾单位代偿性肥大，肾小球血流量代偿性增加，滤过的原尿量增多，流速快，通过肾小管时来不及充分重吸收；② 渗透性利尿。肾单位破坏后，GFR 降低，代谢废物(如尿素等)不能充分排出，因而原尿中溶质增多、渗透压增高，产生利尿效应；③ 尿浓缩功能降低。慢性肾疾患时髓襻发生病变，髓质间质不能形成高渗环境，使尿液不能充分浓缩而出现多尿(图 18－3)。

2. 钙和磷代谢障碍　慢性肾衰竭时，钙磷代谢障碍通常表现为高血磷和低血钙。

(1) 高血磷：正常人体 60%～80%的磷由尿排出。在慢性肾衰竭早期，尽管 GFR 逐渐下降，但血磷并无明显升高。这是因为在 GFR 下降时血磷暂时上升，但由于钙磷乘积为一常数，血中游离钙因此而减少，刺激甲状旁腺分泌 PTH，后者可抑制肾小管对磷的重吸收，使尿磷排出增多。但在晚期，由于 GFR 极度下降（低于 30 mL/min），继发性 PTH 分泌增多已不能促使磷充分排出，故血磷水平显著升高。PTH 的增多又加强溶骨活动，使骨磷释放增多，从而形成恶性循环导致血磷水平不断上升。

（2）低血钙：发生低血钙的原因有：① 血磷升高：血浆[Ca]×[P]为一常数，在肾功能不全时出现高磷血症时，必然导致血钙下降；② 肠吸收钙障碍：血磷增高时，磷从肠道排出增多，在肠内与食物中的钙结合成难溶解的磷酸钙排出，妨碍钙的吸收；③ 维生素 D 代谢障碍：由于肾实质破坏，肾小管将肝合成的 25 - OH - D_3 羟化为 1,25 -$(OH)_2$- D_3 的功能减退，影响肠道对钙的吸收。④ 降钙素的作用：血磷升高刺激甲状旁腺 C 细胞分泌降钙素，抑制肠道对钙的吸收，促使血钙降低。⑤ 毒物的作用：尿毒症时，体内某些毒性物质的滞留可使小肠黏膜受损而使钙的吸收减少。

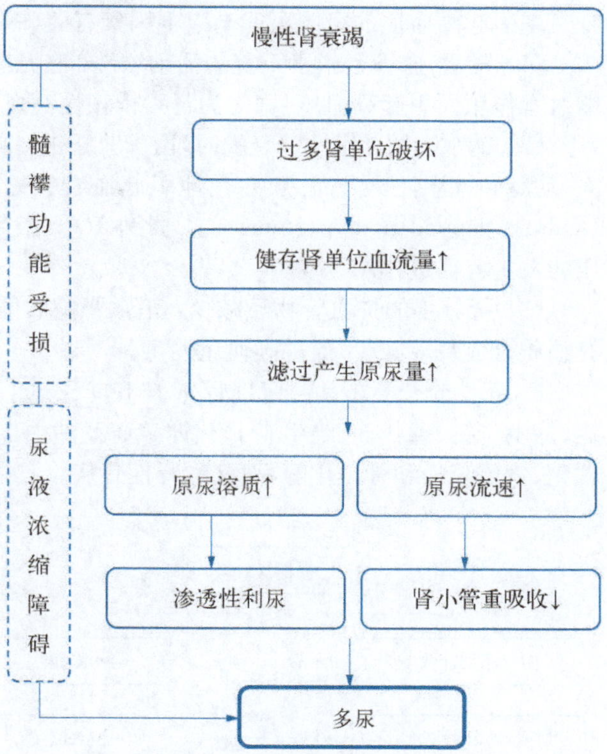

图 18 - 3 慢性肾衰竭多尿发生机制示意图

左侧虚框提示：生理学教学强调，髓襻和远端小管建立髓质高渗状态对尿液浓缩的重要性。右侧在强调流速和渗透利尿的问题。右侧多从物理学角度，左侧多从生物学角度来考虑这一问题

3. 肾性贫血　97%的慢性肾衰竭患者伴有贫血，且出现较早，称之为肾性贫血（renal anemia），部分患者以贫血为首发症状而就诊。其发生机制有以下几种。

（1）促红细胞生成素（EPO）减少：由于肾实质破坏，EPO 生成减少，从而使骨髓干细胞形成红细胞受到抑制，红细胞生成减少。

（2）骨髓造血功能受抑制：血液中潴留的毒性物质（如甲基胍）对骨髓造血功能有抑制作用，红细胞生成减少。

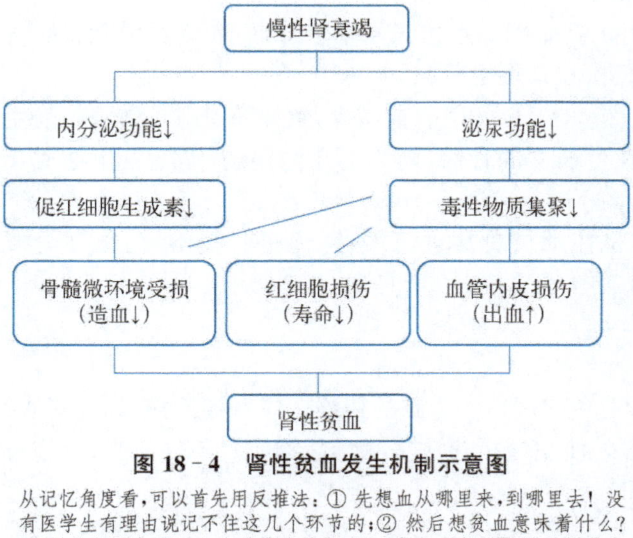

图 18 - 4 肾性贫血发生机制示意图

从记忆角度看，可以首先用反推法：① 先想血从哪里来，到哪里去！没有医学生有理由说记不住这几个环节的；② 然后想贫血意味着什么？（要么造血下降、要么红细胞寿命缩短、要么出血丢失！）③ 继后再往上推论，为何造血下降、寿命缩短、出血，就是要解释肾性二字，无外乎肾脏内分泌功能障碍（具体激素是促红细胞生成素）和泌尿功能障碍毒物集聚所致；④ 为何内分泌功能和泌尿功能下降，是因为肾脏有病；⑤ 再往上推，为何……，为何……，最后只能用哲学语言描述了。也可用正推法：① 肾脏两大功能，内分泌功能，泌尿功能，各自往下推论落脚到贫血。正反两三次推论后，很容易记住；② 关键的是慢性肾脏疾病的三大并发症（肾性贫血、肾性高血压、肾性骨营养不良），都可以仿照此法逻辑记忆，而不是死记硬背，希望同学们体会举一反三

（3）红细胞破坏速度加快：在严重肾衰竭时，红细胞膜上与供能有关的 ATP 酶受到抑制，钠泵能量供应不足，导致钠不能排出，使红细胞内处于高渗状态，红细胞脆性增加而易于溶血。此外，肾血管内常有纤维蛋白沉着，妨碍红细胞在血管内流动，致使红细胞易受到机械损伤而破裂。

（4）铁的再利用障碍：严重肾衰竭患者血清铁浓度和铁结合力均降低，但单核吞噬细胞系统的铁储量正常，这是由于铁从单核吞噬细胞系统释放受阻所致。

（5）出血：急、慢性肾衰竭患者都有出血倾向（hemorrhagic tendency），表现为皮下瘀斑和黏膜出血，其中鼻衄和胃肠道黏膜出血最为常见。出血可能是由于血小板功能异常而非数量减少所致，以及尿毒症患者毒素对凝血因子的毒性作用，因而可加重贫血。

4. 肾性高血压　由肾疾患引起的高血压称为肾性高血压（renal hypertension），发病率为 90%，肾功能很差而需要透析维持生命的患者几乎均有高血压。

肾衰竭引起高血压的机制可能与以下因素有关(图18－4)。

(1) 肾素-血管紧张素系统的活动增高：在某些肾疾病患者，由于肾相对缺血，激活了 RAS，产生强烈的缩血管作用而引起高血压，称之为肾素依赖性高血压(renin-dependent hypertension)。

(2) 钠水潴留：慢性肾衰竭时，由于肾排钠、排水功能降低，钠、水在体内潴留，血容量增加和心输出量增大，动脉系统灌注压升高，反射性地引起血管收缩，使外周阻力增加，发生高血压，称之为钠依赖性高血压(sodium-dependent hypertension)。此外 RAS 激活还可使醛固酮分泌释放增多，加重钠水潴留，对肾性高血压的发生有促进作用。

(3) 肾分泌的扩血管物质减少：正常肾髓质能合成 PGA_2 和 PGE_2 等血管舒张物质。肾实质破坏时，这类物质合成释放减少，促进高血压发生。

5. 肾性骨营养不良　肾性骨营养不良(renal osteodystrophy)是慢性肾衰竭尤其是尿毒症的严重并发症，是由于钙、磷代谢、维生素 D 代谢障碍及酸中毒等引起的骨骼病变，表现为幼儿的肾性佝偻病，成人的骨软化、骨质疏松和骨硬化等，故又称肾性骨病。其发病机制如下(图 18－5)。

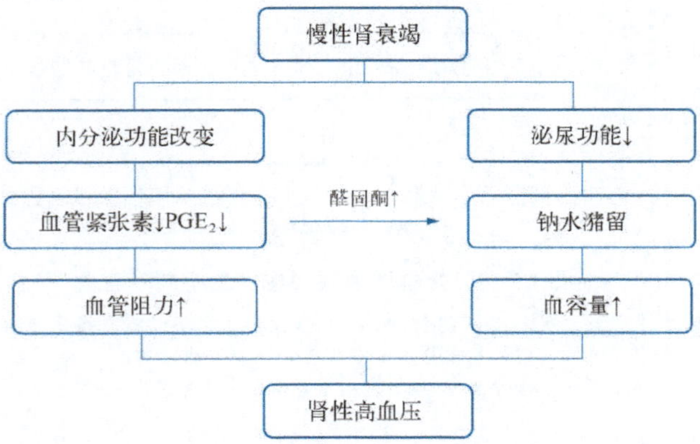

图 18－5　肾性高血压发生机制示意图

先想血压决定因素，再解释肾性二字

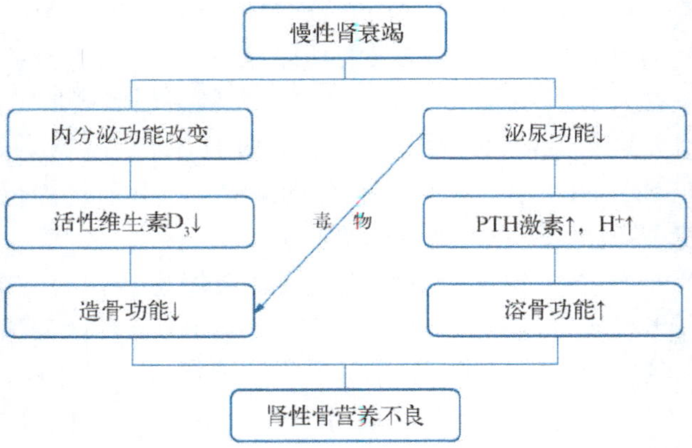

图 18－6　肾性骨营养不良发生机制示意图

先想骨头形成，再解释肾性二字

(1) 钙、磷代谢障碍和继发性甲状旁腺功能亢进：由于高血磷导致血钙水平下降，后者刺激甲状旁腺分泌大量 PTH，引起继发性甲状旁腺功能亢进，致使骨质疏松和骨硬化。

(2) 维生素 D 代谢障碍：在慢性肾衰竭患者由于 $1,25-(OH)_2-D_3$ 合成减少，致使肠道对钙磷吸收发生障碍以及影响骨和软骨基质的钙盐沉积。病变如发生在生长中的骨骼，则为幼儿佝偻病；病变发生在成年人，骨的生长已停止者，则为骨软化症。

(3) 酸中毒：由于体液中 H^+ 浓度持续升高，于是机体动员骨盐进行缓冲，促进骨盐溶解，出现骨质脱钙。

五、慢性肾衰竭临床防治措施的病理生理基础

慢性肾衰竭应极治疗原发病，消除诱因，如感染等。避免应用损害肾脏的药物。应对症治疗，如纠正水、电解质紊乱及酸碱平衡失调，抗高血压、治疗出血倾向等。使用透析疗法去除毒性物质。条件适当，可施行肾移植手术。

第三节　尿 毒 症

尿毒症是急、慢性肾衰竭发展到最严重的阶段，除了存在水、电解质和酸碱平衡发生紊乱及肾内分泌功

能失调外，还出现代谢产物和内源性毒性物质在体内潴留，从而引起一系列自体中毒症状，称为尿毒症。

一、尿毒症发病机制

尿毒症的发病机制复杂，至今尚不完全明了。目前认为主要与代谢产物及内源性毒性物质在体内蓄积有关。迄今已从尿毒症患者血中分离到200多种代谢产物或毒性物质，其中约100种含量比正常值高，其中有些代谢产物经临床观察与动物实验证明是有毒的，可以引起尿毒症的某些症状，称为尿毒症毒素(uremic toxin)，目前尚无一种毒物可以引起尿毒症的全部症状。尿毒症的发病机制，除蓄积的毒性物质之外，可能还与水、电解质、酸碱平衡紊乱及某些内分泌功能障碍有关。以下介绍几种比较公认的尿毒症毒素。

(一) 甲状旁腺素

尿毒症时普遍存在甲状旁腺功能亢进，血中甲状旁腺素(PTH)异常增高，许多表现可用PTH增多来解释。高浓度PTH可以引起：① 骨质脱钙，引起肾性骨营养不良及全身多系统广泛的钙磷沉积，尤其是在肾小管间质沉积，使肾功能损害进一步加重。② 皮肤瘙痒，切除甲状旁腺可使瘙痒减轻或消失。③ 细胞外 Ca^{2+} 转移入细胞内，使细胞内钙沉积，引起细胞功能紊乱，最终导致细胞和组织功能障碍甚至坏死。若钙进入雪旺氏细胞和进入轴突，可使外周神经传导速度减慢及损伤；若钙进入脑细胞，可引起脑细胞功能障碍，同时使铝在脑细胞中蓄积，产生尿毒症痴呆。④ 刺激胃泌素释放，使胃酸分泌增多，促进溃疡形成。⑤ 促进蛋白质分解，加重氮质血症，同时使血脂增高。⑥ 抑制RBC及Hb的合成，减少RBC的生成。同时降低RBC的膜稳定性，使RBC易被破坏，患者发生贫血。⑦ 抑制中性粒细胞迁移，抑制T细胞的功能和B细胞的增殖，使患者易于发生感染。

(二) 胍类化合物

胍类化合物(guanidine compounds)是体内精氨酸的代谢产物，主要包括甲基胍、胍基琥珀酸和肌酐等。正常情况下精氨酸主要在肝通过鸟氨酸循环不断生成尿素、胍乙酸和肌酐。肾衰患者精氨酸代谢异常，使胍类化合物生成增多，加之至晚期，这些物质的排泄发生障碍，引起体内胍类化合物蓄积。

甲基胍被认为是毒性最强的小分子物质。正常人血浆中甲基胍含量甚微，约为80 μg/L，而尿毒症时可高达6 mg/L。甲基胍可使红细胞寿命缩短，血管收缩、高血压，患者呕吐、腹泻、便血、运动失调、痉挛、嗜睡、心室传导阻滞等。胍基琥珀酸的毒性比甲基胍弱，它能抑制脑组织的转酮醇酶的活性，可影响脑细胞功能，引起脑病变。胍基琥珀酸还能抑制血小板功能，引起出血。

(三) 尿素

尿素(urea)在尿毒症发生中的作用是有争议的，但目前被多数学者肯定。血液中尿素浓度持续高达107.1 mmo/L(300 mg/dL)以上时，可引起厌食、头痛、恶心、呕吐、糖耐量降低和出血倾向等症状。体外实验也表明，尿素可抑制单胺氧化酶、黄嘌呤氧化酶以及ADP对血小板第三因子的激活作用。近年来又进一步证实尿素的毒性作用与其代谢产物——氰酸盐有关。氰酸盐与蛋白质作用后产生氨基甲酰衍生物，突触膜蛋白发生氨基甲酰化后，高级神经中枢的整合功能可受损，产生疲乏、头痛、嗜睡等症状。因此，尿素虽不是具有剧烈毒性作用的毒素，但它在尿毒症发病机制中是占有重要地位的。

(四) 胺类

胺类(amines)包括脂肪族胺、芳香族胺和多胺，多为细菌代谢产物。脂肪族胺可引起感觉迟钝、肌阵挛、扑翼样震颤和溶血等。芳香族胺(苯丙胺、酪胺)对脑组织的琥珀酸氧化过程以及多巴羧化酶活性均有抑制作用。脂肪族胺和芳香族胺可能与尿毒症脑病有关。多胺(精胺、腐胺与尸胺)可引起厌食、恶心、呕吐和蛋白尿，并能促进红细胞溶解，抑制促红素的生成，抑制 Na^{+}-K^{+}-ATP酶的活性，还能增加微血管通透性，促进尿毒症时肺水肿、腹水和脑水肿的发生。

(五) 未知中分子质量毒性物质

未知中分子质量毒性物质是指分子质量在500～5 000 Da的化学物质，其化学本质未确定，包括正常代谢产物、细胞代谢紊乱产生的多肽、细胞或细菌碎裂产物等。高浓度中分子物质可引起周围神经病变、中枢神经病变、红细胞生长受抑制、性功能障碍和内分泌腺萎缩，还可降低胰岛素与脂蛋白酶活性、抑制血小板功能和抑制细胞免疫功能等。

（六）其他毒性物质

其他毒性物质包括肌酐、尿酸、酚类等。肌酐可引起溶血、嗜睡。尿酸高的患者并发心包炎者多，故尿酸在心包炎的发病中可能起一定作用。酚类可引起动物昏迷，可抑制血小板第三因子的活性和阻碍血小板的集聚，因此酚类可能是导致尿毒症时出血倾向的原因之一。

综上所述，尿毒症时机体出现的临床症状和体征甚为复杂，很难用某种单一的毒性物质去解释，而且有些物质单独可能不起毒性作用，但合并在一起则毒性效应增强。因此，尿毒症很可能是各种毒性物质和代谢障碍等综合作用的结果。

二、尿毒症对机体的影响

（一）一般表现

尿毒症时，除泌尿功能障碍、水、电解质和酸碱平衡紊乱、氮质血症以及贫血、出血、高血压等进一步加重外，还出现全身各系统的功能障碍和物质代谢紊乱。

1. *消化系统功能障碍*　这是尿毒症患者出现最早和最常见的表现为厌食、恶心、呕吐等。

2. *心血管系统功能障碍*　约有50%慢性肾衰和尿毒症患者死于充血性心力衰竭和心律失常，是引起尿毒症患者死亡的重要原因之一。

3. *免疫系统功能低下*　60%以上尿毒症患者常有严重感染，为尿毒症患者又一重要死亡原因。主要表现为细胞免疫反应明显受到抑制，而体液免疫反应可正常或稍减弱。

4. *呼吸系统障碍*　患者呼出气体有氨味，这是由于尿素经唾液中的酶分解成NH_3所致。严重患者可出现肺水肿，可能与心力衰竭、低蛋白血症、钠水潴留以及毒性物质所致的肺毛细血管通透性增高等有关。

因肾脏是一个内分泌器官，也是一些内分泌激素代谢、排泄的器官。肾脏分泌的激素有EPO、肾素、前列腺素、激肽释放酶-激肽等。肾脏又是许多内分泌激素的靶器官，如甲状旁腺激素对钙、磷代谢的调节，抗利尿激素对水代谢的调节等，均是通过肾脏发生作用的。因此尿毒症时内分泌系统功能也可发生障碍。

尿毒症时三大物质均可发生代谢紊乱。糖代谢异常，50%～75%的尿毒症患者糖耐量降低。蛋白质代谢异常，其特点是血清白蛋白和运铁蛋白减少，必需氨基酸水平降低。脂质代谢异常，患者常有高脂血症，主要是血清三酰甘油增高。

（二）病理生理学关注的表现和机制

1. *尿毒症性脑病*（uremic encephalopathy，UE）　是指尿毒症患者常出现的神经精神系统症状的一种临床综合征。早期表现为淡漠、疲乏、记忆力减退等，病情加重时出现记忆力、判断力、定向力和计算力障碍，并常出现欣快感或抑郁状、妄想和幻觉等精神症状，最后可有嗜睡和昏迷。病理形态学变化为脑实质出血、水肿或点状出血，神经细胞变性，胶质细胞增生。这些非特异性病理变化以大脑皮层、网状结构等处较为严重。其发生机制尚不十分清楚，可能是由于：① 某些毒性物质尤其是中分子物质（如甲状旁腺激素）或一些小分子物质（如胍类）蓄积，使Na^+-K^+-ATP酶活性降低，能量代谢障碍，脑细胞膜通透性增高，造成脑细胞内钠含量增加，产生脑水肿。② 与高血压所致脑血管痉挛加重脑缺血、缺氧有关。③ 水、电解质平衡和酸碱平衡紊乱（如酸中毒）可加重病情。④ 感染或心理应激能诱发、加重尿毒症性脑病。

三、尿毒症临床防治措施的病理生理基础

（一）治疗原发病

某些原发病经过适当治疗后，可防止肾实质继续破坏，使肾功能得到改善，从而缓解病情。

（二）防止加重肾负荷的因素

控制感染，减轻高血压，控制心力衰竭，避免急性应激（创伤、大手术等），避免使用血管收缩药物与肾毒性药物，减轻肾脏负荷。

（三）饮食疗法

慢性肾功能不全和尿毒症患者应低蛋白、低磷、高热量饮食，注意补充钙、必需氨基酸和多不饱和脂肪酸，适当补充维生素B、维生素E及微量元素铁等。

（四）血液净化疗法

血液净化疗法对肾衰和尿毒症的治疗效果显著，能使慢性肾衰从“不治之症”转变为“可治病症”。经血液净化治疗的患者 1 年存活率高达 90%，5 年存活率可达 70%，有的患者可存活 10 年以上。

（五）肾移植

肾移植是治疗慢性肾衰与尿毒症最佳方法。由于移植技术逐步提高，新型免疫抑制剂的应用，我国移植肾的存活率有明显提高，已达世界先进水平，1 年肾存活率已超过 90%，3 年肾存活率达 70%左右，存活时间最长的已达 22 年。随着移植技术不断提高，更有效的免疫抑制剂的应用以及异种器官移植研究的进展将会给肾移植带来更加光明的前景。

小　结

肾功能不全是指各种病因引起肾泌尿功能严重障碍，导致水、电解质和酸碱平衡紊乱，代谢废物及毒物在体内潴留，并伴有肾脏内分泌功能障碍的病理过程。根据发病的急缓和病程的长短，分为急性肾功能不全和慢性肾功能不全。急性肾功能不全是指各种病因引起双侧肾脏在短期内泌尿功能急剧降低，导致机体内环境严重紊乱的病理过程，其发生主要是病因引起肾血流量减少、肾小管损伤和肾小球病变所致。慢性肾功能不全是由多种原发性和继发性慢性肾疾病引起，除泌尿功能障碍外，机体还出现因肾脏内分泌功能障碍导致的临床症状，其发生主要是由于原发性肾疾病和继发性肾损害机制导致肾单位渐进性、不可逆破坏，肾功能由代偿逐渐转为衰竭。急、慢性肾功能不全发展到严重阶段都可出现尿毒症，主要与代谢终产物和内源性毒性物质在体内蓄积有关。

【复习思考题】

1. 试述急性肾衰竭少尿期时机体的功能、代谢变化及其发生机制。
2. 试述慢性肾衰竭时机体的功能、代谢变化及其发生机制。
3. 为什么在慢性肾功能不全发展过程中，即使原始病因已经去除，健存肾单位仍进行性减少，肾功能由代偿转为肾衰竭？

（陆德琴）

第十九章

呼吸功能不全

学习要点

掌握：① 呼吸功能不全、呼吸衰竭、Ⅰ型和Ⅱ型呼吸衰竭、急性呼吸窘迫综合征的概念；② 呼吸衰竭发生的发病机制及其血气变化的特点和机制；③ 呼吸衰竭对酸碱平衡与电解质平衡的影响；④ 肺性脑病和肺源性心脏病的概念、发生机制。

熟悉：① 呼吸衰竭的分类；② 急性呼吸窘迫综合征的发病机制。

了解：呼吸功能不全临床防治措施的病理生理学基础。

1736 年，英国医生霍德利（Hoadley）通过尸体解剖观察，第一次对肺的呼吸生理功能进行了解读。1897 年，美国学者在研究麻醉动物呼吸反应时，观察到夹闭双侧颈总动脉时，呼吸立刻变得深大和费力，动物似乎无法呼气，胸腹部渐进扩张，他们描述这种状态为呼气衰竭（failure of expiration），而动物在用麻药麻醉后，因其作用于呼吸中枢，使呼气与吸气均受到影响，故将这一现象称为呼吸衰竭，简称呼衰（respiratory failure）。1924 年，临床医生们已经注意到了在抢救溺水或触电患者过程中，如果在供给的氧气中混入 5%的 CO_2 以刺激呼吸中枢，对防止呼吸衰竭具有重要意义。直至 20 世纪 60 年代初期，对呼衰的理解主要是一个主观的功能状态减弱的描述，因而达到何种程度算衰竭，自然会产生争议，比如 20 世纪 40 年代末美国呼吸系统疾病的先驱鲍德温（Baldwin）就一直不用呼吸衰竭一词，而使用呼吸功能不全（respiratory insufficiency）来描述同样状态的患者。所以请注意病理生理也好，临床也好，其用词不少地方有“模糊”的思想，不能完全用组织学的概念一对一地对应。用衰竭一词主要是表达“病况重、危险、要重视”的意思，并非一定病入膏肓、不可救药。1965 年英国医师坎贝尔（Campbell）针对这一问题，建议用氧解离曲线中位于“肩部”（PaO_2＞60 mmHg，氧饱和度为 90%）来代表机体出现低氧血症，以表示机体衰竭程度（图 19－1）。

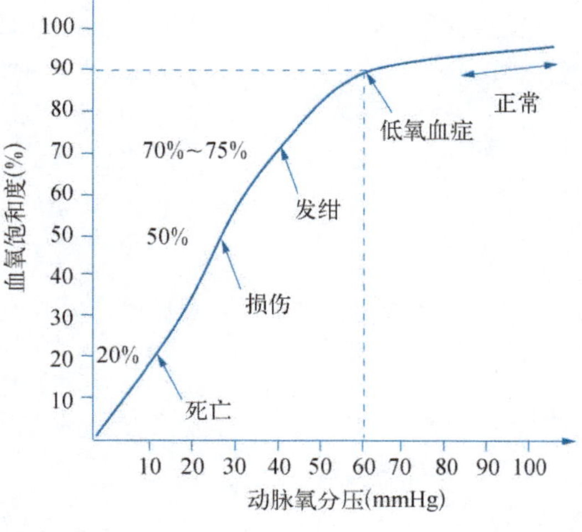

图 19－1　氧解离曲线与呼衰低氧示意图

自肾衰竭以后，呼吸衰竭是第二个人类攻关的器官衰竭，人工机械通气的方法发明，是 20 世纪 60 年代临床重症监护室（intensive care unit，ICU）得以在美国普及的重要推手。因为机体尤其是大脑中枢对氧的依赖，学者们特别重视对急性呼衰的研究，其中尤其以“急性呼吸窘迫综合征”概念建立和对其机制研究最为突出。

在 20 世纪 90 年代前，急性呼吸窘迫综合征至少有数十个名字来表述这种不同具体病因引起的呼吸道严重病理生理改变。如 1821 年，或许是世界上第一篇有关心脏并无问题，但出现特发性肺水肿的论文发表。20 世纪 50 年代肺水肿已经是美国医学界高度重视的一个病症，但在此期间或以前，医学上多是根据其损伤原因或病理状态来命名，如第一次世界大战时描述"创伤性肺不张"、第二次世界大战时描述为"创伤性湿肺"等。越南战争期间许多发生休克的美军士兵在救治过程中发生急性呼吸衰竭，因其基地在越南岘港（Da Nang），所以称为"Da Nang lung"。1967 年世界著名医学杂志《柳叶刀》发表了阿什博（Ashbaugh）、比奇洛（Bigelow）、佩蒂（Petty）和莱文（Levine）等学者的标志性文章，他们用"成人中的急性呼吸窘迫综合征（acute respiratory distress in adults）"来描述因诸如胃肠吸引、脓毒血症、顿挫伤、溺水等不同原因引起的严重肺的病理生理异常。但 1971 年佩蒂和阿什博在其他刊物上将"急性（acute）"又改为了"成人（adult）"，即成人呼吸窘迫综合征（adult respiratory distress syndrome，ARDS）。可能是因为当时他们想与"婴儿呼吸窘迫综合征（infant respiratory distress syndrome，IRDS）"相区别。1992 年，欧美危重病及呼吸疾病专家在美国迈阿密和西班牙巴塞罗那召开的 ARDS 联席会议，再次统一了急性呼吸窘迫综合征（acute respiratory distress syndrome，ARDS）的概念和诊断标准，会议认为：① ARDS 并非仅发生于成人，儿童亦可发生；② ARDS 的特点在于急性起病。因此，ARDS 中的"A"应由成人（adult）改为急性（acute）。此外，这次会议还将感染、创伤诱导的全身炎症反应归纳为"全身炎症反应综合征（systemic inflammatory response syndrome，SIRS）"，并进一步明确了 SIRS 是导致急性肺损伤等器官功能障碍的根本原因（成人呼吸窘迫综合征是急性呼衰竭的一种类型，强调炎症性肺损伤，而急性呼吸衰竭不一定都有炎症性问题，两个概念不完全一致）。

呼吸系统是机体与外界进行气体交换的重要功能单位，生理学上把气体从外界进入肺泡的过程称为吸气，而气体从肺泡排出到外界的过程称为呼气。正常机体一呼一吸，周而复始，循环不止，维持着机体与外界的气体交换。完整的呼吸概念，包含外呼吸（外界-血液的气体交换）和内呼吸（血液-组织细胞的气体交换和利用），并由血液担负着运输气体的功能（图 19－2）。

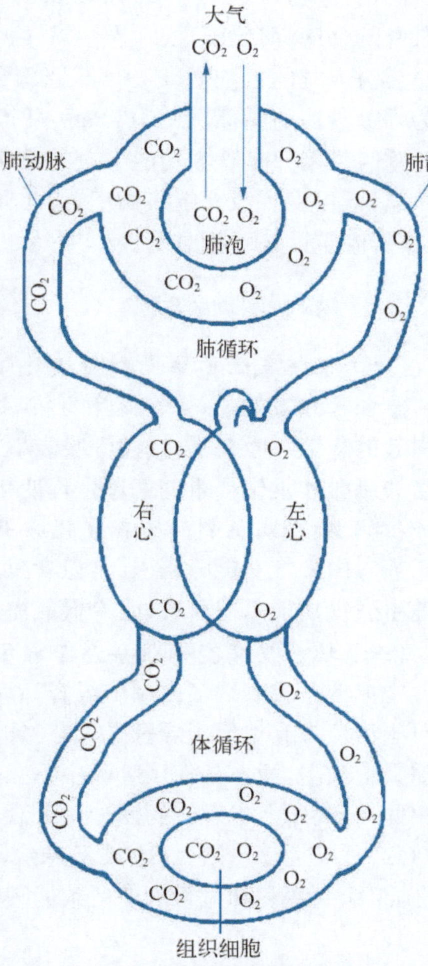

图 19－2　正常呼吸过程示意图

外呼吸功能包括肺通气和肺换气两大环节，由气道、肺、胸（膜）腔、呼吸肌和支配呼吸运动的神经及其中枢参与，共同维持着动脉血液中氧与二氧化碳的稳态。通常所说的呼吸功能多指外呼吸功能。各种原因引起外呼吸功能障碍，导致呼吸功能不全或衰竭，必然造成机体因缺氧和（或）二氧化碳潴留而引起其他系统组织器官的代谢、功能障碍及形态学变化，严重时可危及生命。

第一节　呼吸衰竭概述

一、呼吸功能不全

各种原因引起外呼吸功能障碍，使肺功能储备降低，以致在静息或体力活动后出现动脉血氧分压（PaO_2）低于正常范围，或伴有动脉血二氧化碳分压（$PaCO_2$）高于正常范围等呼吸功能的异常，并出现相应的症状体征，称为呼吸功能不全（respiratory insufficiency）。呼吸功能不全涵盖了外呼吸功能障碍由轻到重的全过程，而呼吸衰竭只是呼吸功能不全的严重阶段。

二、呼吸衰竭

判定呼吸衰竭的重要指标之一是血气分析，正常人在静息时，动脉血氧分压（PaO_2）为 80 ～ 100 mmHg（10.7 ～13.3 kPa），PaO_2 随年龄及所处的海拔高度而异，成年人在海平面时的正常范围为 PaO_2 =（100－0.33×年龄）±5 mmHg；动脉血二氧化碳分压（$PaCO_2$）极少受年龄的影响，为 36 ～ 44 mmHg（4.8 ～5.9 kPa）。

呼吸衰竭（respiratory failure）是指各种原因引起外呼吸功能严重障碍，导致机体在海平面静息状态吸入空气的情况下，PaO_2 低于 60 mmHg（8 kPa），或伴有 $PaCO_2$ 高于 50 mmHg（6.67 kPa），表现出一系列病理生理紊乱的临床综合征。

当吸入气的氧浓度（FiO_2）不足 21%时，可采用氧合指数或呼吸衰竭指数（respiratory failure index，RFI）作为呼吸衰竭的指标。RFI＝PaO_2/FiO_2，呼吸衰竭时，RFI≤300 mmHg（40 kPa）。

呼吸衰竭只是呼吸功能不全的晚期表现，功能不全和衰竭两者都不是一种独立的疾病，而是一种功能障碍状态，既可由呼吸系统疾病引起，也可能是各种疾病的并发症。由于呼吸衰竭对机体造成的影响最为严重，本章着重阐述呼吸衰竭。

三、呼吸衰竭的分类

（一）根据发生的快慢和持续时间长短分为急性和慢性

急性呼衰发病急，可在几十分钟、数小时或数日内发生，机体通常来不及代偿，如窒息、严重开放性气胸所引起的急性呼吸衰竭；慢性呼吸衰竭发生缓慢，持续时间较长，在早期或轻症时机体一般可以代偿，只有当代偿失调时才发生严重的病理生理变化。

（二）按发病机制和血气变化分为换气障碍型和通气障碍型

前者由换气功能障碍引起，患者只有低氧血症，$PaCO_2$ 正常或偏低，又称低氧血症型（Ⅰ型）呼吸衰竭；后者是由通气功能障碍所致，除有低氧血症外还伴有 $PaCO_2$ 升高，又称高碳酸血症型（Ⅱ型）呼吸衰竭。

（三）按原发病变部位分为中枢型和外周型

中枢型呼吸衰竭多由颅脑或脊髓病变所引起，外周型呼吸衰竭常由呼吸器官或胸腔疾病所致。此种分类对于治疗具有重要指导意义，如对外周型呼衰，特别是由气道堵塞引起的急性呼吸衰竭首要治疗措施是解除呼吸道梗阻，而不是使用呼吸中枢兴奋剂。

此外，临床上也有按病因分为泵衰竭呼衰和肺衰竭呼衰。泵衰竭呼衰是指由呼吸驱动力不足（呼吸运动中枢）或呼吸运动受限（周围神经麻痹，呼吸肌疲劳，胸廓畸形）引起的呼吸衰竭；肺衰竭呼衰是指由气道阻塞、肺组织病变和肺血管病变所致的呼吸衰竭。

第二节　呼吸衰竭的病因与机制

一、病因

呼吸衰竭是外呼吸功能障碍引起的临床综合征，故从呼吸中枢至气道、胸廓和肺的病变，凡可严重阻碍呼吸运动和肺内气体交换者，皆可引起呼吸衰竭。呼吸衰竭的常见病因，见表 19－1。

表 19－1　呼吸衰竭的常见病因

病变部位	主要疾患
呼吸道疾患	气道异物阻塞、支气管痉挛、慢支炎、支气管哮喘、喉头水肿、上呼吸道肿瘤压迫
肺组织病变	重度肺炎、肺结核、肺气肿、肺水肿、肺纤维化、严重肺损伤、肺癌、矽肺、间质性肺炎等

续表

病变部位	主要疾患
肺血管疾患	肺血管栓塞、肺梗死、肺血管瘤
呼吸肌疾患	重症肌无力、呼吸肌麻痹、呼吸肌损伤
胸廓胸膜疾患	胸廓外伤、胸廓畸形、手术创伤、气胸、胸膜炎、胸腔积液等
神经及中枢病变	脑炎、脑外伤、脊髓灰质炎、多发性神经炎、药物、电击等致中枢抑制

另外，不同年龄组常见的易致呼吸衰竭的病因有所差别，如：① 新生儿：以新生儿窒息、ARDS、颅脑损伤、新生儿肺炎等为多见；② 婴幼儿：常由异物吸入、溺水、重症肺炎、哮喘持续状态、脑炎、败血症等引起；③ 成人：多为慢性阻塞性肺疾病（chronic obstructive pulmonary disease，COPD）、ARDS、高原反应、肺水肿、肺栓塞和胸腹手术后并发肺感染等所致。

二、临床表现

（一）病史

多有支气管、肺、胸膜、肺血管、心脏、神经肌肉或严重器质性疾病史；或有溺水、电击、外伤、药物中毒、严重感染、休克等病因。

（二）症状及体征

除原发病症状外，可有下列表现：

1. 发绀　常见口唇、指甲等处出现发绀；若伴贫血则不出现发绀。

2. 呼吸困难　轻者仅感呼吸费力，鼻翼扇动；重者呼吸窘迫，呼吸浅快，节律异常或呼吸抑制。

3. 神经精神症状　缺氧可致记忆力减退，定向力降低，伴有焦虑、失眠、眩晕、神志异常、烦躁不安、精神错乱等；CO_2潴留可引起头痛、嗜睡、昏迷、肌肉震颤、运动失调等。

4. 心功能异常　常有心动过速、心律失常或右心衰竭症状。严重缺氧和二氧化碳潴留可出现周围循环衰竭，血压下降，心律失常，甚至心搏骤停。

5. 其他器官功能障碍　可出现转氨酶升高；血非蛋白氮增高；尿中出现蛋白、红细胞和管型；胃肠道黏膜淤血水肿、糜烂渗血或应激性溃疡而出现上消化道出血；病情严重者可出现弥散性血管内凝血。

（三）动脉血气分析

PaO_2降低（低于 60 mmHg），或伴有 $PaCO_2$升高（高于 50 mmHg）；动脉血氧饱和度（SaO_2）和动脉血氧含量（CaO_2）明显低于正常。

三、呼吸衰竭的基本机制

呼吸衰竭的发病学环节包括肺泡通气不足和肺换气障碍，任何原因引起这两个环节的障碍均可发生呼吸衰竭。

（一）肺泡通气不足

肺通气包括肺泡通气和无效腔通气，各种因素导致肺泡通气减少都可以引起呼吸衰竭。

1. 通气动力不足　主要由呼吸肌损伤、呼吸肌疲劳和支配呼吸运动的神经及呼吸中枢病变引起。常见于严重创伤、牛角伤、脑或脊髓损伤、脑炎、脊髓灰质炎、重症肌无力等。

2. 肺顺应性降低　肺脏是一种弹力器官，具有可扩张性，在单位压力作用下可引起其容量的变化，即顺应性。正常双肺的顺应性约为 200 mL/cm H_2O。肺的顺应性降低使肺的总容量减少，导致肺泡通气不足是发生呼吸衰竭的重要机制。肺顺应性降低主要由下列因素所致：

(1) 肺组织弹性降低：肺淤血、水肿，实变，间质增生，纤维化使肺组织变硬是其常见原因。

(2) 肺泡表面活性物质减少：正常肺泡内表面布有一层薄薄的液体，它所产生的表面张力构成了肺泡的弹性回缩力，约占正常肺弹性阻力的 2/3，这是影响肺顺应性的一个重要因素。根据 Laplace 定律，液泡回缩力＝2×表面张力/半径，表面张力越大或液泡半径越小则产生的回缩力就越大。生理情况下，在肺泡液体层的表面覆盖了一层由Ⅱ型上皮细胞分泌的表面活性物质，主要成分为二软酯酰卵磷脂，其功能是降低肺泡表面张力，维持肺泡的稳定性，使大肺泡不无限增大，小肺泡不会萎缩。没有表面活性物质的肺泡界面液表面张力为 5 Pa · cm(50 dyn/cm)，而覆盖有表面活性物质的肺泡界面液表面张力只有 0.5～3 Pa · cm(5～30 dyn/cm)。在病理情况下，如弥散性肺部炎症病变、肺损伤等使Ⅱ型上皮细胞受损，导致表面活性物质生成减少或功能降低；或肺泡通气过度(如哮喘)使表面活性物质过度消耗；或因体内磷脂酶活性增强(如急性胰腺炎)，使表面活性物质破坏增加；或因肺泡内水肿液将表面活性物质稀释等都可导致肺泡表面张力增大使肺顺应性降低，造成肺泡通气不足，甚至发生肺泡萎缩和肺不张。

(3) 胸廓、胸膜病变：如胸廓外伤、气胸(尤其开放性气胸)、胸膜炎、胸腔积液等均可导致胸膜腔负压降低或消失，使肺的扩张受到限制或被压缩而造成通气不足。

3. 气道阻力增加　气道阻力是指气道内流动的气体分子间和气流与气道内壁产生摩擦所形成的阻力。影响气道阻力的因素很多，包括气道内径长度和形态、气流速度与形式(层流、湍流)、气体密度与黏度等。其中，以气道内径最为重要。根据 Poiseulle 定律 $R=8\eta L/\pi r^4$ 可知：气道阻力(R)与气体黏滞度(η)、气道长度(L)成正比，与气道内半径(r)的四次方成反比。如支气管痉挛时，由于气道内径缩小致气道阻力增加，使患者表现出很明显的呼吸困难或哮喘。

生理情况下，成人平静吸气时，气道总阻力 80%以上来自直径＞2 mm 的大气道，20%以下来自直径＜2 mm的小气道。大气道总横切面积小(气管的横切面积仅约 5cm²)，管壁厚，有软骨支撑，不易变形；而小气道总横切面积大(成人细支气管总横切面积达 1 165 cm²)，管壁薄，无软骨，吸气时易扩张，但病变时则容易变形、塌陷或扭曲。在病理情况下，从大气道至小气道的任何部位发生狭窄和阻塞，均可导致气道阻力增加而造成通气不足。临床上常将气道阻塞分为上呼吸道阻塞和下呼吸道阻塞。

(1) 上呼吸道阻塞：主要由气道异物、喉头水肿、声带麻痹、气道肿瘤或气道外压迫等所致。若阻塞位于胸外，患者在吸气时，因气体流经阻塞部位后压力骤降，使气道内压明显低于大气压，造成气道狭窄加重(图 19-3)，故表现出吸气性呼吸困难(inspiratory dyspnea)，严重者可出现胸骨上窝、锁骨上窝和肋间隙凹陷的“三凹征(three concave sign)”。

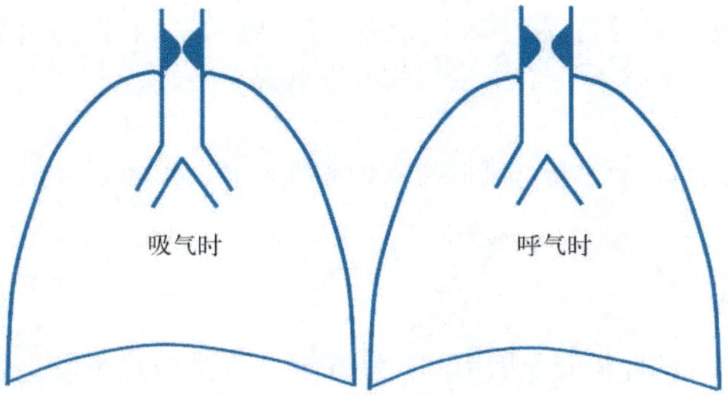

图 19-3　胸外气道阻塞致吸气性呼吸困难示意图

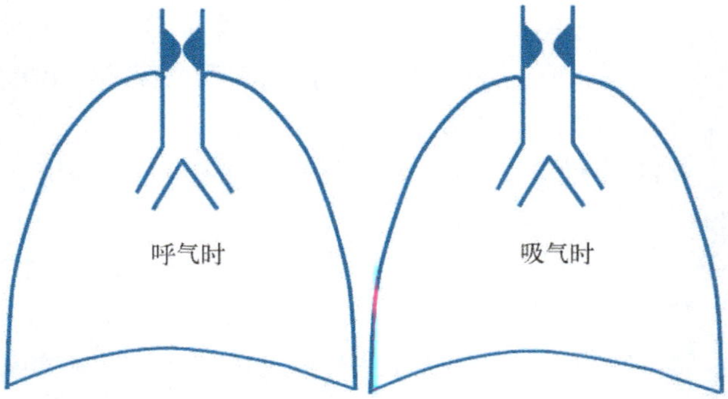

图 19-4　胸内大气道阻塞致呼气性呼吸困难示意图

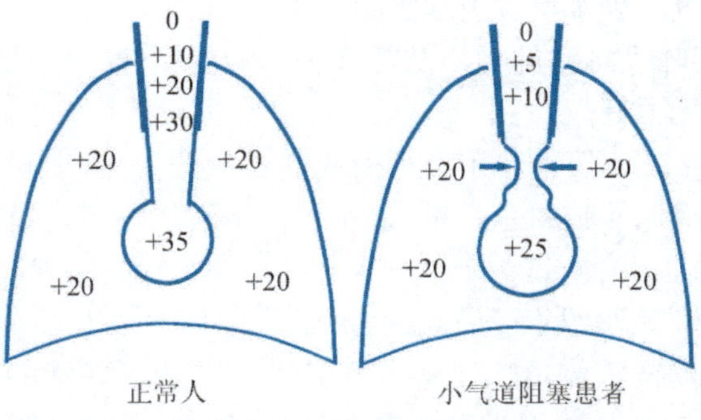

图 19-5　等压点移位致气道压闭示意图

若阻塞位于大气道的胸内部分，呼气时由于胸膜腔内压升高而压迫气道，使气道狭窄加重(图 19-4)，患者表现为呼气性呼吸困难(expiratory dyspnea)。

(2) 下呼吸道阻塞：多见于 COPD、支气管炎症、痉挛、哮喘等。这些疾病容易造成小气道管壁增厚、纤维化、痉挛，管径缩小、被分泌物堵塞、变形或塌陷。此类患者也常表现为呼气性呼吸困难。① 患者在用力呼气时，由于胸腔内压升高压迫气道使气道狭窄加重；② 等压点移位 在呼气时，气体所流经的气道上总有一个部位的气道内压与胸腔内压相等，这一点被称为等压点。生理情况下，等压点位于软骨性气道，胸腔内压不会压缩气道;但在小气道有狭窄或堵塞时,气流在通过狭窄区后其压力显著下降,使气道内压明显低于胸腔内压,造成等压点向肺泡方向移位,当等压点移至膜性气道时,胸腔内压导致小气道压缩,用力呼气时甚至造成小气道压闭(图 19-5)。

(二) 肺换气障碍

肺换气是指肺泡与肺毛细血管之间的气体交换过程。受肺泡有效通气量、流经肺泡毛细血管血流量、呼吸膜厚度、肺泡有效换气面积等因素的影响。肺换气障碍(disturbance of ventilation)通常发生在以下几个环节。

1. *气体弥散障碍*　弥散障碍(diffusion impairment)是指由于呼吸膜面积减少或异常增厚,或弥散时间明显缩短所引起的气体交换障碍。主要机制为:

(1) 弥散膜面积减少:正常成人肺泡膜为 60～100 m^2,平静呼吸时,只需 35～40 m^2的面积参与气体交换,其换气面积的储备量很大。只有当弥散面积减少一半以上时,才可能因弥散膜面积过少而发生弥散障碍型呼吸衰竭,临床见于:肺叶切除、肺实变、肺不张、肺水肿等。

(2) 呼吸膜增厚:正常肺泡膜平均厚度不到 1 μm,由肺泡上皮、毛细血管内皮和各自的基底膜及间质所构成(图 19-6)。再加上气体从肺泡腔到达红细胞内还需经过的肺泡表面液体层、血管内血浆和红细胞膜,总厚度也不到 5 μm。但在肺水肿、肺间质纤维化、肺内透明膜形成等病理情况下,可使呼吸膜变厚,导致弥散距离增加而使弥散速率减慢。

(3) 弥散时间过短:正常情况下,血液流经肺泡毛细血管的时间,在静息时,大约 0.75 s,而完成气体交换的时间:O_2需要 0.25 s,CO_2需要 0.13 s。因此,只有在机体活动显著增加、情绪激动等使心输出量增加和肺血流加快时,才会造成血液与肺泡气接触时间明显缩短而导致换气不足。

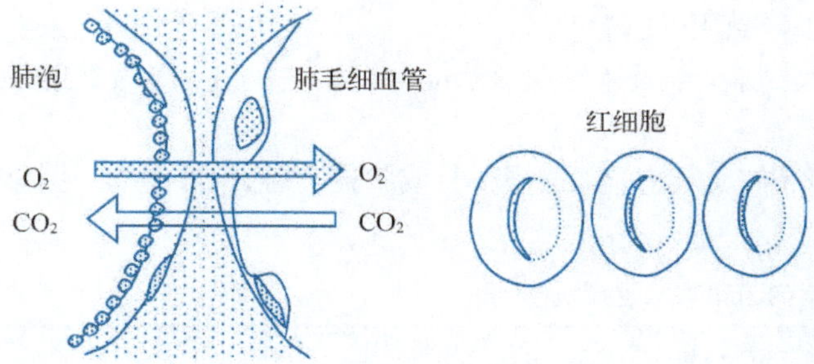

图 19-6　呼吸膜构成示意图

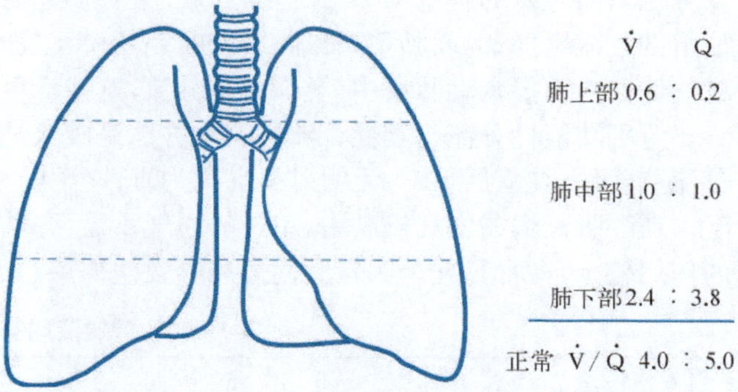

图 19-7　正常成人肺通气-血流分布示意图

2. *肺泡通气与血流比例失调*　肺泡通气血流比例失调(ventilation-perfusion imbalance)是影响肺泡与血液之间气体交换的重要因素。正常成人静息时,肺泡总通气量($\dot{V}$)约为 4 L/min,总血流量($\dot{Q}$)为 5 L/min,通气血流比值($\dot{V}$)为 0.8(图 19-7)。

(1) 部分肺泡$\dot{V}/\dot{Q}$降低:因部分肺泡通气严重不足而血流量正常,导致部分肺泡$\dot{V}/\dot{Q}$降低,使流经该部分肺泡的静脉血未经充分氧合便流入动脉血中,称为功能性分流(functional shunt)(图 19-8B),也称假性静脉血掺杂(falsevenous admixture)。主要见于上述 COPD 和引起肺顺应性严重降低的各种疾病,其结果是造成动脉血氧分压(PaO_2)降低,严重者发生呼吸衰竭。正常成人也存在功能性分流,但仅约占肺血流量的 3%,严重的慢性阻塞性肺病时,可以增至肺血流量的 30%～50%,从而严重地影响换气功能。

(2) 部分肺泡$\dot{V}/\dot{Q}$升高:当肺泡通气良好,而流经该部分肺泡的血流不足或阻断,即可引起$\dot{V}/\dot{Q}$升高(图 19-8C),使该部分肺泡通气不能被充分用于气体交换,故称为无效腔样通气(dead space like ventilation)。主要见于肺动脉分支栓塞、肺内 DIC、肺动脉痉挛收缩、炎症和肺毛细血管床大量破坏等均可使流经该部分肺泡的血量减少,而使该部分肺泡的$\dot{V}_A/\dot{Q}$明显升高,造成该部分肺泡的无效腔气量增加,严重肺疾患时无效腔气量与潮气量之比可高达 60%～70%(正常时低于 30%)。

3. *解剖分流增加*　由肺动脉分支向肺静脉分支的分流称为解剖分流(anatomic shunt,图 19-8D)。这部分静脉血液完全未经气体交换直接流入动脉血中,故又称为真性分流(true shunt)或真性静脉血掺杂(true venous admixture)。在生理情况下,肺内也存在解剖分流,即有一小部分静脉血经支气管静脉和肺内动-静

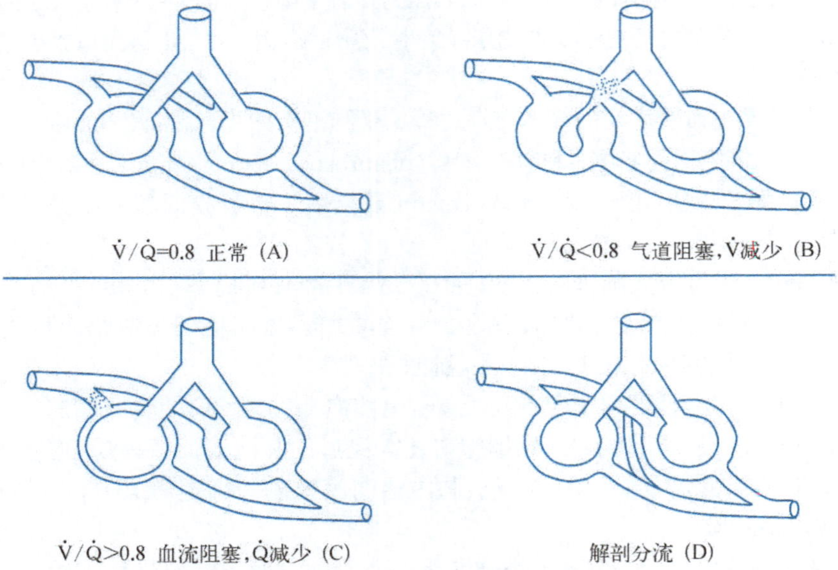

图 19－8 肺泡通气与血流比例失调示意图

脉吻合支直接流入肺静脉,其分流量占心输出量的 2%～3%。在病理情况下,如休克肺、肺小血管栓塞使肺动脉压增高导致的肺内动-静脉短路开放、慢性阻塞性肺病时支气管静脉与肺静脉之间形成吻合支时,均可使解剖分流增加;以及肺不张或肺实变时病变肺泡完全无通气功能,但仍有血流,流经该处的血液完全未进行气体交换而掺入动脉血中,类似解剖分流,这些都可以导致 PaO_2降低。

鉴别功能性分流与真性分流的有效方法是吸入纯氧试验,若吸入纯氧 30 min 能提高 PaO_2,即为功能性分流;若吸入纯氧后 PaO_2无明显提高则为真性分流。

在呼吸衰竭的发病机制中,单纯的通气不足、弥散障碍、通气血流比例失调、或肺内分流增加等单一因素的作用较少,常常是几个因素共同或相继发生作用。

表 19－2 呼吸衰竭基本病因和基本发病机制

生 理		基 本 病 因	机 制	备 注
通气	中枢	中枢病变(器质或抑制性)	呼吸动力减弱	阻塞位于胸外:
		胸廓病变	呼吸阻力增加	吸气性呼吸困难
	胸廓	(肌无力、骨折、气胸)	(顺应性缩小)	阻塞位于胸内
	肺	肺部病变(实质、间质) (肺炎、肿瘤)	限制性通气不足	呼气性呼吸困难
	气道	气道病变(气道外、气道内)	阻塞、压迫 阻塞性通气不足	呼吸膜气体交换 $D \propto \frac{\Delta P \cdot T \cdot A \cdot S}{d \cdot \sqrt{MW}}$
	呼吸膜	膜损伤(炎症)	面积↓厚度↑ 血气接触时间过短 弥散障碍	
换气	通气血流比 V/Q=0.8	气道和(或)血流改变 (部位,轻重)	1. 若V↓,而Q→ V/Q<0.8 功能性分流 2. 若V→,而Q↓ V/Q>0.8 死腔样通气 3. 若V/Q=0 真性分流	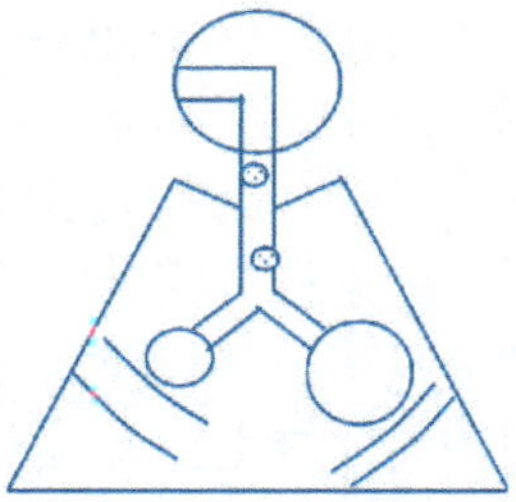

注:由备注中生理学呼吸膜气体交换公式可知(D为气体交换效率,T为时间,A为膜面积,S为气体分子溶解度,d为膜厚度,MW为气体分子质量),弥散障碍主要与膜面积、厚度、接触时间有关。备注中线图可帮助记忆本表的所有内容。看图说话,呼吸运动是怎么进行的?阻塞部位不同对通气的影响?肺内通气血流比失调的理解等,请留意。

第三节　呼吸衰竭对机体的影响

一、总体表现

呼吸衰竭对机体的影响主要来自由它所引起的低氧血症、高碳酸血症和酸碱平衡紊乱对机体多系统造成的功能、代谢紊乱。其影响的大小与其发生的急缓、病情的轻重、持续的时间以及机体原有的机能代谢状况等有关，严重者可危及生命。通常由缺氧、酸中毒和高碳酸血症造成的重要器官和系统功能障碍，早期和轻者主要为代偿性或兴奋性变化，晚期和重者表现为抑制性变化或衰竭。中枢神经系统的严重影响是肺性脑病和CO_2麻醉，患者常有呼吸困难或呼吸抑制；对心血管系统主要导致心肌损害、肺源性心脏病或心力衰竭，以右心衰竭为主；此外，还可导致肝功能异常；肾血流量减少、肾小球滤过率减少导致少尿或无尿。慢性缺氧可引起继发性红细胞增多使血黏滞度增加。呼吸衰竭经常发生酸碱紊乱，常包括代谢性酸中毒、呼吸性酸中毒合并代谢性酸中毒、呼吸性碱中毒等类型。

二、病理生理学关注的表现和机制

（一）血气变化

呼吸衰竭必有缺氧，最基本的血气变化是低氧血症，是否伴高碳酸血症要视病因和发生机制而定。其总的血气变化有四种表现形式。

1. PaO_2降低伴$PaCO_2$成比例升高　见于各种原因引起的全肺通气不足，如中枢性呼吸衰竭、气管至鼻腔的大气道堵塞、窒息和开放性气胸引起的双肺压缩等。这些情况对PaO_2和$PaCO_2$的影响在理论上本应相同，但因机体在混合饮食时，每消耗1 mol的O_2仅产生0.8 mol的CO_2（呼吸商为0.8），所以当PaO_2降低50 mmHg（由正常的100 mmHg降至50 mmHg）时，$PaCO_2$只升高了40 mmHg（由正常的40 mmHg升至80 mmHg），两者的异常呈比例的加重。

2. PaO_2降低伴$PaCO_2$不成比例升高　见于部分肺泡通气不足引起的呼吸衰竭。由于部分肺泡通气不足时的低氧血症和高碳酸血症可引起代偿性通气增强，使健康肺泡的通气量明显增加，由于CO_2的溶解度比O_2大24倍且弥散系数比O_2大20倍，其解离曲线几乎呈直线，所以CO_2可随正常肺泡的代偿性通气增加而排出体外，但对低氧血症的代偿却受到限制。因为氧解离曲线呈"S"形，在健康肺泡代偿性通气增加时，虽能使流经该部分肺泡的血液氧分压有所提高，但这些肺泡血氧饱和度已经达到"S"形的平直段，即血氧饱和度不能随PaO_2的升高而明显增加。所以，部分肺泡通气不足所引起的PaO_2降低与$PaCO_2$的升高不呈比例关系。如用血液O_2、CO_2分压与其含量的关系理解，也可得到同样的结果，见图19-9。

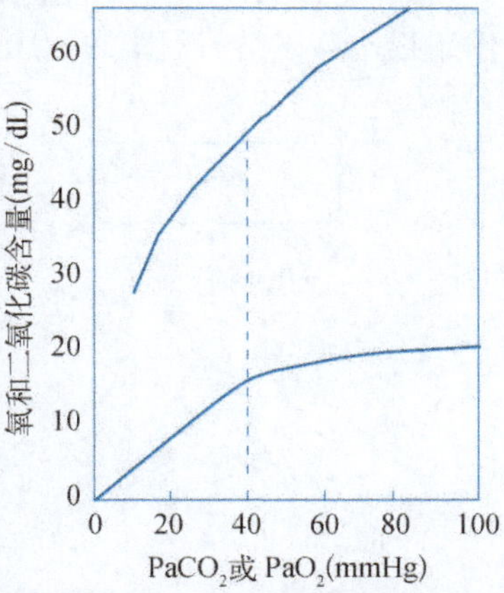

图19-9　血液O_2(CO_2)分压和其含量的关系示意图

当PCO_2处于30～55 mmHg，PO_2为40～100 mmHg，CO_2的平衡曲线几乎是线性的。但是，氧平衡曲线是高度非线性的。即只要通气增加，CO_2排出增加，PCO_2分压下降，CO_2含量就会明显下降。而通气增加，氧分压增加，对氧含量增加作用不大（如果用正文中解离曲线氧饱和度理解，此时氧饱和度已经很高，处于"S"形的平直段，分压增高对提高氧饱和度作用不大）

3. PaO_2降低$PaCO_2$不变　这种血气变化主要见于肺换气障碍型呼吸衰竭（即Ⅰ型呼衰）。因CO_2的弥散能力很强，各种原因引起的肺换气障碍对CO_2的排出都影响不大。

4. PaO_2降低$PaCO_2$也降低　主要见于换气障碍伴有过度通气的患者，如急性呼吸窘迫综合征和肺严重纤维化等。可能是由于肺损伤（呼吸膜受损）和肺间质中感受器受到强烈刺激而反射性引起通气极度加强所致。

表 19－3　呼吸衰竭时四种血气表现形式及机制

类　型	$PO_2\downarrow$			
	$PCO_2\uparrow$（成比例）	$PCO_2\rightarrow$	$PCO_2\uparrow$	$PCO_2\downarrow$
病因	中枢，大气道	肺炎，慢性阻塞性肺疾病		肺纤维化
特点	通气↓↓↓	通气→	通气↓↓	通气↑↑
机制	① 肺泡毛细血管气体交换平衡后 $PAO_2\approx PaO_2$ $PACO_2\approx PaCO_2$ ② 通气下降时 $PACO_2\uparrow\quad PAO_2\downarrow$ ∵ 按生理公式计算 $PACO_2=(0.86\times V_{CO_2})/V$ $PAO_2=PiO_2-(PACO_2/R)$ ③ 令 $x=PAO_2\quad y=PACO_2$ $PiO_2=a\quad 1/R=b$ ∴ $PAO_2=PiO_2-(PACO_2/R)$ 变型为：$x=a-by$ 即随 y 增高 x 下降成直线关系	① 病肺 V/Q↓ 或 ↑， $PaO_2\downarrow$ 或伴 $PaCO_2\uparrow$ ② 健肺代偿 反射性通气 ↑ $PaO_2\uparrow$ 和 $PaCO_2\downarrow$ ③ 病肺与健肺综合总效应 假如阻塞轻 $PaO_2\downarrow PaCO_2\rightarrow$ 假如阻塞重 $PaO_2\downarrow PaCO_2\uparrow$		J 感受器过度受刺激 通气极度增加

注：O_2降低伴 $PaCO_2$成比例升高：通过计算肺泡中氧和二氧化碳浓度及它们的关系，来推测血液中氧和二氧化碳浓度及关系。（因为血液与肺泡通过气体交换达到平衡后，肺泡中 O_2和 CO_2浓度和关系与血中的指标变化是一致的）PA 示肺泡中分压，Pa 示血液中分压；V 表示每分通气量，V_{CO_2}示每分钟组织 CO_2产生量；PiO_2示吸入气氧分压。

O_2降低伴 $PaCO_2$不变或不成比例升高：人为把肺分为病肺与健肺两个部分，易于理解。综合效应中，PaO_2总是下降的，因如果机体代偿后总效应为正常，这时已经不是呼吸衰竭了。同时呼吸膜通过 CO_2 能力比氧气强，只要气道不堵塞，血中高的 CO_2 容易排除，而肺泡中的 CO_2 相对而言较难进入血液。

（二）肺性脑病

1. 概念　由呼吸衰竭引起的脑功能障碍，并表现出一系列神经精神症状的病理过程称为肺性脑病(pulmonary encephalopathy)。

2. 发生机制　由呼吸衰竭引起的严重缺氧、CO_2潴留和酸中毒是导致脑功能障碍的根本机制，且三者的作用很难截然分开(图 19－10)。

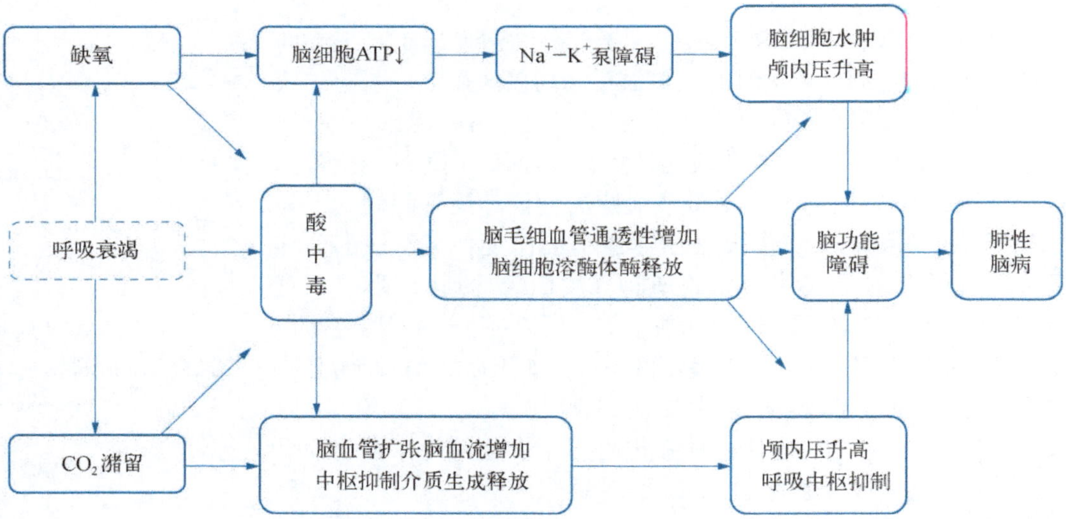

图 19－10　肺性脑病的发生机制示意图

(1) 缺氧对脑功能的影响：正常脑组织对氧的需求量大，成人脑重占体重的 2%，脑血流量却占心输出量的 15%，脑耗氧量为全身耗氧量的 20%。脑细胞对缺氧很敏感，也最易受损。缺氧时，脑细胞生成 ATP 减少，除直接引起脑功能降低外，还可导致 Na^+ 泵功能障碍，使脑细胞内 Na^+、水潴留，引起细胞毒性脑水肿，从而导致颅内压增高，使脑组织和脑血管受压，可进一步加重脑功能障碍。因此，表现出一系列神经精神症状。

当 PaO_2 降至 60 mmHg (8 kPa)时，可出现智力和视力轻度减退；如 PaO_2 迅速降至 40～50 mmHg 以下，就会引起头痛、烦躁不安、定向障碍、精神错乱、嗜睡，甚至昏迷；若 PaO_2＜20 mmHg，在数分钟内便可造成脑细胞的不可逆性损害。

(2) CO_2 潴留对脑功能的影响：由于 CO_2 容易透过血-脑屏障进入脑内，对脑功能产生更为严重的影响，所以，Ⅱ型呼衰比Ⅰ型呼衰更容易发生肺性脑病。其机制如下：

1) 对脑血管的作用：高碳酸血症时，大量 CO_2 进入脑内可直接作用于脑血管使之扩张和脑毛细血管通透性增高，导致脑血流量增加。一般认为 $PaCO_2$ 升高 10 mmHg，可使脑血流量增加 50%，从而导致颅内压升高和间质水肿，严重者可形成脑疝。

2) 对脑细胞的作用：血中 CO_2 过多可导致中枢抑制和脑功能障碍。当 $PaCO_2$ 超过 80 mmHg 时，可出现头痛、头晕、烦躁不安、言语不清、扑翼样震颤、精神错乱、嗜睡、昏迷、抽搐等神经精神症状，称为二氧化碳麻醉(carbon dioxide narcosis)或 CO_2 麻痹。

(3) 酸中毒对脑功能的影响：缺氧和 CO_2 潴留均可导致酸中毒，而且Ⅱ型呼衰竭时脑组织的酸中毒比脑外更为严重。因为在生理情况下，血液中的 CO_2 容易进入脑内，而血中的 HCO_3^- 则不易透过血-脑脊液屏障进入脑脊液中，使脑脊液的 pH(7.33～7.40)低于血液，其缓冲能力也弱于血液。Ⅱ型呼吸衰竭时，脑细胞因缺氧可发生细胞内酸中毒，加之大量 CO_2 进入脑脊液，因脑脊液的缓冲能力差，其 pH 变化也比血液更加明显，从而加重脑细胞内酸中毒。一方面可增强谷氨酸脱羧酶活性，使 γ-氨基丁酸生成增多，导致中枢抑制。另一方面，酸中毒可使磷脂酶活性增强，分解膜磷脂，破坏细胞膜结构和溶酶体膜的稳定性，造成脑细胞受损或死亡。此外，脑内酸中毒也可引起脑血管扩张、通透性增加，导致脑水肿和颅内压升高，进一步加重脑功能障碍。

(三) 心功能不全

呼吸衰竭时，缺氧、CO_2 潴留和酸中毒既可以影响右心，也可以影响左心。早期和轻者多为兴奋性变化，如心率加快，心输出量增加等。晚期严重者及慢性呼衰患者可致心脏负荷增加、心肌损害，心收缩力降低，心输出量减少，血压下降，心律失常，或发生心力衰竭。

由肺部病变和(或)呼吸功能障碍引起的心脏形态和功能异常，称为肺源性心脏病(cor pulmonale, pulmonary heart disease)。从"COPD→肺源性心脏病→右心衰竭"的经典发展历程，揭示了呼吸衰竭与心力衰竭的密切联系，也说明了由呼吸衰竭所致的心力衰竭是以右心衰竭为主。其主要发生机制为：肺动脉高压和心肌受损。

目前认为，不论是急性或慢性呼吸衰竭，肺血管功能性改变在肺动脉高压的发病中都具有极重要意义。其机制包括：① 缺氧(主要是肺泡气氧分压降低)可引起肺血管收缩，若合并二氧化碳潴留，血液氢离子浓度增高，就更可增加肺血管对缺氧的敏感性，使肺血管收缩进一步加重，从而大大增加肺循环的阻力；② 如有原发肺部疾病引起肺小动脉壁增厚、管腔狭窄或纤维化、肺毛细血管网受破坏而减少、毛细血管内皮细胞肿胀或微血栓阻塞等形态学改变，更可持续增加肺循环阻力而导致更加严重的肺动脉高压；③ 慢性呼吸衰竭患者血液中红细胞增多，使血液黏滞性增高；某些患者可因血量增多，或因呼吸深快以致胸腔负压增大。以上三点都可以导致右心负荷过重；④ 心肌受损：呼吸衰竭引起右心衰竭的另一重要机制是心肌受损。缺氧、高碳酸血症、酸中毒和电解质代谢紊乱均可损害心肌；长期持续缺氧还可引起心肌变性、坏死、纤维化等病变。心肌严重受损加上右心负荷过重，右心衰竭即可发生。

第四节　急性呼吸窘迫综合征

1. 概念　急性呼吸窘迫综合征是由急性肺损伤(acute lung injury, ALI)引起的急性低氧血症性呼吸衰竭。

急性肺损伤是感染、创伤后出现的以肺部炎症和肺毛细血管通透性增加为主要表现的临床综合征，它强调了病变从轻到重，连续发展的病理生理过程；ARDS 是其最严重的极端阶段，是呼吸衰竭的一种特殊类型，以弥漫性肺泡-毛细血管膜损伤为主要病理特征，临床主要表现为进行性呼吸困难和顽固性低氧血症。

2. 原因和机制

(1) ALI 的原因

1) 理化因素：吸入毒气、烟雾、胃内容物，肺挫伤、放射损伤等。

2) 生物因素：病原微生物感染(肺部)、SARS、败血症等。

3) 全身性病理过程：DIC、休克、SIRS 等。

4) 医源性因素：血液透析和体外循环等。

(2) ALI 的发生机制：急性肺损伤的发生机制很复杂，目前尚未完全阐明。现在认为是由致病因素通过直接作用和间接作用所致。

1) 直接损伤：有些致病因素，如毒气、误吸、烟雾、肺钝挫伤、放射性肺损伤、溺水、弥漫性肺部感染、肺栓塞等可直接引起肺损伤。

2) 间接损伤：有些致病因子如严重创伤、休克等，则通过激活巨噬细胞、中性粒细胞、内皮细胞和血小板等炎症细胞，产生大量的细胞因子和炎症介质，引起全身炎症反应综合征而间接地导致肺损伤。损伤的主要部位集中在肺泡-毛细血管膜。由于病因活化炎症细胞产生大量的细胞因子和炎症介质(TNF、IL-1、IL-6、C5a、LTB_4、TXA_2、PAF、FDP 等)，一方面继续激活更多的炎细胞产生更多的炎症介质；另一方面驱使大量活化巨噬细胞和中性粒细胞聚集于肺，黏附于肺泡毛细血管内皮，释放氧自由基、蛋白酶和炎性介质等损伤毛细血管内皮和肺泡上皮细胞。血管内膜的损伤、中性粒细胞和肺组织细胞的损伤可释放促凝物质，导致肺微血管内凝血，形成微血栓，既可以阻断肺泡血流、引起肺泡-毛细血管膜损伤；又可以通过形成纤维蛋白降解产物(fibrin degradation product，FDP)及释放 TXA_2 等血管活性物质，使血管通透性增加，引起肺水肿和肺内透明膜形成。

(3) ALI 引起呼吸衰竭的机制

1) 弥散障碍：由于肺泡-毛细血管膜严重损伤和炎性介质的作用，使肺泡上皮和毛细血管内皮通透性增高，引起渗透性肺水肿，导致弥散障碍。

2) 肺泡通气不足：由于肺泡Ⅱ型上皮细胞受损，使表面活性物质的生成减少，加上水肿液的稀释和肺泡过度通气消耗表面活性物质，使肺泡表面张力增高，肺的顺应性降低，导致肺不张。

3) 肺内分流增加：肺不张和炎性介质引起的支气管痉挛均可导致肺内分流增加。

4) 肺泡通气/血流比例失调：肺内 DIC 及炎性介质引起的肺血管收缩，可导致无效腔样通气。无效腔样通气和肺内分流均可导致肺泡通气/血流比例失调，引起严重的低氧血症。这是 ALI 发生呼吸衰竭的主要发病机制。由于患者 PaO_2 降低对血管化学感受器的刺激和肺充血、水肿对肺泡毛细血管旁 J 感受器的刺激，使呼吸运动增强，呼吸加深加快，表现为呼吸窘迫和 $PaCO_2$ 降低。故 ARDS 患者通常发生Ⅰ型呼吸衰竭；极端严重者，由于肺部病变广泛，使肺总通气量减少，亦可发生Ⅱ型呼吸衰竭。现将 ARDS 的发生机制总结如图 19-11。

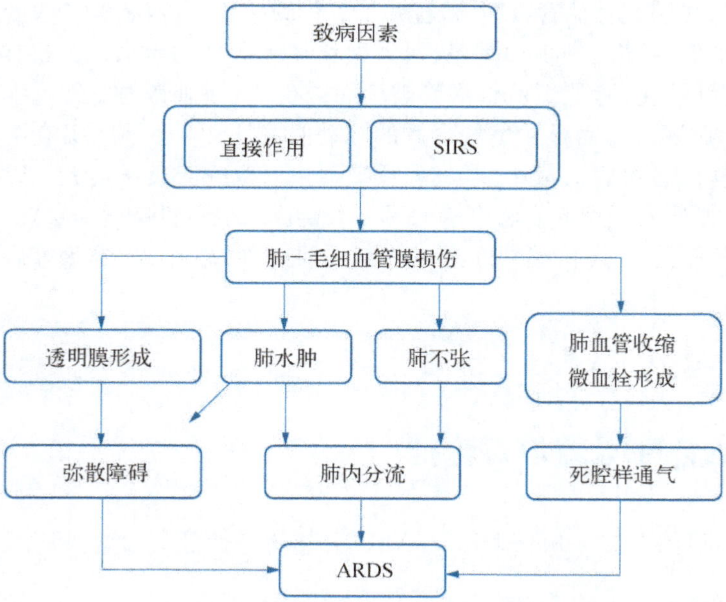

图 19-11　ARDS 的发生机制示意图

(4) ARDS 的病理生理学特征

1) 肺水肿和肺泡内透明膜形成：呼吸膜通透性异常增高，肺间质和肺泡水肿明显，伴透明膜形成。

2) 肺容积减小：表现为“硬肺”、“小肺”和“婴儿肺”，主要由肺水肿、肺萎陷所致。

3）肺顺应性降低：主要由肺泡表面活性物质减少，肺泡表面张力增高，引起肺不张和肺水肿、肺实变及肺纤维化等所致。

4）通气/血流比例严重失调：既有通气/血流比值降低，即功能性分流；又有通气/血流比值升高，即无效腔样通气。还可因肺内动-静脉短路大量开放，使解剖分流增加。这些都是造成低氧血症的重要机制，患者常表现出急性进行性呼吸困难和顽固性低氧血症，而 $PaCO_2$ 却降低。

5）肺循环改变：ARDS 的肺循环改变特点为：肺毛细血管通透性增加、肺动脉高压明显，而肺动脉楔压（PAWP）正常。这一特点可与心源性肺水肿相区别。ARDS 的肺动脉高压主要由低氧血症和缩血管介质（TXA_2、TNF－α）等引起肺动脉痉挛所致；内皮细胞中的内源性 NO 合成酶（iNOS）减少，导致 NO 生成减少亦可引起。

（5）ARDS 的诊断标准：1992 年欧美 ARDS 联席会议提出以下标准。

1）急性起病。

2）$PaO_2/FiO_2 \leqslant 200$ mmHg（不管 PEEP 水平）。

3）正位 X 线胸片：双肺均有斑片状阴影。

4）肺动脉嵌顿压（PAWP）$\leqslant 18$ mmHg。

第五节 呼吸衰竭临床防治措施的病理生理基础

1. 去除病因 防治原发病。

2. 改善肺通气 对Ⅱ型呼吸衰竭应改善肺通气以降低 $PaCO_2$。积极解除呼吸道梗阻，畅通呼吸道，解痉、排痰或采用机械呼吸等措施。

3. 控制呼吸道感染 呼吸道感染是诱发和加重呼吸衰竭的重要原因。控制感染可以有效减轻肺损伤；有利于解除支气管痉挛和排痰以促进肺功能恢复，是防治呼吸衰竭的重要措施。可采用痰培养及药物敏感试验，选用敏感或联合用药。

4. 氧疗 呼吸衰竭皆有缺氧，对呼吸衰竭患者应及时氧疗，以提高 PaO_2。

（1）Ⅰ型呼吸衰竭可吸入较高浓度的氧（氧浓度低于 50%）。

（2）Ⅱ型呼吸衰竭需采用控制性氧疗，即低浓度（氧浓度低于 30%）、低流量（1～2 L/min）持续给氧，使 PaO_2 维持在 50～60 mmHg 即可。

5. 纠正酸碱紊乱

（1）代谢性酸中毒：适量补充碳酸氢钠。

（2）呼吸性酸中毒：改善肺通气。

（3）代谢性碱中毒：补氯化钾、精氨酸。

6. 营养支持和保护重要器官功能 呼吸衰竭患者机体消耗很大，应注意补充营养，增强体能。积极改善内环境，防止心、脑、肾等器官发生功能衰竭。

小 结

呼吸衰竭是由各种因素引起外呼吸功能严重障碍，导致机体发生低氧血症或伴高碳酸血症，并表现出一系列临床症状和体征的一种病理过程。PaO_2 低于 60 mmHg，伴或不伴 $PaCO_2$ 高于 50 mmHg 是呼吸衰竭的判定标准。呼吸功能不全与呼吸衰竭没有本质区别，只是程度的不同。呼吸功能不全是指呼吸功能异常由轻到重的全过程，而呼吸衰竭则是呼吸功能不全的晚期、严重阶段的综合表现。

本章着重讨论了呼吸衰竭的概念、分类、发病原因、基本机制、临床表现和对机体的影响等内容。其中，概念和基本机制是学习掌握的重点。原因、临床表现和对机体的影响要求熟悉，但对其中的酸碱紊乱、肺性脑病、肺源性心脏病、ARDS等重要内容也需掌握。其他内容对于全面学习、准确理解呼吸衰竭很有帮助，也应了解学习。

【复习思考题】

1. 试述呼吸衰竭的常见病因和发生机制。
2. ARDS与呼吸衰竭的有什么关系？
3. 对Ⅱ型呼吸衰竭的患者进行氧疗为什么主张低浓度持续给氧？
4. 为什么单纯弥散障碍只引起低氧血症而不伴高碳酸血症？

（李著华）

第二十章

心功能不全

学习要点

掌握：① 心功能不全、心力衰竭、充血性心力衰竭、心肌衰竭的概念；② 心力衰竭发病过程中心脏代偿和心外代偿的环节、机制及其意义；③ 心力衰竭发生的基本机制；④ 心力衰竭对机体的重要影响和机制。

熟悉：① 心功能不全的病因和诱因；② 心力衰竭的分类。

了解：心功能不全临床防治措施的病理生理学基础。

西医对于心力衰竭的认识可以追溯到 2 500 多年前。希波克拉底(Hippocrates)在公元前 5～4 世纪，最早记录了心脏出现严重问题时的临床表现，包括呼吸急促、局部水肿和全身水肿。希腊医神盖伦(Galen)把心脏看作是热源，而不是泵。1628 年，英国生理学家哈维(Harvey)描述了循环的定义，明确了心脏的泵功能。其后哈维的理论成为理解心力衰竭的病理生理学基石。

自哈维以后，得益于解剖病理学的创立和生理学的进展，学者开始从病理解剖学和血流动力学两个角度来研究心力衰竭的发生机制及与临床的关系。其中 18～19 世纪心肌的肥厚与心肌的扩张及与血流动力学的关系受到学者们相当的重视。学者们已经认识到心脏肥厚是一种适应性反应，利弊共存。20 世纪从生物化学角度来研究心力衰竭成为主流。其中有三个领域对心脏病学产生了重大影响：① 能量学影响心肌生理学方面的观点：心肌 ATP 减少在心力衰竭中起重要作用；② 肌肉收缩、舒张和兴奋-收缩耦联机制的解释，使心肌收缩力改变成为理解心力衰竭的关键；③ 心肌收缩力减小导致心输出量减少与其相关信号传导与基因表达有关。

学术上，理解心力衰竭从 19 世纪起的“心肾模型”到“血流动力学模型”直至现今的“神经体液模型”不断得以深化。本章主要以慢性充血性心力衰竭为代表，以心肾模型和血流动力学模型为基础来介绍心力衰竭的发生发展机制。有关基因组、蛋白质组或表观遗传学改变在心力衰竭发生机制中的作用留待将来学习。

第一节　心功能不全概述

一、心功能不全的概念

心脏是推动血液流动的动力器官，其主要功能是泵血。心脏通过节律性收缩和舒张，推动血液在血管内循环流动，通过血液为全身组织细胞输送氧气和营养物质，同时带走组织产生的代谢废物。心脏的这种功能类似泵的作用，故被称为心泵。心力衰竭的本质是泵衰竭(pump failure)。

在各种致病因素作用下，心脏的收缩和(或)舒张功能发生障碍，使心泵功能降低，心输出量绝对或相对减少，动脉系统缺血，静脉系统淤血，以致不能满足机体静息状态下组织代谢需要的一种病理生理过程或综合征被称为心功能不全(cardiac insufficiency)。

临床上，心功能不全与心力衰竭(heart failure)没有本质区别，两者可以通用。但需注意的是，心功能不全常指心功能受损后从代偿到失代偿的整个阶段，而心力衰竭则仅指心功能不全的失代偿阶段。慢性心功能不全时，由于钠、水潴留和血容量增加，患者出现心腔扩大，静脉淤血及组织水肿的表现，称为充血性心力衰竭(congestive heart failure)。心肌衰竭通常是指病因对心肌有原发性损害出现的心力衰竭。

二、心功能不全的病因

心功能不全的病因包括心脏自身的原因和心脏以外的原因。心脏自身的原因包括心肌梗死、心肌病、心肌炎、先天性心脏病、心瓣膜病、心包炎、心肌纤维化、严重心律失常、心肌肿瘤等；心脏以外的原因包括高血压、慢性阻塞性肺疾病、肺栓塞、慢性贫血、甲状腺功能亢进、红细胞增多症、药物中毒、代谢异常(缺血、缺氧、维生素 B_1 缺乏等)。各种病因主要是通过导致心肌舒缩功能障碍或心脏负荷过重两个始动环节而使心脏的泵血功能降低(表 20-1)。

表 20-1 心力衰竭的基本病因

决定心输出量基本因素	基本病因	疾病举例
心肌收缩性(形态，结构代谢)	心肌疾病	心肌梗死、心肌炎症、心肌病
负荷(前、后负荷)	负荷过重	高血压、瓣膜狭窄、瓣膜关闭不全
节律及频率	心律失常	室上性心动过速、心房颤动

注：心脏的电衰竭即心律失常引起的心脏功能减退将在临床学科讲解。一般而言，泵衰竭可引起电衰竭，电衰竭也可引起泵衰竭。电衰竭引起泵衰竭更难纠正。

(一) 心肌舒缩功能障碍

因心肌本身的结构性或代谢性损害引起受累心肌舒缩性能降低，称为心肌衰竭(myocardial failure)。

1. 心肌损害　如心肌梗死、心肌病、心肌炎、克山病、心肌中毒、心肌纤维化等。

2. 代谢异常　如心肌缺血、缺氧、维生素 B_1 缺乏等。

(二) 心脏负荷过重

1. 容量负荷过重(excessive volume load)　心脏收缩前(舒张)所承受的负荷被称为容量负荷(volume load)或前负荷(preload)。容量负荷过重常见于主(肺)动脉瓣或二、三尖瓣关闭不全、室间隔缺损、高动力循环状态(如甲状腺功能亢进、严重贫血)等。

2. 压力负荷过重(excessive pressure load)　心脏收缩时所承受的负荷被称为压力负荷(pressure load)或后负荷(after load)。压力负荷过重常见于高血压、主动脉缩窄、主(肺)动脉瓣狭窄、肺动脉高压、肺栓塞、肺源性心脏病等。

三、心功能不全的诱因

诱因在心力衰竭的发病中起着十分重要的作用。据临床统计，90%以上的心力衰竭都是在心功能不全基本病因的基础上由某些因素诱发的。在病因作用前提下，任何加重心脏负荷或削弱心脏舒缩功能的因素都可能成为诱因。值得注意的是，某些因素可以既是病因又是诱因。比如严重心律失常，可直接导致心衰，属于病因，但在心肌病患者导致心衰发生发展过程中，如果出现心律失常，可加快其进程，此时属于诱因。常见的心功能不全的诱因有以下几种。

(一) 严重感染

各种致病微生物引起的感染可以通过以下途径加重心脏负荷，削弱心肌的舒缩功能而诱发心力衰竭：① 致病微生物及其产物可以直接损伤心肌；② 感染引起发热时，交感神经兴奋，代谢率增高增加心肌耗氧量；③ 心率加快，缩短心脏舒张期，导致心肌血、氧供给不足；④ 如果合并呼吸道病变，如支气管痉挛、黏膜充血、水肿等，使肺循环阻力增大，右心室负荷加重。

（二）心律失常

心律失常(arrhythmia)是指由心脏内激动异常或传导障碍引起的心脏活动节律异常。心律失常可以通过以下途径诱发心力衰竭：

1. *快速型心律失常*　如室上性心动过速、心房颤动、心房扑动等诱发和加重心力衰竭的原因：① 心率过快可增加心肌耗氧量；② 心率过快使心脏舒张期缩短，一方面使冠状动脉血流灌注减少，另一方面使心室充盈不足，导致心输出量下降；③ 心脏房室活动不协调，妨碍心室射血功能，也可因心输出量下降而诱发心力衰竭。

2. *缓慢型心律失常*　如高度房室传导阻滞等。当每搏心输出量的增加不能弥补心率减少造成的心输出量降低时可诱发心力衰竭的发生。

（三）水、电解质代谢及酸碱平衡紊乱

1. *过量、过快输液*　可使血容量增加，加重心脏前负荷而诱发心力衰竭，对于老年患者及原有心功能损伤者应特别注意。

2. *高钾血症和低钾血症*　易引起心肌兴奋性、传导性、自律性的改变，导致心律失常而诱发心力衰竭。

3. *酸中毒*　主要通过以下作用诱发心力衰竭：① H^+竞争性抑制Ca^{2+}与肌钙蛋白的结合，抑制Ca^{2+}内流和肌质网释放Ca^{2+}，造成心肌兴奋-收缩耦联障碍；② H^+抑制肌球蛋白ATP酶活性，造成心肌收缩功能障碍。

（四）妊娠和分娩

妊娠与分娩可诱发心力衰竭的原因有：① 妊娠期妇女的血容量增加，临产期的血容量可比妊娠前增加20%以上，使心脏负荷加重；② 分娩时，宫缩疼痛引起交感-肾上腺髓质系统兴奋，心率增快，一方面使心肌耗氧量增加；另一方面，造成冠脉供血不足，导致心肌缺氧。同时，外周小血管收缩，阻力增加，使左心室后负荷加重。

除上述诱因以外，过度疲劳、严重创伤、大手术、气温变化、情绪波动、洋地黄中毒等也是心力衰竭的重要诱因。

四、心力衰竭的分类

（一）按发生部位分类

1. *左心衰竭*　左心衰竭(left heart failure)主要是左心室搏出功能障碍，临床上以肺循环淤血、肺水肿为特征。左心衰竭常见于高血压病、冠心病、主动脉(瓣)狭窄及关闭不全、心肌病等(表20-2)。

2. *右心衰竭*　右心衰竭(right heart failure)主要是右心室搏出功能障碍，临床上以体循环静脉系统淤血，静脉压升高，下肢或全身水肿为特征。右心衰竭常见于肺心病、肺动脉狭窄、肺动脉高压及某些先天性心脏病(如法洛四联症和房室间隔缺损)。

3. *全心衰竭*　左右心都发生衰竭被称为全心衰竭(whole heart failure)，多由心肌炎、心肌病、心包炎、严重贫血等引起，也可由一侧心力衰竭发展而来，左、右心力衰竭的表现皆有。

表20-2　按发生部位心力衰竭的分类及常见病因

左心衰竭	右心衰竭	全心衰竭
左室心肌梗死	右室心肌梗死	左心衰竭合并右心衰竭
高血压病	肺动脉高压	心肌炎
瓣膜性疾病	瓣膜性疾病	心肌病
(主动脉瓣狭窄和关闭不全)	(二尖瓣狭窄和关闭不全)	严重贫血
心肌炎	慢性阻塞性肺疾病	动-静脉瘘
心肌病	肺动脉狭窄	

（二）按心输出量的高低分类

1. *低输出量性心力衰竭*　低输出量性心力衰竭(low output heart failure)患者的心输出量低于正常值，

常见于心肌病、心肌炎、冠心病、高血压病、心瓣膜病等引起的心力衰竭。

2. 高输出量性心力衰竭 高输出量性心力衰竭(high output heart failure)心力衰竭发生时心输出量较心力衰竭前有所降低,但仍高于正常值的下限,主要见于严重贫血、甲状腺功能亢进、重度维生素 B_1 缺乏、动-静脉瘘和妊娠,这些疾病的患者往往处于高血流动力状态,心肌耗氧量增大,心室前负荷增加,但心肌的能量供给却不足,发生高输出量性心力衰竭。

(三) 按发病机制分类

1. 收缩障碍性心力衰竭 收缩障碍性心力衰竭(systolic heart failure)因心肌收缩功能障碍而引起的心力衰竭,常见于高血压性心脏病、冠心病等,主要由心肌变性、心肌细胞死亡所致。

2. 舒张障碍性心力衰竭 舒张障碍性心力衰竭(diastolic heart failure)由心室舒张障碍、充盈受限所导致的心力衰竭,可见于二尖瓣或三尖瓣狭窄,缩窄性心包炎、肥大性心肌病、心肌缺血等。

(四) 按发生的速度分类

1. 急性心力衰竭 急性心力衰竭(acute heart failure)起病急骤,发展迅速,心输出量急剧下降,病势凶险,机体来不及充分发挥代偿作用,可发生心源性休克和心搏骤停。常见于急性心肌梗死、严重心肌炎、急性心内膜炎所致的瓣膜破损、腱索断裂等。

2. 慢性心力衰竭 慢性心力衰竭(chronic heart failure)起病缓慢,病程较长,机体可充分发挥代偿机制,常伴有心肌肥大、心腔扩大、静脉淤血和水肿。在代偿阶段,心力衰竭的症状可不明显。随着心功能进入失代偿期,心力衰竭的表现才逐渐显露出来。常见于高血压病、肺源性心脏病和心瓣膜病等。

第二节 心功能不全时机体的代偿

心脏泵血功能受损时,心排出量减少可以通过多种信息传递途径,引起内源性神经-体液调节机制的改变。对于慢性患者,机体的代偿可长达数年之久;但对起病过急(如急性心肌梗死)的患者,机体的代偿机制尚来不及充分发挥作用,便很快进入失代偿状态。在神经-体液机制的调控下,机体对心功能降低的代偿反应包括:心脏本身的代偿和心脏以外的代偿(图 20-1)。

一、心脏本身的代偿反应

心力衰竭最主要的功能障碍是心输出量减少,心输出量等于每搏输出量乘以心率,所以提高心率,提高其收缩能力是代偿的重要手段,具体分述如下。

(一) 心率加快

心率加快的机制包括:① 当心输出量减少引起动脉血压下降时,颈动脉窦和主动脉弓压力感受器的传入冲动减少,压力感受器反射活动减弱,心脏迷走神经紧张性减弱,心脏交感神经紧张性增强,心率增快;② 心脏泵血减少使心室舒张末期容积增大,心房淤血,房内压上升,刺激右心房和腔静脉容量感受器,引起交感神经兴奋,心率加快;③ 如果合并机体组织缺氧,刺激主动脉体和颈动脉体化学感受器,也可引起心率加快。

在一定的范围内,心率加快可提高心排出量,并可提高舒张压,有利于冠脉的血液灌流,对维持动脉血压,保证重要器官的血流供应有积极意义。然而,当心率过快(超过 180 次/分),由于心脏舒张期过短,不但影响冠脉灌流量,使心肌缺血、缺氧加重,而且可引起心室充盈不足,心输出量反而下降。而且,心率过快也会增加心肌耗氧量,从而削弱心脏的代偿功能。

(二) 心脏紧张源性扩张

伴有心肌收缩力增强和心输出量增加的心腔扩大称为心脏紧张源性扩张。而在心功能不全失代偿时出现的心肌过度拉长并伴有心肌收缩力减弱的心腔扩大称为肌源性扩张。

根据 Frank-Starling 定律,肌节长度在 1.7～2.2 μm 的范围内,心肌收缩能力随心脏前负荷(心肌纤维初长度)的增加而增加。研究发现,人体心肌纤维产生最大收缩力的最适肌节长度是 2.2 μm,而大多数正常人心肌的肌节初长度仅为 1.7～2.1 μm，这说明人的心脏具有强大的代偿潜能。当心脏收缩功能受损时，心脏本身会发生快速的、应急性的调节反应。由于每搏输出量降低，使心室舒张末期容积增加，前负荷增加导致心肌纤维初长度增大，此时心肌收缩力增强，代偿性增加每搏输出量。

紧张源性扩张的代偿意义是增加每搏输出量。这种代偿方式也有限度，若心室过度扩张，使肌节长度超过 2.2 μm 时，心输出量会明显降低，当肌节长度超过 2.4 μm 时，则导致肌源性扩张。

（三）心肌收缩性增强

心肌收缩性是指不依赖于心脏前负荷与后负荷变化的心肌本身的收缩特性，主要受神经-体液因素的调节。心功能受损时，由于交感-肾上腺髓质系统兴奋，儿茶酚胺增加，通过激活β肾上腺素受体，增加胞质cAMP浓度，激活蛋白激酶A，使肌膜钙通道蛋白磷酸化，导致心肌兴奋后胞质 Ca^{2+} 浓度升高而发挥正性变力作用。在心功能损害的急性期，心肌收缩性增强对于维持心排出量和血流动力学稳态是十分必要的适应机制。当慢性心力衰竭时，心肌β肾上腺素受体敏感性减弱，血浆中虽存在大量儿茶酚胺，但正性变力作用的效果显著减弱。

（四）心室重塑与心肌肥大

心室重塑（ventricular remodeling）是心室在长期容量负荷和压力负荷增加时，通过改变心室的结构、代谢和功能而发生的慢性代偿适应性反应。近年的研究资料表明，心脏的结构性适应不仅有量的增加，即心肌肥大（myocardial hypertrophy），还伴随着质的变化，即细胞表型（phenotype）改变，比如心肌细胞由工作收缩型向分泌型转变等。除心肌细胞外，非心肌细胞及细胞外基质也会发生明显的变化。这些变化中最突出的表现是心肌肥大。

心肌肥大是指心肌纤维变粗、变长（即心肌细胞体积增大），间质增生，心室壁增厚，心脏重量增加的一种慢性适应性变化。心肌肥大一般没有心肌细胞数量的增多，但当心肌过度肥大时，也可有心肌细胞（更主要是成纤维细胞和血管平滑肌细胞等间质细胞）数量增加。

心肌肥大主要包括反应性心肌肥大（reactive hypertrophy）和超负荷性心肌肥大（overloading hypertrophy）。反应性心肌肥大是指部分心肌细胞坏死，正常心肌细胞承担负荷增大所致。超负荷性心肌肥大按照超负荷原因和心肌反应形式的不同可分为向心性肥大（concentric hypertrophy）和离心性肥大（eccentric hypertrophy）。

1. 向心性肥大　心脏在长期过度的压力负荷作用下，收缩期室壁张力持续增加，心肌肌节呈并联性增生，心肌细胞增粗。其特征是心室壁显著增厚而心腔容积正常甚至减小，室壁厚度与心腔半径的比值增大，常见于高血压性心脏病及主动脉瓣狭窄。

2. 离心性肥大　心脏在长期过度的容量负荷作用下，舒张期室壁张力持续增加，心肌肌节呈串联性增生，心肌细胞增长，心腔容积增大；而心腔增大又使收缩期室壁应力增大，进而刺激肌节并联性增生，使室壁有所增厚。其特征是心腔容积显著增大与室壁轻度增厚并存，心腔半径与室壁厚度的比值基本保持正常或大于正常，常见于二尖瓣或主动脉瓣关闭不全。

心肌肥大是慢性心功能不全时极为重要的代偿方式。心肌肥大时，心室壁增厚，可通过降低心室壁张力而减少心肌的耗氧量，有助于减轻心脏负担。另外，心肌肥大时虽然单位重量肥大心肌的收缩性降低，但因心肌总重量明显增加，故心肌总收缩力增加，有助于维持心排出量，使心脏在较长一段时间内能满足组织对心排出量的需求而不致发生心力衰竭。但是，心肌肥大的代偿作用也是有一定限度的，由于心肌肥大本身是一种不平衡的生长方式，若心肌过度肥大，最终将会导致心力衰竭。

二、心脏以外的代偿

心脏外的代偿反应是机体非特异代偿适应性变化的一组表现，包括血容量增加、血流重新分布、红细胞增多、组织利用氧能力增强等。这些非特异性变化不仅在心力衰竭时出现，而且在缺氧、休克等多种病理生理过程中都可出现。

（一）血容量增加

血容量增加的主要机制是：① 交感神经兴奋：心功能不全时，心排出量和有效循环血量减少，引起交感神经兴奋，引起肾血流量下降，使近端小管重吸收钠水增多，血容量增加；② 促进水、钠重吸收的激素增多：肾素-血管紧张素-醛固酮系统激活、抗利尿激素释放增多均促进远端小管和集合管对钠水的重吸收；③ 抑制钠水重吸收的激素减少：发生持续性重度心力衰竭时，前列腺素和心房钠尿肽的合成、分泌减少，肾排出水、钠减少，促进钠水潴留。

一定范围内的血容量增加对提高心输出量和组织灌流量有积极的代偿意义，但血容量过度增加可加重心脏负荷，使心排出量下降，而加重心力衰竭。

（二）血流重新分布

心功能不全时，交感-肾上腺髓质系统兴奋可引起血流重新分布：皮肤、骨骼肌和内脏器官血流量减少（其中以肾脏血流减少最显著），而心、脑的血流量不变或略增加，这对心、脑具有保护作用。但若时间过长，血流重新分布也会导致内脏器官（如肝、肾）功能不全。而且，外周血管阻力持续增加也可使心脏后负荷增加而使心输出量减少。

（三）红细胞数目增多

心功能不全时，体循环淤血和血流速度减慢可引起循环性缺氧，肺淤血和肺水肿可引起乏氧性缺氧。缺氧可使促红细胞生成素增加，促进骨髓造血功能，使红细胞和血红蛋白生成增多，血液携氧能力增强，有助于改善周围组织供氧，因此红细胞数目增多具有代偿意义。但红细胞过多可引起血液黏度增大，血流阻力增大，心脏负荷增加。

（四）组织利用氧的能力增强

心功能不全时，由于对周围组织供氧减少，组织细胞通过调整自身的功能、结构和代谢来加以代偿。例如线粒体数目增多，表面积加大；细胞色素氧化酶活性增强；磷酸果糖激酶活性增强，增强糖酵解能力；肌红蛋白增多，改善肌肉储存和利用氧的能力等。心功能不全时机体的代偿小结见图 20－1。

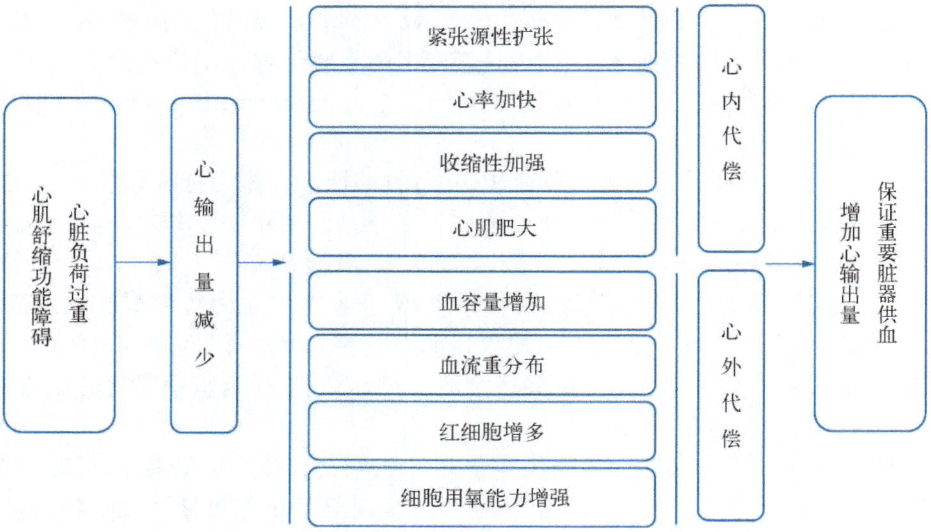

图 20－1　心功能不全时机体的代偿

第三节　心力衰竭的发生机制

一、正常心肌舒缩的过程

图 20－2 上部分显示心脏收缩与舒张的结构基础，下部分显示其舒缩过程。其要点如下：

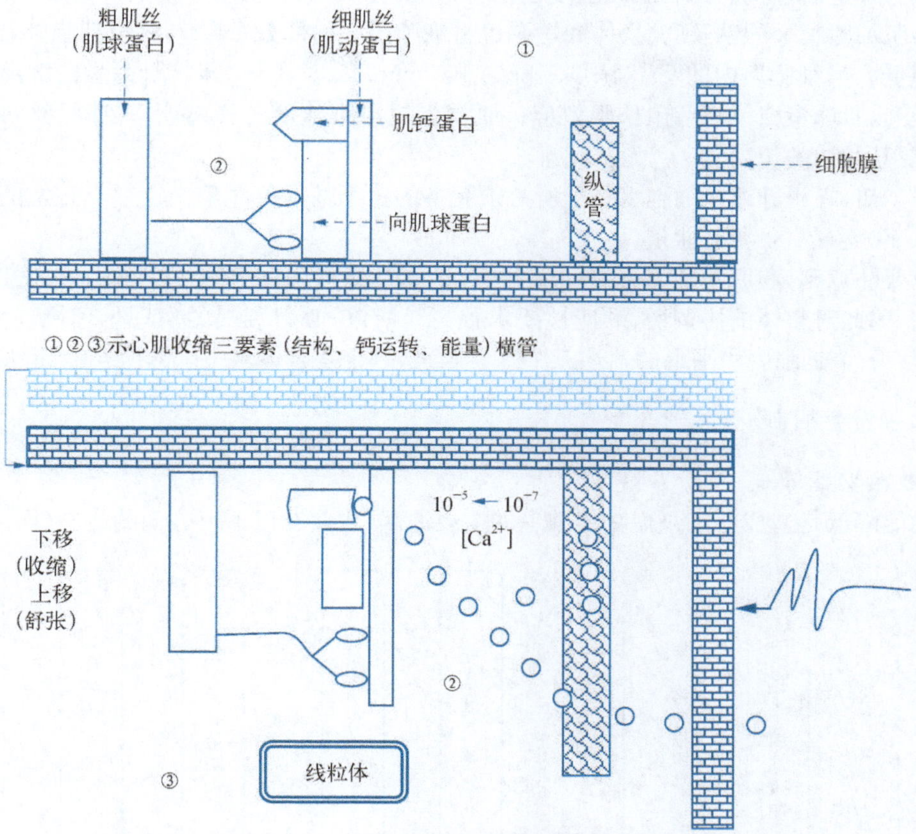

图 20-2　心肌舒缩的结构基础与舒缩过程示意图

① 只要记住收缩过程，就可记住舒张过程，因舒张是收缩的逆过程；② 中国教材翻译心肌蛋白有各种各样称谓：如肌球蛋白、肌动蛋白、肌纤蛋白、肌凝蛋白、阻凝蛋白、亲凝蛋白、原肌球蛋白、原肌凝蛋白、向肌球蛋白……同学初学时往往记忆最深的是肌钙蛋白，其余到考试时，不知道哪个蛋白是哪个蛋白。图中粗肌丝画得粗一点，细肌丝画得细一点，粗肌丝头端画成小球，示意肌球蛋白，与之对应接触的就是向肌球蛋白，这样容易记忆一些；③记住图形，记住心肌收缩三要素，心力衰竭的基本机制就容易记住了（参见表 20-4）

1. 心肌收缩的结构基础

(1) 收缩蛋白：心肌舒缩的基本单位是肌节（sarcomere），主要由粗、细两种肌丝组成。粗肌丝，主要成分是肌球蛋白（myosin），细肌丝主要成分是肌动蛋白（actin）。两者构成心脏收缩蛋白。

(2) 调节蛋白：除收缩蛋白外，还包括两种调节蛋白：向肌球蛋白（tropomyosin）和肌钙蛋白（troponin）。肌钙蛋白与 Ca^{2+} 结合与否，可影响向肌球蛋白的位阻功能，即粗肌丝肌球蛋白与细肌丝肌动蛋白由于向肌球蛋白空间位置改变而形成横桥或横桥解离。

(3) 其他：肌质网、横管等。

2. 正常心肌舒缩的基本过程

(1) Ca^{2+} 浓度升高，达到致心肌收缩阈值：当心肌细胞兴奋而去极化时，细胞膜电位的变化可以激活细胞膜上的 L 型钙通道开放，细胞外 Ca^{2+} 顺浓度梯度进入细胞，进一步激活肌质网内储存的 Ca^{2+} 释放，使胞质内 Ca^{2+} 浓度迅速从 10^{-7} mol/L 上升至 10^{-5} mol/L，达到使心肌收缩阈值。

(2) Ca^{2+} 与肌钙蛋白结合，促进横桥形成：细胞内钙离子浓度达到阈值后，与肌钙蛋白结合，从而改变了肌钙蛋白的构型，导致向肌球蛋白位移，使向肌球蛋白的位阻效应解除，从而使粗、细肌丝通过肌球蛋白头端相连形成横桥（cross-bridge）。

(3) Ca^{2+} 激活 ATP 酶，释放能量促使心肌收缩：Ca^{2+} 可激活肌球蛋白头部的 ATP 酶，水解 ATP 释放能量，启动肌球蛋白头部定向偏转，使细肌丝沿着粗肌丝向肌节中央滑行，结果肌节缩短，心肌收缩。

以上为心肌收缩（去极化）的基本过程，即心肌兴奋-收缩耦联过程（excitation-contraction coupling）。心肌舒张(复极化)为其逆向过程。当心肌细胞复极化时,大部分 Ca^{2+} 由肌质网膜上的钙泵摄回到肌质网内储存起来,同时,心肌细胞膜上的钠-钙交换体和钙泵也将细胞质中的部分 Ca^{2+} 转移至细胞外,因此细胞质内的 Ca^{2+} 浓度迅速降低。当细胞质内的 Ca^{2+} 浓度下降到 10^{-7} mol/L 时,Ca^{2+} 即与肌钙蛋白解离,使肌钙蛋白的构型恢复,进而使向肌球蛋白位移产生位阻效应。肌动蛋白与肌球蛋白解离,因此细肌丝向外滑行,于是心肌舒张,肌节恢复其最初的长度。

从上图 20-2 知,心肌舒缩在细胞水平上所必须具备的三个基本条件是:① 要有正常的细胞结构基础;② 要有正常的 Ca^{2+} 运转;③ 要有能量。

同时我们也要注意到,心肌细胞因具有闰盘结构,功能上具有合体细胞的性质;心脏的四个腔室在生理状况下有序收缩,因此对整体的协调性、顺应性要求很高。所以,心力衰竭的病理生理机制我们可以从两个角度来加以理解:一个是细胞水平上的前述三个基本因素,一个是整体水平上的协调性、顺应性等问题。

二、细胞水平发生机制

(一) 心肌收缩功能降低

心肌收缩功能降低是造成心脏泵血功能减退的主要原因,主要有以下三方面的机制(图 20-3)。

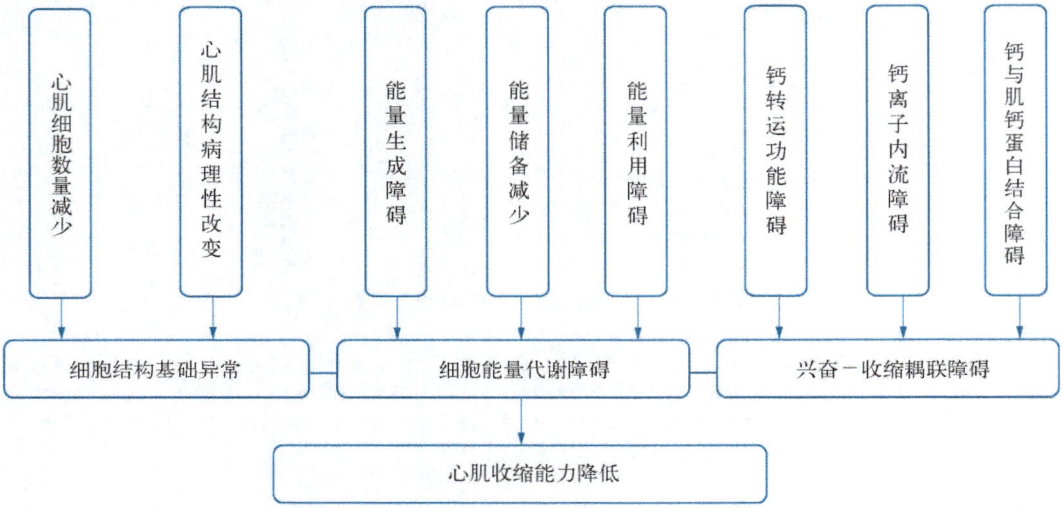

图 20-3 心肌收缩功能降低的机制示意图

心肌结构改变包括心室扩张或缩小,心肌肥大萎缩等

1. 心肌结构基础异常

(1) 心肌细胞数量减少

1) 心肌细胞变性、坏死:各种有害因素(如细菌、病毒感染,严重缺血、缺氧,毒物毒素等)作用于心肌,由于溶酶体破裂,大量溶酶体酶特别是蛋白水解酶释放,引起细胞成分自溶,心肌细胞发生坏死,与收缩功能相关的蛋白质也被破坏,心肌收缩性严重受损。临床最常见的原因是急性心肌梗死。一般认为,当梗死面积达左心室面积的 23%时便可发生急性心力衰竭。

2) 心肌细胞凋亡:实验研究发现,心肌细胞凋亡引起心肌细胞数量减少在心力衰竭的发病中起一定作用。在心肌缺血的中心区以细胞坏死为主,而在缺血边缘区可以观察到许多心肌细胞凋亡。现在,已经在多种心力衰竭的动物模型及心力衰竭患者(如急性心肌梗死、扩张型心肌病)的心脏中都证实有细胞凋亡的现象存在。而且凋亡是造成老年人心脏心肌细胞数减少的主要原因。心肌凋亡被视为是心功能不全从代偿走向失代偿的转折点,干预心肌凋亡已成为心力衰竭治疗的重要目标之一。

(2) 心肌细胞结构改变:心肌结构改变主要表现为:① 病理性心肌细胞肥大;② 部分心肌细胞凋亡;③ 细胞外基质过度纤维化及降解失衡,胶原含量增加,使间质与心肌比值增大,发生纤维化。这种细胞死亡、肥大与萎缩并存以及纤维化等所造成的不均一性(heterogeneity)构成了心肌收缩力降低及心律失常的结构基础。

2. *心肌能量代谢障碍*　心肌收缩是一个耗能的过程，心肌的能量代谢过程包括能量的产生、储存和利用三个阶段。其中任何环节发生障碍，都可导致心肌收缩性减弱。

（1）心肌能量生成障碍：在充分供氧的情况下，心肌可通过氧化多种能源物质产生 ATP。造成心肌能量生成障碍最常见的原因有以下 2 种。

1）心肌缺血缺氧：如冠心病、严重贫血、休克、心肌过度肥大等，使氧化代谢发生障碍，ATP 的产生减少。研究发现，常温下心肌缺血 15 min，ATP 含量降低到对照水平的 35%；缺血 40 min，进一步下降到对照水平的 10%以下。

2）维生素 B_1 严重缺乏：导致丙酮酸氧化脱羧障碍，也可使 ATP 生成减少。

（2）能量储备减少：心肌能量以 ATP 和磷酸肌酸（creatine phosphate）的形式储存，肌酸分子质量小且在心肌内的浓度比 ADP 大 100 倍，在磷酸肌酸激酶（creatine phosphate kinase）催化下，肌酸与 ATP 之间发生高能磷酸键转移而生成磷酸肌酸，迅速将线粒体中产生的高能磷酸键以贮存形式转移至胞质。随着心肌肥大的发展，产能减少而耗能增加，尤其是磷酸肌酸激酶同工酶发生转换，导致磷酸肌酸激酶活性降低，使储能形式的磷酸肌酸含量减少。

（3）能量利用障碍：心肌对能量的利用是指把 ATP 储存的化学能转化成为心肌收缩的机械做功的过程。这一化学能与机械能之间的转变，是通过位于肌球蛋白头部 Ca^{2+} - Mg^{2+} - ATP 酶水解 ATP 实现的。随着心肌活检及心脏移植的开展，初步研究结果表明，人类衰竭的心肌中所检测到的 Ca^{2+} - Mg^{2+} - ATP 酶活性降低，主要与心肌调节蛋白改变有关。如肌球蛋白轻链-1（myosin light chain - 1，MLC - 1）、肌钙蛋白、向肌球蛋白亚基的Ⅱ型同工型增多等，使肥大心肌肌球蛋白头部的 ATP 酶活性降低，利用 ATP 供能障碍，心肌收缩性降低。

3. *钙离子运转异常*　心肌兴奋-收缩耦联是心肌收缩重要的生理学基础。任何影响心肌对 Ca^{2+} 转运和分布的因素都会影响钙稳态，导致心肌兴奋-收缩耦联障碍（dysfunctionof excitation-contraction coupling）。

（1）细胞外 Ca^{2+} 内流障碍：心肌收缩时，细胞质中的 Ca^{2+} 有一部分是从细胞外流入细胞内的。Ca^{2+} 内流在心肌收缩活动中起重要作用。Ca^{2+} 内流不但可直接升高胞内 Ca^{2+} 浓度，更主要的是触发肌质网释放 Ca^{2+}。目前认为，细胞外 Ca^{2+} 主要通过 L 型钙通道顺浓度梯度流入细胞内。

长期心脏负荷过重、心肌缺血缺氧时，一方面，心肌组织内去甲肾上腺素含量降低，肥大心肌肌膜 β 肾上腺素能受体密度减少；另一方面缺氧引起的酸中毒使细胞膜受体对去甲肾上腺素的敏感性降低，同时，酸中毒可使细胞外液 K^+ 浓度升高，与钙内流竞争。以上情况都可造成 Ca^{2+} 内流减少。

（2）肌质网 Ca^{2+} 转运功能障碍：肌质网通过对 Ca^{2+} 的摄取、储存和释放三个环节来调节细胞内的 Ca^{2+} 浓度，进而调节心肌收缩性。其中，肌质网释放 Ca^{2+} 是升高细胞质瞬间 Ca^{2+} 浓度的主要钙源。肌质网 Ca^{2+} 转运功能障碍可由下列因素引起：① 过度肥大或衰竭的心肌细胞中，肌质网钙释放蛋白的含量或活性降低，Ca^{2+} 释放量减少；② 肌质网 Ca^{2+} - ATP 酶含量或活性降低，使肌质网摄取和贮存 Ca^{2+} 的量减少，供给心肌收缩的 Ca^{2+} 不足，抑制心肌收缩性；③ 酸中毒时，H^+ 增多，使 Ca^{2+} 与肌质网中钙结合蛋白结合更紧密，使肌质网其释放 Ca^{2+} 减少。

（3）Ca^{2+} 与肌钙蛋白结合障碍：Ca^{2+} 与肌钙蛋白结合是心肌从电兴奋转为机械收缩活动的关键环节。它不但要求细胞质的 Ca^{2+} 浓度迅速上升到收缩阈值（10^{-5} mol/L），还要求肌钙蛋白有正常活性，能迅速与 Ca^{2+} 结合。各种原因引起心肌细胞酸中毒时，H^+ 浓度升高，H^+ 与肌钙蛋白的亲和力比 Ca^{2+} 大，H^+ 占据了肌钙蛋白上的 Ca^{2+} 结合位点，造成 Ca^{2+} 与肌钙蛋白结合障碍，从而导致心肌兴奋-收缩耦联障碍。

（二）心肌舒张功能障碍

对于维持正常心输出量，心脏舒张与心脏收缩同等重要。心肌舒张功能障碍的确切机制目前尚不完全清楚，但仍可从上述心肌细胞舒缩的三个因素来考虑。病因引起的心肌结构基础异常、能量代谢障碍除了可影响心肌的收缩外，也可影响心肌的舒张。在收缩过程中，前面强调了钙离子转运异常所致兴奋-收缩耦联障碍，在舒张过程中钙离子转运障碍主要涉及 Ca^{2+} 复位延缓和 Ca^{2+} 与肌钙蛋白解离障碍。

心肌舒张的首要条件是胞质中的 Ca^{2+} 浓度迅速降至“舒张阈值”（即从 10^{-5} mol/L 降至 10^{-7} mol/L），使 Ca^{2+} 与肌钙蛋白解离，肌钙蛋白恢复原来的构型。Ca^{2+} 复位是由心肌细胞肌质网膜和细胞膜上的 Ca^{2+} 泵以

及 Na^+－Ca^{2+} 交换体的作用共同完成的。肥大和衰竭的心肌细胞由于 ATP 供应不足，造成 Ca^{2+} 泵功能障碍，导致细胞质内 Ca^{2+} 被排出细胞和摄入肌质网减少。另外，Na^+－Ca^{2+} 交换体与 Ca^{2+} 的亲和力下降，也导致 Ca^{2+} 外排减少。

由于 Ca^{2+} 复位迟缓，Ca^{2+} 不能从肌钙蛋白复合体上解离下来，使肌球-肌动蛋白复合体解离困难，心肌处于持续收缩状态，影响心室的舒张和充盈，进而影响心脏排血量。

三、整体水平发生机制

前述心肌功能上具有合体细胞的性质，心脏的四个腔室在生理状况下有序收缩，心房先于心室，而左右心房和左右心室舒缩各自具有同步性。因此心脏的大体解剖正常状态对心脏功能的发挥有重要作用。心力衰竭发生发展过程中，心肌细胞病变及心肌重塑过程在整体水平上往往引起心肌几何结构、协调性、顺应性等改变，导致心脏泵血功能减弱。

（一）心脏各部分舒缩活动不协调

心脏的舒缩是一种高度协调的节律性活动，这是心脏有效泵血和维持正常心输出量的基本要求。一旦心脏舒缩活动的协调性被破坏，将会引起心脏泵血功能紊乱而导致心排出量下降。例如冠心病心肌梗死患者，心肌各部分的供血是不均一的，梗死区、边缘缺血区和非病变区的心肌在兴奋性、自律性、传导性、收缩性方面都存在差异，在此基础上易发生心律失常，使心脏各部舒缩活动的协调性遭到破坏，导致心输出量减少（图 20－4）。

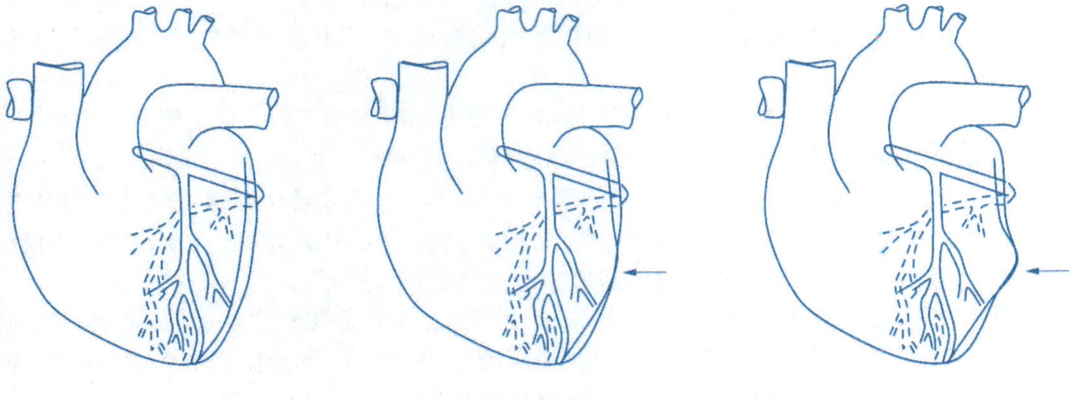

图 20－4 心脏反常收缩示意图

（二）心室顺应性降低及舒张势能减小

心室顺应性（ventricular compliance）即心室的可扩张性，是指心室在单位压力变化下所引起的容积改变（dV/dp）。顺应性与僵硬度（stiffness）呈倒数关系。P－V 曲线是反映心室顺应性和僵硬度关系的曲线，顺应性降低（僵硬度增大）时，曲线左移；而顺应性增大（僵硬度降低）时，曲线则右移（图 20－5）。

引起心室顺应性降低的常见原因有：心肌肥大引起的心室壁增厚和心肌炎、水肿、纤维化及间质增生等引起的室壁成分改变等。

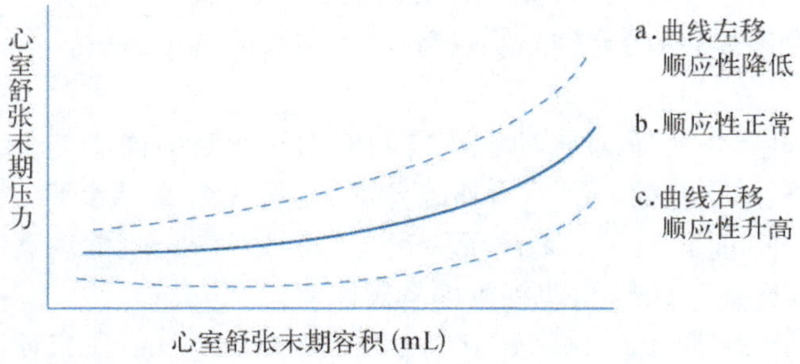

图 20－5 心室压力-容积（P－V）曲线示意图

心室顺应性降低所造成的主要影响有：① 影响心脏收缩功能，心输出量下降；② 影响心室充盈，导致心室舒张末期压力升高；③ 导致耗能增加和影响冠状动脉供血。

需要注意的是：心脏收缩时的几何构型改变所形成的舒张势能是心室舒张的重要动能。心室收缩越好，这种势能就越大，心室的舒张也越好。因此，凡是影响和削弱心肌收缩性的因素均可通过降低心脏的舒张势能而影响心室舒张。上述心室顺应性降低即可影响心室舒张。不过在某些病人如高血压及冠心病患者，在心力衰竭的某个阶段(如无心室扩大和心脏容量负荷增加)，可能主要表现出的是肺循环高压和淤血，即舒张功能不全，而无明显心肌收缩障碍，即心排血量无明显减少。由于高血压和冠心病是临床多发病，心脏舒张势能减小作为引起心力衰竭的机制之一，日渐受到重视。

1. 心肌肥大　心脏一般重 350 g，肥大心脏可达 800 g。心肌肥大本是心泵功能障碍时的一种代偿反应，但过度肥大的心肌将导致其舒缩功能降低。其机制涉及心脏的不平衡生长方式，见下表 20－3。

表 20－3　肥大心肌不平衡生长方式及导致心衰机制

层次水平	不平衡生长状态	后　果
器官	间质与心肌比值增大，纤维化	结构基础异常
组织	交感神经、毛细血管与心肌体积重量比值减小，其密度减小	钙离子运转障碍 能量生成障碍
细胞	膜表面积与心肌体积重量比值减小，线粒体、钙泵数目相对不足	能量生成障碍 钙离子运转障碍
分子	肌球蛋白头部与尾部合成速度不同，其比值降低	能量利用障碍

2. 心室扩张　前述心肌存在紧张源性扩张和肌源性扩张。心力衰竭时临床常用心室扩张程度来判定心衰患者预后。心力衰竭时的心室扩张与代偿期的心腔扩大和心室肥厚有所不同，此时心腔扩大而室壁变薄，是心肌衰竭的突出表现之一，而且左心室几何结构也会发生改变，横径增加使心脏呈球状。

造成衰竭心脏心室扩张的机制是：① 心肌细胞数减少；② 细胞骨架改变引起肌丝重排，心肌细胞体积不变而长度增大；③ 室壁应力增大，胶原降解增强，导致心肌细胞之间发生侧滑与错位。

由于心室壁的张力＝(半径×室内压)/(2×室壁厚度)，半径增大时，室壁张力持续性增加，心肌的耗氧量增大；同时如心室扩张、瓣环增大，易致瓣膜关闭不全，出现反流，心室前负荷增加；而且血流动力学紊乱进一步加重并参加心室重塑的进展，导致心室收缩功能进一步降低。从心衰患者心功能曲线，即可观测到随着心室扩张过大，心输出量将明显减少(图 20－6)。

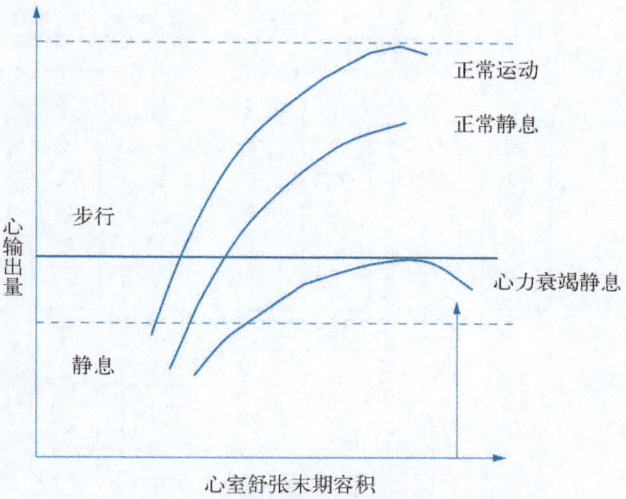

图 20－6　心室前负荷与心输出关系示意图

表 20－4 简单总结了心力衰竭的基本机制。

表 20－4　心力衰竭的基本机制

角　度	生理泵功能要求	心力衰竭基本机制
细胞水平	1. 收缩功能正常 (1) 结构基础 (2) 钙离子运转 (3) 能量 2. 舒张功能正常 (1) 结构基础 (2) 钙离子运转 (3) 能量	1. 收缩功能降低 (1) 结构基础异常 (2) 兴奋收缩耦联障碍 (3) 能量代谢障碍 2. 舒张功能降低 (1) 同上 (2) 钙离子与肌钙蛋白解离障碍 钙离子复位延缓 (3) 同上
整体水平	1. 协调性 2. 顺应性	1. 心脏各部分舒缩活动不协调 2. 顺应性下降，收缩与舒张势能减小

注：从图 20－2 理解心脏泵功能生理维持需要的三要素，用病理生理学的语言替代生理学语言(比如用细胞变性、坏死、凋亡来替代正常细胞)即容易逻辑分析和记忆心衰发生的基本机制。

对照表内容，用酸中毒和心肌肥大两个病因来解释导致心力衰竭的机制，就会相对熟练了。比如酸中毒为何会导致心力衰竭，如只记得酸中毒引起兴奋收缩耦联障碍一个要点，显然不完整。

第四节 心力衰竭对机体的影响

一、总体表现

心力衰竭时，心输出量减少，使动脉系统供血不足，引起的神经-体液调节系统的激活，各器官血流重新分配。其中包括动脉血压的变化，器官血流量重新分配。在休克一章中已做分析，不再重复。体循环或肺循环静脉系统淤血，引起组织器官缺氧、淤血和水肿，其机制在前面章节已经讲述，本章不再重复。图 20-7 示心力衰竭对机体的影响。

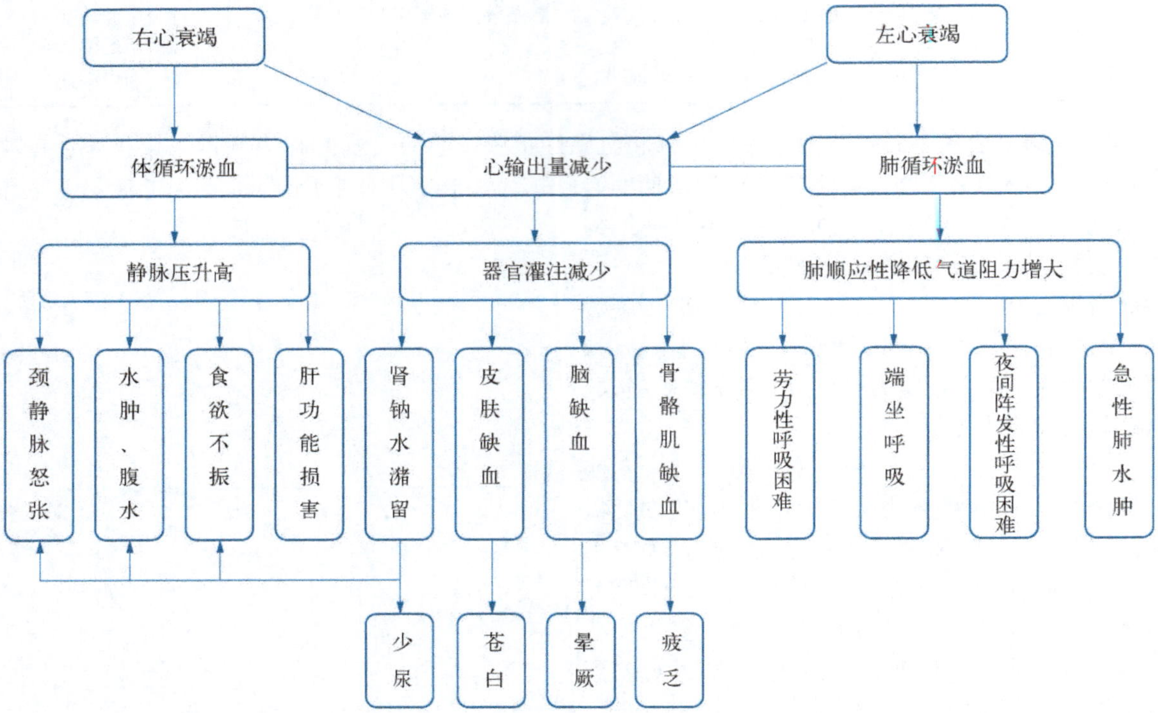

图 20-7 心力衰竭对机体的影响示意图

英文教材常用"FACES"（Fatigue, Activities limited, Chest congestion, Edema or ankle swelling, Shortness of breath；疲乏、活动受限、胸闷、水肿或脚踝肿胀、气促）来帮助学生记忆心力衰竭时的主要症状和体征。

二、病理生理学关注的表现和机制

（一）心输出量减少

心力衰竭时，心输出量减少，全身供血不足，组织缺血缺氧导致器官功能、代谢甚至形态变化，严重者可发生心源性休克。

1. 心脏泵血功能降低　心力储备反映心脏的代偿能力。心泵血功能降低是心力衰竭时最根本的变化，表现为心力储备降低。

（1）心排出量减少及心脏指数降低：心排出量和心脏指数（cardiac index）是评价心脏泵血功能的重要指标。心脏泵血功能受损的早期阶段，心力储备减少。随着心力衰竭的发展，心排出量显著降低，心室功能曲线趋于低平，心排出量常常依赖升高的充盈压和（或）增快的心率才能达到满足组织代谢需求的水平。严重心力衰竭时，卧床静息时的心排出量也显著降低，多数患者心排出量<3.5 L/min，心脏指数<2.2 L/(min·m^2)。

(2) 射血分数降低：射血分数(ejection fraction，EF)是每搏输出量(stroke volume，SV)占心室舒张末容积(ventricular end diastolic volume，VEDV)的百分比，是评价心室射血效率的指标，它较少受VEDV的影响，能较好地反映心肌收缩力的变化。心力衰竭时，每搏输出量正常或降低而VEDV增大，因此射血分数降低。近年来，对舒张性心力衰竭的认识日益加深，人们注意到有部分心力衰竭患者射血分数可以保持正常。

(3) 心室充盈受损：由于射血分数降低、心室射血后剩余血量增多，使心室收缩末容积(ventricular end systolic volume，VESV)增多，心室容量负荷增大，心室充盈受限。在心力衰竭早期阶段即可出现肺毛细血管楔压(pulmonary capillary wedge pressure，PCWP)和中心静脉压(central venous pressure，CVP)升高。

(4) 心率增快：由于交感神经系统兴奋，患者在心力衰竭早期即有明显的心率增快。因此心悸常是心力衰竭患者最早和最明显的症状。心率过快可造成心肌缺血、缺氧而加重心肌损害。

(二) 肺循环淤血

左心衰竭时，由于左心泵血功能存在障碍，心室残留血液增多，压力升高，导致肺循环淤血，严重时引起肺水肿。肺淤血、肺水肿的共同表现是呼吸困难(dyspnea)，是气短及呼吸费力的主观感觉，外在表现通常为呼吸动度加大，具有一定的限制体力活动的保护意义。

呼吸困难的发生机制是：肺淤血水肿使肺顺应性降低，呼吸功明显增大，患者感到呼吸费力；呼吸道黏膜的淤血、水肿使气道阻力增大，患者呼吸时不得不更加用力，遂感呼吸困难。此外，肺毛细血管压增高和间质水肿使肺间质压力增高，刺激肺毛细血管旁J感受器，引起反射性浅快呼吸，亦使患者感到呼吸困难。

根据肺淤血和水肿的严重程度，呼吸困难可有不同的表现形式。

1. *劳力性呼吸困难*　劳力性呼吸困难(dyspnea on exertion)是左心衰竭的早期表现。患者仅在从事体力活动时出现呼吸困难，休息后可减轻或消失。其发生机制如下：① 从事体力活动时，回心血量增多，肺淤血加重，肺顺应性降低，通气做功增大，使患者感到呼吸困难；② 从事体力活动时，心率加快，舒张期缩短，使冠状动脉灌注不足，加重心肌缺氧；又使左心室充盈减少，加重肺淤血；③ 从事体力活动时，机体需氧增加，但衰竭的左心不能提供与之相适应的心输出量，机体缺氧加剧，CO_2潴留增加，刺激呼吸中枢，使呼吸加快加深，出现呼吸困难。

2. *夜间阵发呼吸困难*　夜间阵发呼吸困难(paroxysmal nocturnal dyspnea)是左心衰竭造成严重肺淤血的典型表现。患者夜间入睡后因突感气闷而惊醒，迅即坐起用力呼吸后可缓解，这被称为夜间阵发呼吸困难。其发生机制如下：① 患者平卧时，下半身静脉回流增多，水肿液吸收入血液循环增多，加重肺淤血；② 熟睡时，迷走神经相对兴奋，使小支气管收缩，气道阻力增大；③ 熟睡时，中枢神经系统敏感性降低，只有当肺淤血使动脉血氧分压下降到严重程度时，刺激呼吸中枢，才会使患者惊醒，表现为立即坐起并用力呼吸，可伴有濒死感。

若夜间阵发呼吸困难发作时伴有哮鸣音，则被称为心性哮喘(cardiac asthma)。

3. *端坐呼吸*　端坐呼吸(orthopnea)是严重左心衰竭的表现。患者在静息时已出现呼吸困难，平卧时加重，被迫采取半卧或端坐位以减轻呼吸困难的状态被称为端坐呼吸。端坐体位可减轻肺淤血，从而使患者呼吸困难减轻。其发生机制如下：① 端坐时，部分血液因重力关系转移到躯体下半部，使肺淤血减轻；② 端坐时，膈肌位置相对下移，胸腔容积增大，肺活量增加，通气改善；③ 端坐位可减少下肢水肿液的吸收，使血容量降低，使肺淤血减轻。平卧位则出现相反的结果。

重症急性左心衰竭时，由于肺毛细血管内压力升高，使毛细血管壁通透性增大，致使血浆及红细胞渗出到肺间质、肺泡与细支气管内，出现肺水肿。此时，患者可出现发绀、气促、端坐呼吸、咳嗽、咯粉红色(或无色)泡沫样痰等症状，双肺底部或全肺均可出现中、小湿鸣音。

左心衰竭引起长期肺淤血，肺循环阻力增加，使右心室后负荷增加，久之可引起右心衰竭。当病情发展到全心衰竭时，由于部分血液淤积在体循环，肺淤血可较单纯左心衰竭时有所减轻。

第五节 心力衰竭临床防治措施的病理生理基础

心力衰竭的治疗从过去的短期血流动力学/药理学措施转为长期的、修复性的策略，目的是改变衰竭心脏的生物学性质。心力衰竭的治疗目标不仅仅是改善症状、提高生活质量，更重要的是针对心肌重塑的机制，防止和延缓心肌重塑的发展，从而降低心力衰竭的住院率和病死率。根据心力衰竭的发生机制应强调如下原则。

1. 防治原发病及消除诱因　目前对大多数心力衰竭的治疗尚缺乏根治性措施，因此在心力衰竭的防治过程中，必须重视以预防为主的原则。

2. 调整神经-体液系统失衡及干预心室重塑　目前治疗心力衰竭的关键是阻断神经-体液系统的过度激活，阻断心肌重塑。血管紧张素转换酶抑制剂(angiotensin conversing enzyme inhibitor，ACEI)、β肾上腺素能受体阻滞剂、醛固酮拮抗剂等已成为慢性心力衰竭的标准的常规治疗药物。

3. 减轻心脏的前、后负荷　① 调整心脏前负荷：水钠潴留是心力衰竭，特别是慢性心力衰竭代偿过度或代偿失调的后果。对有液体潴留的心力衰竭患者，应适当限制钠盐的摄入或利用利尿剂、静脉血管扩张剂(如硝酸甘油)，减少回心血量，减轻心脏的前负荷；② 降低心脏后负荷：心力衰竭时，由于交感神经兴奋和大量缩血管物质分泌，患者的外周阻力增加，心脏后负荷增大。选用合适的药物如ACE拮抗剂等降低外周阻力，不仅可降低心脏后负荷，减少心肌耗氧量，而且可因射血时间延长及射血速度加快，在每搏功不变的条件下使心搏出量增加。

4. 改善心肌的收缩和舒张性能　对于收缩功能不全性心力衰竭且心腔扩大明显、心率过快的患者，可选择性应用正性肌力作用药物如洋地黄类药物(地高辛)、提高心肌收缩力药物如β肾上腺素受体激动剂等。

目前，治疗舒张功能不全性心力衰竭的临床试验较少，许多患者使用与收缩性心力衰竭相似的药物，主要是用于治疗其伴随疾病，如心房颤动、高血压、糖尿病和冠心病等。

5. 改善心肌的能量代谢　心肌能量药物如能量合剂等常用于心力衰竭的治疗。此外，对于有严重血流动力学障碍的瓣膜狭窄或反流的患者，可考虑作瓣膜置换或修补术。对难治性严重的心力衰竭患者可考虑采用人工心脏或心脏移植。

小　结

心力衰竭是在心功能不全基本病因的基础上由某些因素诱发的复杂的临床症状群，是各种心脏病的严重阶段。心脏泵血功能受损时，心排出量减少可以引起内源性神经-体液调节机制改变，从而通过心脏本身和心外多种方式进行代偿。心力衰竭发生与发展的分子基础是心室重塑，最终的结果是导致心肌舒缩功能障碍而使心脏的泵血功能降低。心衰的基本机制涉及细胞与整体水平改变。心力衰竭时，心输出量减少，使动脉系统供血不足，体循环或肺循环静脉系统淤血，引起组织器官缺氧、淤血和水肿，进而发生一系列机能和代谢变化。心力衰竭的治疗目的是针对心肌重塑的机制，防止和延缓心肌重塑的发展，从而降低心力衰竭的住院率和病死率。

【复习思考题】

1. 心功能不全时机体有哪些心脏本身的代偿反应和心脏以外器官的代偿反应?
2. 心力衰竭对机体有哪些影响?

(殷　秀　黄丹丹)

第二十一章

肝脏功能不全

学习要点

掌握：① 肝功能不全、肝功能衰竭、肝性脑病、假性神经递质、肝肾综合征的概念；② 氨中毒学说，假神经递质学说、血浆氨基酸失衡学说。

熟悉：① 肝功能不全对机体的影响；② 肝性脑病的诱因；③ 肝肾综合征的机制。

了解：肝功能不全临床防治措施的病理生理基础。

公元前 460～370 年，希波克拉底最先观察到肝脏疾病与情绪紊乱之间的关系，有黄疸患者出现严重的行为失调，如躁狂等。从公元 1 世纪到 19 世纪，罗马百科全书编撰者塞尔苏斯(Celsus)、病理解剖学创建者莫尔加尼(Morgagni)在他们的著作中，先后描述肝硬化患者出现腹水、谵妄、嗜睡和昏迷等症状并最终死亡。但对其解释无外乎是四体液理论的胆汁激惹等所致的行为改变。

自 19 世纪末期开始，学者们才真正开始用科学的方法来解释肝脏疾病为何引起行为及精神的异常。1877 年俄国生理学家埃克(Eck)等第一次在动物实验中证实，给行门腔静脉分流术后的狗喂食肉类一段时间后，可出现易怒、共济失调、抽搐与昏迷等症状，后被称为"肉中毒综合征"。此时距莎士比亚(Shakespeare)在其名作《第十二夜》中描述"我太喜欢吃肉了，但我知道它会伤害我的智力"已经整整过了 275 年。20 世纪 20～30 年代美国多位学者研究显示给予铵盐或氨同样可引起狗或诱发肝硬化患者出现昏迷的症状。

直到 1954 年，英国学者夏洛克(Sherlock)第一次对肝性脑病的神经精神病学临床表现进行了系统性临床观察，发现肝脏疾病导致的意识模糊伴随着面部表情丢失、言语障碍、扑翼样震颤、肌张力增高和共济失调等表征。同年美国神经外科医师麦克德莫特(McDermott)和亚当斯(Adams)首次提出了氨中毒学说。这是肝性脑病发病机制研究中的一个标志性事件。

1957 年，费泽克斯(Fazekas)首次将这类疾病定义为"肝性脑病"。1978 年，美国外科医生瑞克尔(Rikkers)发现，虽然肝病患者没有表现出神经精神病学临床症状，但其心理学和脑电图测量已经显示出异常，这一类症状后来被称作亚临床或轻微肝性脑病。

由于氨中毒不能完全解释肝性脑病临床复杂的神经精神表现，20 世纪 60 年代美国学者济夫(Zieve)等提出了 NH_3、硫醇、脂肪酸等多种毒物协同作用学说(multiple synergistic neurotoxin hypothesis)。20 世纪 70 年代期间，美国哈佛医学院费希尔(Fischer)研究小组在肝性脑病发病机制研究中做出了重要贡献。1971 年，他们提出了神经递质学说，其后他们发现：肝性脑病患者中支链氨基酸与芳香族氨基酸之比异常(fischer ratio)，并于 1976 年提出了血浆胰岛素氨基酸失衡理论，1979 年他们将高氨血症、氨基酸失衡以及血脑屏障联系起来，提出了肝性脑病(门体型)统一理论(unified theory)。

20 世纪 70 年代末期至 80 年代初期，GABA 受体及 GABA 受体亚型逐渐被鉴定出来，1982 年美国 NIH 学者琼斯(Jones)将有关理论首先应用于有关肝性脑病的研究，提出了肝性脑病 GABA 受体学说。

以上几个重要学说构成了教学的主要内容。但迄今肝性脑病发病过程中的毒性物质或毒性机制远未澄清，围绕这些学说，一些新的见解还在不断提出，如炎症反应、氧化应激等。

第一节 肝功能不全与肝性脑病概述

肝脏是人体内脏中最大的器官，也是最大的消化腺，因具有双重血管供应（肝动脉和门静脉），双重管道输出（肝静脉和胆道系统）以及发达的肝细胞酶系统，肝脏被赋予了复杂多样的生物化学功能。

肝脏虽具有强大的再生和代偿储备功能，但肝炎病毒、寄生虫、药物、毒物、酒精、遗传代谢障碍等致病因素长期、反复作用于肝脏，导致肝细胞结构及功能损伤，最终可引起肝脏功能下降，以致物质代谢、蛋白质合成、解毒、消化、免疫等功能障碍，而出现黄疸、出血、腹水、低血糖、肝性脑病、肾功能障碍等一系列临床症状，即为肝脏功能不全综合征（hepatic insufficiency syndrome）。

肝脏功能衰竭（hepatic failure）为肝脏功能不全的晚期阶段，临床上以肝性脑病和肝-肾综合征为主要特征。所谓肝肾综合征（hepatorenal syndrome，HRS）是指继发于肝硬化失代偿期或急慢性肝脏功能不全的肾衰竭，以肾功能不全、内源性血管活性物质异常分泌和循环血液动力学改变为特征的一组临床综合征。多数肝肾综合征表现为功能性肾衰竭。其机制可能主要与肝功能不全导致的有效循环血量减少（消化道出血、血液淤积在门脉系统、利尿等）有关。本章节主要介绍肝性脑病（图 21－1）。

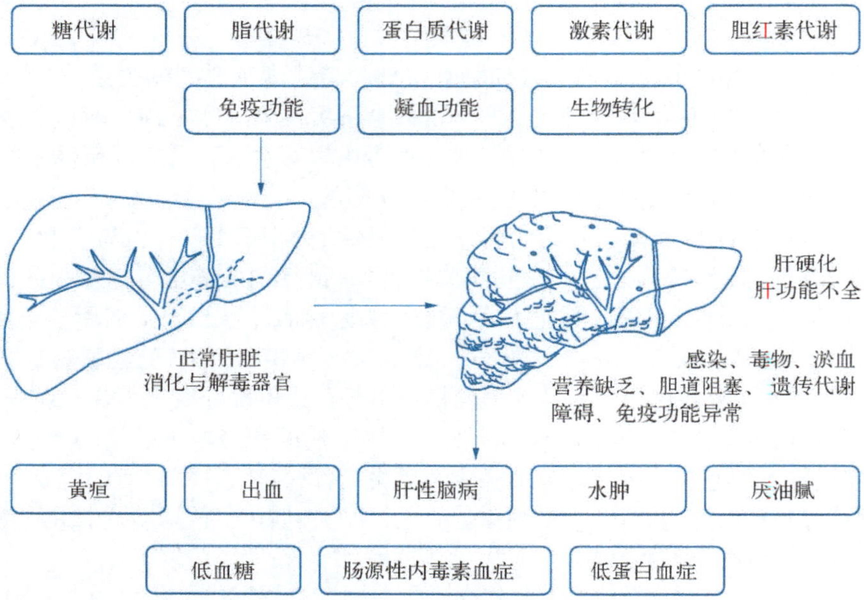

图 21－1 肝功能及肝功能不全

一、肝性脑病概念

目前认为：肝性脑病（hepatic encephalopathy，HE）是指继发于严重肝病的中枢神经系统功能失调的综合征。主要临床表现为性格改变、智力下降、行为失常、意识障碍等，以及运动和反射异常（如扑翼样震颤、肌阵挛、反射亢进和病理反射）等，晚期发生不可逆性肝昏迷（hepatic coma）。

二、肝性脑病分型与分期

（一）分型

按照肝功能障碍的性质、神经系统体征及持续时间的不同将肝性脑病分为三型：A 型（急性）：急性肝功能衰竭相关肝性脑病；B 型（旁路）：单纯门体旁路引起，无明确的肝细胞损害；C 型（肝硬化）：伴肝硬化和门脉高压和(或)门体分流的肝性脑病。其中,C型肝性脑病又分为三个亚型:间歇型、持续型和轻微型。

(二)分期

临床上根据意识障碍程度、神经症状和脑电图的变化将肝性脑病分为四期(图21-1)。

1. 一期(前驱期)　轻微的神经精神症状,可表现为欣快、焦虑、淡漠、睡眠倒错等,可出现扑翼样震颤(asterixis)。此期临床表现不明显,易被忽略。

2. 二期(昏迷前期)　嗜睡、行为异常(如衣冠不整、随地大小便等)、言语不清、书写障碍及定向力障碍。有腱反射亢进、踝阵挛及Babinski征阳性等病理征,有扑翼样震颤表现。

3. 三期(昏睡期)　昏睡,但可唤醒,各种神经体征持续加重。

4. 四期(昏迷期)　昏迷,不能唤醒。浅昏迷时,腱反射和肌张力仍亢进;深昏迷时,对疼痛刺激无反应,无扑翼样震颤。

轻微型肝性脑病(minimal hepatic encephalopathy)是指患者无上述症状或体征,可从事工作和日常生活,但用精细的智力测试和电生理检测可发现异常,这些患者的反应力常降低,不宜驾车和从事高空等危险作业,也称为亚临床肝性脑病(subclinical hepatic encephalopathy)。

表21-1　肝性脑病分期及特点

分　期	意识与智力	扑翼震颤	脑　电　图	注:脑电波形(频率、幅度)
0期	亚临床性肝性脑病(一般检查无异常)			
Ⅰ期(前驱期)	注意力缩短 欣快或焦虑 智力有障碍	无或轻	不明显	 β波>13 Hz
Ⅱ期(昏迷前期)	淡漠嗜睡 时间障碍 不适行为 性格改变	明显	异常θ波	 α波 8~13 Hz
Ⅲ期(昏睡期)	嗜睡加重 时空障碍 意识错乱	明显	明显θ波	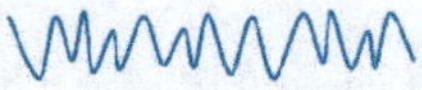 θ波 4~7 Hz
Ⅳ期(昏迷期)	意识丧失	无	出现δ波	 δ波<4 Hz

三、肝性脑病的病因及诱因

(一)肝性脑病病因

常见于重型病毒性肝炎、药物或毒物引起的急性或亚急性肝功能衰竭,以及肝硬化、肝癌晚期和外科门体分流手术后患者。

(二)肝性脑病诱因

任何引起体内毒性物质生成增多,或加重脑代谢功能障碍的因素,都可成为肝性脑病的诱发因素。

1. 氮负荷增加　氮负荷过度是诱发肝性脑病的最常见的原因。过量蛋白饮食、上消化道出血、输血等外源性氮负荷过度,均可促进血氨增高而诱发肝性脑病。如并发肝肾综合征导致的氮质血症,便秘、感染等内源性氮负荷过重等,也可诱发肝性脑病。

2. 镇静药及损伤肝功能药物　镇静、催眠、镇痛及麻醉剂可抑制中枢,诱发肝性脑病。

3. 水、电解质和酸碱平衡紊乱　肝硬化患者常因进食减少、利尿剂过度使用,或大量排放腹水后出现低钾性碱中毒,也是诱发加重肝性脑病的常见原因。同时肠道或尿液的碱性环境也可加重血氨的升高而诱发肝性脑病。

急性肝功能衰竭所致的肝性脑病常无明显的诱因,患者很快进入昏迷甚至死亡;而失代偿期肝硬化到终末期过程中,常有明显的诱因诱发肝性脑病,反复发作,逐渐转入昏迷至死亡。

第二节 肝性脑病的发病机制

现代研究发现急性肝功能衰竭所致肝性脑病患者脑部常无特异性病理改变，主要表现为继发性脑水肿。而慢性肝性脑病患者主要表现为星形胶质细胞肿胀增生，出现 Alzheimer Ⅱ 型星形胶质细胞，病程较长者可出现大脑皮质变薄，神经元及神经纤维消失，皮质深部有片状坏死，甚至累及小脑和基底部，但这些解剖病理变化并不具有特异性。而肝功能衰竭时发生多重代谢紊乱，大量毒性物质堆积，肝性脑病常为多因素协同致病，其发病机制迄今尚未完全明了。根据大量的动物实验及临床观察和治疗有效性，目前有以下学说来阐述肝性脑病的发病机制。

一、氨中毒学说

有大量动物实验证明，动物行肝大部切除致肝功能衰竭时，或行门静脉-下腔静脉吻合术后，给动物喂饲肉食或肠道灌流氯化铵可诱发类似人类肝性脑病的症状；临床上 60%～80%的肝性脑病患者血氨升高，经降血氨治疗后肝性脑病的症状得以改善。表明肝性脑病的发生与肝功能衰竭后血氨水平升高有关。

氨在人体内的代谢主要通过鸟氨酸循环在肝脏内代谢为尿素，通过肾脏排出体外，正常人氨的生成和清除之间维持着动态平衡，血氨浓度不超过 59 μmol/L。当氨的清除不足或生成增多时，可引起血氨升高，增多的氨通过血-脑屏障进入脑内，作为神经毒素而诱发肝性脑病。

（一）血氨升高的原因

1. 血氨生成增多　肠道产氨增多：正常人，每天肠道产氨约 4 g，经门脉入肝，是血氨主要的来源，此部分氨在肝脏内转变为尿素而被解毒。肝硬化门脉高压，肠黏膜淤血水肿，胆汁分泌减少，使食物的消化、吸收、排空等功能受限，同时肠道细菌繁殖活跃，氨基酸氧化酶和尿素酶增多，作用于肠道未被消化的蛋白质和氨基酸，或通过肠肝循环反流至肠道的尿素，使氨的生成明显增多，若合并上消化道出血或高蛋白饮食更加重肠道氨的产生。此外，肝性脑病患者昏迷前，可出现明显的躁动不安，震颤等肌肉活动、代谢增强，肌肉的氨基酸经转氨基作用脱去氨基而产氨增多。还有，严重肝功能障碍患者，可出现严重并发症——肝肾综合征，导致肾功能障碍，肾小球滤过率减低也会使氨或尿素排除减少，而反流入血。其中尿素经体循环到达肠道，又可被肠腔的细菌产生的尿素酶作用，产生氨而被重吸收入血。

2. 血氨清除下降　鸟氨酸循环障碍，氨清除不足：① 肝功能严重障碍时，由于肝细胞能量代谢障碍，参与鸟氨酸循环的酶活性降低，所需底物严重缺乏，合成尿素减少，而使血氨增高；② 同时肝硬化患者门脉高压，容易形成门体分流，肠道吸收的氨直接经门-体分流进入体循环等多种原因，导致氨清除障碍，使血氨升高。

3. 其他因素　肠道和血(尿)液的 pH 变化也可导致血氨的增高。血中氨具有两种形式：NH_3 与 NH_4^+。酸中毒时，NH_3 结合 H^+ 形成 NH_4^+，而碱中毒时，NH_4^+ 易转化为 NH_3。由于气体型 NH_3 比离子型的 NH_4^+ 更容易进入血-脑屏障，对中枢的毒性更大。所以碱中毒时，可使氨形成多，从而增强氨的毒性作用。正常时，肾小管上皮细胞的谷氨酰胺在谷氨酰胺酶的作用下产生少量的氨。如果原尿 pH 偏低，则促进 NH_3 与 H^+ 结合成 NH_4^+ 而被排出。由于肝功能衰竭患者，解毒功能减弱，毒性物质可刺激机体过度通气，或出现肾功能障碍，大量利尿而并发碱中毒，肾小管腔中 H^+ 减少，生成 NH_4^+ 减少，而 NH_3 弥散入血增多。此外，肠道 pH 对氨的吸收也有类似的作用。肠腔内 pH 降低，可减少从肠腔吸收氨。根据这一特性，临床上常给患者口服不被小肠双糖酶水解的乳果糖，使其在肠腔内被细菌分解产生乳酸、醋酸，降低肠腔 pH，减少氨的吸收，而达到降低血氨的作用。

氨生成增多与清除减少的途径见图 21 - 2。

（二）氨对脑的毒性作用

随着对氨中毒理论的进一步深入研究，发现氨可通过多种途径干扰脑细胞的功能和代谢，而引起脑毒性

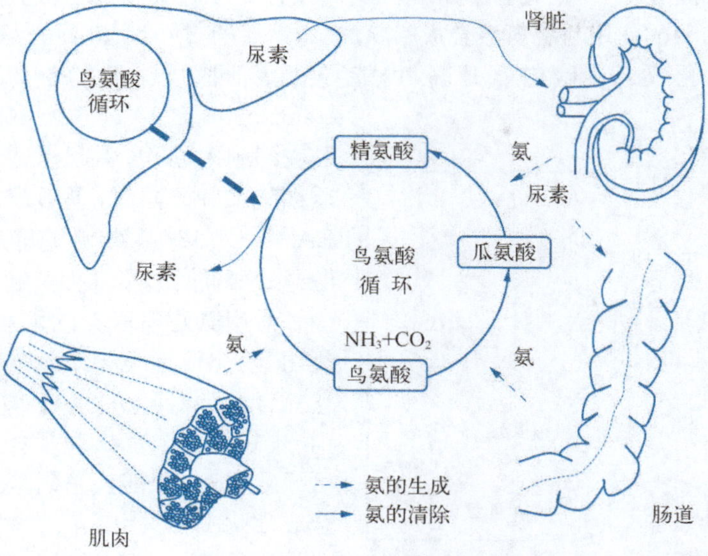

图 21-2　氨的生成与清除示意图

作用，可能的机制有以下几种。

1. 干扰脑细胞能量代谢　氨主要干扰脑细胞的葡萄糖有氧氧化过程，可能包括以下几个环节：① 氨可抑制丙酮酸脱氢酶的活性，妨碍丙酮酸的氧化脱羧过程，导致乙酰 CoA 生成减少，影响三羧酸循环的进行；② 氨与三羧酸循环的中间产物 α-酮戊二酸结合，生成谷氨酸，一方面使还原型辅酶 Ⅰ（NADH）转变为 NAD^+，另一方面消耗 α-酮戊二酸，影响线粒体传递氢及三羧酸循环的过程，可使 ATP 生成减少；③ 氨与谷氨酸结合生成谷氨酰胺的过程中消耗了大量 ATP（图 21-3 中的①，②，③）。

2. 脑内兴奋与抑制神经递质平衡紊乱　大量实验研究证实，脑内氨增高在影响脑能量代谢的同时也引起脑内谷氨酸、乙酰胆碱等兴奋性神经递质减少，而谷氨酰胺、γ-氨基丁酸等抑制性神经递质增多，从而引起中枢神经系统功能障碍（图 21-3 中的④，⑤，⑥）。由于谷氨酸脱羧酶的最适 pH 在 6.5 左右，而 γ-氨基丁酸转氨酶的最适 pH 在 7.2～8.0，所以酸性条件下，谷氨酸脱羧酶活性较强，谷氨酸脱羧，生成 γ-氨基丁酸较多，而转化成琥珀酸减少；而在碱性条件下，γ-氨基丁酸转化成琥珀酸增多，而谷氨酸脱羧，生成 γ-氨基丁酸较少。因此酸中毒时，患者易出现昏迷等抑制性表现，而碱中毒时患者易出现烦躁兴奋性表现。

上述过程也可理解为脑组织为解氨毒所进行的生化反应。

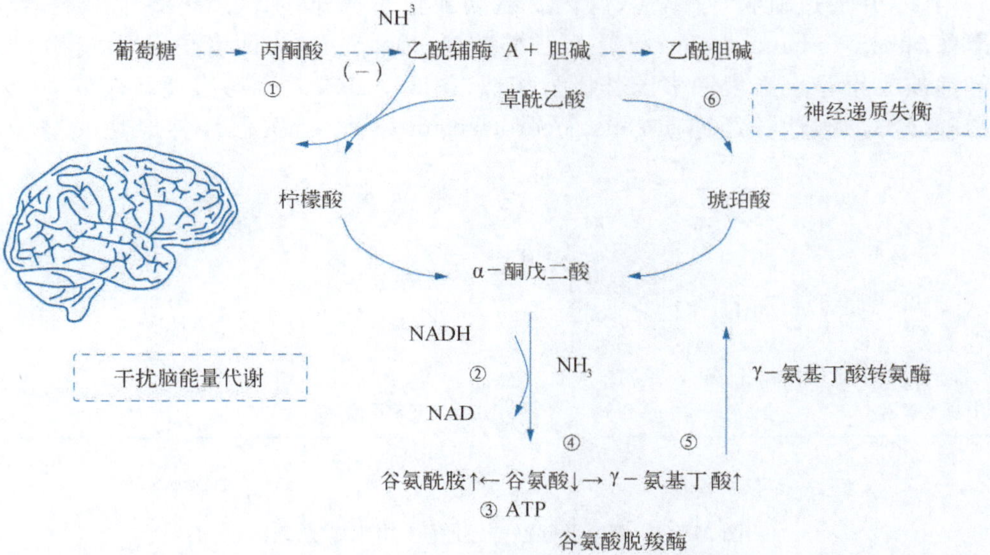

图 21-3　血氨增高干扰脑能量代谢及神经递质发生机制示意图

3. *星形胶质细胞功能异常* 氨在脑内的清除作用主要通过星形胶质细胞内的谷氨酰胺合成酶(glutamine synthetase,GS)的作用与谷氨酸合成谷氨酰胺,然后通过转运体,将谷氨酰胺移至临近的谷氨酸能神经末梢用于谷氨酸再循环。脑内氨升高,可能导致星形胶质细胞的谷氨酰胺转运体(glutamine transporter)SNAT5与谷氨酰胺亲和力降低,谷氨酰胺在细胞内堆积,引起渗透压增高和继发性星形胶质细胞水肿。同时,星形胶质细胞的谷氨酸转运体EAAT-2减少,影响了星形胶质和神经元的谷氨酸-谷氨酰胺循环,从而引起脑内神经递质的紊乱。

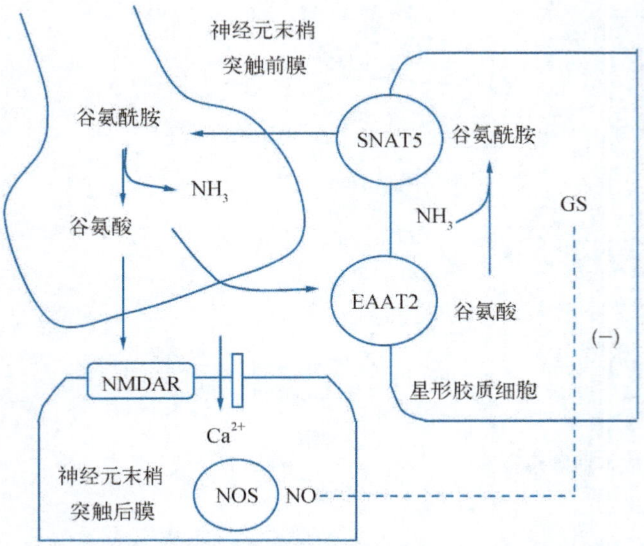

图 21-4 氨中毒使脑内谷氨酸与谷氨酰胺循环障碍示意图

另用氨处理培养的脑星形胶质细胞时,会发生氧化/硝化应激(oxidative/nitrosative stress),一氧化氮合酶(nitric oxide synthase,NOS)表达增多,而门-体分流大鼠也出现了相同的反应。硝化应激还可导致GS酪氨酸残基硝基化,从而影响谷氨酰胺的合成(图21-4)。

4. *抑制神经细胞膜* 氨增高可干扰神经细胞膜 Na^+-K^+-ATP酶活性,影响细胞复极化离子转运;同时铵离子可与钾离子竞争进入细胞,影响细胞内外 Na^+、K^+ 分布,从而影响膜电位和细胞的兴奋及传导等活动。

二、假性神经递质学说

氨中毒学说一直在肝性脑病的发病机制中占主流地位,但临床上仍有20%肝昏迷患者血氨是正常的,而急性重型肝炎患者血氨水平与临床表现并无相关性,降氨疗法无效。而且临床发现部分肝性脑病患者血中芳香族氨基酸出现了异常增高。为此,学者们提出假性神经递质学说(false neurotransmitter hypothesis),认为严重肝功能障碍时,由芳香族氨基酸形成的假性神经递质在脑中堆积,引起中枢神经系统功能障碍,也是肝性脑病的发病机制之一。

1. *假性神经递质生成增多* 食物中的芳香族氨基酸如苯丙氨酸和酪氨酸,经肠道细菌氨基酸脱羧酶的作用,脱去羧基生成有毒的苯乙胺和酪胺,经吸收后进入肝脏,在肝脏的单胺氧化酶作用下,被氧化分解而解毒。当肝功能严重障碍,肝细胞解毒功能下降,或经门-体分流进入体循环,血液中苯乙胺和酪胺增多,并通过血脑屏障进入脑内。在脑细胞非特异性β-羟化酶作用下,经羟化作用分别生成苯乙醇胺(phenylethanolamine)和羟苯乙醇胺(octopamine)。两者的化学结构与脑干网状结构的真性神经递质去甲肾上腺素和多巴胺极为相似(图21-5),但生物活性却较其弱,因此,将苯乙醇胺和羟苯乙醇胺称为假性神经递质(false neurotransmitter)。有关假性神经递质增多的途径参见后面图21-8。

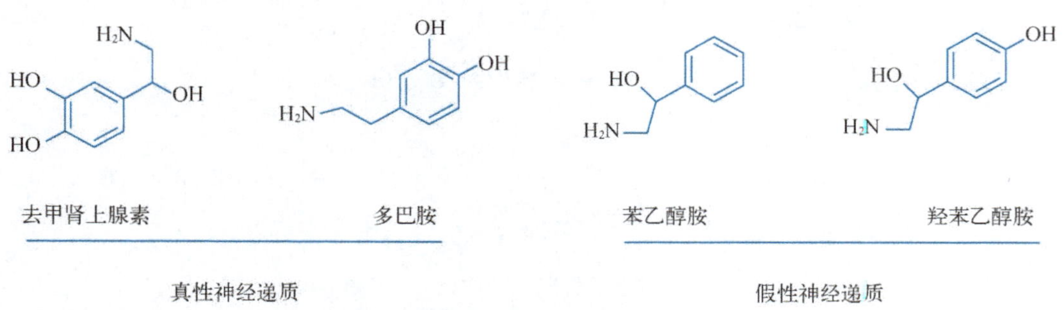

图 21-5 真性及假性神经递质结构比较示意图

2. 假性神经递质的脑毒性作用　去甲肾上腺素和多巴胺是脑干网状结构上行激动系统的重要神经递质，对维持大脑皮层的兴奋性及觉醒状态具有非常重要的作用。当脑干网状结构的假性神经递质增多时，可竞争性地取代上述两种真性神经递质，而被肾上腺素能神经元摄取、贮存、释放，但因其生物效应则远较去甲肾上腺素和多巴胺弱，因而导致脑干网状结构上行激动系统功能障碍，从而发生昏睡、昏迷。如果假性神经递质在中枢黑质-纹状体等(具有稳定随意运动，维持肌张力，调节肢体姿势，调控无意识的运动反射等生理功能)部位堆积，取代了真性神经递质多巴胺，患者则可出现扑翼样震颤(图 21－6)。

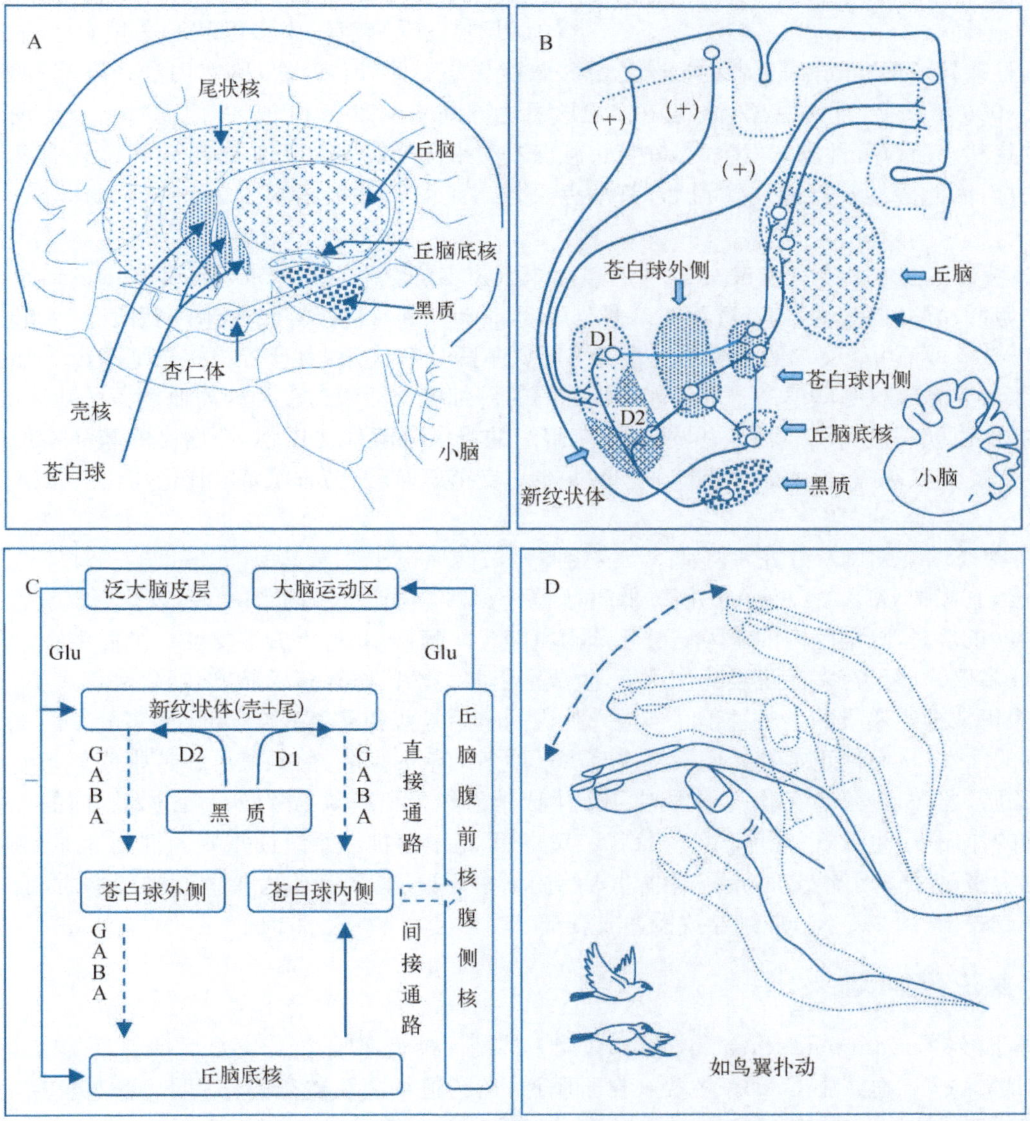

图 21－6　假性神经递质对黑质-纹状体多巴胺神经元取代作用

A. 基底神经节主要神经核团。包括尾状核、豆状核(壳核和苍白球，苍白球又分内侧部和外侧部)、丘脑底核、黑质等。尾状核和壳核称新纹状体，苍白球又称旧纹状体。

B. 基底神经节联系。以苍白球为中心，接受尾核、壳核 黑质、丘脑底核的投射纤维；又发出纤维与丘脑、大脑皮质联系。

C. 直接与间接回路。"大脑皮质(＋)→纹状体(－)→苍白球内侧/黑质(－)→丘脑(＋)→大脑皮质"，为直接回路。"大脑皮质(＋)→纹状体(－)→苍白球外侧(－)→丘脑底核(＋)→苍白球内侧/黑质(－)→丘脑(＋)→大脑皮质"，为间接通路。图中实线箭头为兴奋，虚线箭头为抑制。生理状态下，直接通路的兴奋性与间接通路抑制性效应是平衡的。黑质可调控这种平衡，黑质多巴胺能神经元作用于纹状体 D1 受体使其兴奋，作用于 D2 受体使其产生抑制。括号内＋号示兴奋作用，－号示抑制作用。Glu 为兴奋性递质谷氨酸。

D. 扑翼样震颤。黑质-纹状体中多巴胺被假性神经递质取代。影响运动的兴奋性或抑制性(运动起始、协调、肌张力)。典型临床表现如帕金森综合征(强直、运动迟缓、震颤三联征)

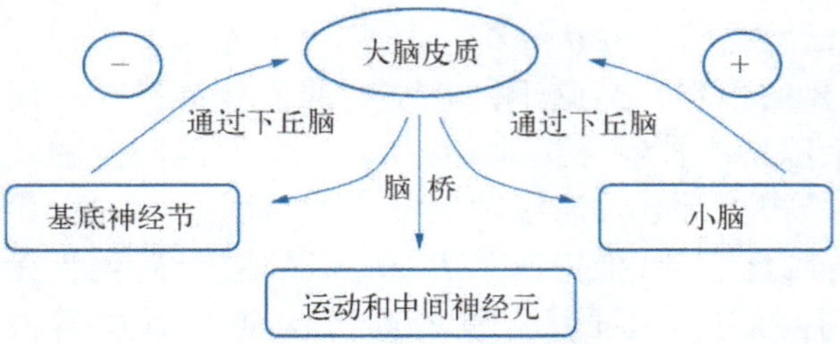

图 21-7 大脑皮质运动神经中枢控制肌肉运动

运动平稳的协调分分秒秒受到基底神经节和小脑的正负调控

基底神经节与大脑和小脑也存在密切的正负调控，当基底神经节中的多巴胺被取代以后，大脑皮质运动神经中枢控制作用将减弱(图 21-7)。

三、氨基酸失衡学说

尽管假性神经递质学说可以解释一部分肝性脑病发生机制，但某些实验研究结果并不完全支持假性神经递质学说，如肝硬化患者，无论是否发生肝性脑病，死亡后尸检发现脑组织中多巴胺和去甲肾上腺素与非肝病患者并无明显差异，有的非肝病患者的羟苯乙醇胺浓度更高。此外，向大鼠脑室内注入羟苯乙醇胺，虽然其浓度提高 20 000 倍以上，且去甲肾上腺素和多巴胺量也分别减少 80%和 92%，但动物并未出现昏睡昏迷等肝性脑病的症状。所以肝性脑病发生时，除芳香族氨基酸来源的假性神经递质增多，可能还有其他的氨基酸也出现了失衡，因此假性神经递质学说后，有学者又提出了氨基酸失衡学说(the hypothesis of amino acid imbalance)。

1. 肝脏功能不全时血浆氨基酸失衡　正常机体血浆支链氨基酸(branched-chain amino acids，BCAA)(缬氨酸、亮氨酸、异亮氨酸等)与芳香族氨基酸(aromatic amino acids，AAA)(苯丙氨酸、酪氨酸、色氨酸等)的比值为 3～3.5。而功能衰竭的肝脏不能将芳香族氨基酸分解代谢，大量芳香族氨基酸由肝和肌肉释放入血，致使血浆中芳香族氨基酸增高。肝功能严重障碍时肝细胞灭活胰岛素和胰高血糖素的功能降低，使两者浓度均增高，但以胰高血糖素的增多更显著，促使组织的蛋白分解代谢增强，而增高的胰岛素可促进肌肉组织摄取和利用支链氨基酸，使血浆中支链氨基酸减少。支链氨基酸/芳香氨基酸比值可由正常范围的 3～3.5 下降至 0.6～1.20。

2. 脑内神经递质失衡　芳香族氨基酸与支链氨基酸同属电中性氨基酸，需借助同一载体通过血脑屏障进入脑内。当血浆中 BCAA /AAA 比值降低时，则使 AAA 竞争进入脑组织增多，以苯丙氨酸、酪氨酸、色氨酸增多为主。正常时，脑细胞内的苯丙氨酸在苯丙氨酸羟化酶作用下，生成酪氨酸。酪氨酸在酪氨酸羟化酶作用下，生成多巴。多巴在多巴脱羧酶作用下，生成多巴胺。多巴胺在多巴胺 β-羟化酶作用下，生成去甲肾上腺素，此为正常神经递质的生成过程。当进入脑内的苯丙氨酸和酪氨酸增多时，增多的苯丙氨酸可抑制酪氨酸羟化酶的活性，从而使正常神经递质生成减少。增多的苯丙氨酸、酪氨酸可在芳香族氨基酸脱羧酶作用下，生成苯乙胺、酪胺，进一步在 β-羟化酶作用下生成苯乙醇胺和羟苯乙醇胺。而进入脑内的色氨酸在羟化酶和脱羧酶的作用下，生成 5-羟色胺(5-HT)。5-HT 是中枢神经系统内重要的抑制性神经递质，能抑制酪氨酸转化为多巴胺。因此，芳香族氨基酸进入脑内增多，可使脑内产生大量假性神经递质，而正常神经递质生成减少或失衡(图 21-8)，最终导致昏迷或震颤。

四、γ-氨基丁酸学说

γ-氨基丁酸(γ-aminobutyric acid，GABA)属于抑制性神经递质，介导突触后抑制，可引起肝性脑病。

1. GABA 增多　血浆中 GABA 主要来自于肠道，在肠道细菌脱羧酶的作用下，谷氨酸转化成 GABA，经门静脉入肝被代谢。肝功能障碍时，对 GABA 的清除能力下降，导致血浆中 GABA 增多，由于肝功能紊乱致血脑屏障通透性增高，致使 GABA 进入脑内增多。

2. GABA 毒性作用　当突触前神经元兴奋时，GABA 从囊泡中释放，进入突触间隙与突触后神经元胞膜上的特异性受体结合后发挥效应。突触后神经膜表面的 GABA 受体是由超分子复合物构成，包括 GABA 受体、苯二氮䓬类(benzo diazepine，BZ)受体、巴比妥类受体和氯离子通道。当相应的配体——GABA、BZ(如安定)、巴比妥类与相应受体结合时，引起突触后膜上的氯离子通道开放，增加氯离子内流，细胞超极化而发生抑制。三种配体具有协同非竞争性结合位点，已证实 GABA 可引起 BZ 和巴比妥类药物的镇静催眠效应，而安定和巴比妥类药物能增加 GABA 的效应，由此可解释临床上应用安定和巴比妥类药物能诱发肝性脑病的机制。

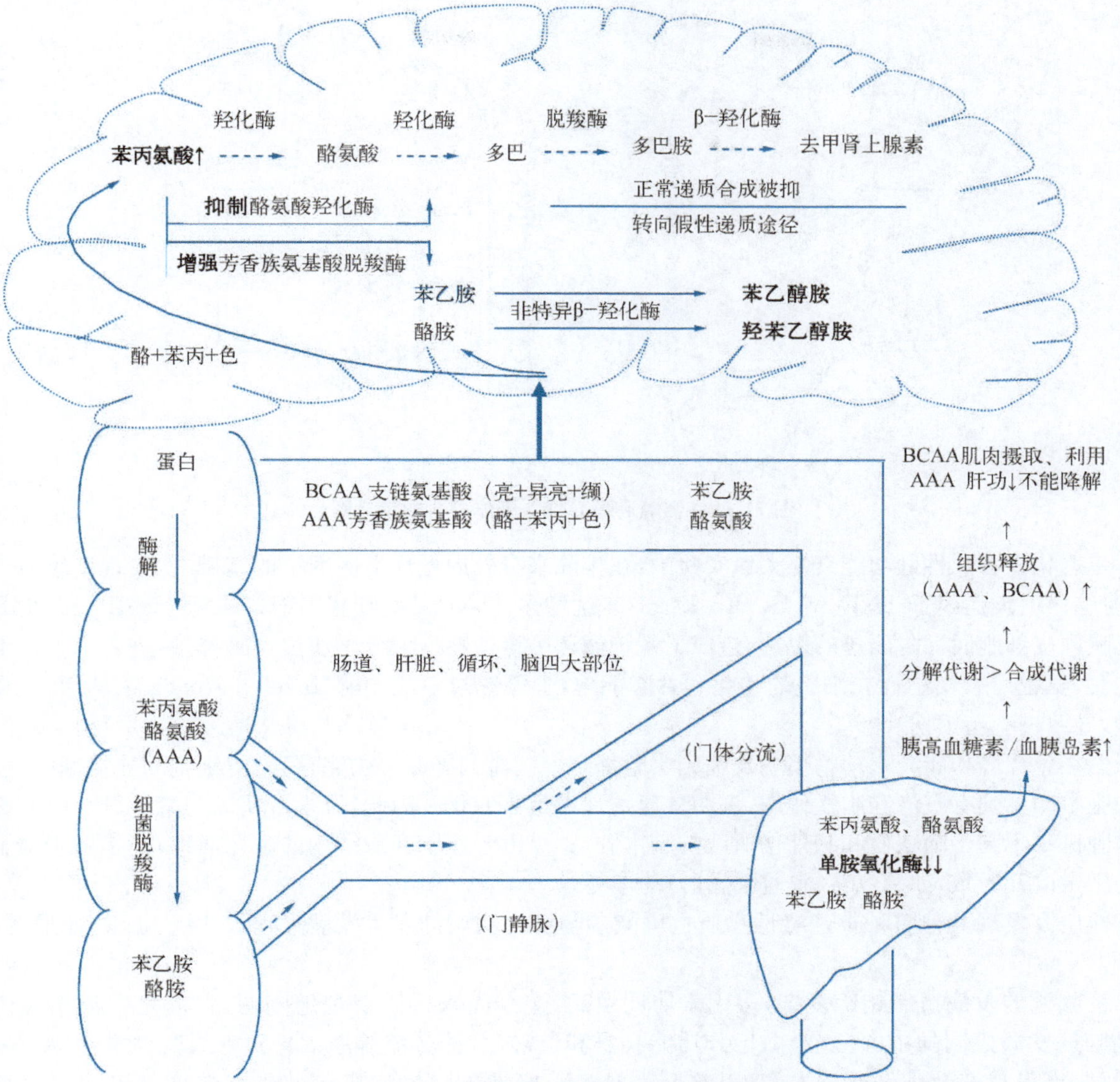

图 21－8　假性神经递质学说与氨基酸失衡学说脑内假性神经递质生成示意图

① 掌握本章节几个学说：氨中毒学说、假性神经递质学说、氨基酸失衡学说，就是要回答血中、脑中的毒性物质是如何增高的，增高后如何起毒性作用的；② 此图形涉及到肠道、肝脏、循环、大脑几个环节，一般而言是容易记住的。该图形有助于记忆毒物通过哪些重要环节，导致其增加；③ 就假性神经递质和氨基酸失衡学说而言：毒物经肠道进入各有各的途径：前者是形成胺类进入血液，后者是芳香族氨基酸直接进入。在肝脏部位，两者都可绕过肝脏，但前者可因肝功能受损单胺氧化酶缺陷所致，后者可因肝功能受损胰高血糖素/胰岛素升高所致。在脑部，入脑过程前者是直接通过，后者是竞争通过；在脑内，前者直接经非特异酶作用生成假性递质，后者抑制了正常递质生成途径，转向了假性神经递质生成途径。图中未显示色氨酸代谢及5－HT作用；④ 这样容易比较两种学说的异同点，后一学说是前一学说的补充。氨中毒也可仿此画出图形记忆

GABA学说的提出是基于肝脏功能不全可致血浆中GABA增加，同时血脑屏障通透性增高，GABA入脑增多参与了肝性脑病的发生和发展。但最新的大量研究证据表明，脑内GABA水平并未增加，内源性苯二氮草类物质也不增加，即GABA受体复合物的内源性激动剂并未变化，因此，也有学者认为，肝性脑病发生时GABA的毒性作用是由于GABA受体复合物与配体结合能力变化以及受体变构调节物质浓度增加等原因所致。

五、中枢氧化应激、炎症因子失控、血脑屏障改变等机制

肝性脑病的发病机制极为复杂，并非单一因素所致，急性肝功能衰竭时，常并发全身炎症反应综合征和感染，约80%的患者会出现肠源性的内毒素血症，导致体内大量的促炎症因子蓄积，促进肝性脑病的发生发展。近年来随着研究的深入，大量实验证实，肝功能衰竭时，脑内胶质细胞活化，中枢神经炎症反应使肝性脑

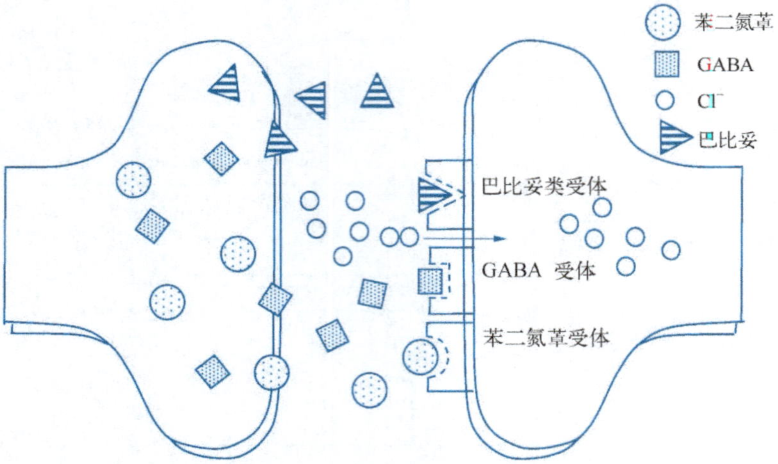

图 21－9 突触后膜 GABA 受体复合物示意图

病进一步恶化。在急性肝功能衰竭大鼠实验中，在排除来自外周循环炎症因子的基础上，发现小胶质细胞活化，同时脑内促炎症因子 TNF－α、IL－1β、IL－6 表达增多。同时某些细胞因子如 TNF－α、IL－1 和 IFN－γ 还可影响内皮细胞间黏附因子的表达，造成了系统循环中毒性物质大分子通过血脑屏障，进入中枢而引起损伤。同时，氨也可损伤中性粒细胞的趋化和吞噬能力，上调髓过氧化物酶(myeloperoxidase)的活性，促进氧化应激，导致进一步损伤。

虽然在急性肝功能衰竭动物模型及临床实验都观察到血脑屏障结构完整、内皮细胞间连接紧密，但是在内皮细胞中却见到有空泡和胞饮作用，说明其通透性发生了变化。因此，有学者认为与急性肝功能衰竭相关的脑水肿机制不同于脑缺血和脑外伤所致的脑水肿，不是由于血脑屏障结构的破坏而致，而是由于血脑屏障功能的细微改变所致，如 AQP4(水通道蛋白)的参与。

其他研究发现其他多种神经毒性物质也可能参与肝性脑病的发生发展过程。如锰、硫醇、脂肪酸、酚等物质。

肝性脑病的发病机制错综复杂，多因素协同致病，迄今尚未得以清楚地阐明，目前氨中毒学说仍是解释肝性脑病发病机制的中心环节，由于肝功能衰竭和(或)门-体分流等原因导致氨或其他毒性物质进入脑内，干扰脑能量代谢及神经递质失衡，引起肝性脑病。肝性脑病发病机制的研究多来自于动物实验研究和临床观察，但仍有部分实验结果相悖，且针对发病机制的治疗措施并未取得理想的疗效。随着研究的深入，诸多因素间的内在联系及其相互作用将逐渐得以揭示，明确肝性脑病发病机制将有助于指导临床治疗。

第三节 肝性脑病临床防治措施的病理生理基础

1. *一般防治措施* 积极防治原发病、保护肝脏功能。

2. *预防和清除诱因*

(1) 慎用镇静、催眠、镇痛及麻醉剂。

(2) 防止大量快速进液，避免大量放腹水，纠正水、电解质和酸碱平衡紊乱。

(3) 预防上消化道出血，避免进食粗糙、尖锐或刺激性食物；一旦出血应及时止血，同时给以泻药或清洁灌肠，促使积血迅速排出。

(4) 控制蛋白摄入，昏迷者应忌食蛋白质；清洁肠道，口服新霉素抑制肠道菌群繁殖、口服乳果糖或乳梨醇酸化肠道等措施以减少肠道氮源性毒物的生成与吸收。

3. 针对肝性脑病发病机制进行治疗

(1) 促进体内氨代谢：L-鸟氨酸-L-门冬氨酸为鸟氨酸和门冬氨酸的混合制剂，可促进体内的尿素循环而减低血氨。

(2) 调节神经递质：GABA/BZ 复合受体拮抗剂-氟马西尼(flumazenil)可拮抗内源性苯二氮草所致的神经抑制，对部分肝性脑病患者具有促醒作用；补充支链氨基酸，左旋多巴取代假性神经递质，使神经系统恢复正常。

4. 人工肝和肝移植　用分子吸附剂再循环系统(molecular absorbent recycling system，MARS)可清除肝性脑病患者血液中部分有毒物质，对肝性脑病有暂时性的、一定程度的疗效。肝移植是治疗各种终末期肝病的一种有效手段，严重和顽固性的肝性脑病是肝移植的指征。

小　结

肝脏功能不全是指各种致肝损伤因素使肝细胞发生严重损害，使其代谢、分泌、合成、解毒与免疫功能发生严重障碍，机体可出现黄疸、出血、继发性感染、肾功能障碍、肝性脑病等一系列临床综合征。肝功能衰竭一般是指肝功能不全的晚期阶段，临床上主要表现为肝性脑病与肝肾综合征。肝性脑病是指继发于严重肝病的中枢神经系统功能失调的综合征。肝性脑病的发病机制目前尚不清楚，目前认为主要是由于肝功能不全/衰竭时，物质代谢和肝脏生物转化功能发生障碍后引起脑组织的代谢和功能障碍所致。关于肝性脑病发病机制的最主要的学说有：氨中毒学说、假性神经递质学说、血浆氨基酸失衡学说和 GABA 学说，其他与中枢炎症因子失控、氧化应激、血脑屏障改变等机制有关。肝肾综合征是指继发于肝硬化失代偿期或急慢性肝脏功能不全的肾衰竭，以肾功能不全、内源性血管活性物质异常分泌和循环血流动力学改变为特征的一组临床综合征。

【复习思考题】

1. 氨中毒如何干扰脑能量代谢?
2. 简述假性神经递质学说及血浆氨基酸失衡学说，并说明两者之间的联系。

(张　颖)

第二十二章

脑功能不全

学习要点

掌握: ① 认知障碍和意识障碍的概念;② 认知障碍和意识障碍的主要表现形式以及各表现形式的概念与区别。

熟悉: ① 认知和意识的脑结构基础;② 认知和意识障碍的病因及发病机制;③ 意识障碍对机体的影响。

了解: 脑功能不全临床防治措施的病理生理基础。

"人类应当知道,因为有了脑,我们才有了乐趣、欣喜、欢笑和运动,才有了悲痛、误伤、绝望和无尽的忧思。因为有了脑,我们才以一种独特的方式拥有了智慧、获得了知识;我们才看得见、听得到;我们才懂得了美与丑、善与恶;我们才感受到甜美与无味。同样,因为有了脑,我们才会发狂和神智昏迷,才会被畏惧和恐怖侵扰。我们之所以会经受这些折磨,是因为脑有了病恙。由于这样一些原因,我认为:脑在一个人的机体中行使了至高无上的权力。"

——希波克拉底《论神圣的疾病》

众所周知,大脑是人体进行思维活动最精密的器官,对于维持生命活动有重要的作用。有了脑,你可以感知、运动和思考。那么,这种观点源自何处呢?

有考古学的证据表明:早在史前时代,人类的祖先就已经意识到了脑在生命活动中起着重要的作用。早在7 000多年前,祖先们就会在颅骨上钻孔,其目的在于治病而非杀人。因为头骨上留有手术的痕迹表明手术是针对活人而非死后的宗教行为。尽管做这种手术的真实意图是什么我们不得而知。

人类对脑的认识经历了以下几个阶段:

1. 古希腊时期　著名的古希腊哲学家亚里士多德(Aristotle)认为脑是一个"散热器",被火热的心沸腾了的血液在脑中被降温,而脑强大的冷凝功能能使机体保持合适的体温。而同一时期的希波克拉底(Hippocrates)则认为:脑不仅参与对环境的感知而且是智慧的起源地。这一观点至今都是正确的。

2. 罗马帝国时期　这一时期最重要的一位代表人物是希腊医师盖伦(Galen),他认同希波克拉底的关于脑功能的观点。这源于其对动物大量和细致的解剖。盖伦曾试图从大脑和涉及所具有的不同结构来推断它们的功能,就像人们可以从脚和手的结构做出的功能推测一样。他推测:大脑可能是感觉的接收装置,而小脑一定是支配肌肉的;机体的功能有赖于体液的平衡,体液通过神经到达脑室后,感知被大脑所记录,运动被大脑启动。这一推论本身已经距离真理不远了。

3. 从文艺复兴时期到19世纪前　文艺复兴时期的法国哲学家笛卡尔(Descartes)非常推崇液压-机械论,该理论主要认为:脑以类似于机械运行的方式行使其功能。液体从脑室中被压出后经过神经管道,使人兴奋,从而激发肢体的运动;由脑控制的人类行为至多就是动物所具有的那些行为,而人类特有的智慧则独立于脑之外,即精神与脑是彼此分离的。这一观点主宰了很长一段时期。

直到18世纪末，神经系统被完整剥离出来，大脑的大体解剖取得了很大进展。明确了神经系统具有中枢与外周两部分，而中枢部分则包括了脑和脊髓；脑回与脑沟的发现使大脑以"叶"(lobe)的形式组装起来，为不同脑功能定位于不同脑回的这一理论提供了理论基础。这一突破也开创了脑功能定位研究的新时代。

4. 19世纪时期　在这一百年时间内，人类对脑功能的了解远远超过了此前所有有记录的知识的总和。其最为重大的突破主要体现在以下四个方面。

(1) 神经电缆理论：苏格兰内科医生贝尔(Bell)与法国生理学家马让迪(Magendie)经过大量的解剖与生理学实验，证实每根神经都是由许多"电缆"组成的，其中一些将信息传入脑和脊髓而另一些则将信息传送到肌肉；对每一根感觉和运动神经纤维而言，信息传递具有严格的单向性。这两类神经纤维大部分都是包裹在一起，只有在要进入或离开脊髓时才独立分开。

(2) 脑功能的脑区定位：如果不同的功能定位于不同的脊神经根，那么不同的功能也很有可能定位于不同的脑区。法国神经科医师布洛卡(Broca)在对死亡以后的失语症患者的大脑进行研究后发现其在左额叶上有损伤，根据这一病例以及其他几个类似病例，他认为大脑的额叶区应该负责语言的形成。他也因为这一发现被认为是脑功能定位理论的第一人。此后，在此基础上，大量的实验室证据均支持了这一理论：苏格兰神经科医师费里尔(Ferrier)在猴子上发现，小电流刺激大脑的表面的一个局限的区域可引起动物一系列不连续运动，而切除同一区域则引起肌肉的麻痹。而德国生理学家蒙克(Munk)采用类似的研究方法也证实大脑枕叶是视觉功能所必需的。

(3) 神经系统的进化：1859年，英国生物学家达尔文出版了他的里程碑巨作《物种起源》。在本书中，他提出不同物种的神经系统进化源于共同的祖先，而且不同物种的神经系统具有共同的作用机制，这一思想为将动物实验的结果运用于人类提供了理论依据。他还认为，每一物种的脑的结构与功能均反映了它们对环境的适应，如猴子具有敏锐的视觉而老鼠则视觉较差，但它们嘴边的触须却具有非常敏锐的触觉。因此通过比较不同物种脑的异同点，科学家们就可以知道不同物种所具有的特定行为功能。

(4) 神经元的地位：由于神经细胞通常有大量的突起，因此最初科学家们一直无法肯定这些来自不同神经细胞的突起是否会像微血管那样融合在一起。如果是这样的话，脑功能的基本单位就应该是由不同神经细胞相互连接成的"神经网络"(nerve net)。直到1900年，现在被称为神经元的单个神经细胞才被确认为脑的基本功能单位。

纵观人类对脑的认识的历史，其实也是人类战胜自身和挑战自然的一种努力，目前已经取得的成绩建立在许多代人辛勤工作的基础上。当今，神经科学的研究正经历着飞速的发展，21世纪也被定名为"脑的世纪"。但是目前人们对脑的功能依然知之甚少，人们对精神疾病或精神障碍的了解往往从心理、行为以及社会文化背景上加以鉴别，例如过去认为是精神疾病的同性恋，现在医学上不再认为是疾病，而以前认为不是疾病的问题，现在却归为精神障碍如囤积症、暴食症、经前情绪障碍、皮肤抓瘙症等。

意识的生物基础是什么？记忆的本质何在？精神分裂症可以攻克吗？大脑是人体的中枢，掌管意识的中枢网络连接是否还存在中枢的中枢？诸如此类问题，既为人类的好奇心所关注，也是医学、生命科学上棘手的问题。其中原因之一是缺乏对这些疾病生物学根源的理解，致使特异、高效、精准的精神疾病药物的研发也存在一定困难。一百多年前德国科学家布罗德曼(Brodmann)根据细胞学说划分的脑功能分区(Brodmann area)仍为临床实用，即使目前已有超高分辨的核磁共振影像技术。

美国精神疾病研究协会从1952开始，每隔10年左右编修一本被称为精神病学的"圣经"——精神障碍诊断统计手册(the Diagnostic and Statistical Manual of Mental Disorders，DSM)，2013年出版第5版，收录有157种精神障碍(1952年第一版收录60种)。它对精神障碍的定义是：个体明显的认知、情绪调节或行为紊乱的一种临床综合征。虽然它也强调诊断为精神障碍不等同于需要治疗，也不等同于法律的标准。但实际上有可能令被诊断为异常的"正常人"将承受莫须有的耻辱和痛苦，或许不得不接受不必要的药物治疗。并有可能在保险领域、药品监管机构、特殊儿童教育、司法鉴定等方面产生重大影响。存在争议的焦点仍然是临床操作水平的现实实用主义，与基础遗传学、神经生物学、生理学等关注的神经连接、病理定位、病理生理功能改变与临床的关系并未得到充分证实，当然也无完整的共识了。因此其分类体系是由从临床角度或是从遗传生理神经角度划分有不同的看法，这或多或少与精神疾病的诊治有关。

目前脑科学已经成为显学，国际上以美国为首的发达国家正在掀起脑科学计划，以推动创新性技术革新，绘制神经细胞网络组图，了解神经细胞功能与个体行为的工作机制，试图解释上述各种问题及最终为精神疾病患者解除痛苦。

第一节 脑功能概述

大脑是控制运动、产生感觉及实现高级脑功能的高级神经中枢。大脑主要由皮质、髓质和基底核等三个部分组成。大脑皮质是被覆在端脑表面的灰质，主要由神经元的胞体构成。皮质的深部则由神经纤维形成的髓质或白质构成。髓质中含有的灰质团块为基底核，纹状体是其中的主要部分。

许多原因可引起脑功能障碍，如脑外伤（脑震荡、损伤、出血等），感染（细菌、病毒和寄生虫感染），中毒（重金属、有机磷中毒、化学毒气），心血管疾患（高血压、冠状动脉硬化性心脏病、脑血管病），颅内肿瘤（髓母细胞瘤、星形细胞瘤、胶质母细胞瘤、室管膜瘤等），其他（持续高热、低血糖、过量使用麻醉药、酸中毒等）。

由于大脑是调控各系统、器官功能的高级中枢，参与学习、记忆、意识和行为等高级神经功能，其功能障碍对人的精神、情感、行为、意识以及几乎所有的脏器功能都会产生不同程度的影响。本章将介绍脑高级神经功能异常与认知障碍、意识障碍的相关知识。

第二节 认知障碍

认知（cognition）是机体认识和获取知识的过程，包括学习、记忆、思维、语言、精神、情感等一系列心理和社会行为，是高级神经活动的重要组成部分。认知障碍（cognitive disorder）指与学习、记忆以及思维判断有关的大脑高级智能加工过程出现异常，从而引起学习、记忆障碍（learning and memory impairment），同时伴有失语（aphasia）、失认（agnosia）、失用（apraxia）、失行（disturbance in executive functioning）等表现的病理过程。

认知的结构基础主要是大脑皮层。任何引起大脑皮层功能和结构异常的因素均可导致认知障碍。而大脑皮层的功能复杂，且不同类型的认知障碍会互相关联影响，如某一方面的认知障碍可能引起其他方面的认知异常，很难确定它们的因果关系，因此给临床脑疾病诊断和治疗带来了很大的困难。大脑皮层是由初级皮层区和联合皮层区组成，初级皮层区负责观察、分析和判断事物以及协调身体躯体的运动，而联合皮层区则对初级皮层区的行为和智能进行高层次整合。布罗德曼（Brodmann）根据形态学特征将大脑皮层分成许多功能区（图 22－1），它们分别执行不同的生理功能：① 额叶皮层区：主要负责自主运动、书写、记忆、判断、创造性思维、社会活动等复杂的智力活动，该区损伤将导致中侧性偏瘫（4 区）、失写症（6 区）及额叶性痴呆（9 区和 12 区）等；② 顶叶皮层：主要负责对感觉信息的高级加工和整合，该皮层的损伤会导致对侧感觉障碍（1 区和 3 区）、触觉缺失（40 区）等；③ 颞叶区：主要功能是接受声音刺激，损伤后会导致听觉障碍（41 区和 42 区）；听觉联合区则主要负责对声音的理解，此区的损伤将会导致感觉性失语症（22 区），患者不能正确使用语言和表达思维，常常词不达意，不能很好地与人交流；颞叶的海马和蓝斑主要参与记忆的加工，该部分的损伤会引起空间或情感记忆障碍；④ 枕叶区：由于该区含有初级视觉皮层，因此主要功能是感知和接受视觉刺激，该区损伤引起视野缺陷（17 区）；视觉联合区则包绕着视皮层，可对视觉信息和内容进行整合，该区损伤将导致个体不能识别物体（18 区和 19 区）。

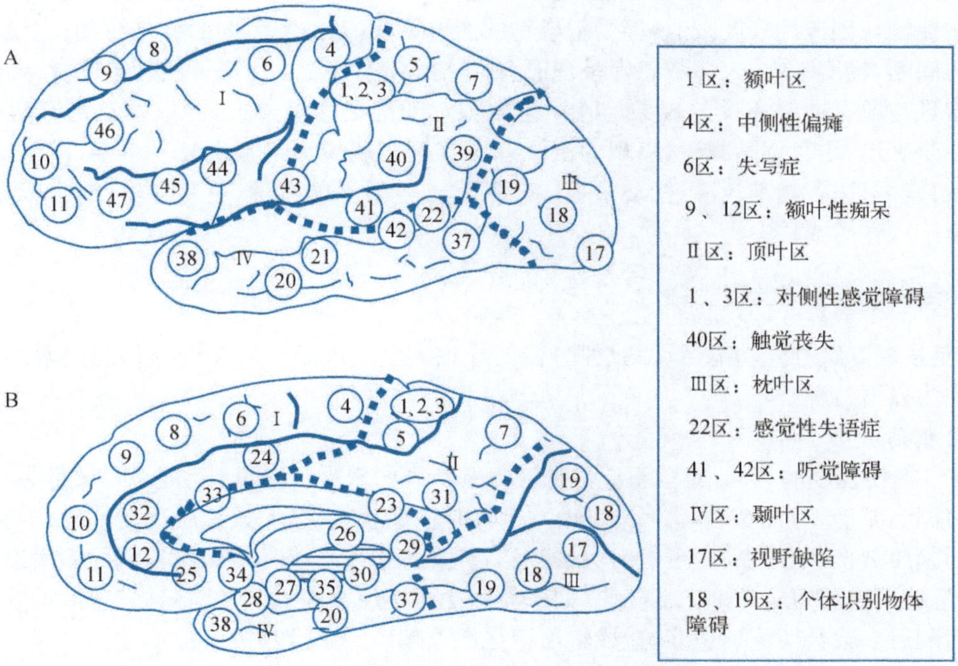

图 22-1 Brodmann 脑功能分区示意图(A：外侧面；B：内侧面)

一、认知障碍的基本表现

由于大脑涉及的认知范畴和功能区非常广泛，包括学习、记忆、语言、运动、思维、创造、精神、情感等，因此认知障碍也存在多种多样的表现形式，这些表现可以是单一的，但大多数情况下是多种表现同时存在。

1. *学习、记忆障碍* 学习、记忆都是属于比较复杂的神经活动。学习是由练习或经验引起的行为或知识的较持久的变化。记忆是在大脑中积累和保存个体经验的心理过程，也就是人脑对外界输入的信息进行编码、存储和提取的过程。大脑皮层不同脑区受损可引起不同类型的记忆障碍，如大脑颞叶区损伤通常导致新记忆形成障碍，而海马区受损主要引起空间记忆障碍等。

2. *失语* 失语是指在神志清楚、意识正常、发音和构音没有障碍的情况下，大脑皮质语言功能区病变导致的言语交流能力障碍，表现为自发谈话、理解、复述、命名、阅读和书写六个基本方面能力残缺或丧失，如患者构音正常但表达障碍、肢体运动功能正常但书写障碍、视力正常但阅读障碍、听力正常但言语理解障碍等。不同的大脑语言功能区受损可有不同的临床表现。

3. *失认* 失认是指在没有感官功能不全、智力衰退、意识不清、注意力不集中的情况下，不能通过器官认识身体部位和熟悉物体的临床症状。包括视觉、听觉、触觉和身体部位的认识能力缺失。患者往往表现为某一方面失认，而通过其他感觉途径则能够辨识，如拿一常用物件给患者看，其不能辨认是何物，但是将该物放在他手上触摸或敲击发出声音，则能够辨认。

4. *失用* 失用是在无运动或感觉障碍时，在做出有目的或精细动作时表现无能为力的状况，有时也意味着不能在全身动作的配合下，正确地使用一部分肢体去做已形成习惯的动作，如伸舌、穿衣、梳发、解纽扣、剪纸、划火柴等，但患者在不经意的情况下却能自发地完成这些动作。

5. *痴呆* 痴呆(dementia)是大脑发生器质性或代谢性病变造成的进行性智能衰退。它是认知障碍最严重的表现形式。痴呆不同于智能发育不全。智能发育不全是指智能状态从未发育到相当的水平；而痴呆则是指智能活动在达到相当水平之后再出现进行性减退。智能损害包括不同程度的记忆、语言、视空间功能障碍、人格异常及其他认知能力(如概括、计算、判断、综合、分析、解决问题等)的降低。病理变化为大脑皮质逐渐萎缩，脑沟增宽，脑室扩大；皮质细胞减少，有大量的神经元纤维变性退化所形成的神经纤维缠结(neurofibrillary tangle)，过量的 β 淀粉样多肽(Aβ)在神经细胞间聚集形成老年斑(senile plaque)。

主要临床表现为早期出现近期记忆减退，经常会遗失东西，忘记东西放在何处，忘记片刻前与人谈话的内容；思维的敏捷性与创造性轻度减退，接受新事物的能力下降，对抽象名词的概念含糊；在语言方面表现为措辞困难，语言间断，轻度呐吃；大多数患者呈现原有性格的病态演变：性格开朗者趋向浮夸，勤俭者变得吝啬；少数患者出现与原有性格相反的现象。晚期会出现远期记忆逐渐减退，严重的记忆障碍会造成定向紊乱；一般常识逐步衰退；语言逐渐减少，表现为沉默寡言甚至出现说话时常重复一个字，模仿别人的语言，最后丧失所有语言能力；患者精神淡漠，行动呆板，衣着不洁，生活不能自理；更甚者，长期卧床，丧失语言和行动的能力，甚至陷入昏睡或昏迷。

二、认知障碍的病因及发病机制

认知是大脑皮层高级神经功能活动的反映，任何导致大脑皮层结构或功能损伤的因素均可引起认知障碍，现将其归纳为以下几种。

(一) 颅脑损伤

1. 脑外伤　损伤程度的不同，对学习记忆和智力有不同的影响。轻度外伤者(如脑震荡)可不出现症状或有轻微临床症状；常有头痛、头昏、耳鸣、心悸、失眠、健忘等症状，多于数日后逐渐消失，不影响记忆功能；中度外伤者(如脑挫裂伤、颅内血肿)可暂时失去知觉或记忆，进入昏迷者，若时间短暂(如昏迷时间不超过半小时)，患者清醒后可出现短暂近期记忆障碍(如不能回忆受伤经过等)，但远期记忆正常；重度外伤因昏迷时间持续较久，清醒后多数会留下后遗症，造成学习记忆严重障碍，乃至智力丧失。

2. 缺血、缺氧性脑损伤　脑缺血造成的大脑皮层损伤是导致认知障碍的常见原因。由于神经细胞能量储备极少，对缺血、缺氧非常敏感，完全缺血 5 min 即可导致神经元的死亡。统计资料表明：脑卒中患者在发病后出现痴呆的危险性较同龄对照组明显增高；在老年群体中，有脑卒中病史者认知水平亦低于同龄老人。脑缺血缺氧引起认知障碍的可能机制如下：

(1) 能量缺乏：在缺血、缺氧的状态下，神经细胞的能量代谢以糖酵解为主，能量生成效率低，导致细胞出现能量耗竭。而且由于无氧酵解还会产生大量乳酸而引起代谢性酸中毒，均会导致神经细胞膜上 Na^+-K^+-ATP 酶的活性降低，细胞膜的通透性增加，细胞内 K^+ 外流增加，同时 Na^+、Cl^- 及 Ca^{2+} 大量进入细胞内引起细胞损伤。

(2) 兴奋性氨基酸毒性作用：脑缺血缺氧造成的能量缺乏将直接抑制神经细胞膜上的 Na^+-K^+-ATP 酶的活性，使细胞外 K^+ 浓度增加，神经元去极化，从而引起中枢神经系统兴奋性氨基酸(excitatory amino acid，EAA)，特别是谷氨酸(Glu)在突触间大量释放，以至于突触后膜 EAA 受体的过度激活，使突触后神经元过度兴奋并最终死亡。

(3) 细胞内钙离子超载：脑缺血加速神经细胞膜去极化，引起 EAA(特别是 Glu)的释放并激活 NMDA 受体(N-methyl-D-aspartic acid receptor)即 N-甲基-D-天冬氨酸受体，使"受体门控性"Ca^{2+} 通道开放，Ca^{2+} 内流增加；而膜的去极化则导致"电压依赖性"Ca^{2+} 通道开放，也会促进 Ca^{2+} 内流。而神经细胞的 Ca^{2+} 超载可能通过下述机制导致细胞凋亡或死亡：① 大量的 Ca^{2+} 会沉积在线粒体，干扰氧化磷酸化的过程，使能量生成障碍；② 激活细胞内 Ca^{2+} 依赖性酶类，其中 Ca^{2+} 依赖的中性蛋白水解酶过度激活可导致神经细胞骨架的破坏从而损伤神经细胞；③ 激活磷脂酶 A 和 C，使膜磷脂降解；同时产生大量的游离脂肪酸，特别是花生四烯酸，其在代谢中产生血栓素和白三烯。白三烯通过激活中性粒细胞而增加耗氧量，产生大量的氧自由基；而血栓素则促进血小板的聚集而形成微血栓，加重脑缺血；④ 脑缺血时，脑血管平滑肌及内皮细胞均有 Ca^{2+} 超载，前者可导致血管收缩、痉挛，血管阻力增加，加重脑缺血；后者可引起内皮细胞收缩，血脑屏障通透性增加，产生血管源性脑水肿。

(4) 氧化应激损伤：生理情况下体内氧自由基的产生和消除处于动态平衡状态，当急性脑梗死时，由于缺血造成氧供应下降和 ATP 减少，使脑细胞正常代谢途径受到破坏，上述动态平衡状态遭到破坏，使得自由基蓄积而造成脑损伤。引起自由基大量生成的机制为：① 缺血后细胞内的钙超载，激活 Ca^{2+} 依赖性蛋白酶，促使黄嘌呤脱氢酶转变为黄嘌呤氧化酶，后者催化次黄嘌呤氧化为黄嘌呤的同时将产生大量超氧阴离子；同时钙超载引起的花生四烯酸生成增加，其代谢后也会产生大量的脂氧自由基；② 细胞线粒体内钙超载，干扰三羧酸循环，电子传递受阻不能将 O_2 · 还原成 H_2O，从而生成超氧阴离子；③ 急性脑缺血时，一氧化氮（NO）生成增多，能与 O_2 · 相互作用生成过氧亚硝基阴离子，后者又分解成羟自由基（OH ·）；④ 梗死灶内游离血红蛋白和铁离子与细胞内的 H_2O_2 发生反应，产生 O_2 · 与 OH ·；⑤ 缺血区由于趋化因子生成增加，在血管内皮表面吸附大量中性粒细胞，激活的中性粒细胞耗氧量显著增加，导致大量氧自由基生成。

（5）炎症细胞因子损害：脑缺血后，受损的脑细胞产生多种细胞因子：一方面致炎因子如肿瘤坏死因子-α（TNF-α）和白介素-1β（IL-1β）等会加重脑缺血损伤；而另一方面某些细胞因子如转化生长因子-β1（TGF-β1）对脑血管反而有保护作用。此外，在缺血区，神经元释放的细胞因子可增加吞噬细胞数量，其既能释放细胞因子刺激修复过程，又可释放神经毒素杀伤存活的神经元。

（二）组织代谢异常

多种调节分子和体液因子参与脑功能的调节机制，慢性脑损伤以及一些全身性疾病可使其合成、分解代谢异常从而引起认知障碍的发生。现归纳如下：

1. *神经递质及其受体异常* 研究发现脑神经递质（neurotransmitter）或受体的结构、功能改变均可导致神经元之间的信息传递障碍。

（1）去甲肾上腺素（norepinephrine）：去甲肾上腺素在脑内通过 α_1、α_2 和 β 受体发挥调节作用。一般认为，脑中 α_2 受体激活与维持正常的认知功能有关，而 α_1 受体持续、过度激活则可致认知异常。机体处于正常觉醒状态时，脑内含有适量的去甲肾上腺素，此时 α_2 受体功能占优势，维持正常的认知功能。但在应激状态下去甲肾上腺素生成剧增，则 α_1 受体功能占优势，因此如果机体长期处于应激状态可能会导致认知障碍。

（2）多巴胺（dopamine）：在脑组织中，多巴胺是以酪氨酸为底物，在酪氨酸羟化酶和多巴脱羧酶的作用下合成的。实验研究发现，脑内多巴胺含量降低可导致动物智能减退、行为情感异常等高级神经活动障碍；多巴胺过多也可导致动物的认知功能异常。帕金森病（Parkinson's disease，PD）患者，黑质多巴胺能神经元减少，酪氨酸羟化酶和多巴脱羧酶活性及纹状体内多巴胺含量明显下降。

（3）乙酰胆碱（acetylcholine，Ach）：乙酰胆碱是由乙酰辅酶 A 和胆碱在胆碱乙酰转移酶的作用下合成的。调控神经细胞合成释放乙酰胆碱的受体主要包括 M-受体（M-AchR，毒蕈碱受体）和 N-受体（N-AchR，烟碱受体）两种。M-AchR 是 G-蛋白偶联受体，N-AchR 是配体门控离子通道受体。自 Meynert 基底核发出的胆碱能纤维投射至大脑的额叶、顶叶、颞叶和视皮层区，此通路与学习和记忆功能密切相关。阿尔茨海默病（Alzheimer's disease，AD）患者在早期便有 Meynert 基底区胆碱能神经元减少的现象出现，导致皮层胆碱乙酰转移酶活性降低、乙酰胆碱含量减少，这可能是 AD 患者记忆减退的机制之一。精神分裂症患者认知障碍的程度与皮层胆碱乙酰转移酶活性呈负相关。临床上给予 AD 和精神分裂症患者胆碱酯酶抑制剂或 M 受体激动剂可改善其记忆缺损。

（4）谷氨酸（glutamate）：谷氨酸是脑内含量较高的一类兴奋性神经递质。由于它不能透过血脑屏障，故脑内的谷氨酸分别由谷氨酰胺在谷氨酰胺酶的作用下水解或 α-酮戊二酸在其转氨酶的作用下生成。谷氨酸依赖 NMDA 受体和非 NMDA 受体起作用。前者属于配体门控离子通道型受体；后者则是 Na^+-K^+ 通透性离子通道型受体。纹状体的谷氨酸神经纤维可抑制丘脑向大脑皮层发出感觉冲动，故当谷氨酸能神经低下时，这种冲动发出增多，大脑皮层单胺活性增强，引起相应的认知功能异常。由于谷氨酸是哺乳动物脑内最重要的兴奋性神经递质，故当谷氨酸含量异常增高时，可引起"兴奋性毒性"损伤。

2. *神经肽异常* 神经肽（neuropeptide）是生物体内的一类生物活性多肽，主要分布于神经组织。在脑内，神经肽与神经递质常常共存于同一神经细胞，但神经肽与经典神经递质有诸多不同：神经肽比神经递质分子质量大，在脑组织中含量低；神经肽由无活性的前体蛋白加工而成，而神经递质可在胞体或神经末梢直接合成；神经肽的调节缓慢而持久，神经递质的调节快速而精确等。神经肽的异常与认知障碍密切相关。有报道证实 PD 患者脑苍白球和黑质中 P 物质水平下降 30%～40%，在黑质中胆囊收缩素（cholecystokinin，CCK）下降 30%，在丘脑下部和海马区神经降压肽（neurotensin，NT）含量也下降。血管加压素（vasopressin，VP），血管活性肠肽（vasoactive intestinal peptide，VIP）及其受体含量减少与记忆力减退相关，脑外伤、慢性乙醇中毒及 AD 病人服用 VP 后，记忆力减退均得到改善。

3. *神经营养因子缺乏* 神经元和胶质细胞可合成、分泌多种神经营养因子，如神经生长因子

(neurogrowth factor,NGF)、睫状神经营养因子(ciliary neurotrophic factor,CNTF)、脑源性神经营养因子(brain-derived neurotrophic factor,BDNF)和胶质源性神经营养因子(glia-derived neurotrophic factor,GDNF)等。这些神经营养因子对神经元的存活和神经元突起的生长具有重要作用。已发现在多种神经退行性疾病中均有神经营养因子含量的下降,例如,在PD患者黑质NGF、BDNF和GDNF的含量明显降低;离体和在体实验均证明BDNF、GDNF和CNTF对吡啶类衍生物1-甲基-4-苯基1,2,3,6-四氢吡啶(MPTP)造成的多巴胺能神经元损伤具有很强的保护作用。

4. 基因异常 现已发现多种基因异常参与神经细胞的退行性变性。例如,已发现有30多种不同*parkin*基因缺失和点突变与早发性PD有关,改变的parkin蛋白可导致依赖泛素的蛋白降解过程异常,促使parkin蛋白聚集。在AD患者中,已发现5个相关基因突变,所编码的蛋白质依次为淀粉样前体蛋白(amyloid precursor protein,APP)、早老蛋白-1(presenilin-1,PS-1)、PS-2、载脂蛋白E(apolipoprotein E,ApoE)和α_2-巨球蛋白(α_2-macroglobulin)。其中,APP、PS基因突变和*ApoE*基因多态性可导致APP异常降解,产生大量β淀粉样多肽(Aβ),过量产生的Aβ不断在神经细胞间聚集形成老年斑,同时可导致氧化应激损伤、细胞内钙离子超载、炎症反应和神经细胞死亡。

5. 蛋白质修饰异常 生理状态下,蛋白质合成后的不同加工修饰赋予蛋白质不同的结构和功能,是蛋白质结构和功能多样性的基础。蛋白质合成后的异常修饰会导致其结构异常、功能降低或丧失。例如,在AD患者,发现细胞骨架蛋白tau被异常磷酸化(phosphorylation)、异常糖基化(glycosylation,酶促反应)、异常糖化(glycation,非酶促反应)和异常泛素化(ubiquitylation)修饰,异常修饰的tau蛋白沉积在神经细胞中形成神经原纤维缠结。

(三)慢性全身性疾病

一些临床常见的慢性全身性疾病如高血压、糖尿病、冠状动脉粥样硬化性心脏病、肺源性心脏病等可因脑血液的供应减少,导致长期慢性脑缺氧引起继发性脑功能降低而导致认知障碍。有研究表明,处于亚临床阶段的心脑血管疾病的高危人群,其认知功能测评的得分明显低于无任何亚临床症状的同龄老人。而有人发现,冠状动脉搭桥手术后的患者常出现短期记忆丧失、注意力下降及认知障碍表现。

(四)精神、心理异常

研究发现,不良的社会、心理因素,如遭遇重大突发性事件(如亲人的离世等)、惊恐、抑郁等均可成为认知障碍的诱因。应用计算机断层扫描术(CT)和核磁共振成像(MRI)技术对精神活动失常的患者的脑成像分析发现,社会心理功能减退的患者其相关脑皮层区出现萎缩。电子显微镜形态学观察并经图像分析发现,精神分裂症患者的相关脑区神经细胞的数量减少,体积变小。

(五)脑老化

伴随衰老过程(多在50岁以后),老年人脑体积缩小、重量减轻、脑细胞数量减少,引起记忆力、判断力和思考能力减退。老年人脑血液供应减少,合成、分解代谢以及对毒素的清除能力的降低均是造成老化的神经细胞死亡,认知功能下降的主要原因。

三、临床防治原则

1. 病因治疗 针对认知障碍的病因和发病机制,可应用不同的神经保护剂,如能量代谢激活剂、钙通道拮抗剂、抗氧化剂、谷氨酸受体拮抗剂以及非甾体类抗炎药物等。慢性全身性疾病要积极控制原发病。

2. 对症治疗 有明显神经精神症状如焦虑、情绪不稳、睡眠障碍的患者可给予安定等镇静药物。颅内高压者给予脱水剂甘露醇等。高压氧治疗亦可用于防止和减轻脑水肿。

3. 维持神经递质的正常水平 多巴胺能神经元受损是PD患者的重要表现之一,应用多巴胺的前体药物左旋多巴以补充前体L-多巴胺;各种细胞移植以替代多巴胺能神经元;对AD患者,则利用胆碱酯酶抑制剂阻断神经细胞突触间乙酰胆碱的降解,以提高脑内乙酰胆碱的含量从而减缓胆碱能神经元的退化。

4. 手术治疗 主要用于PD患者,传统的手术疗法有苍白球切开术、丘脑切开术以及立体定位埋植脑刺激器等。现在临床上则主要采用以微电极定位、计算机控制为特点的新的立体定位损毁疗法,这种定位法可以根据苍白球的不同部位具有的不同的电生理特性来识别PD患者脑内不同的核团细胞,使定位精确到细胞水平，从而克服了个体在解剖和功能上的差异，使手术更加安全有效。

第三节　意识障碍

一、意识障碍概述

意识(consciousness)指人们对环境和自身状态的认识能力，是人类所特有的反映客观现实的最高形式。在医学中意识主要指大脑的觉醒程度。对环境客观事物的认识能力称为周围意识(environmental consciousness)或环境意识(peripheral consciousness)，而对主观自身状态的认识能力称为自我意识(self consciousness)或人格意识(personality consciousness)。

意识清晰状态或觉醒状态(waking state)是意识活动的基础。所谓意识清晰状态，是指大脑皮质在上行网状激动系统介导下，处于适宜的兴奋预激状态。只有在意识清晰状态时，才能清晰地认识各种外部客观事物及自我精神活动。机体在觉醒状态的基础上形成意识内容。意识内容十分丰富，包括定向力、感知觉、注意、记忆、思维、情感、行为等。正常情况下，人们只能意识到同一时间内作用于他的多种事物中的某些有限的部分，因此，意识活动还有其一定的局限性，即意识有其一定的范围(consciousness sphere)。

意识障碍(disorders of consciousness)是指由于中枢神经系统功能抑制，大脑不能正确反映客观环境和(或)自身状态的一种病理状态。意识障碍时可表现为意识清晰度降低、意识范围缩小、意识内容改变及不能正确认识自己等人格特点。

二、意识障碍的分类及表现

意识障碍程度的分类各家未完全统一，临床上常用的方法主要是给予言语和各种刺激，观察患者反应情况加以判断。如呼其姓名、推摇其肩臂、压迫眶上切迹、针刺皮肤、与之对话和嘱其执行有目的的动作等。按其深浅程度或特殊表现分为：

1. 嗜睡(somnolence)　是程度最浅的一种意识障碍，患者经常处于睡眠状态，给予较轻微的刺激即可被唤醒，醒后意识活动接近正常，但对周围环境的鉴别能力较差，反应迟钝，刺激停止又复入睡。

2. 昏睡(sopor)　较嗜睡更深的意识障碍，表现为意识范围明显缩小，精神活动极迟钝，对较强刺激有反应。不易唤醒，醒时睁眼，但缺乏表情，对反复问话仅能作简单回答，回答时含糊不清，常答非所问，各种反射活动存在。

3. 昏迷(coma)　意识活动丧失，对外界各种刺激或自身内部的需要不能感知。可有无意识的活动，任何刺激均不能被唤醒。按刺激反应及反射活动等可分三度：

(1) 浅昏迷：随意活动消失，对疼痛刺激有反应，各种生理反射(吞咽、咳嗽、角膜反射、瞳孔对光反应等)存在，体温、脉搏、呼吸多无明显改变，可伴谵妄或躁动。

(2) 深昏迷：随意活动完全消失，对各种刺激皆无反应，各种生理反射消失，可有呼吸不规则、血压下降、大小便失禁、全身肌肉松弛、去大脑强直等。

(3) 极度昏迷：又称脑死亡。患者处于濒死状态，无自主呼吸，各种反射均消失，脑电图呈病理性电静息，脑功能丧失持续在 24 h 以上，排除了药物因素的影响。

4. 去大脑皮质状态(decorticate state)　为一种特殊类型的意识障碍。它与昏迷不同，是大脑皮质受到严重的广泛损害，功能丧失，而大脑皮质下及脑干功能仍然存在的一种特殊状态。有觉醒和睡眠周期。觉醒时睁开眼睛，各种生理反射如瞳孔对光反射、角膜反射、吞咽反射、咳嗽反射存在，喂之能吃，貌似清醒，但缺乏意识活动，故有“瞪目昏迷”、“醒状昏迷”之称。患者常可较长期存活。常见于各种急性缺氧、缺血性脑病、癫痫大发作持续状态、各种脑炎、严重颅脑外伤后等。

5. 谵妄(delirium)　系一种特殊类型意识障碍。在意识模糊的同时，伴有明显的精神运动兴奋，如躁动不安、喃喃自语、抗拒喊叫等。有丰富的视幻觉和错觉。夜间较重，多持续数日。见于感染中毒性脑病、颅脑外伤等。事后可部分回忆而有如梦境，或完全不能回忆。

三、意识障碍的病因

1. 颅内疾病

(1) 脑局限性病变：脑血管病(脑出血、脑梗死、短暂性脑缺血发作等)；颅内占位性病变(原发性或转移性颅内肿瘤、脑脓肿、脑肉芽肿、脑寄生虫囊肿等)；颅脑外伤(脑挫裂伤、颅内血肿等)。

(2) 脑弥漫性病变：颅内感染性疾病(各种脑炎、脑膜炎、蛛网膜炎、室管膜炎、颅内静脉窦感染等)；弥漫性颅脑损伤；蛛网膜下腔出血；脑水肿；脑变性及脱髓鞘性病变。

(3) 癫痫发作。

2. 颅外疾病(各种全身性疾病) 急性感染性疾病(败血症、感染中毒性脑病等)；内分泌与代谢性疾病(肝性脑病、肾性脑病、肺性脑病、糖尿病性昏迷、黏液水肿性昏迷、垂体危象、甲状腺危象、肾上腺皮质功能减退性昏迷、乳酸酸中毒等)；外源性中毒(工业毒物、药物、酒精、有机磷农药、植物或动物类毒素等)；水、电解质平衡紊乱(低血糖、高渗/低渗性昏迷、酸中毒、碱中毒、高钠血症、低钠血症、低钾血症等)。

四、意识障碍的发病机制

意识障碍的发生机制极其复杂，涉及睡眠、觉醒、意识、情绪、记忆、语言等多种高级中枢神经系统的活动。目前普遍认为网状结构、丘脑和大脑皮质是维持意识的基本结构基础。脑干网状结构主要与觉醒状态相关，而大脑皮层与意识内容相关，丘脑则是刺激传递的中转站。任何使网状结构-丘脑-大脑皮质系统(图 22-2)发生器质性损伤、代谢紊乱或功能性异常的因素均可导致意识障碍发生。

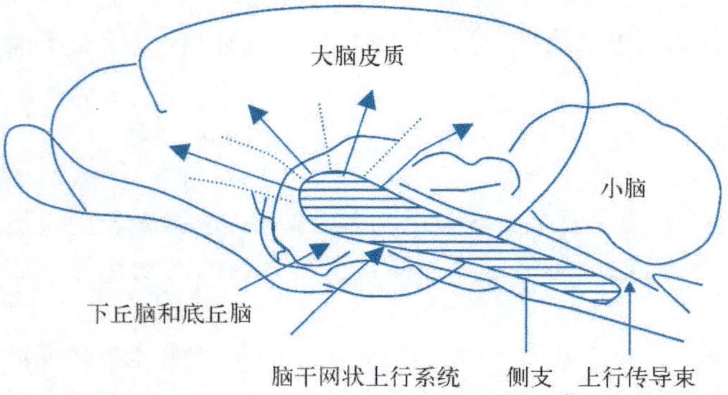

图 22-2 脑干网状结构上行激动系统示意图

(一) 网状结构

脑干的网状结构(reticular formation)内神经纤维纵横穿行，交织成网状，大小不等的神经细胞核团穿插在纤维之间，形成灰白质交织的网状结构。网状结构中的神经元具有多突触联系的形态学特点，其传入与传出纤维联系十分广泛，几乎遍及整个中枢神经系统，是神经信息会聚和扩布的核心场所。因此该结构主要作用是整合神经系统的各种功能。脑干网状结构的完整性是保持大脑处于觉醒状态的首要条件。意识的维持和意识障碍的发生均与网状结构密切相关。

脑干网状结构主要包括上行网状激动系统(ascending reticularactivating system，ARAS)和上行网状抑制系统(ascending reticular inhibiting system，ARIS)，这两者间的动态平衡及其与大脑皮质之间的相互影响，决定着意识状态。

1. 上行网状激动系统 是由网状结构内侧部约 1/3 的细胞发出的上行纤维组成，其在中脑集中后，经脑底部向丘脑投射并在此转换神经元，发出大量非特异性的丘脑皮层纤维，弥漫地投射到大脑皮质的各区。ARAS 的主要作用在于维持大脑皮质的兴奋性，这可能与其投射纤维终止于大脑皮质广泛区域的各细胞层以及其末梢与神经元组成的突触是轴突-树突型突触有关。目前认为，轴突-树突型突触的活动通常不足以直接产生一个新的神经冲动，而只能起到电紧张的作用，以维持觉醒。所以 ARAS 是维持觉醒状态和产生意识活动的基础。当各种原因损害该系统的时候，意识障碍就会产生。

2. 上行网状抑制系统 主要位于延髓的孤束核周围和脑桥下部网状结构内侧区。来自这些部位的神经元发出的上行纤维，走行与上行激动系统大体一致，最终也广泛投射到大脑皮质，其主要功能是对大脑皮质的兴奋性起抑制作用。

总之，ARAS 与 ARIS 的功能活动相互作用的复杂整合，可能是维持大脑皮质正常兴奋的基础，两者的平衡失调是意识障碍发生的重要基础。

（二）丘脑

丘脑(thalamus)是除嗅觉以外的各种感觉传入通路的重要中继站。依不同的功能又分为特异性感觉接替核、联络核与非特异性投射核。特异性感觉接替核及其投射到大脑皮质的神经通路主要投射到大脑皮质第四层，传递各种特异性感觉信息，引起特定的感觉。而由非特异性投射核及投射到大脑皮质的神经通路称为非特异性投射系统，接受脑干网状结构上行纤维传来的神经冲动并向大脑皮质广泛部位投射，终止于大脑皮质各叶与各层，构成弥散性非特异性投射系统，属网状上行激动系统的组成部分，主要功能就是维持大脑皮质的觉醒状态。实验证明，该系统的破坏能使动物长期处于昏睡状态。

（三）大脑皮质

大脑皮质(cerebral cortex)是机体全部功能活动的最高调节器官，是高级神经活动的物质基础。大脑皮质的兴奋状态与意识形成密切相关。清晰的意识首先要求大脑皮质处于适当的兴奋状态，这种兴奋性需要脑干网状结构上行激动系统的支持。无论大脑皮质还是网状结构的损害，都会影响意识的清晰程度，导致意识障碍的发生。大脑皮质的适宜兴奋状态还取决于脑的能量代谢状态。由于脑是体内能量代谢最活跃的器官，且所需能量几乎全部来自葡萄糖的氧化，但由于脑内葡萄糖的贮存量很少，故需不断地从血液中摄取氧与葡萄糖。因此，凡是能影响脑能量代谢的因素，如脑缺血缺氧、生物氧化酶系受损等，均可能导致大脑皮质功能下降，意识障碍的发生。

综上所述，意识障碍的发病机制极其复杂，由于病因的不同所涉及的发病机制环节也不尽相同。但它们的共同机制都是通过影响脑干网状结构-丘脑-大脑皮质之间的功能活动，最终导致意识障碍的发生。网状结构主要与觉醒状态有关，而大脑皮质与意识内容有关。而意识的维持是脑干网状结构-丘脑-大脑皮质之间相互密切联系的功能活动的结果。单纯大脑皮质某些部位的损伤或切除并不一定引起意识障碍，但是当脑干上行网状激动系统相关的部位受损时，就可能导致意识障碍发生。

五、意识障碍对机体的影响

意识障碍发展到严重阶段主要表现为意识的丧失甚至昏迷，将对机体的各个系统产生重要的影响。

1. 呼吸系统　呼吸功能障碍是较早出现与最常见的变化，主要表现在呼吸频率、节律和幅度的变化。主要发生机制包括：① 呼吸中枢受损：各种颅内占位性病变、弥漫性脑损害常常导致颅内压升高，压迫脑干可直接引起呼吸变浅、变慢。由此导致通气不足，缺氧及 CO_2 潴留；如果延髓受压，则可直接导致呼吸停止；② 肺部感染：意识障碍患者多种神经反射均会减弱。吞咽反射减弱易使食物呛入气道，而咳嗽反射减弱则使气道清除异物和分泌物的能力下降，易于细菌繁殖生长；意识丧失或昏迷的病人因为气管插管或切开等治疗常常会合并肺部感染。

2. 心血管系统　意识障碍引起心血管系统改变多见于急性颅脑外伤的患者。例如，颅内血肿可造成颅内压升高、脑水肿从而引起脑血液灌流减少；延髓受压使心血管中枢受损可引起心功能不全和血压下降；血管活性因子失调导致脑血管痉挛等。多种因素相继作用心血管系统，使脑循环进一步发生障碍，加重意识障碍。

3. 水、电解质和酸碱平衡紊乱　脑功能不全导致神经-体液调节机制障碍，内环境被破坏。由于意识丧失或昏迷导致各种条件反射活动减弱或消失，机体失去了主观感觉和主动调节能力。如无饥饿感和口渴感则不能主动要求进食和饮水；对外界环境变化(如冷热等)缺乏感知，因此患者极易发生水、电解质及酸碱平衡紊乱。中枢的损害也常常涉及一些内环境相关的调节中枢，如口渴中枢、渗透压调节中枢等，使患者对内环境稳定的自我调节能力明显下降，在病程中可相继出现各种水、电解质及酸碱平衡紊乱。

4. 其他　昏迷还可继发各种功能代谢障碍。例如，体温调节中枢受损导致体温调节障碍，患者可出现体温过高或过低；丘脑下部和脑干受压可引起上消化道糜烂、出血，导致应激性溃疡；长期昏迷卧床可导致褥疮发生；同时，由于脑部病变或毒物蓄积、代谢紊乱可引起抽搐，持续抽搐可造成神经细胞和血脑屏障的严重损害，进一步加重意识障碍。

六、临床防治措施的病理生理基础

昏迷是一种必须紧急应对的急症。根据其发生的病理生理学基础，昏迷的防治除了针对原发病的病因治疗以外，还非常注重针对各种生命活动障碍的紧急应对措施。

1. 紧急应对措施　指在昏迷原因尚未明确之前的应急处理措施，如保持呼吸道的通畅。必要时行气管切开术改善通气功能；迅速建立输液通路给予强心、升压药物以维护循环功能等，从而尽可能防止由于呼吸、循环功能障碍引起的病情急剧的恶化。

2. 尽快明确病因以针对病因治疗　及早的对因治疗是减少脑损害、挽救病人生命的根本措施，如针对中毒病人的洗胃治疗及使用相应解毒药物；颅脑外伤的手术处理；急性脑梗死病人的溶栓及脑保护治疗等。

3. 对症治疗　有颅内压增高的患者给予脱水、降颅压药物如甘露醇、呋塞米等；给予抗生素防治感染；控制过高的血压和过高的体温；纠正水、电解质及酸碱平衡紊乱，补充营养；使用神经保护剂。

小　结

脑功能异常对人的精神、情感、行为、意识以及几乎所有的脏器功能都会产生不同程度的影响。脑功能不全主要包括认知障碍与意识障碍等。认知障碍指与学习、记忆以及思维判断有关的大脑高级智能加工过程出现异常，从而引起学习、记忆障碍，同时伴有失语、失认、失用、失行等表现的病理过程。主要是由于颅脑损伤、脑组织代谢异常、慢性全身性疾病、精神和心理异常以及脑老化等所导致的大脑皮层结构与功能的慢性损伤。意识障碍是由于中枢神经系统功能抑制，大脑不能正确反映客观环境和（或）自身状态的一种病理状态，主要表现为嗜睡、昏睡、昏迷、去大脑皮质状态以及谵妄等。意识障碍主要是由于急性脑损伤、急性脑中毒或颅外全身性疾病引起脑干网状结构-丘脑-大脑皮质结构或功能受损的急性脑功能不全。

【复习思考题】

1. 请思考前面所学章节中肺性脑病、肝性脑病主要有哪些脑功能不全的表现？
2. 本章中提及的脑病发生的机制有何异同？

（赵　敬）

第二十三章

多器官功能障碍综合征

学习要点

掌握：① 多器官功能障碍综合征、全身炎症反应综合征、代偿性抗炎反应综合征、菌群移位概念；② 多器官功能障碍发病经过、分型及发病机制。

熟悉：① 多器官衰竭、多系统器官衰竭概念；② 多器官障碍综合征对机体的重要影响及机制。

了解：多器官障碍综合征临床防治措施的病理生理基础。

人们对器官衰竭的认识和研究始于第二次世界大战。在第一次世界大战期间，士兵死亡的主要原因是出血性休克引起的心血管系统功能衰竭；第二次世界大战中广泛应用输血来防治休克，休克的发病率和病死率明显降低，但许多伤员死于稍后出现的急性肾衰竭。以后血液透析技术的不断发展有效地避免了肾衰竭所致的死亡，但伤员在度过休克病情稳定后因发生肺功能衰竭而死亡。呼吸机的应用使气体交换障碍得到缓解，但肺外器官相继发生损伤甚至衰竭。随着对器官功能衰竭认识的深入，到 20 世纪 70 年代，器官支持等治疗技术的发展成熟，单个器官功能衰竭的危重患者抢救的成功率提高及存活率增加，两个以上器官相继或同时衰竭成为了危重病人死亡的主要原因。1973 年蒂尔尼（Tilney）报道一组腹主动脉瘤破裂发生出血性休克的患者，术后发生肝衰竭和肾衰竭，随后心、肺、中枢神经系统也相继发生衰竭，称为“序贯性系统衰竭”。1975 年博埃（Baue）对抢救中心死亡的部分病例进行尸解，发现不少患者都存在多个器官衰竭的证据，将类似病例称为“多发性、进行性或序多器官功能衰竭：20 世纪 70 年代的综合征”。不久 Eiseman 和 Fry 等分别将其命名为多器官衰竭（multiple organ failure，MOF）和多系统器官衰竭（multiple system organ failure，MSOF）。许多学者认为任何病理过程都有由轻到重的发展过程，“多器官衰竭”过于强调器官衰竭这一终点，未反映衰竭以前的演变进展过程，不利于早期预防和治疗。1991 年美国胸科医师学会和危重病医学会（The American College of Chest Physicins/Society of Critical Care Medicine，ACCP/SCCM）联合会议建议改用多器官功能障碍综合征（MODS）取代 MOF 和 MSOF。

第一节　多器官功能障碍综合征概述

一、多器官功能障碍综合征的概念和病因

多器官功能障碍综合征（multiple organ dysfunction syndrome，MODS）是指在严重创伤、感染、休克或复苏后，原无器官功能障碍的患者同时或在短时间内出现两个或两个以上器官系统功能障碍，以致机体内环境的稳定必须依靠临床干预才能维持的综合征。MODS 包括了早期的多器官功能障碍到晚期的多器官功能

衰竭的连续性的病理生理全过程,是临床上急性危重病患者死亡的重要原因之一,死亡率随衰竭器官数目的增多而增高。MODS是一急性的全身性器官功能损害。慢性心、肺、肝、肾等疾病过程中合并其他器官功能障碍,如肺源性心脏病、肺性脑病、慢性心力衰竭引起肾衰、肝肾综合征和肝性脑病等不属于MODS。MODS患者发病前器官功能良好,一旦治愈,功能可完全恢复。若未得到及时救治,病情进一步加重,则可发展成为MSOF。

MODS常在严重创伤、大量失血、低血容量性休克、严重感染后发生,另外常常还有医源性因素如大手术、大量输血输液或治疗措施不当等,因此病因是复合性的,一般分成感染性与非感染性病因两大类。

(一)感染性病因

如严重感染和败血症。70%左右的MODS可由感染引起,特别是严重感染引起的败血症。导致败血症的细菌主要为大肠杆菌和铜绿假单胞菌。老年人中以肺部感染作为原发病因者最多,青壮年患者在腹腔脓肿和肺部侵袭性感染后MODS发生率为高。腹腔内感染的患者手术后30%~50%发生MODS,死亡率在80%以上。但在某些MODS患者找不到感染病灶,或血细菌培养为阴性,有些MODS甚至出现在感染病原菌被消灭以后,称为非菌血症性临床败血症(nonbacteremic clinical sepsis)。可能与肠源性内毒素血症或全身炎症反应有关。

(二)非感染性病因

大量证据表明严重创伤、大面积烧伤、大手术、休克后可发生MODS。尽管这些患者未伴发或继发严重感染,但仍不可避免地发生MODS。

此外,大量输血、输液,吸氧浓度过高,药物使用不当,急性中毒,机体抵抗力低下,单核吞噬细胞系统功能降低等均可诱发或促进MODS的发生。

二、多器官功能障碍综合征发病经过与分型

MODS的发生发展是有一个有规律的过程。一般可分为两种不同的类型。

1. *单相速发型*(rapid single-phase) 由损伤因素直接引起,原无器官功能障碍的患者同时或在短时间内相继出现两个以上器官系统的功能障碍。如多发性创伤直接引起两个以上的器官功能障碍或原发损伤先引起一个器官功能障碍,随后又导致另一个器官功能障碍。此型发展较快,病变进程只有一个时相,器官功能损伤只有一个高峰,又称为原发型MODS(primary MODS)。

2. *双向迟发型*(delayed two-phase) 常出现在创伤、失血、感染等原发病因的第一次打击作用后,经过一个短暂的病情恢复和相对稳定期,以后又发生炎症、感染等第二次打击,在此基础上发生MODS。此型不是由原始病因引起的,而要经历两次打击。第一次打击如创伤等可以是轻度的,不足以引起明显的临床症状,但能影响机体的反应性,此时发生的二次打击如炎症、感染等可能具有致死性,并迅速造成多个器官功能障碍。病程中出现两个高峰,病情呈双相,又称为继发型MODS(secondary MODS)。

第二节 多器官功能障碍的基本机制

各种病因引起MODS的发病机制比较复杂,涉及神经、体液、内分泌和免疫等多个方面,迄今尚未完全阐明。目前认为其发病可能与多个环节的紊乱有关,主要有以下几种可能机制。

一、全身性炎症反应失控

机体在受到各种感染性或非感染性因素作用后可引起组织细胞损伤,炎症介质在局部释放增多,诱导炎症细胞大量激活,出现全身炎症反应,有利于清除病原微生物和修复受损组织。当各种炎症介质过量释放和炎症细胞过度激活,出现炎症反应异常放大或失控时,炎症反应对机体的作用从保护性转变为损害性,导致自身组织细胞死亡和器官衰竭。有证据表明,MODS患者在出现明显的器官功能障碍之前,多表现较为强烈

的全身性炎症反应失控。

(一) 全身炎症反应综合征

全身炎症反应综合征(systemic inflammatory response syndrome,SIRS)是指因感染或非感染致病因素作用于机体而引起失控的自我持续放大和自我破坏的全身性炎症反应临床综合征。SIRS 患者共同的特征性变化是血浆中炎质介质增多,但并非必然存在细菌感染。1991 年 ACCP/SCCM 联合会议建议,具备以下临床表现中的两项或两项以上,SIRS 即可成立:① 体温>38℃或<36℃;② 心率>90 次/分;③ 呼吸>20 次/分或 $PaCO_2$<4.26 kPa(32 mmHg);④ 白细胞计数>12×10^9/L,<4×10^9/L 或幼稚粒细胞>10%。

在严重感染、创伤、休克或者缺血-再灌注损伤等过程中,体内可出现大量炎症刺激物,使损伤的局部炎症细胞活化。炎症细胞主要包括吞噬细胞,如单核巨噬细胞、中性粒细胞、嗜酸性粒细胞以及参与炎症反应的血管内皮细胞和血小板。炎症细胞激活后能产生多种促炎细胞因子,如肿瘤坏死因子-α(tumor necrosis factorα,TNF-α)、白细胞介素-1(interleukin-1,IL-1)、IL-2、IL-6、IL-8、干扰素(interferon,IFN)、白三烯(leukotriene,LT)、血小板活化因子(platelet-activating factor,PAF)、血栓素 A_2(thromboxane A_2,TXA_2)、氧自由基、溶酶体酶和凝血物质等。这些炎症介质可以进一步反馈活化炎症细胞,二者互为因果,形成炎症瀑布(inflammatory cascade),使炎症出现自我放大反应和损伤。

一般来说,炎症局限在局部组织中,活化的炎症细胞释放的炎症介质在炎症局部发挥防御作用,血浆中通常检测不出。如果大量炎症细胞活化,活化的炎症细胞突破了炎症细胞产生炎症介质的自限作用,则会产生大量促炎介质并进入血液循环,直接损伤血管内皮细胞,导致血管通透性升高和血栓形成。促炎因子又可促使血管内皮细胞和白细胞激活,也产生 TNF-α 等多种细胞因子加重组织器官的损伤,并引起白细胞与血管内皮细胞间的相互作用。中性粒细胞激活黏附于血管壁时,可释放 IFN、LT、PAF、活性氧、溶酶体酶、组织因子(tissue factor,TF)、TXA_2等体液性物质,进一步损害血管壁,并与上述变化间形成恶性循环,通过失控的自我持续放大反应,使促炎介质泛滥,炎症介质溢出到血浆并在远隔部位引起全身性炎症。不同的炎症细胞释放不同的炎症介质,这些泛滥的促炎介质最终造成多个器官的严重损害和功能障碍。

(二) 代偿性抗炎反应综合征

代偿性抗炎反应综合征(compensatory anti-inflammatory response syndrome,CARS)指感染或创伤时机体产生可引起免疫功能降低和对感染易感性增加的过于强烈的内源性抗炎反应。正常情况下,在感染、创伤过程中,随着炎症介质的大量释放,体内也能产生一些内源性抗炎介质如 IL-4、IL-10、IL-13、前列腺素 E_2(prostaglandin E_2,PGE_2)、前列环素(prostacyclin,PGI_2)、一氧化氮(nitric oxide,NO)、膜联蛋白-1、可溶性 TNF-α 受体(soluble TNF-α receptor,sTNF-αR)和内源性 IL-1 受体拮抗剂(IL-1 receptor antagonist,IL-1ra)等,来抑制和下调炎症介质的产生,将炎症控制在一定限度,防止过度炎症反应造成的自身组织损伤,恢复内环境稳定。但在 SIRS 的发展过程中,常常由于抗炎反应占优势,导致抗炎介质产生过量和泛滥入血,机体出现 CARS。CARS 引起免疫功能抑制,增加对感染的易感性。内源性抗炎介质失控性释放可能是导致机体在感染或创伤早期出现免疫功能损害的主要原因。

炎症局部促炎介质与抗炎介质一定水平的平衡,有助于控制炎症,维持机体稳态。炎症加重时促炎介质与抗炎介质均可泛溢入血,导致 SIRS 与 CARS。当 SIRS>CARS 时,机体可出现休克、细胞凋亡和多器官功能障碍;当 SIRS<CARS 时,机体的免疫功能全面抑制,增加对感染的易感性;当两者同时存在又相互加强时,机体则产生更强的损伤和更严重的免疫抑制,这又称为混合性拮抗反应综合征(mixed antagonist response syndrome,MARS)。因此,致炎机制与抗炎反应失衡出现炎症反应失控,是最终导致 MODS 发生的主要因素。

研究证实,炎症介质与抗炎介质均具有基因多态性,基因表达的多态性使不同个体炎症反应的表达有很大差异,由此决定了不同患者的临床表现及预后存在很大差异。

二、肠屏障功能损害和肠道细菌移位

正常肠黏膜上皮是存在于肠道内的屏障系统,能防止肠腔内所含的细菌和内毒素进入全身血液循环。但在某些情况下肠内细菌和内毒素可从肠内逸出,进入肠淋巴管和肠系膜淋巴结,继而进入门静脉系统和体循环，引起全身性感染和内毒素血症。这种肠内细菌、毒素侵入肠外组织的过程称为细菌移位（bacterial translocation）。

在多发性损伤、脓毒血症和休克等多种因素所导致的机体应激状态使肠黏膜缺血缺氧，肠道的屏障功能削弱或损害，表现为肠黏膜萎缩、破损，通透性增高，肠道细菌和内毒素通过肠黏膜到达肠系膜淋巴结，再进入体循环形成细菌移位。同时还可能伴有肝功能障碍和单核巨噬细胞系统功能障碍，不能有效地灭活和清除内毒素。除此之外，危重患者大量应用广谱抗生素使肠腔中菌群失调，革兰阴性杆菌过度生长，长时间经静脉营养而不从胃肠道进食损害肠黏膜，再加上机体免疫、防御功能受损，肠道细菌可通过肠黏膜屏障进入体循环血液中，引起全身感染和内毒素血症。

内毒素激活补体系统，作用于单核巨噬细胞和内皮细胞，诱生细胞因子、前列腺素、氧自由基、内啡肽、溶酶体酶等炎症介质，造成微循环障碍、细胞代谢紊乱和结构损害；损伤血管内皮细胞和促进血小板聚集，激活凝血、纤溶系统，从而引发弥散性血管内凝血。肠屏障功能的损害在严重应激反应中导致了细菌和内毒素的移位，并进一步促进内源性细胞因子产生和全身性免疫反应恶化，最终导致 MODS 和多器官衰竭。

三、微循环障碍与缺血-再灌注损伤

各种休克和复苏引起生命器官微循环缺血和再灌注损伤是 MODS 发生的重要环节之一。创伤、出血或感染时，均可伴发休克而致有效循环血量不足，重要器官微循环血液灌注减少，导致微循环障碍，致使组织缺氧出现代谢性酸中毒，进而诱发血管内凝血及微血栓形成，加重组织器官缺氧和代谢性酸中毒，形成恶性循环。研究表明，全身性感染和 MODS 患者有微循环和细胞线粒体功能损害，存在氧摄取和氧利用障碍，由此导致无氧代谢，发生组织细胞乳酸中毒，实质细胞受损，发生器官功能障碍。

MODS 可发生在复苏后，多与体内发生的缺血-再灌注损伤有关。再灌注后出现器官功能障碍的机制尚未明了，可能与自由基大量产生、钙超载以及内皮细胞与白细胞的相互作用等有关。内皮细胞是缺血-再灌注损伤过程中氧自由基的最早来源，氧自由基激活补体，促使中性粒细胞活化，释放更多的氧自由基，参与再灌注损伤过程；内皮细胞通过多种炎性介质上调黏附因子表达，与中性粒细胞相互作用诱导细胞间黏附，进而导致细胞损伤和炎性反应。因此，内皮细胞损伤及中性粒细胞与内皮细胞在多种黏附因子和炎性介质作用下产生黏附连锁反应，导致器官微循环障碍和细胞损伤不断扩大和加重，最终出现器官功能障碍直至衰竭。

四、细胞凋亡

正常机体存在细胞凋亡，参与内环境稳定的维持，凋亡不足或凋亡过度都是异常的生命现象。越来越多的证据表明细胞凋亡过程参与 MODS 发生发展。MODS 的发生可能是靶器官细胞大量凋亡及免疫炎性细胞凋亡紊乱的结果。MODS 时存在内皮细胞凋亡，直接导致早期血管内皮的损伤，引起脏器微血管损伤和中性粒细胞在实质脏器微血管床中的积聚，从而导致多脏器损伤；淋巴细胞凋亡增强直接导致机体免疫反应能力的下降。MODS 发生的主要因素均能影响几乎所有类型细胞发生凋亡，尤其以淋巴组织和肠上皮细胞最为显著，这就导致机体整个免疫功能障碍，各主要脏器的实质细胞发生凋亡，造成脏器功能的损害，甚至衰竭。在急性炎症过程中，中性粒细胞往往只在脓肿周围存在几个小时即通过凋亡被清除，有利于炎症消退。但在严重的感染和多发性创伤可以造成中性粒细胞数量异常增多，若中性粒细胞凋亡延迟保持激活状态，则将导致炎性反应持续发展。研究表明，MODS 时机体释放多种细胞因子和炎性介质均能延缓中性粒细胞凋亡，同时，严重创伤时巨噬细胞对凋亡细胞的清除能力下降，促使炎症扩大，引起 MODS，最终发生器官衰竭。

五、能量代谢障碍

机体在遭受严重创伤、大手术和全身性感染等情况下，交感-肾上腺髓质系统高度兴奋，出现高代谢状态，全身氧耗量和静息能量消耗增加，糖原分解和糖异生作用增强，肌肉蛋白质分解增加，尿氮增多，发生负氮平衡。组织灌流量减少和再灌注损伤都损害线粒体的结构和功能，使氧化磷酸化过程发生障碍，ATP 产生减少而发生器官功能损害。图 23-1 示 MODS 发生机制。

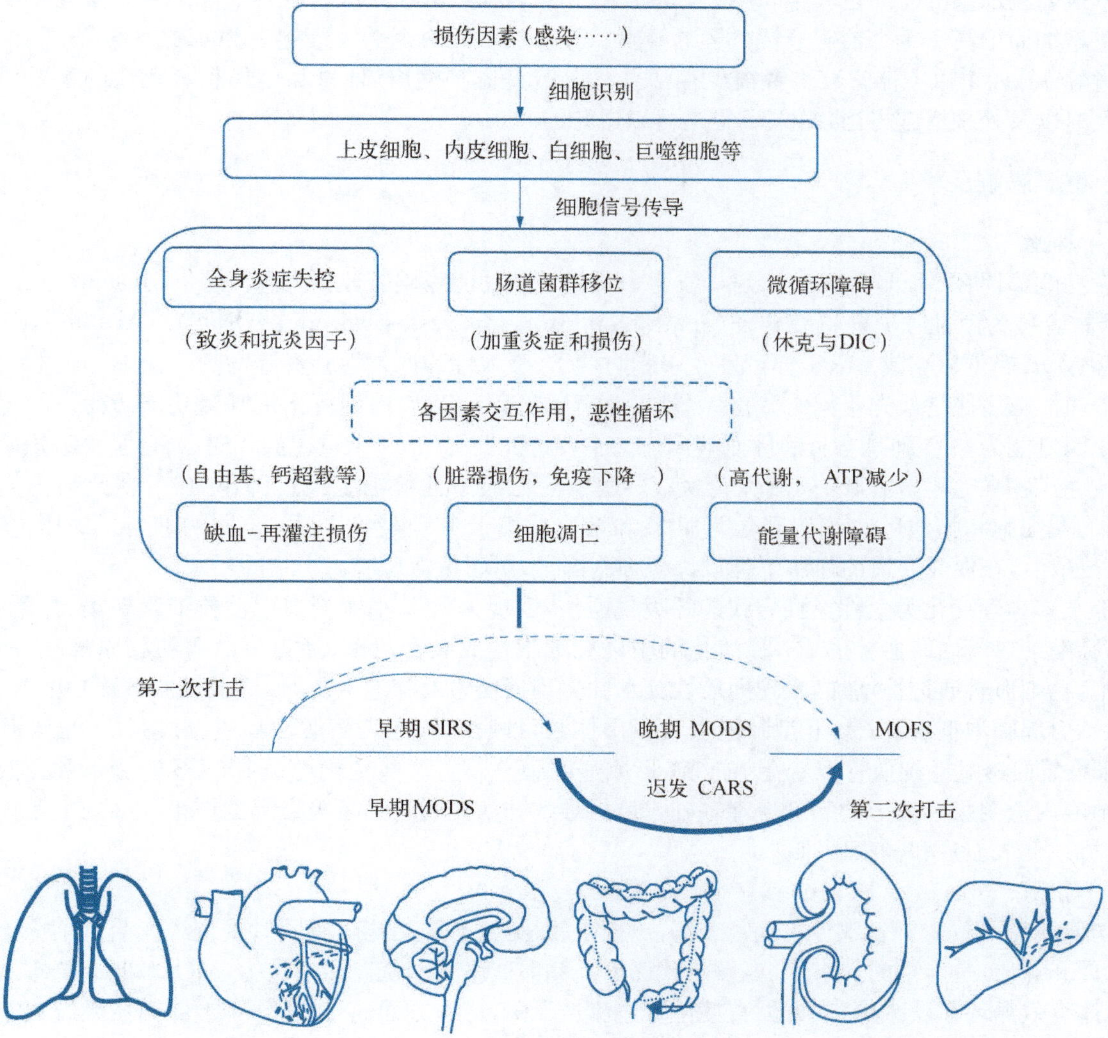

图 23-1　MODS 发生机制示意图

第三节　多器官功能障碍对机体的影响

一、总体影响

MODS 发生过程中体内各重要器官、系统均发生功能、形态和代谢的改变，这些变化既构成 MODS 时临床表现发生的基础，又成为 MODS 临床诊断的依据。患者在发病过程中多个系统器官功能变化的出现是与各系统器官功能之间的相互联系和相互作用分不开的。它们之间可以相互影响，形成密切的因果关系，从而造成恶性循环。例如肺衰竭发生后，患者肺血管阻力增加，右心负荷增大，引起右心衰竭，动脉血氧分压急剧降低，出现酸碱平衡紊乱，全身组织、细胞发生缺氧和酸中毒，从而导致多系统器官衰竭。如果致病因素使肝脏受损，则占全身单核巨噬细胞系统功能 85％的库普弗细胞功能障碍，其吞噬和清除有毒物质的功能降低，来自肠道的细菌、毒素和微聚物等可在肺中大量滞留，导致 ARDS 的发生。肺的清除功能受损，细菌和微聚物又可通过体循环到达全身，造成其他系统和器官的功能障碍。

MODS 发病急，进展快，死亡率高。不同器官发生功能障碍的频率和时间顺序不同，以肺和肾功能障碍发生频率最高且出现的时间也较早，其后为肝脏、胃肠道、心脏、脑和血液系统等功能障碍。病死率随衰竭器官的数量增加而增高。单个器官衰竭的死亡率为15%～30%，两个器官衰竭者为45%～55%，三个以上病死率超过80%，四个以上器官衰竭者很少存活。MODS是监护病房、外科和创伤患者死亡的重要原因。如果抢救及时以及处理措施得当，MODS也是可以逆转的。

二、重要影响及机制

（一）肺脏

呼吸功能障碍在MODS中出现最早，发生率最高。肺功能障碍较轻称为急性肺损伤（acute lung injury，ALI），严重者称为急性呼吸窘迫综合征（acute respiratory distress syndrome，ARDS）。ALI和ARDS常见于多发性创伤、严重休克或SIRS，亦可发生于脂肪栓子、吸入性和原发性肺炎等病例。

SIRS时，肺往往是最先受累的器官，一般在发病早期24～72 h内即可出现呼吸功能障碍。肺容易受到损伤的原因可能为：① 肺是全身静脉血液回流的主要过滤器，又是一个重要的代谢器官，全身组织中引流出的许多代谢产物在这里被吞噬、灭活和转换；② 血中活化的中性粒细胞经过肺小血管，在此与内皮细胞黏附，黏附的粒细胞和肺泡巨噬细胞释放活性氧和溶酶体酶及其他炎症介质；③ 肺中所富含的巨噬细胞在SIRS时被激活，在促炎介质的作用下释放许多细胞因子，引起炎症反应。

肺部主要病理变化为急性炎症导致的呼吸膜损伤，表现为：① 小血管内中性粒细胞聚集、黏附，内皮细胞受损，肺毛细血管内微血栓形成；② 活化的中性粒细胞释放氧自由基、弹力蛋白酶和胶原酶，进一步损伤内皮细胞，毛细血管通透性增加，出现间质性肺水肿。当损伤累及肺泡上皮，肺泡上皮的屏障功能降低，肺顺应性降低，引起肺泡型水肿；③ Ⅱ型肺泡上皮板层体数目减少，肺泡表面活性物质合成减少，出现肺泡微萎陷；④ 血浆蛋白透过毛细血管沉着在肺泡腔，形成透明膜。以上这些变化均是MODS时肺水肿、肺出血、肺不张和肺泡内透明膜形成等的病理生理基础。最后导致肺功能衰竭和呼吸衰竭的产生。临床上主要表现为发绀、进行性低氧血症和呼吸困难。

（二）肾脏

肾功能障碍严重主要表现为急性肾衰竭，出现也较早，常与肺功能障碍同时或相继发生。临床上表现为少尿、无尿和氮质血症，同时伴有水、电解质代谢紊乱和酸碱平衡紊乱。目前认为，MODS时因严重的原发性损伤，机体有效循环血量减少，一方面直接使肾血流量下降，另一方面通过交感-肾上腺髓质系统兴奋使肾血管收缩，肾血流量进一步减少，肾小球滤过率明显降低。肾缺血缺氧导致肾血管内皮细胞肿胀及小血管内微血栓形成，管腔狭窄或阻塞，血管阻力增加，加重肾缺血，从而使肾小管上皮细胞肿胀、坏死，造成肾小管阻塞及原尿反漏。此外，内毒素及组织破坏产物等也可损伤已经缺血的肾小管，引起肾衰竭。近年发现非少尿型肾衰竭的发病率增高，其尿量并无明显减少，而尿钠排出明显增多。

肾衰竭的存在与否在决定MODS患者的预后上起关键作用，如有急性肾衰竭，则预后较差。

（三）肝脏

肝功能障碍主要表现为黄疸和肝功能不全，由创伤和全身感染引起者多见，其发病率很高。由于肝代谢功能的代偿能力较强，因此有时虽然有肝脏的形态学改变，但生化指标仍可正常，肝功能障碍常不能及时被临床常规检验发现。有学者提出，MODS时肝线粒体功能障碍，导致氧化磷酸化障碍和能量产生减少，应从肝细胞能量代谢障碍的角度来探索肝功能障碍的发生。有人认为，各种损伤因素减弱肠道屏障功能，促发内源性细菌与毒素的吸收、迁移，进入血液循环，一方面直接损害肝实质细胞或通过库普弗细胞介导造成肝细胞的损害；另一方面，直接或间接通过单核巨噬细胞释放的介质，如TNF-α、IL-1等造成组织损伤或灌流障碍，最后引发MODS。创伤和感染均能使肝功能发生障碍，使肝对毒素的清除能力下降，能量产生发生障碍。这些变化又反过来加剧了机体的损伤，肝脏在这个恶性循环中起着重要作用。在感染引起的MODS中，患者如果有严重肝功能障碍，则病死率较高。此外，如果肝损害导致黄疸，影响某些胆盐中和内毒素的作用，则会使静脉血中内毒素水平升高及毒性增强。

（四）胃肠道

严重创伤时，胃肠道功能障碍主要表现为胃黏膜损害、应激性溃疡和肠缺血。内窥镜证实有急性糜烂性胃炎或应激性溃疡存在。病变只侵犯黏膜表层时称为糜烂，当损伤穿透到黏膜下层则称为溃疡。应激性溃疡发展很快，无慢性溃疡的那种瘢痕反应。应激性溃疡最常发生在胃近端，但也可发生在胃、十二指肠黏膜的任何部位，偶尔也发生在食管。

休克或严重感染时全身微循环血流灌注量下降，腹腔内脏血管收缩，胃肠道血流量大为减少。胃肠道缺血、缺氧、淤血和DIC形成，肠黏膜变性、坏死或通透性升高。长期静脉高营养，没有食物经消化道进入体内，引起胃肠黏膜萎缩，屏障功能减弱，细菌或内毒素易入血。严重创伤、大手术后机体免疫功能下降。大量使用抗生素，使肠内菌群失调。细菌经肠道进入门脉系统，引起库普弗细胞分泌细胞因子(如TNFα、IL-1等)增加，加重败血症或休克。因此MODS时在肠黏膜损伤的同时菌血症、内毒素血症、败血症的发生率很高，如原先已有者，则可进一步加重。

（五）心脏

MODS患者心功能障碍发生率较低，只有10%～23%。心功能障碍的发生主要是由于高代谢、高动力循环，增加了心脏的负担。高动力循环主要表现为高心输出量和低外周阻力，可能与炎症介质和某些细胞因子的舒血管作用有关。持续的高代谢和高动力循环，心肌摄取氧的能力降低，心肌细胞缺氧，导致心肌收缩功能降低；血浆中的IL-1和TNFα的协同作用可引起心功能障碍；危重患者多伴有水、电解质平衡紊乱，如低血钙、低血镁和血钾的变化等，可导致心律失常和心收缩力减弱。此外，MODS时由于肺损伤，肺循环阻力增加以及呼吸机的使用，失去了胸腔内负压对静脉回流的促进作用，容易发生右心功能障碍。一旦出现心力衰竭，则有心输出量减少，血压下降，组织供血进一步减少，加剧MODS的发生发展。

（六）免疫系统

MODS患者血浆补体水平有明显变化，主要表现为C4a和C3a升高，而C5a降低。C5a的降低可能与白细胞将其从血浆中清除有关。但在C5a降低前，由它引起的作用可能已经开始。C4a生物学作用活性较小，而C3a和C5a可影响微血管通透性、激活白细胞与组织细胞。革兰阴性细菌产生的内毒素具有抗原性，能形成免疫复合物激活补体，产生过敏毒素等一系列血管活性物质。免疫复合物可沉积于多个器官的微循环内皮细胞，吸引多形核白细胞，释放多种炎症介质及细胞因子，引起细胞膜和胞质内溶酶体、线粒体等的破坏，从而导致各系统器官细胞的非特异性炎症，细胞变性坏死，器官功能障碍。

MODS患者除有明显的补体改变外，还存在非特异的炎症反应亢进，体内中性粒细胞的吞噬和杀菌功能低下，单核巨噬细胞功能受抑制，杀菌功能降低，外周血淋巴细胞数减少，B细胞分泌抗体的能力减弱，整个免疫系统处于全面抑制状态，炎症反症失控，无法局限化，因此感染容易扩散，引起菌血症和败血症，甚至死亡。

在MODS发生发展过程中除上述器官、系统的变化之外，脑缺血缺氧会出现反应迟钝，意识混乱，轻度定向力障碍，最后出现进行性昏迷。凝血系统因凝血-抗凝血平衡紊乱，部分患者有DIC形成，导致器官功能障碍。

第四节 多器官功能障碍临床防治措施的病理生理基础

MODS发病急、病程进展快，发生功能障碍器官的种类和严重程度各不相同，其防治要在去除病因的前提下进行脏器功能障碍的预防和脏器功能支持治疗为主的综合治疗。

1. 防治原发疾病 治疗原发病是防治策略的根本所在。对于创伤患者和休克患者要尽早、充分、有效地实施复苏；大面积烧伤要早期切痂封闭创面；长骨骨折及骨盆骨折应早期正确的固定；加强对原发病损器官的保护；及时、彻底清除无血流灌流和已坏死的组织，充分引流；正确使用抗生素。这些都是预防MODS的关键。

2. 维持水、电解质和酸碱平衡 强调从维护整体机能的角度入手，适时检测血电解质和酸碱指标，及时纠正电解质、酸碱的异常，尽可能维持机体水、电解质和酸碱处于相对平衡状态。

3. 预防缺血-再灌注损伤　有效、快速地复苏，及时补充血容量，保证充足的有效循环血量，酌情使用细胞保护剂、小分子抗氧化剂及自由基清除剂。

4. 保护重要脏器的功能　采取措施支持各器官系统的功能，如应用呼吸机机械通气以改善肺的氧合、纠正代谢性酸中毒并治疗呼吸衰竭；连续性血液净化疗法清除炎症介质及细胞因子和循环中的内毒素；血管活性药物改善组织微循环及提高细胞的氧摄取利用，从而维持循环和呼吸的稳定性，保护肾功能等。

5. 代谢支持　尽早实施胃肠道进食，必要时辅以静脉营养，提高蛋白质摄入量，确保热量平衡和正氮平衡；补充谷氨酰胺、乳酸杆菌、纤维素、亚油酸等以保护胃肠黏膜；给予患者缬氨酸等支链氨基酸，以维持支链氨基酸与芳香族氨基酸的正常比值。

6. 免疫抗炎治疗　机体过度释放炎症介质引起炎症反应失控和免疫功能紊乱是MODS发生的重要机制，应设法阻断或抑制炎症介质及其连锁反应，积极辅助机体恢复自身的免疫调控能力。在从靶细胞活化至炎性细胞因子的产生、释放这一过程中进行相应的干预，如应用抗内毒素单抗、抗TNF-单克隆抗体、sTNFR及IL-1受体拮抗剂、糖皮质激素等，靶向黏附分子的抑制剂可减轻黏附分子的损伤。此外，在MODS早期，应用非类固醇抗炎症药物和类固醇抗炎症药物也可能阻止多器官衰竭的进展。但其效果还有待于进一步验证。

小　结

MODS是在严重创伤、感染、休克或复苏后，原无器官功能障碍的患者同时或在短时间内出现两个或两个以上器官系统功能障碍，以致机体内环境的稳定必须依靠临床干预才能维持的综合征。MODS包括了感染性和非感染性病因作用后机体某些器官不能维持其自身功能，出现不同程度的功能障碍，甚至发生多个器官衰竭的连续的病理生理过程。MODS的发生与多个环节的障碍有关，如全身炎症反应失控，肠屏障功能损害和肠道细菌移位，微循环障碍与缺血-再灌注损伤，细胞凋亡和能量代谢障碍等。MODS死亡率高且随着衰竭器官数量的增加而增多，其中肺衰竭和肾衰竭对死亡率的影响较大。MODS一旦发生，救治十分困难，因此要重在预防。其防治必须在去除病因的前提下进行综合治疗。

【复习思考题】

1. 试述全身炎症反应综合征的发病机制。
2. 试述多器官功能障碍综合征的发病机制。
3. 多器官功能障碍综合征时，为什么肺是最易受损的器官？

（唐　俐）

主要参考文献

姜勇. 病理生理学. 北京：高等教育出版社，2011.

石增立，张建龙. 病理生理学(案例版). 第 2 版. 北京：科学出版社，2016.

王建枝，陈国强. 病理生理学(英文改编版). 北京：科学出版社，2016.

王建枝，钱睿哲. 病理生理学(八年制). 第 3 版. 北京：人民卫生出版社，2015.

王万铁，汪洋. 精编病理生理学. 北京：科学出版社，2015.

Bonventre J V, Yang L. Cellular pathophysiology of ischemic acute kidney injury. The Journal of clinical investigation, 2011, 121(11): 4210 - 4221.

Buchanan A V, Weiss K M, Fullerton S M. Dissecting complex disease: the quest for the Philosopher's Stone?. International Journal of Epidemiology, 2006, 35(3): 562 - 571.

Butterworth R F. Pathogenesis of hepatic encephalopathy and brain edema in acute liver failure. Journal of clinical and experimental hepatology, 2015, 5: S96 - S103.

Gottlieb R A. Cell death pathways in acute ischemia/reperfusion injury. Journal of cardiovascular pharmacology and therapeutics, 2011, 16(3 - 4): 233 - 238.

Greer S N, Metcalf J L, Wang Y, et al. The updated biology of hypoxia - inducible factor. The EMBO journal, 2012, 31(11): 2448 - 2460.

Huether S E, McCance K L. Understanding pathophysiology. Elsevier Health Sciences, 2015.

Kotas M E, Medzhitov R. Homeostasis, inflammation, and disease susceptibility. Cell, 2015, 160(5): 816 - 827.

Lehnhardt A, Kemper M J. Pathogenesis, diagnosis and management of hyperkalemia. Pediatric nephrology, 2011, 26(3): 377 - 384.

Minamino T. Cardioprotection from ischemia/reperfusion injury. Circulation Journal, 2012, 76(5): 1074 - 1082.

Ogoina D. Fever, fever patterns and diseases called 'fever'-a review. Journal of infection and public health, 2011, 4(3): 108 - 124.

Semeraro N, Ammollo C T, Semeraro F, et al. Sepsis, thrombosis and organ dysfunction. Thrombosis research, 2012, 129(3): 290 - 295.

Shpektor A. Cardiogenic shock: the role of inflammation. Acute cardiac care, 2010, 12(4): 115 - 118.

Speakman J R, Levitsky D A, Allison D B, et al. Set points, settling points and some alternative models: theoretical options to understand how genes and environments combine to regulate body adiposity. Disease Models and Mechanisms, 2011, 4(6): 733 - 745.

Sven K, Josipa F. Interstitial hydrostatic pressure: a manual for students. Advances in physiology education, 2007, 31(1): 116 - 117.

Tchernof A, Després J P. Pathophysiology of human visceral obesity: an update. Physiological reviews, 2013, 93(1): 359 - 404.

索 引

A

B

C

D

E

F

G

H

J

K

L

M

N

P

Q

R

S

T

W

X

Y

Z